U0522421

苏州科技学院哲学社会科学优秀学术著作出版基金资助

叶文宪 著

考古学视野下的
吴文化与越文化

中国社会科学出版社

图书在版编目(CIP)数据

考古学视野下的吴文化与越文化/叶文宪著. —北京：中国社会科学出版社，2015.4

ISBN 978 - 7 - 5161 - 5143 - 3

Ⅰ.①考… Ⅱ.①叶… Ⅲ.①文化史—华东地区 Ⅳ.①K295

中国版本图书馆 CIP 数据核字(2014)第 279824 号

出 版 人	赵剑英
责任编辑	郭 鹏
责任校对	张艳平
责任印制	李寡寡

出 版	中国社会科学出版社
社 址	北京鼓楼西大街甲 158 号
邮 编	100720
网 址	http://www.csspw.cn
发 行 部	010 - 84083685
门 市 部	010 - 84029450
经 销	新华书店及其他书店
印 刷	北京市大兴区新魏印刷厂
装 订	廊坊市广阳区广增装订厂
版 次	2015 年 4 月第 1 版
印 次	2015 年 4 月第 1 次印刷
开 本	710×1000 1/16
印 张	31.25
插 页	2
字 数	528 千字
定 价	98.00 元

凡购买中国社会科学出版社图书，如有质量问题请与本社联系调换
电话:010 - 84083683
版权所有　侵权必究

目　录

序 ……………………………………………………………………… (1)
前言 …………………………………………………………………… (1)

上编　先吴文化与先越文化

第一章　良渚文化不是吴文化与越文化的源头 ………………… (3)
　第一节　良渚文化的消失及其与马桥文化之间的断层 ………… (5)
　　一　距今4000年前的文化断层现象 …………………………… (5)
　　二　良渚文化与马桥文化之间的文化断层 …………………… (6)
　　三　良渚文化先民的迁徙 ……………………………………… (8)
　　四　良渚文化北迁与蚩尤的传说 ……………………………… (11)
　第二节　良渚文化因素的传播 …………………………………… (17)
　　一　中原华夏文化中的良渚文化因素 ………………………… (17)
　　二　各地发现的良渚文化器物表 ……………………………… (28)

第二章　马桥文化——先越文化 ………………………………… (30)
　第一节　越非苗裔考 ……………………………………………… (31)
　第二节　卩非戉、钺、越族、越国考 …………………………… (33)
　　一　卩方非越族、越国考 ……………………………………… (33)
　　二　"卩"字非戉、钺、越考 …………………………………… (36)
　第三节　新发现的广富林文化与钱山漾文化 …………………… (41)
　第四节　马桥文化 ………………………………………………… (45)

第三章　湖熟文化——先吴文化 ………………………………… (52)

第一节　点将台文化 ………………………………………… (52)
第二节　湖熟文化 …………………………………………… (55)

中编　吴文化与越文化

第四章　吴越地区的土墩墓 ………………………………… (65)
第一节　江南土墩墓的分区 ………………………………… (67)
第二节　西周春秋时期太湖以南地区的越人土墩墓 ……… (69)
　　一　黄山—天台山以南区 ………………………………… (69)
　　二　太湖以南区 …………………………………………… (74)
第三节　西周春秋时期宁镇地区的吴人土墩墓 …………… (78)
第四节　西周春秋时期太湖以北地区的土墩墓 …………… (92)
　　一　西周与春秋前期越人的石室土墩墓 ………………… (92)
　　二　春秋后期吴人的土墩墓 ……………………………… (97)

第五章　几何印纹陶与原始瓷 ……………………………… (107)
第一节　吴人的几何印纹陶与原始瓷 ……………………… (109)
　　一　宁镇地区几何印纹陶与原始瓷的萌芽 ……………… (109)
　　二　宁镇地区西周春秋土墩墓出土的几何印纹陶与原始瓷 … (111)
　　三　春秋晚期苏州及苏北吴墓出土的几何印纹陶与原始瓷 … (117)
第二节　越人的几何印纹陶与原始瓷 ……………………… (120)
　　一　太湖地区几何印纹陶与原始瓷的萌芽 ……………… (120)
　　二　浙南闽北地区西周土墩墓出土的几何印纹陶与原始瓷 … (122)
　　三　太湖地区西周春秋土墩墓出土的几何印纹陶与原始瓷 … (123)
　　四　战国前期越墓出土的几何印纹陶与原始瓷 ………… (129)
　　五　秦汉以后几何印纹陶与原始瓷的传播 ……………… (137)
第三节　吴、越几何印纹陶与原始瓷之比较 ……………… (140)
　　一　吴越同器 ……………………………………………… (140)
　　二　吴越兼用的提筒（直腹罐） ………………………… (147)
　　三　生产几何印纹陶与原始瓷的窑口 …………………… (149)

第六章　吴国与越国的青铜器 ……………………………… (155)

第一节　吴国与越国的青铜器皿 …………………………………… (155)
　　　　一　兼容并包的吴国青铜器 ……………………………………… (159)
　　　　二　越式鼎溯源 …………………………………………………… (167)
　　第二节　吴国与越国的青铜兵器 …………………………………… (171)
　　　　一　举世无双的吴越式剑 ………………………………………… (171)
　　　　二　被人遗忘的青铜铍 …………………………………………… (177)

第七章　吴国与越国的玉器 …………………………………………… (192)
　　第一节　吴国玉器 …………………………………………………… (192)
　　第二节　越国玉器 …………………………………………………… (196)

第八章　吴国与越国的金文 …………………………………………… (204)
　　第一节　吴国的金文 ………………………………………………… (205)
　　第二节　越国的金文 ………………………………………………… (214)

第九章　从吴国与越国的城址看吴国与越国的对峙 ……………… (222)
　　第一节　从吴国城址看吴人与越人对生存空间的争夺 ………… (223)
　　第二节　从越国城址看吴越两国以太湖为界互相对峙 ………… (236)

第十章　越徙琅琊的考古学考察 …………………………………… (242)

第十一章　战国前期越文化的华夏化倾向 ………………………… (247)
　　第一节　战国前期吴越地区越墓的变迁 ………………………… (247)
　　第二节　战国前期越人器物的变化 ……………………………… (254)
　　第三节　"越为禹后"的传说与上层越人向华夏认同 ………… (260)

下编　吴人与越人的去向及吴越地区的楚文化与汉文化

第十二章　越国灭吴后吴人的去向 ………………………………… (265)

第十三章　战国后期吴越地区的楚文化 …………………………… (267)
　　第一节　战国后期吴越地区的楚墓 ……………………………… (268)

第二节　吴越地区楚墓出土的器物 …………………………… （272）
　　第三节　战国时期吴越地区居民的更替与文化变迁 …………（279）

第十四章　楚灭越以后越人的去向 ……………………………（281）
　　第一节　外越 ……………………………………………………（282）
　　第二节　东瓯 ……………………………………………………（283）
　　第三节　闽越 ……………………………………………………（290）
　　第四节　南越 ……………………………………………………（298）
　　第五节　山越与悬棺葬 …………………………………………（304）
　　　　一　华南地区的悬棺葬 ……………………………………（306）
　　　　二　悬棺葬与石室土墩墓的文化渊源 ……………………（310）
　　第六节　百越消失后越人在南方中国人基因中留下的印记 …（311）
　　　　一　三大人群融合而成的汉民族 …………………………（311）
　　　　二　汉民族的形成与发展过程 ……………………………（316）
　　　　三　血脉相连的庞大族群——中华民族 …………………（322）

第十五章　吴越地区的汉文化 …………………………………（327）
　　第一节　吴、越、楚、秦融为汉郡 ……………………………（327）
　　第二节　吴越地区汉文化的特点 ………………………………（330）
　　第三节　吴越地区汉文化对楚文化的继承 ……………………（333）

附表

附表一　良渚文化遗址表 ………………………………………（336）
附表二　各地发现的良渚文化器物表 …………………………（364）
附表三　广富林文化与钱山漾文化遗址表 ……………………（372）
附表四　马桥文化（含亭林类型）遗址表 ……………………（375）
附表五　湖熟文化遗址表 ………………………………………（386）
附表六　黄山—天目山以南区土墩墓表 ………………………（412）
附表七　太湖以南区土墩遗存表 ………………………………（417）
附表八　宁镇地区吴人土墩墓表 ………………………………（424）
附表九　太湖以北地区越人石室土墩墓表 ……………………（438）

附表十　　太湖以北地区春秋晚期吴人土墩墓表 …………………… （442）
附表十一　　战国前期吴越地区越墓表 ………………………………… （447）
附表十二　　战国后期吴越地区楚墓及遗址表 ……………………… （456）
附表十三　　吴越地区汉墓及遗址表 …………………………………… （462）

参考论著 …………………………………………………………………… （479）
后记 ………………………………………………………………………… （484）

序

　　吴国和越国是春秋时期在长江下游江、浙地区崛起的两个强国，在其历史进程中，两国冲突不断，互争雄长，并均曾北上，欲与中原大国一决高下，留下了可歌可泣的美丽传说。在先秦和汉及以后的典籍中，虽曾有过一些吴、越历史的记载，但不仅数量少、不连贯，而且多为后人的追记，因此它还处于欧洲史学家所分的原史时期。对原史时期的研究，文献材料固然珍贵，但更不可忽视考古材料，因为通过考古调查、发掘获得的材料，都是当时人们从事生产、生活乃至各种政治活动的实物遗留，有的甚至还打上了当时人们思想观念、意识形态的烙印。中国是史学大国，历来有修史的传统，关于吴、越史地的研究，如同对与其基本同时的齐、鲁、燕、晋等中原大国一样不断有成果问世，但或则侧重文献，诸如古籍整理校注或者抽绎文献材料编缀而成的吴史、越史；或则从考古材料到考古材料，看不到人物的活动。可喜的是，最近看到的叶文宪教授新著《考古学视野下的吴文化与越文化》一书，在将文献与考古密切结合方面做出了有益的探索，并取得了丰硕的成果。

　　该书分上、中、下三编。上编一、二、三章，探讨了吴文化和越文化的渊源；中编第四章至第十一章，分别对吴越地区的土墩墓（含土墩石室墓）、几何形印纹陶与原始瓷、青铜器、玉器、铜器铭文、吴越城址以及越迁琅玡与越文化后期华夏化倾向问题进行论述分析；下编第十二章至第十五章，分别对灭吴后吴人的去向、楚灭越后越人的去向及吴越地区的汉文化作了分析。从该书章节篇目即可看出，凡涉及吴、越及与吴、越有关的历史、地理、文化、关系等问题几乎都涵盖了。这在迄今已知关于吴、越问题的著作中，无论是侧重文献的还是侧重考古的，无疑是最为全面、最为系统的。

　　该书作为一部综合性著作，一方面尽量吸收了前人和别人的研究成果，另一方面自己对许多重要问题都事先做了深入研究，因而与常见的通过摘编综合而成的一类综合著作不同，而是有着分析论证和自己独立见解的、具有新意的一部研究性论著。通过初步研读，我认为至少对下列问题作者所作的论断是很有见地的：

第一，甲骨文中的字，不是钺，也不是越国之越，而是位于晋南的一个非子姓方国，对殷商王朝时服时叛，至西周时可能已经消亡，退出了历史舞台。

第二，吴文化的源头是分布于宁镇、皖南地区的湖熟文化，湖熟文化是先吴文化；越文化的源头是分布于太湖—杭州湾地区的马桥文化，马桥文化是先越文化。

第三，西周、春秋时期，流行于宁镇地区的土墩墓是吴人的墓葬，流行于太湖地区的石室土墩墓是越人的墓葬。春秋后期，在太湖北岸与石室土墩并存出现的山顶土墩墓和木石结构土墩墓，是文献记载诸樊徙吴、伍子胥筑城以后，吴人东进和吴文化与越文化交流融合的反映。

第四，"在土墩墓中用木料构建人字形两面坡木屋的现象最早出现在宁镇地区"，"而在越人的印山大墓中却得到了完美的表现，并在吴国灭亡以后继续被越人所继承，成为越人墓葬的一大特色"。

第五，春秋后期，在吴越地区大型土墩墓周边出现的方形壕沟，"既可以提供堆筑封土的土方，又可以降低墓中的地下水位"，是因应当地环境出现的陵园保护措施，并非凤翔秦公陵园隍壕之制影响的产物。

第六，几何形印纹硬陶和原始瓷是越人的发明，吴、越虽异域而同族，春秋时期吴、越文化虽有一定区别，但在使用几何形印纹陶和原始瓷上却有明显的"吴、越同器"现象，联系到烧制几何形印纹陶和原始瓷的窑址主要发现于越文化分布范围之内的情况，是否"吴人使用的这些器物本来就是从越人那里输入的"，值得考虑。

第七，越文化与吴文化的重要区别之一是青铜器远远落后于后者，如从谏壁至大港一线吴国高等级贵族大墓均有成组青铜礼乐器、兵器、工具随葬，而越国大墓如绍兴印山、长兴鼻子山、安吉笔架山、无锡鸿山大墓等则主要是随葬印纹陶器和原始瓷器，如仿中原青铜器的原始瓷礼乐器、兵器和工具等。被视为越文化的特征性器物越式鼎，有两个渊源，一个是作为先越文化的马桥文化，一个是作为先吴文化的湖熟文化，其"实质上是商周春秋时代长江下游地区吴文化和越文化融合的产物"。

第八，浙江黄岩小人尖、温州瓯海杨府山土墩墓出土的茎上带耳所谓短剑，和福建浦城洋山土墩墓、浙江长兴长港等地出土短剑，形制、大小相若，但不同的是茎部中空可以纳柲，此是兵器中的铍而非短剑。看来这类时代可早到西周早中期的兵器，"不仅是吴越式铜剑的源头，而且也是吴越式钠铜铍的源头"。

第九，史籍记载"诸樊徙吴"，此吴或即在楚人压力下将都城东迁所筑的传为阖闾城的无锡阖闾城遗址；连云港九龙口城址或即史籍所载"勾践徙琅玡"之琅玡故城；安吉递铺古城或即越王翳由琅玡回归吴地所建之都城。

第十，战国前期，越灭吴，后楚又灭越，激烈的政治变动也造成了文化上的断层。楚人"没有继承、接受、融合越文化，在吴越地区楚文化只是覆盖、置换、替代了越文化"。越人在越国灭亡后逐步向南迁徙，经秦灭楚，汉灭秦，西汉时在今温岭市大溪建立东瓯国，在福建武夷山建闽越国，在广东广州建立南越国，在不少方面还延续着越人风习。直至东汉，越文化才逐步被汉文化同化、融合，融入了中华文化的大系统。

以上所举诸项，当然不都是叶著首先提出来的观点，但确有不少是叶先生的新见解。即使是前人或别人所提出，也都经过了叶教授认真仔细的分析、取舍和重新论证。这从书中所附作者的著作论文目录和"良渚文化遗址表"等13个附表即可看出，叶教授为完成这部著作收集了大量资料，对涉及的问题，无论难易大小，都逐个进行了研究。因此，在这部著作中看不到作者有任何武断，也没有任何毫无根据的臆说。你可以不赞同其中的某个观点，但你一定会从他就该观点的阐述中看出他对该问题思考的来龙去脉和前后逻辑，这就为不同观点之间的交流切磋奠定了科学基础，从而通过心平气和的讨论促进研究的深入。

叶教授从1982年大学毕业进入高校教书，一直坚持先秦史方向的研究，更因身处苏州，尤其关注吴、越史地和吴文化与越文化研究，三十年来默默耕耘，收获不断，这部《考古学视野下的吴文化与越文化》是他诸多论著中最新的一部。他在这部书的后记中写道："现在将近退休，也应该有个交代——无论对自己、对学界，还是对地方都应该有个交代，于是就有了这部书。"说得颇有些悲凉。但是我可以断定，作为一位将自己的大半生都贡献于自己热爱的学术事业的知识分子，不管退休还是不退休，他绝不会就此罢手，放弃自己的学术追求。正是缘于我的这个判断，所以我很愿意利用这个机会,把我研读过程中认为今后尚值得深入讨论的若干问题提出来,供叶教授继续研究时参考。

第一,关于良渚文化的"主体"是否"渡江北上进入了中原",传说中的蚩尤是否有可能即是渡江北上的良渚文化先民的首领?

第二,良渚文化玉器上常见的兽面纹(神徽)是否"呲牙环眼的虎形",虎是否"可能就是他们部落的标识",金文中常见的虎形是否"商周时代淮河流域"方国虎方的族徽,是否可用郭沫若"徐、虎一音之转"的说法证明虎方即文献中的徐方,徐方可能即传说中北上的良渚文化先民首领"蚩尤寄居之地"?

第三,从良渚文化衰落至二里头文化,相差已有500多年,能否将两者看似相似的某些器物如封口盉、扁足鼎、锥形器、柄形器等进行考古类型学的比较,证明两者之间确有继承发展关系?

第四,《周礼》中的"公墓"、"邦墓"制度,是否是华夏族继承了"良渚文化的贵族和平民分区埋葬"习俗的反映?

第五,中原及北方地区陶寺文化、齐家文化中发现的玉琮,是否可以统统看作是良渚文化的器物?

第六,在吴越地区的历史演进过程中,越灭吴,楚灭越,秦灭楚,汉又灭秦,政治上政权的改变也带来了文化的变迁和融合,"汉文化却是以楚文化为本底发展形成的"提法,是否反映了历史的真实?

这些问题是提给叶教授的,也是提给我自己的,因为我自己虽有一些思考,但也还没有解决。

我和叶教授相识已近二十年,会面时间虽不多,但不是在学术讨论会上,就是在考古发掘工地上,他的热情、执著和认真,每每都给我留下了深刻而美好的印象。我和叶教授都是吴、越文化的爱好者,这次能应邀为他的大作作序,其实是为我提供了一次以文会友,重新学习吴、越文化的机会,这是要特别感谢的。

李伯谦

2012年7月23日于昌平真顺九鼎山庄

前　言

　　文化是人群的生活方式[1]，文化人类学称之为"文化模式"。"吴文化"和"越文化"，顾名思义就是吴人和越人的生活方式。春秋末吴国被越国灭亡后吴人逃亡到各地，他们成为汉人中吴姓的祖先，但是从此以后吴文化却不复存在了。战国中期越国被楚国灭亡后"越以此散"[2]，但是逃到南方的越人还是建立了东瓯、闽越、南越等几个小国。当这些小国被汉武帝逐一灭亡以后，一部分越人迁徙到江淮融入了汉人之中，另一部分越人留在南方也融入了汉人之中，但是还有一部分越人躲进了深山老林，他们被汉人称为"山越"，直至三国东吴时山越才最终融入汉民族之中，从此越文化也不复存在了。

　　然而，无论在学术界还是社会上都有不少热心人士把"吴文化"和"越文化"的上限一直伸到原始社会、下限一直延到现在，称之为"大吴文化"或"广义吴越文化"。他们的用心无疑是好的，不仅表达了对家乡的热爱之情，而且还隐含着"文化搭台、经济唱戏"的苦衷。可是这样一来，"吴文化"和"越文化"就变成了一个没有时间界限的泛化的概念，而且"吴"和"越"的空间范围也因为历史上行政区划的变动而被模糊了。于是，又有人提出了"吴地文化"和"越地文化"的概念。"吴"和"越"原来是先秦时代两个江南小国的国名，吴国和越国灭亡后就变成了泛指苏南与浙北的地名。在吴国和越国的故地随着时代的变迁行政区划不断地在变化，最后"吴"成了苏州的简称，"越"成了浙江的别号，作为地名的"吴"与"越"的外延内涵和当初作为国名的外延内涵已经大相径庭，此"吴"已经不是彼"吴"、此"越"也不再是彼"越"

---

[1] 叶文宪：《"国家"与"文明"辨析》，《浙江社会科学》2009年第1期。
[2] 《史记》卷41《越王勾践世家》，中华书局1982年第2版。

了，结果就使得充满爱乡情结的"大吴文化"和"广义越文化"失去了科学性。

文化并不是独立于人之外存在的，文化是在一定的时空范围内与一个特定的人群相联系的，所以文化会因为时代的变迁而缓慢地演化，也会随着人群的迁徙而传播到别处，而当一个地方的居民因为各种各样的原因发生更换替代以后文化更会出现突变与转型。在吴地和越地的历史上发生过多次人群的迁徙与置换，生活在"吴地"和"越地"的人们并不始终是一个族群的先人与他们的后裔，因此在那里先后出现的文化并不是一脉相承的，后来在吴地和越地出现的文化的内涵与当初的吴文化和越文化已经完全不同，把这些内涵不同的文化统统冠以"吴地文化"和"越地文化"是不妥当的，而把"吴地文化"和"越地文化"再简化为"吴文化"和"越文化"，那就更是犯了偷换概念的逻辑错误。

在吴国和越国存在之时，吴人和越人的文化是吴文化和越文化的正声，先吴文化和先越文化是它们的前奏，而替代它们的楚文化与汉文化以及吴人和越人的去向是它们的余音尾声，这一切都是本书所要研究的对象。然而，由于吴人和越人自己并没有发明文字，他们当然也无法记载自己的历史。关于吴国和越国的历史都是当他们与中原华夏发生交往、冲突、战争之后才被华夏的史官们记录下来的，所以只散见于《左传》《国语》等少数典籍之中。后来，西汉的司马迁在《史记》中专门为吴太伯和越王勾践写了世家，东汉的赵晔写了《吴越春秋》，袁康、吴平写了《越绝书》，但是这些书籍毕竟都是在吴国和越国已经灭亡好几百年以后才写成的，许多事实已经消散湮灭，许多记忆也已经模糊淡忘，仅仅依靠这些有限的史料要研究吴文化和越文化是不可能的。好在最近几十年江浙沪三地的考古学家做了大量的发掘工作，现在已经能够提供足够的考古发掘资料来供我们探索吴文化和越文化的丰富内涵和来龙去脉了。这也正是本书的立意与宗旨。

上 编

先吴文化与先越文化

第一章 良渚文化不是吴文化与越文化的源头

距今5300—4200年,在今天太湖周围的苏南浙北地区分布着一支以拥有数量众多、制作精湛的玉器为特征的新石器文化——良渚文化(附表一)。

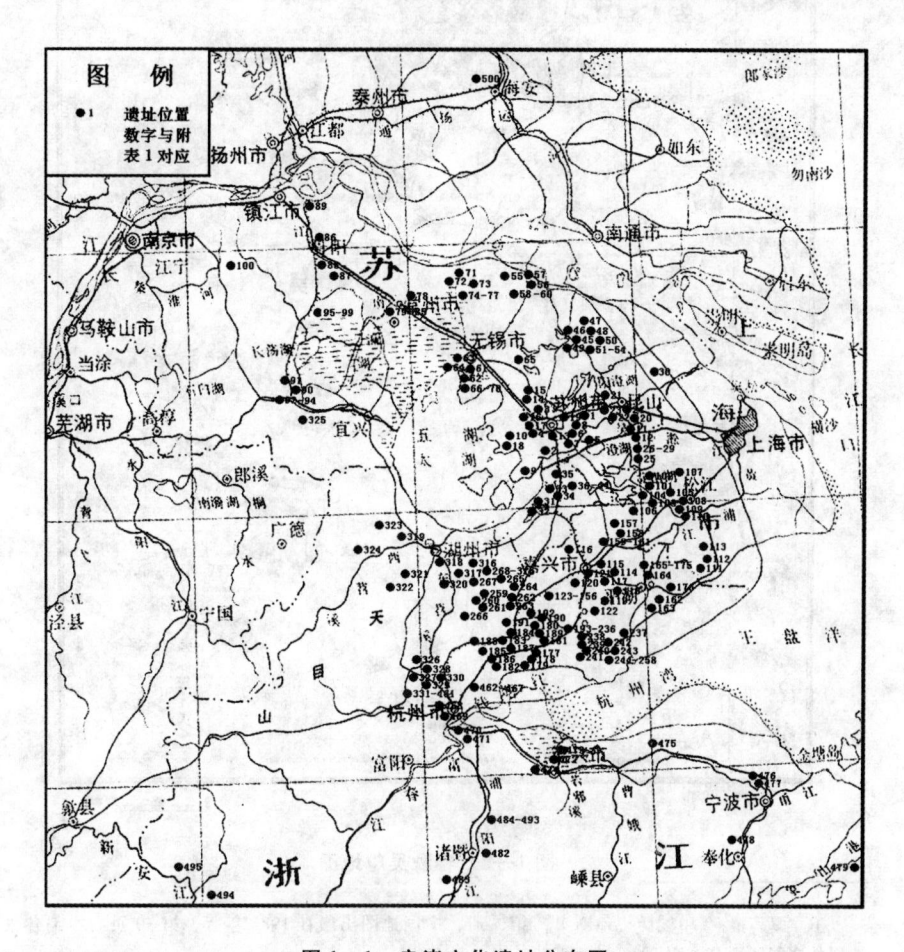

图 1—1 良渚文化遗址分布图

良渚文化的分布区（图1—1）大致与春秋时代吴、越两国的地盘相当（图1—2①），因此有人认为良渚文化及其之前的崧泽文化、马家浜文化都是吴文化和越文化的前身，将其称为"先吴文化"和"先越文化"。然而他们只看到含有吴文化和越文化遗存的地层叠压在良渚文化层之上，而没有对良渚文化和吴文化、越文化的遗物进行类型学分析，既没有看到两者之间并不存在文化上的联系，更没有意识到由于人群迁徙而带来的文化变迁。

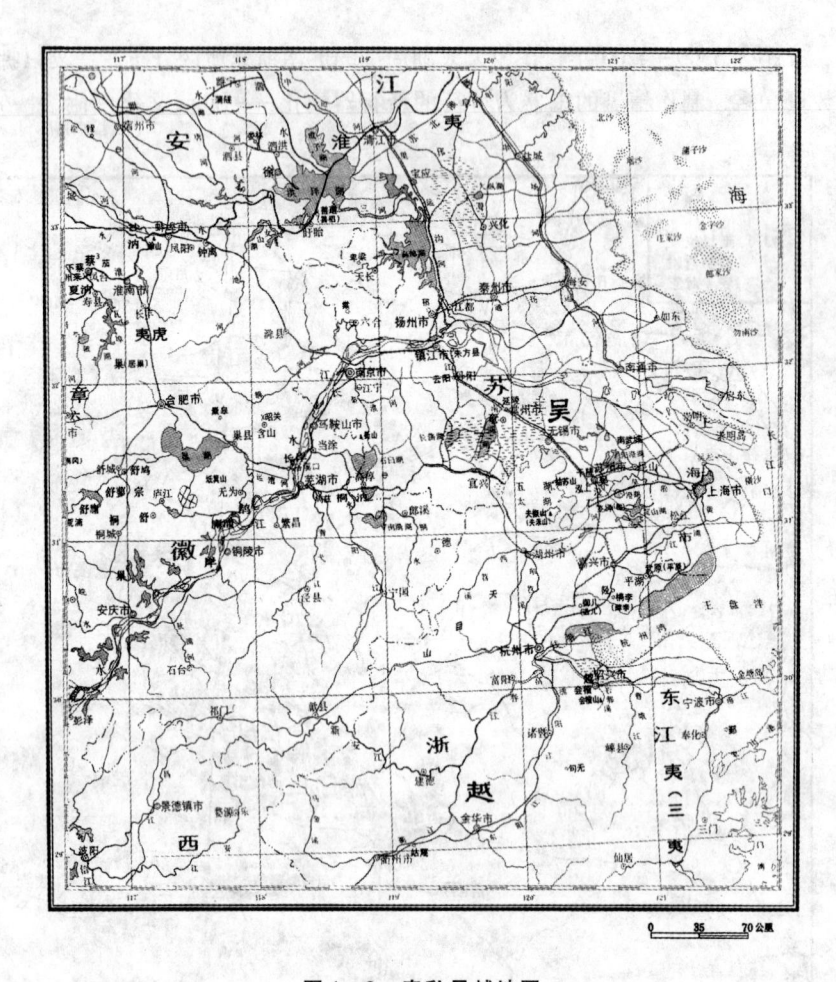

图1—2　春秋吴越地图

---

① 谭其骧：《中国历史地图集》第一册，中国地图出版社1982年版，第30页。本编各张地图的底图皆取自该图。

1931年梁思永先生在殷墟后冈发现了有名的殷商文化、龙山文化、仰韶文化的三叠层，这是中国考古学的一个里程碑。然而并不是每一个地层上下叠压的考古文化都必然是前后连贯的。继梁思永先生之后，考古学家在发掘中不仅发现了更多的三叠层，而且也发现了普遍存在着地层上下叠压而文化前后不相衔接的断层现象。

第一节 良渚文化的消失及其与马桥文化之间的断层

一 距今4000年前的文化断层现象

山东龙山文化不仅社会发展水平并不低于中原地区的龙山文化，而且技术发展水平也略胜中原龙山文化一筹。它的黑陶、白陶和蛋壳陶表明其制陶技术在同时代各地先民中是最高超的；玉器的制作也极其精美，日照两城镇曾经发现过成坑的半成品玉材；东海峪和三里河发现的房屋采用了挖槽起基的先进技术，尧王城发现了用土坯砌墙的房屋，龙山文化城垣普遍采用了堆筑与版筑相结合的建筑技术，提高了筑城的效率和城垣的质量；两城镇类型的三里河、呈子、尧王城等多处遗址发现过青铜锥和炼铜渣，说明青铜制造技术已经发生；从分布在长山列岛和辽东半岛上的郭家村类型文化中所包含的诸多龙山文化因素来看，龙山文化先民也已经掌握了近距离航海的能力。然而，继龙山文化之后出现在山东地区的岳石文化在生产技术方面却出现了明显的退步。龙山文化常见的穿孔石铲不见了，而代之以无孔的石铲和粗笨厚重的方孔石镢、方孔石锄；龙山文化常见的石镰不见了，而代之以半月形双孔石刀；龙山文化的石器打磨得都很光滑，而岳石文化除了石铲和石刀磨光以外，石镢和石锄都只琢不磨；龙山文化石器上的穿孔都用管钻或棒钻的方法钻成，圆而光滑，而岳石文化石器上的方孔和圆孔都是琢制而成的，技术水平明显地落后。陶器的变化也极其巨大。龙山文化常见的黑陶不见了，而代之以泥质与夹砂褐陶为主；龙山文化常见的蛋壳陶也不见了，而代之以器壁厚重的陶器；龙山文化的陶器都是轮制的，器形规整，而岳石文化的陶器大多是手制的，制作草率；龙山文化常见的鸟首足盆形鼎、侧三角形足鼎、袋足长流鬶、高柄杯、浅盘高圈足豆、三足盘，横把手大口瓮等器形都不见了，而代之以锥足鼎、甗、浅盘豆、子母口罐、尊形器等新器形。

现已发现的龙山文化城址已有18座之多，除了城子崖龙山文化城址上面叠压有岳石文化城址以外,其他城堡到了岳石文化时期似乎都被废弃了,即使在有些地方仍被继续沿用,但是极少发现有新筑的岳石文化城堡。如果说出现城堡是社会发展程度达到某种水平的标志的话,那么晚于龙山文化出现的岳石文化的社会发展程度显然是后退了。

岳石文化和龙山文化不仅具有着共同的分布面,而且地层上下叠压、时代前后衔接,然而两者的文化面貌却并不连贯,说明两者之间在文化上存在着一个断层。

这种地层上下叠压但是所包含的遗物内涵不相衔接的文化断层现象在距今4000年前中国各地的新石器文化遗址中是普遍存在的。

关中地区的客省庄二期文化不见了。当时先周文化还非常弱小,隐而不显,并且它也肯定不是客省庄二期文化的直接继承者;而关中西部宝鸡地区的刘家文化(先羌文化)却显得非常强大,并且其与甘青地区的齐家文化之间倒有较多的联系。

江汉地区紧靠中原,仰韶时代中原文化就已开始向南方渗透,到龙山时代来自中原的势力更是大大增强。在强大的中原文化压迫下,江汉平原上的新石器文化发展到石家河文化阶段便戛然中止。[①] 江汉地区后来成为楚人生活的区域,但是楚人的祖先并不是石家河文化先民,而是从中原迁来的。

在燕辽地区,继新石器时代的小河沿文化以后也出现了一个文化断层。夏商时期生活在那里的是一批从事农业生产的先民,他们留下的遗存就是夏家店下层文化,但是叠压在它之上的夏家店上层文化却是另一批从事游牧的先民所留下的,在夏家店下层文化和夏家店上层文化之间又出现了一个文化断层。[②]

这种文化断层现象在江浙地区表现得尤为明显。

二 良渚文化与马桥文化之间的文化断层

继良渚文化以后出现在太湖地区的是马桥文化,但是良渚文化与马桥文化的文化面貌完全不同:前者有大量玉器而无铜器,后者有小件铜器而几乎没有玉器;前者的石器磨得很光滑,后者的石器却很粗糙;前者多灰

[①] 俞伟超:《先楚与三苗文化的考古学推测》,《文物》1980年第10期。
[②] 中国社会科学院考古研究所:《新中国的考古发现和研究》,文物出版社1984年版。

黑陶，后者多红陶和几何形印纹陶；前者陶器盛行圈足和贯耳，后者则盛行圜底和凹底，不见贯耳；前者的炊器是鼎，后者既有鼎又有鬲；前者的鼎为盆形或釜形，鼎足多为扁形或丁字形，后者多罐形鼎，鼎足多为凹弧形或圆锥形；前者的器物形制上承崧泽文化，后者却明显地含有二里头文化和二里岗文化的因素。良渚文化最晚的 ^{14}C 年代数据为 4200±145 年，而马桥文化最早的 ^{14}C 年代数据为 3730±150 年①，中间相差约 500 年。尽管马桥文化层直接叠压在良渚文化层之上，但是在许多遗址的这两个文化层之间夹有一层淤土甚至泥炭（表1—1）。

表1—1　　　　　　　良渚文化遗址淤土层所在层位表

文化层＼遗址	梅埝	钱山漾	水田畈	绰墩	许巷	龙滩湖	站北	正仪车	果园村	大三瑾
马桥文化层	0.1—0.5			1.5	1	1	1			
淤泥或泥炭层	0.4—0.9	0.1—0.3	0.15 / 0.15						0.3	?
良渚文化层										

带下划线的数字为泥炭　单位：米

　　江、浙、沪三地的考古工作者在太湖地区做了大量的工作，虽然已经发现了介于良渚文化和马桥文化之间的广富林文化和钱山漾文化，但是现在已发现的遗址数量极少，遗存内涵也非常单薄（附表三），这说明即使当时仍然有人在此地生活，也是人烟极其稀少。因此目前我们还无法把良渚文化和马桥文化连接起来，也就是说它们之间存在着一个文化断层，中断的时间有几百年。

　　考古文化是古代的人类共同体留下的物质遗存，它的变化反映出了古

────────

① 中国社会科学院考古研究所：《中国考古学中碳十四年代数据集（1965—1991）》，文物出版社 1992 年版。

代人们的活动和社会的变迁。从新石器时代早期到龙山时代末期社会在不断地发展变化，这种变化是一种渐变，我们可以从地下的遗存中通过类型学分析找到它一步一步前进的足迹，这就是环环相扣的考古文化系统。可是在距今4000年前的龙山时代末期许多地方都出现了文化断层，这说明社会出现了激烈的动荡，这种动荡是一种突变，一个文化消失了，另一个文化在该地区突然出现，两个前后相继的文化之间缺乏直接的联系，我们找不到它演变的轨迹，于是就仿佛出现了一个断层。

出现文化断层的原因是什么呢？很难想象生活在方圆几百公里范围内的一大群人会像恐龙一样因为一场突发事件而全部灭绝。唯一合理的解释是迁徙，因为某种变故——自然灾害、瘟疫流行、或部族战争——长期生活在某地的一群人不得不离开故土，在以后很长的一段时间内那里如果无人居住，那么该地区就会出现一个空白；如果以后再迁入该地的是外族的居民，那么由于两者的生活习俗与文化面貌都不相同，因此就会在同一地区留下内涵不相衔接而地层上下叠压的两种遗存。这样，经过几千年后当我们把它们从地下发掘出来的时候所看到的就是一个文化断层。

三　良渚文化先民的迁徙

各地的文化断层现象大致都出现在距今4000年前这一段时间里。是什么力量迫使各地的先民都在大致相近的时间里离开故土迁往异乡客地的呢？

研究自然史的学者已经证明，在距今4000年前有过一次自然灾害集中爆发的异常期——在短时期内持续严寒、特大地震、百年不遇的水灾旱灾频繁发生，因为这次自然灾害异常期发生在大禹的时代，所以被称为"夏禹宇宙期"。这种现象是全球性的，并不只局限于我国。[①] 之所以称之为"宇宙期"，是因为造成这种自然灾害异常现象的原因不在地球上而是在太阳系甚至可能在银河系。宇宙期是千年一遇的罕见的自然现象，近5000年来只发生过4次，除了夏禹宇宙期外，分别出现在公元前1000年前后、公元5世纪和17世纪。[②]

1万年前第四纪冰川期结束以后地球上的气温开始回升，距今6000—

---

① 任振球：《公元前2000年左右发生的一次自然灾害异常期》，《大自然探索》1984年第4期。
② 徐道一、李树青、高建国：《明清宇宙期》，《大自然探索》1984年第4期。

5000年是冰后期气候最温暖的时期①，新石器文化正是在这一适宜的自然环境下繁荣兴盛起来的。任何时代都会有自然灾害，但是像夏禹宇宙期那样集中爆发的严重灾难却是龙山时代的先民们从来也没有遇到过的。虽然他们还没有文字可以用来记录当时所发生的变故，但是在口耳相传的上古神话传说中却不乏这样的记载：

女娲之时，"四极废，九州裂。天不兼覆，地不周载，火爁炎而不灭，水浩洋而不息"。②

"蚩尤作兵伐黄帝。黄帝乃令应龙攻之冀州之野。应龙畜水，蚩尤请风伯雨师从，大风雨。黄帝乃下天女曰魃，雨止，遂杀蚩尤。"③

"当尧之时，水逆行，泛滥于中国，蛇龙居之。"④

舜禹之际，"三苗大乱，天命殛之；日妖宵出，雨血三朝，龙生于庙，犬哭乎市，夏冰，地坼及泉，五谷变化，民乃大振"。⑤

尽管后人的这些追述笼罩着神秘的气氛，然而拨开这些传说中的神话迷雾我们还是可以看到古人在追忆夏禹宇宙期可怖的自然灾害时那种惶恐不安的心情。

龙山时代的先民能把陶器做得像蛋壳一样薄，能够制作锋利的石器，还会琢磨雕刻精美的玉器，甚至已经开始在炼铜了，可是他们却没有力量抵御大自然的肆虐。各地经过几千年发展成长起来的新石器文化遭到了严重的打击和摧残。为了寻找更加适宜生存的地方，先民们不得不踏上充满危险的迁徙之路。

我们现在已经大体了解了龙山时代末期新石器文化的分布⑥，而各地存在的文化断层现象表明龙山时代末期出现过一场大规模的迁徙⑦，其趋势如图1—3所示。

---

① 竺可桢：《中国近五千年来气候变迁的初步研究》，《考古学报》1972年第1期。
② 《淮南子·览冥训》。
③ 《山海经·大荒北经》。
④ 《孟子·滕文公上》。
⑤ 《墨子·非攻》。
⑥ 董琦：《虞夏时期的中原》，《中国历史博物馆考古纪念文集》，科学出版社2000年版134页，图1—3的底图也引自该文。
⑦ 参见叶文宪《良渚文化去向蠡测》，浙江余杭县政协文史资料委员会编《余杭文史资料》第三辑，1987年版，第96—108页；《举族迁徙，融入华夏——良渚文化失踪之谜》，《南北朝前的古杭州》，浙江人民出版社1992年版，第142—152页；《中国国家形成之路》，《华东师范大学学报》1990年第6期。

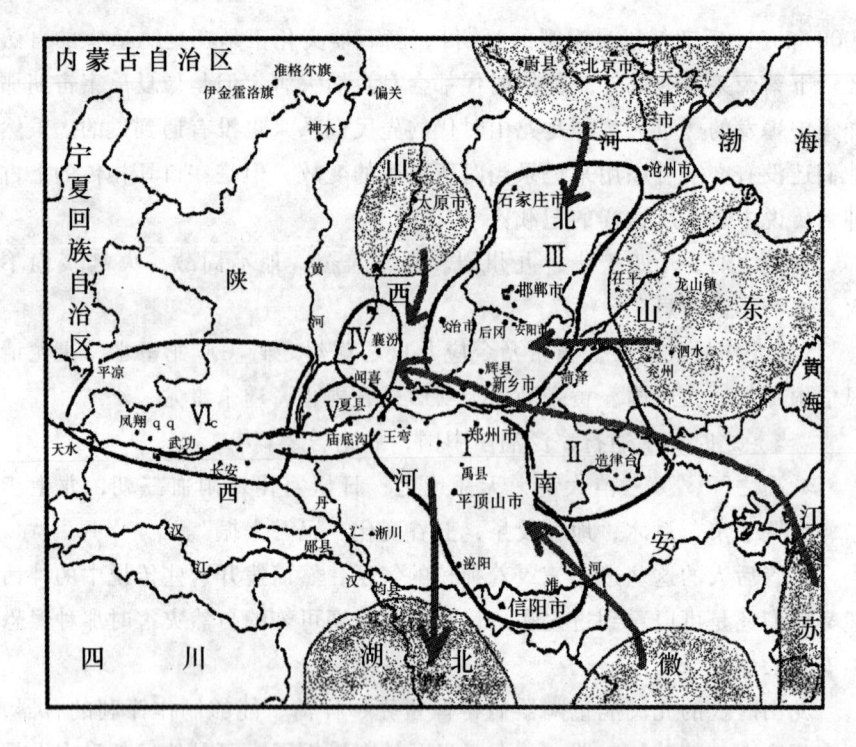

图1—3 龙山时代末期中原文化分布与周边文化迁徙

Ⅰ.王湾三期文化 Ⅱ.造律台文化 Ⅲ.后冈二期文化 Ⅳ.陶寺文化 Ⅴ.三里桥文化 Ⅵ.客省庄文化

通过考古学的地层学与类型学分析大致可以得出这样一个结论：二里头文化（夏文化）是直接从豫西的王湾类型和晋南的陶寺文化发展而来的，下七垣文化（先商文化）是从豫北冀南的后冈类型直接发展而来的；但是我们同时又发现：中原地区的夏商文化除了继承本地新石器文化的文化因素以外，还继承了许多各地新石器文化先民所创造的文化因素，也就是说，作为华夏文明主流的夏商文化并不是简单地由中原地区的新石器文化在封闭状态下自我演变成的，而是由中原龙山文化和迁徙到中原的各支新石器文化汇聚融合而成的。正因为龙山时代末期的大迁徙，周边地区的文化发展多多少少出现了中断，甚至由于更边远地区居民的迁入而倒退了，但是中原地区却汇集了来自各地的新石器文化先民所创造的文化成就，所以中原华夏的文明程度与技术水平就远远地高出了周边地区残剩的先民和从更远的地方迁来的先民。

在距今4000年前中国大地上发生的这场迁徙运动中，良渚文化先民们去向何方了呢？从目前所知道的良渚文化遗存分布的轨迹来看（图1—4）[①]，他们中有一支南下到达粤北并融入了石峡文化之中，因此在广东石峡文化遗址中可以见到有良渚文化玉器与石峡文化陶器同出的现象，而其主体则渡江北上进入了中原。

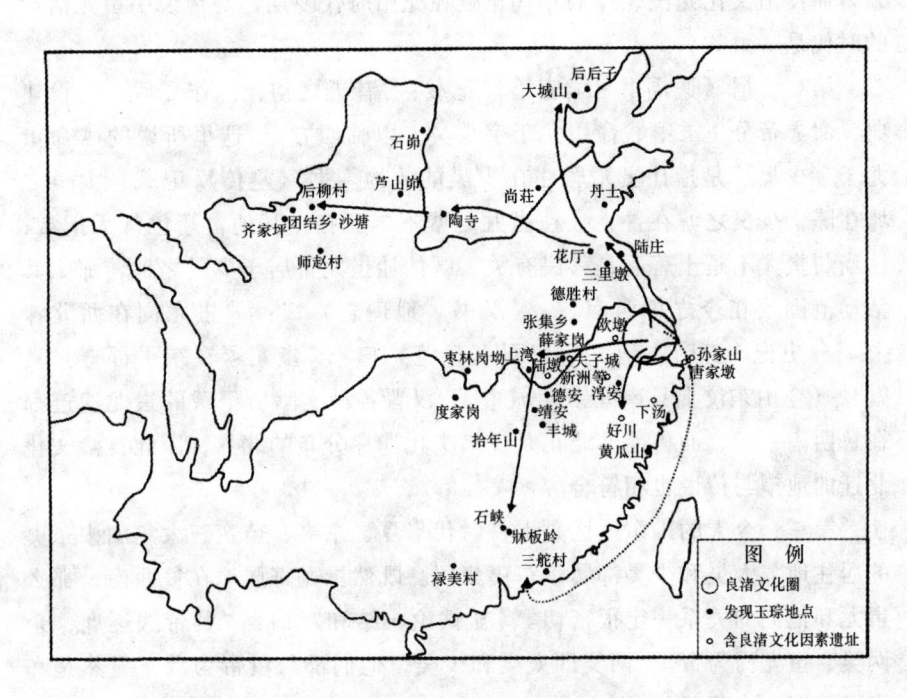

图1—4　良渚文化玉琮发现地及良渚文化扩散示意图

四　良渚文化北迁与蚩尤的传说

董楚平先生也注意到了良渚文化从太湖地区消失和在中原地区出现良渚文化因素的事实，他也认为这是良渚文化北迁的结果，并进一步认为这些北迁的良渚文化先民即文献中所说的"驩头（兜）"。[②] 然而我认为，

[①] 陈杰：《良渚时期琮的流变及相关问题的探讨》，《上海博物馆集刊》第9期，上海书画出版社2002年版。

[②] 董楚平：《古代太湖地区对开创中华文明的贡献》，《浙江学刊》1987年第4期。

若把良渚文化北迁的事实与关于蚩尤的传说相对照,则可以发现它们是能够一一对应、互相印证的。①

第一,对于二里头文化是夏文化这一结论现在已经很少有人怀疑了。二里头文化的二里头类型是由河南龙山文化王湾类型发展而来的,二里头文化的东下冯类型是由河南龙山文化陶寺类型发展而来的,因此河南龙山文化晚期的各个文化类型就成为追溯夏朝之前的五帝时代历史的主要线索,而良渚文化先民北迁的年代正处在龙山时代晚期,与传说中蚩尤活动的时代是一致的。

第二,据《逸周书·尝麦篇》记载:"昔天之初,□作二后,乃设建典,命赤帝分正二卿,命蚩尤于宇少昊,以临四方。"这里所说的"命蚩尤于宇少昊"是指让蚩尤居住在少昊的故地。据《左传》记载,太昊之墟在陈,少昊之墟在鲁,唯独蚩尤之墟不知所在,其他古籍也都无记载,这当与蚩尤不是土著而是移民有关。既然让蚩尤寄居于少昊之地,那么其活动范围当在今之鲁西南。②《汉书·地理志》曰:"蚩尤祠在西北涑上。"《史记·五帝本纪》集解引《皇览》曰:"蚩尤冢在东平郡寿张县阚乡(今山东汶上县南旺镇)城中。"汉晋各种文献所记载的蚩尤遗迹都在鲁西南一带,而鲁南苏北正是良渚文化遗存分布的北界,因此良渚文化北迁的地望与传说也相符合。

第三,今天的山东地区是上古时代华夏、东夷、苗蛮三大集团中东夷的居住地,太昊和少昊都属于东夷集团。既然蚩尤寄居地在鲁西南,那么蚩尤和他们的关系一定很密切。《盐铁论·结和》曰:"黄帝战逐鹿,杀两昊、蚩尤而为帝。"两昊即太昊和少昊,他们都与黄帝为敌,显然是和蚩尤站在一个阵营的。

从考古资料看太湖地区与齐鲁地区的新石器文化交往很早,也很密切③,尤其是良渚文化和大汶口文化之间不仅存在着许多相似的文化因素,而且常常可以发现一方的器物出现在另一方的墓葬之中,如青浦福泉

---

① 叶文宪:《良渚文化去向蠡测》,余杭县政协文史资料委员会编《良渚文化》,1987年;纪仲庆:《良渚文化的影响与古史传说》,《东南文化》1990年第5期;陆建芳:《良渚文化去向及与蚩尤关系试考》,《南京博物院建院60周年论文集》,1993年;高广仁:《花厅墓地"文化两合现象"的分析》,《海岱区先秦考古论集》,科学出版社2000年版。
② 徐旭生:《中国古史的传说时代》(增订本),文物出版社1985年版。
③ 南京博物院:《长江下游新石器时代文化若干问题的探析》,《文物》1978年第4期。

山的一座良渚文化大墓中出土了一件完整的大汶口文化彩陶背壶①，新沂花厅的大汶口文化晚期墓葬中则出土了大批和青浦福泉山、余杭反山、瑶山一样的良渚文化玉器②。这些事实都证明传说中关于蚩尤和少昊的关系并非虚构。

第四，《世本》称："蚩尤作兵"、"蚩尤作五兵"，把蚩尤说成是兵器的发明者。"兵"是武器的总称，其实"兵"即"斤"，"兵"、"斤"一音之转，甲骨文中"兵"字写作，就像双手持斤之形。斤即锛，锛与斧都是砍劈用的工具。斧的形状也与斤相似，"斧"字从斤父声，故"斧"与"斤"也相通。石钺又是从石斧中派生出来的专用武器，钺与斧同源、同形、同用途，历来两者混淆不分，连《说文解字》也以斧、钺互训，把两者混为一谈。傅宪国先生已经证明，有段石锛和扁平穿孔石钺都是太湖地区先民发明的，而且良渚文化的有段石锛和有孔石钺在当时都是水平最高的。③ 由此可见，"蚩尤作兵"的传说也是有所本的。

第五，各种古籍都把蚩尤的形象描写成是"最好暴"、"威振天下"的凶神恶煞，但他却又是主管战争的神灵。郑玄注《周礼·春官·肆师》曰："师祭，祭造军法者，祷，气势之倍增也。其神盖蚩尤，或曰黄帝。"《史记·封禅书》曰："三曰兵主，祠蚩尤。"良渚文化的石器中几乎不见石矛石戈之类长柄武器，而石钺却制作精良、数量众多。石钺是一种短兵相接、近身格斗用的武器，石钺发达说明其民风一定非常强悍，这和作为战神兵主的蚩尤强暴形象也是一致的。

第六，传说黄帝与蚩尤在逐鹿决战时打得十分艰苦，"九战九不胜"，"蚩尤作兵伐黄帝乃令应龙攻之冀州之野。应龙畜水，蚩尤请风伯雨师从，大风雨。黄帝乃下天女曰魃，雨止，遂杀蚩尤。魃不得复上，所居不雨"。从《山海经》的这段描写中可以知道这场战争延续的时间很长，而且当时气候反常，既有大洪水，又是风雨交加，接着长期干旱。传说虽然带有神话色彩，但是根据气象史学家的研究，在距今4000年前确实出现过一个自然灾害异常频繁的时期，联系到太湖地区良渚文化层之上普遍存

---

① 孙维昌：《上海青浦福泉山良渚文化墓地》，《文物》1986年第10期。
② 南京博物院花厅考古队：《江苏新沂花厅遗址1987年发掘纪要》，《东南文化》1988年第2期；《江苏新沂花厅遗址1989年发掘纪要》，《东南文化》1990年第1—2期。
③ 傅宪国：《试论中国新石器时代的石钺》，《考古》1985年第9期；《论有段石锛和有肩石器》，《考古学报》1988年第1期。

在的一层淤泥，可知传说并不是胡编乱造的。

第七，商代礼器上最常见的主题纹饰是形象凶恶的饕餮纹。《吕氏春秋·先识览》说："周鼎着饕餮，有首无身，食人未咽，还害其身。"《路史后纪·蚩尤传》说："三代彝器多着蚩尤之象，为贪虐者之戒。其状率为兽形，傅以肉翅。"王献唐先生也认为，商周钟鼎彝器上的饕餮纹就是蚩尤的形象，他认为这是黄帝族的后裔为纪念黄帝战胜蚩尤的勋绩而作的。[1] 把兽形的饕餮说成是蚩尤之象当然是神话，但是学术界公认商代铜器上的饕餮纹来自于良渚文化玉器上的兽面纹[2]，这是没有问题的。良渚文化玉器上的兽面纹应该是良渚文化先民崇拜的对象，或者是良渚部落的族徽标识[3]，它能够出现在中原并在后世获得发展，说明良渚文化因素介入中原之深入，如果没有良渚文化先民的北迁那是不可能的。

第八，《史记·五帝本纪》正义引《鱼龙河图》曰："蚩尤没后，天下复扰乱，黄帝遂画蚩尤形象以威天下。"《路史》曰："后世圣人多着其（指蚩尤）象于尊彝以为贪戒。"王献唐先生也认为："后世钟鼎彝器时范饕餮花纹谓以诫贪。"[4]

关于铜器上铸饕餮纹是为了诫贪的说法是有疑问的，因为在商代饕餮纹主要铸在贵族用于祭祀的礼器和象征权力的铜钺上，使用这些东西的人并不是要告诫的对象，而被告诫的人又不使用这些东西。"国之大事，唯祀与戎。"[5] 在使用礼器与铜钺的那些场合，饕餮纹所起的作用不仅是为了美观，而且是为了渲染烘托出一种气氛，这种气氛绝不是对使用者的威慑，而是表达了对信仰对象的崇敬和显示出使用者的威严。良渚文化刻在玉琮和玉钺上的兽面纹也同样表达了使用这些玉器的权贵们的崇敬心情和威严气势。

器物上的纹饰是制作和使用这些器物的人的审美观和价值观的反映。由于不同群体的人们审美观与价值观不同，因此他们使用的纹饰也总有区别，但是商代的饕餮纹与良渚文化的兽面纹却不仅造型一致、表现手法一致，而且使用场合及其功能都如此一致，这说明两者之间的文化联系绝不

---

[1] 王献唐：《炎黄氏族文化考》，齐鲁书社1985年版。
[2] 汪遵国：《良渚文化"玉敛葬"述略》，《文物》1984年第2期；张敏：《兽面纹与饕餮纹》，《南京博物院集刊》1983年第6期。
[3] 叶文宪：《良渚玉琮兽面纹新解》，《中国文物报》1991年8月4日。
[4] 王献唐：《炎黄氏族文化考》，齐鲁书社1985年版。
[5] 《左传·成公十三年》。

是敌对关系而应该是继承关系。当然商人并不是良渚文化先民的后裔,商文化也不是良渚文化的直接继承者。商人的先祖可能起源于辽西①,但是在夏代初年他们就已经向南迁徙,并且在相当长的一段时间里辗转活动在冀南、豫北、鲁西一带,势力最强的时候曾经扩张到海边,即《诗经》所谓的"相土烈烈,海外有截"。② 以后才向西发展灭了夏朝。所以商人和齐鲁地区的东夷族有过长期的接触,他们广泛地吸收融合了东夷的文化——包括北迁到那里的良渚文化的遗产。

蚩尤在中国古代神话系统中是一个非常特殊的人物。他是黄帝的敌人,是个"惟始作乱"③、"不用帝命"④ 的叛逆,最终被黄帝所杀;他又被后人说成是"庶人之贪者"⑤,被描绘成"兄弟八十一人,并兽身人语、铜头铁额、食沙石子"⑥,"八肱八趾疏首"⑦,"人身牛蹄、四目六手、耳鬓如剑戟、头有角"⑧ 的怪物。尽管汉代的应劭承认蚩尤也是一位"古天子"⑨,但是他却不能忝位于儒家整理出来的圣帝明王之列。然而蚩尤在受到后人诟病的同时却又受到后人的崇敬与祭典。春秋战国时代蚩尤和黄帝同被列为战神,是军队出征前举行师祭的对象。秦朝时祭祀的东方八神,其中第三位就是"兵主,祠蚩尤"⑩;《史记·封禅书》还记载刘邦起兵时"祠蚩尤、沐鼓旗",高祖四年又"令祝官立蚩尤之祠于长安"。以后历代军队出师祭旗也都要祭黄帝,或者祭蚩尤⑪,民间则每年都要祭祀蚩尤⑫。他还被提升到天空成为一种星宿,叫"蚩尤旗"⑬,即某种形

---

① 金景芳:《商文化起源于我国东北说》,《中华文史论丛》第七辑,人民出版社1978年;干志耿等:《商先起源于幽燕说》,《历史研究》1985年第5期。
② 《诗经·商颂·长发》。
③ 《尚书·周书·吕刑》。
④ 《史记·五帝本纪》。
⑤ 裴骃撰《史记集解》转引《汉书音义》臣瓒引《孔子三朝记》。
⑥ 《太平御览》卷七八引《龙鱼河图》。
⑦ 《初学记》卷九引《归藏·启筮》。
⑧ 《述异记》。
⑨ 裴骃撰《史记集解》引应劭曰。
⑩ 《史记·封禅书》。
⑪ 如《隋书·礼仪志》:隋大业七年"征辽东……于秃黎山为坛祀黄帝,行祃祭。"《宋史·礼志》:太平兴国四年,"太宗征河东……用少牢一祭蚩尤,祃牙。"
⑫ 《史记·五帝本纪》集解引《皇览》:"蚩尤冢在东平郡寿张县阚乡城中,高七丈。民常十月祀之。"
⑬ 《史记·五帝本纪》集解引《皇览·冢墓记》:"有赤气出如匹绛帛,民名为蚩尤旗。"

状的彗星。

黄帝是华夏族的人文始祖，他受到后人崇拜祭祀是当然的，但奇怪的是黄帝的敌人蚩尤一面遭到黄帝子孙的唾骂，另一面却又受到他们的祭奠与尊重。这种矛盾的现象表明在自称是炎黄子孙的人们中间除了黄帝与炎帝的后裔以外一定还包括有蚩尤的后代，否则绝对不可能出现这种现象。华夏族是由多个部族融合而成的，其中不仅包含了黄帝和炎帝的后裔，也应该包含了蚩尤的后裔。和炎黄相对应的是中原的土著文化先民，而和蚩尤相对应的则应该是北迁的良渚文化先民。

第九，传说中国的许多文物器用和实用技术都是黄帝时代发明的："黄帝穿井"①、"嫘祖始蚕"②、"牛耕始自神农"③、"黄帝之时以玉为兵"④、舜"作为食器……流漆墨其上"⑤，等等，其实打井、缫丝、犁耕、琢玉、木作、髹漆等项技术或是太湖地区先民最早发明的，或是以良渚文化先民的水平为当时最高。当这些技术在中原出现之日正是良渚文化北迁之时，也许因为这些北迁的良渚文化先民被中原先民战败并融合了，所以他们带去的这些技艺也就都被记在胜利者黄帝的功劳簿上并被当作是黄帝的发明了。

第十，商周时代淮河流域有一个方国叫作虎方，金文中经常见到虎形的族徽铭文。虎、徐一音之转，虎方即徐夷⑥，其活动中心在今天的徐州附近。良渚文化玉器上频繁出现的兽面纹正是呲牙环眼的虎形，虎可能就是他们部落的标识。徐州临近鲁西南，正是传说中蚩尤寄居之地，其间的关系恐怕也非巧合。

综上所述，良渚文化的北迁是可以得到考古学证实的一段信史，而关于蚩尤的传说正是以北迁的良渚文化先民为蓝本创造出来的。

---

① 《世本·作篇》注。
② （明）董斯张《广博物志》卷十五引《皇图要览》云："伏羲化蚕，西陵氏（嫘祖）始蚕。"
③ （清）赵春沂：《牛耕说》；赵翼：《陔余丛考》卷十九《牛耕不始于赵过》。
④ 《越绝书·宝剑篇》。
⑤ 《韩非子·十过篇》。
⑥ 郭沫若《两周金文辞大系考释》："虎方亦见于卜辞，此属南国，当即徐方，徐、虎一音之转。"李白凤《东夷杂考》："徐夷在商代亦称为虎方，郭沫若以为'徐、虎一音之转'甚确。但郭氏说得太笼统，我以为'虎'是其本称，而'徐'则是周人对他的讹称。"

第二节 良渚文化因素的传播

一 中原华夏文化中的良渚文化因素

良渚文化先民是一个强悍的部族,但是在中原部族的联合抵抗下他们被打败了,因此他们未能在中原取得一块立足之地以重建本族的文化;然而良渚文化的因素却被胜利者吸收、同化、融合了,不仅他们的礼器、武器、工具和装饰品被胜利者缴获和采用,而且他们掌握的各种先进技术如犁耕、缫丝、凿井、髹漆、治玉等也被胜利者接受和利用,并成为后来夏商时代中原华夏文化的组成部分。这些文化因素择其要者罗列如下。

1. 陶器

新石器时代各地先民制造陶器的技术水平是参差不齐的,从仰韶时代到龙山时代都以海岱地区的大汶口文化先民和龙山文化先民的制陶技术水平为最高。各地的先民由于生活习俗不同,他们使用的陶器种类、式样、纹饰、组合也都不一样,因此对出土的陶器进行类型学分析是区分考古文化、了解发展序列、探究相互关系最重要的途径。

良渚文化先民的制陶技术在当时并不是首屈一指的,但是他们有一些常用的、很有特色的陶器,如扁足鼎、贯耳壶、簋、阔把壶、觯形杯等,都不见于同时代其他的考古文化,也未被当地后续的马桥文化所继承,然而却成为二里头文化的典型器,并且成为商代某些青铜器如扁足鼎、壶、簋、觑觥、觯的祖型(表1—2)。

表1—2 良渚文化、二里头文化、殷商文化部分陶(铜)器器型比较表

	良渚文化	二里头文化	殷商文化
封口盉 (袋足鬶)	寺墩 T8:1	ⅥM8:1	郑州商城 C8YJM1:2
扁足鼎	越城 M2:4	ⅣH40:29	妇好墓:1173

续表

	良渚文化	二里头文化	殷商文化
簋	草鞋山 M198Ⅱ:9		殷墟西区 M347:20
兕觥 (宽鋬壶)	福泉山 M74:12		妇好墓:802
觯 (觯形杯)	吴家埠 M19:16		妇好墓:783
擂钵	钱底巷 T1207④:1 (崧泽文化)	V H83:38	偃师商城 D2H47:1

2. 石器

新石器时代各地先民制造石器的技术水平也不一致,一般来说,琢玉水平高超的先民制石水平也高,因为这两者在技术上是相通的。中原地区从仰韶时代到龙山时代所制造的石器都比较粗糙简陋,磨得也不很精细,而良渚文化的石器不仅制作得很规整,而且磨得很精良,其中最有代表性的是有段石锛和有内石钺。

石锛是平整木头用的工具,各地新石器文化遗址中都有出土。石锛的形制有很多种，其中最先进、最高级的是有段石锛。江浙地区在距今7000年前开始出现原始的隆背形有段石锛，在距今6000—5500年间出现了弧背形有段石锛，而到良渚文化时期台阶形有段石锛兴盛起来。这一地区有段石锛不仅出现的时间早，并且演变的序列完整，而其他地区则通常缺失隆背形有段石锛或弧背形有段石锛这两个早期的阶段，并且出现台阶形有段石锛的时间也较晚。到距今4000年左右良渚文化在这一地区消失后台阶形有段石锛也随之衰落了，并且没有被后续的马桥文化所继承，但是在河南和南方其他地区恰恰在这个时候开始出现台阶形有段石锛（图1—5）。①

图1—5　有段石锛分布及传播图

---

① 傅宪国：《论有段石锛和有肩石器》，《考古学报》1988年第1期。图1—5也引自该文。

尽管有段石锛只是一种器物，但是它所代表的是良渚文化先民制造石器的技术和加工木器的水平。作为一种文化因素，它的传播路线也在一定程度上揭示出了良渚文化先民迁徙的足迹（又见图1—4）。

良渚文化墓葬中出土数量最多的石器是石钺。石钺的体形扁平，它常常被叫作穿孔石斧。据研究，在新石器时代各文化系统中也以江浙地区出现石钺的时间最早、数量最多、磨制最精。中原地区素来缺乏使用石钺的传统，但是在陶寺文化墓葬中却突然出现了许多磨制得非常精致的石钺，而且出现了只有良渚文化才有的最先进的有内石钺①，如果不是文化的移植，是无法解释这一现象的。

曲尺形石器也是良渚文化独有的一种很有特色的石器，它的用途可能与农作有关，但是在陶寺文化的大墓里它被放在木俎上作为一种礼器（表1—3）。

表1—3　良渚文化、二里头文化、殷商文化部分石（铜）器器型比较表

	良渚文化	陶寺文化	二里头文化	殷商文化
有段石锛	寺墩 M3:79	M3015:20		
石钺	张陵山	M3024:1	80ⅤM3:3	郭家庄 M160:111
曲尺形石器	海盐石泉高地	M3015:39		

---

① 傅宪国：《试论中国新石器时代的石钺》，《考古》1985年第9期。

3. 玉器

由于受到原料产地和加工技术的限制,在新石器时代并不是每个地区都有玉器。根据现在所掌握的资料,在仰韶时代燕辽地区的红山文化和长江沿线的马家浜文化、大溪文化和稍晚一些的崧泽文化、北阴阳营文化、薛家岗文化都有玉器,而到了龙山时代燕辽地区的玉器衰落了,而海岱地区从大汶口文化到龙山文化都有数量不多但是制作很精的玉器,并且其形制与同时代的良渚文化玉器存在着联系。太湖地区在整个新石器时代不仅有悠久的玉文化传统,并且良渚文化以玉器数量之多、制作之精而居于当时之首,但是到了夏商时代太湖地区的玉器却一下子消失了。中原地区从仰韶时代到龙山时代几乎都不见有玉器,但是到了夏商时代中原地区却突然冒出了许多玉器,它们的形制明显地与新石器时代各地的玉器有渊源关系,而且制作的技术水平也明显地超过了周边各个地区(表1—4),其间所发生的突变与转折是非常耐人寻味的。

表1—4　良渚文化、二里头文化、殷商文化部分玉器器型比较表

	龙山文化	良渚文化	二里头文化	殷商文化
玉人		赵陵山 M77:71		妇好墓:470、518
多孔刀	西朱封 M202:6	福泉山 M40:79	75Ⅶ KM7:3 67Ⅲ KM1:1	
玉琮	陶寺文化石琮	寺墩 M3:43		妇好墓:1051

	龙山文化	良渚文化	二里头文化	殷商文化
玉璧		寺墩 M3:65		妇好墓:588
玉钺	西朱封 M203:17	绰墩 10	75ⅦKM7:2	妇好墓:463
玉圭	两城镇	故宫藏品	80ⅢM2:5 67ⅢKM1:3	妇好墓:553、552
柄形器		锥形器 福泉山 T15M3:120	ⅤKM4:1	郭家庄 M160:91

4. 生产技术

漆器和丝织品由于难以保存很难被发现，就目前所掌握的资料来看，江浙地区早在 7000 年前的河姆渡文化和马家浜文化时期就已经有了漆器①，而到良渚文化时期漆器做得更多更好了②，但是在中原地区所见到的年代最早的漆器出于陶寺文化墓地。③ 在良渚文化遗址中出土了年代最早的丝织品实物和刻有蚕纹的陶壶④，根据孢粉分析，在更早的崧泽文化层和马家浜文化层中就已经出现了很多桑树的花粉⑤，而中原地区传说的"嫘祖始蚕"之日正是良渚文化从太湖地区消失之时。

凿井是一项非常重要的技术发明，它使人类能够摆脱河流的束缚深入到远离河流的内陆生活，从而扩大了人类生存的空间。凿井技术也最早见于江浙地区的河姆渡文化，而在崧泽文化和良渚文化遗址中已发现大量土井和木圈井、木构井。仰韶时代中原地区的先民还不会打井，所以仰韶文化遗址都分布在河流两岸的台地上。由于中原地区人口众多，因此仰韶文化的遗址非常密集，在沿河两岸其分布密度竟与现代村落的密度相仿。到了龙山时代中原先民也学会了打井，但是从河北邯郸涧沟、洛阳矬李、容城午方、河南临汝煤山、汤阴白营和山西襄汾陶寺发现的几口龙山文化水井来看，已经有了用木棍垒成的井壁，结构十分先进（图 1—6）。⑥ 如此先进的水井出现在中原地区显得非常突兀，很让人怀疑这是由北迁的良渚

---

① 吴苏：《圩墩新石器时代遗址发掘简报》，《考古》1978 年第 4 期；河姆渡遗址考古队：《浙江河姆渡遗址第二期发掘的主要收获》，《文物》1980 年第 5 期。

② 江苏省文物工作队：《江苏吴江梅埝新石器时代遗址》，《考古》1963 年第 6 期；浙江省文物管理委员会：《杭州水田畈遗址发掘报告》，《考古学报》1960 年第 2 期；王明达：《浙江余杭反山良渚墓地发掘简报》，《文物》1988 年第 1 期；芮国耀：《余杭瑶山良渚文化祭坛遗址发掘简报》，《文物》1988 年第 1 期。

③ 中国社会科学院考古研究所山西工作队、临汾地区文化局：《1978—1980 年山西襄汾陶寺墓地发掘简报》，《考古》1983 年第 1 期。

④ 浙江省文物管理委员会：《吴兴钱山漾遗址第一、二次发掘报告》，《考古学报》1960 年第 2 期；江苏省文物工作队：《江苏吴江梅埝新石器时代遗址》，《考古》1963 年第 6 期。

⑤ 王开发等：《崧泽遗址的孢粉分析研究》，《考古学报》1980 年第 1 期；《浙江罗家角遗址的孢粉研究》，《考古》1985 年第 12 期。

⑥ 北京大学、河北省文物局等：《1957 年邯郸发掘简报》，《考古》1959 年第 10 期；洛阳博物馆：《洛阳矬李遗址试掘简报》，《考古》1978 年第 1 期；河北省文物研究所：《河北容城午方新石器时代遗址试掘》，《考古学集刊》（5），中国社会科学出版社 1987 年版；中国社会科学院考古研究所河南二队：《河南临汝煤山遗址发掘报告》，《考古学报》1982 年第 4 期；安阳地区文物管理委员会：《汤阴白营河南龙山文化村落发掘报告》，《考古学集刊》第 3 辑；高天麟、张岱海等：《龙山文化陶寺类型的年代与分期》，《史前研究》1984 年第 3 期。

文化先民带来的技术。

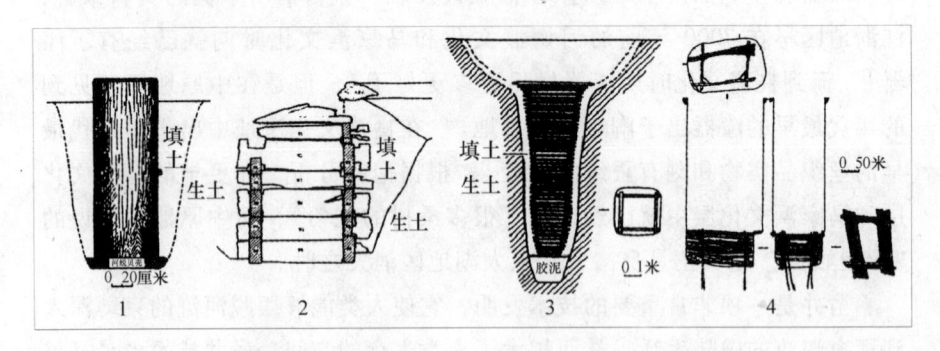

图1—6　良渚文化水井与龙山文化水井比较

良渚文化水井：1. 浙江嘉善新港木筒井　2. 良渚庙前 J1 木构井

龙山文化水井：3. 河南汤阴白营木构井　4. 河北容城午方木构井

5. 习惯风俗

良渚文化先民显然在满足衣食之需以后还有充足的余暇来制造玉器，而且制造玉器的技术非常高明。从使用大量玉器陪葬的情况来看，他们不仅爱玉成风，而且具有用玉器来敛葬的习俗。[①] 这两个因素都是后来华夏玉文化的重要组成部分，然而在本地后续的马桥文化中却未见得到继承。中原地区从仰韶文化到龙山文化都没有使用玉器的传统，但是夏商时代的中原先民却突然变得非常喜爱玉器，而且还一下子学会了制造玉器。他们甚至对玉器充满了迷信和崇拜之情，不仅像良渚文化先民一样用玉器来敛葬，而且用良渚文化先民首创的玉琮玉璧作为祭祀天地的礼器，这种崇玉、爱玉、琢玉的文化因素显然不是来自于本地的土著文化，而是来自于良渚文化。

石钺是一种武器，而不是一种工具。良渚文化先民不仅善于使用钺，而且他们还赋予钺以一种特殊的意义。在良渚文化的大墓中往往可以发现在死者的手边陪葬有一件玉钺，有的钺柲上下还安有玉制的冒（冠饰）和镦（端饰）。钺在这种场合显然已经成为一种权力的象征，而不再是一般的武器了。联系到商代大墓中出土的铸有狰狞兽面图案的青铜钺[②]和周

[①] 汪遵国：《良渚文化"玉敛葬"述略》，《文物》1984 年第 2 期。

[②] 杨锡璋、杨宝成：《商代的青铜钺》，《中国考古学研究》，文物出版社 1986 年版。

武王"左杖黄钺，右秉白旄以麾"和"以黄钺斩纣头"，"纣之嬖妾二女……斩以玄钺"①的记载，华夏文明中这种尊崇钺和以钺为权杖的文化因素显然也是从良渚文化中来的。

因为新石器时代的先民认为人死后和活着一样也要过日子，所以都用实用器殉葬。相同文化的墓葬中殉葬的器物大体相同，从而形成了各自的葬俗。良渚文化的大墓中殉葬的玉器往往多于陶器，尽管陶器数量不是太多，但还是可以看出存在着由鼎、豆、簋、贯耳壶和阔把壶构成的一套礼器组合②，这种葬俗到了商周时代在中原地区被继承下来，形成了以鼎、豆、簋、壶、斝和爵组成的殉葬礼器组合。

良渚文化先民的葬俗被华夏族继承的除了礼器组合和玉敛葬以外，还有大小墓分区埋葬的制度。在发掘了草鞋山、张陵山、寺墩、赵陵山、福泉山、反山、瑶山、汇观山等一系列遗址以后，我们已经知道良渚文化贵族的大墓都埋葬在人工堆筑的高土台上或小山丘顶部，而平民的小墓则埋葬在平地或别的地方。在同时代其他地区的新石器文化墓地里，例如大汶口文化的山东大汶口墓地和新沂花厅墓地、龙山文化的泗水尹家城墓地、陶寺文化的襄汾陶寺墓地，等等，都是大小墓埋葬在同一墓地中的，未见大小墓分区埋葬的做法。在仰韶时代一般还没有大墓和小墓的区别，这反映出当时的社会分层还不明显；而到了龙山时代各地都出现了差别悬殊的大墓和小墓，说明社会分层变得明显了，但是大小墓仍然不分彼此地葬在同一墓地里，这说明氏族的凝聚力还是非常强大的。良渚文化的贵族和平民分区埋葬，说明其社会分层比其他地区要严重得多，然而族的共同体仍然没有因为社会分层所产生的离心力而瓦解。良渚文化的这一葬俗后来显然也被华夏族继承了，这就是《周礼》里所说的"公墓"和"邦墓"的制度③，这种制度在殷墟的商人墓地和凤翔雍城的秦人墓地里可以看得非常清楚。对于一个民族来说，葬俗是不会轻易地改变的，因此它是一种非常稳固的文化因素。华夏族的葬俗在如此深广的程度上继承了良渚文化的葬俗，可见良渚文化对华夏文明的影响与介入是何等的深刻。

---

① 司马迁：《史记·周本纪》。
② 孙维昌：《福泉山良渚文化墓地论析》，《东方文明之光》，海南国际新闻出版中心1996年版，第218—228页。
③ 《周礼·春官宗伯》："冢人，掌公墓之地，辨其兆域而为之图。""墓大夫，掌凡邦墓之地域，为之图。令国民族葬，而掌其禁令。正其位，掌其度数，使皆有私地域。"

商代从殷墟早期起盛行用龟甲占卜,在中原地区的新石器文化和二里头文化中都不出龟甲,也不见龟灵崇拜的现象。这种把龟视为灵物的龟灵崇拜观念必然首先产生于产龟的地区,根据目前考古发掘所获得的资料,在墓葬中随葬龟壳或龟器的现象集中见于鲁南苏北的大汶口文化和长江流域的薛家岗文化,另外在大溪文化和马家浜文化也有零星发现。这些龟壳一般出于死者腰部,大多数背腹甲同出,内装骨锥或石子,外面很可能有织物或皮革做成的囊,应是死者生前佩戴的灵物。虽然海岱地区和长江流域以龟壳或龟器随葬的时间和商代盛行龟卜的时间相差1500年以上,但是我们相信前者应该是后者的渊源。① 商代的龟卜巫术是龟灵崇拜的一种表现形式,它的源头在东方。

在商代的墓葬和祭祀坑中还大量使用犬作为牺牲,在营造建筑举行奠基、置础、安门、落成仪式时也用犬作牺牲。以犬致祭、用犬随葬的习俗一直延续到西周,在《周礼》中还有专管犬牲的"犬人"。与龟灵现象相似的是以犬为牲的文化现象在中原本土也没有传统,在中原龙山文化中迄今尚未发现确凿的犬牲遗迹。目前所发现的犬牲遗迹也主要集中见于海岱地区的大汶口文化和龙山文化,另在大溪文化和良渚文化中有零星的发现,而在黄河上游地区只有以牛、羊致祭的遗迹。犬牲也是东方的一种文化现象,但是却发展演变为中原华夏文化的一个组成部分。②

用人作为祭祀与殉葬的牺牲是古代巫术的最高形式。用人作为祭祀的牺牲在中原地区有着悠久的传统,在仰韶文化和中原龙山文化遗址中都普遍发现有杀人献祭和用人奠基的现象,但是用人殉葬的现象却集中发现于甘肃的齐家文化和内蒙古的朱开沟文化遗址中,此外在大汶口文化和良渚文化中也有零星发现,而在中原地区却缺乏可靠的证据。③ 人祭人牲习俗在二里头文化中就很盛行,到商代发展到了极致。这一文化现象虽然有本地文化的渊源,但是得到了外来文化的补充。

6. 审美观念

商代青铜器上用得最为普遍的一种主题纹饰以前叫作饕餮纹,现在称为兽面纹,它实际上主要是以边棱为对称轴的牛头或羊头,但是它们却丝

---

① 高广仁、邵望平:《中国史前时代的龟灵与犬牲》,《中国考古学研究》,文物出版社1986年版。

② 同上。

③ 黄展岳:《中国古代的人牲人殉》,文物出版社1990年版。

毫没有给人以温顺的感觉，而是表现出一种"狞厉的美"（李泽厚语）。关于良渚文化玉器上的兽面纹和龙山文化玉锛上的兽面纹、二里头文化铜牌上的兽面纹、商代青铜器上的兽面纹之间的渊源关系，论者已经很多了，可是良渚文化的兽面纹却都是龇牙咧嘴的虎头形象，与商代青铜器上的兽面纹只是神似而造型完全不同。而且良渚文化的兽面纹是普遍用在作为礼器的玉琮上和装饰在各种玉佩上的，然而迄今发现的商周玉琮上却没有一个有这种兽面纹的。很显然，玉琮上的兽面纹代表着良渚文化先民的某种特定的意识形态，这种意识形态是华夏族所不能接受的，所以，当中原先民在接受良渚文化先民的技术与器物的同时把代表他们意识形态的兽面纹过滤掉了。这种现象在西周的青铜器上也能见到。由于周人的青铜冶铸技术水平比商人低，因此周灭商后就全盘继承了商人的青铜冶铸技术，可是因为周人与商人意识形态不同，所以周人铸造的青铜器虽然形制与商代的相仿，主题纹饰的布局格式也和商代相仿，但是却把兽面纹改换成了相向的凤鸟纹（表1—5）。

表1—5　　　　　　　　　　兽面纹演变表

良渚文化	龙山文化	二里头文化	二里岗文化（商前期）	殷墟文化（商后期）	周文化
良渚文化玉琮兽面纹	日照两城镇龙山文化玉锛兽面纹	二里头文化铜牌兽面纹	郑州张寨南街出土大方鼎兽面纹	安阳小屯妇好墓长方扁足鼎兽面纹	西周盂簋对鸟纹

像良渚文化那样以边棱为对称轴布局的兽面纹在龙山时代其他新石器文化中是没有的，而在夏商文化中却被普遍地采用了。夏商时期的华夏族排斥了良渚文化先民的意识形态，但是却接受了良渚文化先民的审美观念，这是非常耐人寻味的。

在余杭反山良渚文化大墓中出土的一件大型玉琮上刻有神人与兽面复合构成的"神徽"，在神人和兽面上都填有云雷纹（表1—6左），类似的纹饰也见于玉钺、玉璜、冠饰等玉器上。用细线云雷纹构成兽面的做法在商代青铜器上是很常见的（表1—6右），这种装饰手法与良渚文化"神徽"的表现手法也是一致的。

表1—6　　　　　　　良渚文化与殷商文化勾填云雷纹比较表

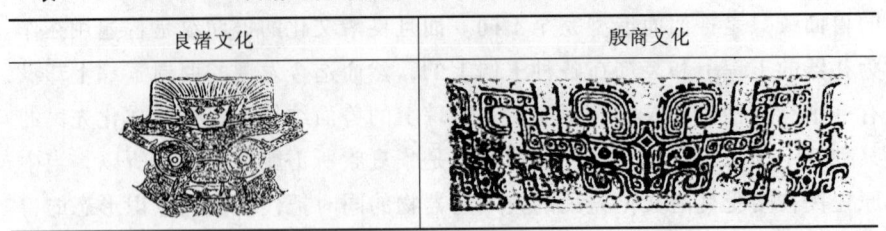

良渚文化	殷商文化

在新石器时代年平均温度比现在要高2℃—3℃，黄河流域温暖湿润、气候宜人，黄土又很肥沃、生态也未遭破坏，自然条件比现在要优越得多。也许是这个原因，所以中原先民制造工具的技术并不是一流的：制陶不如东边的大汶口文化、龙山文化先民，琢玉不如北边的红山文化先民，也不如南边的薛家岗文化、良渚文化先民，冶铜不如西边的齐家文化先民。然而正是由于自然条件极其优越，中原地区的新石器文化发展得最为迅速，仰韶文化和中原龙山文化遗址不仅数量多、面积大，而且遗址里文化层堆积得很厚，这些都说明了当时中原地区的人丁非常兴旺。所以在龙山时代末期大迁徙所造成的大冲突中，人口较少的各地先民被淹没在中原先民的汪洋大海里了，而他们所创造的各种文化因素也融入中原文化之中，形成了灿烂的华夏文明。应该说各地新石器文化先民都为华夏文明的形成做出了贡献，这些新石器文化都是华夏文明的渊源，而良渚文化为华夏文明所做的贡献尤其不能小看。

二　各地发现的良渚文化器物

据已发表的资料统计，良渚文化遗址的数量已经超过了500处（又见附表一），比同地区在其之前的崧泽文化和马家浜文化遗址的总数还要多得多，而且遗址的规模大，出土器物的质量高、种类多。这说明在距今四五千年间的良渚文化先民已经发展成为一个人口众多的族群，而且他们的技术水平远远领先于周边地区的其他先民，所以从良渚文化早期开始这些先民就向北、西、南三个方向扩散自己的影响，甚至通过海路把自己的文化传播到了沿海的岛屿上（又见图1—4），所以可以在非常广阔的地域都发现了玉琮、玉锥形器和双鼻壶、贯耳壶、鱼鳍形足鼎、T形足鼎、圈足盘、袋足鬶等独具特色的良渚文化器物（附表二）。

在新石器时代末期，良渚文化先民的文明程度和技术水平已经达到了非常高的层次，绝对不低于同时代中原地区的先民，以至于学术界许多学者都认为太湖地区乃至整个长江流域和黄河流域一样也是华夏文明的源头。然而在距今4000年前良渚文化却神秘地从它的发祥地销声匿迹了。没有人知道原因，也没有留下任何记载，但是从太湖地区消失的良渚文化的因素却被中原地区的华夏先民继承了下来，并且成为华夏文明的组成部分之一。

良渚文化是太湖地区三千年新石器文化发展所达到的顶峰，但是在接下来的几百年里太湖地区的文化发展却停滞了，被我们发现的遗址寥寥无几，显得极其萧条荒凉，一直要到春秋晚期吴人和越人在这里再度崛起并且北上中原争霸，这些生活在太湖地区的先民才为中原居民重新知晓，并在他们撰写的史书中把这些断发文身的人们称为"荆蛮"和"于越"。从良渚文化在太湖地区消失到吴越两国崛起期间经过了一千五百多年，尽管它们先后出现在同一片土地上，但是无论从哪个方面分析，良渚文化先民都不可能是吴人和越人的祖先，当然良渚文化也不是吴文化和越文化的源头。

第二章　马桥文化——先越文化

越人生活在江南的广大地区，在基因上属于蒙古人种的南亚亚种[①]，在语言上使用古越语[②]，在考古学上与几何印纹陶文化相联系[③]，在技术上发明了烧制原始瓷。然而越人没有发明文字，当然也不能记录自己的历史，关于越人的历史都是当他们与中原华夏发生接触之后才被华夏史官记录下来的：周成王二十四年"于越来宾"[④]；周成王二十五年大会诸侯，四方贡物中包括"东越海蛤，欧人蝉蛇"，"于越鳐，姑妹珍，具区文蜃"[⑤]；周穆王三十七年"伐越，大起九师，东至于九江"[⑥]。根据这些记载，似乎早在西周初期中原华夏就已经与越人有所交往了，但是以后的情况如何？仍然不甚了了。

越人在战国秦汉时被中原华夏叫作"百越"，意思是越人各有种姓、部落众多，还没有形成统一的国家组织，但是在古史传说中只有华夏、东夷、苗蛮（或三苗）三大集团，并没有百越，那么越人这个庞大族群的源头究竟来自哪里？越人祖先留下的遗存即所谓"先越文化"究竟应该是哪一支考古文化呢？

[①] 叶文宪：《论古越族》，《民族研究》1990年第4期；《论汉民族的形成》，《古代文明》2011年第3期。

[②] 周振鹤、游汝杰：《地名与历史民族地理》，《方言与中国文化》，上海人民出版社1986年版，第153—159页。

[③] 李伯谦：《我国南方几何形印纹陶遗存的分区、分期及有关问题》，《北京大学学报》1981年第1期；彭适凡：《中国南方古代印纹陶》，文物出版社1988年版。

[④] 《竹书纪年》。

[⑤] 《逸周书·王会解》。

[⑥] 《文选·恨赋》注引《纪年》。

第一节 越非苗裔考

越人从何而来？有的学者认为越族是三苗的一支后裔。①然而"越为苗裔"说只是一种推测，因为任何一部古籍都未载明这一点。彭适凡先生根据苗和越都以蛇为图腾和都有文身习俗这两点认为"越族和三苗族有着密切的关系"，但是同时他又指出："关于古三苗与古越人的关系，尚有一些问题值得进一步研究。"②

先秦时代在江南地区广泛分布着几何印纹陶遗存，越人是几何印纹陶的创造者，这一观点已为学术界所公认。③但是各地的文化面貌并不完全一致，李伯谦先生把它们

图2—1 几何形印纹陶遗存分区示意图

分成赣鄱、宁镇、太湖、湖南、岭南、闽台、粤东闽南七个区（图2—1）。④这一现象正和越人的文化面貌不一致相符合，所以战国秦汉时代的人们称之为"百越"。以文献与考古遗存相对照，大体可以认为赣鄱为扬越、宁镇为句吴、浙北为于越、浙南闽北为瓯越、闽南为闽越、岭南为南越、桂北为西瓯。辛土成、严晓辉先生根据活动区域和社会形态这两点论证了"于越决非三苗后裔"，但是也认为关于整个古越族和三苗族的关系

---

① 江西博物馆：《南方地区几何印纹陶几个问题的探索》，《文物集刊》第3辑，文物出版社1981年版；吕荣芳：《三苗、越族与印纹陶的关系》，《百越民族史论集》，中国社会科学出版社1982年版。
② 彭适凡：《中国南方古代印纹陶》，文物出版社1988年版，第340页。
③ 江西博物馆：《南方地区几何形印纹陶几个问题的探索》，《文物集刊》第3辑，文物出版社1981年版；吴绵吉：《江南几何印纹陶"文化"应是古代越人的文化》，吕荣芳：《三苗、越族与印纹陶的关系》，均见《百越民族史论集》，中国社会科学出版社1982年版。
④ 李伯谦：《我国南方几何形印纹陶遗存的分区、分期及其有关问题》，《北京大学学报》1981年第1期。

现在还难下结论。①

由于三苗早在舜禹时代就被华夏征服讨灭了，因此文献中关于三苗的记载都十分朦胧，而且近乎神话传说；由于越人在春秋之前几乎未与华夏发生太多的交往，而楚灭越之后大部分越人又很快被楚人和汉人同化，未被同化的则退入东南和西南的山区或边缘地区，因此文献中关于越族的记载除了吴越争霸这一段以外余皆语焉不详。所以仅仅依据文献要搞清越族的渊源确实是困难的，然而如果能在文献的基础上辅之考古的证据，那么至少可以得出这样的结论：越族不是三苗的后裔，越族是与华夏、东夷、三苗并存的生活在我国南方广大地区的一个人口众多的大族群。

根据《战国策·魏策》等古籍记载和前人考证，三苗的活动区域在伏牛山以南、洞庭湖至鄱阳湖之间的江汉地区。三苗与华夏发生冲突是在尧舜时代，被禹讨灭以后三苗便不复存在了。夏朝大体可与二里头文化相对应，因此尧舜时代应该相当于河南龙山文化。这样就确定了三苗的时空范围。

出现在这样一个时空范围内的考古文化是屈家岭—石家河文化系统。这一文化系统可以分为四个类型：鄂西北至豫南以青龙泉为代表的北部类型，鄂西至三峡以季家湖为代表的西部类型，涢水流域以屈家岭、易家山为代表的东部类型和以江西修水山背跑马岭为代表的南部类型。俞伟超先生指出这四个类型中北、东、南三个类型就是三苗的文化遗存。② 在这三个类型中只有南部的山背文化含几何印纹陶，而几何印纹陶正是越文化特征，那么这是否意味着越人是三苗的一支或者越人是由这一支三苗发展而来的呢？答案是否定的。因为：

第一，江南地区与山背文化同时并存的也含几何印纹陶的还有赣鄱区的樊城堆文化、岭南区的石峡文化和闽台区的昙石山文化，即使把山背文化理解为三苗文化的一支，也没有理由认为江南各地的几何印纹陶遗存都是从山背文化发展而来的。

第二，江汉地区诸文化类型发展到二里头文化时都突然中断了，这一现象和禹灭三苗的记载是吻合的，但是山背文化的时代却偏早，它与屈家

---

① 辛土成、严晓辉：《于越族源探索》，《厦门大学学报》1984 年第 3 期。
② 俞伟超：《楚文化的渊源与三苗文化的考古学推测》，《先秦两汉考古学论集》，文物出版社 1985 年版。

岭文化相当，因此把它理解为三苗后裔显然与时代不符。

第三，山背文化出土的扁足罐形鼎、镂孔豆、圈足盘、圈足碗、高圈足杯、壶形器等器物都具有浓厚的屈家岭文化特征，这说明山背文化确实与江北的屈家岭文化具有密切的文化联系，但是山背文化的遗址至今只发现了几处，而且局限于修水山背地区 20 平方公里的范围之内①，如果把它理解为三苗的一支，也只是三苗在江南的一个点。与山背文化同时代和稍晚在赣江流域广泛分布着另一支新石器文化——樊城堆文化。樊城堆文化所含的几何印纹陶要多得多，它与岭南、长江下游和湘江流域的新石器文化有着许多共同因素，但是与山背文化的面貌明显不同。樊城堆文化是江南的一支土著文化，它和山背文化没有继承关系，两者属于两个不同的文化系统。②

所以从考古学的角度来看"越为苗裔"说显然是不能成立的。新石器时代晚期当三苗文化活动于江汉地区的同时以几何印纹陶为特征的古越文化已经存在并广泛分布在江南广大区域了。

第二节　卩非戉、钺、越、越族、越国考

甲骨文中有个卩字，字形象钺，自罗振玉始诸家均释作"戉"，训作"钺"。戉与越通，范文澜先生疑其为越国③，彭适凡先生进一步认为卜辞所见的卩就是在江南创造了几何印纹陶的越族，因此他认为华夏族和越族在商代已经有了频繁的接触和交往。④ 这些观点都是值得商榷的。

一　卩方非越族、越国考

卩字在卜辞中出现的频率很高，据岛邦男《殷墟卜辞综类》⑤ 统计，含卩字的卜辞有 160 条之多。卩组卜辞的贞人有𢀛、宁、争、永、亘、㱿等，由此可知卩组卜辞的年代是在武丁时期。

卩组卜辞的内容十分丰富，从中可以窥见卩与武丁之间的关系、卩的活

---

① 李家和、刘林、刘诗中：《樊城堆文化初论》，《江西历史文物》1986 年第 1 期。
② 同上。
③ 范文澜：《中国通史简编》第一编，人民出版社 1954 年版。
④ 彭适凡：《中国南方古代印纹陶》，文物出版社 1988 年版，第 341 页。
⑤ [日] 岛邦男：《殷墟卜辞综类》，汲古书院 1967 年版。

动、卩的地望，并可以据此分析卩的族属。

卩在武丁初年曾是商王朝的一个敌国，所以武丁命令雀去伐卩："癸巳卜，𠱾贞，呼雀伐望、卩。"（掇1.252）"贞，雀𢦏卩。"（乙4693）

雀是武丁前期的一员猛将，曾先后征伐过20多个方国，卩被雀征服后成了商王朝的一个与国，并作为与国先后参加了伐土方（戬12.13）、伐羌方（甲3358，人917，戬41.4，簠游133）和伐湔方（合集6566—6568）的战争。

武丁后期西北地区的舌方强大起来并经常骚扰商朝的边鄙，受舌方侵犯的有兴、友、唐、雷、沚等20个方国和地区，卩也在其列："舌方允𢦏卩。"（粹1071，戬45.15，前7.8.1）

商朝与舌方的战争历时最长、战况最烈、参战者最多，卩也参加了伐舌方的战斗："乙丑卜，𠱾贞，令卩来，曰：伐舌方，在十月。"（金525，前6.30.2，南明162）

除了战争以外，武丁还经常"令卩"（甲3342，续5.32）、"呼卩"（邺1.33.5，存1.616，簠人70）来为他服务。由于卩为武丁南征北伐功劳卓著，成了武丁的得力干将，因此他受到武丁特别的关怀，武丁常为他占卜吉凶："卩亡灾？"（林1.8.9）"卩亡𠚒？"（南明148）"戊辰卜，宁贞，卩亡祸？贞，卩其有祸？"（存1.615，金699）武丁还为卩向祖先祈福："贞𥙿卩于祖乙。"（金651）同版还有为卩施行告祭的记录："贞，出于祖乙，告卩。""贞，告卩于甲戌。"

从卜辞所记录的卩的活动和卩与商的关系，可以看到卩方是武丁时期一个重要的方国，卩方首领是一个受到武丁尊宠的大臣，但是在经常由诸子、诸妇主持或参加的祭祖大典中卩从来都被排除在外，这说明卩与商王不同族[①]，武丁初年曾经伐过卩，也证明卩非商族。

既然卩非商族，那么会不会是越族呢？

产生于新石器时代晚期的几何印纹陶到商代得到充分的发展，但是各地的几何印纹陶遗存的文化面貌并不统一（再见图2—1），这一现象正是文献所说"百越杂处，各有种姓"的反映。如果卩是越族，那么它可以与上述七区中哪一区的考古学文化相对应呢？

---

① 林小安：《殷武丁臣属征伐与行祭考》，《甲骨文与殷商史》第二辑，上海古籍出版社1986年版。

七区中的宁镇、太湖、闽台、岭南、粤东闽南五区都不和商王朝接壤，其文化面貌和商文化面貌相去较远。即使如宁镇区的湖熟文化和太湖区的马桥文化已受到了商文化的一些影响，但都还处在只有小件铜器的水平，与商文化相比显然过于落后。所以卪不可能是这五个区的越族。

湖南和赣鄱两区与商朝的南土接壤。自从舜和禹把三苗击溃并把土著文化逐出江汉平原以后，二里头文化和二里岗文化就长驱直入南下到达长江边上①，商人还在那里建立了一座城邑——黄陂盘龙城。正因为这个原因我们从卜辞中可以看到商朝后期殷人的东、西、北三面皆有强敌，战事频繁，而唯独南面没有劲敌。所以盘庚迁殷后商人继续分两路南下，一路向南到达湘江流域，另一路向东南到达赣江流域。这一动向从湖南宁乡黄材和江西清江吴城两地出土大量与中原商器一致的陶器、铜器可以得到证明。②湖南和赣鄱两区的商式陶器、铜器都与几何印纹陶、硬陶、釉陶、原始瓷共存，这两支考古文化究竟是土著的越文化还是南下的商文化还有争议，但这个问题与本书关系不大，我们关心的是它们会不会是卜辞中的卪？宁乡黄材和清江吴城都多次出土了鼎、卣、罍、斝等青铜礼器和戈、矛、镞等青铜武器。不管是越族还是商族，两地可能都是商王朝的方国，也可能都派兵参加了伐卪方的战斗，然而两地都在江南，它们绝不会受到舌方的侵扰，因为不可设想地处陕北的舌方会穿越商境、跨过大江来"戋卪"，所以卪也不能在这两个地区。

综上所述，卪不可能是江南创造几何印纹陶的越族。

再说越人与华夏的交往，尽管在郑州二里岗，殷墟等商代遗址中发现过一些江南产的印纹硬陶，但是其数量极少③，可见越文化在中原的影响十分微弱，和具有赫赫武功的卪根本不可同日而语。这也可以反证卪不是江南的越族或越国。从文献记载来说，即使先秦文献皆为信史，越人与华夏交往也不过始于周初：《竹书纪年》载周成王二十四年"于越来宾"，《逸周书·王会解》记周成王二十五年大会诸侯，四方贡物中包括"东越海

---

① 俞伟超：《先秦两汉考古学论集·楚文化的渊源与三苗文化的考古学推测》，文物出版社1985年版。
② 中国社会科学院考古研究所：《新中国的考古发现和研究》，文物出版社1987年版。
③ 分别参见河南文化局文物工作队《郑州二里岗》，科学出版社1959年版；马得志等《1953年安阳大司空村发掘报告》，《考古学报》第10册1955年；《1969—1977年殷墟西区墓葬发掘报告》，《考古学报》1979年第1期；河北省文物研究所：《藁城台西商代遗址》，文物出版社1985年版。

蛤、瓯人惮蛇"，"于越衲、姑妹珍，具区文蜃"等。因此，可以说在商代江南的越人还鲜为华夏所知，在华夏族的上古传说中只有和华夏邻近的三苗与东夷，而不见与三苗东夷并存但散居于江南广大地区的越人，就是这个道理。

至于到了春秋末年，越国因为崛起而受华夏重视，中原史官开始记录越国的历史，但是只不过追溯到勾践前四世，对更早的世系就一无所知了，而位于越国北面的吴国各代世系及事迹则远比越国要完备和丰富。这说明句吴与华夏的文化联系比于越要早得多而且密切得多，而于越只是到勾践时才和华夏发生密切的交往。由此也可以证明卩决不会是江南的越族或越国。

如上所述，卩方既然受到舌方的侵犯，其必然是与舌方为邻。舌方在今陕北，那么卩的地望应当在舌方与大邑商之间的某地。从卜辞"癸亥卜，争贞，卩、友获在西。"（掇二 470）可知，卩与友相邻；从卜辞"自兑、友、唐。"（前 7.8.2）和"友、唐告曰。"（前 4.29.5）又可知友与唐相邻，则卩距唐也不会太远。卜辞中的唐地即文献中"封叔虞于唐"之唐，在今山西翼城，所以卩的地望当在晋南地区。

唐地原为夏墟，分布在唐地附近的卩以及沚、雷、友等异姓方国可能都是臣服于商的夏人遗族。①

二 "卩"字非戉、钺、越考

卩方既非越族也非越国，那么"卩"字是否释作戉、训作钺、假借作越字呢？

罗振玉和李孝定都认为卩是斧钺之象形，故释作戉②，《甲骨文编》、《金文编》等各种字书也都释卩为戉，但是卩字在卜辞中却并不作"钺"字用。卜辞中"卩"字的用法有"卩戋"、"戋卩"、"卩伐"、"卩受佑"、"卩来"、"卩获"、"比卩"、"卩行"、"卩出石"、"卩其出"、"卩亡祸"等十几种，不是作国名、族名就是作人名、地名，没有一例可以释作斧钺之钺。若将卩释作戉、训作钺，则卩组卜辞无一可以通读。

---

① 林小安：《殷武丁臣属征伐与行祭考》，《甲骨文与殷商史》第二辑，上海古籍出版社1986年版。
② 李孝定：《甲骨文字集释》，台北"中央研究院"历史语言研究所1965年版。

叶玉森认为："戉乃国名，疑越省。"李孝定已正确地予以驳正，指出春秋战国金文中的"越"字都作"戉"①，越王剑、越王勾践剑、曾侯戈的"越"字都从"邑"写作䓪，绝无"走"字旁的"越"字。也就是说，在先秦时代尚无"越"字，所以"戉"既非"越"之省形，也非"越"之借假。

"走"字旁的"越"字最早见于睡虎地秦简，稍晚见于马王堆西汉帛书②，可见"越"字是秦汉时代新造的形声字。"越"字字形变化可能与越国兴亡变迁有关。越字原作"戉"，越国强盛之时作地名或国名的"越"字或从邑写作䓪。楚灭越后，"越以此散"，越人不再有自己的国邑与领土，所以在隶书中才出现了"走"字旁的"越"字。

甲骨文中另有一个㞷字，或写作㞷、㞷、㞷等形。㞷字在卜辞中常被借作"岁"字用，如"今岁"、"来岁"、"九岁"等，除这些用法外还常见"岁一牛"、"岁三牢"之类的句式。"岁"在这类句式中的用法与"卯"、"沉"等字用法相同，是祭祀时杀伐牺牲的一种方法。㞷象钺形，因此这种方法应是用钺来斩杀牺牲。

甲骨文中与㞷字形近的还有㞷和㞷，都像直立的斧钺之形。斧和戊，钺和戌，皆一音之转，因此前者被借作天干之戊，后者被借作地支之戌，于是又孳乳出一个新字鉞，或写作鉞，岛邦男《殷墟卜辞综类》不释，《甲骨文编》释作鉞，从戊月声，这个形声字才是"钺"字。

鉞字在卜辞中共出现 11 次，有 3 种用法：

第一种："己巳卜，争贞，侯告禹册，王令鉞。"（粹 1325）

第二种："己巳卜，鼇贞，王甴易白鼇鉞。"（库 1637）

第三种："戊申卜，鼇贞，王勿鉞鼇、鼇？"（簠杂 56）

前两种句式中的令字和鼇字不识，但从字形分析前者像衣领之形，后者从止从矢，或与弓箭有关。这两种句式的内容与金文中常见的"锡汝玄衣黹屯、赤市朱黄、戈琱㦰厚必彤沙"十分相似，鉞在这里作物名，释作"钺"字十分贴切。

第三句与"戊申卜，鼇贞，王鼇鼇、鼇。"对贞。鼇和鼇是方国名，鼇释作辥，训作乂，意为治。钺是王权的象征，在此作动词用，以"勿钺"

---

① 李孝定：《甲骨文字集释》，台北"中央研究院"历史语言研究所 1965 年版。
② 徐中舒：《秦汉魏晋篆隶字形表》，四川人民出版社 1987 年版。

与"辥"相对,也妥帖。

西周虢季子白盘铭文有"锡用戉,用征蛮方"句,其中的"戉"字作 ⊢ 形。《金文编》指出:"戉,字形与戊同,与戌为一字。"因此甲骨文中的 ⊢（戉）、⊢（戊）、⊢（岁）和戌当属一系,皆为钺之象形字。但是由于钺的这些本字都被借作他用,因此只能另造形声字"钺"来作钺字用了。这种现象在甲骨文中屡见不鲜,如斧的本字 ⊢ 被借作"父"字而另造形声字 ⊢ 作"斧"字;箕的本字 ⊢ 被借作"其"字而另造形声字作"箕"字,等等。

东周越国铜器铭文多用鸟篆,字体都加以美化变形,但如者减钟、越王剑、越王勾践剑、越王之子勾践剑、越王州句剑、越王州勾矛、越王者旨于赐矛、曾候越戈等器铭文中所有的"越"字皆作 ⊢、⊢,或者从邑作 ⊢、⊢,而不作 ⊢。① 如果 ⊢ 果真是"戉"字,那么越人在铜器上刻写国名时决不会舍而不用的。由此可以反证 ⊢ 非"戉"字。

表2—1　　　　　　　　　　石钺和铜钺形制分类

上排　石钺：1. 圆盘形　2. 梯形　3. 长方形　4. 亚腰形　5. 胆形
下排　铜钺：1. 梯形　2. 方斧形　3. 长斧形　4. 亚腰形　5. 舌形

---

① 容庚：《金文编》,中华书局1985年版。

第二章 马桥文化——先越文化

新石器时代的石钺依照钺身的形状可以分为圆盘形、梯形、长方形、亚腰形和胆形5种（表2—1上排）。其中圆盘形石钺最原始，只见于河姆渡文化和马家浜文化，以后就被梯形、长方形和亚腰形石钺取代而不复出现，这三式石钺广泛分布在长江和黄河流域下游地区，而胆形石钺只见于仰韶文化。① 商代铜钺已发现37件②，钺身形状完全继承了石钺的形制，也可分为梯形、方斧形、长斧形、亚腰形和舌形5种（表2—1下排）。铜钺和石钺都是作武器和权杖用的，它们的用途和人们赋于它们的意义是一致的，但是它们的器形可以分为两大类：梯形、方斧形、长斧形、亚腰形钺属A类，胆形石钺和舌形铜钺属B类。

A类钺的形状虽然不尽相同，但是都具有刃部平直或略带弧形的共同特点。屮、屮、屮等字都是A类钺的象形。这些字和"戈"字的区别都在于用线条突出地刻画出了钺的平刃或弧刃。A类钺是钺的主体，在所统计的421件石钺中占98%③，在37件铜钺中占90%。④ 所以原被各家释作戉字和被各种字书列在卩字条下的戉字都应该释作戉。戉是钺的本字，不过在大多数场合它被借作戉字用了，戍和岁也都是戉的假借字，而斧是孽乳的形声字，用来代替被借走的本字。

B类钺的共同特点是弧形的刃部几乎成为半圆，整个器形像是半个椭圆，卩字正是B类钺的象形。胆形石钺迄今只发现了7件，都出于陕西宝鸡北首岭和陕西渭南史家的仰韶文化遗址。⑤ 商代舌形铜钺只发现4件，分别出于陕西清涧寺墕、陕西绥德墕头村和陕西兰田怀真坊。⑥ 胆形石钺和舌形铜钺之间的时间缺环太大，还不能确定它们是否有继承关系，但是令人感兴趣的是这11件钺的出土地点和卩方的地望都相距不远（图2—2），这恐怕不是偶然的巧合。B类钺只占全部出土石钺的2%和铜钺的10%，而且都集中分布在一个范围不大的区域，因此B类钺和A类

---

① 傅宪国：《试论中国新石器时代的石钺》，《考古》1985年第9期。
② 杨锡璋、杨宝成：《商代的青铜钺》，《中国考古学研究》第一集，文物出版社1986年版。
③ 傅宪国：《试论中国新石器时代的石钺》，《考古》1985年第9期。
④ 杨锡璋、杨宝成：《商代的青铜钺》，《中国考古学研究》第一集，文物出版社1986年版。
⑤ 中国社会科学院考古研究所：《宝鸡北首岭》，文物出版社1983年版；巩启明：《陕西渭南史家新石器时代遗址》，《考古》1978年第1期。
⑥ 高雪：《陕西清涧县又发现商代青铜器》，《考古》1984年第8期；黑光等：《陕西绥德墕头村发现一批窖藏商代铜器》，《文物》1975年第2期；樊维岳等：《陕西兰田县出土商代青铜器》，《文物资料丛刊》第3辑。

钺是有区别的。这是一类特殊的钺，应该有一个专名，这个专名就是㠯。㠯的字义可以释作"戚"，《说文解字》曰："戚，戉也。"㠯是一种小型的钺，所以可以"执干戚舞"。㠯是某一种特定的钺的专称，不能释成作为通称的"戉"。我们从后来越人自称"戉"而不用㠯作国名可以知道，㠯的音读必不会是戉。如果㠯和戉同音同义，那么两者就可以互相通借，而实际上甲骨文与金文中都没有这种现象。

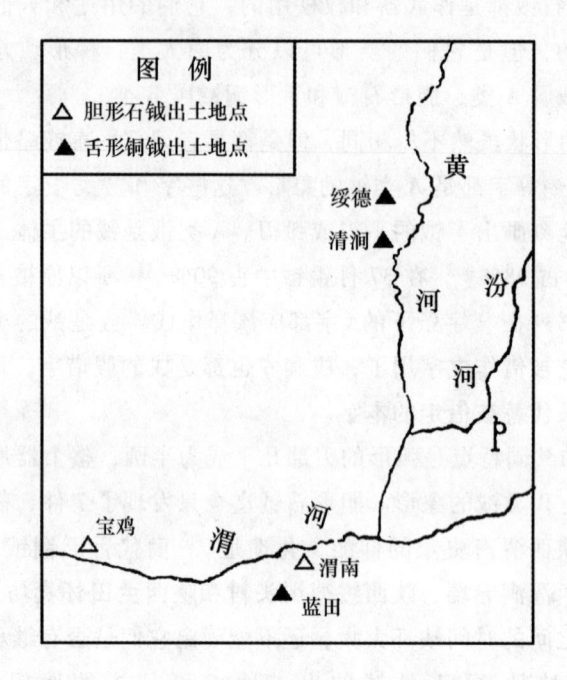

图 2—2　㠯方地望和胆形石钺、舌形铜钺出土地点

商代金文中有二个㠯字，父癸甗作㠯，㠯尊作㠯，写法都与甲骨文相同，都用作国族名。此二器无疑是商代贵族的铜器，但肯定不会是越人的铜器。

甲骨文中的㠯字都见于武丁时期的卜辞，4 件舌形铜钺的年代也都属于殷墟一、二期（即前期）。殷墟后期和西周的甲骨金文中再也没有见有㠯字，可能到殷墟后期㠯族已经与商族完全融合了，或者㠯方已经衰落而退出了历史舞台。

总而言之，㠯和戉是两个不同的字，虽然这两个字都是象形字，但是并非一字之异形；𠂤字在卜辞中作国名或人名，并不释作钺；后起的越字从戉不从𠂤；𠂤方是地处晋南的一个商代方国而不是江南的越国，𠂤人也不是越族而可能是夏遗民。武丁以后𠂤人和商人趋于同化，因此𠂤不再见于甲骨、金文和文献。江南的越族在商代和中原的华夏族并无多大接触，要到越国称霸以后双方的往来才日益密切，经过战国秦汉几百年的交流越文化才和汉文化完全融合。

第三节 新发现的广富林文化与钱山漾文化

继良渚文化以后出现在太湖地区的是商周时代的马桥文化，虽然许多遗址的马桥文化层直接叠压在良渚文化层之上，但是马桥文化的年代与内涵都不能直接和良渚文化相衔接——也就是说两者之间存在着一个"缺环"，甚至出现了一个"断层"。这一事实让考古学家困惑了许多年，难道在相当于夏代的几百年里太湖地区竟然就没人居住？难道曾经欣欣向荣的良渚文化先民真的消失得无影无踪了吗？因此许多学者一直在致力于寻找能够填补良渚文化与马桥文化之间缺环的"后良渚文化"。

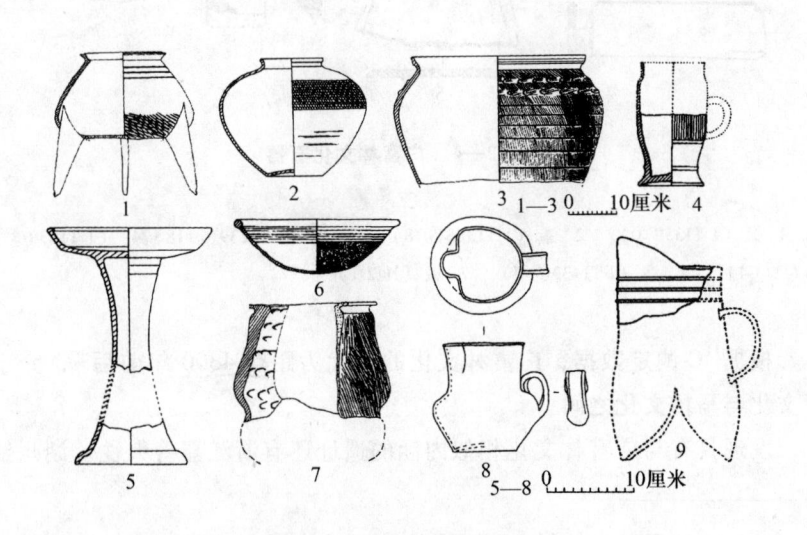

图2—3 广富林文化陶器

1. 鼎（TD9:5） 2. 罐（T08） 3. 瓮（IT1238③） 4. 杯（IT0546⑧:37） 5. 豆（T115）
6. 钵形釜（IT1238③:11） 7. 甗（H198） 8. 平底鬶（T08） 9. 袋足鬶（H43:2）

从 1999 年至 2005 年，上海的考古学家对松江广富林遗址进行了全面的勘探和发掘，首次在良渚文化层之上发现了一类新的文化遗存。该遗存陶器的陶质65%是夹砂陶，35%是泥质陶；陶器中素面的占三分之二，其余三分之一装饰各种花纹，有压印的绳纹、篮纹、方格纹和刻画的单线方格纹、复线菱格纹、叶脉纹、斜线纹等，在大型器物如瓮上常见附加堆纹；陶器的典型器形有侧扁三角足垂腹釜形鼎、细高柄浅盘豆、直领瓮、带流鬶、侈口深腹盆、甑和筒形杯等（图2—3）；石器有犁、镞、刀、斧、锛和凿等（图2—4）①。广富林遗存的住宅有干栏式建筑和地面式建筑两种。墓葬为竖穴土坑墓，长度皆在2米左右，宽约0.8米，葬式多为仰身直肢。鉴于广富林遗存独特的面貌，2006年被命名为"广富林文化"。

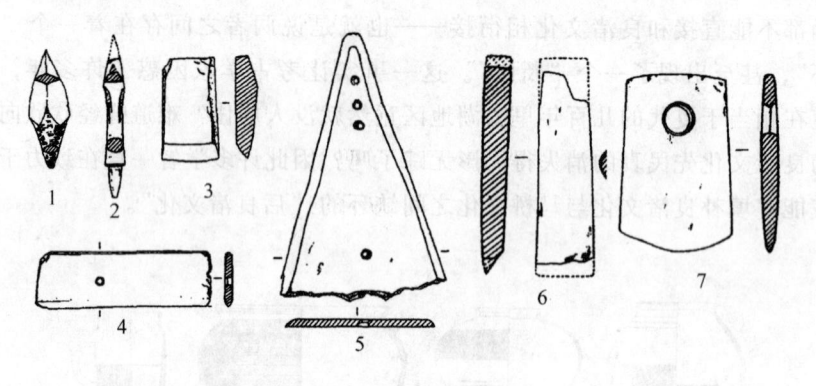

图 2—4　广富林文化石器

1. 镞（ⅠT1339③）　2. 镞（ⅠT1388⑤:8）　3. 锛（ⅠT1239⑥:18）　4.（ⅠT1339③）
5. 犁（G47）　6. 凿（ⅠT1433⑥:7）　7. 钺（H42:1）

根据^{14}C 测定数据，广富林文化的年代为距今4300 年前后②，介于良渚文化与马桥文化之间。

发现具有与广富林文化相似内涵的遗址还有浙江嘉善大往、湖州钱山

---

① 图2—4、图2—5均选自于上海博物馆考古部《上海松江区广富林遗址1999—2000年发掘简报》，《考古》2002年第10期；《上海松江区广富林遗址2001—2005年发掘简报》，《考古》2008年第8期。
② 上海博物馆考古研究部：《上海松江区广富林遗址1999—2000年发掘简报》，《考古》2002年第10期。

漾、江苏昆山绰墩和常熟北罗墩，最西面达到宜兴骆驼墩，最东面达到宁波慈城小东门、最南面达到诸暨尖山湾（图2—5）。虽然广富林文化的分布面大体上也和良渚文化相若，但是迄今为止只发现了十几处遗址（又见附表三），与良渚文化遗址相比简直寥若晨星。如果在那么广大的区域里只有在这么十几个聚落里才有人居住，那么很难想象这些先民如何能够维持自己种群的生存？也许将来会发现辨认出更多类似的遗址来，但是至少目前还无法确认广富林文化先民就是良渚文化先民的后裔。

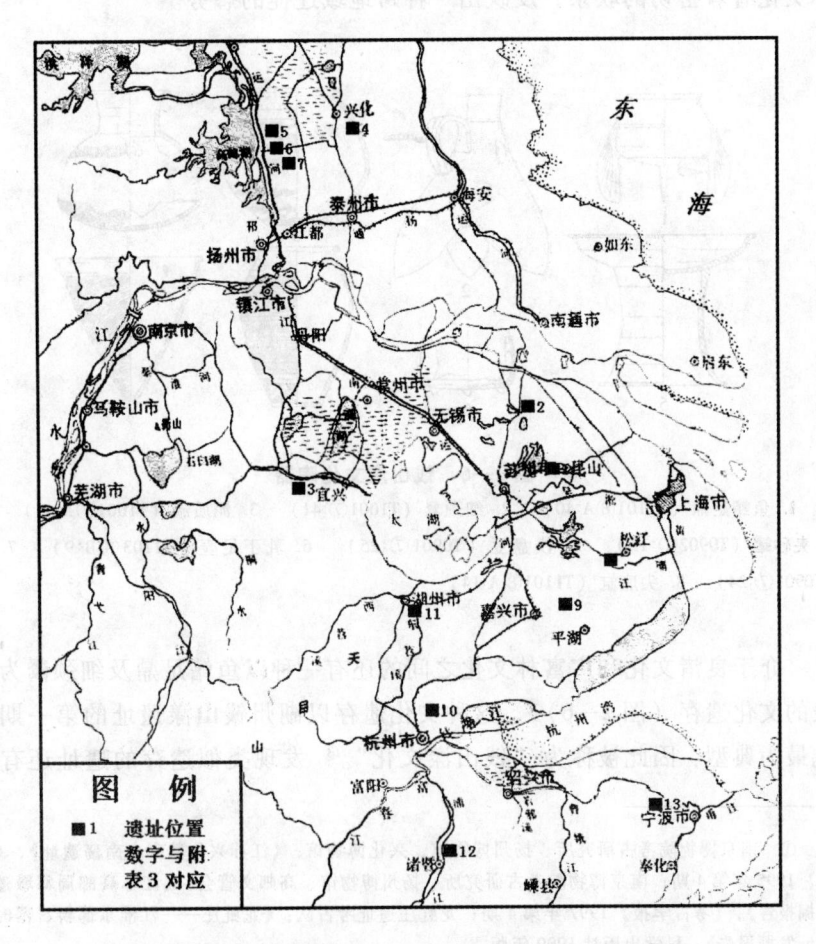

图2—5 广富林文化及钱山漾文化遗址分布示意图

广富林文化是夏代太湖地区的居民留下的遗存，虽然它的年代连接在良渚文化之后，但是从良渚文化继承而来的文化因素并不多，只有鼎的垂腹形鼎身和三角形石犁继承了良渚文化的传统，而其他主要的文化因素都来自于豫东、鲁西南地区的中原龙山文化王油坊类型。广富林文化的许多文化因素在当地的良渚文化中找不到渊源，但是却与长江以北高邮、兴化一带里下河地区的南荡文化遗存有着较多的相似之处。南荡文化遗存包括兴化戴家舍南荡、高邮周邶墩、唐王墩、龙虬庄等遗址，其内涵也来自于中原龙山文化王油坊类型，并与宁镇地区的点将台文化和太湖地区的广富林文化有着密切的联系，反映出一种跨地域迁徙的态势。[1]

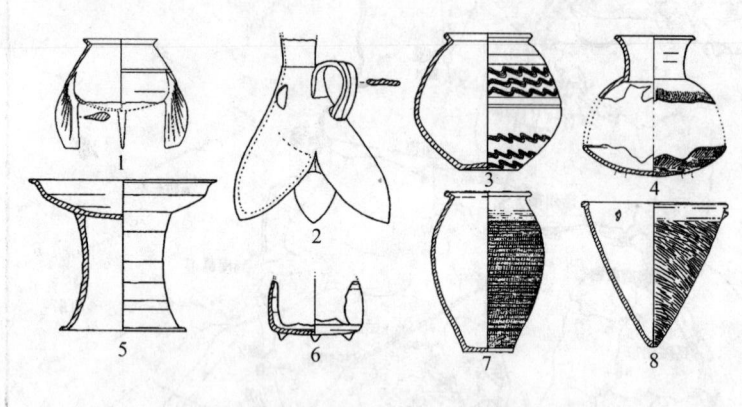

图2—6 钱山漾文化陶器
1. 鱼鳍足鼎（T1101⑧A:40） 2. 细颈鬶（T1001⑦:41） 3. 泥质罐（T1001⑦A:43）
4. 夹砂罐（T0902⑦:16） 5. 浅盘豆（T0901⑦:25） 6. 乳丁足壶（T1103⑧B:9） 7. 瓮（T0901⑦:24） 8. 尖底缸（T1101⑧A:14）

　　介于良渚文化和广富林文化之间的还有一种以鱼鳍足鼎及细颈鬶为代表的文化遗存（图2—6）[2]，这种文化遗存以湖州钱山漾遗址的第一期文化最为典型，因此被称为"钱山漾文化"。[3] 发现类似遗存的遗址还有松

---

[1] 南京博物院考古研究所、扬州博物馆、兴化博物馆：《江苏兴化戴家舍南荡遗址》，《文物》1995年第4期；南京博物院考古研究所、扬州博物馆、高邮文管会：《江苏高邮周邶墩遗址发掘报告》，《考古学报》1997年第4期；龙虬庄遗址考古队：《龙虬庄——江淮东部新石器时代遗址发掘报告》，科学出版社1999年版。

[2] 浙江省文物考古研究所、湖州市博物馆：《浙江湖州钱山漾遗址第三次发掘简报》，《文物》2010年第7期。

[3] 张忠培：《解惑与求真——在"环太湖地区新石器时代末期文化暨广富林遗存学术研讨会"的讲话》，《南方文物》2006年第4期。

江广富林、吴江龙南村、绍兴仙人山等几处（又见附表三）。钱山漾文化的典型陶器有鱼鳍足鼎、细颈鬶、大口尊、浅盘豆、高领罐、深腹罐、乳丁足壶等。其中鱼鳍足鼎或在中腹饰一周凸带纹或满饰弦断绳纹，大口尊有尖圜底和圈足两种形制，浅盘豆有粗高把和细把之分，但是把上都有多道凸弦纹，深腹罐以大口、折凹底、饰弦断绳纹为基本特征。石器有柳叶形和三棱形的镞、犁和有段锛等。

钱山漾文化陶器和石器比广富林文化保存了更多的良渚文化因素，如陶鬶延续了良渚文化晚期细颈鬶的形态又发展为细高颈，演变序列很清楚；大口尊是良渚文化的典型器，钱山漾文化先后流行圆圜底的常型大口尊和圈足的异型大口尊；钱山漾文化豆把上的凸弦纹保留了良渚文化的竹节形遗风；刻画水波纹和石犁、柳叶形石镞等也都是良渚文化中常见的。钱山漾文化陶器中也出现了一部分不见于良渚文化的因素，如大口深腹罐、乳丁足壶，还有绳纹、篮纹、方格纹等，都可以归为来自于黄河中下游地区的龙山文化因素。① 在钱山漾文化陶器中最具有特色的是鱼鳍足鼎，但是目前还不明白它的来龙去脉，

^{14}C 测定数据表明钱山漾文化的绝对年代为距今 4200—4000 年②，在钱山漾遗址和广富林遗址都发现了钱山漾文化叠压在良渚文化层之上，又被广富林文化叠压的地层关系，而广富林文化之上又叠压着马桥文化层。但是由于迄今为止只发现了三四处钱山漾文化遗址，目前还无法描述它的详细面貌，以及它们之间的关系。

第四节 马桥文化

马桥遗址位于上海西南闵行区马桥镇以东的俞塘河两侧，坐落在古代海岸线遗迹竹冈之上，海拔 4.46—6.29 米，总面积 10 万平方米。20 世纪 60 年代和 90 年代先后进行了多次发掘，文化层共有五层：第一层是耕作层，第二层出土唐宋时代的遗物，第三层出土春秋战国时代的几何印纹陶和原始瓷，第五层为良渚文化层，第四层出土的遗物是马桥遗址的主要

---

① 宋建：《环太湖地区新石器时代末期考古学研究的新进展》，《南方文物》2006 年第 4 期。
② 浙江省文物考古研究所、湖州市博物馆：《浙江湖州钱山漾遗址第三次发掘简报》，《文物》2010 年第 7 期。

内涵，1982年被命名为"马桥文化"。

马桥文化遗址也分布在环太湖地区，分布面与良渚文化分布面大体相仿，但是在太湖西北部没有发现马桥文化遗址，那里属于湖熟文化分布区，而在钱塘江以南则一直分布到浙赣交界的江山县（图2—7），浙江学者曾经称其为"肩头弄文化"或者"高祭台类型"。① 陆建方先生认为它们其实属于同一个考古文化，因此可以称为"马桥—肩头弄文化"。② 杨楠先生认为马桥文化可以分为马桥与肩头弄两个类型，肩头弄类型早于马

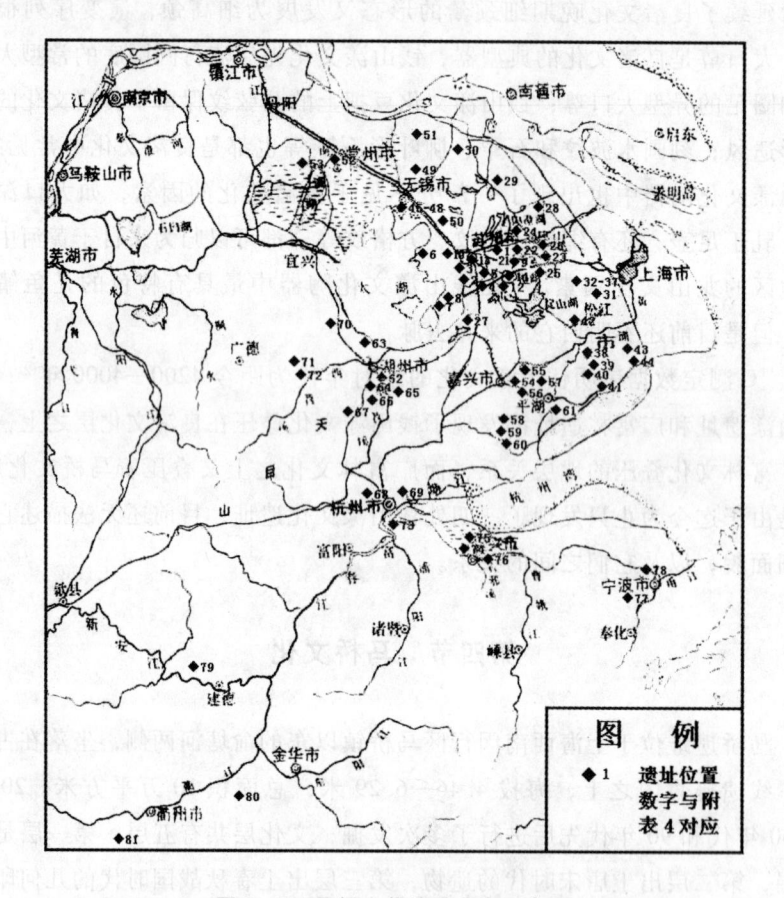

图2—7 马桥文化遗址分布示意图

---

① 牟永抗、毛兆廷：《江山县南区古遗址墓葬调查试掘》，《浙江省文物考古所学刊》，文物出版社1981年版；牟永抗：《高祭台类型初析》，《浙江省文物考古研究所学刊》第二辑，科学出版社1993年版。

② 陆建芳：《初论马桥—肩头弄文化》，《东南文化》1990年第1—2期。

桥类型,"宁镇区的土墩遗存基本上应属于吴文化遗存,黄山—天台山以南区及太湖—杭州湾区的土墩遗存则大体上分属于越建国前后及其不同分支的越人文化遗存。"① 黄宣佩和孙维昌先生认为:马桥类型"应是越文化的先驱",而湖熟文化"是吴文化的先驱"。② 李伯谦先生也认为马桥文化应该是越文化的来源之一,而且作为马桥文化重要特征的几何形印纹陶主要来自于金衢地区的高祭台类型③。现在已统一称为"马桥文化"(附表四)。

根据^{14}C和热释光测定的数据,马桥文化的年代距今3030±333年。由于其部分陶器的风格与二里头文化和郑州早商文化有紧密的联系,还有部分陶器与岳石文化、湖熟文化类似,因此其年代应该与中原地区的夏代至商代早期相当,距今3900—3200年。

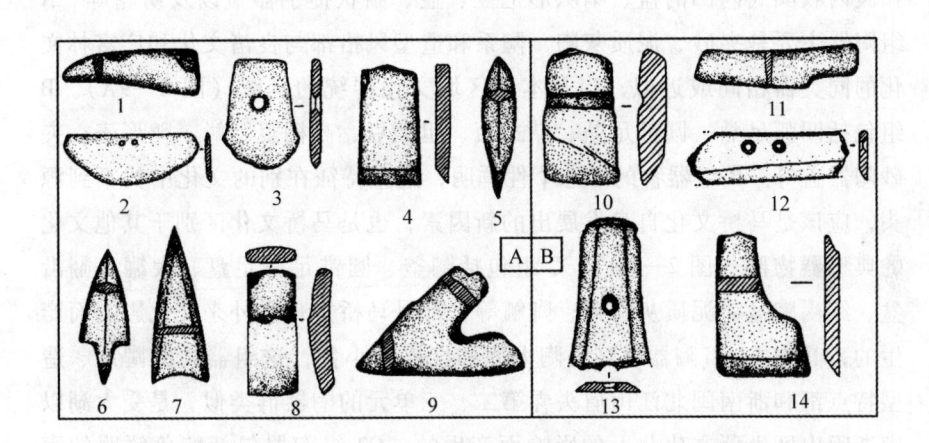

图2—8 马桥文化石器

A组:1. 镰 2. 半月形刀 3. 斧 4. 常型锛 5.6. 有铤镞 7. 无铤镞 8. 有段锛 9. 斜柄刀

B组:10. 带凹槽锛 11. 横柄刀 12. 条形刀 13. 多边刃刀 14. 竖柄刀

马桥文化石器的种类有斧、锛、刀、镰、镞和少量钺、戚、锄、犁等器形,在用料和制法上都与良渚文化石器非常接近,但是根据它们的器形可以分为A、B两组:A组包括斧、常型锛和有段型锛、斜柄刀、镰、有

---

① 杨楠:《商周时期江南地区土墩遗存的分区研究》,《考古学报》1999年第1期。
② 黄宣佩、孙维昌:《马桥类型文化分析》,《考古与文物》1983年第3期。
③ 李伯谦:《马桥文化的源流》,《中国青铜文化结构体系研究》,科学出版社1998年版。

铤镞与无铤镞等，这些特点都与良渚文化及其后的广富林文化石器类似，是太湖地区新石器时代以来传统因素的延续；B组包括带凹槽锛、横柄刀、竖柄刀、条形刀和多边刃刀等，都是马桥文化独特的石器形态而不见于其他文化（图2—8）。根据马桥遗址20世纪90年代发掘报告发表的373件石器统计，代表太湖地区本地传统的A组石器占总数的69.2%，新出现的B组石器占18%，另有12.8%石器残损较甚未予分类。可见马桥文化石器主要是继承了本地区良渚文化的传统。

马桥文化的陶器分为夹砂陶和泥质陶两大类：夹砂陶器占总数四分之一，器形主要有鼎与甗及其器盖；泥质陶器占四分之三，陶色与器形多种多样。马桥文化陶器可以分为三大组：A组包括舌形足鼎、釜形甗、卷沿弧腹内收圜底内凹的盆、喇叭形把豆、盉、圈状捉手器盖以及纺轮等。A组陶器主要是夹砂、泥质灰陶，陶系和造型风格都与良渚文化和广富林文化的同类器相同或近似，当是本地区域文化传统的延续（图2—9A）。B组包括凹弧足鼎、圆锥足鼎、鼎式甗、粗柄豆、高柄豆、觯、鸭形壶、夹砂陶器盖等。B组器物的形态个性鲜明，这些特征在别的文化中找不到源头，应该是马桥文化自身发展出的新因素，也是马桥文化区别于其他文化的典型器物群（图2—9B）。C组包括陶釜、圆锥足三足盘、大罐、翻沿盆、红褐陶盆、泥质灰陶簋、陶觚等，都是马桥文化受外来文化影响而产生的，其中C1组陶器有红褐陶大罐和红褐陶小盆，这组器物的陶系、造型特点都和浙南闽北江山肩头弄第二、三单元的陶器群类似，是受太湖以南浙闽山区土著文化北上的影响而产生的；C2组陶器包括特色鲜明的陶觚、瓦形足三足盘和蘑菇状捉手器盖等，它们与二里头文化的同类器极其相似，应该来源于中原地区；C3组陶器有翻沿小盆和泥质灰陶簋等，其圜底近平、假圈足以及器身多凸脊的造型特点与岳石文化陶器相近，可能是接受了长江以北的周邶墩、南荡一类遗存的影响间接产生的；C4组陶器为宽斜沿深腹釜、圆锥足三足盘等，是受太湖北部花山类型文化的典型器陶釜和外撇足"越式鼎"的影响产生的（图2—9C）[1]。

马桥文化已经有青铜器，但都是刀、凿等小件铜器，还不能对社会生产力发展产生大的影响。

马桥文化与良渚文化基本上分布在同一个区域，在马桥、金山亭林、

---

[1] 图2—8、图2—9选自曹峻《马桥文化再认识》，《考古》2010年第11期。

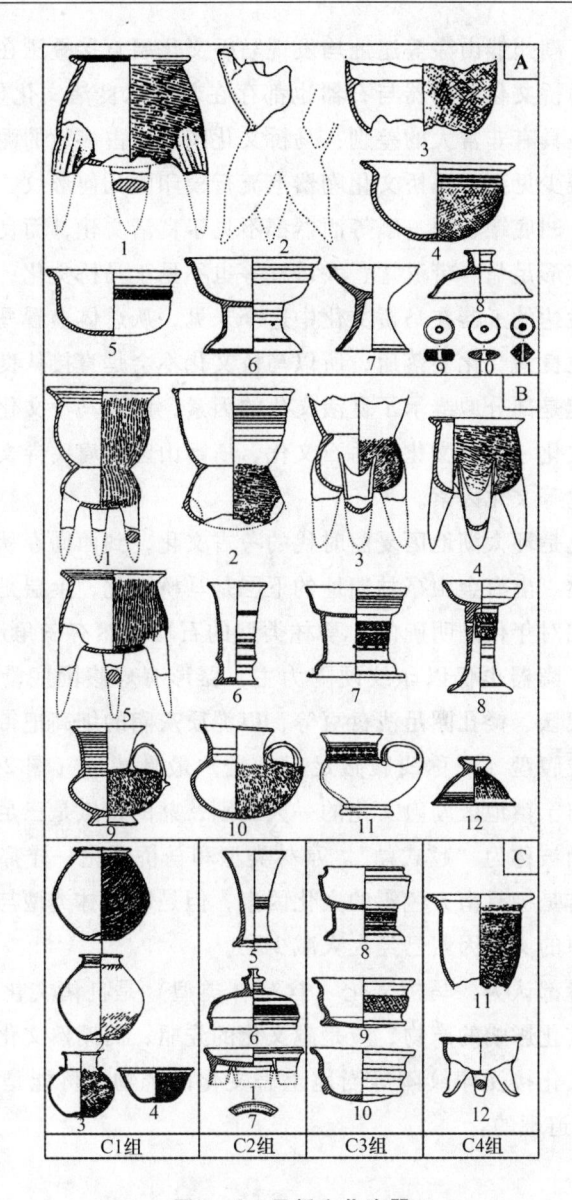

图 2—9　马桥文化陶器

A组　1. 型鼎　2. 盉　3. B型甗　4.5. A型盆　6. A型簋　7. D型豆　8. Aa型泥质陶器盖　9. A型纺轮　10. B型纺轮　11. C型纺轮

B组　1. Ac型甗　2. Aa型甗　3. Ab型甗　4. B型鼎　5. C型鼎　6. 鬶　7. C型豆　8. B型豆　9. A型鸭形壶　10. B型鸭形壶　11. C型鸭形壶　12. 夹砂器盖

C组　1. A型大罐　2. B型大罐　3. C型大罐　4. 红褐陶盆　5. 觚　6. B型泥质器盖　7. A型三足盘　8. B型簋　9.10. B型盆　11. 釜　12. B型三足盆

嘉兴雀幕桥、湖州钱山漾等遗址均发现马桥文化层直接叠压在良渚文化层之上。尽管马桥文化的陶器与石器也都存在着继承良渚文化传统的因素，但是两者还是具有非常大的差别：马桥文化陶器中占多数的泥质红褐陶在良渚文化中极少见到；马桥文化陶器上流行模印的几何形纹、云雷纹的做法和鸭形壶、凹底罐、觯、觚等酒器都不见于良渚文化，而良渚文化的典型陶器如丁字形足鼎、带流罐、大口缸等也不见于马桥文化；特别是良渚文化中非常发达的玉器在马桥文化中迄今未见，从总体上看马桥文化先民的技术水平比良渚文化要落后，所以马桥文化不会是直接从良渚文化发展来的，而只能是部分地继承了良渚文化的因素，而被马桥文化兼收并蓄的还有二里头文化、早商文化、岳石文化、浙闽山区的肩头弄文化和宁镇地区的湖熟文化等文化因素。

马桥文化是环太湖地区夏商时代的考古文化，到西周春秋时代发展为亭林类型文化。上海金山亭林遗址的下层是马桥文化，上层是亭林类型文化，两者的相对年代是明确的。亭林类型的石器仍然有三角形带柄石刀、石镰与石镞；陶器也仍以印纹硬陶为主，器形有球腹圜底罍、扁腹平底瓿、卷沿弧腹坛、镂孔圈足浅盘豆等，以泥质灰陶的细高把带凸棱浅盘豆和三足外撇浅腹盘（或称浅腹撇足三足盘）最具特色（图2—10[①]）；有鼎无鬲是其与宁镇地区湖熟文化的一大区别，鼎的特点是三足外撇，这种形制的青铜鼎被称为"越式鼎"。亭林类型和马桥文化一样都以几何印纹陶为特色，这是极具南方色彩的文化因素，但是以亭林类型与马桥文化相比，来自中原的文化因素已经大大减少了。

许多学者都认为，马桥文化（含亭林类型）是良渚文化接受印纹陶文化和夏商文化影响的产物，应是越文化的先驱；而湖熟文化是来自中原地区的商周文化接受印纹陶等当地土著文化的产物，可能是吴文化的先驱[②]，这是有道理的。

[①] 孙维昌：《上海市金山县查山和亭林遗址试掘》，《南方文物》1997年第3期。
[②] 黄宣佩、孙维昌：《马桥类型文化分析》，《考古与文物》1983年第3期；张敏：《宁镇地区青铜文化谱系与族属研究》，《南京博物院建院60周年纪念文集》，南京博物院1993年版；杨楠：《江南土墩遗存研究》，民族出版社1998年版；田正标：《关于马桥文化的几个问题》，《纪念浙江省文物考古研究所建所二十周年论文集》，西泠印社1999年版。

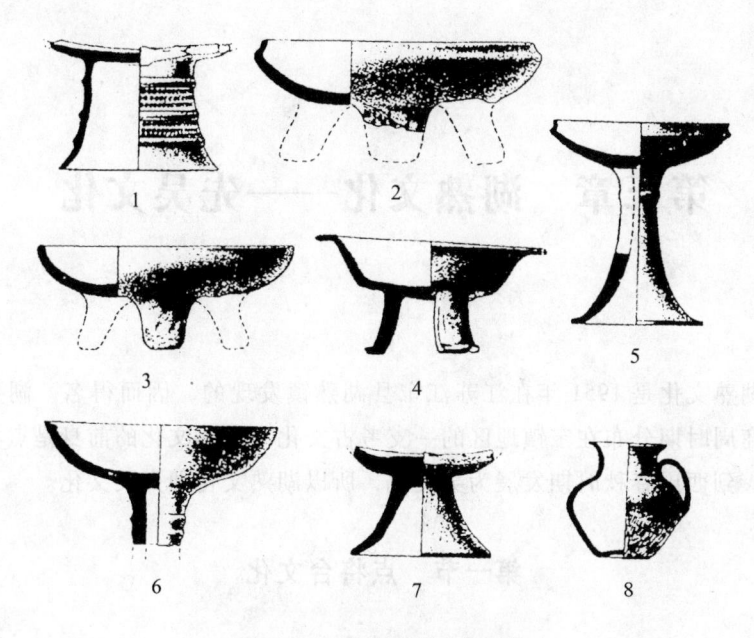

图 2—10　亭林类型文化陶器

1. 甗（采10）2.3. Ⅰ式三足盘（采4、采11）4. Ⅱ式三足盘（T2:1）5.6 豆（采6、T1:3）7. 原始瓷豆（H1:1）8. 原始瓷壶（H1:2）

第三章 湖熟文化——先吴文化

湖熟文化是 1951 年在江苏江宁县湖熟镇发现的，因而得名。湖熟文化是商周时期分布在宁镇地区的一支考古文化。湖熟文化的前身是点将台文化，到西周春秋时期发展为吴文化，所以湖熟文化即先吴文化。

第一节 点将台文化

点将台文化遗存早在 1956 年南京安怀村遗址就被发现了，后来又在南京太岗寺发现了类似的遗存，但是由于当时对其还缺乏认识，因此把它归入了湖熟文化的范畴。20 世纪 80 年代通过对江宁点将台、昝庙，句容城头山，丹徒赵家窑团山等典型遗址的发掘，在地层上确定了北阴阳营文化、点将台文化、湖熟文化三者的叠压关系，才确认了这一宁镇地区时代最晚的新石器文化。

根据调查结果得知点将台文化的分布范围大致在水阳江以东、以北的姑溪河流域、石臼湖周围、秦淮河流域和长江以南的宁镇山脉地区，包括安徽的马鞍山市、当涂县、芜湖县和江苏的南京市、江宁县、溧水县、句容县、镇江市、丹徒县的一部或全部。所发现的点将台文化地层都压在早期湖熟文化地层之下，未见一处单纯的点将台文化遗址。这一地区内的遗址既含有早期湖熟文化遗存，也含有晚期湖熟文化遗存，而在其四周的遗址则几乎不见早期湖熟文化遗存，说明这一地区是湖熟文化的"中心区"，而周围是湖熟文化的"辐射区"，点将台文化的分布范围，正好与湖熟文化"中心区"相吻合。[①]

点将台文化的遗物主要是陶器和石器，不见骨角器和玉器，也未发现

[①] 张敏：《试论点将台文化》，《东南文化》1989 年第 3 期，本节内容主要根据该文撰写。

铜器。石器多为磨光石器，但是其精美程度稍逊于北阴阳营文化，而略胜于湖熟文化，主要器形有斧、锛、凿、刀、戈（?）、镞等（图3—1）。

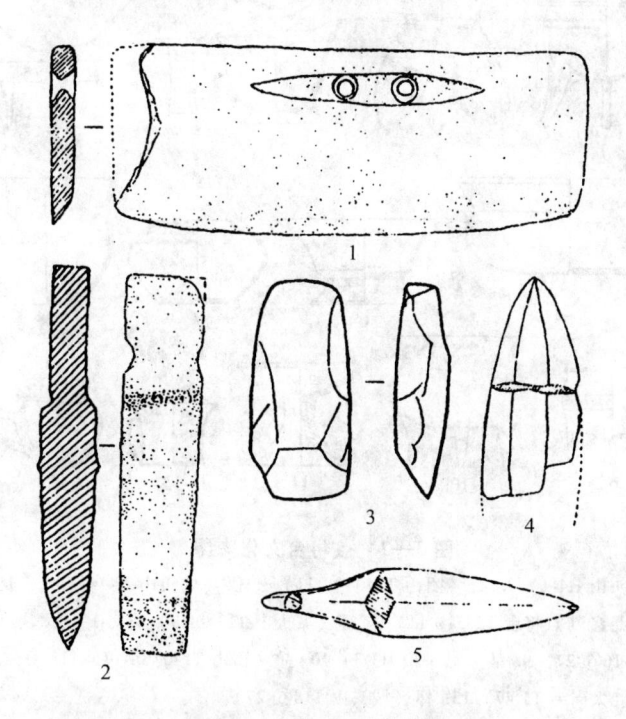

图3—1 点将台文化石器

1. 刀（城头山 T9⑥:11）2. 凿（点将台 T605④:18）3. 锛（城头山 T4⑥:8）4. 戈（城头山 T20⑥:21）5. 镞（城头山 T17⑥:17）

点将台文化的陶器与北阴阳营文化的陶器相比，红陶的比例明显下降，灰陶的比例有所上升，并出现了约占总数1/4的泥质黑陶。点将台文化陶器的器形主要有甗、鼎、豆、盆、罐、瓮、三环足盘、三足匜、杯、尊、尊形器、盆等。甗、簋、尊、尊形器、三环足盘、三足匜等都是新出现的器形（图3—2）。陶器的纹饰除了保留北阴阳营文化传统的划纹、附加堆纹、戳印纹和指压纹以外，还出现了与河南龙山文化相似的绳纹、篮纹、方格纹和独特的梯格纹。北阴阳营文化的炊器以鼎为主，其次是盉，而点将台文化的炊器以甗为主，其次是鼎，不见盉。两者的陶器与石器的形制都缺乏传承关系，这说明虽然北阴阳营文化和点将台文化的地层上下叠压，但是两者之间仍然存在着缺环。

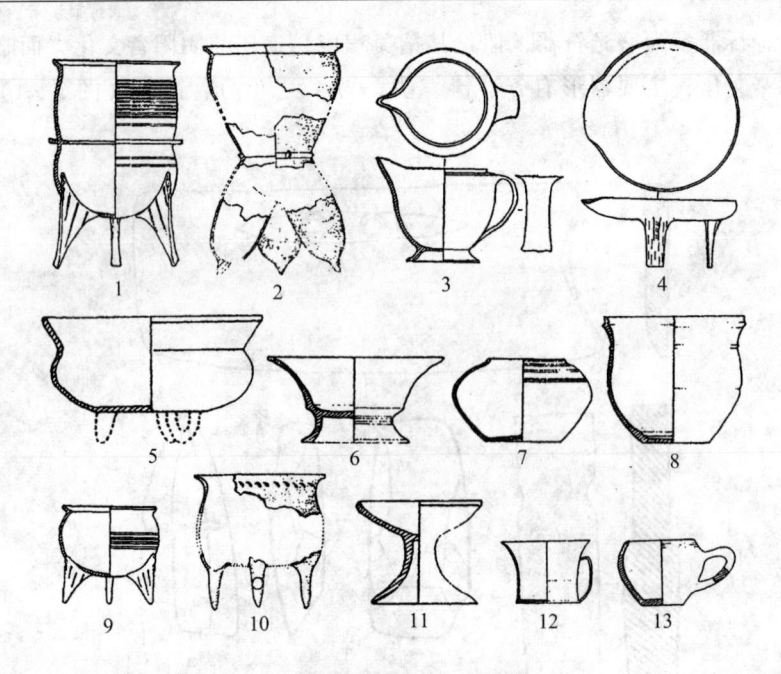

图 3—2　点将台文化陶器

1. 甗（城头山 H4:1）2. 甗（团山 T1404⑪:11）3. 匜（城头山 H4:4）4. 三足匜（城头山 H4:2）5. 三环足盘（点将台 T205④:11）6. 簋（城头山 T13⑥:19）7. 小罐（太岗寺 T1:46）8. 尊（城头山 T6⑥:27）9. 鼎（城头山 H3:3）10. 鼎（团山 T1404⑪:17）11. 豆（点将台 T408④:12）12. 杯（太岗寺 T1:47）13. 杯（城头山 T18⑥:27）

由于缺乏 ^{14}C 测定数据，因此只能根据点将台文化的地层情况和器物类型分析断定其延续年代为公元前 2100—公元前 1600 年，大体与夏代相当。在镇江马迹山和丹徒团山遗址都发现了岳石文化遗存。岳石文化是夏代分布在黄河下游和江淮地区的一支考古文化，它应该是夏代东夷族留下的遗存[1]，岳石文化对宁镇地区的波及也许是点将台文化从宁镇地区消失的原因。其后，商文化又对宁镇地区产生了强烈的影响，这或许是岳石文化退出该地和出现湖熟文化的契机。[2]

点将台文化和湖熟文化早期相比较，两者不乏相似之处。例如陶器都以夹砂红陶为主、夹砂灰陶次之，泥质陶都占一定比例，点将台文化的扁

---

[1] 叶文宪：《新夷夏东西说》，《中国史研究》2002 年第 3 期。
[2] 中国社会科学院考古研究所：《中国考古学·夏商卷》，中国社会科学出版社 2003 年版，第 472 页。

足鼎、素面锥足鼎、鼓腹盆、小口圆肩罐、敛口钵、高圈足豆、器盖等都可以在湖熟文化中找到相似器形。由于两者分布范围基本相同，年代大体前后相继，文化面貌又非常相似，所以点将台文化和湖熟文化应该是一脉相承的。

以点将台文化陶器与中原及邻近地区诸文化相比较可以发现，它与河南龙山文化、山东龙山文化、岳石文化和江淮地区的龙山至夏代文化有较多的相同或相近因素，而与二里头文化、良渚文化、江西的龙山文化和浙江肩头弄类型文化之间则极少或没有相似的文化因素。所以，点将台文化是一支具有鲜明地方特征的土著文化，它受中原与江淮地区诸文化的影响远远大于南方诸文化对它的影响。

第二节　　湖熟文化

湖熟文化延续的时代相当于早商至西周前期，分布在东至孟河镇、西至九华山、北至江北六合仪征、南至天目山这一方圆数千平方公里的区域之内（图3—3）。[①] 湖熟文化遗址绝大多数是突出在平地之上的大型土

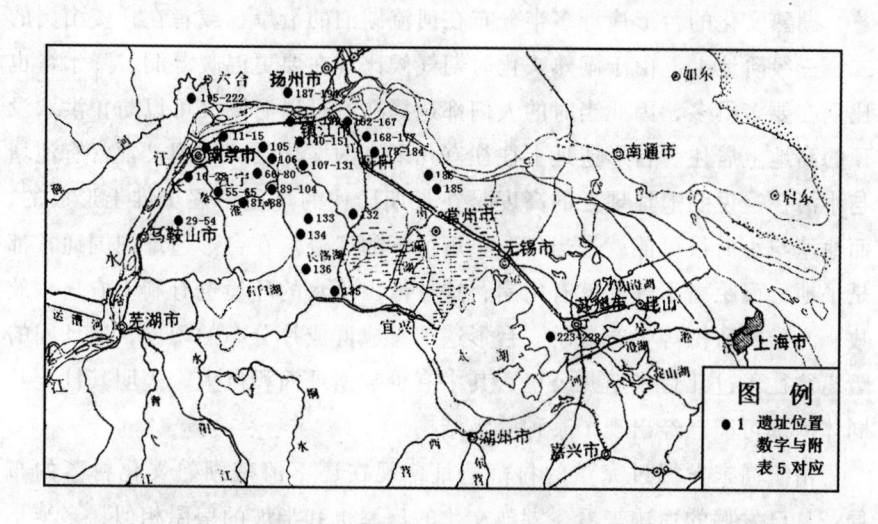

图3—3　湖熟文化遗址分布示意图

[①] 尹焕章、张正祥：《宁镇山脉及秦淮河地区新石器时代遗址普查报告》，《考古学报》1959年第1期。

台,一般高6—7米,面积6000平方米左右,形状呈圆形或椭圆形,顶部平坦,因此被称为台形遗址(图3—4)。经调查发现并著录的湖熟文化台形遗址有200处以上(附表五),而通过遥感技术发现的数量还要多得多。①

图3—4 镇江东神墩台形遗址

湖熟文化的台形遗址多半分布在河流湖泊的沿岸,或者在丘陵山岗的二、三级阶地上。由于湖熟文化时期气候比现在要更温暖湿润,降水量也比现在要多得多,因此当时的人们都选择在既可以防潮又可以防止洪水没顶的高地上居住。台形遗址上往往有几米厚的文化层,周围又常常有池塘与小河,这说明遗址现在的高度是在长期居住的过程中逐步堆土形成的,而池塘与小河很可能就是当年取土后留下的遗迹。在台形遗址周围通常都是平地,而距离不远处就有山岗,这种依山傍水的环境也有利于农垦、放牧、渔猎与薪樵等生产活动。台形遗址有成群成片分布的现象,遗址间的距离往往不过几百米至几公里,其中有少数遗址面积巨大,表明其社会共同体内部可能已经出现了某种等级结构。

由于尚未发掘过完整的村落遗址,现在还不清楚湖熟文化村落的布局。从已发掘的遗迹来看,湖熟文化的房屋也和半坡的房屋相似,多半是10平方米上下的小房子,地面经过夯打、火烧或铺白灰面,使用木骨泥

---

① 陆九皋、肖梦龙、刘树人、谈三平:《镇江商周台形遗址与土墩墓分布规律遥感研究》,《东南文化》1993年第1期。

墙和草顶结构，屋子中央有灶塘。这样的小型房屋适合于具有独立经济的核心家庭居住。

湖熟文化已经进入了铜器时代，许多遗址中都出土过炼铜用的陶钵、陶勺、炼渣和铜矿石，不过铜器只有刀、镞、鱼钩之类小件（图3—5），说明冶铜技术还处于初始阶段。生产工具仍以石器为主，出土了大量石钺、石锛、石刀、石镰、石斧、石凿、石镞、石矛、石杵、石饰，等等。在遗址里还发现有稻谷的遗存，牛、羊、猪、狗的骨骼和龟壳、鳖骨、螺蛳壳、蚌壳之类遗物，说明当时农业、家畜饲养和渔猎在经济生活中各占一席之地。

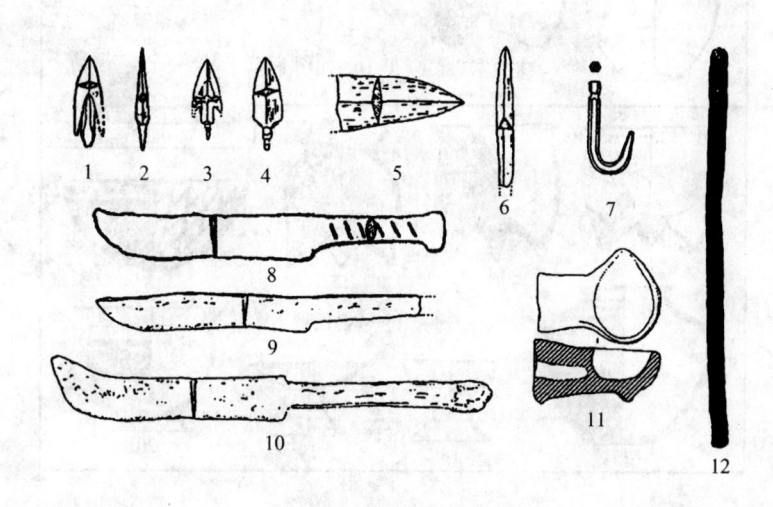

图3—5 湖熟文化青铜器

1. 镞（城头山T1①:20） 2. 镞（城头山T1①:18） 3. 镞（团山T305⑥:18） 4. 镞（团山T805②A:1） 5. 戈（团山H6:1） 6. 锥（团山H3:3） 7. 鱼钩（锁金村） 8. 刀（锁金村） 9. 刀（团山H5①:27） 10. 刀（团山T406②A:3） 11. 挹铜勺（金坛新浮） 12. 铜条（北阴阳营）

湖熟文化的陶器以红陶为主，弧裆鬲、鬲式甗、深腹印纹罐、浅盘圈足豆、扁耳钵、刻槽盆（擂钵）等器物，使用角状把手与盛行梯格纹的作风都是它独特的文化因素（图3—6）。[①]

[①] 中国社会科学院考古研究所：《中国考古学·夏商卷》，中国社会科学出版社2003年版，第469页。

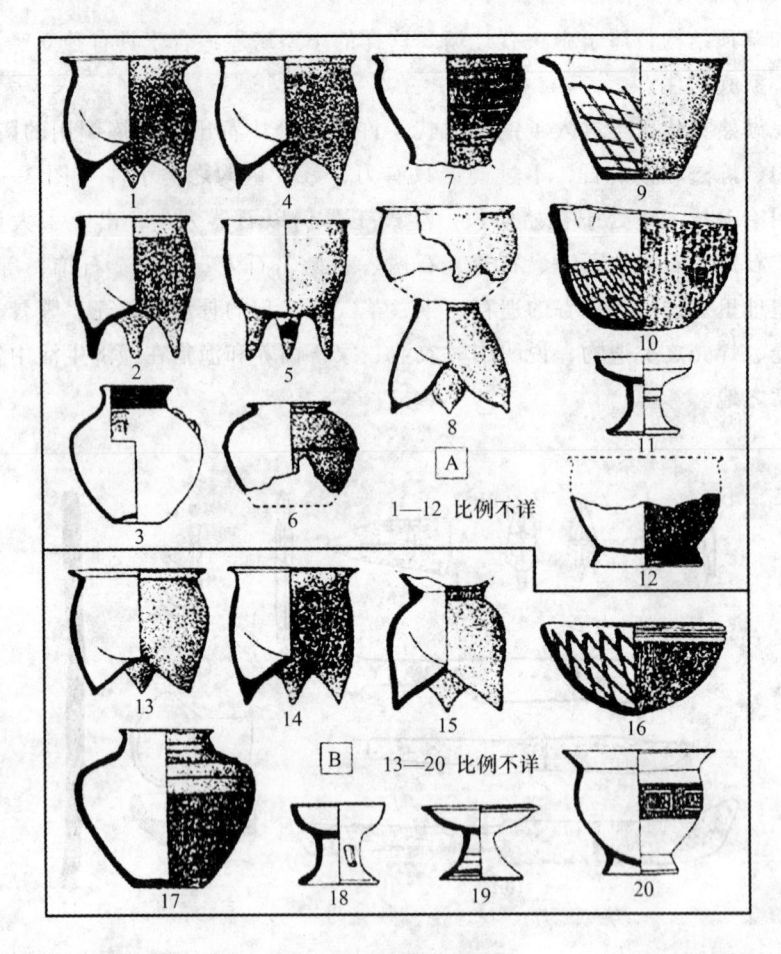

图 3—6　湖熟文化陶器

A. 前期　1. 鬲（团山 H13:1）　2. 鬲（点将台 H408③:8）　3. 罐（团山 H9:1）　4. 鬲（团山 H13:8）　5. 鼎（团山 H9:2）　6. 罐（团山 H9:6）　7. 甗（北阴阳营 T273③:63）　8. 甗（团山 H13:25）　9. 擂钵（团山 H13:3）　10. 擂钵（北阴阳营 T373③:83）　11. 豆（北阴阳营 T582③:13）　12. 簋（团山 H13:23）

B. 后期　13. 鬲（团山 H11:1）　14. 鬲（甘草山 H2:1）　15. 甗（北阴阳营 T384②:2）　16. 擂钵（北阴阳营 H45:62）　17. 罐（北阴阳营 T23②:1348）　18. 豆（北阴阳营 T34②:2293）　19. 豆（甘草山 H2:2）　20. 簋（城头山 1115:2）

湖熟文化是由点将台文化直接发展而来的，早期的大多数陶器和石器的器类、形制都可以从点将台文化中找到渊源。两者的主要差别在于湖熟文化出现了青铜器、几何形印纹陶和原始瓷，炊器变为以鬲为主而且有取代原先的甗与鼎的趋势。湖熟文化在发展的过程中明显地吸收融入了大量中原商周文化的因素，最典型的就是鬲和鬲式甗。鬲是商周文化的典型器，是旱作农业区的主要炊器。江南除了赣鄱地区的吴城文化因受南下的商人影响也以鬲为炊器以外，都不用鬲和鬲式甗而用鼎，可是湖熟文化却以鬲为主要炊器，而且湖熟文化中期的折沿宽唇分裆袋形圆锥足鬲与二里岗的同类器很相似，晚期的侈口高弧裆鬲又具有西周鬲的风格（图3—7）。以鬲作炊器是湖熟文化的一大特色，既与本地早期的北阴阳营文化不同，也是和同时代邻近的马桥文化的主要区别。

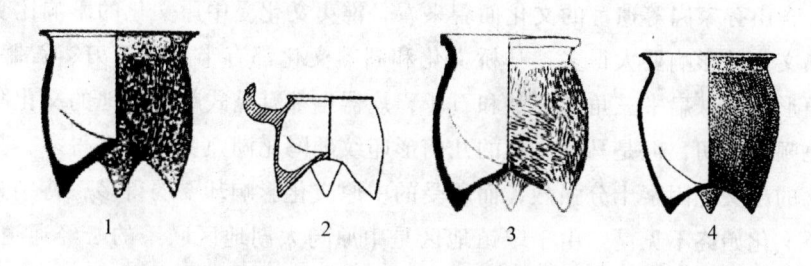

图3—7　湖熟文化与商周陶鬲比较
 1. 湖熟文化陶鬲（甘草山 H2:1）　2. 湖熟文化角把陶鬲（城头山 H1:3）　3. 商代陶鬲（苗圃北地 M22:1）　4. 西周陶鬲（长安张家坡 T174:4A）

　　北阴阳营遗址上层出土了占卜用的龟甲与牛羊肩胛骨，有的只灼不钻，有的先灼后钻。在江南地区发现卜骨卜甲，这是绝无仅有的。用甲骨占卜本是中原先民的巫术，居然也被湖熟文化先民吸收了，这说明中原文化的介入是非常深入的。中原文化对湖熟文化的影响并不是连续的而是断续的，大约在二里岗期和西周初期发生的影响最大。发生在二里岗时期的这次影响在史书中不见记载，而发生在西周初期的这次影响马上就使人联想到太伯仲雍奔吴。

　　除了出现中原式器物与习俗以外，湖熟文化中还出现了少量几何形印纹陶和原始瓷。几何形印纹陶和原始瓷起源于江南的赣北、皖南、浙北地区，是古越族极具地方特色的文化因素，在太湖地区马桥文化中就有几何形印纹陶和原始瓷，而在宁镇地区湖熟文化中也出现了这些因素，显然是受到邻近的越文化影响的结果。

　　然而湖熟文化并不是土著文化和中原文化、越文化三者简单相加的总和，而是这三种文化因素有机地融合而成的一个整体。例如在湖熟文化中侈口弧裆平足的宁镇式鬲始终和中原式鬲共存；宁镇地区流行的角状把手和中原流行的鬲结合成为独特的带把鬲；在具有南方特色的硬陶与原始瓷上借鉴使用了中原铜器的纹饰，等等。湖熟文化先民在吸收的基础上对外来的文化因素进行了改造、融合和创新。

宁镇地区地处于长江下游的三岔路口：在其北边是淮夷和群舒分布的江淮地区，在其东南面是马桥文化分布区，在其西南面的赣东北是万年类型文化分布区。湖熟文化盛行的角状把手、算盘珠式纺轮和印纹硬陶在江淮地区都能见到，不过从徐州高皇庙、东海焦庄、嘉山泊岗、潜山薛家岗、含山孙家岗等遗址的文化面貌来看，淮夷文化受中原文化的影响比受湖熟文化的影响要大得多。马桥文化和湖熟文化都有半月形石刀、石镰、三角形石犁、扁平三角形石镞和石矛，炊器也都有鼎式甗，两地的文化联系也颇为密切，但是马桥文化的几何形印纹硬陶比湖熟文化要多得多，其所含的越文化因素十分强烈，而所受的中原文化影响却要弱得多，特别是马桥文化始终不见鬲。由于宁镇地区是中原与太湖地区联系的必经通道，因此湖熟文化的存在阻止了中原文化影响进一步向太湖地区推进。万年类型是具有浓厚地方色彩的土著文化，它和湖熟文化有许多共同因素，如两者都有鬲，万年类型也有带角状把手的鼎，两者的鬲与豆的演变序列也相仿，几何形印纹陶的编织纹和云雷纹的作风也相近，两者都有硬陶和原始瓷，只是万年类型的数量比湖熟文化要多得多。由于宁镇地区处在这样一个特殊的地理位置上，因此这一地区在新石器时代就成为东西南北诸文化的交汇之处，到了商周时代这一地区更成为中原文化和南方土著交流融合的一个大熔炉。

湖熟文化的 ^{14}C 测定数据有两个：ZK142 为公元前 1872—公元前 1543 年，ZK28 为公元前 1440—公元前 1168 年[1]，都落在商代的纪年范围之内。有不少学者把湖熟文化的下限延伸到春秋战国之交[2]，事实上进入西周以后宁镇地区的文化面貌发生了非常显著的变化，例如大量出现了土墩

---

[1] 中国社会科学院考古研究所：《中国考古学中碳十四年代数据集（1965—1991）》，文物出版社 1992 年版，第 102 页。

[2] 曾昭燏、尹焕章：《试论湖熟文化》，《考古学报》1959 年第 4 期；刘建国、张敏：《论湖熟文化分期》，《东南文化》1989 年第 1 期；谷建祥：《论宁镇地区古文化之演进》，《东南文化》1990 年第 5 期。

墓，在贵族墓葬中陪葬青铜礼器，出现了具有本地特色的青铜器、印纹陶和原始瓷增多，等等，而这一切变化都是和太伯仲雍奔吴及吴国的建立联系在一起的，所以应该把西周初吴国建立至春秋末吴国灭亡之间的文化遗存称为"吴文化"，而把介于点将台文化和吴文化之间的文化遗存称为"湖熟文化"更合适。①

---

① 中国社会科学院考古研究所：《中国考古学·夏商卷》，中国社会科学出版社2003年版，第468页。

中 编

吴文化与越文化

第四章 吴越地区的土墩墓

在湖熟文化的台形遗址上经常可以发现红烧土层，却几乎没有在其上发现过墓葬，这说明台形遗址是湖熟文化先民的居住地而非墓地。但是在台形遗址附近的岗地山坡上却常常发现有数量众多的土墩墓，而且土墩墓中出土的器物与台形遗址出土的器物具有很大的一致性，所以学者们都把宁镇地区的土墩墓和台形遗址联系在一起，认为是继湖熟文化之后西周春秋时代吴文化的遗存。

商周时代中原地区流行的葬俗是"不封不树"[1]的竖穴土坑墓，墓葬都有深浅不一的墓穴而在墓上没有封土堆，但是江南地区同时代的墓葬却普遍都有高大的封土墩，而墓内却往往不挖墓坑，甚至没有发现葬具，所以20世纪50年代初刚刚发现土墩墓时曾经认为土墩墓的特点就是不挖墓坑、不用葬具、平地掩埋。[2]然而随着考古工作的深入和发掘的墓葬日益增加，考古学家发现外观相似的土墩墓中实际上存在着平地掩埋的无坑无床型、用石块或鹅卵石铺成棺床的石床型、仅用石块排列在墓边的石框型、把墓边石框叠高的石椁型和用石块砌筑石室的石室土墩墓等各种各样不同的墓葬形制（表4—1），具有一墩一墓和一墩多墓等不同的丧葬习俗，还发现入葬后在墓上进行祭祀的遗迹，甚至发现了在营建墓室之前构筑在墓地上的墓下建筑遗存。由于土墩墓埋藏都不深，而且封土不经夯实，因此葬具与尸骨朽烂无存也是很正常的。

---

[1]《易经·系辞下传》第二章："古之葬者，厚衣之以薪，葬之中野，不封不树。"
[2] 邹厚本：《江苏南部土墩墓》，《文物资料丛刊》第六辑，文物出版社1982年版；刘兴、吴大林：《谈谈镇江地区的土墩墓分期》，《文物资料丛刊》第六辑，文物出版社1982年版；刘建国：《论土墩墓分期》，《东南文化》1989年第4—5期。

表 4—1　　　　　　　　　　土墩墓类型演进示意图

墓型	平剖面图	墓例
无坑无床型		溧水乌山岗 D4
石床型		丹徒南岗山 90DND13M3
石框型		丹徒四脚墩 M6
石椁型		丹阳大夫墩
石室型		常熟虞山 D3

　　土墩墓的概念最早是根据宁镇地区的发现提出来的，而在太湖周围地区古人就已经发现丘陵小山顶上分布着内有石室的土墩，对于它们的性质，地方志与民间有瞭望台、风水墩、烽燧墩、藏兵洞、古战堡、炮墩、旺（望）墩等各种不同的说法，现代学者有的认为这是古人的祭天遗址[1]，有的认为这些石构建筑具有多种不同的用途[2]，但是更多的学者认为这是吴人的墓葬[3]，或是越人的墓葬[4]。实际上有石室的土墩墓是从没有石室的土墩墓发展而来的，近年来还发现有用木料构筑或木石混合构建墓室的，我们把这些不同形制但是都有封土墩的墓葬统称为土墩墓或土墩遗存。

---

[1]　钱正：《祭天遗址——江南石室土墩再探讨》，《吴文化研究论文集》，中山大学出版社 1988 年版；陈军：《试论太湖地区土墩石室建筑的祭祀性质》，《东南文化》1990 年第 4 期。
[2]　钱公麟：《江南地区石构建筑性质的多元说》，《吴文化研究论文集》，中山大学出版社 1988 年版；钱公麟：《再论吴越地区石构建筑性质的多元说》，《浙江学刊》1990 年第 6 期。
[3]　冯普仁：《试论吴国石室墓》，《吴文化研究论文集》，中山大学出版社 1988 年版；张敏：《阖闾城遗址的考古调查及其保护设想》，《江汉考古》2008 年第 4 期。
[4]　陈元甫：《江浙地区石室土墩遗存性质新证》，《东南文化》1988 年第 1 期；林华东：《为江浙石室墓正名》，《浙江学刊》1986 年 5 期；刘建国：《论太湖越族石室墓》，《江苏省哲社联1981 年年会论文选（考古学分册）》；叶文宪：《越人石室土墩墓与华南悬棺葬》，《浙江社会科学》2003 年 第 5 期。

第一节　　江南土墩墓的分区

杨楠先生对江南地区的土墩墓进行过系统的研究，他把江南的土墩墓分为西部的宁镇区、东部的太湖—杭州湾区和南部的黄山—天台山以南区三个区域（图4—1），"土墩遗存最早出现在黄山—天台山以南区，其年代约当中原夏商之际至春秋后期；其次出现在太湖—杭州湾区，其年代约当中原商代后期至战国前期；最后出现在宁镇区，其年代约当中原西周前期至春秋后期"。[①]

在这三个区域中，南部的黄山—天台山以南区是江南土著百越的老家之一，这一区域的文化应该属于古越文化[②]，它与太湖—杭州湾区的马桥文化有渊源关系，与于越文化有密切的联系，而且这一地区也是汉代闽越国和东瓯国的所在地。

西部的宁镇区在商代是湖熟文化分布区，西周春秋时期是吴人生活的地区。湖熟文化受古越文化的影响很小，而吴文化受越文化的影响很大。尽管司马迁把这些江南土著称为"荆蛮"[③]，但这只是中原人对他们的统称，并不是说他们也是楚人的一支，其实吴人也被视为是越人的一支——"干越"[④]。"夫吴之与越也，接土邻境，壤交通属，习俗同，言语通"[⑤]，"吴越为邻，同俗并土"[⑥]，"吴越二邦，同气共俗"[⑦]。因为吴人与越人的文化非常接近，所以王文清先生认为"吴越同族"[⑧]，这是有道理的。然而吴人与越人还是有差别的，而且他们分别建立了各自的国家。

太湖—杭州湾区的情况比较复杂：太湖以南以及浙东平原是马桥文化分布区，后来也一直是越人生活的地区，越国的都城也在这一地区，而太

---

① 杨楠：《江南土墩遗存研究》，民族出版社1998年版，第83页。
② 百越是中原华夏对江南土著的统称，百越部落众多，文化与华夏有异，但是并不统一，因此在考古学上表现为不同的考古文化。
③ 司马迁：《史记》卷三十一《吴太伯世家》。
④ 《庄子·刻意》："夫有干越之剑者，柙而藏之，不敢用也，宝之至也。"陆德明释文："司马云：'干，吴也。吴越出善剑也。'"《荀子·劝学》："干、越，夷貉之子，生而同声，长而异俗，教使之然也。"杨倞注："干越犹言吴越也。"
⑤ 《吕氏春秋·知化》。
⑥ 《越绝书》卷第六《越绝外传记策考第七》。
⑦ 《越绝书》卷第七《越绝外传记范伯第八》。
⑧ 王文清：《论吴越同族》，《江海学刊》1983年第4期。

湖以北地区在商代也是马桥文化分布区，西周和春秋前期也是越国的地盘，但是到春秋后期"诸樊徙吴"和伍子胥筑城之后却成为吴国的疆域和吴国都城所在地，因此这一地区的土墩墓就表现出既有交替又有融合的错综复杂的现象。

图4—1 江南土墩遗存分区示意图

Ⅰ. 宁镇区　Ⅱ. 太湖—杭州湾区　Ⅲ. 黄山—天台山以南区　1. 镇江　2. 丹徒　3. 丹阳　4. 江宁　5. 句容　6. 溧水　7. 高淳　8. 繁昌　9. 铜陵　10. 南陵　11. 青阳　12. 泾县　13. 宣城　14. 郎溪　15. 广德　16. 溧阳　17. 金坛　18. 武进　19. 江阴　20. 沙州　21. 无锡　22. 常熟　23. 宜兴　24. 吴县　25. 苏州　26. 长兴　27. 湖州　28. 嘉兴　29. 金山　30. 海盐　31. 海宁　32. 安吉　33. 德清　34. 余杭　35. 临安　36. 富阳　37. 萧山　38. 绍兴　39. 上虞　40. 余姚　41. 慈溪　42. 鄞县　43. 舟山　44. 奉化　45. 嵊县　46. 东阳　47. 义乌　48. 屯溪　49. 淳安　50. 黄岩　51. 瑞安　52. 松阳　53. 金华　54. 龙游　55. 衢州　56. 江山　57. 玉山　58. 上饶　59. 光泽　60. 苍南

第二节　西周春秋时期太湖以南地区的越人土墩墓

这里所说的"太湖以南地区"包括杨楠先生所说的黄山—天台山以南区和太湖—杭州湾区的南部以及太湖西岸的宜兴、武进一带。

一　黄山—天台山以南区

黄山—天台山以南区是土墩墓的发源地，在夏商之际就出现了最早的土墩墓遗存，但是一则因为年代遥远难以被发现，二则因为那时的人口远比后世要少，所以已发现的早期墓葬数量极少，现知的资料仅有浙江江山肩头弄第1—4单元土墩墓[①]、松阳县古市的后刘组与茵岗山组[②]、苍南埔坪乌岩山土墩墓[③]、福建光泽大干河东岸的马岭M1与M2[④]等几例。由于年代久远，这一阶段土墩墓的封土都保存得不好，但是仍然可以发现有用石块铺底的现象，陪葬品中泥质陶有高领折腹罐、深腹罐、匜形罐、扁腹罐，印纹硬陶有瓮、坛、垂腹罐、长嘴平底盉、深腹盆等（图4—2），还不见原始瓷器。

浙江淳安、衢州、江山的土墩墓年代稍晚（附表六）。江山肩头弄类型是马桥文化的一个时代较早的文化类型[⑤]，因此淳安、衢州、江山一带的土墩墓应该与后来的于越有关。

虽然在黄山—天台山以南区已发现的土墩墓数量不多，但是有三处土墩墓群非常引人注目。

1. 安徽屯溪弈棋

安徽屯溪弈棋先后发掘了8座土墩墓。[⑥] 这些墓葬都位于平地的土墩

[①] 牟永抗、毛兆廷：《江山县南区古遗址、墓葬调查试掘》，《浙江省文物考古所学刊》，文物出版社1981年版。

[②] 杨楠：《江南土墩遗存研究》，民族出版社1998年版，第54页。

[③] 温州市文物处、苍南县文物馆：《浙江苍南县埔坪乡发现一座商代土墩墓》，《考古》1992年第6期。

[④] 福建省博物馆、光泽县文化局文化馆：《福建省光泽县古遗址古墓葬的调查和清理》，《考古》1985年第12期。

[⑤] 陆建方：《初论马桥—肩头弄文化》，《东南文化》1990年第1—2期；黄宣佩、孙维昌：《马桥类型文化分析》，《考古与文物》1983年第3期；宋建：《马桥文化探源》，《东南文化》1988年第1期。

[⑥] 安徽省文化局文物工作队：《安徽省屯溪西周墓发掘报告》，《考古学报》1959年第4期；殷涤非：《安徽省屯溪周墓第二次发掘》，《考古》1990年第3期；李国梁主编：《屯溪土墩墓发掘报告》，安徽人民出版社2006年版。

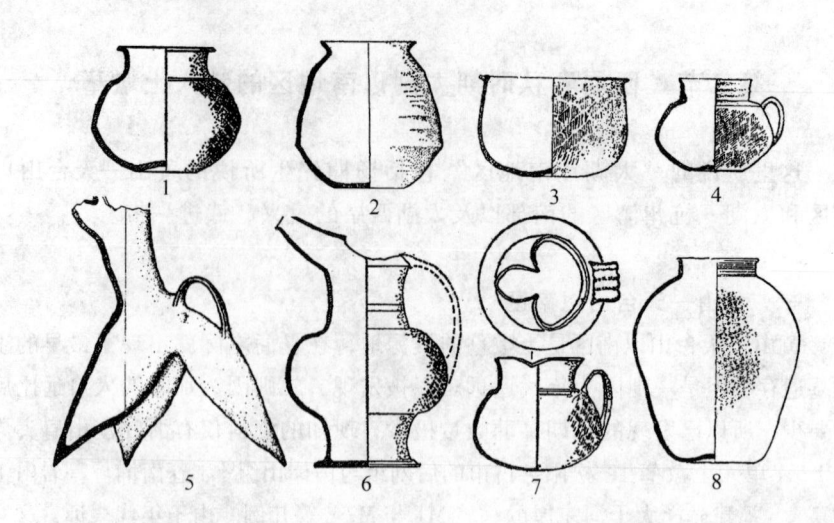

图4—2 浙江江山肩头弄和福建光泽马岭土墩墓出土器物
1. 高领罐（马岭）2. 深腹罐（肩头弄）3. 深腹盆（肩头弄）4. 阔把罐（肩头弄）5. 袋足盉（肩头弄）6. 长嘴平底盉（马岭）7. 匜形罐（马岭）8. 坛（肩头弄）

下或低矮的土岗上，都不挖墓坑，M1、M2、M4用鹅卵石在墓底铺成25厘米厚的棺床，M3仅用石块在东、南、西边铺砌断断续续的边框（图4—3）。M1和M2共出土青铜器19件、原始瓷器71件、陶器6件、玉石器6件，M3出土青铜器53件、原始瓷器103件、印纹陶器11件、陶器17件、玉石器7件，其他几座墓葬出土器物较少。M1出土的一件铜尊上有"父乙"铭文，M3出土一件铜卣上有"公作宝尊彝其子孙永用"的铭文，都属于中原系统的铜器，而其他许多铜器则明显地具有地方特色。

关于屯溪土墩墓群的年代，大多数学者认为是西周中晚期[1]，但是也有少数学者认为是春秋晚期[2]。这批墓葬并不是同一个时期的，它们的年

---

[1] 安徽省文化局文物工作队：《安徽省屯溪西周墓发掘报告》，《考古学报》1959年第4期；殷涤非：《安徽省屯溪周墓第二次发掘》，《考古》1990年第3期；李学勤：《吴国地区的尊、卣及其它》，《吴文化研究论文集》，中山大学出版社1988年版；张长寿：《论屯溪出土的青铜器》，《吴越地区青铜器研究论文集》，香港两木出版社1997年版；邹厚本：《江苏南部土墩墓》，《文物资料丛刊》(6)，文物出版社1982年版。

[2] 李国梁主编：《屯溪土墩墓发掘报告》，安徽人民出版社2006年版；马承源：《长江下游土墩墓出土青铜器的研究》，《上海博物馆集刊》第4辑，上海古籍出版社1987年版；周亚：《吴越地区土墩墓青铜器研究中的几个问题——从安徽屯溪土墩墓部分青铜器谈起》，《吴越地区青铜器研究论文集》，香港两木出版社1997年版。

代跨度较大，早的如 M1 应在西周中期偏早，而最晚的 M8 应在西周晚期偏晚，很可能已经进入了春秋初期。

安徽屯溪和浙江淳安、衢州、江山之间是一片山区，但是安徽屯溪弈棋的土墩墓墓主的族属是否也是于越先人？目前还难以确定。有人认为，鉴于屯溪土墩墓出土的器物非同一般，所以屯溪一带可能是早期越国的都城所在。① 然而根据目前所掌握的资料还无法证实这一推测。刘兴先生根据屯溪和丹徒两地土墩墓中都出土一、二件带铭文的中原青铜器断定，两地的这些土墩墓墓主都是周王朝派到江南来牵制荆蛮与淮夷的贵族②，但是对于这一观点，无论在史书里还是在金文中都找不到一点蛛丝马迹，因此也只是一种推测而无法得到证实。如果屯溪土墩墓墓主是南来的周人贵族，那么他们理应遵循周人的葬俗才对，然而现状显然并非如此。如果认为皖南和苏南的这些西周春秋时期的遗存都是南淮夷留下来的，那么当时的吴人又居住在哪里呢？虽然屯溪土墩墓中出土了带铭文的中原青铜器，但是出土的原始瓷器却与衢州出土的非常接近（图4—4），而与宁镇地区出土的差别较大，如果认为屯溪土墩墓的墓主是先吴贵族，这也难以解释。然而如果认为屯溪土墩墓墓主是先越贵族，那么没有任何记载表

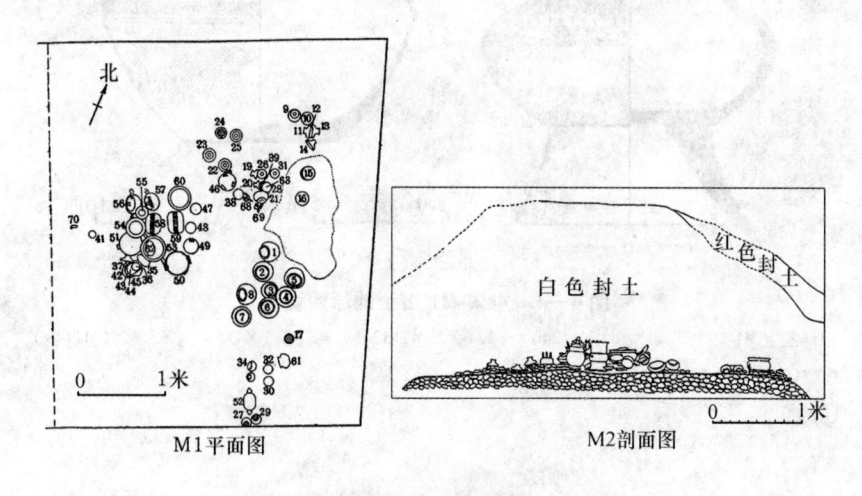

图4—3　屯溪弈棋土墩墓平、剖面图

---

① 王俊：《略论屯溪土墩墓群的年代与族属》，《东南文化》2008年第4期。
② 刘兴：《江苏丹徒、安徽屯溪两地西周墓试析——兼谈周人南奔》，《江汉考古》1987年第2期。

明越人在西周中期就已经与周人有过如此密切的联系，也难以理解西周时期的越人哪来这么先进的青铜冶铸技术？所以关于屯溪土墩墓墓主的族属问题现在还只能存疑。

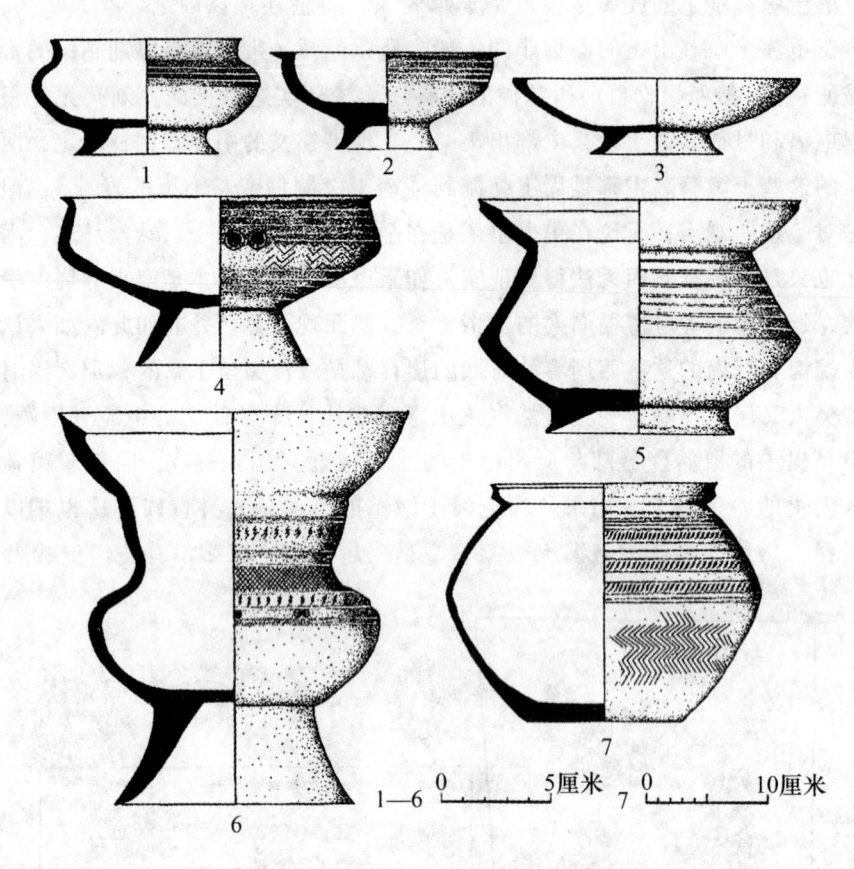

图 4—4　屯溪 M1 出土的原始瓷器
1. 盂（M1:29）　2. 豆（M1:24）　3. 豆（M1:32）　4. 豆（M1:5）　5. 尊（M1:49）
6. 尊（M1:58）　7. 罐（M1:59）

2. 浙江瓯海杨府山

温州瓯海杨府山是一座海拔 53.8 米的小山，墓葬位于山顶，原土墩直径 15 米，已被夷平，为平地掩埋的土墩墓。随葬器物 83 件（组），其中青铜鼎、簋、铙各一件，短剑、戈、矛、镞等铜兵器 58 件，镯、玦、柄形器和各种玉石饰件 22 件，年代为西周中期晚段。[①] 在温州附近的黄岩小人尖（图 4—5）、瑞安凤凰山、苍南浦坪乌岩山等地都发现有年代或早或晚的土墩墓遗存（又见附表六），黄岩小人尖和苍南浦坪乌岩山土墩墓都位于山顶，都用石块铺底，瑞安凤凰山土墩墓位于山坡，用木炭铺底。温州一带是后来东瓯国的范围，在温岭大溪还发现过汉代东瓯国城址和贵族大墓[②]，因此瓯海杨府山和黄岩小人尖、瑞安凤凰山、苍南浦坪乌岩山的这批土墩墓当与后来的东瓯有关。

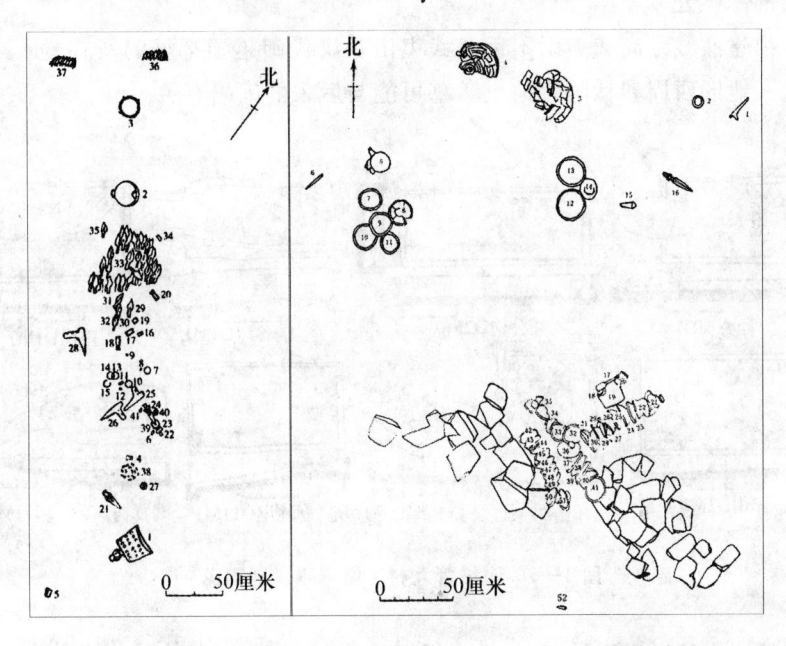

图 4—5 瓯海杨府山（左）和黄岩小人尖（右）土墩墓平面图

[①] 浙江省文物考古研究所、温州市文物保护考古所、瓯海区文博馆：《浙江瓯海杨府山西周土墩墓发掘简报》，《文物》2007 年第 11 期。

[②] 陈元甫：《浙江温岭汉代东瓯国城址与贵族大墓》，《东方博物》第 25 辑，浙江大学出版社 2007 年版。

3. 福建浦城管九村

2005年在福建浦城管九村西北相对高度15—50米的丘陵山岗和坡地上清理了5个地点的33座土墩，共发现47座墓葬，其中一墩多墓的只有1座，一墩两墓的有6座，其余的皆为一墩一墓（图4—6）。共出土随葬器物280余件，其中原始青瓷器67件、印纹陶器146件、铜器55件、玉管等佩饰7件、石器7件。[①] 大多数墓葬都有长方形浅墓坑，墓底用鹅卵石铺成棺床，周围还有一圈沥水的沟槽。其中洋山D1M1墓坑北壁残存有排列较整齐的11根炭化的木立柱，立柱被烧毁程度不一；洋山D7M1墓坑底中部及南、北壁下清理出在一条直线上的三个柱洞，中部柱洞内还残存有直径0.25米、高0.37米的炭化木柱，墓室西北部残存有被烧毁的炭化木板，这些迹象表明墓内可能曾经有过人字形两面坡式的木构建筑。

福建浦城距离武夷山不远。武夷山是汉代闽越国都城的所在地[②]，因此这一地区西周春秋时代的土墩墓可能与后来的闽越有关。

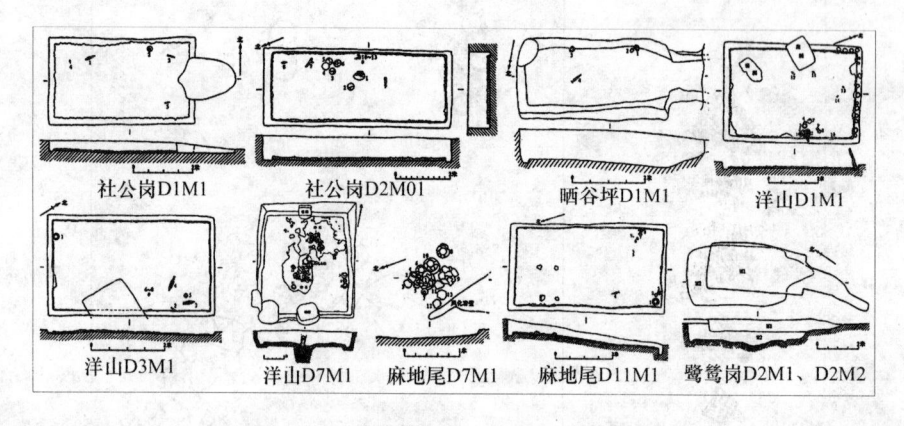

图4—6 浦城管九村土墩墓平、剖面图

二 太湖以南区

太湖以南区是指杨楠先生所说的太湖—杭州湾区的南部，包括杭嘉湖平原、杭州湾南岸平原以及太湖西岸的宜兴至武进一带，这里一直是越人生活

---

① 福建博物院、福建闽越王城博物馆：《福建浦城县管九村土墩墓群》，《考古》2007年第7期。
② 福建博物院、福建闽越王城博物馆编：《武夷山城村汉城遗址发掘报告》，福建人民出版社2004年版。

的地区，尽管在勾践时曾经被吴军短期侵入并局部占领，但是这一带始终是于越的中心地区，而且在安吉和绍兴都发现了越国的都城与王陵遗址。虽然黄山—天台山以南区是最早出现土墩墓的地区，然而那里是丘陵山区，自然环境并不适宜于农耕与发展，尽管在黄山—天台山以南区也发现过几处重要的土墩墓群，但是毕竟数量太少，这昭示着当时的人口不可能很多，实际上即使到了汉代，那里仍然人烟稀少。所以商周时期的先越文化——马桥文化是在杭嘉湖平原上发展起来的，而且春秋时代的越国也建立在那里。

　　太湖以南区的土墩墓数量非常多，仅经过发掘并发表的就有几十个地点的几百座墓葬（附表七），而运用航空遥感技术发现的土墩墓还要多得多，仅在太湖南岸的湖州地区就解译出了5412个土墩墓，并为系统的野外验证所证实。① 在太湖以南的杭嘉湖平原和杭州湾南岸的浙东平原上，土墩墓主要分布在海拔几十米的丘陵小山顶部，通常是大墓雄踞山巅，其余的沿着山脊一字排开，间距或近或远，而在山麓坡地和平原上较少见到（图4—7）。

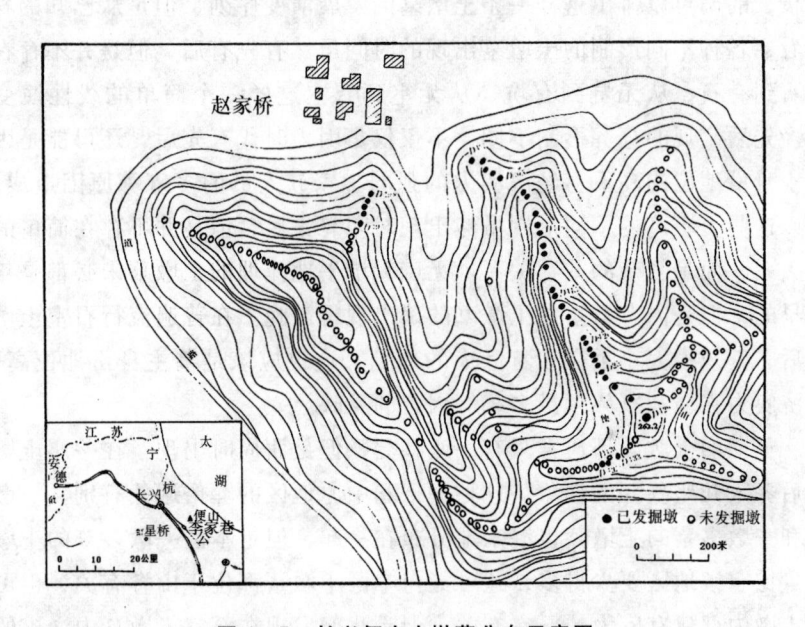

图4—7　长兴便山土墩墓分布示意图

---

　　① 祝炜平、方起东：《浙北湖州地区土墩墓遥感影像研究》，《地域研究与开发》2008年第1期；尹占娥、刘树人：《环太湖石室土墩墓分布遥感考古及其与古地理环境演变关系初探》，《华东师范大学学报》（自然科学版）1997年第2期。

本区的土墩墓有平地掩埋型、石床型、石框型、浅土坑型和石室型等各种不同的类型，各类不同的土墩墓往往错杂地分布在同一条山脊上。陈元甫先生在全面研究了土墩墓的发展演变过程后指出："早期土墩墓结构可能经历了平地起堆，墓底铺设卵石，到四角或四边铺砌石块的发展过程，而西周中期以后出现的长条形石室，又显然是后者继续发展的结果。在一些缺乏板状结构石材的地区也不一定采用石室结构。总之，西周中期以后土墩墓内建有石室，既与当地有板状结构石材的自然条件相关，也与土墩墓自身结构的发展变化紧密联系，它很可能仅是土墩墓发展长河中的一段。当然，在石室出现之后，不建石室的土墩墓仍可保留下来，与建有石室者共存。"[①] 田正标先生把土墩墓的演变发展顺序归纳为：平地堆土掩埋型→石床型→石框型→石室型[②]，而有的地方还发现了介于石框型和石室型之间的石椁型土墩墓[③]，即把石框边壁加高成矮墙而形似石椁，可以看成是石框型土墩墓向石室土墩墓发展的过渡形态。用类型学的方法来分析，的确可以排出这样一条土墩墓的发展演变序列，但是从已知的材料来看，各种不同形制的土墩墓出现的时间虽然有先有后，但是并不存在从无石到有石、从无坑到有坑、从无室到有室这样一个简单的线性演变序列。先后出现的墓葬形制不同，不仅仅是因为时代有先后，还可能是因为墓主身份地位的高下、经济实力的强弱、家族人员的多寡等原因造成的，所以这些土墩墓的不同形制虽然出现时间有先后，但是并不存在简单的替代关系，而是复杂的共存关系。无床无坑平地掩埋的土墩墓未必都是年代最早的，但是内有石室的土墩墓的确出现得最晚。在普遍流行石室土墩墓以后，其规模大小也存在着巨大的差别，这也应该是墓主身份地位高下、经济实力强弱和家族人员多寡等因素的反映。

　　早期的土墩内部通常只有一座墓葬，但是西周时出现了在一座土墩中先后葬入几座墓葬的现象，这种葬俗和中原地区的葬俗迥然有别。一墩一墓和一墩多墓的土墩墓也混杂地分布在一起，但是本区一墩多墓的土墩墓数量比宁镇地区要少得多，这可能与本区土墩墓都位于山脊有关，也可能与土墩内部建有巨大的石室有关。但是我们发现在石室土墩墓内淤土的不

---

　　① 陈元甫：《江浙地区石室土墩遗存性质新证》，《东南文化》1988年第1期。
　　② 田正标：《吴越土墩墓的形制结构及相关问题》，《百越文化研究——中国百越民族史学会第十二次年会暨百越文化国际学术研讨会论文集》，厦门大学出版社2005年版。
　　③ 朱建明：《浙江德清三合塔山土墩墓》，《东南文化》2003年第3期。

同层位埋有时代不同的器物，这说明它曾经被多次用来埋葬死者。这种在一座石室土墩墓内多次埋葬的葬俗与一墩多墓的葬俗内涵是一致的。

石室土墩墓从西周时开始出现，发展到春秋末期其营造技术达到了土墩墓遗存的最高水平，不仅出现了规模巨大的石室土墩墓，例如在湖州肖皇山顶部发现的一座石室土墩墓，石室长35米、宽2米、高5米[1]，而且还出现了用木料构筑墓室或用木料、石料混合构筑墓室的大型土墩墓。

东阳前山六石镇派园下马宅村东小山顶上有2座土墩墓，D1为石室土墩墓，早年已被破坏，D2的封土墩东西长36米、南北宽26米、中心最高处4.7米，封土分层夯筑而成。墓坑为长方形浅土坑，长13.52米、宽4米、深0.3—0.35米，底部用河卵石铺设成石床，上面有8条枕木沟。整体平面呈甲字形，通长17.82米，墓室西面的甬道与墓道长4.3米，用石块垒砌，形同石室，而墓室本身用木料构筑成人字形两面坡的木屋结构，高2.4米。[2]

绍兴兰亭印山大墓建在海拔41.7米、相对高度20余米的印山顶部，封土堆底部东西长72米、南北宽36米、高9.8米，墓坑系凿岩而成，墓室内部长33.4米、宽4.78—4.98米、高5.5米，用长5.9米、0.5—0.8米见方的枋木构建成人字形两面坡的木屋。印山大墓的规模之所以如此巨大，是因为它的墓主是勾践的父亲允常（图4—8）。[3]

这一类有木结构或木石混合结构墓室的土墩墓可以比照石室土墩墓称之为"木屋土墩墓"。土墩墓中的"石室"与"木屋"都是建在墓底或墓坑之上的建筑，而不是建在墓坑之中的椁室，因此不能称之为"木椁"，而应该称为"墓内建筑"。木屋土墩墓在宁镇地区和太湖以北地区同时代的吴人土墩墓中也能见到（详见下节），而在战国西汉时代的越人大墓[4]中仍然被继续使用，但是并未成为一种固定的墓葬制度。

---

[1] 湖州市文物保护管理所：《浙江湖州堂子山土墩墓发掘报告》，《东方博物》第11辑，浙江大学出版社2004年版。
[2] 浙江省文物考古研究所等：《浙江东阳前山越国贵族墓》，《文物》2008年第7期。
[3] 浙江省文物考古所：《印山越王陵》，文物出版社2002年版。
[4] 浙江省文物考古研究所、安吉县博物馆：《浙江安吉龙山越国贵族墓》，《南方文物》2008年第3期；杨琮：《武夷山发现西汉闽越国贵族墓葬》，《中国文物报》2003年8月20日；广州市文物考古研究所：《广州市农林东路南越国"人"字顶木椁墓》，广州市文物考古研究所编《羊城考古发现与研究》（一），文物出版社2005年版。

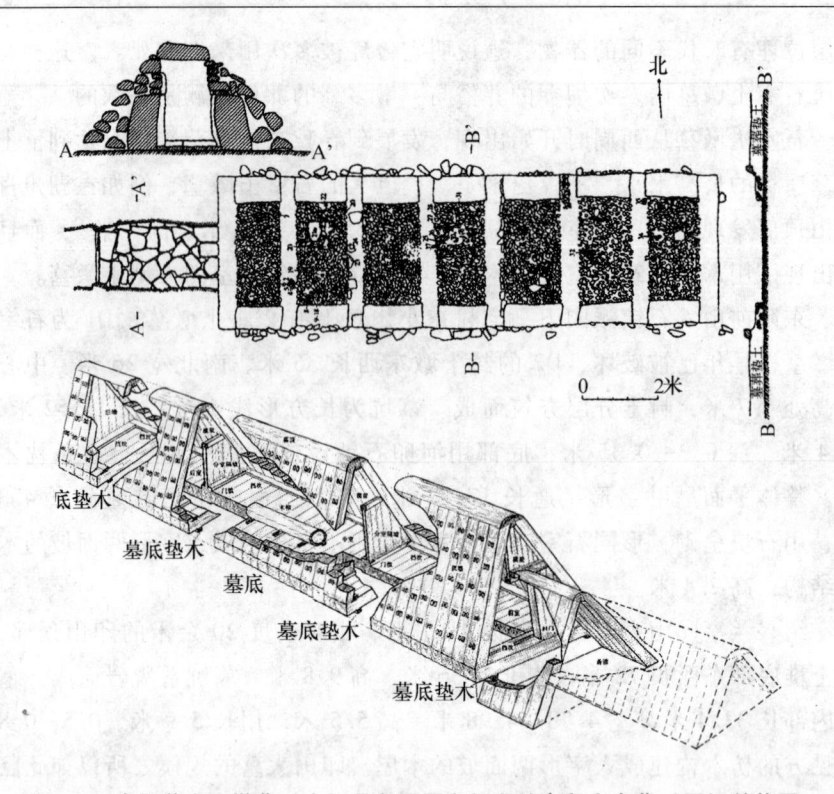

图4—8　东阳前山土墩墓（上）平剖面图和绍兴兰亭印山大墓（下）结构图

第三节　西周春秋时期宁镇地区的吴人土墩墓

商朝末年太伯仲雍奔吴是一个不争的事实，但是太伯仲雍所奔之"吴"在哪里？自古以来却一直众说纷纭。历代方志都说太伯仲雍所奔之"吴"是在无锡梅里，并以太伯墓和太伯庙为证，但是方志上明明记载着，"至德庙，即泰伯庙，东汉永兴二年（154年）郡守糜豹建于阊门外"。[①] 糜豹自己在《泰伯墓碑记》中也说："予……受命南邦诏建泰伯墓庙于梅里皇山，乃率群僚各属鸠工庀材，四方人士子来如云，不数月而就。"[②] 可见无锡的太伯墓和苏州的太伯庙都是东汉时始建的衣冠冢和纪念性建筑。

---

① 《吴郡志》卷十二《祠庙》。
② 《锡金志外》卷二《补遗下》。

《史记集解》引《世本》曰："诸樊徙吴。"如果太伯仲雍所奔之"吴"就在无锡梅里，那么诸樊所徙之"吴"又在哪里呢？如果诸樊所徙之"吴"就在今天的苏锡地区，那么他又是从哪里迁来的呢？如果诸樊已经居住在今天的无锡梅里，那么他又迁往哪个"吴"呢？显然诸樊所徙之"吴"和太伯仲雍所奔之"吴"肯定不在同一个地方。

　　《吴越春秋·阖闾内传》记载：阖闾元年，"子胥乃使相土尝水，象天法地，造筑大城"。伍子胥所筑的城是新的吴国都城，后世称之为阖闾城。历代方志都认为伍子胥建造的阖闾城就是今天的苏州老城。然而，如果太伯仲雍所奔之"吴"和诸樊所徙之"吴"都在今天的苏州老城，那么伍子胥就是在原地筑城，何必还要"相土尝水，象天法地"呢？显然伍子胥所筑之吴都和太伯仲雍所奔之"吴"、诸樊所迁之"吴"也都不在同一个地方。

　　由于在无锡和苏州先后发现了两个春秋古城遗址，并且都获得了"全国十大考古发现"的称号，因此关于阖闾时代吴国都城遗址的问题在学术界与社会上又引起了新的争议。

　　吴国晚期的都城在今天的苏锡地区，这是没有疑问的。地本来并没有地名，是因为有人居住，人们才给地起了地名。古代地广人稀，当久居一地的人们迁走以后如果在随后的几百年内再也无人来此地居住，那么原来的地名就会慢慢地被人遗忘，以后再来到此地的新居民会重新起一个地名，于是在后人看来同一个地方就有了几个不同的地名。当人们迁徙到另一个地方以后常常会用原来的地名来命名新的居住地，于是几个不同的地方就会有相同的地名，这在后人看来就好像是地名迁徙了。商朝的都城都叫"亳"，楚国的都城都叫"郢"，就是这个道理。地名迁徙现象在古代司空见惯，所以，太伯仲雍所奔之地叫"吴"，诸樊所迁之地也叫"吴"，伍子胥所筑之城还叫"吴"，吴人先后居住过的地方都叫"吴"，然而此"吴"非彼"吴"，不能认为自古至今只有一个"吴"，也不能认为某一个地方自始至终都是"吴"。

　　张敏先生认为，丹阳珥陵镇的葛城遗址是"迄今为止江苏境内发现的时代最早、延用时间最长，使用次数最多、保存最完好且文化内涵最丰富的古城址"，"吴国都城自西而东，不断地迁徙"。[①] 他的观点

[①] 张敏：《吴国都城初探》，《南方文物》2009年第2期。

是很有见地的。肖梦龙先生认为镇江谏壁至大港一带是吴国的王陵区①，钱公麟先生认为苏州西部山区是吴国的王陵区②，他们的观点看似对立，实际上并不矛盾，这恰恰反映了吴国疆域的变迁和吴国政治中心的转移。

自 20 世纪 70 年代以来在宁镇地区发掘的土墩墓数量越来越多（附表八），而据遥感调查发现的数量更多，仅仅在镇江地区发现的土墩墓就有 3134 座（图 4—9）③。

图 4—9　句容县天王乡浮山果园土墩墓群分布图

---

① 肖梦龙:《吴国王陵区初探》,《东南文化》1990 年第 4 期。
② 钱公麟:《春秋晚期吴国王陵新探》,《东方文明之韵》,岭南美术出版社 2000 年版。
③ 陆九皋、肖梦龙、刘树人、谈三平:《镇江商周台形遗址与土墩墓分布规律遥感研究》,《东南文化》1993 年第 1 期。

与其他三个地区相比，宁镇地区也有平地堆土掩埋型、石床型、石框型土墩墓，但是没有石室土墩墓；也有一墩一墓和一墩多墓两种葬俗，但是一墩多墓的数量要更多，而且墩内的墓葬布局更复杂；土墩墓墓内建筑的样式也更多，而且还发现在营造墓葬之前建在墓地上，而在营造墓葬时被叠压在墓坑之下的各种不同的墓下建筑遗址。西周春秋时期宁镇地区吴人的土墩墓具有以下几个特点。

1. 多种形制的土墩墓并存

典型的吴人土墩墓即邹厚本先生所说的"山坡丘陵土墩"[1]和耕夫先生所说的"平原类型土墩墓"[2]。这一类土墩墓主要分布在以丹徒、丹阳、金坛为中心的宁镇地区，西至句容、溧水、高淳、江宁、南陵，东至常州、无锡、苏州。经常是数十、上百座土墩墓成群分布在一地，土墩的大小不尽相同，一般底径7—8米、高2米左右，每群土墩墓中常常有一座或几座特别高大的，最大的底径可以达到80余米，高10余米。由于这一带的土墩墓都坐落在平地或山冈缓坡上，因此在大土墩的附近或周围常常有取土筑墩形成的土坑或池塘（图4—10）。

土墩墓可以分为无墓坑和有墓坑的两大类，无墓坑的土墩墓可以分为平地掩埋型、石床型、石框型、石椁型和熟土浅坑型五种类型[3]，有墓坑的土墩墓可以分为竖穴土坑墓和竖穴岩坑墓两类（表4—2）。宁镇地区吴人土墩墓的这些不同的墓葬类型与太湖以南地区越人土墩墓的墓葬类型是类似的。

图4—10　句容下袁土墩墓群

---

[1] 邹厚本：《江苏南部土墩墓》，《文物资料丛刊》第六辑，文物出版社1982年版。
[2] 耕夫：《略论苏南土墩墓》，《东南文化》2001年第3期。
[3] 陈元甫：《土墩墓一墩多墓问题讨论》，《华夏考古》2007年第1期。

表 4—2　　　　　　　　　宁镇地区土墩墓分类表

类型	无坑型 平剖面图	墓例	类型	有坑型 平剖面图	墓例
平地掩埋型		溧水乌山岗 D4	竖穴土坑		丹徒镇四脚墩 D2M1
石床型		丹徒南岗山 D13M3			
石框型		丹徒四脚墩 M6			
石椁型		丹阳大夫墩	竖穴岩坑		丹徒北山顶
熟土浅坑型		丹徒横山馒儿墩			

2. 一墩一墓和一墩多墓的土墩墓并存

大多数土墩墓是一墩一墓，但是很早就已经发现还存在着一墩多墓的现象，而且在一墩多墓的土墩墓中还发现有周围不同层面墓葬的墓主头向均朝向土墩中心主墓的布局方式。在宁常、镇溧高速公路沿线发掘的 40 座土墩墓中就发现了 11 座具有这种向心结构的布局方式，最典型的如句容寨花头 D2（表 4—3 中右）、薛埠许家沟 D2、东边山 D1，等等。①

表 4—3　　　　　　　　一墩一墓与一墩多墓的土墩墓分类表

墓型	一墩一墓		一墩多墓	
	平剖面图	墓例	平剖面图	墓例
无祭祀器物		丹阳泰山溢洪河 D1		溧水凤凰井
		丹阳大夫墩		句容寨花头 D2
有祭祀器物		金坛连山 D1		金坛裕巷 D1

无论一墩一墓还是一墩多墓的土墩墓都有在堆筑土墩墓的过程中渐次埋入祭祀器物的现象（表 4—3 下列）。在一墩多墓的土墩墓内居中的墓一般都是首次下葬的，其他墓葬有的可能是同时下葬的，有的是以后多次利用该土墩先后埋入的，即所谓"借墩葬"。有些首次下葬的墓规模较大，如天王东边山 D1 和句容寨花头 D2，但是大多数后来葬入的墓与首次下葬的墓相比，在规模大小和随葬品多寡方面并没有太大的差别，它们不

---

① 李虎仁、周润垦、原丰：《向心结构的多墓土墩》，《中国文化遗产》2005 年第 6 期。

像是后世的陪葬墓,它们与主墓之间的关系倒是更像家人与家长或族人与族长的关系。

3. 土墩墓的墓下建筑

近年来在句容寨花头 D2、D5、D1,下蜀中心山 D1,江宁陶吴 D1,金坛薛埠上水 D2(表4—4)、金坛裕巷 D1(表4—3 下右)、丹徒薛家村大墩等土墩墓中心主墓的墓坑下都发现有房屋建筑的遗址。[1]

表4—4　　　　　　　　　　　土墩墓的墓下建筑表

墓例	句容寨花头 D2M22F1	句容寨花头 D5F1	句容寨花头 D1
平剖面图			

墓例	句容下蜀中心山 D1F1	江宁陶吴 D1F1	金坛薛埠上水 D2F1
平剖面图			

句容寨花头 D2M22F1(表4—4 左上)是 D2 中年代最早的遗迹单位,

---

[1] 林留根:《江南土墩墓相关建筑遗存的发现与研究》,《东南文化》2011 年第 3 期。

位于土墩中部，平面呈长条形，西北—东南走向，方向300°，长约4.45米、宽约1.65米，由48个柱洞组成。柱洞口大底小，上部向内倾斜，底部多为尖状或三角尖状。推测原本用粗细不一的木材（或剖开的木材）劈削成尖形打入地面，搭成两面坡的木棚式建筑。

句容寨花头D5F1（表4—4中上）建在土墩中部，由基槽和柱洞组成，基槽的南、北、西三面环绕形成长条状，东部有缺口，基槽密集分布着32个柱洞，柱洞基本向内倾斜。基槽的东西向中轴线上还有4个圆形柱洞，推测原来也是两面坡人字形建筑，中心墓葬的石床与基槽范围基本一致。

句容寨花头D1（表4—4右上）为一墩两墓，另有10处器物群。F1建在土墩中部底层，由两条西北—东南向的基槽和其间一端的1个柱洞组成（另一端的柱洞可能遭白蚁活动破坏）。基槽范围长度3—3.35米，宽1.85米。中心墓在其上层，有浅坑和石床，呈东北—西南向，随葬品7件。建筑遗存和中心墓葬开口于不同的层面，上下相隔约30厘米，位置与方向都错位。

句容下蜀中心山D1（表4—4下左）位于土岗北端，馒头状封土东西长16.9米、南北长18.5米、残高3.25米。下蜀中心山D1为一墩一墓，在营建墓葬之前先在墓地上挖掘基槽构建一座由55个柱洞构成的凸字形房子F1，房间南北两排柱洞向内倾斜，房间中间有两个承重柱洞，构成一座两面坡的木屋，西面有一长4.5米、宽1.3米的门道。墓主入葬后在木屋周围堆筑熟土二层台，最后填土堆成土墩。

江宁陶吴D1（表4—4下中）是一座大型土墩，椭圆形封土堆南北长62米、东西长48米。残高9.1米，墩内包含两座小墩d1、d2。d1内有一座小型的竖穴土坑墓M44，d2内有两座墓M42和M43，三座墓是一次葬入的。M43是主墓，在d2的中部，用石块铺成凹字形的石框，石框上用熟土堆筑成墓台，墓台口向西是两排68个喇叭形的柱洞，形成一个门道，待主棺入葬后全部埋入封土堆中。

金坛薛埠上水D2（表4—4下右）底部中心位置发现有一组20个柱洞，当是属于一座房址，编号D2F1。F1的位置在M1的土台之下，保存有柱洞，但是未见墙基槽，地面以上的部分也未见保存。从柱洞的分布看，F1平面形状略呈方形，长约5.2米、宽约5米，门道和房址的方向无法判断。

这些墓下建筑都建在土墩中心墓葬墓坑下面的基础层面上，建筑内不见遗物，它是在筑墓之前搭建在墓地上的一种标识性建筑，而在开始营建中心墓葬的时候这些建筑就被拆除或毁坏了,仅存基槽或柱洞,因此称之为墓下建筑。土墩墓内的墓下建筑与中心墓葬的位置基本是上下对应的。土墩墓中的墓下建筑反映了当时人们的一种信仰和吴人特有的一种丧葬习俗,但是因为没有相关的文字记载,我们很难解释其中的含义与具体的做法,也无法用中原的丧葬习俗来进行比较。

4. 有墓内建筑的土墩墓——木屋土墩墓

墓内建筑是指建在墓坑或墓底之上的建筑,而不是建在墓坑之中的木椁,环太湖地区的石室土墩墓中的石室就是这种墓内建筑。宁镇地区没有石室土墩墓,但是有各种不同形式的木结构的墓内建筑。现已发现的墓内建筑由基槽、两面坡的木屋、石床等部分组成,有的还有通往墓葬的门道,等死者下葬以后再在木屋上堆土成墩(表4—5)。

表4—5　　　　　　　　宁镇地区的木室土墩墓表

墓例	平剖面图	墓例	平剖面图
句容浮山果园D29M45		镇江华山大笆斗墩	
句容天王东边山D2		镇江大港双墩D2	
金坛裕巷D1		丹徒薛家村大墩M1	

句容浮山果园 D29 中共有 45 座墓葬，其中 M45 为中心墓葬，墓内建筑由墓门、基槽、柱子、石床及小路组成，总长 7.2 米，其中石床长 4.3 米、宽 2 米，小路长 2.8 米、宽 1 米。M45 的墓内建筑是在土墩基础层面的中心部位挖弧壁、圈底的基槽，基槽内埋剖开的木片，搭成人字形两面坡的木屋，其东端立柱留门，门两侧用石块垒砌，在门外用黑土堆成通往屋内的斜坡道路，屋内铺垫 20 厘米厚的土，再在其上铺设石床。

句容天王东边山 D2 为一墩一墓结构，中心主墓由石床、基槽和柱洞组成。石床用 34 块大小形状不一的石块铺垫成东西向的长条形，上有人骨残迹和 4 件随葬品。基槽环抱于石床的南、北、西三面，东部形成缺口，基槽内有 28 个柱洞，形状不规则，柱洞均向中心石床倾斜。推断石床之上原来应有人字形两面坡式的木结构建筑，复原高度约 2 米，东面为进出的通道。

金坛裕巷 D1 是一座底径 25 米、残高 2.5 米的馒头形土墩，墩底有一南北 4 米、东西 4.1 米、深 0.5 米的半地穴房基，内有 23 个柱洞，分南北两排排列，所有柱洞构成一个平面呈"凸"字形的棚式建筑，门向朝东。

镇江大港双墩 D2 的墓室北部有 12 个柱洞，第一组 5 个呈东西向排列于墓坑中部略偏南处，第二组 3 个和第三组 4 个呈八字形大致对称分布于墓室北部，这三组柱洞与墓室北壁刚好围成一个可闭合的长方形，可能为一处房屋设施。

镇江华山大笆斗墩墓室内部作为棺床的生土台两侧有五对柱洞，在生土坑周围围绕坑壁有 1.5 米高的竹篱笆。类似的竹篱笆在丹徒薛家村大墩 M1 也能看到。丹徒薛家村大墩 M1 位于土墩西半部，墓葬为甲字形熟土浅坑竖穴墓，墓向朝东。墓道向东伸至土墩中心，墓道长 6.1 米、宽 1.26 米、深 1.5 米。墓道坑壁经火烧成红烧土墙，一侧坑壁留有横排木棍的痕迹，另一侧红烧土墙凹凸不平，坑底未发现柱洞。

宁镇地区发现有墓内建筑的土墩墓年代为西周中期到春秋中期，比春秋晚期的绍兴兰亭印山大墓要早，所以有些学者指出这些发现为"印山越王陵独特的墓葬结构在江南地区找到了最为直接的渊源"。[1] 印山大墓的人字形两面坡木结构墓内建筑是一种非常成熟的墓葬结构，显然已经不

---

[1] 田名利、吕春华、唐星良：《土墩墓丧葬建筑》，《中国文化遗产》2005 年第 6 期。

是初始阶段的形态了,而宁镇地区土墩墓内发现的各种木结构建筑却要简陋得多。宁镇地区一直被认为是吴国的地盘,如果越人的这种葬制确实来源于吴人,那么更能够说明"吴越二邦,同气共俗"① 和"吴越同族"②了。不过在西周春秋时期宁镇地区的这种墓葬形制显然还处于尚未定型的初始阶段,而且也没有在本地区进一步发展下去,倒是越人在印山大墓中把它发展到了极致,并且在战国时期的大墓中继续予以使用③,而且到了西汉初期仍然在闽越和南越的大墓中继续予以使用④,成为越国与越人大墓的一种很有特色的墓葬形制。

土墩墓中这种断面为人字形的墓内建筑应该如何命名?有人称其为"木棚建筑"、有人称其为"木构椁室"、有人称其为"'人'字顶木椁"、有人称其为"截面呈三角形的两面坡椁室"。其实"椁"是构筑在墓坑内用于挡土的葬具,只有像丹徒薛家村大墩 M1、M2 墓室内的木桩和竹篱笆才可以称为"椁"。土墩墓中一般没有墓坑而只有墓床,或者是用熟土堆筑的二层台形成一个浅墓坑,这种墓内建筑是构筑在墓床或浅墓坑之上的,其功能类似于石室土墩墓中的石室,因此可以称其为"木屋",而这类有"木屋"的土墩墓则可以称为"木屋土墩墓"。

5. 山顶类型土墩墓

在镇江谏壁至大港一带的长江南岸的小山山顶或丘陵的山脊上分布着数量众多的土墩墓,已发掘的有烟墩山 M1、M2,青龙山 M1,北山顶,母子墩,粮山 M1、M2,王家山,双墩 M1、M2 等。这类土墩墓都有高大的封土堆,有凿山为穴的竖穴岩坑墓,也有其他类型的土墩墓,这类土墩墓往往随葬了大量的青铜器。王根富先生称之为"山顶类型土墩墓"(图 4—11)。⑤

---

① 《越绝书》卷第七《越绝外传记范伯第八》。
② 王文清:《论吴越同族》,《江海学刊》1983 年第 4 期。
③ 浙江省文物考古研究所、东阳市博物馆:《浙江东阳前山越国贵族墓》,《文物》2008 年第 7 期;浙江省文物考古研究所、安吉县博物馆:《浙江安吉龙山越国贵族墓》,《南方文物》2008 年第 3 期。
④ 杨琮:《武夷山发现西汉闽越国贵族墓葬》,《中国文物报》2003 年 8 月 20 日;广州市文物考古研究所:《广州市农林东路南越国"人"字顶木椁墓》,广州市文物考古研究所编《羊城考古发现与研究》(一),文物出版社 2005 年版。
⑤ 杜佳佳、王根富:《土墩墓研究中的几个问题》,《南方文物》2010 年第 4 期。

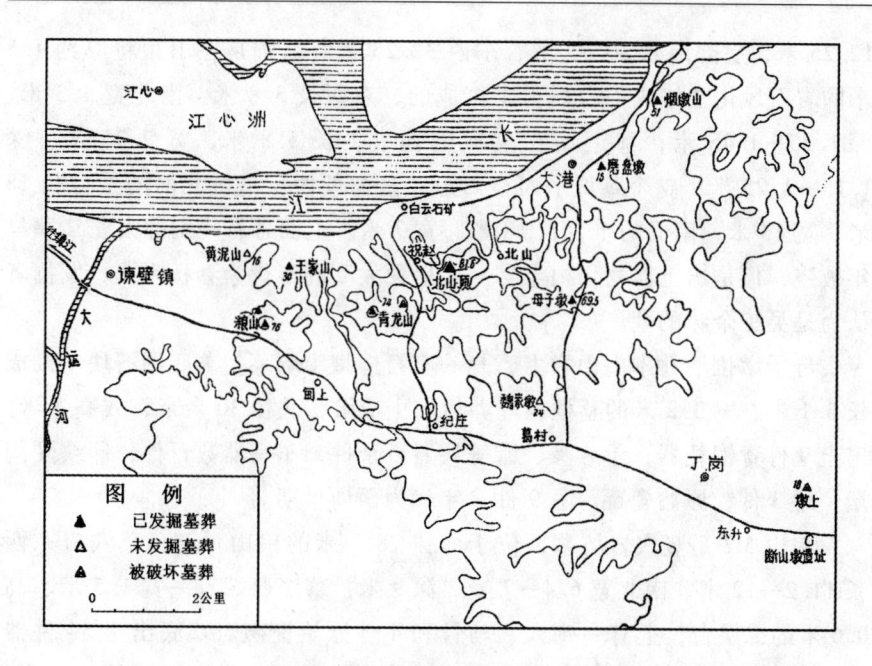

图4—11　宁镇地区山顶类型土墩墓分布示意图

烟墩山M1即1954年出土宜侯夨簋的土墩墓，发现时墓坑已被破坏。1985年发掘的M2位于M1正南坡下70米处，土墩底径约20米、残高2米。墓底用238块青石和玄武岩砌成"石床"，东西长3.6米、南北宽2.4米，墓主头向朝东。出土的随葬器物有炊器、盛器、食器和装饰品等共36件，其中有19件原始瓷坛、豆。据墓葬位置和出土器物分析，M2可能是M1的陪葬墓，年代在西周中期。

青龙山M1现存有高8米、底径60米的封土堆，墓室为凿岩而成的石室，东西长12米、南北宽7米、深5.5米，附有一长方形的斜坡墓道。在墓室周围用采出的土石堆成一个直径30米、高1.2—1.4米的圜丘。该墓在下葬后不久就遭大规模的盗掘，墓室内杂乱无章，许多器物残缺不全、支离破碎、多已移位。但是仍然出土80余件青铜器，墓道中出土两个殉人、三匹殉马，大型印纹硬陶坛中盛有各种祭品。大墓东侧10余米的山坡上有一座附葬墓，也是凿岩为穴，东西长4.6米、南北宽2.2—2.5米、深2米，但是在基岩上又用石块垒成石椁。封土堆底径17米、残高1.5米，出土青铜兵器等陪葬品。年代为春秋晚期。

北山顶大墓的封土呈椭圆形，高5.5米，顶部南北7.05米、东西

12.25 米，底部南北 30.75 米、东西 32.25 米。墓坑是在山顶将厚约 1.5 米的岩石风化土修成平台后再下挖成的，东西长 5.8 米、南北宽 4.5 米、深 1.35—1.45 米，墓道偏在墓室的西北，长 5.8 米、宽 2.35 米、深 1.15—1.25 米，整个墓坑平面呈刀形，墓向朝西。墓坑北面的土台长 18 米、宽 13 米，南面的土台长 18 米、宽 7 米，上面各有一殉葬人。墓葬早年被盗，但是出土器物仍很丰富。北山顶大墓的年代为春秋晚期，发掘者认为是吴王余昧的墓。

母子墩位于乔木山山脊上，是一座石框型土墩墓，墓底用石块垒砌成长 6.1 米、宽 3.2 米的墓框，埋葬后堆土成墩，底径 30 余米，残高 5 米。出土 9 件青铜礼器，矛、叉、镞等兵器百余件，车马器数百件，印纹硬陶坛、罐 3 件，原始瓷罐、豆 9 件。年代为西周早期。

粮山 M2 是竖穴岩坑墓，位于海拔 78.3 米的粮山顶部，墓穴口东西长 11.2—12 米、南北宽 6.4—7 米、深 9 米，墓底西端有一宽 1.5 米、高 0.6 米的二层台，上有一殉人、马骨和 4 件原始瓷碗。墓底出土 54 件器物，以原始瓷为主，另有 8 件青铜器和 7 件玉饰品。墓上封土原高 4 米，底径 14 米，在封土和填土中各有一层沙石层，在封土中出土 20 余件原始瓷罐、碗和 1 件铜锸。年代为春秋前期。

王家山东周墓为竖穴土坑墓，位于王家山东北端，墓坑南北宽 3 米、东西残长 6 米、深 6 米，东部是生土二层台，高 1.2 米、长约 3 米，骨骸和陪葬品都出在二层台上，东部方坑内出土 13 件硬陶瓷，内盛各种食物，似为陪葬坑。时代为春秋末期。

双墩 D1 位于海拔 42 米的山脊上，土墩底径 36 米、残高 5 米，墩底用 9 块石块铺成东西长 3.6 米、南北宽 1 米的石床，墓内随葬器物已被盗掘一空。时代估计为商末周初。D2 位于 D1 以东 50 米处，馒头状封土堆平面呈椭圆形，南北 41 米、东西 36.2 米，残高 5.9 米。墩中心用熟土堆筑后再挖墓坑，墓室呈凸字形，长 7.6 米，东部宽 6.1 米，西部宽 5 米，高 1.6—1.8 米，墓室南面有喇叭形墓道，长 7.5 米。墓室西壁有用竹木棍支撑墓壁的痕迹，墓室内有三组 12 个柱洞，与墓室北壁刚好围成一个可闭合的长方形，可能为一处房屋设施。墓室中没有出土遗物，但是在盗洞中出土了 4 件原始瓷豆、2 件原始瓷瓿，时代为西周晚期（表 4—6、附表八）。

表 4—6　　　　　　　宁镇地区山顶类型土墩墓分类表

墓型	平剖面图	墓例	墓型	平剖面图	墓例
竖穴岩坑墓		丹徒北山顶	石床型土墩墓		双墩 D1
		青龙山 M1	熟土浅土坑墓		双墩 D2
		粮山 M2			
竖穴土坑墓		王家山	石框型土墩墓		乔木山母子墩

　　谏壁至大港一带长江南岸的这类土墩墓都坐落在小山顶部，北依长江、南望平川，气势宏伟，虽然墓葬形制并不一致，但是都出土数量众多的青铜器，因此肖梦龙先生认为这里是吴国早期王陵的所在地[①]。其他地区的土墩墓虽然也有明确的墓穴或石砌的棺床，也有不小的封土堆，但是出土的器物都以陶器与原始瓷为主，很少见到青铜器。因此有学者认为：

---

① 肖梦龙：《吴国王陵区初探》，《东南文化》1990 年第 4 期。

"镇江东乡一带的大港、谏壁一带的土墩墓处于山脊之上,面对浩浩长江,气势开阔,多出青铜礼器,如烟墩山'宜候矢簋'墓、北山顶吴王余眜墓、青龙山带墓道的竖穴石坑大墓等。说明沿江一带的山脊之上主要是王侯贵族墓地,而丹徒一带离长江较远的丘陵岗地上分布着的土墩墓和遗址证明那里生活着的是普通的土著居民。"[1]

大港、谏壁一带发现的土墩墓都是一墩一墓,而且像北山顶大墓和青龙山大墓那样有竖穴岩坑和高大封土堆等特点都被苏州西部山区的大真山、阳宝山等大墓所继承[2],表现出文化的一致性。

第四节　西周春秋时期太湖以北地区的土墩墓

太湖以北地区存在着三类不同的土墩墓,一类是位于山巅与山脊的石室土墩墓,年代为西周与春秋前期,另一类是也位于山顶但没有石室的山顶类型土墩墓,年代为春秋后期,而到了春秋末又出现了位于平地上的石室土墩墓和木屋土墩墓。

一　西周与春秋前期越人的石室土墩墓

"在环太湖周围的低山丘陵上以及太湖中的岛山上,这些地区包括苏州市、无锡市、常州市、湖州市以及所辖的吴县、无锡县、武进县、宜兴市、长兴县和吴兴县。根据统计,这一地区石室土墩的分布总数在2700座左右。"[3]（附表九）太湖东北的苏州一带是石室土墩墓的密集分布区。从上方山、七子山到尧峰山东西7公里、南北6公里的范围内,整个山体低于300米,山脊浑圆、脊线平缓,在主峰线上分布着十几座大型石室土墩（图4—12）。这些大型石室土墩巍然屹立在山巅,互相之间间隔较大,而在200米以下各条山脊线上小型石室土墩密集地呈串珠状排列。太湖西北的无锡至武进一带也是石室土墩墓的密集分布区,但是不见大型石室土墩墓,而太湖西南的长兴一带不仅石室土墩墓分布密集,而且有20多座大型石室土墩墓。

---

[1] 镇江博物馆：《丹徒镇四脚墩西周土墩墓发掘报告》,《东南文化》1989年第4—5期。
[2] 钱公麟：《春秋晚期吴国王陵新探》,《东方文明之韵》,岭南美术出版社2000年版。
[3] 谈三平、刘树平：《太湖地区石室土墩分布规律遥感初步研究》,《东南文化》1990年第4期。

因为在这些土墩内建造石室所用的材料均为板状和条状的岩石，所以石室土墩墓都分布在具有层理构造的沙岩、页岩和石灰岩构成的山丘上，而在火成岩构成的山上没有石室土墩墓。虽然石室土墩的分布与基岩的性质有关，但是在相同条件下也有明显的集群分布现象，例如太湖边光福的西迹山和玄墓山上有较多的石室土墩墓，而毗邻的长山和米堆山上就基本没有；太湖中东山和西山上的石室土墩墓都集中分布在岛的东北部低于200米的山脊上，而岛的西南部山上石室土墩墓就很少，这一现象应当与当时的人口分布状况有关。

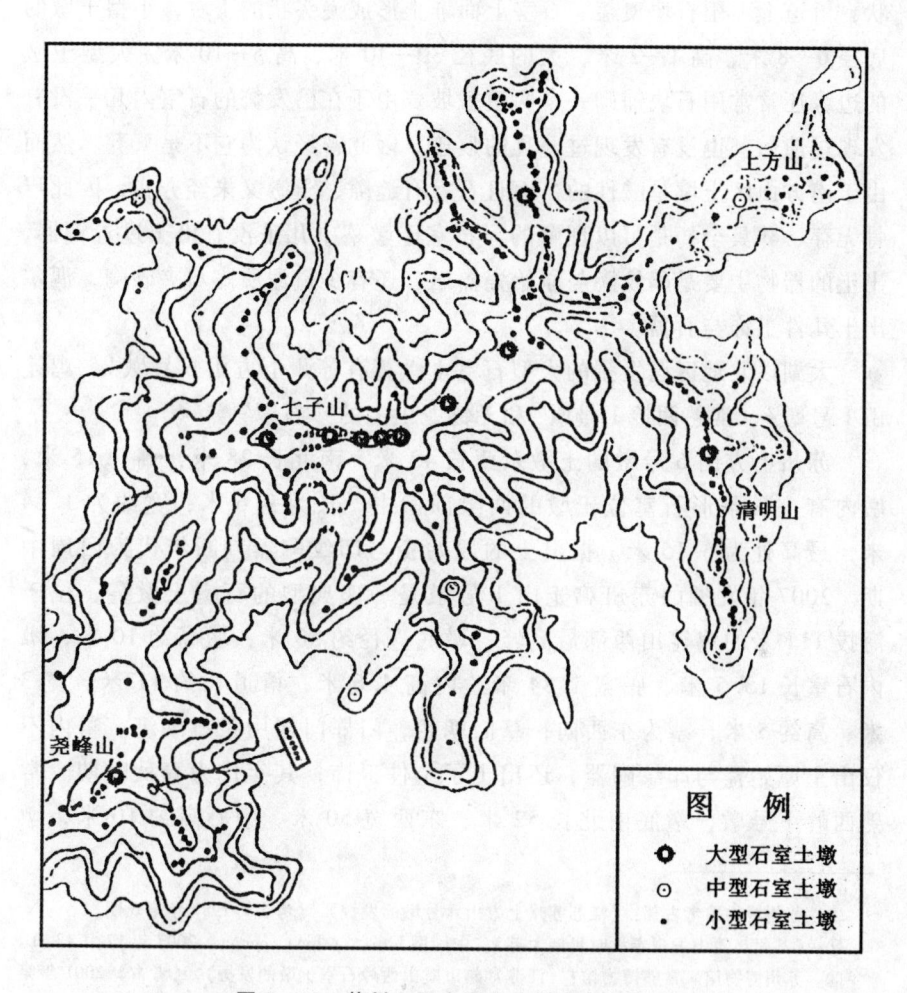

图4—12 苏州七子山石室土墩分布示意图

石室土墩墓主要分布在50—200米的低山丘陵上，200米以上的山上很少见到。石室土墩墓在山顶和坡麓都有分布，大型的石室土墩墓都居于山顶高处，中小型石室土墩墓则呈串珠状沿着山脊线排列分布，但是朝向并没有一定的规律。土墩内的石室用块石垒砌而成，平面为长条形，如同狭长的巷道，底部大多铺有小石块或石片。石室后面有墙，两侧的石壁向内斜收，顶部用大石块或条石覆盖，小的高2—3米，大的可达6米以上。石室前部用条石架构的门楣和向内突出的石垛形成门框，有的用石块垒砌封门墙，或者用乱石封门。封门前有石块砌筑的甬道，甬道侧墙呈斜坡状，甬道上不用石块覆盖。石室上面堆土形成馒头状的土墩，小型土墩的底径6—8米、高1—2米，大的底径30—40米、高5—10米。大型土墩的边缘还常常用石块铺砌一、两道护坡。由于在已发掘的石室内几乎没有发现过遗骸，也没有发现过葬具的痕迹，因此曾经认为它不是墓葬。然而由于南方山区土壤是酸性的，而且石室有缝隙、土墩又未经夯实，因此尸骨无存、葬具全朽是可以理解的。石室土墩墓中几乎没有出土过青铜器，出土的器物主要是印纹陶与原始瓷器皿，还有少量泥质陶与夹砂陶，偶尔出土几件玉饰与石器。

太湖以北地区已发掘的大型石室土墩墓有苏州上方山6号墩[1]、鸡笼山1号墩[2]、常熟西岭1号墩[3]和无锡龙山上的"石冢"[4]。

苏州上方山6号墩的土墩东西长42米，南北长28米，高7.15米，墩内有一长条形石室位于墩的西半部偏中，长为9.6米，宽约为1.84米，最高处为6.15米。据出土的原始瓷与印纹陶器判断年代为西周中期。2007年发掘的苏州鸡笼山1号墩是一座典型的石室土墩墓，位于海拔111米的鸡笼山西部最高峰，墩底直径约50米，墩高约10米，墩内石室长13.5米、底宽1.84米、内高4.6米，甬道长约11米、宽3米、高约5米，墓为东西向，墓门朝西，门框门楣用条石砌筑。墓内不仅出土原始瓷与印纹陶器，还出土了小件玉饰，其年代为春秋时期。常熟西岭1号墩，墩底南北长52米、东西宽50米、中心高约10米，墩

---

[1] 苏州博物馆考古部：《江苏苏州上方山六号墩的发掘》，《考古》1987年第6期。
[2] 《苏州鸡笼山发现春秋时贵族大墓》，中国网 http：//china.com.cn，2007年12月13日。
[3] 苏州博物馆、常熟博物馆：《江苏常熟市虞山西岭石室土墩的发掘》，《考古》2001年第9期。
[4] 张敏：《阖闾城遗址的考古调查及其保护设想》，《江汉考古》2008年第4期。

内石室长11米，石室东部是长14.5米通道，通道与石室之间有2.5米长的过道。年代相当于中原西周晚期至春秋早期。无锡龙山"石冢"的具体数据尚未公布，但是从发表的照片来看也是同时代的大型石室土墩墓无疑。笔者在苏州上方山迤北的福寿山山脊上发现一座因修筑防火路而被拦腰切断、仅剩后壁的石室土墩墓，可以看到这种大型石室土墩墓的横断面（表4—7）。

表4—7　　西周春秋时期太湖以北地区的大型石室土墩墓表

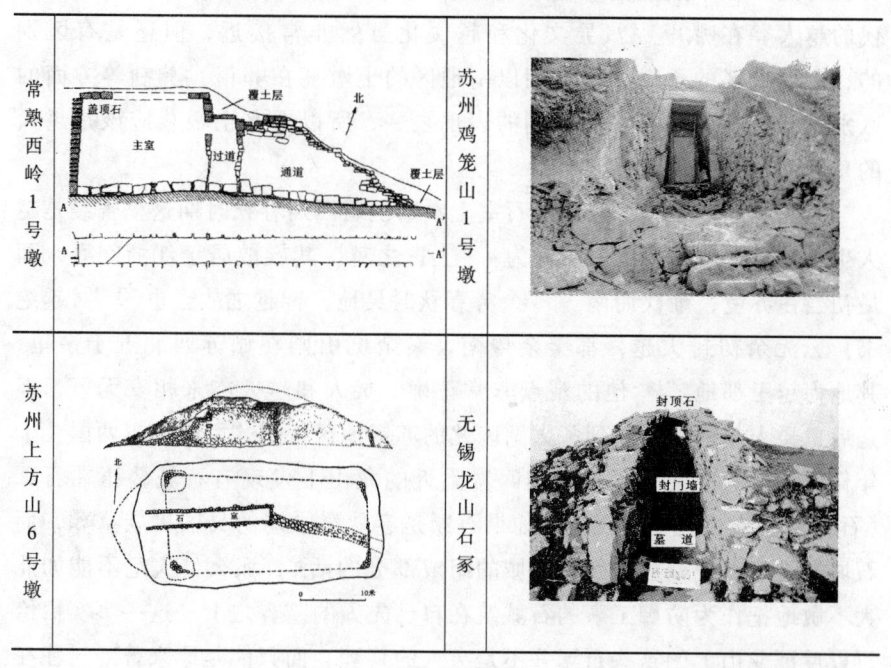

常熟西岭1号墩	苏州鸡笼山1号墩
苏州上方山6号墩	无锡龙山石冢

关于这一类广泛分布在太湖周围地区小山丘陵顶部数以千计内有石室的土墩的性质，方志与民间有瞭望台、烽燧墩（风水墩）、藏兵洞、古战堡、炮墩等各种不同的说法，学者们又提出了祭天台和石构建筑的见解[①]，然而它们的数量之多已经远远超过了这些用途的需要，所以大

---

① 陈军：《试论太湖地区土墩石室建筑的祭祀性质》，《东南文化》1990年第4期；钱公麟：《江南地区石构建筑性质的多元说》，《吴文化研究论文集》，中山大学出版社1988年版，第231—236页；《再论吴越地区石构建筑性质的多元说》，《浙江学刊》1990年第6期。

多数考古学家都认为它们应该是西周春秋时期的墓葬[①]。不过究竟是谁的墓葬呢？丁金龙先生认为，苏州鸡笼山的石室土墩墓是春秋时期吴国贵族的墓葬[②]，张敏先生把无锡龙山上的石冢（石室土墩墓）和龙山下的阖闾城联系在一起，也认为是吴国大墓[③]。然而石室土墩墓并不只是分布在太湖以北吴国的范围内，它在太湖以南的越国领地内有更加广泛的分布。虽然吴国在夫椒之战大败越国后曾经深入越国腹地，但是时隔不久就被勾践卧薪尝胆反败为胜，吴人不可能在越地留下如此众多的墓葬。再说，如果太湖南北各地的石室土墩墓都是吴人的墓葬，那么同时代的越人葬在哪里呢？吴文化和越文化虽然非常接近，但还是有区别的，宁镇地区的土墩墓与太湖以南地区的土墩墓在葬俗、葬制等方面的区别正是吴文化与越文化区别的表现之一，所以石室土墩墓应该是越人的墓葬而非吴人的墓葬。

太湖北部地区广泛分布的石室土墩墓说明西周春秋时期这里曾经是越人生活的地区。陈梦家先生认为："上古之越，其族散居于江浙闽粤，而最初当在苏境，渐次而南。""余考春秋时吴地，皆越之故土也。""《越绝书》云无余初封大越，都秦余望南，秦余杭山则在姑苏西北五十余里，其地为越王都地。"[④] 他的观点非常正确。吴人和越人本来相安无事，但是后来吴人却把都城迁到了太湖以北的苏锡地区，这才引起吴越两国几十年你死我活的冲突。在无锡阖闾城附近的龙山上发现有石城叠压在石冢（石室土墩墓）之上的现象，如果石冢是春秋早中期的吴国贵族墓葬，而石城又是春秋晚期吴国阖闾大城的组成部分的话[⑤]，那么吴人绝不能如此大不敬地把作为防御工事的石城筑在自己先人的墓葬之上。这一事实恰恰可以反证龙山上的这些石冢并不是吴人的墓葬，而只能是原来曾经居住在这里的越人的石室土墩墓。

[①] 陈元甫：《江浙地区石室土墩遗存性质新证》，《东南文化》1988年第1期；林华东：《为江浙石室墓正名》，《浙江学刊》1986年第5期；刘建国：《论太湖越族石室墓》，《江苏考古论文选》1981年；冯普仁：《试论吴国石室墓》，《吴文化研究论文集》，中山大学出版社1988年版，第178—193页。
[②] 见中国网 http://china.com.cn 2007年12月13日报道。
[③] 张敏：《阖闾城遗址的考古调查及其保护设想》，《江汉考古》2008年第4期。
[④] 陈梦家：《禹邢王壶考释》，《燕京学报》第21期，1937年6月。
[⑤] 张敏：《阖闾城遗址的考古调查及其保护设想》，《江汉考古》2008年第4期。

二 春秋后期吴人的土墩墓

西周和春秋前期吴人的土墩墓都分布在宁镇地区，春秋后期诸樊徙吴、伍子胥筑城以后，苏锡地区就成了新的吴国都城所在地，成为吴国的腹心地区，于是吴人的山顶类型土墩墓也在苏锡地区出现了，所以在杨楠先生划分的三个区域中唯有太湖以北地区是山顶类型土墩墓和石室土墩墓并存的。由于吴人东迁，吴人与越人之间发生了争夺生存空间的激烈冲突，但是这也加速了他们在文化上的交流与融合，因此春秋后期苏锡地区的土墩墓又出现了许多与春秋前期宁镇地区的土墩墓及太湖以南地区石室土墩墓都不同的新现象。

1. 山顶类型土墩墓

从阖闾元年（公元前 514 年）伍子胥筑城到吴国灭亡（公元前 473 年），吴人在苏锡地区只逗留了短短的 41 年，因此留下的墓葬并不多，目前在苏州西部小山顶部已发掘的春秋晚期大型土墩墓只有在真山、阳宝山、獾墩、树山、横山、馒头山、挂灯山等有限的几座（附表十）。

真山大墓（D9M1）位于大真山的主峰，海拔 76.9 米，封土呈长方形覆斗状，底部东西长 70 米、南北宽 32 米，顶部东西长 26 米、南北宽 7 米，墓底到封土顶高约 8.3 米。有内外两层封土，内封土南北两端各有一道用石块垒筑的挡土墙，相距 13 米；外封土内部夹有二十多道南北向的石墙，外封土南北两端也各有一道挡土墙，相距 27 米。墓室在基岩上凿出，东西 13.8、南北最宽 8 米、最深 1.8 米，墓口四周有一圈高约 0.2 米、宽约 0.4 米的二层台，墓室东面有一条长 3.6 米、宽 3 米的墓道。墓室中部偏西有一棺床，长 4.04 米、宽 1.92 米、高 0.2 米的棺床，其上有两条宽 0.25 米、深 0.2 米的南北向沟槽，葬具为七棺二椁。墓的正中有一盗沟直达墓底，虽然该墓早年就遭到了破坏性的盗掘，但是仍然出土了 12573 件遗物。发掘者认为真山大墓（D9M1）是吴王寿梦的墓（图 4—13、4—14）。[①]

---

① 苏州博物馆：《真山东周墓地》，文物出版社 1999 年版。

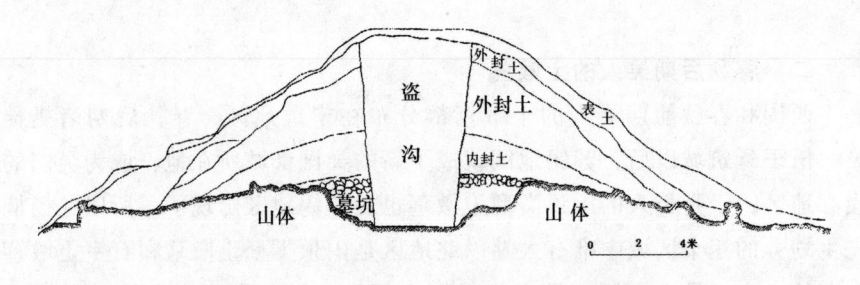

图 4—13 苏州真山大墓（D9M1）剖面图

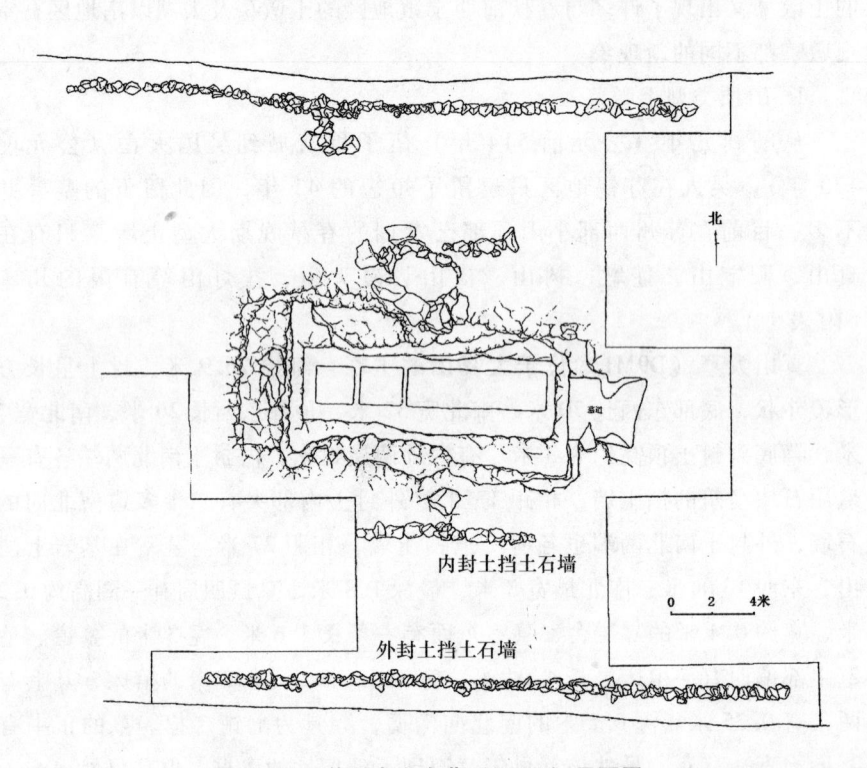

图 4—14 苏州真山大墓（D9M1）平面图

阳宝山大墓的长方形覆斗状封土顶部东西长 25 米，南北宽 12 米，底部东西长 60 米，南北宽 40 米，残高 4 米，封土采用版筑法夯筑而成。墓室为长方形石穴墓，墓底铺一层 10 厘米厚的木炭。东西长 11.3 米，南北宽 4.5 米，深 5 米，西侧有长 19.7 米、宽 3.6 米的斜坡墓道。墓道底部两侧各有一道沟槽，连接墓室底部，墓室上原有墓上建筑，朽烂后封土下陷，使夯层呈V字形。墓葬早年被盗，墓中仅出土1件原始瓷罐、12件原始瓷碗、1件玉管、30余颗绿松石珠和铜凿、铜箭镞、铜剑残部、陶纺轮等。在墓道中出土2件楚人的黑皮陶双耳罐，透露出了盗墓者的信息。[①]

獐墩大墓位于东渚镇南山村大宅上村。獐墩是一座海拔17米的小山，南部被开山取石破坏。封土直径30米、高3米，墓葬为竖穴土坑墓，全长11.6米，东面为墓道，长2.25米，墓室长9.35米，残宽1.9—2.7米，墓室北侧和西侧有熟土二层台，墓室西北有一坑，东西2.8米、南北2.5米、深1.5米，当为陪葬器物坑。墓葬早年被盗，又遭后期破坏，仅出土一些玛瑙管、条形玉器、绿松石珠、绿松石片、原始瓷碗、陶纺轮等，墓底有漆皮遗迹。时代为春秋晚期。[②]

树山大墓位于山顶，封土直径约60米，墩顶有长条形盗沟；横山大墓在横塘镇横山南端，封土直径40米；馒头山大墓在东渚镇西，封土直径50米；挂灯山大墓在浒关镇西阳山东北侧。这些墓葬除横山大墓外大都未经发掘（又见附表十）。

1986年在海拔22.5米的严山东麓在爆破采石时出土了一批玉器，这批玉器出在一个长2米、宽1.5米的长方形土坑中，坑底距山坡表土0.5米。出土器物402件，其中软玉器204件，其余的为各色玛瑙、绿松石、水晶和玻璃，除玉石器外没有其他遗物同出。发掘者认为这批玉器是春秋晚期吴国王室的器物，是夫差在最后被越军包围时仓促埋下的窖藏，但是钱公麟先生认为严山的遗存是夫差的陵墓。[③]

真山D16M1、D33和何山东周墓属于中型墓。

真山D16M1位于大真山北部山脊，距D9M1约200米，先在岩石上凿出浅坑，再用石块垒筑墓壁，墓底长4.3米、宽2.9米、深3.5米、东西向。入葬后填土未经夯实，封土堆底径34米、残高5米。墓室西部出土7件原始瓷盖碗，摆成梅花形，另有印纹硬陶瓮、陶盘、陶纺轮等，时代也是春秋晚期。

真山D33是位于大真山北麓的一座直径30米、高3米的土墩墓。墓

---

① 苏州博物馆调查资料。
② 王霞、周官清：《苏州市獐墩大墓》，《中国考古学年鉴（2010）》，文物出版社2011年版。
③ 吴县文物管理委员会：《江苏吴县春秋吴国王室窖藏玉器》，《文物》1988年第11期；张志新：《严山玉器窖藏与越国灭吴战争》，《苏州大学学报》2000年第3期；钱公麟：《关于吴县严山春秋玉器窖藏性质的再认识》，《东南文化》1999年第2期。

葬在山体基岩上铺垫一层厚 30—40 厘米的碎石后用大小不一的石块垒成的石椁，石椁外围东西 13 米、南北 9.3 米；内径东西 7.2 米、南北 6 米，最高处为 1.8 米，然后再覆以封土。D33 的主墓室已被盗掘一空，但是还留下两个器物坑没被破坏，共出土器物 58 件。其中 1 号坑出土器物 48 件，有印纹硬陶瓮 24 件，印纹硬陶罐 4 件，陶鼎 5 件，原始瓷盖碗 15 件；2 号坑出土器物 10 件，有印纹硬陶瓮 2 件，罐 3 件，原始瓷碗 5 件。时代为春秋晚期，石椁结构和器物坑在苏州都是首次发现。①

何山东周墓位于何山西南麓的缓坡上，出土器物分布在南北长 8 米、东西宽 5 米、距地表 2 米的同一平面上，墓穴在取土时被破坏，当为一座土坑墓。墓中出土了 33 件青铜器、1 件硬陶罐、1 件原始瓷碗。墓的年代为春秋晚期，但是出土的青铜器中一部分为吴器，另一部分为楚器，发掘者认为这些楚国青铜器是吴军入郢后掠回的战利品。②

宁镇地区大多数吴人的土墩墓都分布在平地和山岗的缓坡上，只有少数大型土墩墓位于小山顶部，它们通常都是一墩一墓的，而且往往有凿石而成的墓穴，这些特点在苏锡地区都得到了继承，如果前者是吴国早期的王陵，那么后者应该是吴国晚期的王陵。

2. 平地上的石室土墩墓与木屋土墩墓

这类土墩墓是以前被忽略的，它们最大的特点是在土墩内部筑有像山脊上的石室土墩墓一样的石室，但是又坐落在平地上。这类土墩墓的典型代表是江阴周庄的伞（缴）墩。伞墩高约 8 米，直径 50—60 米，土墩的周围有一圈宽宽的壕沟，就像护城河一样。在伞墩西头有一个用石块垒砌的洞口，高 1.7 米、宽 1.3 米，洞内较洞口宽大，中间高 2—3 米，宽 1—2 米，洞内纵深 32.1 米。两壁都以黄石砌成，洞顶用大石条覆盖，石条宽者达 0.7 米。伞墩早在明代就已经被打开了，当时出土过些什么东西？现在已经不得而知了。洞口门楣的石条上刻有明正德五年（1515 年）吴郡都穆所书的"珊瑚洞"三字（图 4—15）。《光绪江阴县志》卷二三《冢墓》载："吴王子墓在周庄伞墩，《寰宇记》'吴王第八子葬于此'。《黄志》云：'墩西侧有穴，入深可十余丈，皆石所为，盖隧道也，今称仙人洞。'"③

---

① 吕继东：《考古工作全面推进 首次发现春秋"石郭"墓》，《苏州日报》2010 年 6 月 27 日。
② 吴县文物管理委员会：《江苏吴县何山东周墓》，《文物》1984 年第 5 期。
③ 陈晶、陈丽华：《吴王阖闾第八子墓考》，《无锡文博》1994 年第 2 期。

图4—15　江阴缴墩的外貌（左）、入口（中）和内景（右）

在伞墩东北0.5公里处还有一个类似的土墩，名为"大松墩"，其中也有一条用黄石砌成的十几米长的石弄，上面也用长达3米的石条覆盖，形制和伞墩相仿，但是规模似比伞墩要小一些。后来因为石弄倒塌露出了洞口，常州博物馆派员进行清理，出土了1件几何印纹硬陶罐，20件豆、盘、有盖罐和鱼篓形罐等原始瓷器，各种玉玦、玉璜、玉镯、玉管、玉珠等饰品共70件。[1]根据出土物的特征判断，大松墩当是一座春秋晚期的墓葬。由此推测，伞墩也应该是一座同时代的墓葬。

在伞墩和大松墩东南有一座曹家墩，馒头状土墩残高9.2米，平面呈东西向长圆角方形，封土占地面积近3600平方米。墓室建在土墩底部的垫土之上，两侧各铺两层并排的红沙岩质大石条构成墓室，后部（西侧）用两层石条封堵，东西长18.2米、宽4.3—5.2米，墓向朝东，用3块平置的石块封堵，在甬道和墓室南北两侧的石条上原先建有高近2米的木结构框架式建筑，除靠近东部墓口处保留有框架形制及高度外，其余部分皆已朽塌（图4—16）。

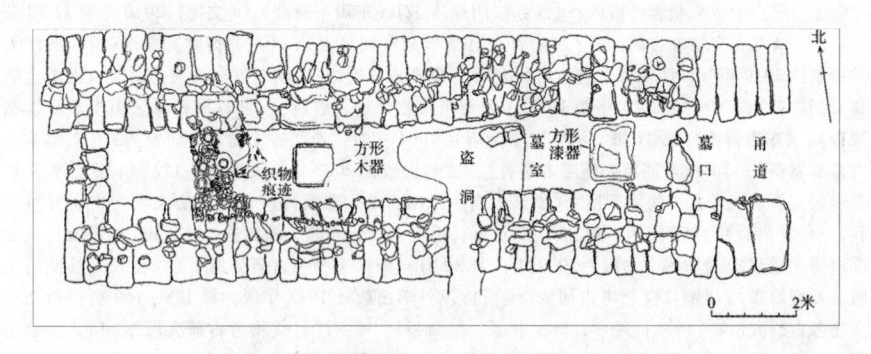

图4—16　曹家墩木石结构土墩墓墓室平面图

---

[1]　陈晶：《江苏省江阴县大松墩土墩墓》，《文物》1983年第11期。

伞墩和大松墩都是石室土墩墓，而曹家墩是以条石为基础的木屋土墩墓，它们的形制都类似山顶上越人的石室土墩墓，但是，尽管附近就有小山，却不葬在山脊或丘陵顶部，而是像吴人的土墩墓那样葬在平原上。曹家墩出土的器物也是既有与宁镇地区相同的吴文化因素，又包含有越文化的因素，因此发掘者认为"可能就是春秋晚期吴文化东进的客观反映"。[①]

在江阴以西的璜土镇西南也有一座这样的土墩，叫作"姬墩山"，高19米，直径约90米，据传是吴王阖闾的太子光的墓。太子光名终累，是夫差的哥哥，未立而卒。因为未经发掘，不知墩中是否也有石室？

在苏州虎丘山西南不远处有一座大型土墩，叫作"金鸡墩"，俗称"吴女坟"，相传是阖闾女儿滕玉的坟墓。面积约2万平方米，原是一处新石器时代遗址，后来在上面又叠压了各个历史时期的墓葬。金鸡墩虽然未经发掘，但是据《吴越春秋》记载：当年阖闾"凿池积土，文石为椁，题凑为中，金鼎玉杯银樽珠襦之宝，皆以送女。"可见墩内也筑有石室，至少是像曹家墩那样以条石为基础的木结构墓室。

据《吴地记》记载，吴王僚死后葬在吴县西十二里的柞崿山，"柞崿山又名鹤阜山，今名狮子山"。在今狮子山南麓有一土墩，高约5米，四周还有残存的围壕，此墩俗称"皇妹墩"，相传为"王僚墓"，因未经发掘，也不知其内部结构如何。

在太湖以南地区，无墓坑也无棺床平地掩埋的土墩墓常常和有石床、石框的土墩墓以及石室土墩墓共存一地[②]，但是在太湖以北地区则

[①] 周庄土墩墓联合考古队：《江苏江阴周庄JZD3东周土墩墓》，《文物》2010年第11期。

[②] 浙江省文物考古研究所：《安吉三官土墩墓发掘简报》，《东方博物》第36辑，浙江大学出版社2010年版；浙江省文物考古研究所、德清县博物馆：《浙江德清县独仓山及南王山土墩墓发掘简报》，《考古》2001年第10期；湖州市文物保护管理所：《浙江湖州堂子山土墩墓发掘报告》，《东方文物》第11辑，浙江大学出版社2004年版；浙江省文物考古研究所：《上虞羊山古墓群发掘》，《沪杭甬高速公路考古报告》，文物出版社2002年版，第96—112页；浙江省文物考古研究所、上虞县文物管理所：《浙江上虞凤凰山古墓发掘报告》，《浙江省文物考古研究所学刊》，科学出版社1993年版，第206—216页；田正标、王圪峰、施加农、陈元甫：《萧山长山发掘商周土墩墓》，《中国文物报》2000年7月30日；浙江省文物考古研究所：《浙江长兴县便山土墩墓发掘简报》，《浙江文物考古研究所学刊》，科学出版社1993年版，第128—169页；浙江省文物考古研究所：《浙江长兴县石狮土墩墓发掘简报》，《浙江省文物考古研究所学刊》，科学出版社1993年版，第170—181页；浙江省文物考古研究所：《海宁县夹山商周土墩石室结构遗存》，中国考古学会编：《中国考古学年鉴（1985年）》，文物出版社1985年版，第143—144页；浙江省文物考古研究所：《慈溪市彭东、东安的土墩墓与土墩石室墓》，《浙江省文物考古研究所学刊》，科学出版社1993年版，第185—199页。

几乎全是石室土墩墓。如果土墩墓确实有从南向北发展的趋势，并且土墩墓的发展序列确实是"无坑无床型→浅坑型→石床型→石框型→石椁型"的话，那么用块石在墓中垒筑石室的石室土墩墓和用木料搭建木屋的木屋土墩墓应当是土墩墓发展的最晚形态。越人的石室土墩墓都筑在小山丘陵顶部并沿着山脊分布的，这种把死者葬在高处的葬俗应该是越人某种意识形态的反映，这种丧葬观念在后来的悬棺葬中仍然得到了体现（详见本书第十四章第五节）。[①] 在苏锡地区吴人的大墓中用石块构建石室的做法与越人没有什么不同，但是像宁镇地区的土墩墓一样坐落在平地上，这反映出吴人的丧葬观念与越人还是有区别的。在土墩墓中用木料构建人字形两面坡木屋的现象最早出现在宁镇地区，但是这种木结构的墓内建筑在吴人的土墩墓中还只是初始状态，而在越人的印山大墓中却得到了最完美的表现，并在吴国灭亡以后继续被越人所继承，成为越人墓葬的一大特色。这些现象都反映了春秋末期吴文化与越文化之间的交流与融合。

3. 隍壕围绕的大墓陵园

土墩墓最大的特点是在墓上堆筑有高大的封土堆，因为堆筑大型土墩墓的封土堆需要大量的土方，所以大型土墩墓附近常常能够发现一些池塘，这应当就是当年取土后留下的遗迹。例如真山大墓（D9M1）的封土堆需要的土方量多达万余立方米，可是山顶上根本没有那么多的泥土，所需土方都是从山下运来的，所以封土中夹杂着许多山下遗址中的印纹陶片，而且至今在山下还能见到十几个取土坑。

到了春秋后期太湖以北地区的吴国大墓周围出现了方形的壕沟，这种围绕土墩墓的隍壕形成了保护坟墓的陵园，既可以提供堆筑封土的土方，又可以降低墓中的地下水位，真是一举数得。现在已知的有隍壕的吴国大墓有江阴曹家墩、伞墩、姬墩山和虎丘金鸡墩（吴女坟），而"王妹墩"与大松墩因为自然变迁与人为破坏，隍壕已经不甚明显了（表4—8）。

[①] 叶文宪：《越人石室土墩墓和华南悬棺葬》，《浙江社会科学》2003年第5期。

表4—8　　　　　　　　　　　有隍濠围绕的吴国大墓表

平面图或俯瞰照片	俯瞰照片
曹家墩	大松墩遗址现状
缱墩	"王妹墩"现状
金鸡墩（吴女坟）	姬墩山现状

苏州的虎丘山是阖闾墓所在地，方志记载和民间传说都说阖闾墓位于剑池水下的洞穴里。2009年虎丘管理处抽干剑池水清淤，笔者曾亲自下到剑池底下考察，在池底北端确实有一个两米多高的洞穴，但是已被六块条石封堵住了。洞口前的甬道只有一米多宽，而且两壁非常粗糙，毫无人工开凿的痕迹（图4—17中），因此剑池只是虎丘山的一道天然裂隙，并不是人工开凿的墓道。春秋晚期刚刚出现铁器，而虎丘山的岩性是火成岩，当时的人们还没有能力在这样的石山上开凿山洞来作为墓室，再说墓葬都要求避水干燥，把墓穴安葬在水下也不合常理。虎丘山是一座海拔36米的小山，但是周围却围绕着一圈方形的小河（图4—17左），其格局和曹家墩、伞墩、金鸡墩、印山一样，但是规模远比它们要宏大，面积约为印山越王陵的一倍，这正符合阖

闾的身份与地位。根据上述分析，虎丘确实是一座有隍壕的陵园，阖闾墓也确实葬在虎丘山，但是墓穴并不在剑池水下，而应该像真山、树山、印山一样位于虎丘山的顶部。[①]

剑池的北壁是一道用条石垒砌的挡土墙（图4—17右），墙的上方就是云岩寺遗址，在剑池下面用来堵洞的条石与砌墙的条石类似，它们应该都是五代末建寺造塔时为了加固山顶寺院的地基而封堵垒砌的。《汉书·刘向传》有一条记载："阖闾违礼厚葬。十有余年，越人发之。"但是人们只是传说秦始皇和孙权盗挖阖闾墓的故事，而对这条史料却视而不见。五代末年人们在虎丘山顶兴建寺庙，《太平寰宇记》记载："今寺即阖闾墓"，《姑苏志》也记载："墓即虎丘寺法堂基"，但是人们对这些史料却同样置若罔闻，而是津津乐道阖闾墓在剑池之下。由此可见，阖闾墓在吴国灭亡之时就已经遭到越人盗掘，而在五代末建造云岩寺与虎丘塔时连遗址也被破坏殆尽，所以今天已经荡然无存，只剩下一圈隍壕，告诉我们这里曾经有过一座吴王的陵园。

图4—17　虎丘俯视图（左）、剑池下的洞口（中）和剑池北壁用条石垒砌的挡土墙（右）

春秋晚期在凤翔雍城的秦公陵墓周围出现用隍壕围绕形成的陵园[②]，

---

①　程伟：《吴王阖闾墓在剑池之下吗？——苏州虎丘阖闾墓考》，《苏州科技学院学报》（社会科学版）2009年第1期。

②　韩伟：《凤翔秦公陵园钻探与试掘简报》，《文物》1983年第7期；陕西省雍城考古队：《凤翔秦公陵园第二次钻探简报》，《文物》1987年第5期。

大概在前后相若之时地处江南的吴国和越国的王陵大墓周围也出现了用隍壕围绕形成的陵园，因此有学者认为这是"受秦文化影响的结果，是先秦秦公陵园制度南传的反映"[①]，然而在秦公陵上并没有高大的封土堆，也没有木结构或石结构的墓内建筑，而是继承中原传统在墓口上面夯土修建享堂，可见吴越两国的陵园制度是独立形成的，未必见得是接受了秦文化的影响，而在历史文献中也没有秦人影响吴人和越人的线索。

春秋晚期在苏锡地区出现的这些土墩墓是吴人留下来的最后的土墩墓，当吴国被越国灭亡以后就再也见不到吴人的土墩墓了。战国前期经北上争霸以后又从琅琊迁回来的越人已经放弃了石室土墩墓而采用华夏化的土坑墓了，所以战国时期在环太湖地区越人的土坑墓取代了吴人的土墩墓，而到了战国后期楚人的竖穴土坑木椁墓又取代了越人的土坑墓，这些将在以后的章节中详加叙述。

[①] 陈元甫：《绍兴印山越王陵葬制的初步研究》，《长江流域青铜文化研究》，科学出版社2002年版；《绍兴印山越国王陵陵园制度初探》，《东南文化》2004年第3期。

第五章 几何印纹陶与原始瓷

新石器时代是和农业与陶器的发明联系在一起的。各地新石器时代的先民都能制作陶器，但是由于所处的自然环境与拥有的自然资源不同、掌握的烧造技术与各人的审美观念也不同，因此各地先民所制造的陶器从质地、工艺到造型、装饰都不一样，分析陶器的形态成为我们辨别不同考古文化的主要依据。

在陶器表面拍印几何形纹饰是江南先民普遍采用的修饰陶器的工艺和共同的审美取向。出土几何印纹陶的遗存分布区域极其广阔，而且各地几何印纹陶的文化面貌也并不完全一致，张之恒先生把它们分为江浙皖、闽台、江西、广东四个区[1]，李伯谦先生将其分为赣鄱、宁镇、太湖、湖南、岭南、闽台、粤东闽南七个区[2]（又见图2—1），彭适凡先生也将其分为赣鄱、太湖、宁镇、湘东湘南、岭南、闽台、粤东闽南七个区[3]（图5—1），他们的看法基本是一致的。这七个区域大致就是百越的分布范围，其中宁镇区与吴文化分布区相当，太湖区与越文化分布区相当。

陶与瓷常常被视为是同类而合称为"陶瓷"，但是实际上它们存在着三大差别：第一，瓷器的原料是高岭土（瓷石）；第二，烧制瓷器的温度要高于1200℃；第三，瓷器的表面要上釉。虽然陶与瓷都被用来制造日常生活用的饮食器皿与炊器，但是这三大差别使它们成为两种性质迥异的物质。发明瓷器用来制作饮食器皿，既清洁又美观，大大提高了生活的质量，其重要程度不亚于四大发明，它是古代的中国人对人类文明所做出的一大贡献。然而因为技术的原因，刚刚发明的瓷器质量远不如成熟的六朝

---

[1] 张之恒：《略论我国东南沿海地区的印纹陶》，《文物集刊》第3辑，文物出版社1981年版。
[2] 李伯谦：《我国南方几何形印纹陶遗存的分区、分期及其有关问题》，《北京大学学报》1981年第1期。
[3] 彭适凡：《中国古代南方印纹陶》，文物出版社1987年版，图5—1也选自该书。

青瓷，所以被称为"原始瓷"。目前所见最早的原始瓷是山西夏县东下冯遗址龙山文化晚期地层中出土的原始瓷片和河南偃师二里头遗址出土的一件盉形器①，但是在商周时期中原地区仍然极少见到原始瓷器，而在太湖地区和宁镇地区的土墩墓中出土的原始瓷数量已经非常多了，而且都与几何印纹陶同出，它们成为吴文化和越文化最有代表性的文化因素。

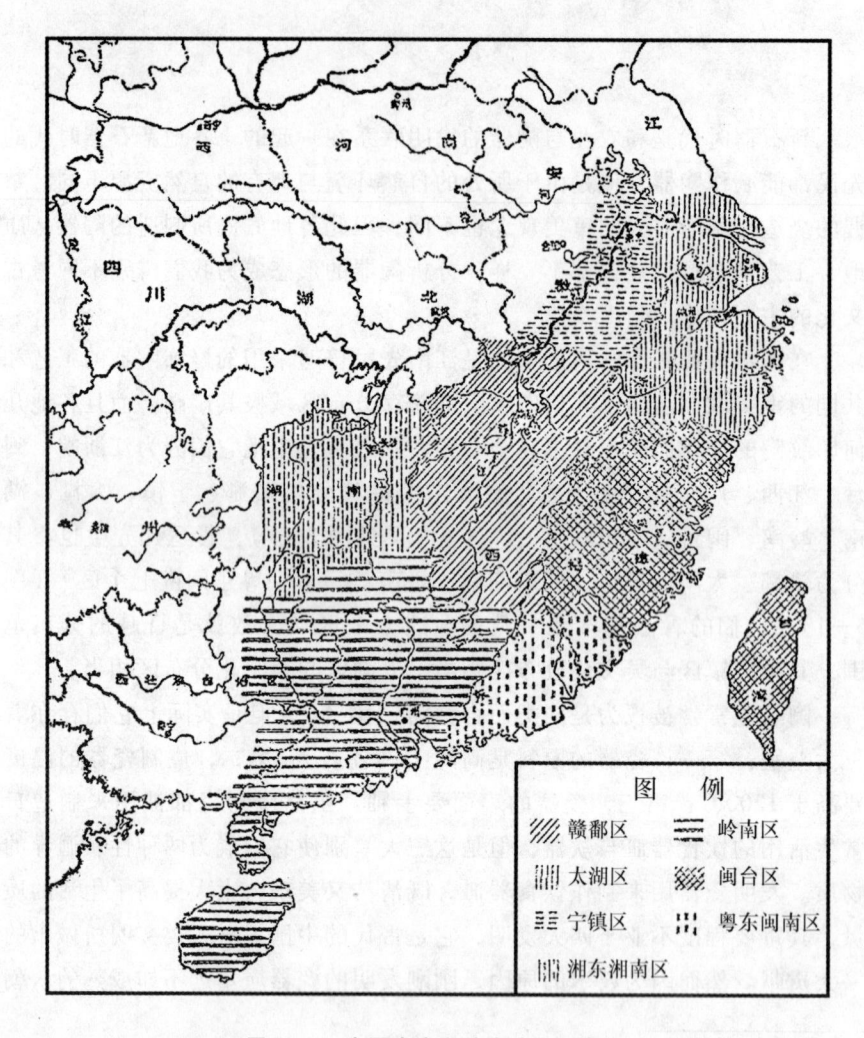

图 5—1　中国南方印纹陶分区示意区

---

① 黄石林：《龙山文化中出土的原始青瓷》，《景德镇陶瓷》1984 年第 1 期；孙新民主编：《中国出土瓷器全集·河南卷》，科学出版社 2008 年版。

第一节　吴人的几何印纹陶与原始瓷

宁镇地区新石器时代晚期的北阴阳营文化除了有少量彩陶和红衣陶以外，陶器的纹饰有弦纹、划纹、附加堆纹、戳印纹和指捺纹，既没有几何形印纹陶，也没有原始瓷。

继北阴阳营文化之后出现在宁镇地区的点将台文化已经不见了彩陶和红衣陶，陶器纹饰除了有继承北阴阳营文化的弦纹、划纹、附加堆纹、戳印纹和指捺纹以外，还出现了拍印绳纹、篮纹、方格纹、穗纹和刻划梯格纹。绳纹、篮纹、方格纹与晚期龙山文化和河南龙山文化十分接近，而穗纹与早期湖熟文化的叶脉纹、小穗纹似有一定的渊源关系。至于将平行的划纹或篦纹用弦纹划断而成的梯格纹更是开了早期湖熟文化梯格纹之先河。

一　宁镇地区几何印纹陶与原始瓷的萌芽

宁镇地区的几何印纹陶与原始瓷萌芽于湖熟文化早期。

早期湖熟文化的陶器以红陶为主，例如北阴阳营遗址第三层的夹砂红陶占61％、泥质红陶占26％、灰陶占9％，而硬陶只占2％；点将台遗址中层的夹砂红陶占60％、印纹硬陶占10％，而原始瓷只有0.2％；昝庙遗址中层的素面陶占75％，夹砂陶和灰陶上都有拍印绳纹的，但是只有10％是真正的几何印纹陶[1]。早期湖熟文化陶器上拍印的纹饰有绳纹、篮纹、方格纹、梯格纹、云雷纹、折线纹、叶脉纹、小穗纹、贝纹、饕餮纹等，组合纹饰也占一定的比例（图5—2）。

晚期湖熟文化的陶器仍然以夹砂红陶为主，不过几何印纹陶和原始瓷略有增加，例如镇江马迹山遗址的夹砂红陶占67％、泥质陶占30％、几何印纹硬陶占2％、原始瓷占0.3％；点将台上层的夹砂红陶占76％、几何印纹硬陶占2％、原始瓷占0.5％。纹饰有梯格纹、云雷纹、划纹、回纹、席纹、折线纹、叶脉纹、网纹、菱形填线纹和两种纹饰组成的复合纹，印纹拍得较深，也不甚规整[2]（图5—3）。

---

[1]　南京博物院：《南京市北阴阳营第一、二次的发掘》，《考古学报》1958年第1期；南京博物院：《江宁汤山点将台遗址》，《东南文化》1987年第3期；魏正瑾：《昝庙遗址内涵的初步分析》，《江苏省社联1981年年会论文选·专古学分场》。

[2]　镇江博物馆：《镇江市马迹山遗址的发掘》，《文物》1983年第11期；南京博物院：《江宁汤山点将台遗址》，《东南文化》1987年第3期。

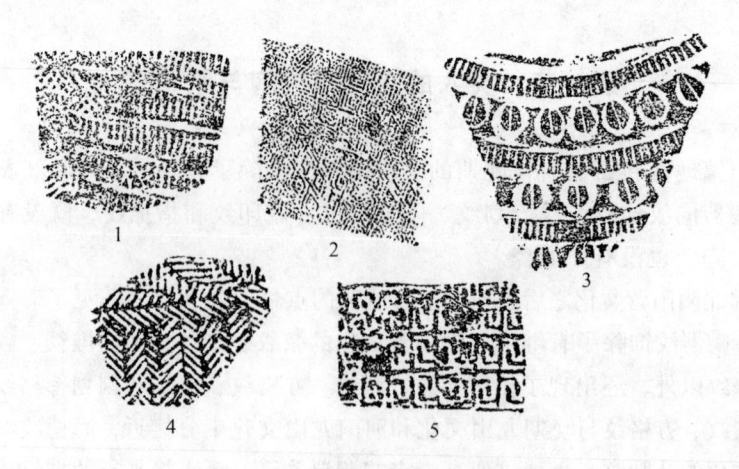

图 5—2　湖熟文化早期印纹陶纹样

1. 梯格纹　2. 云雷纹　3. 贝纹（1—3 为北阴阳营第三层）　4. 叶脉纹　5. 云雷纹（4—5 为扬州凤凰河）

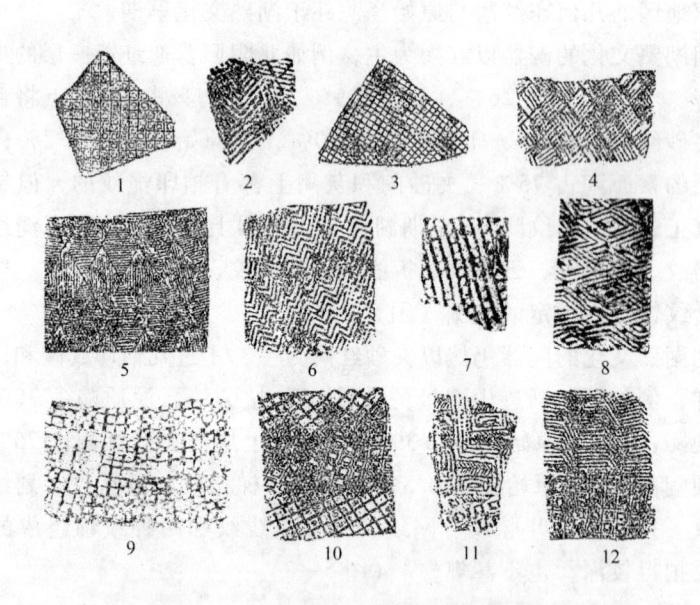

图 5—3　湖熟文化晚期几何印纹硬陶纹样

1. 回纹　2. 叶脉纹　3. 方格纹　4. 席纹　5. 菱形填线纹　6. 折线纹（1—6、10—12 为镇江马迹山）　7. 梯格纹　8. 云雷纹　9. 网纹（7—9 为点将台上层）　10.11.12. 复合纹

湖熟文化的台形遗址是当时人们的居住地，它们一直被沿用到西周、春秋时代，由于长期居住的缘故，地层被扰乱破坏得比较严重，出土器物破碎零乱，所能提供的有效信息很少，但是西周、春秋时期在台形遗址附近出现了大量土墩墓，土墩墓的内涵与台形遗址是一致的，而土墩墓中保存的历史信息比台形遗址要丰富得多。这一时期正是太伯仲雍奔吴以后，所以宁镇地区以土墩墓为代表的考古文化应该就是吴文化。

二　宁镇地区西周春秋土墩墓出土的几何印纹陶与原始瓷

1. 西周时期土墩墓出土的几何印纹陶与原始瓷

宁镇地区西周时期重要的土墩墓遗存有句容浮山果园、寨花头 D6，溧水柘塘，丹徒烟墩山、华山大笆斗墩、小笆斗墩、石家墩、四脚墩、大港上聂村馒儿墩、双墩、母子墩，丹阳大仙墩、青墩山，金坛鳖墩等（又见附表八）。这一时期土墩墓中出土的陶器除了夹砂红陶和泥质陶以外，几何印纹硬陶和原始瓷的数量都比湖熟文化时期增加了，而且时代越晚所占比例越大。

以句容浮山果园为例，第一次发掘了两座西周中晚期的土墩，共清理出 24 座墓葬，出土了 425 件随葬器物，除 1 件青铜戈以外各类陶器的比例如下（见表 5—1）。[①]

表 5—1　　　　句容浮山果园第一次发掘土墩墓出土陶系表

夹砂陶		泥质陶		印纹硬陶		原始瓷	
数量	百分比	数量	百分比	数量	百分比	数量	百分比
76	18%	115	27%	88	21%	143	34%

第二次发掘了五座从西周中期到春秋晚期的土墩，共清理出 29 座墓葬，出土了 362 件随葬器物，根据其打破、叠压关系可以分为三期，三期陶器中各类陶系的比例如下（见表 5—2）。[②]

[①]　镇江市博物馆浮山果园古墓发掘组：《江苏句容浮山果园土墩墓》，《考古》1979 年第 2 期；南京博物院：《江苏句容县浮山果园西周墓》，《考古》1977 年第 5 期。

[②]　南京博物院：《江苏句容浮山果园土墩墓第二次发掘报告》，《文物资料丛刊》（六），文物出版社 1982 年版。

表 5—2　　　　　句容浮山果园第二次发掘土墩墓出土陶系表

陶系 时期	夹砂陶 数量	夹砂陶 百分比	泥质陶 数量	泥质陶 百分比	印纹硬陶 数量	印纹硬陶 百分比	原始瓷 数量	原始瓷 百分比
第一期	32	18.5%	55	32%	44	25.5%	41	24%
第二期	31	28%	43	38.7%	30	27%	7	6.3%
第三期	19	24%	23	30%	17	21%	20	25%
合计	82	22.65%	121	32.42%	91	25.13%	68	18.8%

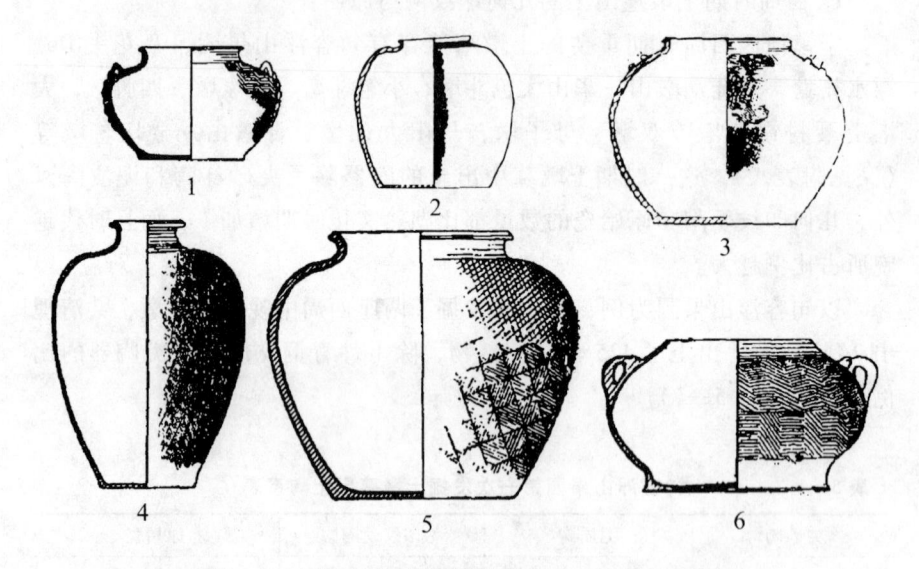

图 5—4　宁镇地区西周土墩墓出土的几何印纹硬陶器
1. 罐（浮山果园）　2. 罐（寨花头）　3. 罐（四脚墩）　4. 坛（浮山果园）　5. 坛（鳖墩）　6. 瓿（浮山果园）

西周时期宁镇地区土墩墓出土的几何印纹陶器主要有坛、罐、瓿等几类（图5—4），纹饰以席纹居多，折线纹、方格纹以及这几种纹饰的组合纹次之，其他纹饰较少，一、二期的印痕较深，三期的印痕较浅（图5—5）；出土的原始瓷器有碗、盂、盅、豆、罐、提筒（直腹罐）等器形（图5—6）。

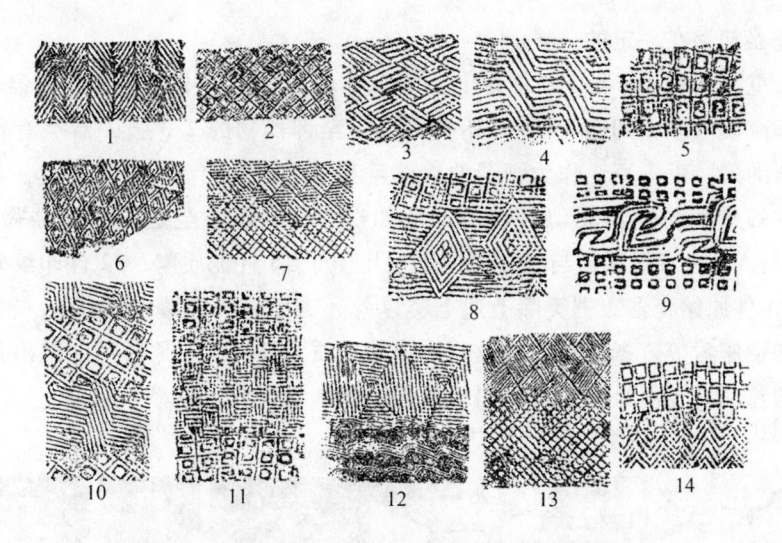

图 5—5　宁镇地区西周土墩墓出土印纹陶纹样

1. 叶脉纹　2.3. 席纹　4. 折线纹　5. 变体云雷纹　6. 复线菱形纹　7. 席纹与方格纹组合　8. 菱形填线纹与回纹组合　9. 变体云纹与方格纹组合　10. 折线纹与回纹组合　11. 席纹与回纹组合　12. 菱形填线纹与波浪纹组合　13. 席纹与方格纹组合　14. 方格纹与折线纹组合

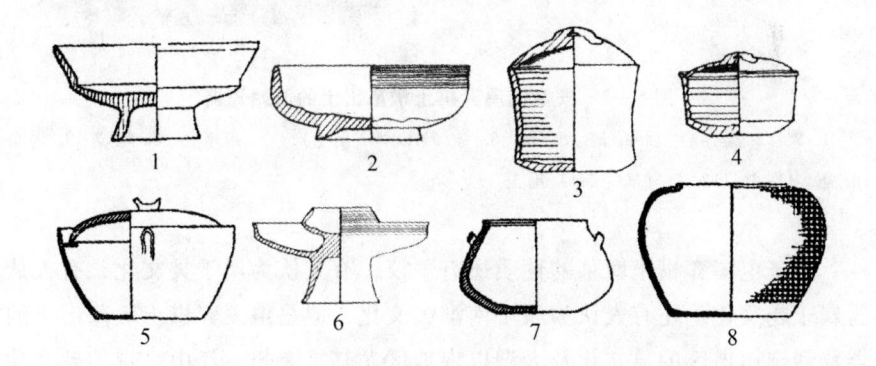

图 5—6　宁镇地区西周土墩墓出土的原始瓷器

1. 豆（浮山果园）　2. 碗　3.4. 带盖盅（四脚墩）　5. 盖碗（鳖墩）　6. 灯形器（寨花头）7. 鱼篓形罐（鳖墩）　8. 圆腹罐（浮山果园）

安徽屯溪弈棋土墩墓与宁镇地区早期土墩墓同时代[①]，但是出土的原

---

① 李国梁先生在《从青铜兵器看屯溪土墩墓的时代》一文中认为，屯溪八座土墩墓的年代均为春秋晚期至战国早期，可备一说。见《屯溪土墩墓发掘报告》，安徽人民出版社2006年版，第124—131页。

始瓷器却存在一定的差异。

屯溪弈棋 M1 与 M2 总共出土了 102 件器物，其中只有 5 件陶器和 1 件印纹硬陶罐，却有 71 件原始瓷器，占全部器物的 2/3 强，器类有作为食器的碗、盂、豆，作为酒器的尊、盉和作为水器的盘、罐等三类，各类器物的造型与铜器相似，有的器形如尊、盉、盘甚至是仿青铜器做的。M3 与 M4 除了青铜器与玉石器以外也出土了 15 件泥质陶、12 件印纹硬陶和 75 件原始瓷器，器类除上述七类以外还有瓿、大口罐（提桶）、匏壶、瓮和带座盂等。据分析，这批原始瓷的胎质为高岭土，原料可能就出自邻近的祁门县，但是提选得不如现代那么精细（图 5—7）。[①]

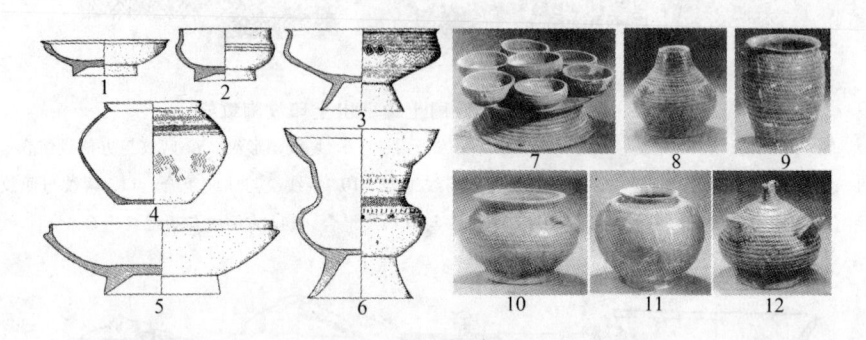

图 5—7 安徽屯溪弈棋土墩墓出土的原始瓷器

1. 碗 2. 盂 3. 豆 4. 罐 5. 盘 6. 尊（M1、M2 出土） 7. 带座盂 8. 匏壶 9. 提筒 10. 瓿 11. 瓮 12. 盉（M3、M4）出土

关于屯溪弈棋土墩墓的性质还有争议，有人认为属于吴文化，有人认为属于越文化，还有人认为属于南淮夷文化，但是屯溪弈棋土墩墓出土的器物和宁镇地区的吴文化及太湖以南地区尤其是衢州、江山一带的越文化都有联系，其重要性绝对不容置疑。

2. 春秋时期土墩墓出土的几何印纹陶与原始瓷

宁镇地区春秋时期具有代表性的土墩墓遗存有句容寨花头 D2、下蜀中心山、溧水乌山岗沿山 D3、凤凰井、宽广墩、秀才墩，江宁陶吴，大港上聂村金山，丹徒南岗山、磨盘墩、青龙山、北山顶，谏壁王家山、粮

[①] 安徽省文化局文物工作队：《安徽省屯溪西周墓发掘报告》，《考古学报》1959 年第 4 期；殷涤非：《安徽省屯溪周墓第二次发掘》，《考古》1990 年第 3 期。

山,金坛连山、薛埠裕巷,溧阳天目湖庙山、门口田,武进淹城龙墩等(又见附表八)。这些土墩墓可以分为两类,一类位于小山顶部,一墩一墓,有竖穴土坑或岩坑,如沿江的青龙山、北山顶、王家山、粮山等大墓,被认为是吴国前期的王陵。这类土墩墓通常陪葬了大量的青铜器,例如丹徒青龙山大墓尽管早年被盗,但是仍出土了85件青铜器,另外还出土了30件印纹硬陶坛、31件泥质灰陶和2件原始瓷器;北山顶大墓也早年被盗,

图5—8 春秋时期土墩墓出土印纹硬陶纹样

1. 席纹与菱形填线纹　2. 方格纹与菱形填线纹　3. 窗格纹　4. 席纹与叶脉纹（丹徒青龙山一号墩）　5. 云雷纹　6. 回纹　7. 席纹　8. 方格纹　9. 菱形填线纹与窗格纹　10. 菱形填线纹（丹徒北山顶大墓）　11. 叶脉纹　12. 菱形填线纹与席纹　13. 窗格纹　14. 方格纹　15. 菱形填线纹与方格纹　16. 水波纹与方格纹（江宁陶吴一号墩）　17. 窗格纹　18. 菱形填线纹　19. 席纹与方格纹　20. 水波纹与菱形填线纹　21. 叶脉纹（金坛薛埠裕巷一号墩）

但还是出土了 140 件铜器，另有 16 件陶器、3 件印纹硬陶器和 2 件原始瓷器。① 另一类位于山麓坡地，有平地掩埋、石框、石床、石椁、熟土坑等各种不同的形制，多见一墩多墓，被认为是江南土著的墓葬，极少出土青铜器，随葬的几何印纹硬陶、原始瓷和夹砂陶、泥质陶大约各占 1/3，例如江宁陶吴 D1 共出土陶器 44 件、印纹硬陶器 44 件、原始瓷器 58 件；金坛薛埠裕巷 D1 共出土陶器 60 件、印纹硬陶器 24 件、原始瓷器 24 件。② 尽管这两类土墩墓的形制与陪葬品有很大的差别，但是出土的几何印纹硬陶的纹饰都是一致的（图 5—8），几何印纹陶和原始瓷器的器类与形制也与西周时期一脉相承（图 5—9、5—10）。

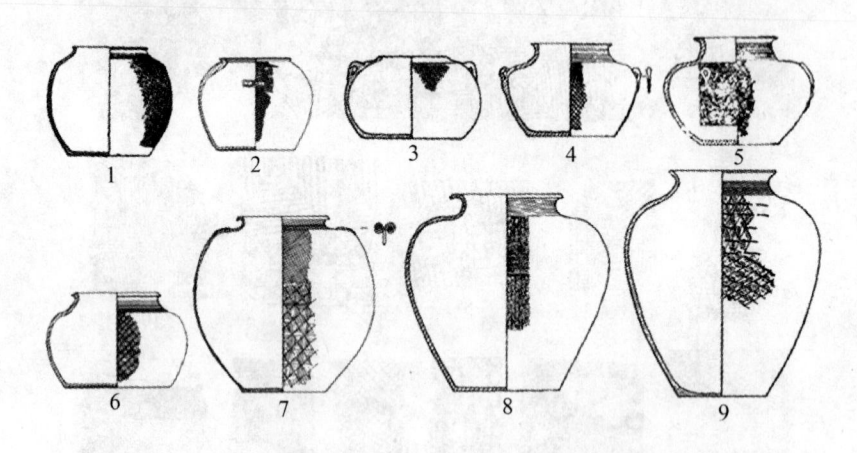

图 5—9　宁镇地区春秋时期土墩墓出土的几何印纹硬陶器
1. 罐（北山顶）　2. 罐（寨花头 D2）　3. 罐（溧水凤凰井）　4.5. 罐（丹徒南岗山）
6. 瓿（寨花头 D2）　7.8. 坛（青龙山）　9. 坛（宽广墩）

---

① 丹徒考古队：《丹徒青龙山春秋大墓及附葬墓发掘报告》，《东方文明之韵》，海南国际新闻出版中心 2000 年版；江苏省丹徒考古队：《江苏丹徒北山顶春秋墓发掘报告》，《东南文化》1988 年第 3—4 期。

② 南京市博物院、江宁区博物馆：《南京江宁陶吴春秋时期大型土墩墓发掘简报》，《东南文化》2011 年第 3 期；南京博物院：《江苏金坛裕巷土墩墓群一号墩的发掘》，《考古学报》2009 年第 3 期。

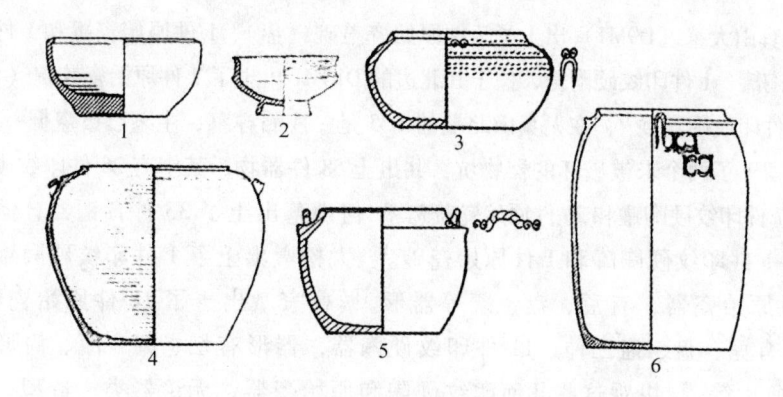

图 5—10 守镇地区春秋时期土墩墓出土的原始瓷器
  1. 碗（寨花头 D2） 2. 豆（丹徒南岗山） 3. 扁腹罐（宽广墩） 4. 罐（溧水凤凰井）
5. 折肩罐（宽广墩） 6. 提筒（宽广墩）

三 春秋晚期苏州及苏北吴墓出土的几何印纹陶与原始瓷

春秋晚期由于诸樊徙吴、伍子胥筑城，吴国的重心转移到了太湖以北地区，于是在苏州地区也出现了一批位于小山顶部的土墩墓，如真山大墓（D9M1），也有位于山麓与平地的土墩墓，例如何山墓和江阴大松墩、曹家墩。

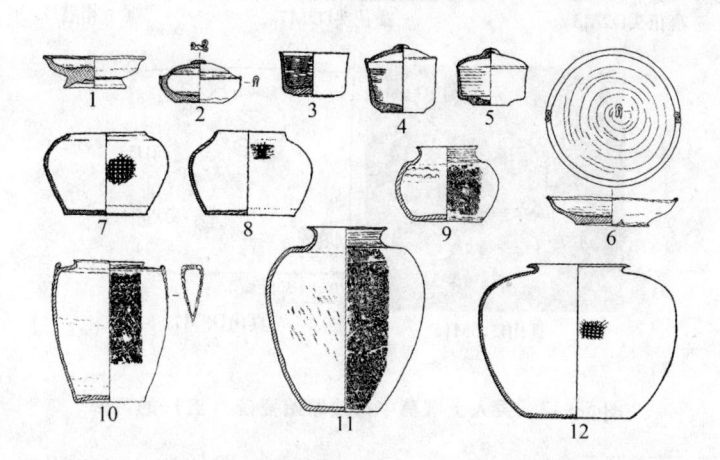

图 5—11 苏州地区春秋晚期土墩墓出土印纹硬陶与原始瓷
原始瓷器：1. 豆 2. 盅（曹家墩） 3. 盅（何山） 4. 盖碗（真山 D9M1） 5. 盖碗
（真山 D16M1） 6. 盘（曹家墩） 7. 罐（真山 D9M1）
印纹硬陶：8. 罐（何山） 9. 瓿 10. 筒形器 11. 瓮（曹家墩） 12. 瓮（真山 D16M1）

118　考古学视野下的吴文化与越文化

　　真山大墓（D9M1）出土了7件原始瓷盖碗（盅）、1件原始瓷罐和1件印纹硬陶罐、1件印纹硬陶瓮，位于其北边的D16M1出土了7件原始瓷盖碗（盅）和2件印纹硬陶瓮[1]，在大真山北端的D33是一座石椁墓，主墓已被盗掘一空，但是留下了两个未被破坏的器物坑，共出土58件器物，其中有26件印纹硬陶瓮，7件印纹硬陶罐和20件原始瓷盖碗。[2] 何山墓出土了33件青铜器，但只出土1件印纹硬陶罐和1件原始瓷碗。[3] 大松墩出土了1件印纹硬陶罐和20件原始瓷器，有豆、盘、罐等器形。[4] 曹家墩出土了18件原始瓷器，器形有豆、盘、盅三种，11件印纹硬陶器，器形有坛、罐、瓿、筒形器（提桶）等。[5] 纵观这些几何印纹硬陶和原始瓷器，无论器类、造型，还是纹饰都继承了宁镇地区土墩墓的传统（图5—11），而且都有用5件、6件或7件原始瓷盖碗（盅）摆成梅花形的习俗（图5—12）。

寨花头D2M3　　寨花头D2M7　　裕巷D1Q6

真山D16M1　　真山D9M1

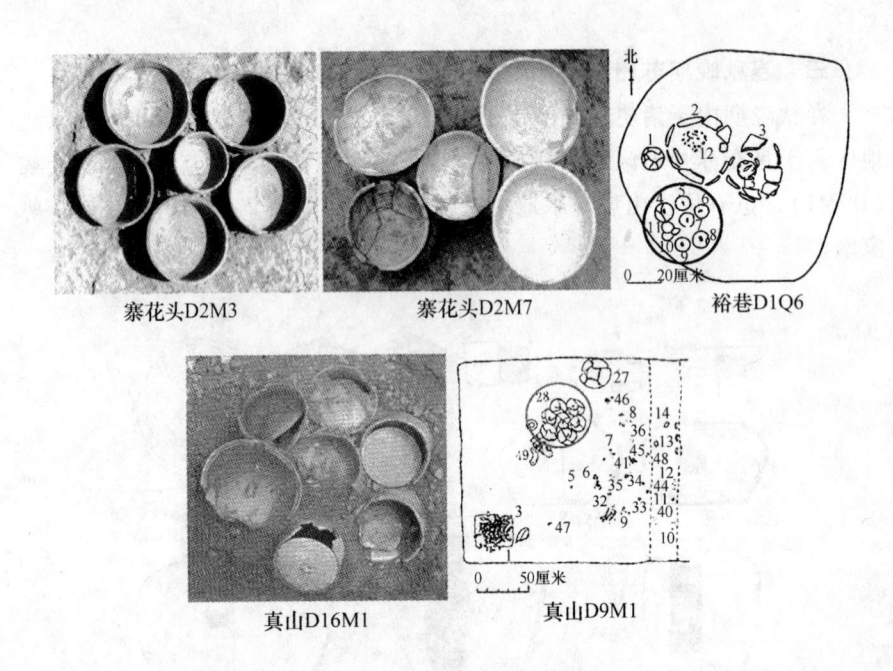

图5—12　吴人土墩墓中摆放原始瓷碗（盅）的习俗

---

[1]　苏州博物馆：《真山东周墓地》，文物出版社1999年版。
[2]　吕继东：《考古工作全面推进 首次发现春秋"石郭"墓》，《苏州日报》2010年6月27日。
[3]　吴县文物管理委员会：《江苏吴县何山东周墓》，《文物》1984年第5期。
[4]　陈晶、陈丽华：《江苏省江阴县大松墩土墩墓》《文物》1983年第11期。
[5]　周庄土墩墓联合考古队：《江苏江阴周庄JZD3东周土墩墓》，《文物》2010年第11期。

随着吴国势力范围的拓展，在长江以北的六合程桥、和仁与邳州市九女墩也发现了一批吴国贵族的墓葬。

六合程桥先后发现 3 座春秋末期大墓。M1 出土包括食器、乐器、兵器、车马器和工具在内的 57 件铜器，8 件陶器，铁器和玉饰各一件；M2 共出土 46 件青铜器，3 件陶器和 1 件铁条；M3 虽遭破坏，但还是出土了鼎、甗、盘、簋、匜、舟、勺、剑等 9 件青铜器，1 件几何印纹陶罐和 2 件石饰。① M1 出土的编钟铭文中有"攻敔仲终□之外孙，坪之子臧孙"的字样，据刘兴先生考证，铭文中的"仲终□"即阖闾的太子终累②，墓主臧孙自称是其外孙（甥），应该也是吴国的一位贵族。墓中出土制作精良的青铜剑、戈、矛、戟等兵器，墓主还应该是一位镇守棠邑前线的将军。M3 出土的铜匜铭文中有"吴王之伎（甥）子□公□坪之子"的字样，M3 墓主和 M1 墓主都是"坪之子"，因此应为兄弟，但是"坪"和"臧孙"无考。和仁墓出土 25 件青铜器，主要是兵器，还有 7 件陶器和 4 件印纹硬陶器。③

邳州市戴庄乡西边有十几座土墩墓，俗称九女墩。1995 年发掘了其中的 D2，墩内有一座带前室与左右侧室的 T 形竖穴木椁墓，前室出土马骨和铜器、陶器、石磬等 77 件（组）器物，主室有 6 具人骨，出土铜兵器等 42 件（组）器物，左右侧室出土了 5 具人骨和印纹陶罐、铜削等 5 件器物。④ 此墓年代为春秋晚期，出土的编镈铭文中有"䣄巢曰：攻（吴）王之玄孙"字样。据冯时先生考证，该墓墓主"䣄巢"即王僚之子诸樊⑤，所以也应该是一座吴国贵族墓葬。

在苏北地区发现的这几座吴国贵族墓葬出土的器物都以青铜礼乐器和兵器为大宗，没有出土原始瓷器，印纹硬陶器的数量也不多，仅有罐与坛两类，但是无论器形还是纹饰都与苏州地区出土的一脉相承（图 5—13）。

---

① 江苏省文物管理委员会、南京博物院：《江苏六合程桥东周墓》，《考古》1965 年第 3 期；南京博物院：《江苏六合程桥东周二号墓》，《考古》1974 年第 2 期；南京市博物馆、六合县文教局：《江苏六合程桥三号墓》，《东南文化》1991 年第 1 期。

② 刘兴：《吴臧孙钟铭考》，《东南文化》1990 年第 4 期。

③ 吴山菁：《江苏六合县和仁东周墓》，《考古》1977 年第 5 期。

④ 南京博物院：《江苏邳州九女墩二号墩发掘的主要收获》，《东方文明之韵》，海南国际新闻出版中心 2000 年版。

⑤ 冯时：《䣄巢钟铭文考释》，《考古》2000 年第 6 期。

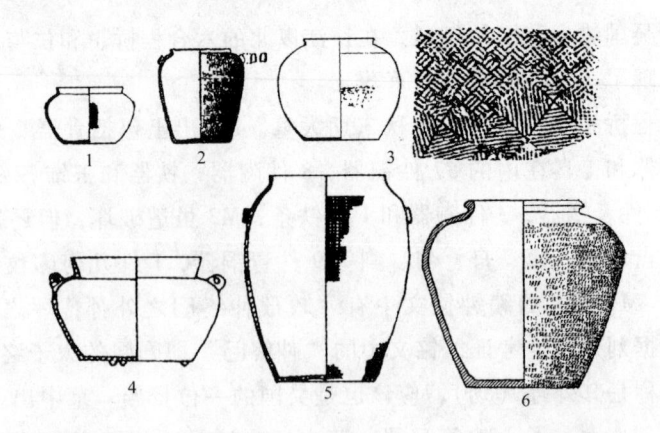

图 5—13 苏北地区春秋末期吴墓出土的印纹硬陶器
1. 小罐（六合程桥 M1） 2. 小罐（六合和仁） 3. 罐及纹饰拓片（六合程桥 M3）
4. 罐 5. 坛（邳州九女墩） 6. 罐（六合和仁）

第二节 越人的几何印纹陶与原始瓷

新石器时代晚期太湖地区的良渚文化只有夹砂陶和泥质陶两种陶系，红褐色或黑褐色的夹砂陶主要用来制作陶鼎，泥质陶有灰陶、灰胎黑皮陶和橙红胎灰皮陶几种，以素面为主，有的陶器上用凸弦纹、凹弦纹、划纹、镂孔和刻划细腻的鸟蛇纹等图案的方式来装饰。没有几何印纹陶，更没有原始瓷。

夏代太湖地区人烟稀少，已发现的钱山漾文化没有印纹陶；广富林文化的陶器中夹砂陶占 65%、泥质陶占 35%，泥质陶中素面陶占三分之二，其余三分之一装饰各种花纹，有压印的绳纹、篮纹、方格纹和刻划的单线方格纹、复线菱格纹、叶脉纹、斜线纹等，在大型器物如瓮上常见附加堆纹，但是也还没有严格意义上的几何印纹硬陶。

一 太湖地区几何印纹陶与原始瓷的萌芽

在太湖地区几何印纹硬陶与原始瓷萌芽于马桥文化。

根据 20 世纪 90 年代马桥遗址的发掘报告[①]，该遗址出土的陶器可分为夹砂陶、泥质灰陶、泥质黑陶和泥质红褐陶四个陶系，夹砂陶为橘红色、灰黄色或灰褐色，器形主要是鼎、甗、釜等炊器，泥质的灰、黑陶主要用于制作盆、簋、豆等盛食器和觚、鲜、尊等酒器，还有一类泥质红褐

[①] 上海市文物管理委员会：《马桥——1993—1997 年发掘报告》，上海书画出版社 2002 年版。

陶，主要用于制作罐、小盆和鸭形壶等器物，有些质地相当坚硬，而且表面常拍印条纹、条格纹、叶脉纹等纹饰，这是太湖地区最早的几何印纹硬陶。根据马桥遗址20世纪90年代发掘报告发表的568件陶器统计，马桥文化的陶系见下（表5—3）：

表5—3　　　　　　　　　马桥文化陶系表

陶系	夹砂陶	泥质灰、黑陶	泥质红褐陶	总计
数量	90	376	102	568
百分比	15.8%	66.2%	18%	100%

马桥文化陶器表面纹饰有绳纹、弦纹、方格纹、条纹、席纹，等等，数量大、种类多，弦纹和镂孔是最常见的具有本地传统的装饰，而其中方格纹、席纹、条格纹、叶脉纹、篮纹、折线纹、菱格填线纹、条纹等几何形印纹饰占所有纹饰出现次数的16.7%（图5—14），数量仅次于本地因素的纹饰，而来自中原地区的绳纹所占比例数最少。[①]

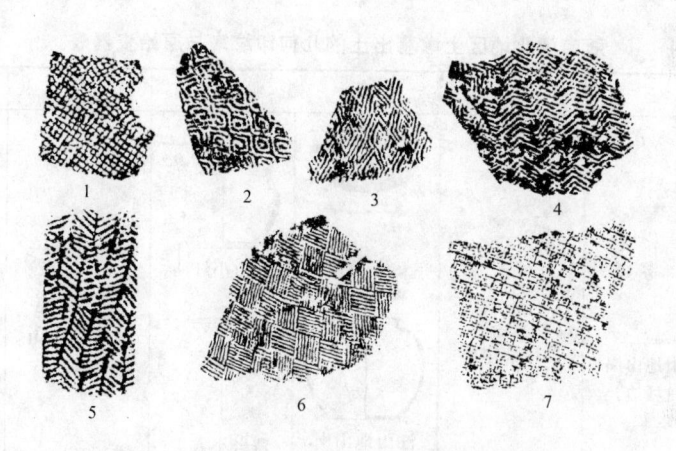

图5—14　马桥文化出土的几何印纹陶纹样
1. 方格纹　2. 云雷纹　3. 菱形纹　4. 折线纹　5. 梯格纹　6. 席纹　7. 回纹

太湖地区的良渚文化和广富林文化中泥质红陶的数量都很少，而且也没有几何形纹饰，但是在邻近太湖的赣鄱地区早在新石器时代晚期的江西修水

[①] 曹峻：《马桥文化再认识》，《考古》2010年第11期。

山背、清江筑卫城等遗址中就出现了拍印几何形纹饰的夹细砂红陶。[1] 尽管以后发展起来的印纹陶大多为灰硬陶，质地与马桥文化的泥质红褐硬陶并不完全相同，但是二者的纹饰均属几何形纹饰系统，因此可以把马桥文化的泥质红褐陶系视为与南方几何印纹陶文化区关系密切的一类文化因素[2]，有的学者认为这类陶系的源头就在浙南闽北的肩头弄一单元文化遗存[3]，也有学者认为马桥文化与浙南闽北的"肩头弄类型"是属于同一个考古文化[4]。

二 浙南闽北地区西周土墩墓出土的几何印纹陶与原始瓷

浙南闽北地区发现的土墩墓数量很少，已公布的资料仅浙江衢州西山村东山、大石塔山、江山小红岗、黄岩小人尖、瓯海杨府山、瑞安凤凰山、苍南埔坪、福建光泽马岭、福建浦城管九村社公岗等有限的几处（又见附表六），但是这些遗存的年代都偏早，一般都在西周时期，有的可能更早一些。因为年代较早，所以浙南闽北地区几何印纹陶与原始瓷的制造工艺显得比较原始落后。虽然器物的种类不多，但是浙南土墩墓出土器物的器形与皖南屯溪土墩墓出土的器形多有相通之处（表5—4），而闽北土墩墓出土器物的器形与马桥文化的器形多有相通之处。

表5—4　浙南闽北地区土墩墓出土的几何印纹陶与原始瓷器表

	坛	瓮	罐	鼎	盂
印纹陶	江山地山岗（白塘边）	江山地山岗（平天塘）	衢州西山／江山地山岗（白塘边）	江山小红岗／黄岩小人尖	瑞安凤凰山	瑞安凤凰山

---

[1] 江西省文物管理委员会：《江西修水山背地区考古调查与试掘》，《考古》1962年第7期；江西省博物馆等：《清江筑卫城遗址发掘简报》，《考古》1976年第6期；《江西清江筑卫城遗址第二次发掘》，《考古》1982年第2期。
[2] 曹峻：《试谈马桥文化的泥质红褐印纹陶》，《南方文物》2010年第1期。
[3] 宋健：《马桥文化探源》，《东南文化》1988年第1期。
[4] 陆建方：《试论马桥—肩头弄文化》，《东南文化》1990年第1—2期。

续表

	碗	盂	豆	盘	罐	尊	提桶
原始瓷	江山石门（大麦山）／江山小红岗	衢州西山／江山石门（大麦山）	衢州西山／黄岩小人尖／江山地山岗（平天塘）	衢州西山	衢州西山／淳安左口	江山地山岗（平天塘）／江山石门（大麦山）	衢州西山

三 太湖地区西周春秋土墩墓出土的几何印纹陶与原始瓷

马桥文化的几何印纹陶数量还不多，原始瓷还没有出现，到了西周春秋时期的土墩墓中几何印纹陶和原始瓷才成为具有代表性的元素。

1. 太湖以南地区土墩墓出土的几何印纹陶与原始瓷

这里所说的"太湖以南地区"是指除了太湖以北地区以外包括太湖以东和以西在内的环太湖地区，在这一地区已发现的西周春秋时期遗址很少，见于报道的仅有上海马桥上层、亭林上层、崧泽上层、金山坟上层、戚家墩下层、寺前村中层、骆驼墩，苏州越城上层[①]等几处（又见附表四）。由于文化层都位于遗址的上层，因此被破坏得很严重，所能提供的信息十分有限，但是属于这一时期的土墩墓数量很多，而且保持状况较好，提供的信息非常丰富。

---

① 上海市文管会：《上海马桥遗址第一、二次发掘》，《考古学报》1978 年第 1 期；上海博物馆考古研究部：《上海金山区亭林遗址 1988、1990 年良渚文化墓葬的发掘》，《考古》2002 年第 10 期；上海市文物保管委员会：《崧泽》，文物出版社 1987 年版；上海市文物保管委员会：《上海青浦县金山坟遗址试掘》，《考古》1989 年第 7 期；上海市文物保管委员会：《上海市金山县戚家墩遗址发掘简报》，《考古》1973 年第 1 期；上海博物馆考古研究部：《上海青浦寺前村遗址历史时期遗存发掘报告》，《上海博物馆集刊》第 10 期，上海书画出版社 2005 年版；黄宣佩等：《上海青浦县的古文化遗址和西汉墓》，《考古》1965 年第 4 期；南京博物院：《江苏越城遗址的发掘》，《考古》1982 年第 5 期。

在太湖以南地区的小山顶上往往从西周至春秋各个时期的土墩墓交错分布在一起，平地掩埋、石框型、石床型、石椁型和石室土墩墓等各种不同形制的墓葬也错杂分布在一起，而且出土的西周和春秋时期的器物变化并不显著，墓葬形制和丧葬习俗也都具有延续性，说明这是同一个族群的遗存。具有代表性的西周土墩墓有上虞驿亭凤凰山，义乌平畴，东阳六石等；春秋土墩墓有德清三合塔山，安吉三官村，宁波卢家山、东阳前山等；兼有西周至春秋时期土墩墓的有长兴便山、石狮村，德清独仓山、南王山，湖州妙西独山头，海宁审坟山、夹山，上虞羊山、白马湖畔，余姚老虎山，慈溪彭东、东安、掌起缸窑山，宜兴洑东四墩山、黄梅山、丁蜀南山等（又见附表七、附表九）。

太湖以南地区土墩墓出土的器物以几何印纹硬陶和原始瓷为主，泥质陶和夹砂陶数量极少。几何印纹硬陶器主要有坛、瓮、罐、瓿等器形（表5—5），原始瓷器主要有碗、盅、豆、盘、尊、提桶（筒形器）、器盖等器形（表5—6）。

表5—5　　太湖以南地区土墩墓出土的几何印纹硬陶器表

	坛	瓮	罐		瓿
西周	长兴石狮村	德清独仓山	长兴石狮村		余姚老虎山
	宜兴南山	长兴石狮村	慈溪缸窑山	长兴便山	宜兴南山
春秋	长兴便山	上虞羊山	余姚老虎山		长兴便山
	长兴石狮村	长兴便山	长兴便山		长兴石狮村

表 5—6　　　　　　　太湖以南地区土墩墓出土的原始瓷器表

	西周		春秋	
碗	上虞白马湖	慈溪缸窑山	长兴便山	
盅			妙西独头山	上虞白马湖
盂	义乌平畴	上虞牛头山		
豆	妙西独头山	德清独仓山	余姚老虎山	
钵			上虞白马湖	
盘	义乌平畴		余姚老虎山	长兴石狮村
簋	上虞凤凰山		长兴便山	
罐	上虞牛头山	宜兴南山	德清塔山	上虞白马湖
			余姚老虎山	长兴便山
带把罐			德清塔山	

续表

	西周		春秋	
尊	德清独仓山	长兴石狮村	德清塔山	余姚老虎山
提筒		长兴石狮村	德清塔山	长兴便山
卣			德清塔山	
器盖	上虞白马湖		余姚老虎山	长兴便山

2. 太湖以北地区石室土墩墓出土的几何印纹陶与原始瓷

太湖以北地区的石室土墩墓在很早以前就被发现了，但是因为从未在其中发现过骨骸，相反倒是发现有后人利用这些石室居住的遗迹，所以一直未被认为是墓葬，方志与民间对其也有各种不同的说法（见本书第四章）。太湖以北地区小山丘陵顶部的石室土墩墓数量极多，但是经过科学发掘的很少（又见附表九），重要的只有苏州上方山6号墩、常熟虞山西岭、苏州鸡笼山、无锡龙山等几处，而鸡笼山和龙山的发掘报告尚未发表。

太湖以北地区石室土墩墓的年代早的为西周中晚期，如上方山6号墩，晚的为春秋早中期，如常熟虞山西岭，其他几处土墩墓的年代据已报道的材料来看也应该在春秋早中期。太湖以北地区已调查和已发掘的都是位于山脊的石室土墩墓，未见有类似宁镇地区和太湖以南地区那种不同形制的土墩墓交错分布于一地的现象，这是不是因为太湖以北地区的土墩墓年代较晚、石室土墩墓的形制已经发展成熟的缘故？还是因为发掘数量有限的缘故？还有待于进一步证实。

太湖以北地区石室土墩墓出土的器物中泥质陶和夹砂陶很少，基本上以几何印纹硬陶和原始瓷器为主（表5—7、5—8），而且器类与器形都与太湖以南地区土墩墓出土的几何印纹硬陶与原始瓷器相似。

表5—7　　太湖以北地区石室土墩墓出土的几何印纹硬陶器表

	坛	瓮	罐	瓿	盂
西周	上方山6号墩				
春秋	常熟西岭 无锡庙山 苏州鸡笼山	常熟西岭 无锡龙山	常熟西岭 无锡璨山 苏州五峰山 无锡龙山	常熟西岭 常熟西岭 苏州五峰山	常熟西岭 常熟西岭

表5—8　　太湖以北地区石室土墩墓出土的原始瓷器表

	西周	春秋
碗		常熟西岭　无锡龙山　苏州鸡笼山

续表

	西周	春秋
盂	上方山6号墩	常熟西岭　无锡璨山　无锡庙山　苏州鸡笼山
豆	上方山6号墩	常熟西岭　无锡庙山　无锡龙山　苏州鸡笼山
盘		无锡璨山
盆		常熟西岭
簋	上方山6号墩	
罐	上方山6号墩	常熟西岭　无锡龙山
瓿	上方山6号墩	
带把罐		无锡龙山
壶	上方山6号墩	
提筒		常熟西岭
器盖	上方山6号墩	

以太湖以北地区石室土墩墓出土的几何印纹硬陶与原始瓷器和太湖以南地区土墩墓出土的器物相比基本上是一致的，所以研究者都把它们划为一区，它们应该是属于同一个文化共同体的人们留下来的遗存，即都是越文化。至于太湖地区几何印纹硬陶与原始瓷器和宁镇地区几何印纹硬陶与原始瓷器的区别，也就是越文化与吴文化的异同，将在本章第三节加以论述。

四　战国前期越墓出土的几何印纹陶与原始瓷

勾践灭吴后越人北徙琅琊，后来又迁回太湖地区（见本书第八章），因此在连云港一带和环太湖地区都留下了许多越文化遗存，其中最重要的发现是无锡鸿山战国越墓，其次是在浙江安吉、德清、湖州、上虞、绍兴等地发现的一系列墓葬与出土的遗物（附表十一）。

经过春秋至战国前期激烈的政局动荡与社会变迁，越文化发生了巨大的变化，尽管几何印纹硬陶和原始瓷仍然是越人最富有特色的文化因素，但是器类和器形都发生了很大的变化（表5—9、5—10），春秋时代常见的豆（或称碟）已经很少见到，而饰麻布纹的硬陶杯和原始瓷杯（或称盅、盅式碗）成为富有特色的器皿，新出现的匜、盉、盒、壶、兽首鼎、带盖鼎等器形显然是受到周边的楚文化与徐舒文化影响的产物，特别是新出现了成套的仿青铜礼乐器，充分说明越文化正在向华夏文化趋同，只有印纹硬陶坛（瓮）和越式鼎三足外撇的风格始终保持着古老的越文化传统，而以前极少见到的角形器、璧形器、铃形器（镇）等不明用途的器物成为了战国前期越文化的新特色（见本书第九章）。

表5—9　　　　　　战国前期越墓出土的几何印纹硬陶器表

杯	淮阴高庄	安吉笔架山	无锡鸿山	绍兴凤凰山
碗			无锡鸿山	

续表

盅	无锡鸿山
盂	无锡鸿山　绍兴猪头山　绍兴凤凰山
罐	苏州长桥　长兴鼻子山　安吉垄坝　安吉笔架山　无锡鸿山　绍兴凤凰山
瓿	安吉笔架山
钵	余杭崇贤　无锡鸿山
壶	淮阴高庄
提梁罐	无锡鸿山
器盖	长兴鼻子山　安吉笔架山　无锡鸿山

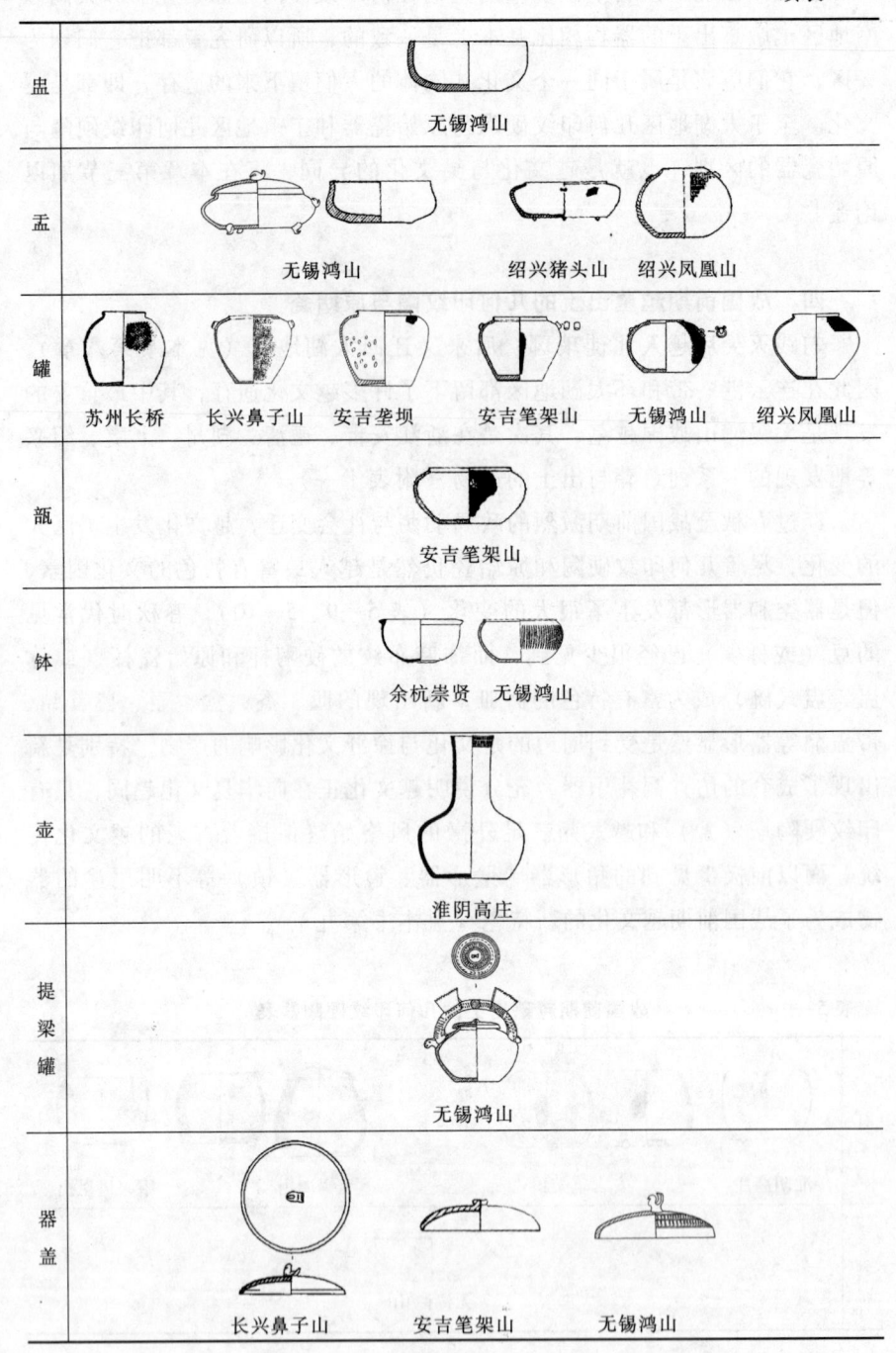

续表

炉盘			无锡鸿山	无锡鸿山			
坛	淮阴高庄	湖州龙湾	苏州长桥	余杭崇贤	安吉垄坝	安吉笔架山	无锡鸿山
甬钟			无锡鸿山	无锡鸿山			
镈				无锡鸿山			
勾鑃（丁宁）			无锡鸿山	无锡鸿山			
錞于			无锡鸿山				
磬			无锡鸿山				

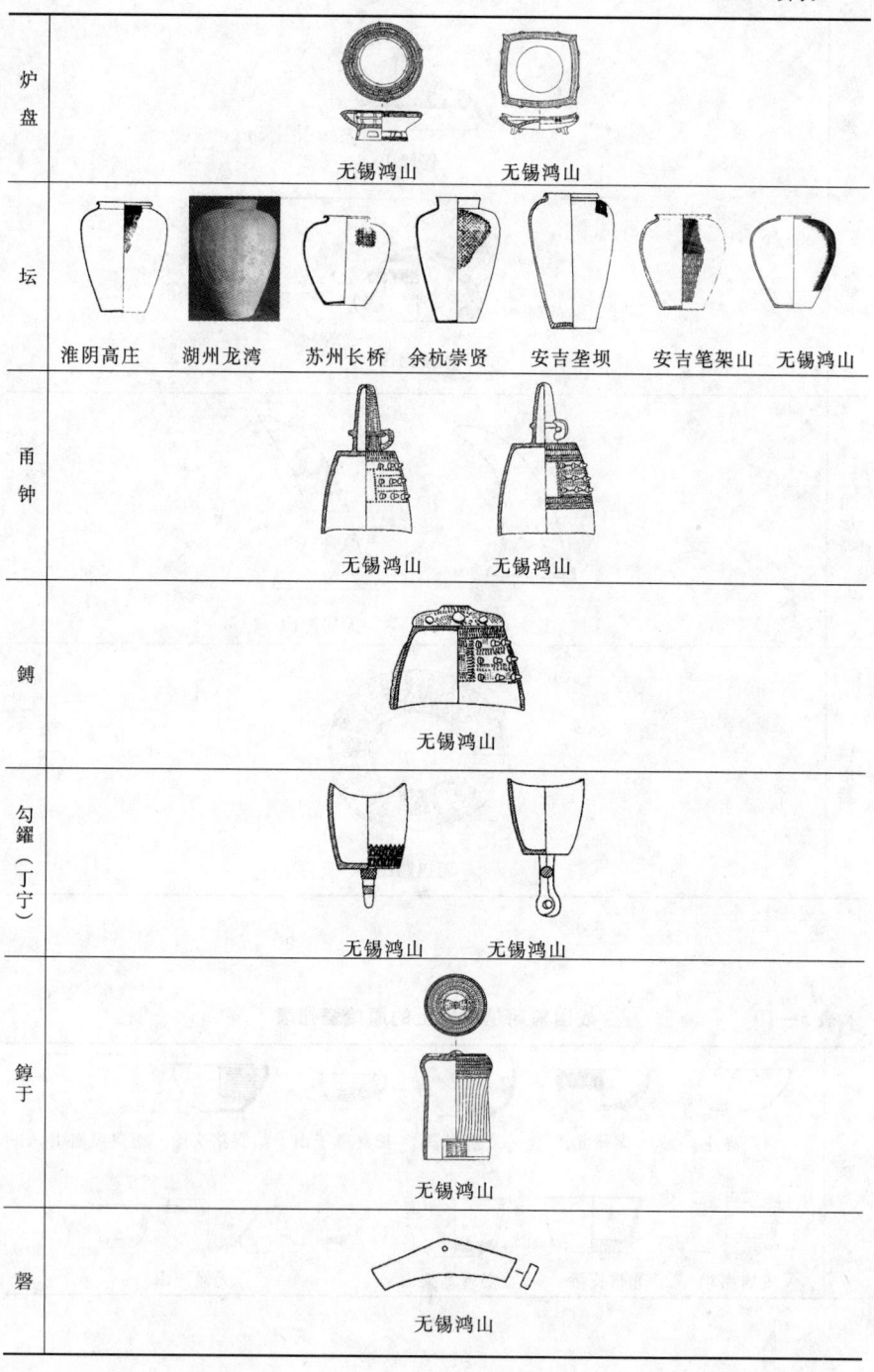

器类	图示
鼓座	无锡鸿山
镇	无锡鸿山
角形器	长兴鼻子山　无锡鸿山
璧形器	无锡鸿山

表 5—10　　战国前期越墓出土的原始瓷器表

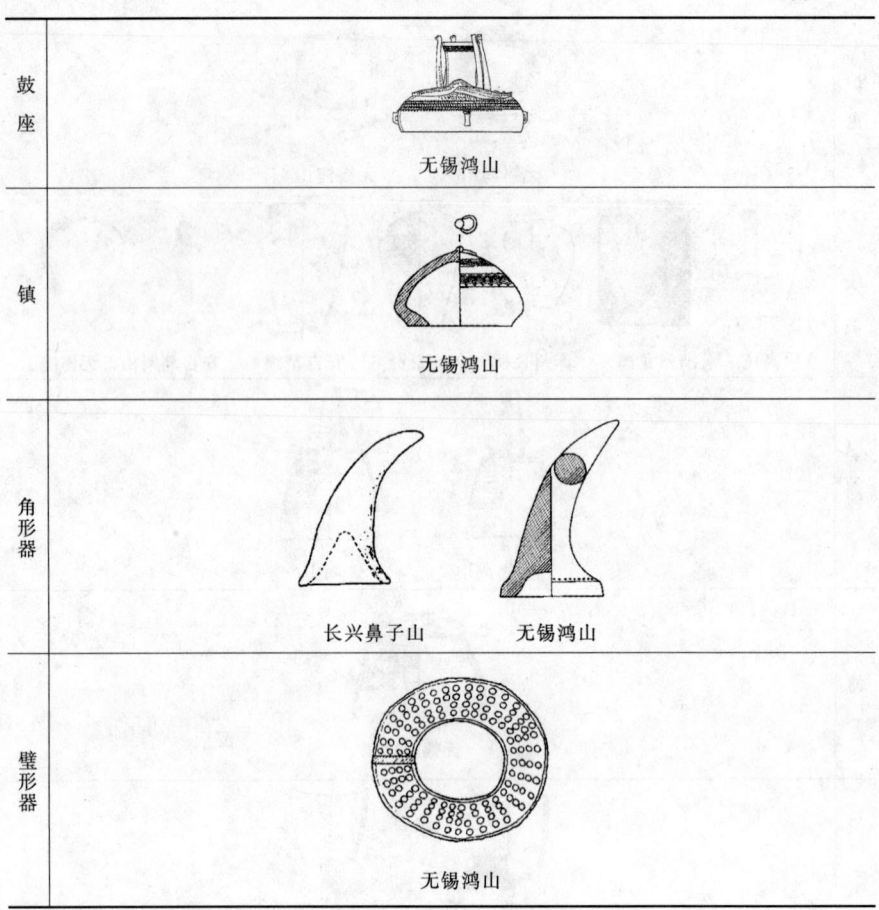

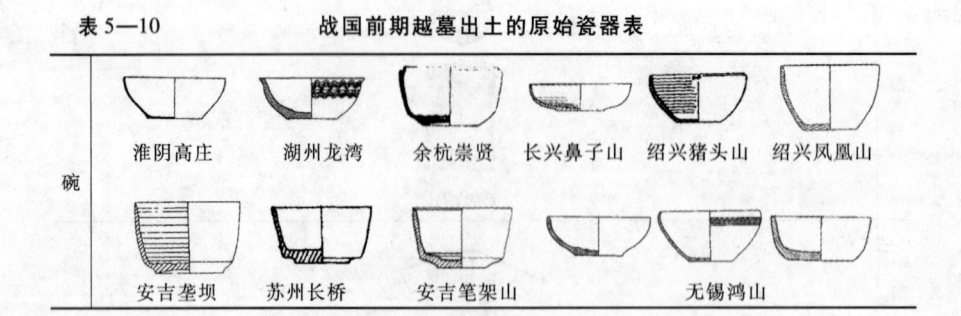

| 碗 | 淮阴高庄　湖州龙湾　余杭崇贤　长兴鼻子山　绍兴猪头山　绍兴凤凰山　安吉垄坝　苏州长桥　安吉笔架山　无锡鸿山 |

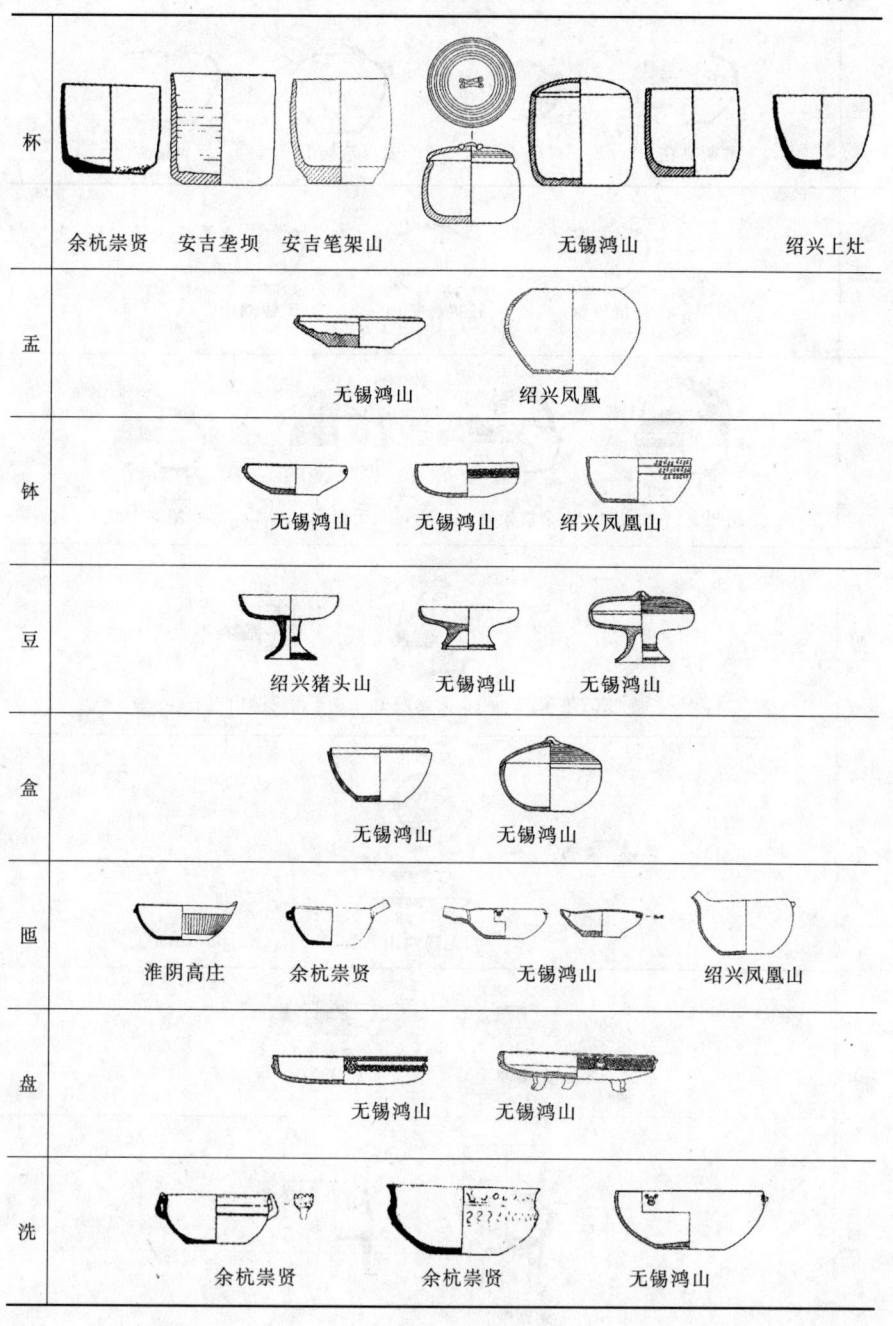

第五章 几何印纹陶与原始瓷　133

续表

杯	余杭崇贤　安吉垄坝　安吉笔架山　　无锡鸿山　　　绍兴上灶
盂	无锡鸿山　　绍兴凤凰
钵	无锡鸿山　无锡鸿山　绍兴凤凰山
豆	绍兴猪头山　无锡鸿山　无锡鸿山
盒	无锡鸿山　无锡鸿山
匜	淮阴高庄　余杭崇贤　无锡鸿山　绍兴凤凰山
盘	无锡鸿山　无锡鸿山
洗	余杭崇贤　余杭崇贤　无锡鸿山

续表

罐	淮阴高庄	长兴鼻子山	安吉笔架山	绍兴猪头山
瓴	余杭崇贤	长兴鼻子山	无锡鸿山	
盉	湖州龙湾	余杭崇贤	无锡鸿山	绍兴上灶
壶	安吉笔架山	无锡鸿山	无锡鸿山	
温酒器	无锡鸿山			
三足缶	无锡鸿山	无锡鸿山		
甗	湖州龙湾	余杭崇贤		

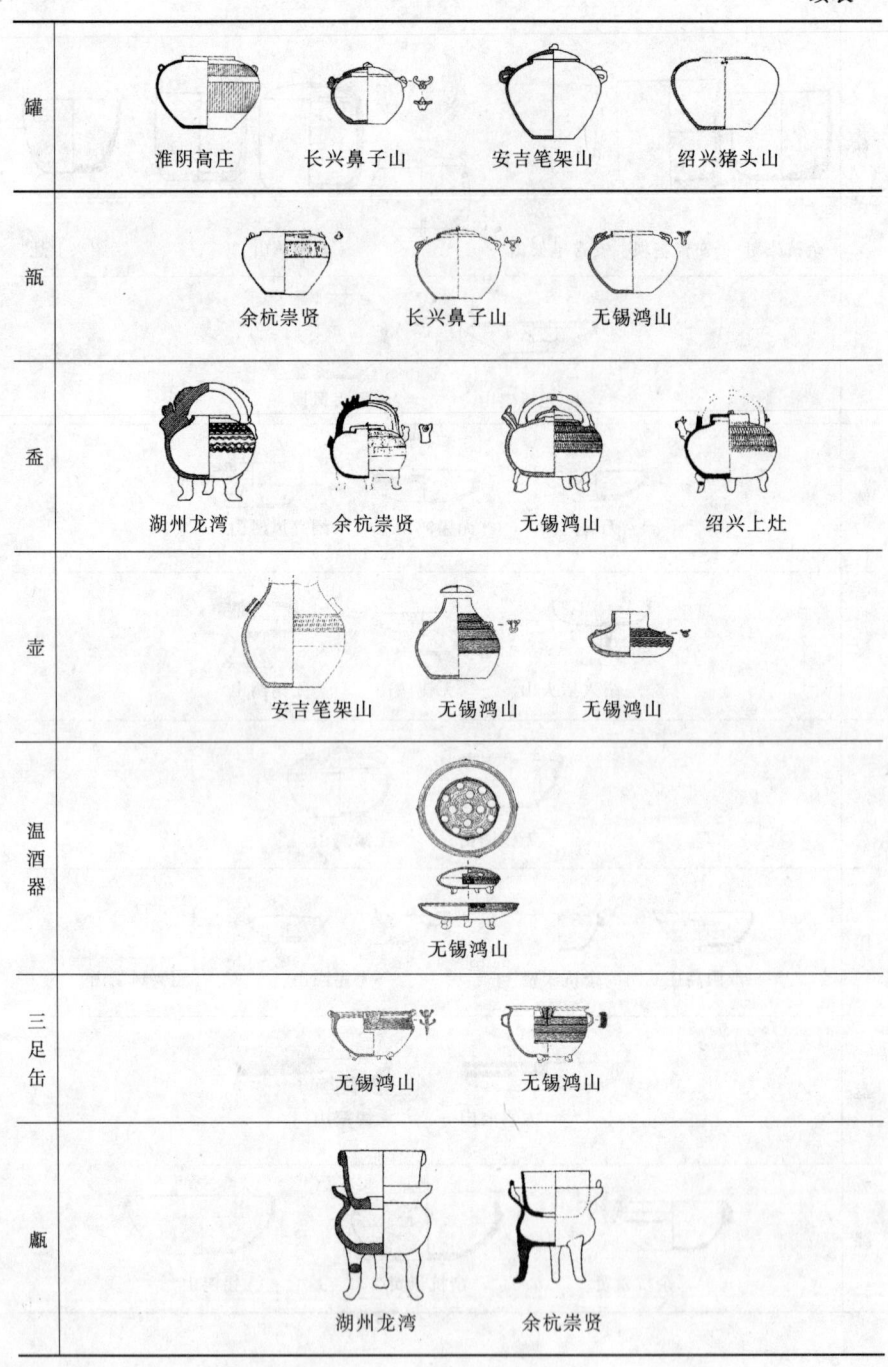

续表

器盖	安吉笔架山		无锡鸿山		
熏炉	淮阴高庄	绍兴上灶	绍兴凤凰山		
鼎	湖州龙湾	余杭崇贤	无锡鸿山	绍兴猪头山	绍兴上灶
兽首鼎	湖州龙湾	余杭崇贤	无锡鸿山	绍兴上灶	
带盖鼎	湖州龙湾	余杭崇贤	无锡鸿山	绍兴猪头山	绍兴上灶
甬钟	余杭崇贤	无锡鸿山	无锡鸿山		
镈	无锡鸿山	无锡鸿山	无锡鸿山		

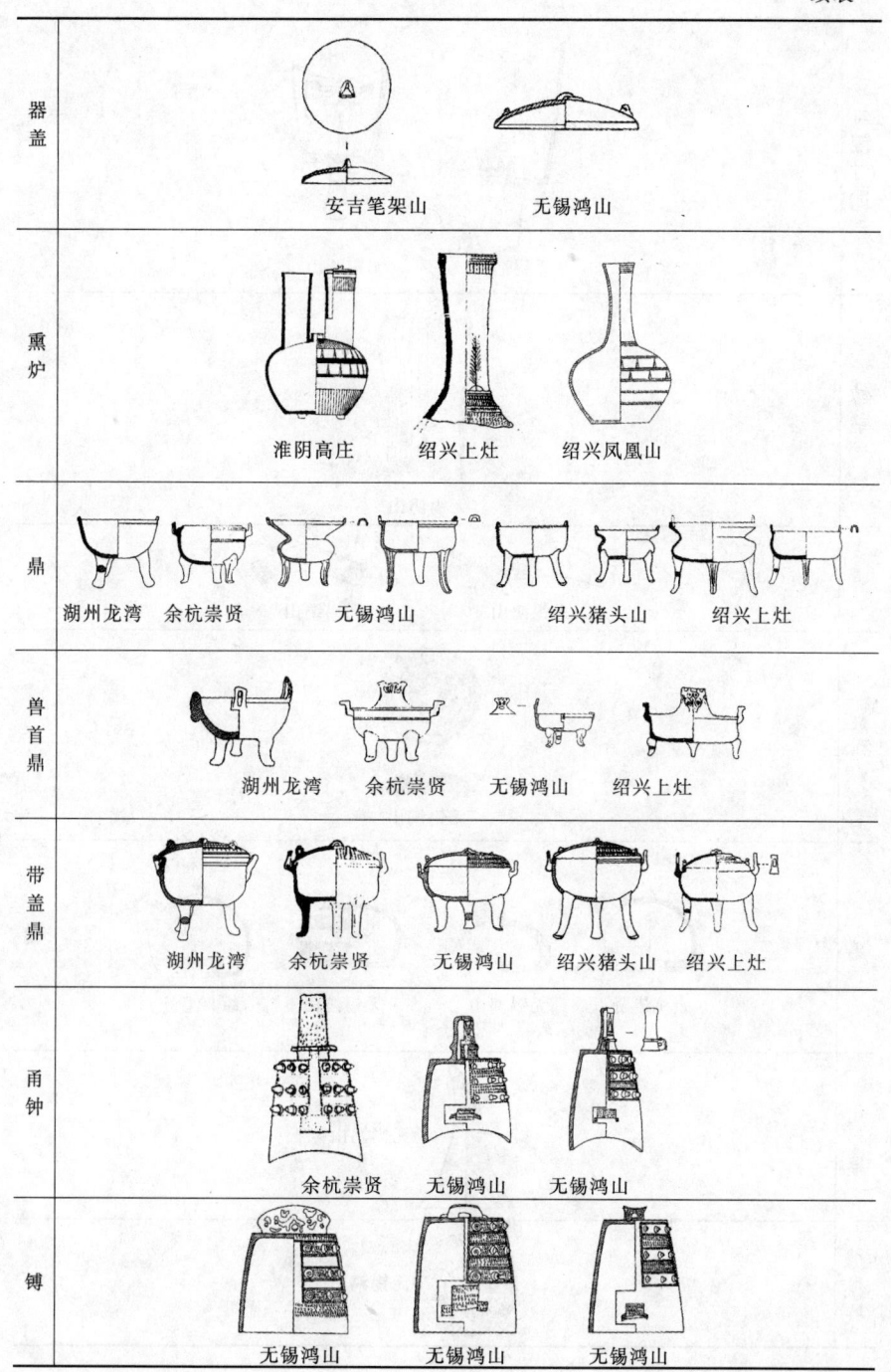

续表

勾鑃（丁宁）	无锡鸿山	无锡鸿山		
錞于	无锡鸿山			
磬	无锡鸿山	无锡鸿山		
鼓座	无锡鸿山			
镇	余杭崇贤	无锡鸿山	无锡鸿山	绍兴上灶
角形器	无锡鸿山			
璧形器	无锡鸿山			

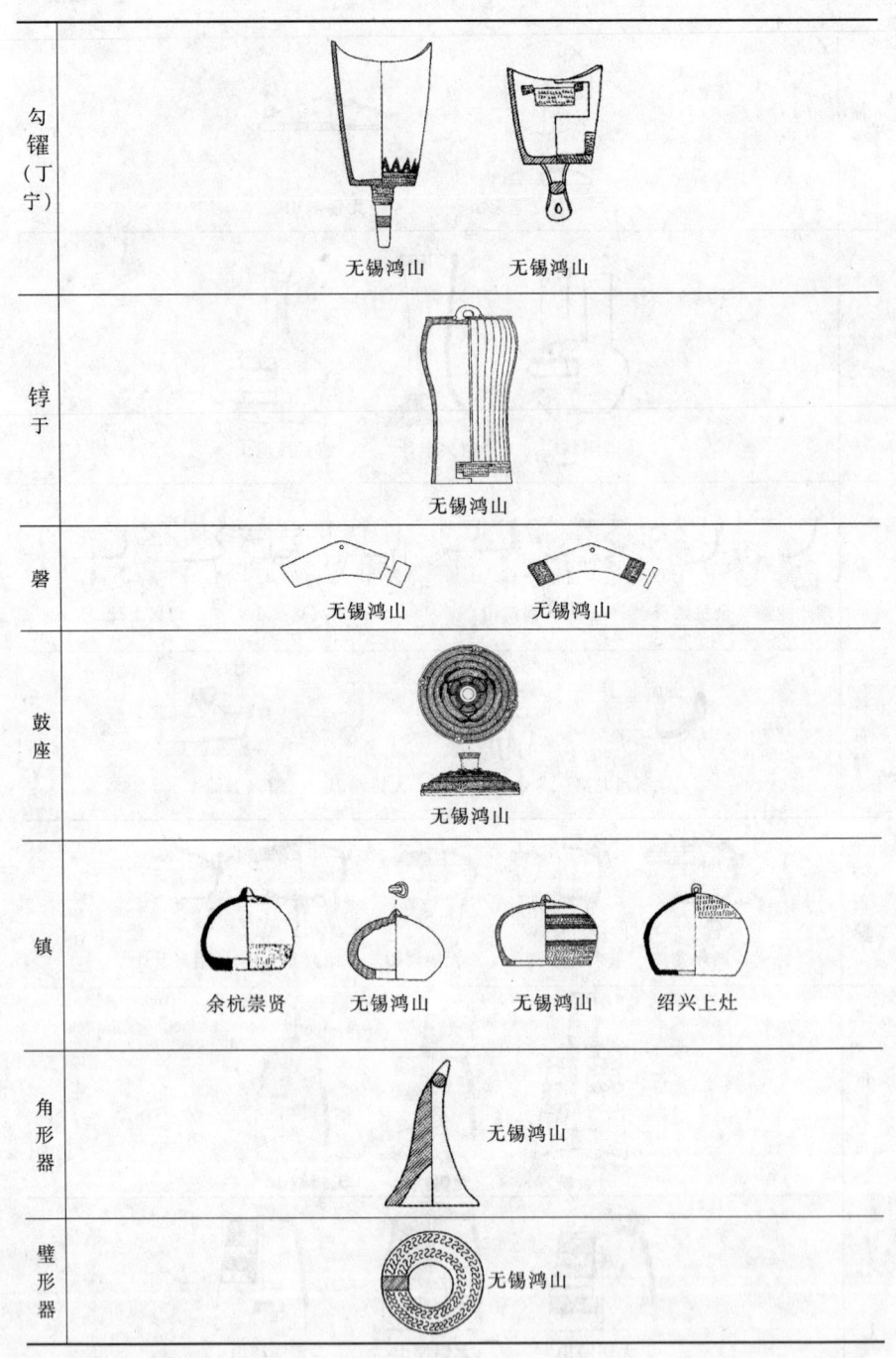

五　秦汉以后几何印纹陶与原始瓷的传播

陶坯尤其是大型陶器的坯在盘筑或拉制成型以后需要用陶拍将其拍实，这是制陶工艺过程的一个必要步骤。由于刚刚成型的陶坯还是湿的，因此要在陶拍上缠上绳索或藤条以防止粘坏陶坯，这样经过拍打以后就会在陶坯上留下绳纹或篮纹的印痕。由于不同的人群具有不同的审美观，有人在拍实陶坯后保留了绳纹或篮纹，有人则把绳纹或篮纹重新抹平制成素面的陶器，还有人另外再加上其他的图案纹饰。如果在木制的陶拍上刻上几何形的图案，那么拍打陶坯后就会在陶器上留下几何形纹饰。江南地区的几何形印纹陶就是这种制陶工艺与审美观念结合的产物。

战国中期楚威王"大败越"以后"尽取故吴地至浙江"[1]，楚人占领了太湖地区。因为楚人的制陶工艺与审美观念和越人不同，所以在环太湖地区发现的战国后期楚墓中基本不见几何印纹陶与原始瓷，而只有楚式的黑皮陶（见本书第十一章）。越人被楚人打败以后向南方逃遁，他们的后裔在浙南闽北地区建立了东瓯与闽越两个小国，所以在温岭、武夷山等地出土的西汉初东瓯闽越墓葬中出土的几何印纹陶与原始瓷明显地继承了战国时期的越文化。在毗邻的福建武夷山和江西贵溪一带的崖墓中也出土了几何印纹陶与原始瓷，其器类与形制和战国前期太湖地区的越文化相比也颇有类似之处。广州地区发现的西汉墓数量很多，其墓主有汉人与越人之分，在越人墓中出土的几何印纹陶与原始瓷数量比汉人墓出土的要多得多，而在汉人墓中也出土部分越式器物（见本书第十二章），与战国前期太湖地区的越文化相比也具有一定的相似性（表5—11）。

---

[1] 《史记·越王勾践世家》。

表 5—11　战国前期越文化与汉初百越几何印纹陶与原始瓷比较表

		太湖地区	东瓯	闽越	南越	贵溪崖墓
几何印纹硬陶	罐					
	坛					
	镈					
	錞于					
原始瓷	杯			硬陶		
	碗					
	盒			硬陶		
	瓿			硬陶		
	匏壶			硬陶		

在陶器上拍印几何形纹饰的工艺并不复杂，而是否用几何形纹饰来装饰陶器主要取决于审美观，这种审美情趣在江南地区一直到汉晋时代仍然保持着，所以在汉代的陶器中仍然可以看到几何印纹陶，只是由于时代变迁，陶器的形制和拍印的纹饰都发生了变化。至于烧制硬陶，主要取决于烧窑时必须达到较高的窑温，这种技术也是烧制原始瓷的必备条件，而江南地区早在商代就已经发明了龙窑，做到这一点对于越人来说不在话下，但是汉人的几何印纹陶器都是质地较软的灰陶和红陶（图5—15）。六朝时期仍然有印纹陶，但是由于青瓷已经成熟，印纹陶已成末流，因此考古学家也不予重视了。

图5—15　绍兴漓渚汉墓出土的几何印纹陶瓿

战国前期越人的原始瓷制造工艺比春秋时代明显地要进步得多，其精美程度简直可以与真正的六朝青瓷相媲美，但是由于文献上没有记载，因此自古以来人们一直不知道战国前期越人的制瓷工艺竟然已经达到了如此之高的水平，以至于偶尔有战国原始瓷器出土，也被误认为是六朝青瓷。近十年来在江浙地区发现了多座战国前期的越国大墓，出土了一批年代可靠的原始瓷器（图5—16），这才使学者和世人认识了战国时期的越人原始瓷。然而令人感到疑惑不解的是自从楚威王大败越国、越人散去以后，如此高超的制瓷工艺竟然就一下子销声匿迹了。战国后期占领太湖地区的楚人完全没有继承这一技术，而且连后来会稽郡的汉人也只能烧制局部上釉的釉陶而不能烧制原始瓷，而汉代釉陶的工艺水平还不如战国前期越人的原始瓷。中国的瓷器从战国后期开始出现了一个将近五百年的缺环，直到东汉晚期才重新出现真正的青瓷，而青瓷的产地仍然是在昔日的越地——浙江。这五百年间究竟发生了什么变故使得源远流长的瓷器制造工艺中断了？又是什么原因使得越窑青瓷凤凰涅槃？这是中国瓷器史上一个令人费解的谜。

图 5—16　战国前期越墓出土的原始瓷器

1. 盆形鼎　2. 豆　3. 簋　4. 兽首鼎　5. 罐（1—5 绍兴越国文化博物馆藏品）　6. 甗形鼎　7. 壶　8. 悬鼓座　9. 温酒器　10. 缚　11. 提梁盉（6—11 为无锡鸿山丘承墩出土）　12. 兽首鼎　13. 三足盂　14. 豆　15. 杯　16. 器盖　17. 镇（12—17 为安吉龙山 D141M1 出土）

第三节　吴、越几何印纹陶与原始瓷之比较

吴国和越国是近邻，"接土邻境，壤交通属，习俗同，言语通"[①]，"同俗并土"[②]，"同气共俗"[③]，所以有学者认为"吴越同族"[④]，而吴文化与越文化也常常被合在一起被统称为吴越文化。吴文化与越文化的确有许多相似之处，尤其是以吴人的几何印纹陶与原始瓷和越人的几何印纹陶与原始瓷相比，简直相差无几，以至于我们可以说"吴越同器"。

一　吴越同器

吴人的几何印纹陶与原始瓷以宁镇地区及苏州地区土墩墓出土的器物为代表，越人的几何印纹陶与原始瓷以太湖以南地区土墩墓及太湖以北地区石室土墩墓出土的器物为代表，把两者加以比较就可以发现它们几乎是一样的（表 5—12、5—13）。

---

① 《吕氏春秋·知化》。
② 《越绝书》卷第六《越绝外传纪策考第七》。
③ 《越绝书》卷第七《越绝外传记范伯第八》。
④ 王文清：《论吴越同族》，《江海学刊》1983 年第 4 期。

表 5—12　　　　　　　　　吴、越几何印纹硬陶器比较表

器物	地点	吴器		越器	
		宁镇地区土墩墓	苏州地区土墩墓	太湖以南土墩墓	太湖以北石室土墩墓
西周	罐	句容浮山果园		德清独仓山	
	瓿	句容浮山果园		宜兴南山	
	瓮	金坛鳖墩		长兴石狮村	上方山6号墩
	坛	句容浮山果园		长兴石狮村	
春秋	罐	丹徒南岗山	苏州何山	余姚老虎山	无锡龙山
	瓿	句容寨花头	江阴曹家墩	长兴石狮村	苏州五峰山
	瓮	丹徒青龙山	苏州真山	上虞羊山	常熟西岭
	坛	溧水宽广墩	江阴曹家墩	长兴便山	无锡庙山

表 5—13　　　　　　　　吴、越原始瓷器比较表

器物	地点	吴器		越器	
		宁镇地区土墩墓	苏州地区土墩墓	太湖以南土墩墓	太湖以北石室土墩墓
西周	豆	句容浮山果园		德清独仓山	苏州上方山
	碗	丹徒四脚墩		上虞白马湖	
	罐	句容浮山果园		上虞牛头山	苏州上方山
春秋	豆	丹徒南岗山	江阴曹家墩	余姚老虎山	无锡庙山　常熟西岭
	碗	句容寨花头		上虞白马湖　长兴便山	常熟西岭
	杯		苏州何山　苏州真山	妙西独头山	
	盘		江阴曹家墩	长兴石狮村	无锡璨山
	罐	溧水凤凰井	苏州真山	长兴便山	常熟西岭
	提筒	溧水宽广墩		德清塔山	

因为吴人使用的几何印纹陶与原始瓷器和越人使用的几何印纹陶与原始瓷器十分相似，所以如果仅仅比较几何印纹陶与原始瓷器的器类、器形，那么几乎无法区分哪些是吴器、哪些是越器，实际上江浙两地的考古学家在为发掘出土的几何印纹陶与原始瓷分期时也常常不分地区互用对方的标准器作为断代标尺的。正是从这个角度出发我们可以说"吴越同器"。

既然吴人与越人的几何印纹陶与原始瓷难以区分，那么如何来区别吴文化与越文化呢？我认为可以根据伴出的夹砂陶炊器来判断。土墩墓中出土的夹砂陶炊器都是实用器，和遗址里出土的夹砂陶炊器是一致的，它与族群的生活方式的关联最为密切，因此可以作为反映文化特色的典型器。

西周时期宁镇地区土墩墓出土的炊器中最富有特色的是陶鬲。鬲是北方旱作农业区先民使用的主要炊器，而江南稻作农业区先民的炊器不用鬲而用鼎，所以宁镇地区土墩墓出土的陶鬲是和太伯仲雍奔吴、中原文化南播联系在一起的，虽然出土数量不多，但是可以成为辨别早期吴文化的一种具有标志性的器物（图5—17）。

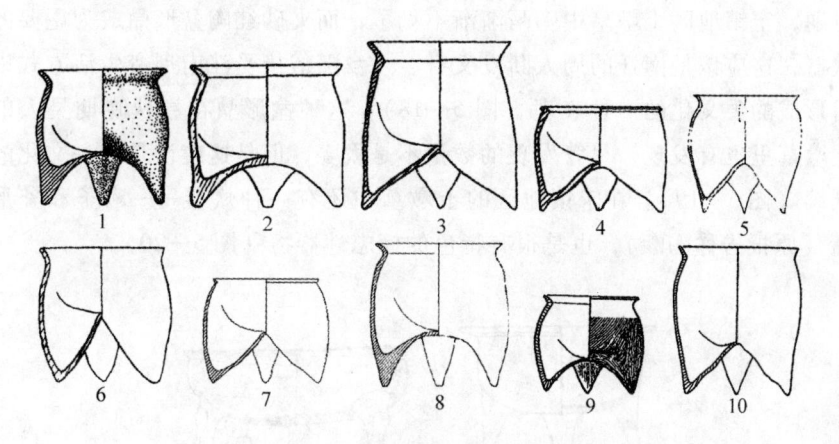

图5—17　宁镇地区西周时期土墩墓出土的陶鬲
1.2. 句容浮山果园　3.4. 丹徒四脚墩 D2　5. 丹徒四脚墩 D4　6. 丹徒四脚墩 D5　7. 丹徒薛家村大墩　8. 句容寨花头 D6M1　9.10. 丹徒大港烟墩山 M2

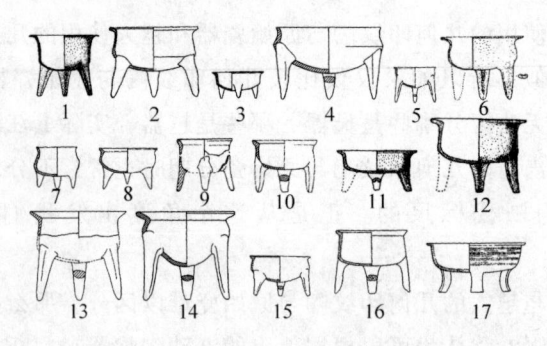

图 5—18　宁镇地区土墩墓出土的陶鼎

西周：1. 句容浮山果园 D1　2. 句容浮山果园 D2　3. 金坛鳖墩　4. 金坛薛埠上水 D2　5. 句容寨花头 D6M1　6. 溧水乌山岗沿山 D4

春秋：7.8. 丹徒南岗山　9.10. 江宁陶吴竹连山　11.12. 溧水凤凰井　13. 金坛裕巷 M1　14. 句容寨花头 D2M22　15. 句容寨花头 D2M1　16. 句容浮山果园 D24M4　17. 丹徒大港烟墩山 M2

句容浮山果园 D1 和 D2 除了各出土了一件夹砂红陶鬲以外，还分别出土了 48 件和 8 件夹砂红陶鼎，其中主要的形制是盆形鼎。[①] 到了春秋时期，宁镇地区土墩墓中陶鬲渐渐不见了，而夹砂红陶盆形鼎成为主要的炊器，这应该是南迁的周人断发文身、入乡随俗接受江南荆蛮生活方式以后形成的吴文化的一种表现（图 5—18）。这种盆形鼎在春秋晚期吴人的土墩墓里也有发现，尽管发现的数量不是太多，但是这应该是同一文化的延续（图 5—19）。在宁镇地区的土墩墓中还有一种炊器——陶釜和釜形甗（原报告称陶甑），也是很有特色的标志性器物（图 5—20）。

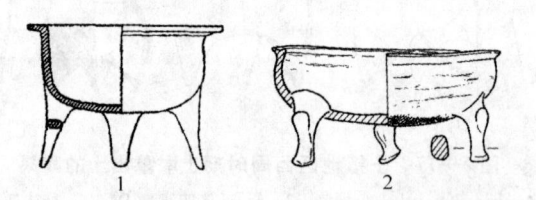

图 5—19　春秋晚期土墩墓出土的盆形鼎

1. 六合和仁　2. 江阴曹家墩

[①] 镇江市博物馆浮山果园古墓发掘组：《江苏句容浮山果园土墩墓》，《考古》1979 年第 2 期；南京博物院：《江苏句容县浮山果园西周墓》，《考古》1977 年第 5 期。

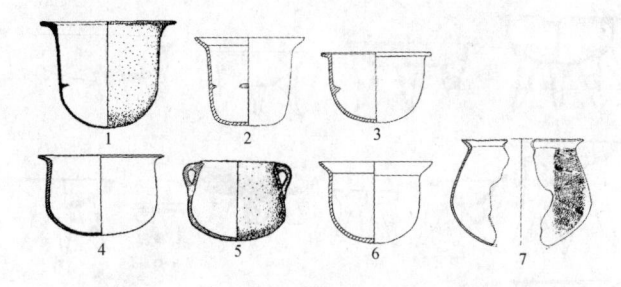

图 5—20　宁镇地区土墩墓出土的陶甗与陶釜

陶釜形甗：1. 句容浮山果园（西周）　2. 金坛裕巷 M2（春秋）　3. 句容浮山果园 D24M2（春秋）

陶釜：4. 金坛鳖墩（西周）　5. 溧水凤凰井（春秋）　6. 金坛裕巷 M1（春秋）　7. 江阴曹家墩（春秋）

　　太湖以南地区始终是越人的生活区，尽管越人土墩墓中的几何印纹硬陶与原始瓷和吴人使用的同类器物没有太大的区别，但是太湖以南地区从西周到春秋各个时期的土墩墓中始终都以几何印纹硬陶和原始瓷为主要的陪葬品，这说明制造几何印纹硬陶和原始瓷对于越人来说是非常方便的事情。也许是同样的原因，太湖以南地区土墩墓中出土的泥质陶和夹砂陶比例就远比宁镇地区要小，由于文化的差别，越人的墓葬中不仅没有陶鬲，而且也不见陶釜与釜形甗，连陶鼎也非常罕见，偶尔见到有原始瓷鼎[①]，但是这种扁腹、矮足的原始瓷鼎更像是安了三足的盘或簋，而不是作为炊器使用的鼎（图 5—21）。在马桥文化遗址里出土的夹砂陶鼎以三足外撇为

图 5—21　越人的原始瓷扁腹鼎

1. 德清皇坟堆　2.3. 德清三合塔山　4. 德清火烧山　5. 萧山长山

特色，越人的青铜鼎也具有三足外撇的特点，这种独具特色的鼎形就是越式鼎（详见本书第六章第一节）。还有一种泥质陶的三足盘，也具有三足外撇的特点。马桥文化遗址出土的陶甗是束腰形的，有的腹下有三锥形足，和中原地区甑鬲合体的甗及宁镇地区土墩墓出土的釜形甗都不同（图 5—22）。

[①] 朱建明：《浙江德清三合塔山土墩墓》，《东南文化》2003 年第 3 期。

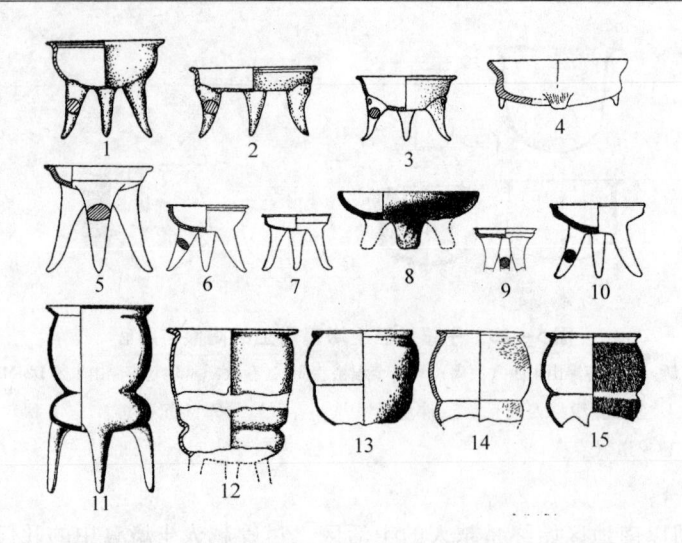

图 5—22　越人的炊器——越式鼎、三足盘、束腰甗

越式鼎：1. 2. 江阴花山　3. 江阴佘城　4. 常熟钱底巷

三足盘：5. 常熟钱底巷　6. 镇江马迹山　7. 苏州越城　8. 金山亭林　9. 青浦寺前村　10. 苏州郭新河

束腰甗：11. 上海马桥　12. 江阴花山　13. 苏州郭新河　14. 常熟钱底巷　15. 苏州越溪张墓村

尽管我们努力想找出一些具有标志性的器物来区分吴文化和越文化，但是由于吴人和越人是习俗相近的邻居，而且吴人并不拒绝使用越器，越人也不忌讳使用吴器，所以常常能够见到同样的器物出现在不同的遗址或墓葬之中的现象，例如在常熟钱底巷遗址的马桥文化晚期地层中就出土了 3 件绳纹鬲足[1]，在镇江马迹山的湖熟文化台形遗址中也出土了泥质灰陶三足盘[2]，在丹徒青龙山大墓中出土的青铜甗也是束腰甗[3]，在常州淹城遗址也出土了三足扁腹的原始瓷鼎[4]，等等。一方面由于"吴越同器"，另一方面由于吴、越器物常常互见，因此就给判断遗址的性质与墓葬的族属带来了很大的麻烦与难度。

---

[1]　南京大学历史系考古专业、常熟博物馆：《江苏常熟钱底巷遗址发掘报告》，《考古学报》1996 年第 4 期。

[2]　镇江博物馆：《镇江马迹山遗址的发掘》，《文物》1983 年第 11 期。

[3]　丹徒考古队：《丹徒青龙山春秋大墓及附葬墓发掘报告》，《东方文明之韵》，海南国际新闻出版中心 2000 年版。

[4]　赵玉泉：《武进县淹城遗址出土春秋文物》，《东南文化》1989 年第 4—5 期。

二 吴越兼用的提筒（直腹罐）

1983年在广州象岗发现了西汉初南越王赵眜的墓。赵眜是汉人，但是由于久居岭南，因此在赵眜墓中也陪葬了许多越式器物，其中有9件铜提筒和2件陶提筒[①]，分为直腹与鼓腹两型，子母口，有盖，口沿部有两贯耳或贴两附耳，主要用于盛酒或盛食物。

类似的铜提筒在岭南地区已经发现了23件，时代均为西汉初期，分布区域不出南越国的范围。[②] 南越国灭亡之后铜提筒也随之消失，但是与铜提筒同时出现的陶提筒却继续流行到东汉末期，除了南越王墓出土的2件以外，仅在广州汉墓中就出土了132件两汉时期的陶提筒[③]（表5—14）。魏晋时陶提筒也渐渐消失，被有双耳或四耳的直身陶罐所取代。

表5—14　　　　　　岭南地区出土的汉代提筒

	广州	其他地区
南越国	南越王铜提筒 B58　C61　E78　G37　陶提筒	云南呈贡天子庙M41　广东肇庆松山M1　广州M1097
西汉	广州M1180　广州M1181	广西贵县罗泊湾M1　广西贺县高寨M4　广西南宁邕江
东汉	陶提筒 广州M5073　M5052　陶直身罐 广州M5040　M5077	

裘锡圭先生认为南方的铜提筒源于竹筒（竹橿桯），与中原的铜铚

---

① 广州市文物管理委员会、中国社会科学院考古研究所、广东省博物馆：《西汉南越王墓》，文物出版社1991年版。
② 蒋廷瑜：《西汉南越国时期的铜桶》，《东南文化》2002年第12期。
③ 广州市文管委会、广州市博物馆：《广州汉墓》，文物出版社1981年版。

（筒形卣）是平行发展的。① 黄展岳先生认为南方的铜提筒的造型虽然与中原的筒形卣相似，但是器盖、提梁、纹饰都迥然有别，二者不是同一个文化系统，不过"目前发现的铜提筒，造型匀称，纹饰繁缛，制作精致，显然属于成熟期的作品，距离原始型当有一段相当长的时间。关于它的祖型，目前尚无考古实例可供佐证"。② 西汉初流行于南越国的提筒是典型的越式器物，所以它的祖型源头应该到越人的器物中去寻找。

在西周春秋时期环太湖地区的石室土墩墓和德清的原始瓷窑址中可以见到一种被称为直腹罐（或称筒腹罐、筒形器）的原始瓷或硬陶器，子母口，口沿处有两个贴塑的附耳，器身通常饰有勾连纹，而且有意思的是在宁镇地区的土墩墓中也出土同样造型的器物（表5—15）。

表5—15　　江南地区出土的先秦直腹罐（筒腹罐、筒形器）

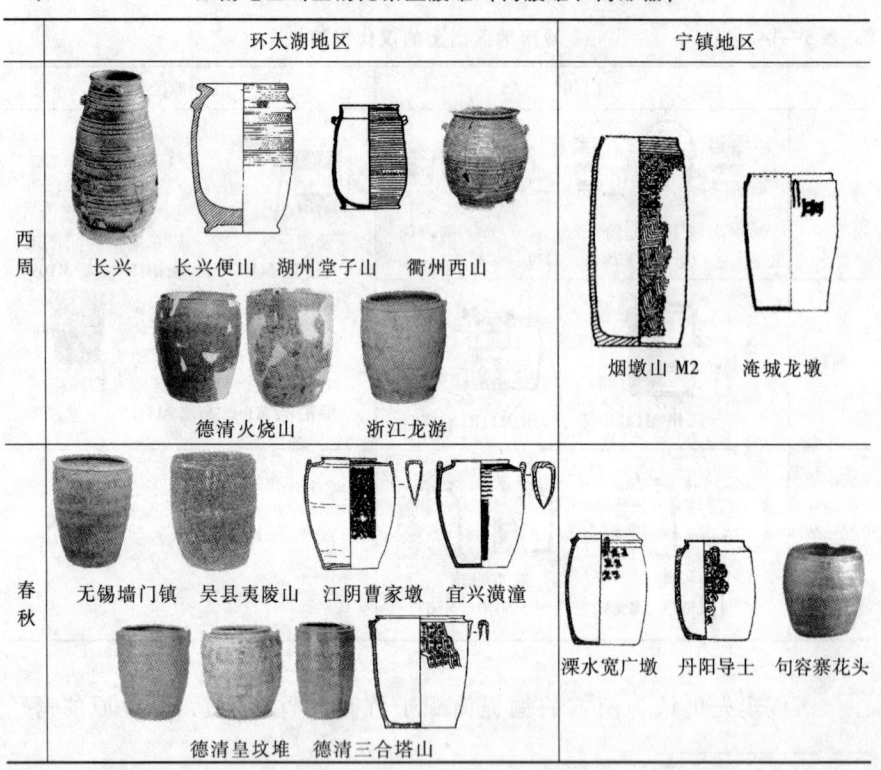

	环太湖地区	宁镇地区
西周	长兴　长兴便山　湖州堂子山　衢州西山　德清火烧山　浙江龙游	烟墩山M2　淹城龙墩
春秋	无锡墙门镇　吴县夷陵山　江阴曹家墩　宜兴潢潼　德清皇坟堆　德清三合塔山	溧水宽广墩　丹阳导士　句容寨花头

---

① 裘锡圭：《樫与樫樫》，《文物》1987年第9期。
② 黄展岳：《铜提筒考略》，《考古》1989年第9期。

西周春秋时期直腹罐的纹饰基本上以变体勾连纹为主，而西汉初南越国铜提筒的纹饰都有三到五组几何形纹饰构成的晕带，在南越王墓出土的一件铜提筒（B59）上还有羽人舟船图案，这是典型的具有越文化特色的图案。在江南西周春秋时期的直腹罐和西汉初南越国的提筒之间尽管还存在着缺环，但是西汉初的提筒是南越的一种典型器物，而西周春秋时期使用直腹罐的主要也是越人，其间决不会没有关联，西周春秋时期越人的直腹罐应该就是西汉初提桶的原型，而且吴人和越人一样也在使用同样的直腹罐，这又是一个"吴越同器"的例子。

三 生产几何印纹陶与原始瓷的窑口

目前发现年代最早的烧造几何印纹陶与原始瓷的窑口是江西清江吴城、鹰潭角山和浙江上虞李家山的商代窑址。[①]

学者们对吴城文化的族属存在着截然不同的看法，有人认为这是一支南下的商人的遗存，有人认为它是三苗文化的一支，也有人认为是古东夷的一支，还有人认为是古越族的一支，而袁进先生认为："吴城文化实质就是先吴文化。太伯奔吴首先到达的是赣鄱流域，赣江中游的古新淦县一带，是句吴始建地，也是吴文化的发祥地"。[②]

1989年在距吴城遗址不远的新干县大洋洲发现了一座商代大墓[③]，出土了大批商代青铜器、玉器与陶器，可以分为中原式、土著式、融合式和先周式四类，这批遗物的文化面貌与吴城遗址二期文化的面貌几乎完全一致。尽管吴城文化中有若干先周文化的元素，但它的主体却是商文化，然而又不是纯粹的南迁的商文化，而是由南下的商文化与江南土著文化结合形成的，但是这件重大的事件在文献里面没有任何记载。三苗与东夷都是中国上古时代的部族，但是到了商代，三苗已经消失，东夷则分布在今山东、皖北、苏北一带，并不在今天的江西，因此作为吴城文化基底的土著

---

① 江西省文物工作队、鹰潭市博物馆：《江西鹰潭角山窑址试掘简报》，《华夏考古》1990年第1期；江西省文物工作队吴城考古工作站、厦门大学人类学系八四级考古专业、清江县博物馆：《清江吴城遗址第六次发掘的主要收获》，《江西历史文物》1987年第2期；浙江省文物考古研究所：《浙江上虞县商代印纹陶窑址发掘简报》，《考古》1987年第11期。
② 袁进：《吴城文化族属句吴说》，《南方文物》1993年第2期。
③ 江西省文物考古研究所、江西省博物馆、新干县博物馆编著：《新干商代大墓》，文物出版社1997年版。

文化只能是古越族。① 吴城文化中尽管有来自先周文化的因素，但是来自中原商文化的因素要强大得多，不仅在江西吴城，而且在湖北盘龙城、湖南宁乡等地发现的商代青铜器也都来自于商文化而非来自于先周文化，因此关于吴城文化是先吴文化和太伯奔吴首先到达赣鄱流域的说法既缺乏史料依据，也缺乏考古依据。

历年来在吴城遗址中已先后发掘出14座陶窑，其中横穴窑2座，升烟窑11座，龙窑1座。龙窑的窑头在西北，窑尾在东南，窑床残长7.5米、宽1.01—1.07米，窑壁残高0.1—0.22米、厚0.06—0.28米，从窑头至窑尾水平高差0.13米，坡度为1.7度，窑的北壁有一字排列的9个宽约0.4米的投柴孔。在残存的升烟窑和龙窑遗址内均出土了大量几何印纹硬陶片，还出土了少量原始瓷，原始瓷在吴城文化三个时期的陶瓷器中所占的比例分别为4.07%、5.08%和29.2%。② 原始瓷器的器形、装饰纹样与同期的印纹硬陶器形制完全一致，只是品种比陶器要少，第一期主要有折肩罐、折肩尊、钵等，第二、三期新出大口尊、折肩瓮、深腹盆、假腹豆、器盖等容器和马鞍形刀、纺轮、瓷垫等生产工具。尽管吴城文化有一些因素和吴文化、越文化有一定的联系，但是从总体上看，这些原始瓷的生活日用品与生产工具和吴人、越人使用的原始瓷的差别是主要的。

在鹰潭角山发现的商代晚期龙窑残长3.15米、宽1.45米，坡度15度，为平焰半地下式斜底隧道单室窑，形制比吴城龙窑要显得原始。出土的陶器多为硬陶，夹砂陶较少，此外尚有少量原始瓷，器形有甗形器、鼎、鬶、爵、壶、尊、豆、三足盘、碗、器盖、罐、瓮、缸、提梁罐、钵、高足杯、甑、支座、觚等。文化面貌和吴城文化、马桥文化、黄土仑文化都有一定的联系，但是自身的特点非常明显，不会是吴文化与越文化的前身。

浙江上虞百官镇李家山的一处商代遗址中发现了6座龙窑，其中Y2窑底倾斜16度，全长5.1米、最宽处1.22米，火膛平面呈半椭圆形，长1.3米、残宽0.96米、残高0.16米，窑床长3.8米、窑壁残高0.1—0.33米（图5-23），出土的陶片中硬陶占总数的87%，各类印纹陶的纹饰与上海马桥遗址中的商代文化层、江西清江吴城商代遗址中所出的印纹

---

① 彭适凡：《吴城文化族属考辨》，《江西师范学报》（哲学社会科学版）1981年第2期。
② 江西省博物馆：《江西地区陶瓷器几何形拍印纹样综述》，《文物》1977年第9期。

陶纹饰基本一致，但是因为没有可以复原的器物，还难以分析其性质。

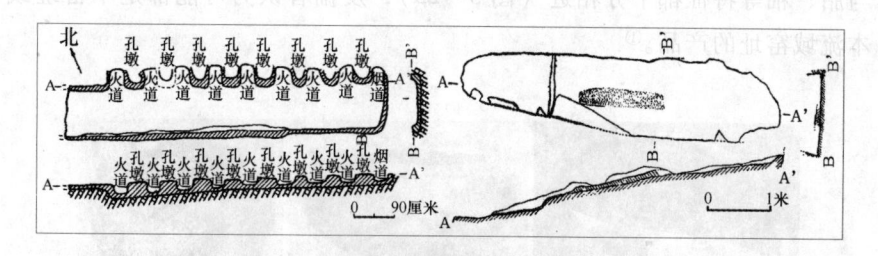

图 5—23 商代龙窑平剖面图
左：江西清江吴城 Y6   右：浙江上虞李家山 Y2

2010 年初在浙江东苕溪流域发现了 30 多处商代窑址，其中德清龙山片区的商代窑址群与春秋战国时期的窑址群基本重叠，在 5 平方公里左右的区域内共发现 10 多处窑址，产品以大型的印纹硬陶罐或坛为主，原始瓷仅见豆等少量器物。湖州青山片区发现商代窑址 20 多处，部分陶窑主要烧制大型印纹硬陶罐、坛类器物，部分陶窑则几乎纯烧原始瓷。已发掘的三座窑址属于原始形态的龙窑，如南山 Y3 的窑床和火膛通长 7.1 米、宽 2.2 米，坡度为 15—22 度（图 5—24）。出土遗物以原始瓷豆为主，晚期出现大量罐及器盖，还有一定数量的簋、尊、盆、盘、钵、盂等器物。

图 5—24 湖州东林镇南山商代龙窑遗址

南山窑址的产品和江南及北方包括殷墟地区出土的罐、豆等原始瓷的器形与胎、釉等特征都十分相近（图5—25），发掘者认为可能都是本窑址或本流域窑址的产品。①

图5—25 浙江湖州南山窑址出土的商代原始瓷器

1. 豆　2. 尊　3. 罐

2010年冬在浙江西苕溪流域的长兴县林城镇牌坊沟龙山东北坡发现大面积窑址，年代自商末周初开始历春秋至战国时期，产品主要为印纹硬陶，兼烧少量原始瓷，器型以坛、罐、瓿为主，有少量的尊、瓮、罍，纹饰粗大清晰，排列整齐，主要纹饰有回字纹、云雷纹、叶脉纹、重菱形纹、曲折纹等（图5—26）。江南地区包括浙江、江苏、安徽等地土墩墓出土的器物无论是器型还是纹饰均与本窑址的产品十分接近或完全一致，许多器物可以确定就是本窑址的产品。②

图5—26 浙江长兴龙山窑址出土的西周印纹硬陶罐及印纹硬陶片

---

① 浙江省文物考古研究所、湖州市博物馆德清县博物馆：《浙江东苕溪中游商代原始瓷窑址群》，《考古》2011年第7期。

② 梁亦建、胡秋凉、何伟、郑建明：《西周早期印纹陶礼器窑址首次在浙江长兴被发现》，中国新闻网2010年12月10日。

在东苕溪中下游的德清、湖州一带除了发现黄梅山[①]、南山2处商代窑址和岳家坝、火烧山2处西周窑址以外,还发现了苦竹坞、岔路岭、防风山、泉源坞、白漾坞、响堂坞、缩头坞、河图里、烟霞坞、火烧山一区等10处春秋窑址和亭子桥、冯家山、鸡笼山、窑坞里、南山、弯头山、下南山、水东坞、宋家岭、姚家山、塔地山、金塘口、百家山、南塘坞、兼济桥、安全山、棚圩上、磨子坞、跳板山、毛田里、下漾山、竹鸡笼山、东坡岭、南坞里等24处战国窑址。[②] 中国科学院上海硅酸盐研究所和景德镇陶瓷学院的专家采用多种测试技术和多元统计方法对鸿山越国贵族墓中出土的陶瓷标本进行了系统的测试和分析,并通过与浙江各地出土的原始瓷和东汉晚期越窑青瓷的比较研究,证明鸿山越墓出土的原始瓷与浙江德清古窑址所烧制的原始瓷所用原料是一致的,也就是说鸿山墓出土的原始瓷就来自于浙江德清地区。[③]

在曹娥江流域的绍兴、上虞一带和浦阳江流域的萧山地区也发现了春秋战国时期的窑址群[④],形成了烧造原始瓷的三大窑区(图5—27)[⑤]。在安吉和绍兴都有春秋和战国前期的越国都城以及八亩墩、九亩墩、印山大墓那样规模宏伟的王陵遗址,这就是越人的窑址之所以分布在这几个区域的原因。战国中期楚灭越以后"越由此散",这几个区域烧造印纹硬陶和原始瓷的窑口也都戛然而止了,从战国中期至东汉后期烧造原始瓷的窑址出现了一个大缺环[⑥],直到东汉晚期在上虞的曹娥江中游一带才重新出现烧造青瓷的窑口[⑦]。

[①] 潘林荣:《湖州黄梅山原始瓷窑址调查》,《东方博物》第4辑,浙江大学出版社1990年版。

[②] 朱建明:《浙北东苕溪流域的古代越国瓷业——兼谈早期越国都邑及青瓷的起源》,《南方文物》2009年第2期。

[③] 吴隽、李家治、吴军明、鲁晓珂、李其江、邓泽群、张茂林:《鸿山贵族越墓出土精美原始瓷的器质和产地探析》,《中国科学:技术科学》2010年第7期。

[④] 绍兴县文物管理委员会:《浙江绍兴富盛战国窑址》,《考古》1979年第3期;沈作霖、高军:《绍兴吼山和东堡两座窑址的调查》,《考古》1987年第4期;符杏华:《浙江绍兴两处东周窑址的调查》,《东南文化》1992年第6期;王士伦:《浙江萧山进化区古代窑址的发现》,《考古通讯》1957年第2期;浙江省文物考古研究所、萧山博物馆:《浙江前山窑址发掘简报》,《文物》2005年第5期。

[⑤] 王屹峰:《中国南方瓷业研究》,中华书局2010年版,第82—87页。

[⑥] 同上书,第92页。

[⑦] 杜伟:《上虞越窑窑址调查》,《东方博物》第24辑,浙江大学出版社2004年。

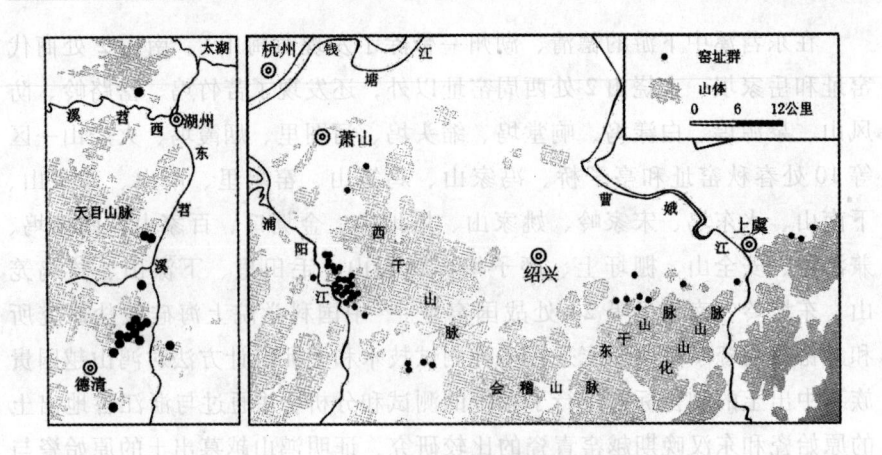

图 5—27　越人烧造原始瓷的三大窑区

　　在吴人生活的宁镇地区和太湖以北地区迄今为止还没有发现过成规模的烧制印纹硬陶和原始瓷的窑址，但是吴人和越人一样也大量地使用几何印纹陶与原始瓷器，而且器形、器类、纹饰都大同小异。之所以会出现这种"吴越同器"的现象，很可能是因为吴人使用的这些器物本来就是从越人那里输入的。当然这一推论是否成立还有待于考古发掘的证实或证伪。

第六章 吴国与越国的青铜器

从烧制陶器到冶炼青铜不仅是一种技术进步，而且也是一种材料革命，但是把技术的发明、工具的更新或材料的进步和某一种社会形态捆绑在一起，认为只要出现某一种新技术、新工具或新材料就意味着社会进入了一个新的发展阶段，那就是一种机械的、僵化的、决定论的历史观了。

宁镇地区在湖熟文化阶段开始出现冶铜术的萌芽和小件青铜器，但是与同时代的中原地区相比，吴人的青铜冶铸技术明显地要落后，而且发展速度也比中原地区缓慢。越人尽管掌握了极其高超的烧制硬陶和原始瓷的技术，但是冶炼青铜的技术却比吴人还要落后。西周春秋时期越人的土墩墓除了在台州黄岩小人尖和温州瓯海杨府山的土墩墓中出土铜器以外，基本上都不见用青铜器随葬，战国时期的越国贵族墓中仍然保持着不用青铜器随葬的传统，而只是以仿青铜的硬陶和原始瓷的礼乐器随葬，德清梁山的战国早期越墓中甚至还发现用原始瓷仿制斧、锛、锸等青铜工具随葬的现象。[1] 郑小炉先生认为，越国贵族墓不随葬青铜器，是因为不具备随葬青铜器的经济实力[2]，而陈元甫先生认为越墓中不用青铜器随葬体现了越人求真务实的民族精神[3]。虽然褒贬不同，但是迄今为止我们所见到的越国青铜器除了青铜剑以外，无论数量还是质量确实都远远不如其他地区。

第一节 吴国与越国的青铜器皿

要鉴别哪些青铜器是吴国的，哪些是越国的，首先要根据青铜器上的

---

[1] 陶忠德、宣宏：《浙江德清发掘出土原始瓷兵器》，《中国文化报》2009年1月20日。
[2] 郑小炉：《吴越和百越地区周代青铜器研究》，科学出版社2007年版。
[3] 陈元甫：《越国贵族墓葬制葬俗初步研究》，《东南文化》2010年第1期。

铭文来判断，但是迄今为止可以根据铭文来断定的吴国青铜器（除兵器外）只有以下几件（表6—1）：

表6—1　　　　　　　　　　　有铭吴国青铜器表

器名	铭文	器主或年代	出土及保存地点	著录
宜侯夨簋	有铭文12行115字	宜侯夨，西周初	1954年丹徒烟墩山1号墓出土	《江苏丹徒县烟墩山出土的古代青铜器》，《文物参考资料》1955年第5期
者减编钟	共11件，1件无铭，4件小钟各有铭文27字，6件大钟各有铭文87字，内容相似	工敔王皮难之子者减	清乾隆二十六年（1761年）江西临江（今清江县）出土，现存4件，分藏京、沪、台北	《西清续鉴》甲编第十七卷，《三代吉金文存》，《殷周金文集成》等
工虞匜	底部有"工虞季生作其盥会盟"9字铭文	寿梦的弟弟寿越	1985年江苏盱眙县旧铺乡出土	秦士芝：《盱眙县王庄出土春秋吴国铜匜》，《文物》1988年第9期
吴王光鉴	两件相同，有铭文8行52字			安徽省博物馆：《寿县蔡侯墓出土遗物》，科学出版社1956年版
吴王光钟	出土时已破碎，根据47块有铭文的残片缀合得79字，内容为吴王光嫁女之媵器	阖闾	1955年安徽寿县西门内蔡侯申墓出土	
配儿勾鑃	共两件，二器同铭，尚剩铭文60余字	配儿为吴王阖闾的太子波	1977年绍兴西南4公里的狗头山南麓出土	绍兴市文管会：《绍兴发现两件勾鑃》；沙孟海：《配儿勾鑃考释》，《考古》1983年第4期
臧孙编钟	一套9件，铭文相同，但是有几件缺文少字	攻吴仲终岁之外孙、坪之子臧孙	1964年江苏六合程桥1号墓出土	南京博物院等：《江苏六合程桥东周墓》，《考古》1965年第3期
无土胭鼎	器盖与器身各有相同的8字铭文："吴王孙无土之胭鼎"	吴王孙无土	1977年陕西凤翔高王寺铜器窖藏出土	韩伟等：《陕西凤翔高王寺战国铜器窖藏》，《文物》1981年第1期

续表

器名	铭文	器主或年代	出土及保存地点	著录
叔繁簠	器底有"吴王御士尹叔繁作旅匡"11字铭文,与《西清续鉴》所录周叔绥簠完全相同	吴王御士尹氏叔繁	1957年北京海淀区东北旺出土	北京市文物组:《海淀区发现春秋时代铜器》,《文物参考资料》1958年第5期
工虞大叔盘	盘中有铭文:"工虞大叔□□自作行盘"一行10字	吴王弟□□	1988年江苏六合程桥3号墓出土	南京市博物馆等:《江苏六合程桥三号墓》,《东南文化》1991年第1期
罗儿盥匜	有3行23字铭文	吴王外甥罗儿		
禺邗王壶	共两件,壶盖外缘一圈有"禺邗王于黄池为赵孟(赵鞅简子)庎为邗王敬金以为祠器"19字铭文	夫差	20世纪20年代河南辉县出土,现藏英国伦敦大英博物馆	容庚、张维持:《殷周青铜器通论》,文物出版社1984年版;陈梦家:《禺邗王壶考释》,《燕京学报》第21期,1937年6月
吴王夫差盉	肩部有"敔王夫差吴金铸女子之器,吉"12字铭文	夫差	被走私到香港市场,被何鸿章购回,赠藏上海博物馆	陈佩芬:《吴王夫差盉》,《上海博物馆集刊》第7期,上海书画出版社1996年版
吴王夫差鉴1	腹内有铭文"攻吴王夫差择厥吉金自乍御鉴"3行13字	夫差	清同治年间山西代州蒙王村出土,曾在北京,现已流至国外	罗振玉:《三代吉金文存》,容庚:《商周彝器通考》,郭沫若:《两周金文辞大系》
吴王夫差鉴2	腹内铭文:"吴王夫差择厥吉金自乍御鉴"2行12字	夫差	传1940年(或1943年)河南辉县琉璃阁出土,现藏国家博物馆	于省吾:《商周金文录遗》,中华书局2009年版
吴王夫差鉴3	腹内铭"攻吴王夫差择厥吉金自乍御鉴"2行13字	夫差	传抗日战争时期河南辉县出土,现藏上海博物馆	马承源:《中国古代青铜器》,上海人民出版社2008年版
吴王夫差鉴4	铭文漫漶不清,仅存"夫差"二字	夫差	现藏上海博物馆	董楚平:《吴越徐舒金文集释》,杭州古籍出版社1992年版
吴王夫差鉴5	仅剩残片,三行13字铭文与山西出土的吴王夫差鉴相同	夫差	故宫博物院从河南古董商手里收购	

有铭文的越国青铜器比有铭文的吴国青铜器更少，除了有铭文的兵器以外只有以下几件（表6—2）：

表6—2　　　　　　　　　　有铭越国青铜器表

器名	铭文	器主或年代	出土及保存地点	著录
之利钟	全铭8行64字	勾践	传世品	（宋）薛尚功：《历代钟鼎彝器款识法帖》，《殷周金文集成》
能原镈	甲器有铭文60字，乙器一铭文48字，记载了越国调停莒、邾两国领土纠纷的事	勾践	甲器早年出于江西临江县，今藏台北故宫博物院，乙器于1890年在江西瑞州发现，今藏北京故宫博物院	罗振玉：《三代吉金文存》，容庚、张维持：《殷周青铜器通论》，曹锦炎：《再论"能原"镈》，《故宫博物院院刊》1999年第3期
姑冯勾鑃	有铭文8行39字	勾践大夫冯同之子	乾隆五十三年（1788年）出土于江苏常熟	吴式芬：《攈古录金文》，罗振玉：《三代吉金文存》
其次勾鑃	13件，其中2件有字，同铭，31字	无考，器形类似姑冯勾鑃	道光初年出土于浙江武康县（今属德清）	吴式芬：《攈古录金文》，罗振玉：《三代吉金文存》
越王者旨于赐钟	有52字错金鸟篆字，各家著录皆为摹本	勾践之子鼫与	宋代出土，早已失传	《宣和博古图录》，郭沫若：《两周金文辞大系》，《殷周金文集成》
"于"字残钟	残存鸟书"于"字，陈邦福认为是越王者旨于赐之"于"	勾践之子鼫与	1960年江苏吴江横塸出土	陈邦福：《吴江横塸出土越王残钟考释》，《考古》1961年第7期
者汈编钟	有一镈、十二钟共13件，同铭，93字	王翳十九年（公元前393年）铸器	传20世纪30年代初出于洛阳金村，分别藏于苏州、北京、上海、日本	郭沫若：《者汈钟铭考释》，《考古学报》1958年第2期

有铭文的青铜器可以作为判断吴器或越器的标准器，而没有铭文的青铜器可以根据有铭文的青铜器及其出土的墓葬来判断，但是由于吴人和越人都不排斥使用别人的青铜器，因此也需要对同墓所出的这些青铜器进行类型学的分析。

一 兼容并包的吴国青铜器

由于不同时代、不同地区的人们的工艺水平、审美情趣、文化传统都不一样，因此制作的器物也不一样。中原地区商人和周人的青铜器就具有不同的特色，我们可以根据这些器物的器形、纹饰等特点把它们区分开来。春秋时代的楚人有楚式鼎、敦、簠、盥缶和提梁盉，秦人有鍑、蒜头壶和茧形壶，越人有越式鼎、提筒（直腹罐或筒式罐），舒人有兽首鼎等富有特色的器物，然而吴人使用的青铜器却没有固定的形制，缺乏一套独特的、与众不同的器物，以至于很难说哪些类型的青铜器是吴器。

吴人墓中出土的青铜器大致可以分为这样几类：

1. 中原器

在吴人墓葬出土的一部分青铜器是直接来自中原的器物，它们有的可能是奔吴的周人从中原带来的，有的可能是通过各种途径传入吴国的，例如烟墩山出土的宜侯夨簋，屯溪 1 号墓出土的"閗父乙"尊和 3 号墓出土的公卣，母子墩出土的伯簋等，它们的形制、花纹、铭文完全是典型的中原器（图6—1）。

图6—1 吴墓出土的中原青铜器
1. 宜侯夨簋　2. "閗父乙"尊　3. 公卣　4. 伯簋

20世纪20年代在河南辉县出土了一对禺邗王壶（图6—2），壶盖外缘一圈有"禺邗王于黄池为赵孟庎为邗王敬金以为祠器"19字铭文。由于陈梦家先生和唐兰先生对其中的两个关键词"禺"和"庎"有不同的释读，因此陈梦家先生认为这对壶是夫差铸的，而唐兰先生认为是晋国的赵孟或赵孟庎铸的。[①] 尽管存在分歧，但是器铭记载了在黄池之会上夫差与赵孟（赵鞅）交往的事是不成问题的。禺邗王壶的器形、纹饰都具有典型的晋器

---

① 陈梦家：《禺邗王壶考释》，《燕京学报》1937年6月第21期；唐兰：《赵孟庎壶跋》，《考古社刊》1936年第6期。

特征，所以陈梦家先生认为："此壶铸作者乃晋工也，由铭文记知吴王于黄池受晋赵鞅之敬金，以之就地铸壶，而铸工必亦晋人矣。"①

图 6—2　禺邗王壶

吴人的礼乐器主要有钟、镈、錞于、勾鑃、磬等几种，其中传世的者减编钟是甬钟，六合程桥 1 号墓出土的臧孙编钟是纽钟，程桥 2 号墓出土的编镈都与中原器一模一样（图 6—3）。

图 6—3　吴人的中原式乐器
左：者减编钟　中：臧孙编钟　右：六合程桥 M2 出土的编镈

2. 仿中原器

太伯仲雍奔吴给吴地带来了中原周文化的因素，一个突出的表现就是宁镇地区也像中原一样以鬲为炊器。但是太伯仲雍又"断发文身"、"变

---

① 陈梦家：《禺邗王壶考释》，《燕京学报》1937 年 6 月第 21 期。

服易俗"融入了蛮夷,所以西周春秋时期中原诸夏仍然视吴国为蛮夷。寿梦称王后北上朝见天子,又访楚问鲁,对中原礼仪华夏文明表现出倾慕之情。从此之后吴人一定如饥似渴地学习华夏文化,使自己重新走上了华夏化的道路,所以几十年后季札代表吴国出使鲁国的时候他对华夏文明已经十分精通,俨然是一位专家了。

吴人重新接受了中原文化,但是他们铸造的青铜器并没有完全死搬硬套中原器的式样,而是在学习的基础上加上了自己的想象与创造,造出了与中原铜器形制类似而又不完全一样的青铜器,例如丹阳司徒出土的棘刺纹的鼓腹尊、丹徒磨盘墩出土的单耳鼓腹尊、屯溪弈棋 M3 出土的编织纹簋、仪征破山口出土的方格纹瓿等都是在模仿中原器相似的器形的同时再加上了自己喜欢的纹饰(图6—4),而有的则是连器形也作了大幅度的改造,例如母子墩出土的飞鸟盖双耳壶、烟墩山1号墓出土的四足牺觥与蟠龙盖盉、仪征破山口出土的带耳鬲、溧水乌山 M2 出土的圈点纹附耳盘、溧水宽广墩出土的带扉棱的扁体簋、淹城出土的三足匜,等等(图6—5)。这些与众不同的青铜器也被视为具有吴人自身风格的器物。

图6—4 吴人仿中原形制的青铜器(一)
1. 棘刺纹尊(丹阳司徒)　2. 方格纹瓿(仪征破山口)　3. 编织纹簋(屯溪弈棋)
4. 单耳尊(丹徒磨盘墩)

图 6—5 吴人仿中原形制的青铜器（二）

1. 三足匜（淹城） 2. 圈点纹附耳盘（溧水乌山） 3. 扉棱簠（宽广墩） 4. 鸟盖双耳壶（母子墩） 5. 单耳鬲（破山口） 6. 四足觥（烟墩山） 7. 蟠龙盖盉（烟墩山）

3. 楚器与楚式器

楚人具有悠久的历史，而且青铜冶铸技术的水平也远在吴人之上，楚国的青铜器在春秋战国时代以其与中原不同的风格而独树一帜。吴国崛起后长期与楚国为敌，战争加速了吴楚之间的文化交流，所以在吴人墓葬里出土楚器也是常见的事，例如吴县何山出土的"楚叔之孙途"盉就是吴人从楚国获取的战利品，上海博物馆新入藏的铜盉的形制与其大同小异，但是据其铭文可知却是夫差所铸之器。① 这种提梁盉是典型的楚器，与中原地区使用的盉具有明显的区别，一直到战国时代楚人依然使用这种提梁盉，而吴人铸造和使用的提梁盉则是楚式器（图 6—6）。

图 6—6 春秋战国时期楚人和吴人的提梁盉

1. 春秋楚途盉（苏州何山） 2. 春秋提梁盉（谏壁王家山） 3. 春秋夫差盉（上博藏） 4. 战国楚盉（苏州虎丘）

---

① 《江苏吴县何山东周墓》，《文物》1964 年第 5 期；陈佩芬：《吴王夫差盉》，《上海博物馆集刊》第七期，上海书画出版社 1996 年版。

楚式鼎是楚人在继承商周铜鼎的基础上加入自身的创造发展而来的，楚式鼎和中原地区商人的锥足鼎、柱足鼎、扁足鼎，周人的蹄足鼎都不一样。高崇文先生把楚式鼎分为七型①，其中最主要的鼎形是深腹、圜底、立耳、有盖的蹄足鼎和浅腹、束腰、平底、撇耳的升鼎两大类型，有三条细长蹄足的楚式鼎也可以归入蹄足鼎一类。

在吴人墓中还没有出土过升鼎，但是蹄足鼎并不鲜见，山西凤翔高王寺窖藏出土的吴王孙无土脰鼎，苏州何山墓出土的楚途鼎，六合程桥2号墓出土的雷纹鼎，丹徒北山顶出土的云纹鼎等都是楚式的蹄足鼎（图6—7）。②

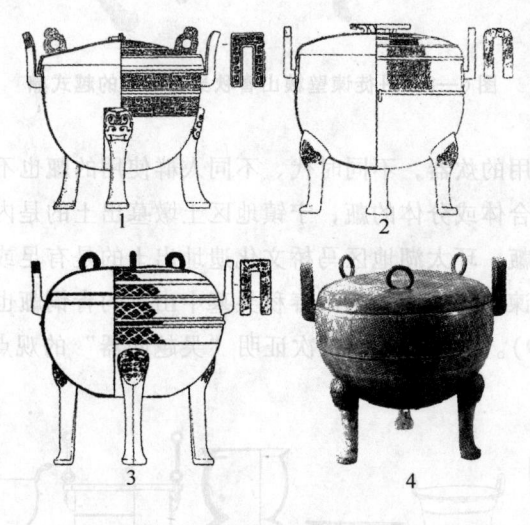

图6—7 吴墓出土的楚式鼎
1. 无土脰鼎（凤翔高王寺） 2. 蟠螭纹鼎（何山） 3. 雷纹鼎（六合程桥M2） 4. 云纹鼎（丹徒北山顶）

4. 越式器

越人的青铜冶铸水平比吴人要低，他们使用的青铜器比吴人要少，但是越人有自己的审美观，他们铸造的一些青铜器造型非常独特，极具自己

---

① 高崇文：《东周楚式鼎形态分析》，《江汉考古》1983年第1期。
② 韩伟、曹明檀：《陕西凤翔高王寺战国铜器窖藏》，《文物》1981年第1期；吴县文物管理委员会：《江苏吴县何山东周墓》，《文物》1984年第5期；镇江市博物馆：《江苏丹徒出土东周铜器》，《考古》1981年第5期。

的风格,其中最典型的就是三足外撇的越式鼎(详见下一节)。由于吴人和越人是近邻,文化差异很小,双方的器物常常不分彼此地互用,所以在吴人的墓中常常出土各种形制的越式鼎(图6—8)。

图6—8 丹徒谏壁粮山春秋吴墓出土的越式鼎

甗是蒸饭用的炊器,不同时代、不同人群使用的甗也不同,商人与周人用的是甑鬲合体或分体的甗,宁镇地区土墩墓出土的是内壁有三个突出支架的的釜形甗,环太湖地区马桥文化遗址出土的是有足或无足的束腰形甗,然而丹徒谏壁青龙山和粮山春秋吴墓中出土的青铜甗也是束腰形的三足甗(图6—9)。这或许能够再次证明"吴越同器"的观点是正确的。

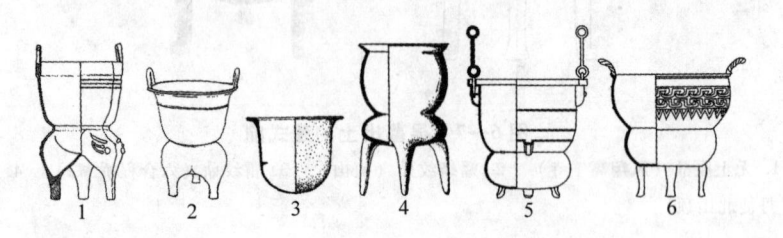

图6—9 商、周、吴、越的甗
1. 商代铜甗(59武官M1) 2. 西周斝甗(扶风庄白) 3. 釜形陶甗(句容浮山果园)
4. 束腰形陶甗(上海马桥) 5. 吊环三足铜甗(谏壁粮山) 6. 三足铜甗(青龙山)

5. 独创器

这一类铜器的造型在中原地区从来没有见到过,在其他地区也从来没有见到过。此类铜器的数量虽然不多,但完全是吴人自己独创的,例如屯溪出土的五柱器、淹城出土的三轮盘与牺首匜、母子墩出土的鸳鸯形尊、烟墩山出土的角状器、宽广墩出土的镂空器,等等(图6—10)。这些器物充分体现出了吴人的创造性和审美观,然而它们都是单件孤品,不能成为一种类型。

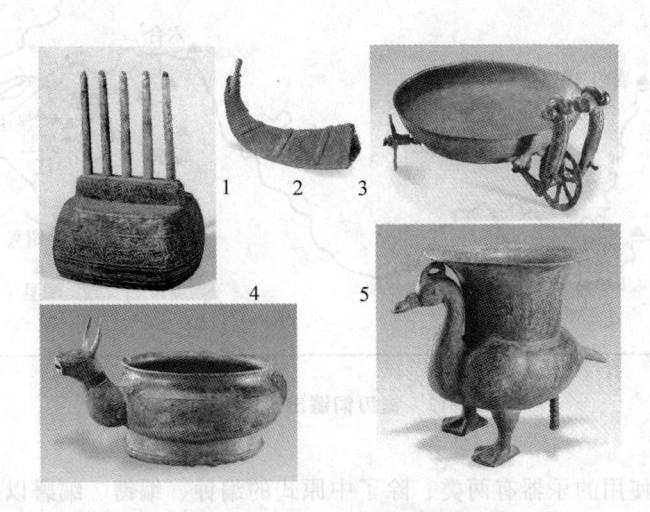

图6—10 吴人独创的青铜器
1. 五柱器(屯溪) 2. 角状器(宜侯墓) 3. 三轮盘(淹城) 4. 牺首匜(淹城)
5. 鸳鸯形尊(母子墩)

在吴人独创的青铜器中值得称道的还有锯刃铜镰。这种铜镰的一面是平的,另一面铸成平行突起的篦状(图6—11),使用以后由于薄的地方先磨损而形成锯齿形刀刃,这种锯齿形的刀刃越使用越锋利,不需要再另行磨砺,其设计非常巧妙合理。已知的锯刃铜镰出土地点集中在江南吴越故地(图6—12),不仅吴人,而且越人也大量使用这种锯刃铜镰,所以应该称为吴越式锯刃铜镰。

图6—11 吴越式锯刃铜镰

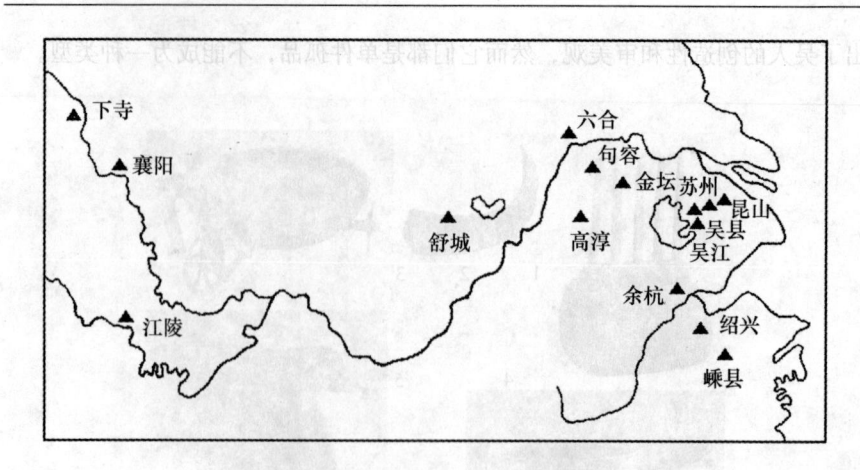

图 6—12　锯刃铜镰出土地点分布图

吴人使用的乐器有两类，除了中原式的编钟、编镈、编磬以外还有一类是和徐、舒、楚、越等国共有的錞于、勾鑃、丁宁等南方式乐器（图6—13）。吴国地处江南，习俗本来与南方各族相似，吴王寿梦以后又向中原学习礼仪，所以这两类乐器并用。

图 6—13　吴人的南方型乐器

上：成套的勾鑃（高淳顾陇）　　下左：三件套錞于（丹徒王家山）　　下右：丁宁（溧水上沛）

由于吴国的青铜器具有这种兼容并包的特点，因此就缺乏相对固定的自身特色和与众不同的独特器形。造成吴国青铜器的这种不定型与多样性的原因显然与吴人的形成及其发展的历史有关。

吴人的主体是江南的荆蛮，太伯仲雍奔吴后当地土著"义而从之"，他们显然并不排斥太伯仲雍带来的中原文化，但是太伯仲雍却又"断发文身"、"变服易俗"向荆蛮看齐，这样在商末周初吴人的文化就出现第一次融合，这次融合实际上是一次以土著文化改造中原文化的融合。吴王寿梦"始通中原"以后吴人走上了重新华夏化的道路，这是第二次文化融合，但这次融合是以中原文化改造土著文化的融合。吴国紧邻越国，吴人与越人本来就"同气共俗"、"声音通语言同"，吴文化与越文化在很多方面是相近、相通，甚至是相同的。吴国崛起以后，吴人与晋国结盟，又与宋、蔡、齐等国联姻，西征强楚、南伐越国、北上争霸，与周边各国发生了频繁的交流，这对于吴文化的发展与演变产生了极大的影响。这样的兼收并包与多元杂糅就造成了吴国青铜器的不定型和多样性。

二　越式鼎溯源

在中国南方广大地区，西周中期至西汉初期墓葬中常可见到一种形制独特的铜鼎，其形制因时代风格与地方特色的差别被分成若干型式，但是各种型式的铜鼎都有一个共同的特征——三条细瘦的鼎足向外微撇。这类铜鼎的分布面与南方几何印纹陶的分布面大体重合，而这一区域正是先秦两汉学者所说的百越杂处之地，因此这类铜鼎被称作越式鼎。[1]

越式鼎在湖南、江西、广东、广西出现的时间都在春秋以后，但是在长江下游地区却早在西周中期的安徽屯溪1号墓和丹徒烟墩山1号墓就出现了[2]，而在春秋时代的墓葬和窖藏如六合程桥、和仁，丹徒谏壁粮山，

---

[1]　彭浩：《我国两周时期的越式鼎》，《湖南考古辑刊》第2辑，岳麓书社1984年版；何纪生、何介钧：《古代越族的青铜文化》，《湖南考古辑刊》第3辑，岳麓书社1986年版；熊传新、吴铭生：《湖南古越族青铜器概论》，《中国考古学会第四次年会论文集》，文物出版社1985年版。

[2]　安徽省文化局文物工作队：《安徽省屯溪西周墓发掘报告》，《考古学报》1959年第4期；江苏省文管会：《江苏丹徒县烟墩山出土的古代青铜器》，《文物参考资料》1955年第5期。

苏州吴县何山、苏州老城东北等地都出土过春秋时代的越式鼎[1]。宁镇地区发现的西周铜鼎大都是模仿中原的柱足鼎或蹄足鼎，中原地区从未出土过越式鼎，因此它一定是本地区的产品。吴人与越人是近邻，那么吴人墓中出土的越式鼎会不会是越人的器物呢？然而在越人聚居的太湖以南地区很少发现商周春秋时期的铜器，迄今为止只在浙江安吉发现过一件商代晚期锥足鼎，在长兴发现过一件西周早期柱足鼎[2]，此外还从未发现过西周时期的越式铜鼎。绍兴下灶白露山出土过2件原始瓷质的越式鼎[3]，不过其时代已经要晚到战国了。

既然越式铜鼎并不是来自于越人的铜鼎，那么越式鼎的渊源就只能到长江下游地区的陶鼎中去寻找。从类型学角度分析，长江下游地区商周时代遗存中有四种陶鼎的形制与越式鼎存在着渊源关系：

A型，鼎腹为盆形，圆锥形足微微外撇，普遍见于宁镇地区的湖熟文化遗址[4]，是湖熟文化的炊器之一。根据鼎腹可以A型鼎分为两型，A1型为直腹平底，A2型为浅腹圜底，但是这种锥足盆形鼎与当地时代更早的北阴阳营文化的罐形鼎和良渚文化的鱼鳍足鼎、丁字形足鼎都没有渊源关系，它是湖熟文化独有的器形。湖熟文化与土墩墓的文化内涵是相衔接的，在土墩墓中锥足盆形鼎也是主要的鼎形（见本书第五章第三节）。[5]湖熟文化的鬲和鼎的腹部常常装有角状把手，如果把角把鼎的角形把去掉，其器形也是锥足盆形鼎。

B型，太湖地区马桥文化与稍晚的亭林类型的炊器是夹砂陶鼎或硬陶鼎，B型鼎也可以根据鼎腹分为B1型盆形鼎和B2型盘形鼎两种类型，鼎足下端向外撇得比湖熟文化的盆形鼎更加明显，在杭州水田畈上层、青

---

[1] 江苏省文物管理委员会：《江苏六合程桥东周墓》，《考古》1965年第3期；吴山菁：《江苏六合县和仁东周墓》，《考古》1977年第5期；镇江市博物馆：《江苏丹徒出土东周铜器》，《考古》1981年第5期；吴县文物管理委员会：《江苏吴县何山东周墓》，《文物》1984年第5期；苏州博物馆：《江苏苏州市发现窖藏青铜器》，《考古》1991年第12期。

[2] 匡得鳌：《浙江安吉出土商代铜器》，《文物》1986年第2期；夏星南：《浙江长兴出土五件商周铜器》，《文物》1979年第11期。

[3] 沈作霖：《绍兴出土的春秋战国文物》，《考古》1979年第5期。

[4] 镇江博物馆：《镇江市马迹山遗址的发掘》，《文物》1983年第11期；刘建国、刘兴：《江苏句容白蟒台遗址的试掘》，《考古与文物》1985年第3期。

[5] 邹厚本：《江苏南部土墩墓》，刘兴、吴大林：《谈谈镇江地区土墩墓的分期》，《文物资料丛刊》(6)，文物出版社1982年版。

浦寺前村、苏州澄湖、常熟钱底巷、江阴花山、佘城等地都有出土。①

C型，浅腹如盘，三足外撇，这类鼎都是泥质灰黑陶，似不是炊器而是盛器，故也被称为三足盘。C型与B型有共存关系，见于青浦寺前村中层、吴县越城上层。②

D型，盘口，口沿上有双耳，鼓腹，三足外撇，仅见于安徽屯溪M3、M7。③

A型陶鼎始见于商代，B型陶鼎和C型陶鼎大约流行于西周春秋时期，这三类陶鼎的形制与西周春秋时期普遍出现的A型越式铜鼎之间存在着明显的传承关系。安徽屯溪M3出土的D型原始瓷鼎以敞口、鼓腹为特色，和春秋中期以后出现的C型、D型越式铜鼎有渊源关系。战国时期越人的原始瓷鼎中常见D型越式鼎的形制，有时其上还放置一件原始瓷甑，因此被称为甗形鼎或釜形鼎。战国时期出现的B型越式铜鼎显然是受到楚式鼎影响的产物，这种形制的原始瓷鼎在战国前期越墓中也能见到（表6—3）。

表6—3　　　　越式陶鼎、越式铜鼎、越式原始瓷鼎比较表

	A1型	A2型	B1型	B2型	C型	D型
陶鼎	句容浮山果园 / 六合和仁	镇江马迹山	青浦寺前村	苏州澄湖	苏州越城 / 常熟钱底巷	安徽屯溪M3

---

① 浙江省文物管理委员会：《杭州水田畈遗址发掘报告》，《考古学报》1960年第2期；黄宜佩、张明华：《上海地区古文化遗址综述》，《上海博物馆集刊》第2期，上海古籍出版社1983年版；南京博物院、吴县文管会：《江苏吴县澄湖古井群的发掘》，《文物资料丛刊》（9），文物出版社1985年版；常熟博物馆等：《江苏常熟钱底巷遗址发掘报告》，《考古学报》1996年第4期；江苏花山遗址联合考古队：《江阴花山夏商文化遗址》，《东南文化》2001年第9期；江苏佘城遗址联合考古队：《江阴佘城遗址试掘简报》，《东南文化》2001年第9期。

② 黄宜佩、张明华：《上海地区古文化遗址综述》，《上海博物馆集刊》第2期，上海古籍出版社1983年版；南京博物院：《江苏越城遗址的发掘》，《考古》1982年第5期。

③ 李国梁主编：《屯溪土墩墓发掘报告》，安徽人民出版社2006年版。

续表

	A1 型	A2 型	B 型	C 型	D 型
铜鼎①	安徽屯溪 M1 / 丹徒烟墩山	苏州何山 / 苏州新苏丝织厂	长沙 M301	广西平乐银山岭	广州华侨新村
原始瓷鼎		绍兴下灶 / 贵溪崖墓	无锡鸿山丘承墩 / 余杭崇贤	贵溪崖墓	鸿山丘承墩 / 余杭崇贤 / 贵溪崖墓

通过以上分析可以发现一个非常有意义的问题，即所谓越式鼎的渊源实际上来自于两个文化系统：一个是宁镇地区的湖熟文化，另一个是太湖地区的马桥文化。湖熟文化和土墩墓一脉相承属于吴文化系统，而马桥文化下接亭林类型，和石室土墩墓的文化内涵是一致的，当属于越文化系统。因此春秋战国时期在南方百越地区广为流行的越式鼎实质上是商周春秋时代长江下游地区吴文化和越文化融合的产物。不仅吴人使用越式鼎，而且越人也使用越式鼎，越国灭吴后越人仍然在使用越式鼎，当越国被楚国打败以后越人还在使用越式鼎，因此在战国前期越墓和东瓯、闽越墓中以及山越的悬棺葬中仍然能见到越式鼎。这又一次印证了我们"吴越同器"的观点。

---

① 据彭浩《我国两周时期的越式鼎》对越式鼎的分型，见《湖南考古辑刊》第 2 辑，岳麓书社 1984 年版。

第二节 吴国与越国的青铜兵器

春秋时期吴国和越国的青铜器数量不多，质量也一般，但是青铜兵器不仅数量多而且铸造得十分精良，这是因为吴人和越人都是尚武好战之人，所以吴越两国才能以蕞尔小国而争霸中原。吴国和越国有戈、矛、铍、戟、钺、剑、镞等多种青铜兵器①，其中最精良的是青铜剑，可谓举世无双，而比矛更具杀伤力的铍却被人遗忘了。

一　举世无双的吴越式剑

在吴人制造的兵器中最值得称道的是剑。

考古发掘所见的最早的青铜短剑是商代的，通长只有二十几厘米，从它们的兽首或铃首来看，应该是从北方草原民族那里引进的。西周的青铜短剑有柳叶形剑、扁茎剑与柱脊剑等不同的式样，但是长度也仅有20—30厘米。这类短剑与其说是剑，还不如说是匕首，实际上它们也常常被定名为匕首（图6—14）。必须把短剑加长才能成为实战用的剑，然而加

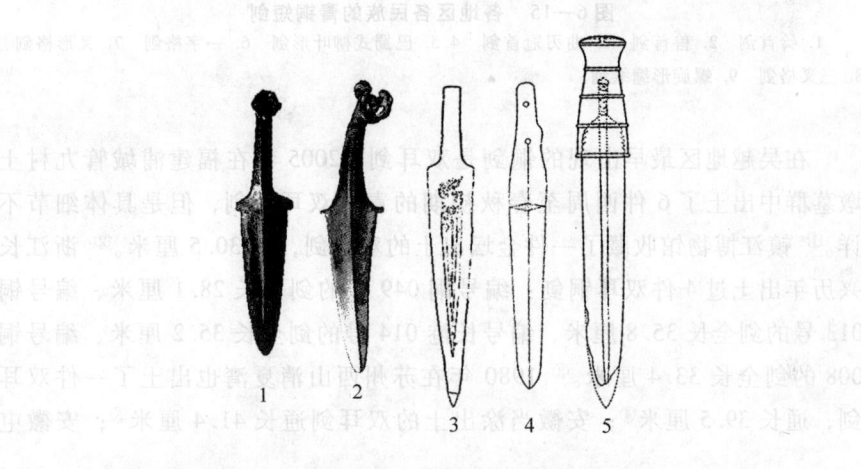

图6—14　商周青铜短剑
1. 商代铃首剑（内蒙古锡林格勒盟）　2. 商代羊首剑（河北抄道沟）　3. 西周扁茎剑（甘肃灵台白草坡）　4. 西周柳叶形剑（陕西长安张家坡）　5. 西周柱脊剑（洛阳中州路）

---

① 肖梦龙：《吴国青铜兵器研究》，《考古学报》1991年第2期。

长剑身必需要有技术的支撑。到了春秋初期,随着技术的进步剑身逐渐被加长到30—40厘米,这样就成了真正的剑。春秋战国时代是青铜剑最为流行的时代,除了中原地区流行的扁茎剑和柱脊剑以外,各地区各民族都有具有各自特色的青铜短剑,例如北方草原地区的曲柄铃首剑与兽首剑,东北地区的曲刃冠首剑,巴蜀地区的柳叶形剑,西南地区的一字格剑、叉形格剑与三叉格剑,等等(图6—15)。

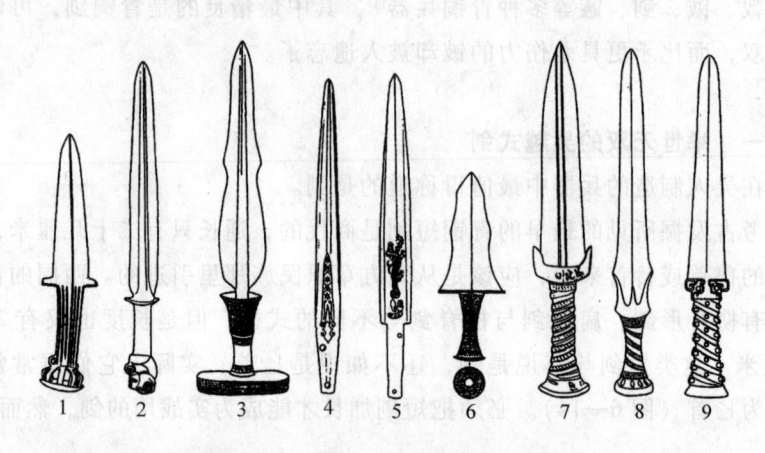

图6—15　各地区各民族的青铜短剑
1. 铃首剑　2. 兽首剑　3. 曲刃冠首剑　4.5. 巴蜀式柳叶形剑　6. 一字格剑　7. 叉形格剑
8. 三叉格剑　9. 螺旋形缠緱剑

在吴越地区最早出现的铜剑是双耳剑。2005年在福建浦城管九村土墩墓群中出土了6件西周至春秋初期的青铜双耳短剑,但是具体细节不详。① 镇江博物馆收藏了一件金坛出土的双耳剑,长30.5厘米。② 浙江长兴历年出土过4件双耳铜剑:编号铜049号的剑全长28.1厘米、编号铜013号的剑全长35.8厘米、编号长港014号的剑全长35.2厘米、编号铜008的剑全长33.4厘米。③ 1980年在苏州西山消夏湾也出土了一件双耳剑,通长39.5厘米④;安徽当涂出土的双耳剑通长41.4厘米⑤;安徽屯

---

① 福建博物院、福建闽越王城博物馆:《福建浦城县管九村土墩墓群》,《考古》2007年第7期。
② 杨正宏、肖梦龙:《镇江出土吴国青铜器》,文物出版社2008年版,第192页。
③ 夏星南:《浙江长兴县发现吴、越、楚铜剑》,《考古》1989年第1期。
④ 叶玉奇:《江苏吴县出土一批周代青铜剑》,《考古》1986年第4期。
⑤ 朱华东:《皖南周代青铜剑初论》,《东方博物》第二十五辑,浙江大学出版社2007年版。

溪 M3 出土的Ⅱ式剑全长 40 厘米（图 6—16）。① 这些剑的共同特点都是剑茎近剑首处为圆柱形，近剑格处为扁方形，两侧突出的双耳逐渐退化为两翼或长方形扉棱。双耳剑是早期吴越式铜剑特有的剑形，在其他地区都不见，但是双耳的防护功能不如剑格，两翼或扉棱又不便握持，所以春秋中期以后双耳剑就不见了，让位于空茎剑和双箍剑。屯溪出土的Ⅱ式剑已经有了宽厚的剑格和双箍，但是还残存着一对小小的双耳，这显然是从双耳剑到双箍剑的过渡形态。学者们普遍认为这种双耳剑是吴越式铜剑的源头。②

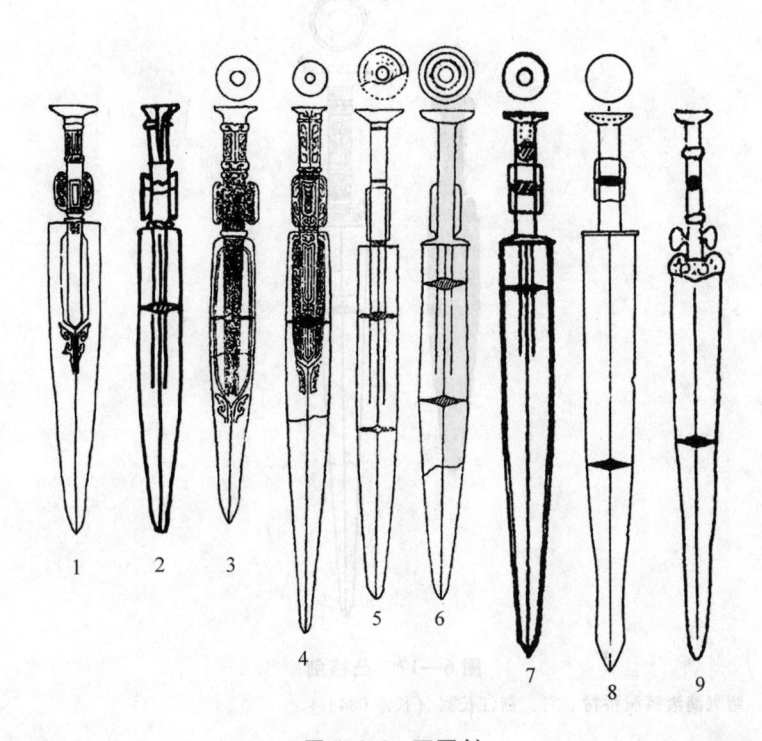

图 6—16　双耳剑
1. 福建浦城洋山（D3M1:4）　2. 江苏金坛（3:625）　3. 浙江长兴（铜 049）　4. 浙江长兴（铜 013）　5. 浙江长兴（长港 014）　6. 浙江长兴（长港 013）　7. 苏州西山（采集）　8. 安徽当涂（0296）　9. 安徽屯溪（M3:2））

---

① 李国梁：《屯溪土墩墓发掘报告》，安徽人民出版社 2006 年版。
② 李伯谦：《中原地区东周铜剑渊源试探》，《文物》1982 年第 1 期；肖梦龙等：《吴干之剑研究》，《吴国青铜器综合研究》，科学出版社 2004 年版，第 61—90 页。

1985年绍兴县漓渚镇洞桥村出土了一件青铜短剑,通长仅21.6厘米,宽3厘米,无脊,圆茎,茎上有三道箍,有喇叭形剑首。[①] 1976年浙江长兴出土的编号为长港084的铜剑全长31厘米、柄长8.3厘米、剑身后端最宽3.4厘米,中脊起棱,剖面呈菱形。阔厚格宽3.7厘米,格的两端向上凸出,圆柱柄上有两道凸箍,柄和格上通体饰蟠螭纹,首径3.4厘米,首面有二道圆圈纹。[②] 这种形制的铜剑比较少见,其特点是剑格的两端向上凸起,不妨称其为"凸格剑"。凸格剑可以被视为从双耳剑向双箍剑的过渡形态(图6—17)。

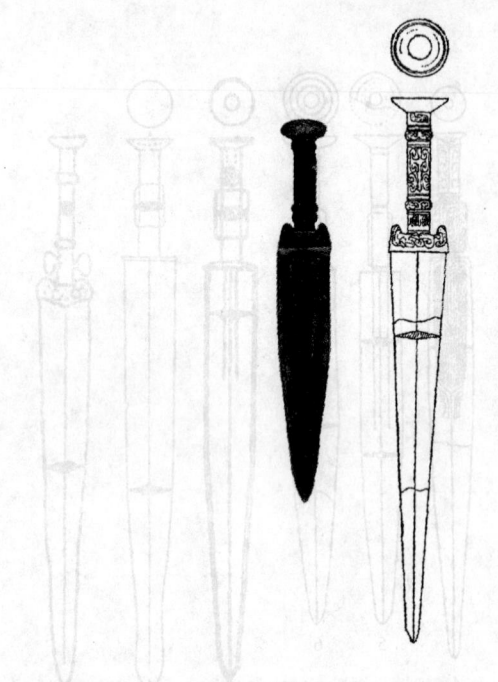

图6—17 凸格剑
左:绍兴漓渚镇洞桥村 右:浙江长兴(长港084)

春秋时期吴人和越人使用的剑已经发展为空茎剑和双箍剑两种主要剑形。空茎剑出现的时间较早,剑长只有30—40厘米,双箍剑出现的时间较晚,剑长也增加到60厘米上下。这两种剑形与商周时代形如匕首的短

---

① 绍兴县文化发展中心:《越地遗珍》,西泠印社出版社2007年版,第40页。
② 夏星南:《浙江长兴县发现吴、越、楚铜剑》,《考古》1989年第1期。

剑和春秋时代各地的剑形相比，剑型结构更加适合于格斗搏杀，特别是双箍剑在缠上绳缑后握持时不易打滑，可以握得更牢，所以在各类青铜剑中这种结构最为合理。传世与出土的吴王剑中年代较早的都是空茎剑，只有年代较晚的吴王光剑和吴王夫差剑才有双箍剑（图6—18）。战国时代各国使用的剑型基本上都是双箍剑。

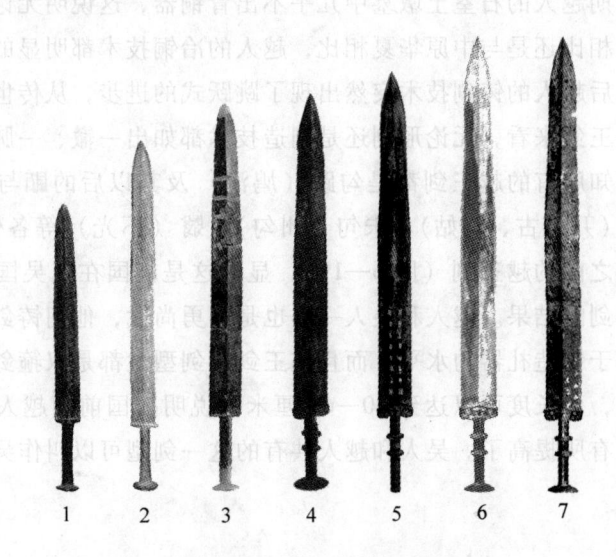

图6—18 部分出土的吴王剑
1. 太子姑发（诸樊）剑（安徽淮南） 2. 工虞季子剑（山西榆社） 3. 吴王光剑（安徽南陵） 4. 吴王光剑（山西原平） 5. 吴王光剑（安徽庐江） 6. 夫差剑（古越阁藏）
7. 夫差剑（安徽寿县）

春秋晚期吴国拥有干将、莫邪等著名的工匠，铸剑术在当时的中国堪称一流，据说他们铸成的名剑有乌黑锃亮的"湛卢"剑、花纹像鱼肠一样的"鱼肠"剑，还有"巨阙"、"辟闾"、"盘郢"、"属镂"、"步光"、"扁诸"等名剑。时人评价吴剑之锋利时说："吴粤之剑，迁乎其地而弗能为良。"① "夫吴干之剑材难，夫毋脊之厚而锋不入，无脾之薄而刃不断。""夫吴干之剑，肉试则断牛马，金试则截盘匜。"② 出土的吴剑也证明了这一点。安徽南陵出土的吴王光剑在地下埋了两千多年仍然通体无锈、青光闪耀、利能断发。有

---

① 《考工记》。
② 《战国策·赵策》。

些剑的剑身上还布满了花纹，如山西原平出土的吴王光剑剑身饰有火焰状花纹，河南辉县出土的吴王夫差剑和苏州葑门河道里出土的铜剑剑身上也都装饰有菱形和海棠形的花纹。这种花纹究竟是用物理方法镌刻上去的还是用化学方法蚀刻上去的？至今还在研究之中。正因为吴剑如此精良，所以深受时人喜爱和后人珍重，还为此演绎出了季札挂剑的一段佳话。

春秋时期越人的石室土墩墓中几乎不出青铜器，这说明无论与相邻的吴人、楚人相比还是与中原华夏相比，越人的冶铜技术都明显的落后。然而在灭吴以后越人的铸剑技术突然出现了跳跃式的进步，从传世与出土的越王剑和吴王剑来看，无论形制还是制造技术都如出一辙、一脉相承，而且从铭文可知所有的越王剑都是勾践（鸠浅）及其以后的鼫与（者旨于赐）、不寿（丌北古、盲姑）、朱句（州勾）、翳（不光）等各代越王的，而没有勾践之前的越王剑（图6—19），显然这是越国在把吴国的工匠掳掠去为其铸剑的结果。越人和吴人一样也是好勇尚武，他们铸剑的技术水平要远远高于铸造礼器的水平，而且越王剑的剑型大都是双箍剑，剑身也有暗格花纹，而长度可以达到60—69厘米，说明战国前期越人的铸剑技术比吴人又有所提高了。吴人和越人共有的这一剑型可以叫作吴越式剑。

图6—19 部分出土的越王剑
1. 越王鸠浅剑（江陵望山） 2. 戉王者旨於赐剑（江陵雨台山） 3. 戉王者旨於赐剑（浙博藏） 4. 戉王丌北古剑（安庆王家山） 5. 戉王不寿剑（龚钦龙藏） 6. 戉王州勾剑（江陵藤店） 7. 戉王不光剑（绍兴博物馆藏）

二 被人遗忘的青铜铍

2003年在浙江温州瓯海区仙岩镇穗丰村杨府山的山顶发现了一座西周时期的土墩墓，发掘出土了83件（组）铜器与玉器，其中有3件青铜短剑特别引人注目。"标本M1：24，剑茎后段圆形中空，有圆凸箍。与剑身连接的前段呈方形，倒凹字形扁方格穿于方茎之内。剑身呈叶状，两从宽阔，下端圆弧，方形高凸的剑脊由茎部直抵剑身中段。在凸脊上和脊两侧，均饰有粗深清晰的云纹。在茎上凸箍和剑格上，均镶嵌有绿松石片，出土时已脱落。通长26.2厘米。标本M1：22的形制与M1：24基本相同，但两从稍窄，剑身比较瘦长，纹饰略有差异。出土时，茎上凸箍和剑格上均有镶嵌的绿松石。通长约30厘米。"[①] 1990年在浙江黄岩小人尖的土墩墓中也出土过一件类似的短剑，全长24厘米[②]，我国台湾收藏家王振华先生古越阁收藏的商周兵器中有一件云雷纹有翼剑，通长仅19厘米，

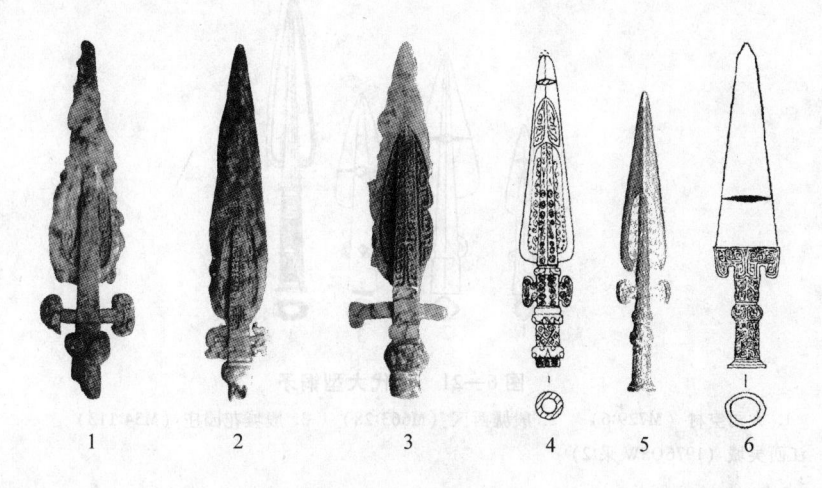

图6—20 越式铍
1. 瓯海杨府山（M1:21） 2. 瓯海杨府山（M1:22） 3. 瓯海杨府山（M1:24） 4. 黄岩小人尖（M1:16） 5. 台湾古越阁 6. 浙江长兴（长港008）

[①] 浙江省文物考古研究所、温州市文物保护考古所、瓯海区文博馆：《浙江瓯海杨府山西周土墩墓发掘简报》，《文物》2007年第1期。

[②] 浙江省文物考古研究所、黄岩市博物馆：《黄岩小人尖西周时期土墩墓》，《浙江省文物考古研究所学刊》，科学出版社1993年版。

茎首中空直通，茎上有两道凸箍和双耳①。1976年在长兴县下碧乡杨湾村附近水域也出土过一件类似的空茎短剑（长港008），剑身全长仅21.6厘米，宽4.2厘米，形如匕首，三角形剑身无脊棱，剑格宽4.8厘米，两端向上凸出如同双耳，圆柱形的剑茎中间有一道宽凸箍，剑首呈喇叭形，中空与茎相通，年代为西周早期。②（图6—20）

这几件青铜"短剑"的长度都在20—30厘米之间，最大的特点是剑茎后部都是圆形中空的銎，给人的整体感觉不像是短剑，倒是和商代的大型三角叶铜矛极其相似。例如1983年安阳大司空村M663出土的Ⅱ式铜矛，矛叶呈三角形，脊部饰三角纹，长骹两侧各有一个半圆形环，通长18.6厘米。③ 殷墟西区M729出土的铜矛矛身长大，呈宽三角形，中脊直通叶尖，骹部两侧各附一半圆形环耳，通长26.6厘米。④ 安阳花园庄M54出土的铜矛长23.7厘米，骹部有"亚长"二字铭文。⑤ 江西吴城遗址出土一件商代的B型铜矛，长37厘米，骹长11.4厘米，叶宽5.7厘米，骹部截面为椭圆形，中空渐收至锋部，虽然没有双耳，但是形制和上述几件短剑最为接近（图6—21）。

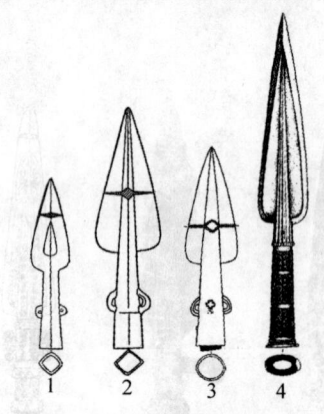

图6—21 商代大型铜矛
1. 大司空村（M729:6）　2. 殷墟西区（M663:28）　3. 殷墟花园庄（M54:113）
4. 江西吴城（1976QSW 采:2）

---

① 李学勤：《古越阁所藏青铜兵器选粹》，《文物》1993年第4期。
② 夏星南：《浙江长兴县发现吴、越、楚铜剑》，《考古》1989年第1期。
③ 中国社会科学院考古研究所安阳工作队：《安阳大司空村东南的一座殷墓》，《考古》1988年第10期。
④ 中国社会科学院考古研究所安阳工作队：《1969—1977年殷墟西区墓葬发掘报告》，《考古学报》1979年第1期。
⑤ 中国社会科学院考古研究所安阳工作队：《河南安阳市花园庄54号商代墓葬》，《考古》2004年第1期。

在江南越国故地出土过多件带双耳的短剑（又见图6—16），但是和上述这几件"短剑"不同的是那几件双耳短剑都有剑首，无法接装长柲，所以那几件是真正的短剑，而瓯海杨府山和黄岩小人尖出土的有銎无首的"短剑"应该是安装在长柲上的双耳铍。

浙江长兴和福建安浦城出土的双耳剑、瓯海杨府山和黄岩小人尖出土的双耳铍的年代相若，都为西周时期，它们不仅是吴越式铜剑的源头，而且也是吴越式铜铍的源头。

1. "剑如矛装"的有銎铍与长刃矛——铩

所谓"铍"，《说文解字》释为"剑如刀装者"。剑怎么像刀一样安装呢？意甚不明。1979年至1981年在秦始皇陵1号兵马俑坑出土了16件形似短剑的青铜兵器，因为后面连接着带铜镦的木柲而被确认为铍[1]，人们这才知道"剑如刀装"原来是"剑如矛装"之误。要提高短剑的杀伤力，加长剑身是一个途径，而把短剑装在长柲上则是另一个途径，于是就出现了铍。有学者认为，空首剑茎上的凸箍"可用以缠缚绳索，用捆绑法加固铍头与木柲的结合"（图6—22），双耳铍上的双耳是"用于勾挂绳索缚住木柲，将剑固定在木柲上，其用途与双耳矛上的耳钮相同"。[2]

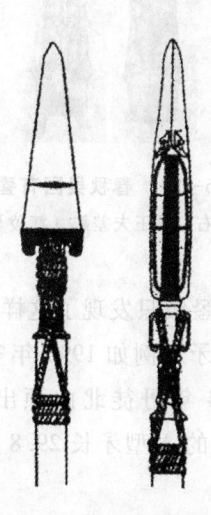

图6—22 早期铍头安装法蠡测

---

[1] 刘占成：《秦俑坑出土的铜铍》，《文物》1982年第3期。
[2] 沈融：《有銎铜铍刍议》，《文物世界》2002年第3期。

用绳索绑缚凸箍或双耳当然是可以的，但是用这种方式很难使铍头与木柲结合得很牢固。既然铍是像矛一样的刺兵，那么铍也应该像矛那样用銎来安装才合适，所以双耳铍的双耳很快就退化了，演变为有銎铍。

安徽贵池曾经出土过一件青铜兵器，形似短剑而无格，通长 27.9 厘米，满饰菱形花纹，骸短而扁圆，骸上附有环形钮，当时被定名为"矛"，但是它的形制与普通的矛完全不同。① 1983 年湖北江陵马山五号墓中也出土了一件同样形制的铜兵器，全长 29.5 厘米，基部有"吴王夫差自乍用铚"两行 8 字错金铭文（图6—23）。② 这种兵器就是吴国特有的有銎铍，而"铚"字应该隶定为"锹"，通"铤"、"锬"、"铩"、"铇"、"铊"等，即后来的"槊"、"槊"。③

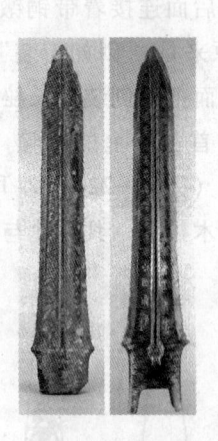

图 6—23　春秋吴国有銎铍
左：安徽贵池（安博 22852）　　右：吴王夫差铚（江陵马山 M5）

尽管春秋时期吴国的有銎铍只发现了这样两件，但是吴国还有一种体型硕大、两叶带刃的大型铜矛，例如 1995 年安徽青阳县庙前镇龙岗出土的铜矛长 26.8 厘米④，1984 年丹徒北山顶出土的余眛矛长 27.4 厘米，1987 年丹徒谏壁青龙山出土的 A 型矛长 29.8 厘米、B 型矛长 30.4 厘米、

---

① 安徽省博物馆：《安徽贵池发现东周青铜器》，《文物》1980 年第 8 期。
② 国家文物局：《全国出土文物珍品选（1976—1984）》，文物出版社 1987 年版。
③ 叶文宪：《说铍、铚、槊》，《文博》1993 年第 3 期；《再论铍的起源与演变——兼论吴越系双耳剑的演变》，《考古》2013 年第 3 期。
④ 青阳县文物管理所：《安徽青阳县龙岗春秋墓的发掘》，《考古》1998 年第 2 期。

C 型矛长 30.6 厘米①。普通矛的长度只有 15—20 厘米，而这类矛要大出一倍至三分之一，而且制作工艺精良，有的满饰暗格花纹，有的刻铸吴王铭文。吴国灭亡以后，越国继承了吴国高超的铸剑技术，也继承了这种大型铜矛，见于著录的战国初期有铭文的越王矛有：越王者旨于赐（勾践子）矛长 37.1 厘米②；另一件越王者旨于赐矛长 27.1 厘米③；越大（太）子不寿（勾践孙）矛长 30.5 厘米④；越王州句（勾践曾孙）矛长 28.6 厘米⑤，还有数量颇多、形制尺寸相仿但是作为冥器的越王玉石矛，例如 2002 年绍兴富盛镇下旺村出土的越嗣王玉矛长 23.5 厘米⑥，1997 年绍兴县皋埠镇凤凰山 M3 出土的越王不光玉矛长 23.2 厘米⑦。楚国灭越国后楚人也接受这种大型的铜矛，如 2002 年长沙三公里路段一座战国中期楚墓中出土一件铜矛，通体饰菱形暗格纹，长 28 厘米（图 6—24）。⑧ 这类大

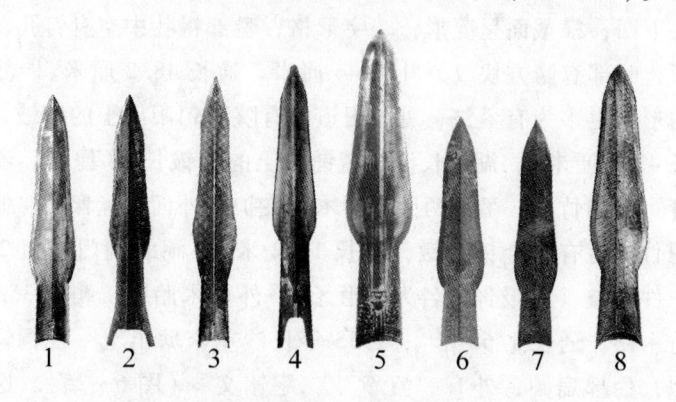

图 6—24　春秋战国吴、越、楚大矛——鈹

1. 安徽青阳铜矛（M1:24）　2. 丹徒北山顶余眜铜矛（M:79）　3. 丹徒青龙山 A 型矛（M1:45）　4. 丹徒青龙山 B 型矛（M1:44）　5. 越王者旨於赐铜矛　6. 越嗣王玉矛　7. 越王不光玉矛（M3:6）　8. 长沙楚国铜矛（M1:9）

---

① 丹徒考古队：《丹徒青龙山春秋大墓及附葬墓发掘报告》，《东方文明之韵》，海南国际新闻出版中心 2000 年版。
② 日本细川护立藏，容庚：《鸟书考》，《中山大学学报》1964 年第 1 期。
③ 上海博物馆藏，马承源：《中国古代青铜器》，上海人民出版社 2008 年版，第 49 页。
④ 上海博物馆藏，上海博物馆青铜器研究组：《商周青铜器铭文选》（四），文物出版社 1990 年版，第 379 页。
⑤ 大英博物馆藏，董楚平：《吴越徐楚金文集释》，浙江古籍出版社 1992 年版，第 247 页。
⑥ 绍兴县文化发展中心：《越地遗珍》，西泠印社出版社 2007 年版，第 26 页。
⑦ 绍兴县文物保护管理所：《浙江绍兴凤凰山战国木椁墓》，《文物》2002 年第 2 期。
⑧ 长沙市文物考古研究所：《湖南长沙三公里楚墓发掘简报》，《文物》2007 年第 12 期。

矛的尺寸与铍相当，既能向前突刺，又能左右砍杀，功能也和铍相当。杨雄《方言》释"锬"曰："锬，谓之铍。"郭璞注《方言》曰："今江东呼大矛为铍。"许慎《说文解字》曰："锬，长矛也"，裴骃《集解》引如淳曰：锬，"长刃矛也"。这种带刃的大矛即锬，也应该是铍的一种。

有銎铍还没来得及在吴国得到发展吴国就灭亡了，但是由于吴晋关系密切，它还是来得及对同时代的晋国产生了影响。太原金胜村晋国赵卿墓出土的"Ⅱ型剑"实际上是有銎铍，其中一件（M251:691）叶部锋刃锐利，中脊起棱，两从下凹，横截面呈菱形，有凹字形格，銎部粗壮中空，有钉孔，銎口呈扁八角形，銎内残存木柲，叶长42.6厘米、銎格长10.4厘米、通长53厘米；另一件（M251:705）銎部残，叶部完整，中脊起棱，两从下凹，横截面呈菱形，一字形格，銎部粗壮中空有钉孔，銎口略呈六棱形，叶部有隐方块纹，叶长44厘米、通长48.2厘米。[①]战国时期楚国铍的形制也多为有銎铍，见于报道的有陕西旬阳出土的铜铍，扁圆形銎，通长42.4厘米[②]；湖南长沙紫檀铺出土的铜铍长33厘米，銎内木柲外缠裹着一层细竹片，銎的两面还用木板夹护，外面缠丝髹漆，制作十分讲究，积竹柄后有错金银铜镦，全长1.62米[③]；湖北荆门包山2号楚墓出土的一件铜铍（原报告定名为剑形矛），外套木胎鞘，鞘长35.4厘米，装有积竹木柲，通长1.68米[④]；1955年长沙左家塘出土一件铜铍，器身与剑相似，銎部扁圆，外有"宜章"二字铭文[⑤]（图6—25）。这些有銎铍都分布在晋国与南方的楚国。

[①] 山西省考古研究所、太原市文物管理委员会：《晋国赵卿墓》，文物出版社1996年版，第103—104页。
[②] 旬阳县博物馆：《陕西旬阳发现战国楚墓》，《文物》1987年第5期。
[③] 湖南省文物管理委员会：《湖南长沙紫檀铺战国墓清理简报》，《考古通讯》1957年第1期。
[④] 湖北省荆沙铁路考古队包山目地整理小组：《荆门市包山楚墓发掘简报》，《文物》1988年第5期。
[⑤] 湖南省博物馆：《长沙楚墓》，《考古学报》1959年第1期。

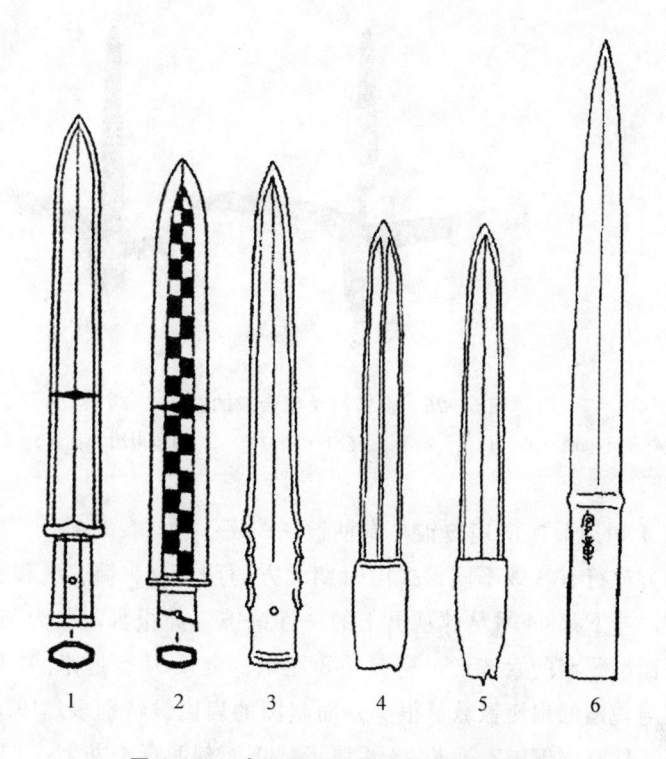

图 6—25　春秋晋国和战国楚国的有銎铍

1. 晋国赵卿墓（M251:691）　2. 晋国赵卿墓（M251:705）　3. 陕西旬阳战国楚墓　4. 长沙紫檀铺（56 长子 M30）　5. 湖北荆门包山（M2:382）　6. 长沙"宜章"铩（55 长左 M21）

铍也可以代替矛与戈组合成为戟，这种由铍与戈组合的戟可以叫作铍戟。最早的铍戟是安徽舒城九里墩出土的春秋晚期的蔡侯戟，戟刺残长 15 厘米，虽然较短，但实际上是铍，扁圆形骹的上端有箍，箍上饰卷云纹。[①] 1973 年湖北襄阳蔡坡 M8 出土的一件战国初的铍戟较大，铍身两从有血槽，短骹有穿，全长 18.1 厘米，而同地 M4 出土的普通戟的矛刺仅长度 12.7 厘米。[②] 河南南阳还曾经拣选到过两件由铍与戈合铸而成的铍戟（图 6—26）。[③]

[①] 安徽省文物工作队：《安徽舒城九里墩春秋墓》，《考古学报》1982 年第 2 期。
[②] 湖北省博物馆：《襄阳蔡坡战国墓发掘报告》，《江汉考古》1985 年第 1 期。
[③] 中国美术全集编辑委员会：《中国美术全集》[工艺美术编·青铜器（下）]，文物出版社 1986 年版。

图 6—26　由铍与戈组合成的铍戟
1. 安徽舒城九里墩（30、31）　2. 湖北襄阳（M8:7）　3. 河南南阳（拣选）

2. "矛如剑形"的扁铤铍与有柄铍——铤

与南方流行有銎铍不同，战国时期北方的燕、赵、韩、魏和秦国都流行扁铤铍。燕下都44号丛葬墓出土的一件铜铍（原报告定名为剑），无首无格，断面呈狭窄的六棱形，扁铤长8厘米，全长31.5厘米。[①] 传世与出土的韩国与魏国的扁铤铍数量很少，而赵国的扁铤铍特别多。1970年在旅顺出土了一件赵国铜铍，通长28.4厘米，正面刻两行十九字："四年，相邦春平侯，邦左军工师岳身，冶匋沥执齐"，背面刻一行五字："大攻（工）（尹）肖（赵）闲。"[②] 类似的有铭赵国铜铍，据王学理先生统计就有37件之多。[③] 2003年洛阳花园小区战国墓出土的一件铜铍通长41.7厘米，扁铤两侧上下各有一个凸结。同墓出土的一件铜剑通长47.9厘米，一字形格，圆茎中空璧形首，茎上有缠缑的痕迹，木质剑鞘已朽，但朽痕清晰，铍和剑的形状、大小相差无几。[④] 这一实例使我们更加确信不仅"剑如矛装"是铍，而且"矛如剑形"也是铍。楚国也有扁铤铍，1987年湖南慈利县出土2件铜铍，铍身断面呈菱形，扁铤插在积竹木柲中，通长60.8厘米。[⑤] 在湖北宜昌前坪一座战国晚期秦墓中出土了一件扁铤铍，铍身上

[①] 河北省文物管理处：《河北易县燕下都44号墓发掘报告》，《考古》1975年第4期。
[②] 旅顺博物馆：《旅大地区发现赵国铜剑》，《考古》1973年第6期。
[③] 王学理：《长铍春秋》，《考古与文物》1985年第2期。
[④] 洛阳市文物工作队：《洛阳王城花园战国墓》，《文物》2004年第7期。
[⑤] 湖南省文物考古研究所、慈利县文物保护管理研究所：《湖南慈利石板村36号战国墓发掘简报》，《文物》1990年第10期。

有巴式的手心纹，铍身长33厘米，错金云纹格后有7.7厘米长的扁铤，通长43厘米，木柲后有铜镦，全长2.13米。① 秦始皇陵兵马俑坑出土的扁铤铍身长23.5厘米，铤长11.7厘米，近端处有小孔，全长35.2厘米，菱形窄格，制作极其精良，其水平达到了战国扁铤铍的顶峰（图6—27）。②

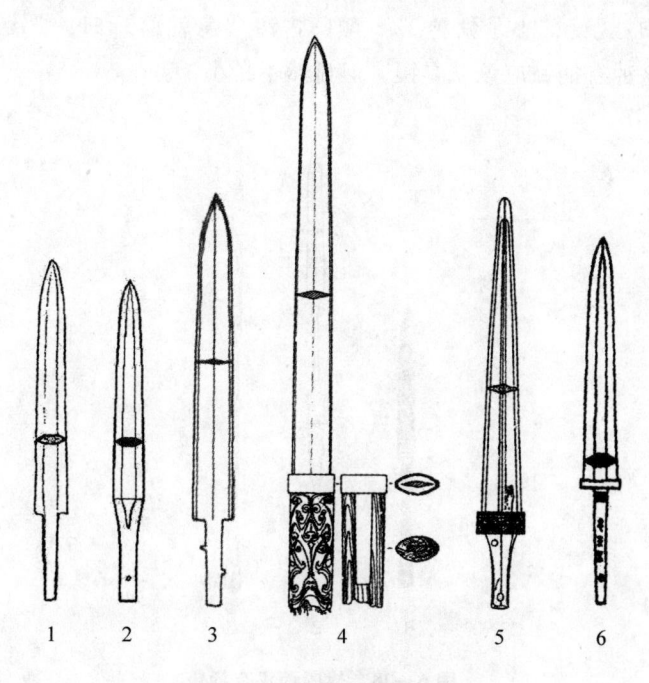

图6—27　战国与秦的扁铤铍

1. 燕铍（70）　2. 赵四年相邦春平侯铍（采集）　3. 洛阳王城铍（CIM7773:1）　4. 湖南慈利楚铍（M36:3）　5. 秦墓出土巴铍（前23:1）　6. 秦铍（T2G2:0395）

扁铤铍和有銎铍是战国铍的两大形式，到了战国晚期又出现了有柄的铍。新郑战国晚期兵器坑中出土的Ⅴ式铜矛，长39.8厘米，头部与扁铤铍相同，但是有筒形圆銎，骹部较长，断面呈四棱形、六棱形或八棱形③，而同出的Ⅰ—Ⅳ式铜矛长仅11—16厘米。燕下都M44出土的一件Ⅲ式铁矛，叶长24厘米，后接42厘米长茎，茎上还有三节弧形刃，全长

---

① 湖北省博物馆：《宜昌前坪战国两汉墓》，《考古学报》1976年第2期。
② 刘占成：《秦俑坑出土的铜铍》，《文物》1982年第3期。
③ 郝本性：《新郑郑韩故城发现一批战国铜兵器》，《文物》1972年第10期。

66厘米。① 新郑Ⅴ式矛和燕下都Ⅲ式铁矛都应该定名为有柄铍。满城西汉中山王刘胜墓后室倒塌的兵器架上出土2件铁铤，铤身长27厘米，下接长柄，柄上有一道凸箍，通长65.3厘米，与铜镦之间的距离为2.14米，也是有柄铍（图6—28）。②《史记·匈奴列传》："匈奴……其长兵则弓矢，短兵则刀铤。"《集解》引韦昭曰："铤，形似矛，铁柄。"索隐引《埤苍》曰："铤，小矛铁矜。"③ 颜师古注《急就篇》曰："铤，铁把小矛也。"这种有柄铍应该就是铤，但显然不是小矛。

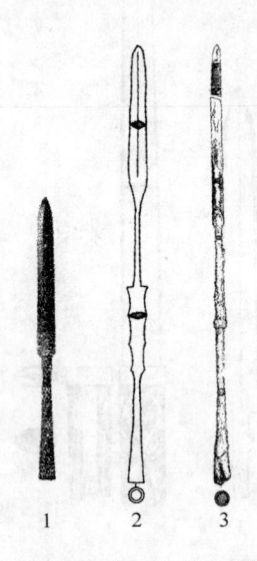

图6—28 战国西汉有柄铍
1. 河南新郑（T1:171） 2. 易县燕下都（47） 3. 满城中山王墓（1:5012）

3. 秦汉时代铍的演变与发展

秦汉时代不仅有銎铍和扁铤铍都有所发展，而且大型的实战用矛——矟也大有发展，在考古发掘中屡有出土。例如河北满城西汉中山王刘胜墓后室倒塌的兵器架上出土一件铁矛，长21.9厘米④，湖南湘乡可心亭西

---

① 河北省文物管理处：《河北易县燕下都44号墓发掘报告》，《考古》1975年第4期。
② 中国社会科学院考古研究所、河北省文物管理所：《满城汉墓发掘报告》（上），文物出版社1980年版，第108页。
③ 《史记·匈奴列传》，中华书局，1982年第2版，第2881页。
④ 中国社会科学院考古研究所、河北省文物管理所：《满城汉墓发掘报告》（上），文物出版社1980年版，第107页。

汉墓出土的一件铁矛长 36 厘米①，湖南资兴西汉墓出土了 8 件 Ⅳ 式铁矛长达 50 厘米②，1976 年浙江长兴出土 8 件铁矛，都是长身长銎，最短的 31 厘米，最长的 57.5 厘米③（图 6—29）。这些兵器的形制都是矛，但是长度已经远远超过了春秋战国时代的吴越大矛，而且矛身修长就像是一柄短剑，和有銎铍没有太大的区别。

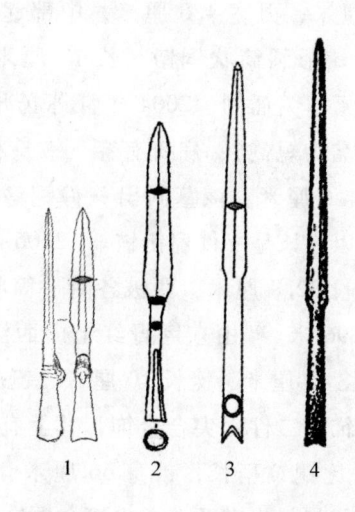

图 6—29　汉代大矛——铩
1. 河北满城（1:5073）　2. 湖南湘乡可心亭　3. 湖南资兴（M163:21）　4. 浙江长兴（采集）

西汉军队中有"长铍都尉"一职，可见汉代铍还用于实战，不过汉代青铜兵器已经少见，出土的铍大多数为铁制的。汉铍见于报道的有：临沂金雀山 M33 西汉墓出土的一件铁铍（原报告定名为矛），铍身长 27 厘米，以短铤插入木柲，木柲长 90.5 厘米，铍头外有鞘。④ 广州淘金坑西汉墓出土 2 件铁铍（原报告定名为矛），一件矛叶较短，骹长约为叶的两倍，前部为扁条形，后部为方銎，长 29 厘米；另一件叶较长，两面都有漆木鞘痕，后端为偃月形格，椭圆銎，全长 29.4 厘米。⑤ 满城西汉中山

---

① 湘乡县博物馆：《湖南湘乡可心亭汉墓》，《考古》1966 年第 5 期。
② 湖南省博物馆、湖南省文物考古研究所：《湖南资兴西汉墓》，《考古学报》1995 年第 4 期。
③ 夏星南：《浙江长兴县出土一件有刻度的铜弩机》，《考古》1983 年第 1 期。
④ 临沂市博物馆：《山东临沂金雀山九座汉代墓葬》，《文物》1989 年第 1 期。
⑤ 广州市文物管理处：《广州淘金坑的西汉墓》，《考古学报》1974 年第 1 期。

王刘胜墓后室倒塌的兵器架上出土一件扁铤铜铍（原报告定名为Ⅱ型剑，其后有铜镦，故应为铍），通长37.3厘米，有白玉格；窦绾墓后室墙旁出土2件扁铤铜铍（原报告定名为Ⅱ型剑，因墙脚散落有铜镦和铜箍，故也应为铍），一件有格，通长40.3厘米，木鞘已朽，但是鞘首镶有铜锌；一件无格，通长40.2厘米。① 1994年徐州狮子山西汉墓也出土了铜铍，铍头形似短剑，长72厘米、刃宽4.6厘米，中部起脊，扁茎长10.2厘米，木柲已朽，后有六棱形圆筒状铜镦，长17厘米，从锋至镦通长约2.53米②，可惜原报告无相关插图。2004年江苏扬州的西汉刘毋智墓出土一件铁铍（原报告定名为短剑），扁铤有穿，铍身粘连着漆鞘，漆鞘首端镶鎏金铜箍，残长34.6厘米。该墓同出一件铜镦，但是没有伴出戈、矛之类其他长兵器，所以应该是一件扁铤铍。③ 2006年江苏徐州的西汉刘慎墓出土2件铁铍，残长32.8厘米，两铍各附一筒状铜镦，截面略呈橄榄形，从首至镦全长1.96米。④ 山东巨野红土山西汉墓出土的2件铜铍（原报告定名为剑）残长48厘米、铤长10厘米，铤的中间有一小孔，木鞘涂黑漆，已朽，中部饰有二件六尖合金饰，其上有带孔的小鼻；2件铁铍（原报告定名为剑）比铜铍稍长，铍身66厘米、铤长10.5厘米，形制与铜铍相似，木鞘在靠格处也有两个六尖鎏金铜饰，木鞘的末端还饰有六尖鎏金铜饰。⑤ 山东淄博西汉齐哀王刘襄墓的随葬坑出土了20件铁铍，剑形铍首长72厘米，断面呈菱形，扁锥形茎，茎外套凿刻流云纹的尖齿形铜箍，箍长13.3厘米，铜镦凿刻流云纹，长28厘米，自铍首至镦总长2.9米。⑥ 广州象岗的南越王墓主棺室出土了4件铁铍（原报告称Ⅲ型铁剑），2件通长61.6厘米、铍身长45.7厘米、鞘宽5厘米，2件通长46.4厘米、铍身长36.2厘米、鞘宽3厘米，近鞘处有三尖鎏金铜饰。⑦ 河北

---

① 中国社会科学院考古研究所、河北省文物管理所：《满城汉墓发掘报告》，文物出版社1980年版，第82页、268页。
② 韦正、李虎仁、邹厚本：《江苏徐州市狮子山西汉墓的发掘与收获》，《考古》1988年第8期。
③ 扬州市文物考古研究所：《江苏扬州西汉刘毋智墓发掘简报》，《文物》2010年第3期。
④ 徐州博物馆：《江苏徐州黑头山西汉刘慎墓发掘简报》，《文物》2010年第11期。
⑤ 山东省菏泽地区汉墓发掘小组：《巨野红土山西汉墓》，《考古学报》1983年第4期。
⑥ 山东省淄博市博物馆：《西汉齐王墓随葬器物坑》，《考古学报》1985年第2期。
⑦ 广州市文物管理委员会、中国社会科学院考古研究所、广东省博物馆：《西汉南越王墓》，文物出版社1991年版。

定县北庄东汉中山简王刘焉墓出土 9 件铜铍（原报告定名为矛），器身扁窄，脊部微突，两侧有刃，锋部呈三角状，矛身与銎之间有弯钩状的镡，镡部有一横穿圆孔，镡与銎皆鎏金，通长约 30 厘米①（图 6—30）。河北定县北庄东汉中山穆王刘畅墓出土的铁铤长 56 厘米，扁铤残长 7 厘米，格为一鱼头，咬住铤身，可惜无图。②

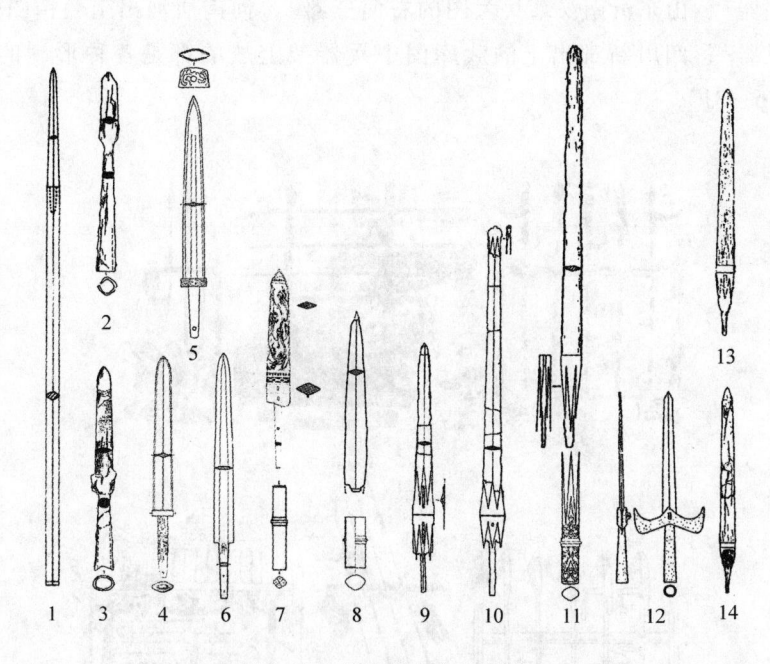

图 6—30　汉代的铜铍与铁铍

1. 临沂金雀山（M33:48）　2. 广州淘金坑（3:13）　3. 广州淘金坑（8:2）　4. 满城刘胜墓（1:5024）　5. 满城窦绾墓（2:4030）　6. 满城窦绾墓（2:4031）　7. 扬州刘毋智墓（MIC:96、MIC:73）　8. 徐州刘慎墓（M1:50、50—1）　9. 巨野刘髆墓（134）　10. 巨野刘髆墓（193）　11. 淄博刘襄墓（5:48—1）　12. 定县刘焉墓（66）　13. 南越王墓（D171）　14. 南越王墓（D173）

　　铍在战场上用于刺杀的功能与矛一样，虽然铍还可以左右砍杀，但是杀伤力不会太大。然而铍的形体长大，作为仪仗远比矛要显得威武，可以

---

① 河北省文化局文物工作队：《河北定县北庄汉墓发掘报告》，《考古学报》1964 年第 2 期。

② 定县博物馆：《河北定县 43 号汉墓发掘简报》，《文物》1973 年第 11 期。

对敌人产生巨大的威摄作用，所以考古发现的铍都制作得十分精良，而且大多数都出于王公贵族的墓中，可见铍作为仪仗的功能一定大于实战。在东汉的画像石和画像砖上常常见到把铍、锬或带镡的山字形铍插在兰锜（兵器架）上作为仪仗的图像，如徐州铜山县白集东汉墓的兰锜图的中间三器①；成都曾家包东汉墓西后室兰锜图的第一、三器和墓门兰锜图的右边一器②，山东沂南汉墓兵兰图的右面三器③，河南唐河出土兰锜图的左边三器④，四川新都出土的武库图中兵器架上放的都是各种形制的铍⑤（图6—31）。

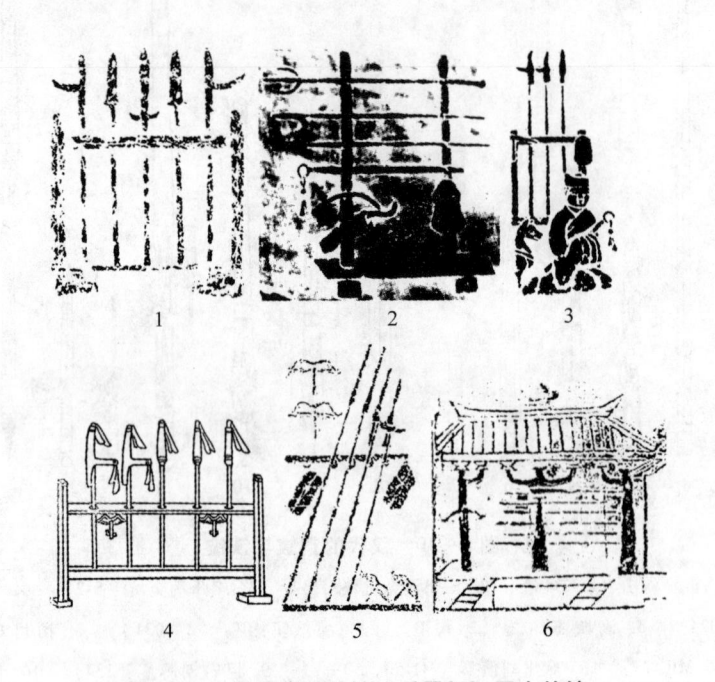

图6—31 汉画像石兰锜（兵器架）图中的铍
1. 徐州白集　2.3. 成都曾家包　4. 山东沂南　5. 河南唐河　6. 四川新都

---

① 南京博物院：《徐州青山泉白集东汉画象石墓》，《考古》1981年第2期；《徐州汉画像石》，江苏美术出版社1985年版，图104。
② 成都市文物管理处：《四川成都曾家包东汉画象砖石墓》，《文物》1981年第10期；高文编：《四川汉代画像石》，巴蜀书社1987年版，第94页、97页。
③ 南京博物院：《沂南古画象石墓发掘报告》，文物出版社1956年版，图版31。
④ 《唐河针织厂汉画象石墓发掘》，《文物》1973年第6期；张万夫编：《汉画选》，天津人民美术出版社1982年版，第127页。
⑤ 四川省博物馆：《四川新都发现一批画像砖》，《文物》1980年第2期。

铍是一种形制介于矛与剑之间并兼有矛与剑功能的兵器，铍的特征或曰"剑如矛装"，或曰"矛如剑形"。北方的柳叶形短剑和南方的双耳铍分别是扁铤铍和有銎铍的源头，江西吴城出土的一件铜铍和瓯海出土的三件双耳铍是迄今所见年代最早的铍。秦汉以后各种形制的铍仍然获得了长足的发展，在冷兵器时代铍一直被使用着，然而由于铍的形制发生了较大的改变，而且由于方言的关系衍生出了"铧"、"猎"、"铤"、"锬"、"铩"、"鏦"、"铇"、"铊"、"矟"、"槊"等各种不同的名称，又由于铍更多地被用于仪仗而非实战，因此人们就渐渐遗忘了曾经在实战中使用过的铍。

第七章 吴国与越国的玉器

环太湖地区在良渚文化时代曾经有过非常发达的玉器，但是随着良渚文化先民的离去，本地区的玉文化消失了，继良渚文化之后出现在该地区的马桥文化几乎没有什么玉器。西周与春秋前期无论在宁镇地区还是在环太湖地区，土墩墓中都罕见玉器，但是到了春秋晚期，吴人和越人大墓的陪葬品中却又都出现了数量可观的精美玉器。

第一节 吴国玉器

由于加工玉器比加工石器要困难得多，因此玉器的出现比石器要晚得多。有学者看到良渚文化尽管没有铜器却有极其发达的玉器，因此建议在石器时代与铜器时代之间插入一个玉器时代，以突出玉器在历史上的重要地位，然而这一建议并没有得到更多的赞同。因为玉器并不是社会生活的必需品，也不是衡量生产力水平高下的标志，一个社会有没有玉器，不仅仅取决于制造技术的高低，还要取决于当地有没有玉石资源和人们有没有爱玉的审美情趣，所以并不是每个社会发展到一定阶段就必然会有玉器的。不过由于玉石资源的稀缺和加工制造的困难，所以一旦出现玉器之后，它就被社会上层人士独占，成为一种标志身份的装饰品。

迄今为止，在宁镇地区的土墩墓中只有丹徒北山顶大墓的一个陪葬人颈部出土了3件水晶珠[①]，丹徒谏壁粮山石穴墓中出土1件玉璜、2件水晶璜、1件绿晶珠和一些绿松石的玦、管、细珠[②]（图7—1），除此之外，即使在出土青铜器的大墓中也罕见玉器。这一现象说明，虽然太伯仲雍来

[①] 江苏省丹徒考古队：《江苏丹徒北山顶春秋墓发掘报告》，《东南文化》1988年第3—4期。
[②] 刘建国：《丹徒谏壁粮山石穴墓》，《考古与文物》1987年第4期。

自有玉器的中原，但是吴人却缺乏玉文化的传统，至少到春秋中期他们还没有掌握制造玉器的技术。

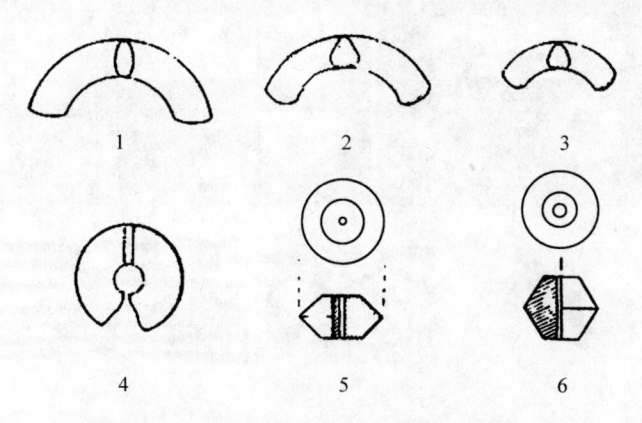

图 7—1　宁镇地区土墩墓出土的玉器
1. 玉璜　2.3. 水晶璜　4. 绿松石玦　5. 绿晶石珠（丹徒粮山）　6. 水晶石珠（丹徒北山顶）

在太湖北部地区，春秋晚期的吴人土墩墓虽然全部都在早年就遭到了严重盗掘，但还是在阳宝山大墓出土了 1 件玉管、30 余颗绿松石珠[①]；在獾墩大墓出土了一些玛瑙管、条形玉器、绿松石珠、绿松石片[②]；在江阴大松墩出土了 70 件玉玦、玉璜、玉镯、玉管、玉珠等饰品[③]；在六合程桥 M1 出土了 1 件长方形玉饰[④]，六合程桥 M2 出土了 1 件用雕刻蟠螭纹的青玉装饰剑首、剑格的玉具剑[⑤]；在浒关真山大墓（D9M1）出土了 8 件玉面饰、3 件拱形玉饰、187 件玉衣片、2 件长方形玉饰、4 件璜形玉饰、2 件玉管、1 件玉瑗、1 件残玉戈、3 件玉钩和 1 万余件玛瑙、绿松石、水晶等质地的珠、管、片等饰品（图 7—2）[⑥]；在东渚严山窖藏出土了 29 件玉璧，10 件玉环，3 件玉瑗，11 件玉璜，149 件各种类型的玉饰品，165 件绿松石、玛瑙、石髓质的饰品和 33 件料珠，还有良渚文化残玉琮和玉

---

① 苏州博物馆资料。
② 王霞、周官清：《苏州市獾墩春秋大墓》，《中国考古学年鉴（2010）》，文物出版社 2011 年版。
③ 陈晶、陈丽华：《江苏省江阴县大松墩土墩墓》，《文物》1983 年第 11 期。
④ 江苏省文物管理委员会、南京博物院：《江苏六合程桥东周墓》，《考古》1965 年第 3 期。
⑤ 南京博物院：《江苏六合程桥东周二号墓》，《考古》1974 年第 2 期。
⑥ 苏州博物馆：《真山东周墓地》，文物出版社 1999 年版。

钺各1件（图7—3）[①]。

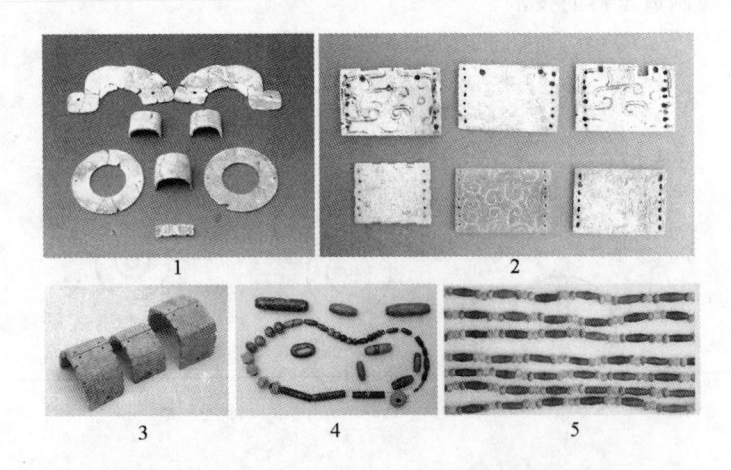

图7—2　苏州浒关真山大墓出土的吴国玉器
1. 覆面　2. 牌形饰　3. 拱形饰　4. 绿松石串饰　5. 珠管串饰

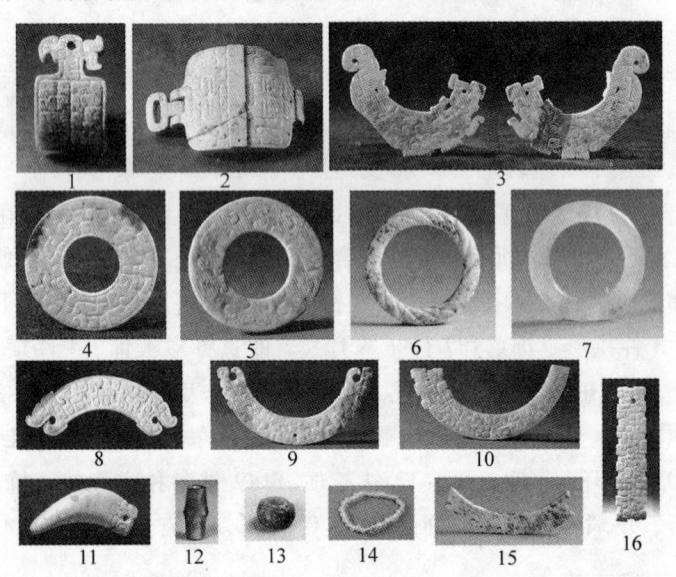

图7—3　严山窖藏出土的吴国玉器
1. 鹦鹉首拱形饰　2. 双系拱形饰　3. 琥　4. 璧　5. 环　6. 镯　7. 玛瑙环　8.9. 璜
10. 珑　11. 觽　12. 石髓管　13. 玻璃珠　14. 水晶珠　15. 花牙饰　16. 长方形饰

[①] 吴县文物管理委员会：《江苏吴县春秋吴国王室玉器窖藏》，《文物》1988年第11期。

真山大墓（D9M1）和严山窖藏出土的玉器是最重要的两批吴国玉器。由于自西周以来，在吴人墓葬中极少发现有玉器，因此这两批数量巨大的春秋晚期吴国玉器仿佛是横空出世，显得十分突兀。分析这些玉器的造型与风格可以明显地看出吴人玉器的这种突飞猛进显然是接受了中原玉器影响的结果（表7—1）。

表7—1　　　　　　　　　春秋吴国玉器与中原玉器比较表

器名	璜	长方形佩	系璧	觿	珑	琥
吴国玉器						
出土地	苏州严山窖藏					
中原玉器						
出土地	洛阳中州路东周墓	淅川下寺春秋楚墓				

非常有意思的是，严山窖藏出土的玉器中还发现了1件良渚文化的玉钺、6件良渚文化玉璧和1件被解开的良渚文化玉琮（图7—4），还有几件玉环的质地显然是用良渚文化玉器为原料改制而成的。这说明春秋时代的吴人已经发现了随葬大量玉器的良渚文化大墓，并且能够利用出土的良渚文化玉器作原料改制自己的玉器。没有文献记载吴人是向谁学习琢玉技术的，也没有文献记载是谁向吴人传授了琢玉技术，但是到了春秋晚期他们显然已经熟练地掌握制造玉器的技术了。吴人的琢玉技术并不是从当地的良渚文化继承来的，而吴人用良渚文化玉器作原料改制玉器的事实也说

明，比吴人早一千多年就生活在环太湖地区的良渚文化先民决不会是他们的祖先。

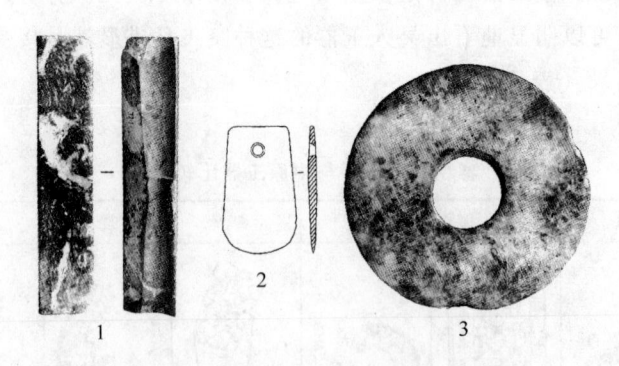

图 7—4　严山窖藏出土的良渚文化玉器
1. 残玉琮（正反面）　2. 玉钺　3. 玉璧

在吴国的历史上，玉器并不是吴文化的重要组成部分，其出现的时间犹如昙花一现，其内涵也与中原玉文化没有太大的差别，但是以真山大墓（D9M1）和严山窖藏为代表的吴国玉器也是中国先秦玉文化的一个组成部分。

第二节　越国玉器

在太湖以南地区，越人的土墩墓中也极其罕见玉器，目前所见到的仅安徽屯溪 M1 出土 1 件玉件[①]，衢州西山村大墩顶土墩墓出土了 22 件玉玦[②]，黄岩小人尖土墩墓出土了 4 件玉凸棱环和 1 件玉玦[③]，瓯海杨府山土墩墓出土了 22 件玉石器[④]，福建浦城管九村 47 座土墩墓中出土了 7 件玉管等佩饰[⑤]，东阳前山出土了近 3000 件（组）玉石器，这是春秋时期

[①] 安徽省文化局文物工作队：《安徽省屯溪西周墓发掘报告》，《考古学报》1959 年第 4 期。
[②] 金华地区文管会：《浙江衢州西山西周土墩墓》，《考古》1984 年第 7 期。
[③] 浙江省文物考古研究所、黄岩市博物馆：《黄岩小人尖西周时期土墩墓》，《浙江省文物考古研究所学刊》，科学出版社 1993 年版。
[④] 浙江省文物考古研究所、温州市文物保护考古所、瓯海区文博馆：《浙江瓯海杨府山西周土墩墓发掘简报》，《文物》2007 年第 11 期。
[⑤] 福建博物院、福建闽越王城博物馆：《福建浦城县管九村土墩墓群》，《考古》2007 年第 7 期。

最多的一批越国玉器，但是除了1件玉樽以外几乎都是珠、管、坠之类的小件饰品，还有几十件半成品和绿松石料，而且这批玉石器均为素面，没有任何纹饰。在绍兴兰亭印山大墓中出土的31件残存的玉石器中有玉镇、玉剑、玉镞、龙纹玉钩等，虽然数量不多，但是工艺水平不低，代表了春秋晚期越人制作玉器的最高水平（图7—5）。

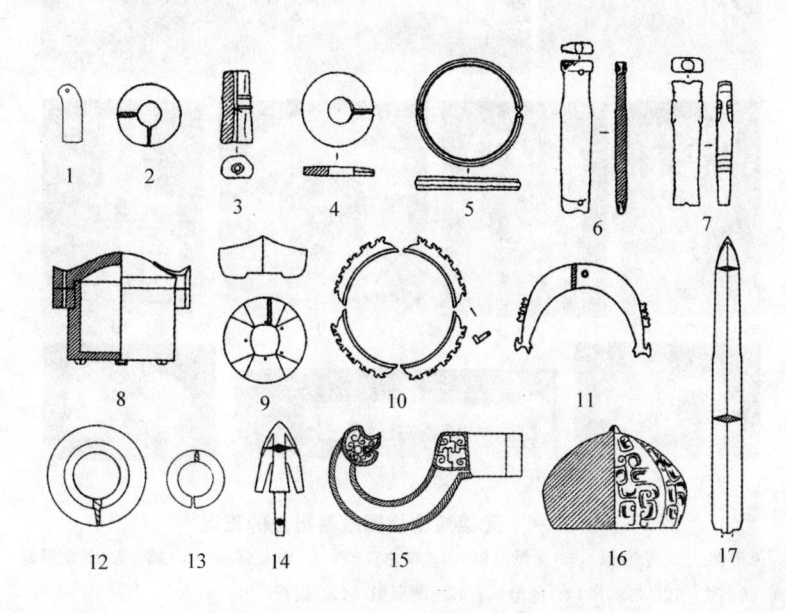

图7—5 春秋以前越人墓葬出土的玉器

1. 玉件（屯溪M1） 2. 玦（衢州西山） 3. 管 4. 玦 5. 镯 6. 柄形饰 7. 鱼形饰（瓯海杨府山） 8. 樽 9. 剑格剑首 10. 花牙饰组合臂环 11. 璜（东阳前山） 12. 凸棱环 13. 玦（黄岩小人类） 14. 镞 15. 钩 16. 镇 17. 剑（绍兴印山）

与春秋以前越人墓葬中罕见玉器不同，在战国前期的越人大墓中就普遍出土玉器了。重要的发现有：无锡鸿山邱承墩出土33件玉器与1件象牙器、老虎墩出土2件玉器、曹家坟出土1件玉器、邹家墩出土6件玉器，尽管数量不算太大，但是制作极其精美[①]（图7—6）。

---

① 南京博物院等：《鸿山越墓》，文物出版社2007年版。

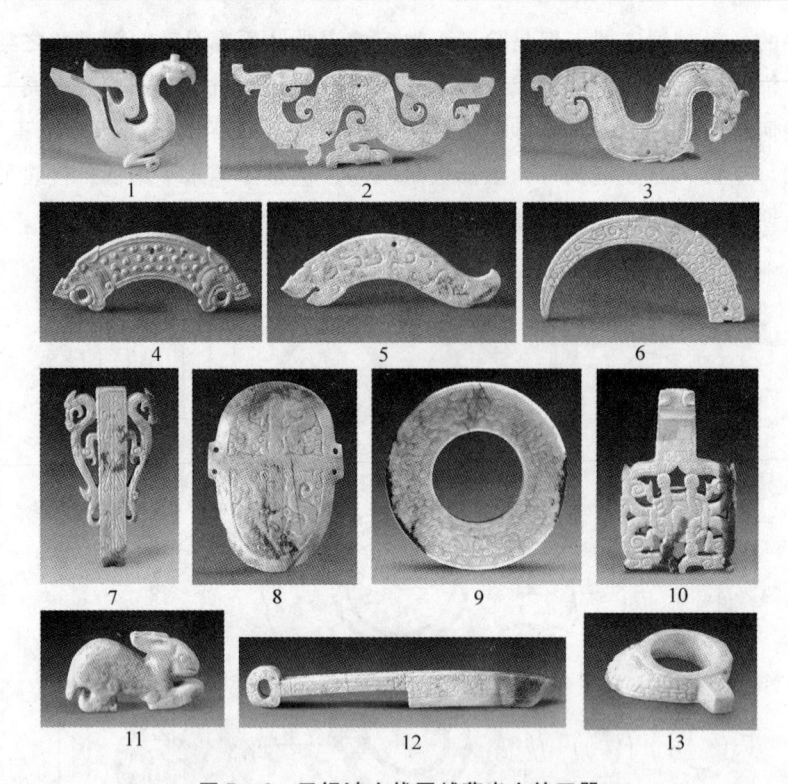

198　考古学视野下的吴文化与越文化

图 7—6　无锡鸿山战国越墓出土的玉器
1. 凤形佩　2. 龙形佩　3. 龙凤形佩　4. 双龙首璜　5. 单龙首璜　6. 觽　7. 双龙形佩
8. 覆面　9. 璧　10. 带钩　11. 兔形佩　12. 削形佩　13. 扳指

  浙江安吉龙山 D141M1 出土了 10 件玉石器，器形有龙形玉佩、鸟龙形玉璜、绞丝纹玉环、玉扳指、小玉饰和绿松石环等[①]；长兴鼻子山 M1 出土了 36 件（组）玉、石、料器，器形有云纹璜、谷纹系璧、瑗、环、珠、管、带钩、剑首等[②]；安吉垅坝 D14 出土 60 余件玉璜、玉觽、玉龙形佩和绿松石珠、管，另有 16 件滑石谷纹瑗；绍兴皋埠凤凰山 M3 是一座楚墓，但是出土的 7 件玉石器中有一件带"戉王不光"铭文的玉矛[③]（图 7—7）。在杭州半山石塘村发掘的 20 座战国墓中共出土了 112 件玉器，其中有龙形

  [①]　浙江省文物考古研究所、安吉县博物馆：《浙江安吉龙山越国贵族墓》，《南方文物》2008 年第 3 期。
  [②]　浙江省文物考古研究所、长兴县博物馆：《浙江长兴鼻子山越国贵族墓》，《文物》2007 年第 1 期。
  [③]　绍兴县文物保护管理所：《浙江绍兴凤凰山战国木椁墓》，《文物》2002 年第 2 期。

璜、龙凤形璜、云纹璜、谷纹璜、龙首谷纹觿、云纹系璧、谷纹系璧、玉剑鞘和带"越王之子"、"越王王王"铭文的玉剑格，玛瑙环、琉璃珠，还有1件高15.4厘米、口径7.6厘米的水晶杯（图7—8）。①

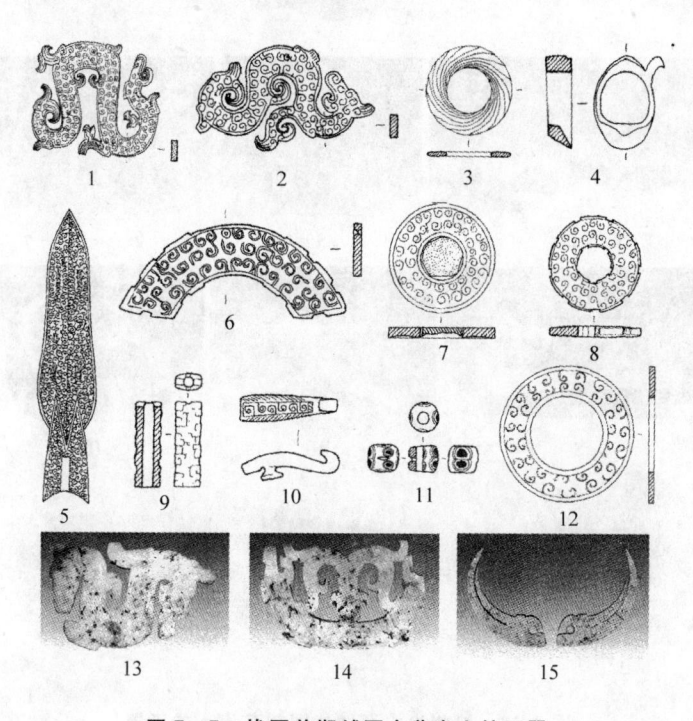

图7—7 战国前期越国大墓出土的玉器
1.2. 龙形佩 3. 纹丝纹环 4. 扳指（安吉龙山） 5. 越王不光矛（绍兴凤凰山） 6. 璜 7. 剑首 8. 系璧 9. 管 10. 带钩 11. 琉璃珠 12. 滑石瑗（长兴鼻子山） 13.14. 龙形佩 15. 觿（安吉垅坝）

有意思的是在安吉垅坝 D14M5 中也出土了1件良渚文化玉璧，直径20.4厘米、好径4.5厘米、厚1.2厘米，孔为两面对钻，台痕明显，璧面线割凹凸不平。这与严山窖藏出土良渚文化玉器的现象类似，说明战国时期的越人和春秋时期的吴人一样，也已经发现了良渚文化大墓中埋藏的玉器，并且这一事实同样说明越人也不会是良渚文化先民的后裔。②

---

① 马时雍：《杭州的考古》，杭州出版社 2004 年版。
② 程亦胜：《早期越国都邑初探——关于古城遗址及龙山墓群的思考》，《东南文化》2006 年第 1 期。

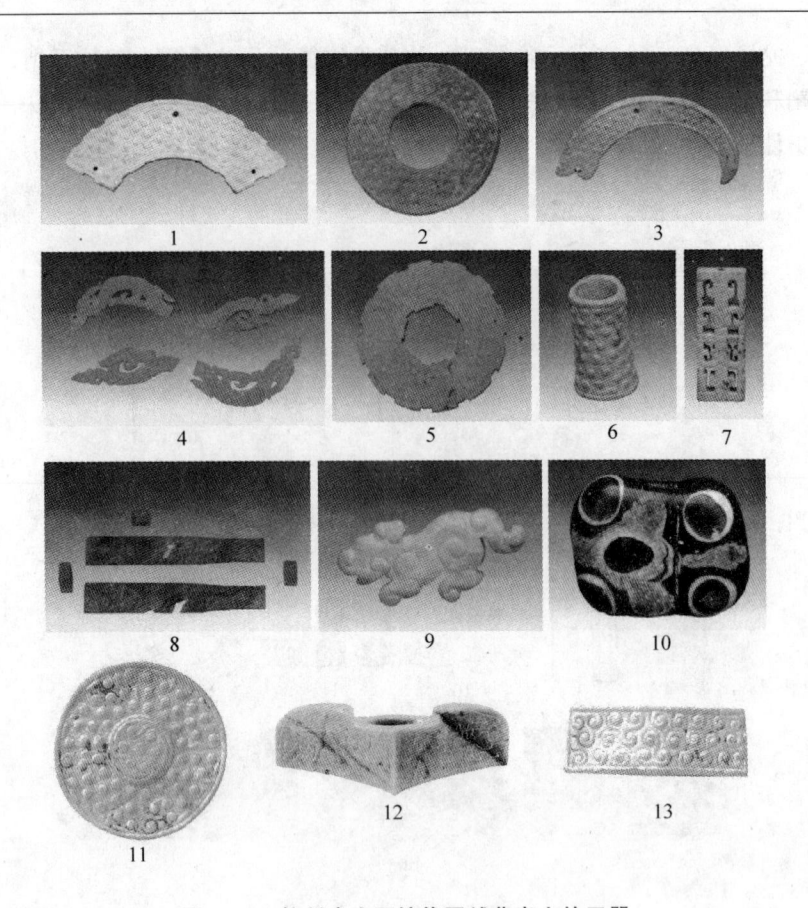

图 7—8 杭州半山石塘战国越墓出土的玉器

1. 璜 2. 璧 3. 觿 4. 龙形佩饰 5. 瑗 6. 管形饰 7. 长方形牌饰 8. 剑鞘 9. 虎形饰 10. 琉璃珠 11. 剑首 12. 戉王之子铭剑格 13. 剑饰

战国前期的越国玉器不仅数量比春秋以前要多得多，而且质量也有了极大程度的提高，与春秋以前的越国玉器相比出现了跳跃式的进步。显然在灭吴之后，吴人的琢玉技术和他们的冶铜铸剑技术一样也被越人继承了。以杭州半山石塘战国墓出土的越国玉器和苏州严山与真山大墓出土的吴国玉器相比较，无论造型还是纹饰都可以看出后者继承了前者的轨迹（表7—2）。

表 7—2　　　　　　　　战国越人玉器与春秋吴人玉器比较表

器名	玉瑗	方形饰	玉璧	玉璜	长方形饰	觿形饰
春秋吴人玉器						
出土地		浒关真山大墓			吴县严山窖藏	
战国越人玉器						
出土地			杭州半山石塘战国墓			

然而，越人的琢玉技术并不只是单纯地继承了吴人的技术，而是与吴人一样也受到了中原玉文化的强烈影响。以无锡鸿山丘承墩出土的战国前期越国玉器和春秋时期的中原各国的玉器[①]相比，无论造型还是纹饰都可以看出越国玉器与吴国玉器一样也具有浓厚的中原玉器风格（表7—3）。

---

① 山西省考古研究所、太原市文物管理委员会：《太原晋国赵卿墓》，文物出版社1996年版；洛阳市文物工作队：《洛阳西工区春秋墓发掘简报》，《文物》2010年第8期；河南信阳地区文管会、光山县文管会：《春秋早期黄君孟夫妇墓发掘报告》，《考古》1984年第4期；中国科学院考古研究所：《上村岭虢国墓地》，科学出版社1959年版。

表 7—3　　　　　　　　战国越人玉器与春秋中原玉器比较

器名	龙形璜	龙凤璜	盾形饰	双龙首璜	云纹觽	玉削
战国越人玉器						
出土地	无锡鸿山丘承墩					
春秋中原玉器						
出土地	太原晋国赵卿墓	洛阳西工区	光山黄君孟墓		虢国墓地	

当然，越人在琢玉方面也并非没有创造性，例如鸿山大墓、杭州半山石塘和绍兴凤凰山战国墓出土的双龙玉佩、刻蛇纹的玉带钩和玉剑鞘、作为仪仗的越王玉矛、晶莹剔透的水晶杯、凤鸟和兔子等动物形的玉饰等都是越人独创的，在中原各地从来也没有见到过（图7—9）。在杭州半山石塘出土的 112 件玉石器中有 35 件的质地是产自本地的昌化石①，这说明战国前期越人不仅已经独立地掌握了制造玉器的技术，而且还已经发现并能够利用当地的矿产资源，而不是简单地引进原料与技术了。

图 7—9　越国前期越人独创的玉石器
1. 双龙形玉佩　2. 玉带钩（无锡鸿山丘承墩）　3. 水晶杯（杭州半山石塘）　4. 凤形玉饰　5. 兔形玉饰（元锡鸿山）　6. 玉剑鞘（杭州半山）　7. 越王不光玉矛（绍兴凤凰山）

---

① 洪丽娅：《杭州半山战国墓出土玉石器材质研究》，《东方博物》第 24 辑，浙江大学出版社 2007 年版；《越国玉石器及早期昌化石文物研究》，《东方博物》第 29 辑，浙江大学出版社 2008 年版。

玉器是上层社会使用的奢侈品，佩戴玉饰并不是所有越人的生活方式，所以随着吴国和越国的灭亡，吴国和越国的玉器都衰亡了。不过好玉、爱玉、崇玉是华夏文化的组成部分，所以吴国和越国灭亡以后吴越的玉文化也就顺理成章地融入华夏玉文化之中了。

第八章 吴国与越国的金文

在上海马桥遗址，许多印纹陶上刻有各种符号①，在江西吴城遗址先后在陶瓷器和石范上面发现 160 多个刻画符号②，在鹰潭角山商代窑址出土的制陶工具和陶器上发现了 240 多种 1489 个刻画符号（图 8—1）。这些符号虽然很简单，但却是反复出现的，因此有学者认为这就是先民的文字。③ 这些刻画在器底的符号和仰韶文化陶器上的刻画符号很相似，我们相信这些符号一定是先民们用来表达某种意思的，但它们究竟是用来表明该件器物的拥有者还是制造者呢？这些简单的符号还不能传递更多的信息，更不能表达完整的意思，所以称之为文字显然为时过早。

图 8—1 吴城文化与马桥文化陶器上的刻画符号
上列：吴城文化刻画符号　　下列：马桥文化刻画符号

---

① 上海市文物保管委员会：《上海马桥遗址第一、二次发掘》，《考古学报》1978 年第 1 期。
② 彭明瀚：《吴城文化研究》，文物出版社 2005 年版。
③ 赵峰：《清江陶文及其所反映的殷代农业和祭祀》，《考古》1976 年第 4 期；李家和：《吴城遗址文化分析》，《中原文物》1983 年第 4 期。

第八章　吴国与越国的金文

吴人和越人自己都没有发明文字，迄今所见吴人和越人留下来的文字主要是青铜器上的铭文。吴国和越国青铜器上的铭文有两类，一类是与中原相同的金文，另一类是南方流行的鸟虫书。

第一节　吴国的金文

有铭文的吴国的青铜器可以分为两类，一类是兵器，另一类是礼器。已知有铭文的吴国兵器有19件剑（表8—1）和12件戈、矛（表8—2）。

表8—1　　　　　　　　　吴国青铜剑铭文表

器名	太子姑发（诸樊）剑	寿梦之子剑	工𠂇王剑	工𠂇王剑	工𠂇季子剑	吴季子之子剑	攻敔王光剑	攻敔王光剑	攻敔王光剑	攻敔王光韩剑	攻敔王夫差剑 8件
铭文											
释文	工𠂇太子姑发䌛反自乍元用以获莫敢御余余处江之阳至于南行西行	攻敔王姑发难寿梦之子䌛踊郐之义□初命伐□，有获。型伐徐，余亲逆，攻之，败三军，获车马，攴七邦君	郐自乍元用剑	工𠂇王乍元巳用，北南西行	义江之台（以），北南西行	工𠂇王姑发䌛反之弟季子者（？）尚後子厥可金以乍其元用剑	吴季子之子逞之元用剑	攻敔王光自乍用剑，台□□人	攻敔王光自乍趄余以至克肇多攻	攻敔王光韩台吉金自乍用剑	攻敔王夫差自乍其元用
出土地点	淮南蔡家岗	绍兴鲁迅路	湖北榖城	山东沂水	山西榆社	孙退谷旧藏	山西原平	安徽南陵	安徽庐江	现藏荷兰	寿县等

表 8—2　　　　　　　　　　吴国青铜戈、矛铭文表

器名	邘王是野戈	攻敔工叙戟	余眛矛	伯剌戈	攻敔王光戈2件	大王光趠戈3件	王子于戈	攻敔王夫差戈	吴王夫差铍
铭文									
释文	邘王是野乍为元用	攻敔工叙自乍用戟	余眛自乍工其元用	西野王之孙器剌用其良金自乍其元子伯戈	攻敔王光自□	大王光趠自乍用戈	王子于之用戈□	攻敔王夫差自乍其用戈	吴王夫差自作用鈼
出土地点	山西	安徽霍山	丹徒北山顶	江宁陶吴	北京故宫藏	现藏上博	山西万荣	淮南蔡家岗	江陵马山

有铭文的吴国礼器有：

宜侯夨簋，1954 年在丹徒烟墩山 1 号墓出土。宜侯夨簋是周康王时器，这是一件中原的铜器，应该是南迁的周人带来的。器底有 12 行铭文 115 字，内容记载了西周初周天子封虞侯夨于宜的事（图 8—2）。① 宜侯夨簋是吴地出土的年代最早的青铜器，铭文的内容也十分重要，然而，如果宜侯夨簋确实是一件与始封吴国有关的铜器，那么对于太伯仲雍奔吴的所在地和是谁最早迁到江南吴地等问题就都会产生歧义了。②

---

① 《江苏丹徒县烟墩山出土的古代青铜器》，《文物参考资料》1955 年第 5 期。
② 董楚平：《吴越徐楚金文集释》，浙江古籍出版社 1992 年版，第 19—23 页；《广义吴越文化史》，中国社会科学出版社 2012 年版，第 105 页。

图 8—2 宜侯夨簋铭文

者减编钟,清乾隆二十六年(1761年)在江西临江(今清江县)出土,共 11 件,其中 1 件无铭,4 件小钟各有铭文 27 字,6 件大钟各有铭文 87 字,繁简不同但内容相似。器主为"工敔王皮难之子者减",不过"皮难"和"者减"是谁?诸家看法不一。据马承源与董楚平先生考证,"皮难"即勾卑,"者减"为勾卑之子去齐,即寿梦之父。者减钟现存 4 件,分藏于北京故宫博物院、上海博物馆和台北故宫博物院(图 8—3)。

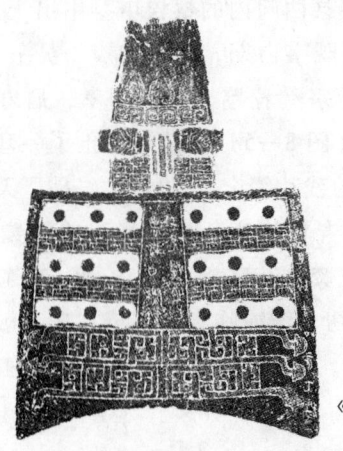

《西清续鑑》甲编17卷摹本

图 8—3 者减钟拓片与铭文

工虞匜，1985年在江苏盱眙县旧铺乡出土一件青铜匜，器形与纹饰和河南淅川下寺楚墓出土的铜匜相似，年代当也相近。器底内部有"工䲣季生乍其盥会盟"9字铭文。① 器主为某位吴王的弟弟。据乾隆《盱眙县志》记载："春秋鲁襄公五年（公元前568年）仲，孙蔑会、孙林父会吴于善道（今盱眙）。"此器出于盱眙，可能与吴鲁两国的这一事件有关（图8—4）。

图8—4 工䲣季生匜及其铭文

吴王光鉴，1955年在安徽寿县西门内的蔡侯申墓中出土，两件相同，有铭文8行52字："隹王五月，既字白期，吉日初庚。吴王光择其吉金，玄铣白铣。台（以）乍叔姬寺吁宗彝荐鉴，用享用孝，眉寿无疆。往已叔姬，虔敬乃后，孙孙勿忘。"（图8—5）同墓还出土了一套已经破碎了的编钟，根据其中47块有铭文的残片缀合得79字："是严天之命，入成（城）不（丕）赓。寺春念岁，吉日初庚。吴王光穆曾（赠）临金，青吕鎛皇，以乍寺吁龢钟。振鸣虔焚，其宴（音）穆穆。东东和钟，鸣阳（扬）条虡。既孜虔青，艺孜虔纫。维缚临春，莘英右庆。敬夙而光，沽沽漾漾。往已叔姬，虔敬命勿忘。"这两件鉴与编钟都是吴王阖闾为女儿寺吁陪嫁的媵器（图8—6）。②

---

① 秦士芝：《盱眙县王庄出土春秋吴国铜匜》，《文物》1988年第9期。
② 安徽省博物馆：《寿县蔡侯墓出土遗物》，科学出版社1956年版。

第八章　吴国与越国的金文　209

图 8—5　吴王光鉴及其铭文

图 8—6　吴王光残钟铭文摹本

配儿勾鑃，1977 年在绍兴西南 4 公里的狗头山南麓出土，共有两件，甲器残存 52 字（图 8—7），乙器残存 26 字，所幸两器同铭，缺文可以互补。完整的铭文应为 65 字："佳□月初吉庚午，吴王□□□之豖子配儿曰：余埶戜于戎攻且武余邲龚威期，不敢诸舍，择厥吉金铉镠镳铝，自乍钩鑃，余台（以）宴宾客，台（以）乐我者（诸）父，子孙用之，先人是予。"勾鑃的器主配儿是某位吴王之子，沙孟海先生认为配儿就是吴王阖闾的太子波。[①]

---

① 绍兴市文管会：《绍兴发现两件勾鑃》，沙孟海：《配儿勾鑃考释》，《考古》1983 年第 4 期。

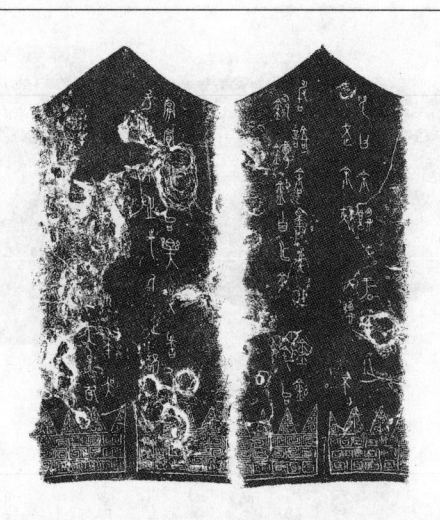

图 8—7　配儿勾镭（甲器）铭文拓片

臧孙编钟，1964 年在江苏六合程桥 1 号墓出土，一套 9 件[①]，铭文相同，完整的铭文为 37 字："隹王正月初吉丁亥，攻敔中（仲）终岁之外孙、坪之子臧孙，择厥吉金，自乍龢钟，子子孙孙永保是从"（图 8—8）。

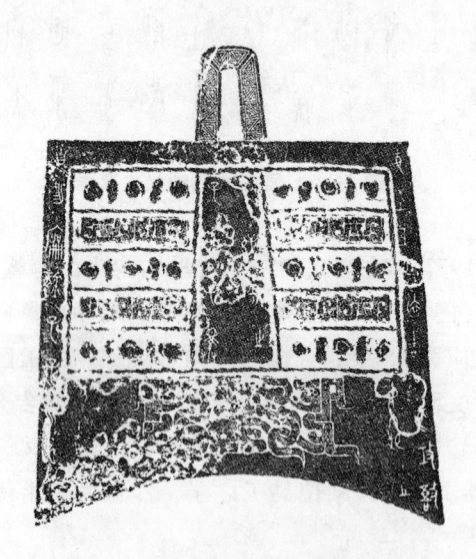

图 8—8　最大一件臧孙钟的拓片

[①] 江苏省文物管理委员会、南京博物院：《江苏六合程桥东周墓》，《考古》1965 年第 3 期。

但是其中有几件缺文少字。器主为"攻敔仲终岁之外孙、坪之子臧孙"。据刘兴先生考证"仲终岁"即终累，也即吴王阖闾的太子波①，而"坪"与"臧孙"无考，但他们既然是太子波的外孙，那么应该是与夫差同时代的吴国贵族。

无土脰鼎，1977年在陕西凤翔高王寺发现一处铜器窖藏，出土了12件青铜器，其中一件楚式鼎的器盖与器身上各有相同的8字铭文："吴王孙无土之脰鼎"（图8—9）。器主为"吴王孙无土"，但是"无土"在史籍中无考。②

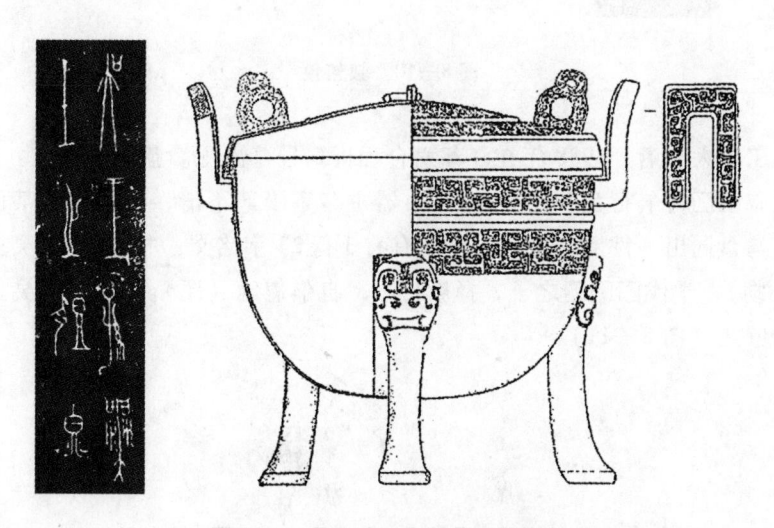

图8—9　吴王孙无土脰鼎及其铭文

叔繁簠，1957年在北京海淀区东北旺出土，器底有"吴王御士尹氏叔繁作旅匡"11字铭文。③ 这件簠的器形、纹饰、尺寸、铭文与《西清续鉴》甲编十三卷著录的周叔绥簠完全相同。该器的出土地点既非墓葬，也非窖藏，疑为清末从宫中流出之物。器主为"吴王御士尹氏叔繁"，御士为官名，叔繁在史籍中无考（图8—10）。

---

① 刘兴：《吴臧孙钟铭考》，《东南文化》1990年第4期。
② 韩伟、曹明檀：《陕西凤翔高王寺战国铜器窖藏》，《文物》1981年第1期。
③ 北京市文物组：《海淀区发现春秋时代铜器》，《文物参考资料》1958年第5期。

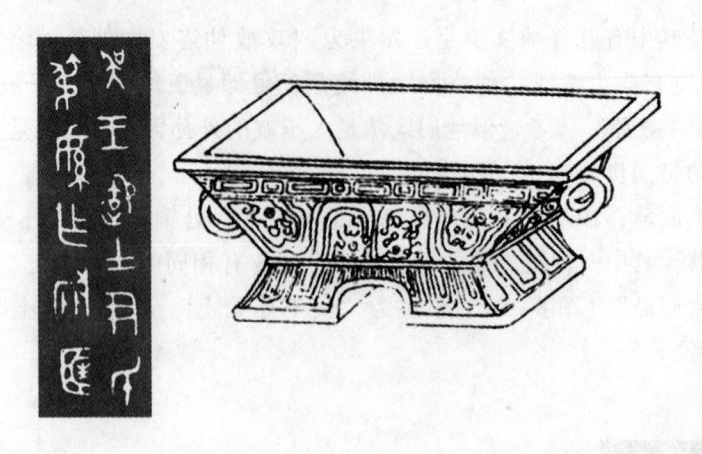

图 8—10　叔繁簠

工虞大叔盘，1988 年在江苏六合程桥 3 号墓出土。盘中有铭文："工虞大叔□□自乍行盘"一行 10 字，器主名字漫漶不清，为吴王的某位弟弟。与盘同出一件罗儿盥匜，器内有有 3 行 23 字铭文："罗儿□□吴王之姓（甥），学伐□□之子，择厥吉金，自乍盥鉈（匜）。"器主为吴王的外甥罗儿（图 8—11）。[①]

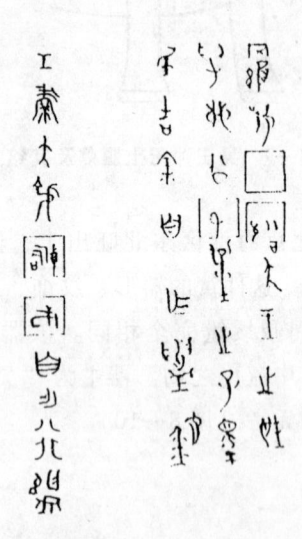

图 8—11　工虞大叔盘（左）和罗儿匜（右）铭文摹本

---

① 南京市博物馆等：《江苏六合程桥三号墓》，《东南文化》1991 年第 1 期。

禺邗王壶，共两件，壶盖外缘一圈有"禺邗王于黄池为赵孟（赵鞅简子）盳为邗王敬金以为祠器"19字铭文。20世纪20年代河南辉县出土，现藏英国伦敦大英博物馆（图8—12）。[①]

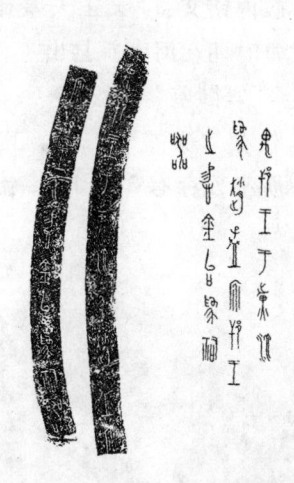

图8—12 禺邗王壶铭文及摹本

吴王夫差盉，被走私到香港市场，由何鸿章购回，赠予上海博物馆。盉的肩部有"敔王夫差吴金铸女子之器，吉"12字铭文，疑为夫差为西施所铸之器（图8—13）。[②]

图8—13 吴王夫差盉铭文拓片

[①] 容庚、张维持：《殷周青铜器通论》，文物出版社1984年版；陈梦家：《禺邗王壶考释》，《燕京学报》第21期，1937年6月。

[②] 陈佩芬：《吴王夫差盉》，《上海博物馆集刊》第7期，上海书画出版社1996年版。

吴王夫差鉴，先后出土过五件。其一于清同治年间在山西代州蒙王村出土，曾出现在北京，现已流至国外，腹内有铭文"攻吴王夫差择厥吉金自乍御鉴"3行13字。① 其二传于1940年或1943年在河南辉县琉璃阁出土，现藏国家博物馆。腹内铭文："吴王夫差择厥吉金自乍御鉴"2行12字。② 其三传于抗日战争时期在河南辉县出土，现藏上海博物馆。腹内铭"攻吴王夫差择厥吉金自乍御鉴"2行13字。③ 其四也藏于上海博物馆，但是铭文漫漶不清，仅存"夫差"二字。其五为故宫博物院从河南古董商手里收购的残片，所幸残存有3行13字铭文，与山西出土的吴王夫差鉴相同（图8—14）。④

图8—14 吴王夫差鉴及其铭文拓片

综观吴国金文，可以发现其书体与文法都与中原金文类似，因此在释读时并没有太大的困难。然而由于吴人的方言与中原的语言有很大的差异，因此铭文中的人名用的都是音译，与中原的人名完全不同，这就成为铭文中最难释读的部分。与越国金文相比，除了王子于戈、攻敔王光戈和吴季子之子逞剑以外，很少使用鸟虫书。

第二节　越国的金文

越人也没有自己的文字，迄今为止我们甚至还没有发现过年代早于勾

---

① 罗振玉：《三代吉金文存》，容庚：《商周彝器通考》，郭沫若：《两周金文辞大系》。
② 于省吾：《商周金文录遗》，中华书局2009年版。
③ 马承源：《中国古代青铜器》，上海人民出版社2008年版。
④ 董楚平：《吴越徐舒金文集释》，杭州古籍出版社1992年版。

践的越王剑和有铭文的青铜器,这说明越人冶铸青铜的技术和运用文字的水平都比吴人要落后。但是随着灭吴、迁都和争霸中原,越人不仅铸造青铜剑的技术超过了吴人,而且也渐渐地接受并采用了吴人和中原人使用的金文,在越国青铜乐器上所见到的金文与中原金文也大同小异,但是看来越人更喜欢鸟虫书,所以目前所见到的越国兵器上的文字几乎都是鸟虫书(表8—3、8—4),但是越王剑铭文大多铸在剑格上,还有错金嵌刻在剑首上,而不像吴王剑那样都嵌刻在剑腊上。

表8—3　　　　　　　　　越国铜剑铭文表

器名	戉王之子九戈剑	越王鸠浅剑	戉王剑	戉王者旨于赐剑	戉王者旨于赐剑	戉王不寿剑	戉王丌北古剑	戉王州勾剑	戉王州勾剑	戉王嗣旨不光剑	戉王不光剑
铭文											
释文	戉王戉王之子九戈	越王鸠浅自作用剑	戉王戉王戉王戉	戉王戉王者旨於赐	戉王戉王者旨於赐	戉王不寿不寿自作用剑用剑	戉王丌北古自乍用自,戉王丌北自乍□之用之剑□	戉王州句自乍用剑	戉王州句,戉王州句自乍剑自乍用剑……	戉王嗣旨不光,自乍自乍用攻……	戉王戉王,不光不光……
出土地点	传世	江陵望山	陕西	安徽寿县3件、古越阁藏	江陵雨台山	龚钦龙藏	上博藏,安庆王家山	江陵藤店	湖南益阳等16件	江陵张家山	淮南平粮台

表 8—4　越国铜、石、玉矛、戈铭文表

器名	戉王得居戈	戉王者旨于赐矛	戉王者旨于赐矛	戉王者旨于赐戈	大子不寿矛	越王勾铜矛	越王光玉矛	戉王铜矛	戉王铍	戉王石矛	戉嗣王石矛	"王"字铜矛
铭文												
释文	戉王差徐以其钟金铸其拱戟	戉王者旨於赐	赐旨者於戉王	癸亥徐侯之皇戉王者旨於赐	於戉□王旨□之大子不寿自乍元用矛	越王勾自作用矛	越王光	戉王	戉王	戉戉戉王王	戉戉嗣嗣王王	王
出土地点	浙博1件澳门1件	现藏日本	现藏上博	淮南蔡家岗2件	现藏上博	现藏英国	绍兴凤凰山	湖南长沙	现藏浙博	绍兴义桥	绍兴上灶、富盛，古越阁藏	多地出土

有铭文的越国青铜器都是乐器，比有铭文的吴国青铜器要少得多：

之利钟，为传世品，最早著录于宋人薛尚功的《历代钟鼎彝器款识法帖》卷一，定名为"商钟四"。1934年容庚先生在商钟一、二、三中发现有"戉王"字样，遂定为越器，但对"商钟四"未作定论。1983年曾宪通先生在铭文中发现"子胥宅吴"等内容，于是将其定为吴王钟。① 新出的《殷周金文集成》定其名为"之利钟"，时代为战国早期。董楚平先生认为之利钟和商钟一、二、三以及能原镈都是越器。全铭 8 行 64 字（图 8—15），为勾践时代的器物。

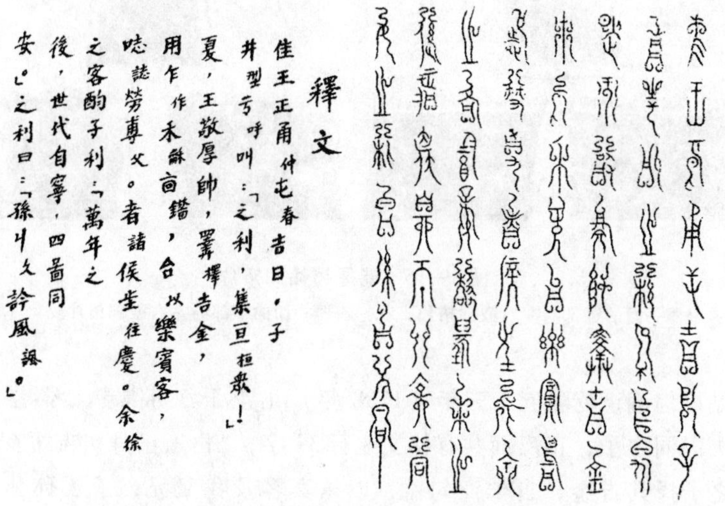

图 8—15 之利钟铭文摹本与董楚平的释文

能原镈，共有两件，甲器早年出于江西临江县，今藏台北故宫博物院，有铭文60字，乙器于1890年在江西瑞州发现，今藏故宫博物院，有铭文48字。曹锦炎先生认为《缀遗斋彝器款识考释》2.32 收录的一件鸟篆钟可能也同属一套，有 16 字。三器铭文的内容不相衔接，估计全套编镈（钟）应有 8 件以上。能原镈铭文的字体是典型的鸟虫书，鸟虫书是春秋晚期至战国时期流行于南方越、楚、蔡、吴等国的一种美术字，在越国的青铜器上尤其多见。能原镈的铭文虽然不全，而且不能完全释读，但是从残存的只言片语中仍然可以知道其内容是记载了越国主持调停莒、邾两国领土纠纷的事件（图 8—16）。②

---

① 曾宪通：《吴王钟铭考释——薛氏〈款识〉商钟四新解》，《古文字研究》第 17 辑，中华书局 1989 年版。

② 曹锦炎：《再论"能原"镈》，《故宫博物院院刊》1999 年第 3 期。

图8—16 能原镈铭文拓片

左：甲器一面的钲部与左右鼓部拓片　右：乙器一面的钲部与左右鼓部拓片

姑冯勾鑃，乾隆五十三年（1788年）出土于江苏常熟，器主为勾践的大夫冯同之子，正反面共有铭文8行39字，"隹王正月初吉丁亥，姑冯昏同之子择其吉金，自乍商勾鑃，以乐宾客及我父兄，子子孙孙永保用之"（图8—17）。

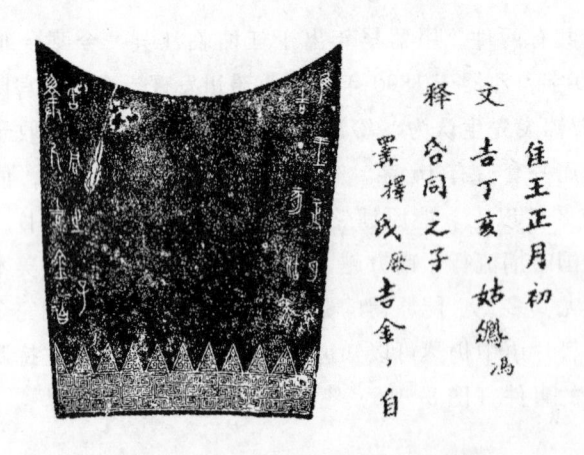

图8—17 姑冯勾鑃铭文拓片（正面）

其次勾鑃，道光初年出土于浙江武康县（今属德清），器形类似姑冯勾鑃，器主无考。共有 13 件，其中 2 件有字，同铭，31 字，"隹正初吉丁亥，其次择其吉金，铸勾鑃，台（以）享台（以）孝，用祈万寿，子子孙孙永保用之"（图 8—18）。

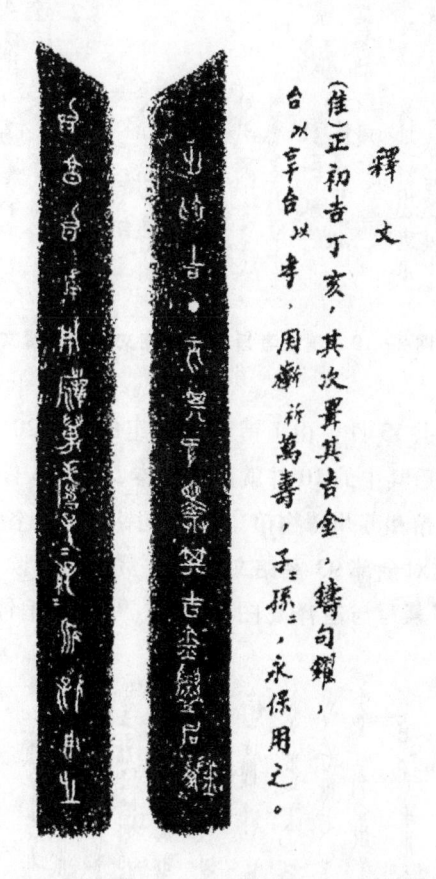

图 8—18　其次勾鑃铭文

越王者旨于赐钟，宋代出土，著录于《宣和博古图录》，但是早已失传。有 52 字错金鸟篆字，各家著录皆为摹本，器主者旨于赐即勾践之子鼫与。1960 年江苏吴江横塬出土一件青铜钟残片，残存一个鸟书的"于"字，陈邦福先生认为也是越王者旨于赐之"于"（图 8—19）。[①]

[①] 陈邦福：《吴江横塬出土越王残钟考释》，《考古》1961 年第 7 期。

(一)
佳正月仲
春吉日丁

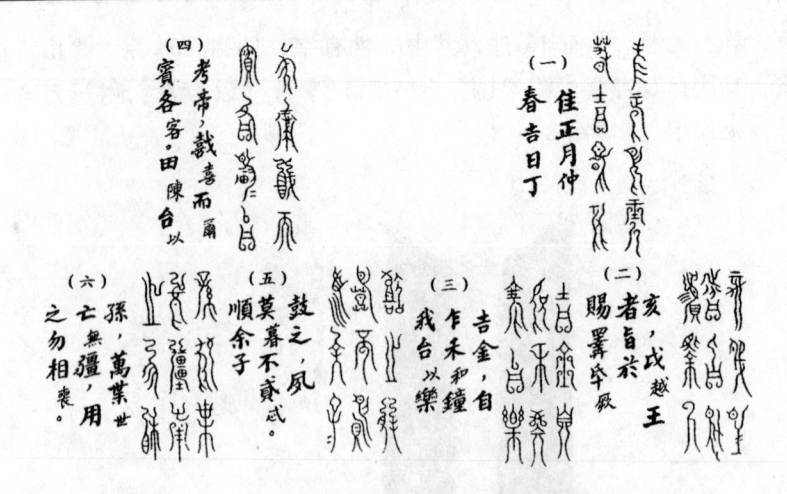

(二)
亥，戉越王
者旨於睗
賜罢𢆶殹
吉金，自
乍禾和鐘
我台以樂

(三)
吉金，自
乍禾和鐘
我台以樂
余子

(四)
考帝，戠喜而鷔
賓各客客，田陳台以

(五)
莫暮不貢武
順余子

(六)
孫，萬葉世
亡無彊，用
之勿相喪。

鼓之，凤

图 8—19 越王者旨于赐钟铭文摹本及释文

　　者汈编钟，总共 13 件，由 1 镈、12 钟组成。传 20 世纪 30 年代初出土于洛阳金村，出土后其中的 10 件就流入日本，其余 3 件分别藏于北京故宫博物院、上海博物馆和苏州博物馆。13 器同铭，但是各器都有残泐，1952 年饶宗颐先生首次对全部 93 字铭文作了连贯性的释读，1958 年郭沫若先生对全部铭文作了摹写与通释（图 8—20）。① 者汈编钟为越王翳十九年

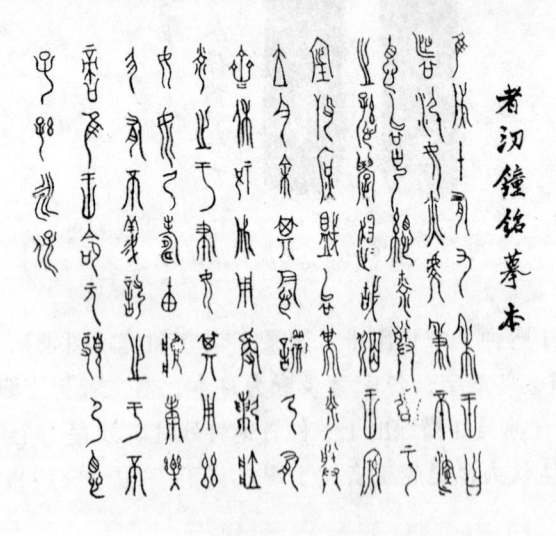

者汈钟铭摹本

图 8—20 郭沫若摹写的者汈钟铭文

---

① 郭沫若：《者汈钟铭考释》，《考古学报》1958 年第 2 期。

（公元前 393 年）所铸之器，内容是王翳对太子诸咎（即者汈）的谆谆告诫，意译如下：

越王翳十九年，王说："诸咎！你要恭敬坚持而不致丧失常德，使能全面发扬我的法则传统。注意检点谦逊学习，英武地辅佐王室，去捍卫诸侯盟国，以崇尚加强我的王位。今天我之所以念咒祷告，是为了恭敬地祈求神明保佑你有美德的德性，激扬你的壮怀，赐予编钟一组，供你使用。你将平安长寿，和顺康乐。今后勿有不义之心，以至做出不轨之事。唯王命勉是从，则为至德，子孙将永远保住这套编钟。"①

这些有铭文的越国青铜乐器中有南方特有的勾镰，也有中原式的镈与编钟，但是它们上面的铭文，无论语言还是句式都和中原器没有太大的区别，字体书法也十分典雅，这些都充分反映了越国贵族的华夏化倾向。

---

① 董楚平：《吴越徐舒金文集释》，杭州古籍出版社 1992 年版，第 193 页。

第九章　从吴国与越国的城址看吴国与越国的对峙

周平王东迁以后天子的实力大大削弱了，再也无力号令诸侯，于是齐桓公在"尊王攘夷"的旗号下存邢救卫，成为春秋时代第一位代替天子号令诸侯的霸主。齐桓公死后齐国陷入了内乱，国力因此大衰，于公元前642年被宋国打败。宋襄公企图取代齐桓公称霸，但是却在泓水之战中被楚军打得大败。打败宋国以后楚国的势力骎骎北上，而北狄又步步南下，因此第二次尊王攘夷的重任就落到了晋文公的身上。公元前632年晋国联合秦、齐、宋国在城濮与楚国会战，一举击败了楚国。城濮之战后晋文公在践土召集齐、鲁、宋、卫等七国之君会盟，连周襄王也参加了这次会盟，并在会上册命晋文公为"侯伯"，正式确立了晋国的霸主地位。这时离吴王寿梦称王只有47年。

晋文公在称霸后不久就死了，继位的晋襄公在殽地全歼入侵的秦军，占领了函谷关，成功地遏制了秦国东进的势头，但是他却无力阻挡楚国的北侵。公元前606年，雄才大略的楚庄王北伐陆浑之戎，一直进军到伊、洛水一带，甚至到天子领地的边境上检阅军队、炫耀武力。楚庄王问鼎中原之时离开寿梦称王只有21年。

公元前598年，晋国和楚国在邲地发生大战，晋军大败。再过九年（公元前589年）楚庄王虽然已经死了，但是楚国还是在鲁国的蜀邑召集十二国诸侯会盟，连齐、秦等大国都到会了。在晋、楚争霸之际，齐国一向是站在晋国一边的，但是随着晋国的衰落，齐顷公倒向了楚国，并且不断地向鲁国和卫国用兵。公元前589年晋军在鞍地与齐军交锋，把齐国打得大败。在晋国和楚国争霸的过程中双方互有胜负，但是谁也没有力量彻底战胜对方，局势陷入了僵持状态。

当时在楚国执掌大权的是子反和子重。楚国贵族申公巫臣和子重有仇，而他和子反又是情敌。申公巫臣为了爱情带着心爱的夏姬离开楚国逃往晋国，子反和子重就杀了他的家族、瓜分了他的领地。情仇家恨使申公巫臣愤怒至极，于是他就向晋景公建议联合吴国，挑唆吴国从南方夹击楚国，开辟第二条战线。晋景公接受了他的建议，就派他带领三十乘兵车出使吴国，帮助吴国训练士兵，教吴人学习车战的技术。申公巫臣回国时把15辆兵车以及驾车的御手和射手都赠给了吴国，还把自己的儿子狐庸留在吴国担任寿梦的"行人"，即掌管礼仪外交的官员。申公巫臣出使吴国是寿梦二年（公元前584年）的事，吴国在晋国的怂恿之下当年就开始进攻楚国，伐巢（今安徽巢县）、伐徐（今安徽泗县西北），进入州来（今安徽凤台县），江淮之间许多原来依附于楚国的蛮夷小国都被吴国兼并了，害得子反和子重一年之中在战场上往返7次，疲于奔命。

吴国地处江南水乡，又多丘陵，本来并不适合车战，吴人"山行水处"，本来也不擅长车战，但是在镇江大港一带的春秋大墓中却每每出土青铜车马器，就是在这样的背景下出现的。在晋国与楚国争霸的拉锯战中，吴国和晋国结成了共同对付楚国的盟友。这是春秋时代典型的"远交近攻"战略，从长远来看也是符合吴国利益的，从此以后吴国就被绑在了晋国的战车之上，而楚国就去拉拢越国，企图在吴国的背后开辟第二条战线来牵制吴国，这样越国也被卷入了晋楚争霸的旋涡之中。

长期以来吴人和越人一直和平相处，并没有大的利害冲突，所以"吴越之人，同舟济江，中流遇风波，其相救如左右手者，所患同也"。① 然而自从诸樊徙吴以后吴越两国就开始交恶，而诸樊徙吴的原因就是为了避免楚国进攻的锋芒。接着余祭被越俘刺死，阖闾又死于樵李之战，吴越双方终于结下了不共戴天的世代怨仇，两国的对峙一直发展到夫差自刎、勾践灭吴。晋楚两国争霸中原就是这一场充满戏剧性的吴越之争的背景。

第一节 从吴国城址看吴人与越人对生存空间的争夺

根据目前公布的材料，已知的吴国城址有：芜湖南陵牯牛山古城，常州武进淹城，丹阳葛城与珥陵古城，高淳固城，姜堰天目山古城，无锡阖闾城，苏州木渎古城，苏州石湖吴城，湖州长兴邱城，另外江阴佘城的位

---

① 《孔丛子·论势》。

置也在吴国范围之内，但是它的年代偏早，而且能否确定为吴国城址，还有待于进一步发掘来证实。

牯牛山古城位于安徽芜湖南陵县石铺乡（图9—1），古城平面为规则的长方形，长约900米，宽750米，面积约70万平方米，外围有护城河的遗迹，宽20—50米。城内有大量的红烧土、炼铜铜渣、制陶遗迹以及生活遗迹，文化层厚2—3米，文化内涵十分丰富，时代为西周到春秋。古城附近有千峰山土墩墓群等许多同时代的遗存，西距大工山古铜矿和江木冲冶炼遗址仅20公里，铜矿从西周到唐宋一直在开采。①

图9—1　安徽南陵牯牛山古城航空照片

淹城遗址位于常州市武进县湖塘镇（图9—2），遗址东西长850米、南北宽750米，总面积65万平方米。古城由三道土城墙和三条护城河构成，子城呈方形，周长500米，内城也呈方形，周长1500米，外城呈不规则椭圆形，周长2500米，城墙宽25—30米，残高3米左右，城河宽30—40米，外城河最宽处达60米，时代为春秋晚期。② 肖梦龙先生认为淹城是春秋早

---

① 刘平生：《安徽南陵大工山古代铜矿遗址发现和研究》，《东南文化》1988年第6期；姚永森：《南陵地下古城之谜》，芜湖新闻网2008年11月18日，http://www.wuhunews.cn。
② 林志方：《淹城探谜》，黑龙江人民出版社2007年版，第2—3页。

期的吴国都城遗址①，淹城的防卫非常严密，但是面积太小了。

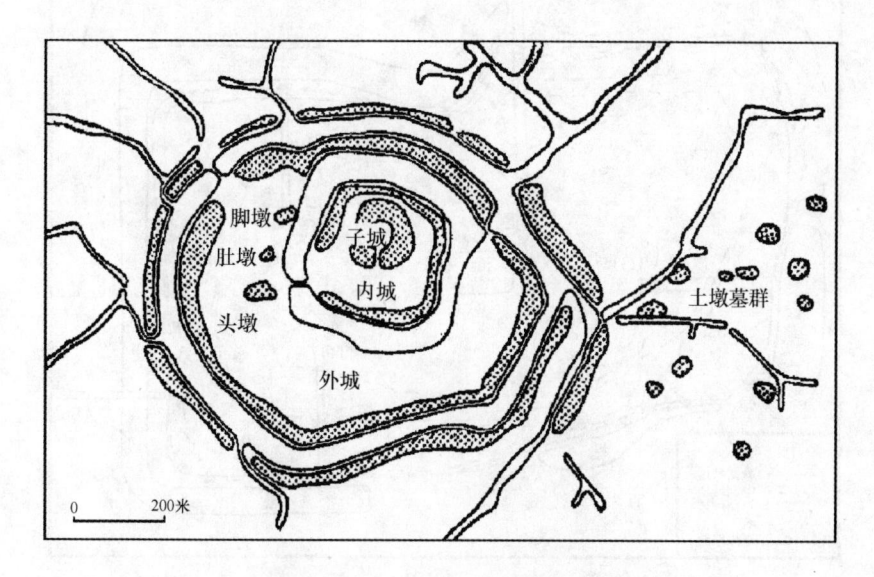

图 9—2　武进淹城平面示意图

葛城遗址位于丹阳市珥陵镇东南约 6 公里的一个高出周边地面 4—5 米的土岗上，东西长约 200 米，南北宽约 120 米，呈不规则长方形。土岗四周原有高 6—7 米的残城墙，墙基宽 20 余米，前后经过三次修筑，采用堆筑法建造，不挖基槽，也未经夯打（图 9—3）。城墙四周有宽 8.5—13 米城濠环绕，深 2—3 米，南北各有一座城门。在城濠以外 50—60 米有第二道城壕。时代从西周中晚期延续到春秋末期。葛城遗址东北 1 公里有一座底径 20 余米、高 15 米的神墩，是与葛城相关的祭祀遗址。②

珥陵古城位于丹阳市珥陵镇东南约 1 公里（图 9—4），是一处台形遗址，土台周边长约 200 米，高 1.5—3 米，总面积近 4 万平方米。遗址的南面和西面有围濠环绕，濠沟宽 15—30 米，出土的陶器和葛城遗址相同。③

---

① 肖梦龙：《吴国王陵区初探》，《东南文化》1999 年第 4 期。
② 镇江博物馆考古队：《江苏丹阳葛城遗址勘探试掘简报》，《江汉考古》2009 年第 3 期；南京博物院：《重构与解读》，南京大学出版社 2009 年版。
③ 镇江博物馆考古队：《江苏丹阳葛城遗址勘探试掘简报》，《江汉考古》2009 年第 3 期。

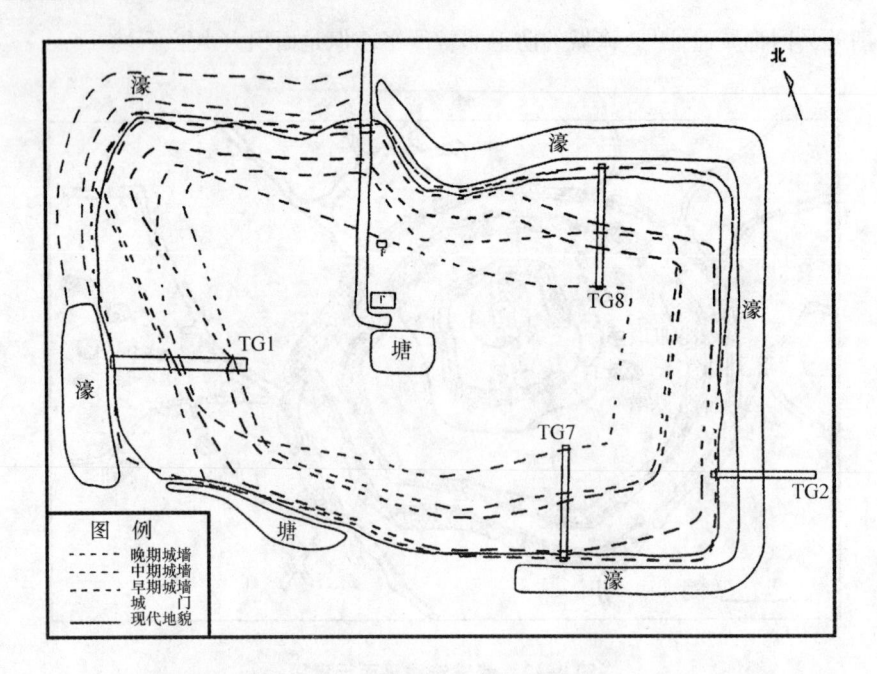

226　考古学视野下的吴文化与越文化

图 9—3　葛城遗址三期城墙平面图

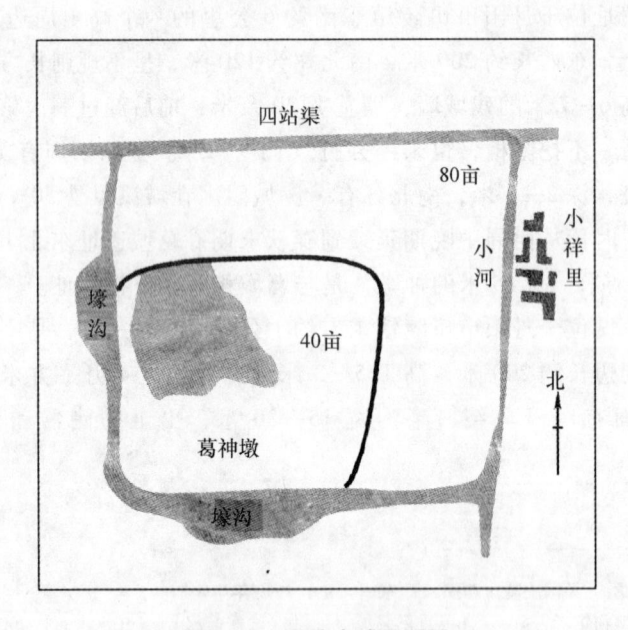

图 9—4　珥陵古城平面图

固城遗址位于高淳县固城镇（图9—5），城址平面呈不规则的多边形，分内城和外城两部分，外城垣周长3900多米。保存较好的北城垣基宽41米，顶宽25米，残高4—6米，外有护城坡。城内东西向长约1450米，南北向宽约600米。城垣四面留有似城门的豁口，围绕外城的环状低田宽18米左右，当为护城河的遗迹。研究者认为现在保留较好的固城遗址是汉代在春秋遗址的基础上向东扩建、改筑而成的一处城邑，春秋时的"固城"应该在"子城"的西面，范围也没有那么大。[①]

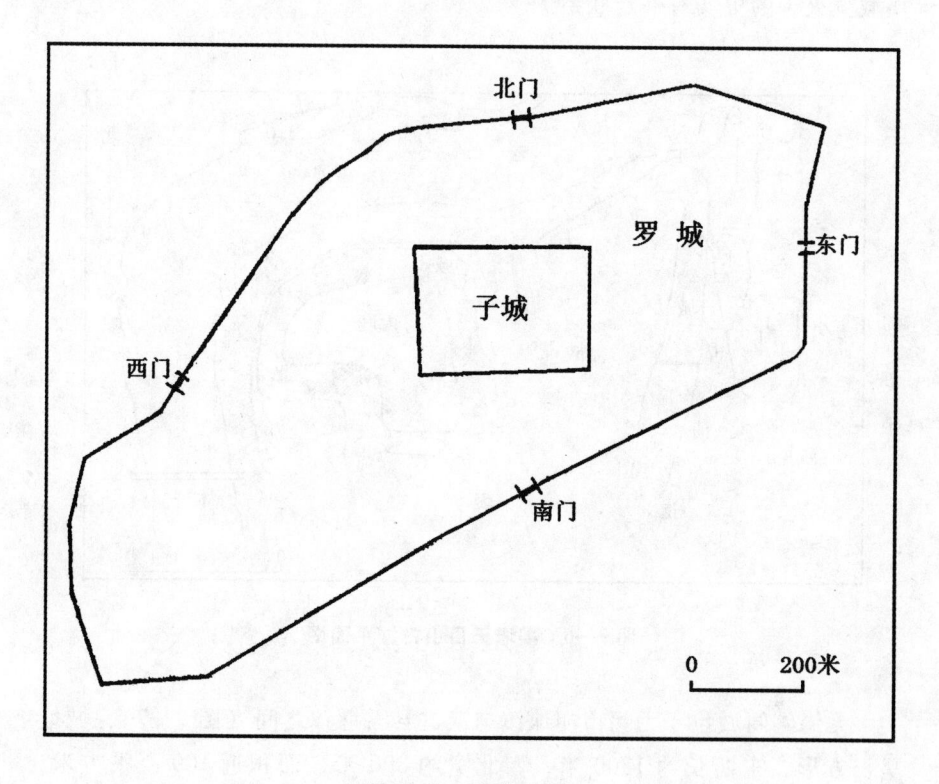

图9—5 固城平面图

[①] 濮阳康京：《江苏高淳固城遗址的现状与时代初探》，《东南文化》2001年第7期。

目前在宁镇地区发现的这几座西周春秋时代的早期城址面积都不大，规模形制仅与大型的台形遗址相仿。这种状况与寿梦称王之前吴人尚未建立集权制国家的社会形态是相称的。

天目山古城位于泰州市姜堰城区北面（图9—6），遗址有内外城墙，外城平面略呈椭圆形，东西长170米、南北宽160米，面积约2.5万平方米，内城位于外城东北部，边长约70米，面积约4000平方米。时代从西周早期延续到春秋末期。发掘者认为天目山遗址可能是干国古城，与文献所载吴灭干的史实有一定联系。①

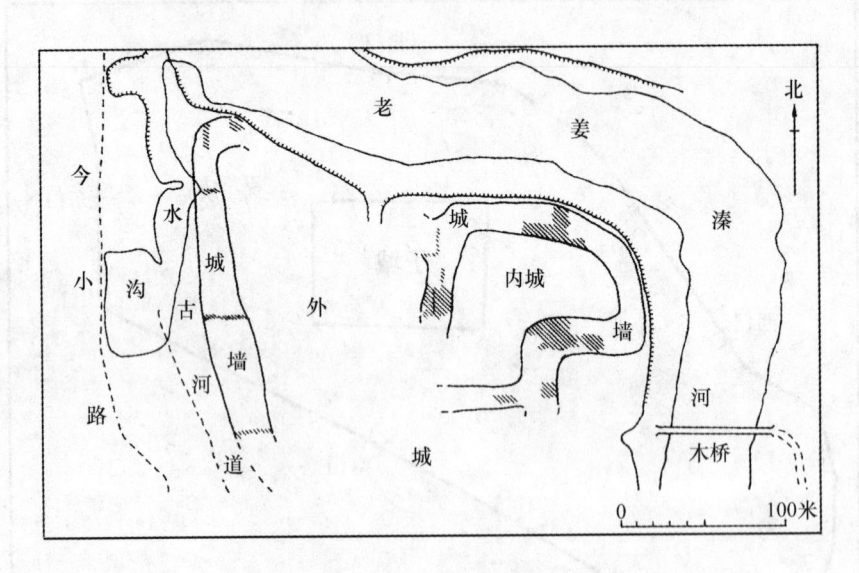

图9—6 姜堰天目山古城平面图

无锡阖闾城位于无锡市胡埭镇与武进县雪堰镇之间（图9—7），城址呈长方形，东西长约1300米，南北宽约800米，面积近100万平方米，土城城墙残高2—3米，底宽约20米。城内中间有隔墙，把城分为东、西两部分，西城较大，有800米见方，东城较小，仅500米见方。城的四周有河流围绕，宽10—40米。2007年江苏省考古研究所对无锡阖闾城遗址进行了一年半的勘察复查，在已知的两个小城之外又发现了东西长约

---

① 南京博物院、泰州市博物馆等：《江苏姜堰天目山西周城址发掘报告》，《考古学报》2009年第1期。

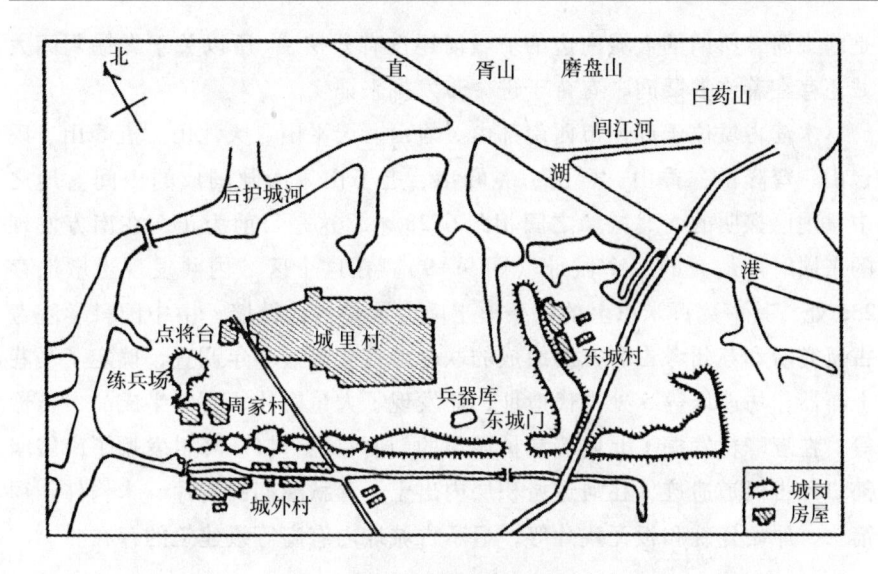

第九章 从吴国与越国的城址看吴国与越国的对峙　229

图 9—7　无锡阖闾城平面图

2100 米，南北宽约 1400 米，被护城河围绕的面积为 2.94 平方公里的大城（图 9—8）。勘察者认为这座大城是真正的阖闾城[①]，但是围绕大城的河道历经两千多年依然畅通，这实在令人怀疑。有网民指出，在 1983 年出版的无锡市城市地名录所附的地图上武进港是向南流入太湖的，向东还

图 9—8　无锡阖闾大城卫星图

[①] 无锡市第三次全国文物普查办公室：《阖闾城遗址考古复查获重要成果》，《中国文物报》2008 年 10 月 31 日。

是断头河，所谓的大城南边的护城河还没有开挖。① 所以关于无锡阖闾大城还存在着许多疑问，有待于进一步发掘来证实。

木渎古城位于苏州市西南部由灵岩山、天平山、天池山、五峰山、砚台山、穹隆山、香山、胥山、尧峰山、七子山等山脉围成的山间盆地之中，现已探明的南北城墙之间相距6728米，这是目前为止，在南方发现的东周时期最大的一个城址（图9—9）。在这个区域内共发现土墩遗存235处，其中数百米以上的长条形土墩应该是古代城墙。由中国科学院考古研究所和苏州考古研究所组成的联合考古队经过半年调查，确定了马巷上石器作坊遗址等5处古代遗址，还发现了大量陶片、石器半成品、石器等。在五峰村发掘了北城墙和护城河的剖面，在胥口新峰村发掘了南城墙豁口和古河道遗迹，在河道淤积层内出土了春秋晚期的陶片、木构件、铜箭头、原始瓷碗和板瓦残片等，显示古城址内有高等级建筑的存在。②

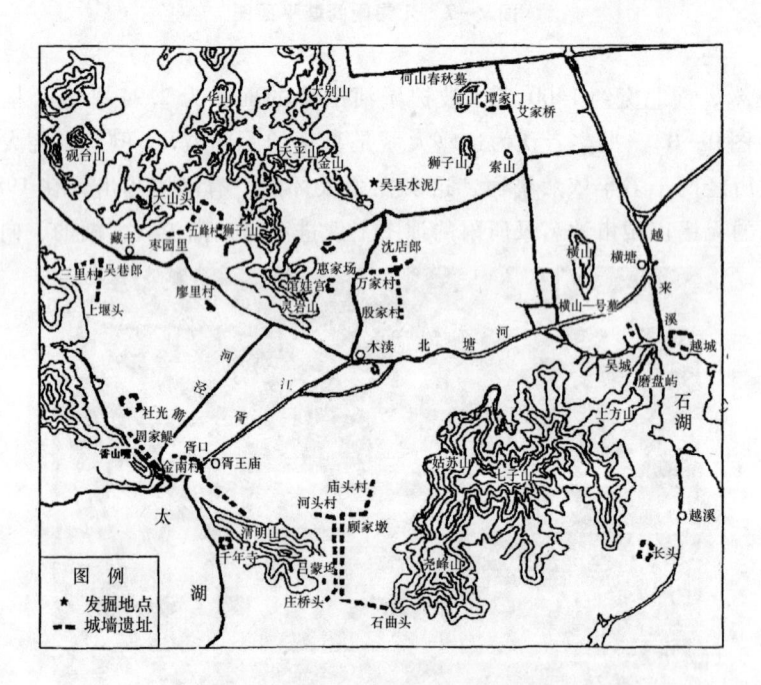

图9—9　苏州木渎古城平面示意图

---

① 钱陌：《无锡阖闾城遗址考古疑点众多》，http://www.xici.net。
② 在2010年6月12日苏州古城吴国王陵考古阶段性成果新闻发布会上由中国社会科学院考古研究所徐良高先生宣布。

第九章　从吴国与越国的城址看吴国与越国的对峙　231

  2011年在古城西南部南临香山北麓的合丰村发现一座小型城址，小城址呈圆角方形，南北长约500米，东西宽约450米，面积约22万平方米，城东紧挨着胥口通往太湖的水路。城墙外侧有宽约10米的城壕环绕，城内外土墩遗存密集（图9—10）。从合丰小城的地理位置来看这座"城中城"很可能是当年的官署聚集区。① 目前该遗址正在进行发掘。

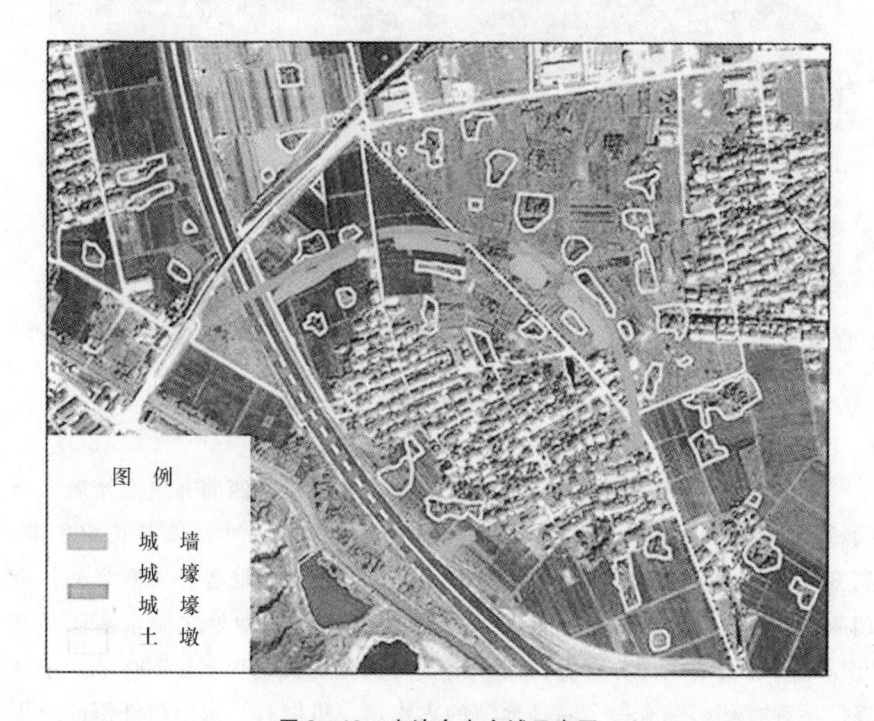

图9—10　木渎合丰小城示意图

  吴城遗址位于苏州西南石湖旁上方山余脉的磨盘屿上（图9—11），南北约180米，东西约200米，面积约3.6万平方米，出土的陶片为春秋晚期。② 吴城南临石湖，东面隔着越来溪和越城相对，据记载吴城与越城都是春秋末年越军围困吴国时两军对峙所筑的军事堡垒。

---

  ① 唐锦琼、孙明利：《2011年度苏州木渎古城考古的新进展》，中国考古网2012年2月6日，http://www.kaogu.cn。
  ② 苏州博物馆：《苏州吴文化考古情况的汇报》，内部调查资料，2002年11月。

图9—11　苏州石湖吴城和越城卫星图

邱城遗址位于湖州长兴白雀乡，在两座小山丘的四周夯筑土城墙，中间相连成"吕"字形。北城地势较高，保存完整，东西城墙各长300米，高8—10米，上宽5—8米，底宽20—30米。南北城墙各长450米，各有门阙一座，北门偏东，南门偏西，门宽20米。南城地处北城东南面，其北城墙与北城南墙部分重叠，西、南城墙长分别长500米和300米。东城墙已不存，其内侧有一个叫马池潭的大水塘，可能有一水门与外侧的芦圻水营相通。邱城依山面水，扼守着太湖小梅口，实际上是一座军事城堡。据《大清一统志》记载，在长兴县东北沿太湖除了邱城以外还有吴城（今长兴香山）与彭城（今长兴弁山北麓），"皆春秋时吴王戍之地"。另外还有夫概城和长城[①]，不知是否就是这几座城？如果这一记载不错，那就意味着在阖闾时已经命令他的弟弟夫概率领吴军从太湖西北地区向南突进占领了太湖西南地区，并构筑起城堡对越国形成了包抄的态势。

佘城遗址位于江阴市云亭镇（图9—12），城址呈圆角长方形，南北

[①] 《大清一统志》浙江省湖州府一《古迹》，《元和志》注"长城故城"曰："县东南去湖州七十里。昔阖闾使弟夫概居此，筑城狭而长，因以为名。"

长约600米，东西宽约300米，面积约20万平方米。城址所在地势较高，其西有河流围绕，东、北、南面为稻田，地势明显低于城墙数米，当为原来的护城河，南城墙保存程度最好，高出城内地面1—3米。佘城遗址的年代为距今3600—3000年，毁于商代末期，其文化面貌有自身的特点，但是受马桥文化和湖熟文化的影响极大。佘城的年代早于吴国建国，其性质与族属目前也难以确定，还有待于进一步发掘与研究。

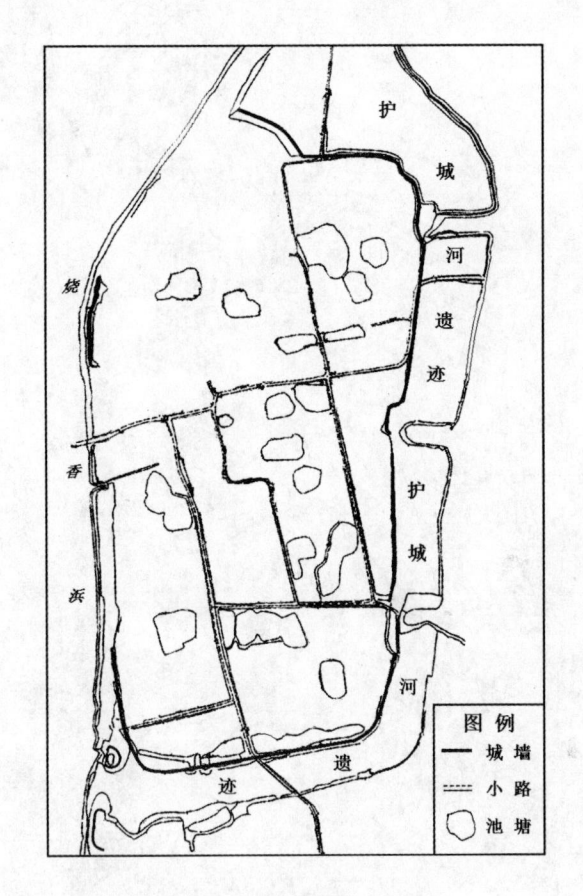

图9—12 佘城遗址平面图

此外据《太平寰宇记》和地方志记载，吴国都城的外围还有许多座城，如南武城、冶城、铜城、养鱼城、鸭城、麋城等，但是现在这些城址都难以一一确指了。

这些城址的面积除了木渎古城以外一般都只有几十万平方米，小的只有几万平方米，有的是城邑聚落，有的只是军事城堡，把它们标在地图上，吴国中心区域的范围就显示出来了（图9—13）。这些城址越是位于西边的年代越早，这就明白地显示出吴人从西向东迁徙的态势。吴人之所以要向东迁徙就是因为受到了来自西面楚国的军事压力。

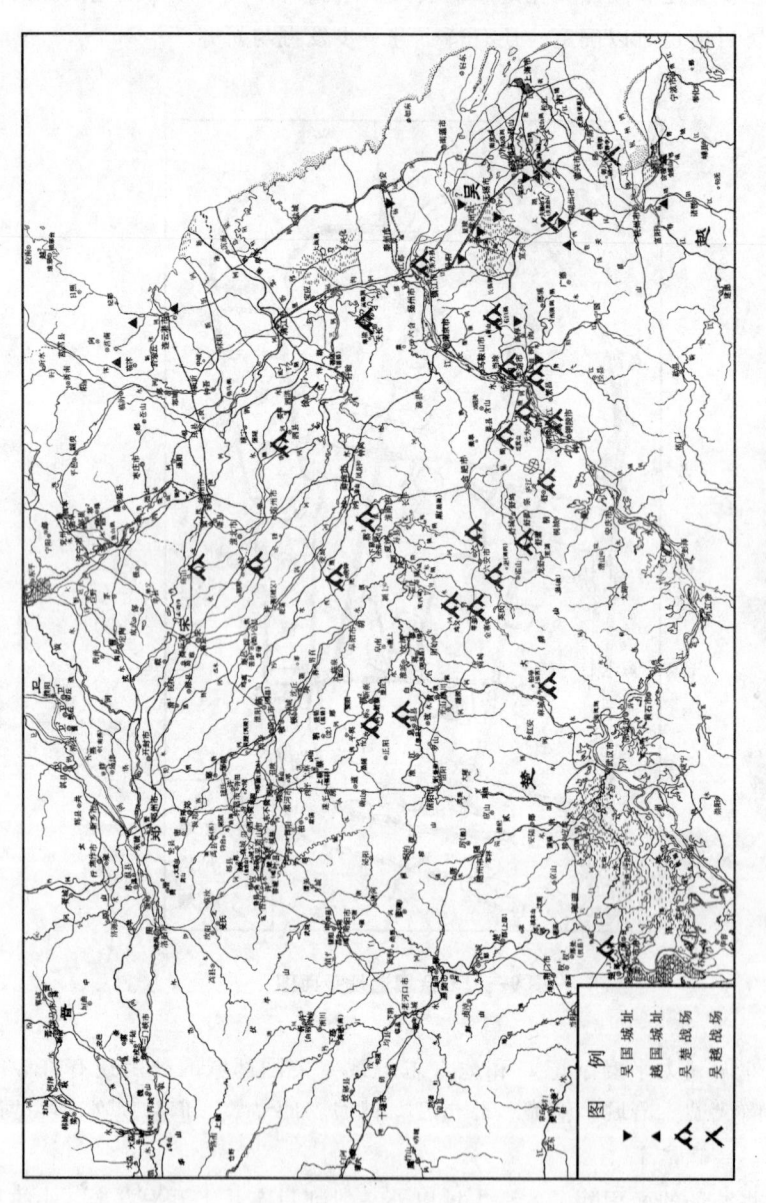

图9—13 春秋吴越城址分布与吴楚、吴越战争态势图

寿梦死后诸樊继位,这一年正好楚共王也死了,诸樊乘机发兵进攻楚国,但是却被楚国大将养由基和子庚用诱敌深入之计在庸浦(今安徽无为县南)打了一个伏击,大败,连公子党也被楚人俘虏。第二年春天,吴国向晋国报告了战败的情况,并和晋、鲁、齐、宋、卫、郑、曹、莒、邾、滕、薛等国的大夫在向地(今安徽怀远)会见,诸樊在会上要求诸侯联合发兵伐楚,但是诸侯们认为趁丧伐楚是不道德的,拒绝了诸樊的请求。诸樊回国后迫于楚国的压力不得不把都城向东迁徙,这就是史书记载的"诸樊徙吴"。① 余祭十年(公元前538年)"秋七月,楚子以诸侯伐吴……使屈申围朱方"。② 朱方位于今丹徒东南,楚人居然能够深入吴国的腹地,可见这时的吴国都城一定已经迁到茅山以东的吴地去了。我们根据史书记载知道太伯仲雍奔吴,也知道寿梦称王,但是他们居住的都城在哪里?我们并不清楚。我们也知道诸樊徙吴,但是诸樊究竟把都城迁到什么地方?我们也不清楚,但是可以肯定诸樊所徙之"吴"不在今天的苏州,因为如果诸樊就已经迁到了今天的苏州,那么阖闾再让伍子胥到哪里去建造新城呢?笔者认为诸樊所徙之"吴"可能就是无锡阖闾城。

无锡阖闾大城的勘察者对阖闾城遗址的东西两个小城进行了细致的钻探,这是没有问题的,但是他们并没有发掘大城城墙的剖面,而仅仅是在大城的西南角进行了钻探,据说发现了宽约34米的城墙墙基,墙基的土与东城和西城完全相同,也是坚硬、纯净的浅黄色黏土,包含物最晚亦为春秋中期,此外还对阖闾城外的龙山石冢和龙山石城进行了发掘与勘查。③ 其实,所谓"石冢"就是太湖以北地区常见的石室土墩墓,它应该是越人的墓葬(详见本书第四章第四节)④;所谓"石城"是沿着山脊垒筑的防御工事,石城叠压在石冢之上,说明它的年代晚于石冢。石冢的年代已经判明是春秋早中期,那么石城的年代当然是春秋晚期。如果龙山石冢是吴人的大墓,那么这样做就实在是大不敬了。如果阖闾城是一座军事城堡,那么它与石城就正好构成了一套完整的防御体

---

① 《史记·吴太伯世家》集解引《世本》曰:"诸樊徙吴。"
② 《左传·昭公四年》。
③ 张敏:《阖闾城遗址的考古调查与初步认识》,南京博物院网站 http://www.njmuseum.com。
④ 叶文宪:《吴人土墩墓和越人石室土墩墓》,《东方文明之韵》,岭南艺术出版社2000年版。

系。这种垒筑于山脊的石城在苏州上方山磨盘屿的吴城遗址也有①（又见图9—11），它是吴国的防御工事。这些石城的位置与布局正符合我们对吴越对峙形势的判断。

无锡阖闾城位于太湖边上，依山面湖，扼守着太湖边的南北交通要道——十八弯，形势十分险要，它的军事地位无疑非常重要，但是作为都城，位置过于褊狭，如果诸樊迁徙到此地，也只能是权宜之计，所以阖闾即位以后为了扩张称霸就要命伍子胥"相土尝水、相天法地"去建造新的都城了。至于伍子胥建造的都城是不是木渎古城？我们拭目以待。

商周时代在长江下游的江南地区分布着两支考古文化：西边的皖南和宁镇地区是湖熟文化分布区，其遗存主要表现为台形遗址和土墩墓；东边的浙北和太湖地区是马桥文化分布区，其遗址发现极少，主要遗存是石室土墩墓。有人认为，湖熟文化是南淮夷的遗存，马桥文化是先吴文化的遗存。但是马桥文化不仅分布在太湖以北地区，而且也广泛分布在太湖以南地区，太湖以南地区历来都被认为是越人的地盘，所以马桥文化不可能是先吴文化。笔者认为湖熟文化是先吴文化，马桥文化是先越文化。土墩墓和石室土墩墓中都出土原始瓷和印纹陶，说明两者的文化联系非常密切，这是"吴越同族"在考古上的表现，但是两者又存在着差别，主要在于前者接受了来自关中的周文化影响，炊器用鬲，这应该是"太伯仲雍奔吴"在考古上的表现，而后者接受了来自中原的龙山文化王油坊类型的影响，炊器用鼎，这应该是"越为禹后"在考古上的表现。太湖周围普遍分布着数量众多的石室土墩墓，这说明太湖周围地区一直是越人生活的区域，但是春秋后期诸樊却把都城迁到了太湖的西北面，阖闾又进一步把都城迁到了太湖的东北面，这就意味着吴人已经完全占据了太湖以北的平原地区，这样就导致了吴人和越人争夺生存空间的激烈斗争。诸樊以后吴人和越人的冲突越演越烈，除了楚国与晋国的介入以外，这也是一个极其重要的原因。

第二节　　从越国城址看吴越两国以太湖为界互相对峙

根据目前公布的材料，已知的越国城址有：安吉递铺古城，湖州下菰

---

① 苏州博物馆：《苏州吴文化考古情况的汇报》，内部调查资料，2002年11月。

城,绍兴勾践小城与山阴大城,萧山越王城,苏州石湖越城和连云港锦屏山九龙口古城。

递铺古城位于安吉递铺镇古城村(图9—14),遗址平面略呈方形,城墙内东西长600米,南北宽550米,面积33万平方米。土筑城墙保存较好,底宽24—26米,上宽12—15米,残高4—6米。护城河遗迹明显可辨,宽50—80米。城内试掘区文化层堆积丰厚,上达春秋,下至西晋。古城南面的龙山上有800多座土墩墓,北面的笔架山上有300多座土墩墓,特别是在龙山下还有南北排成一列的四座葬在小山之巅的大墓,民间称为八亩墩、九亩墩、小山和温州山,周围还有隍濠围绕,形制与兰亭印山大墓类似,只是规模较印山大墓略小,也应该是越王的陵墓。所以程亦胜先生认为递铺古城可能是春秋早期的越国都城遗址。[1] 在八亩墩西北方约500米的龙山东麓平地上发掘过一座编号为安龙D141M1的越国贵族大墓[2],在长兴鼻子山也发掘过一座越国贵族大墓[3],年代都在战国早期晚段,出土遗物都和无锡鸿山墓群的出土遗物相似,这说明在战国中期越王翳从琅琊回归吴地以后递铺古城仍然是越国的一个重要的中心聚落,其地位不在绍兴之下。递铺古城在春秋时期就是越人的一个中心聚落,但是古城的城墙却是战国时建造的[4],那么会不会是越王翳归来以后建造的呢?八亩墩、九亩墩等四座大墓会不会是越王翳及其后代的王陵?古城的东北角出土过装满楚国郢爰的窖藏,在安吉的良朋镇砖瓦厂、天子湖工业园区和高禹镇五福村都出土过战国晚期的楚国木椁墓[5],说明楚灭越以后这里曾经被楚人占领。秦并六国之后在此设鄣县,汉文帝时改为鄣郡,递铺古城毁于吴楚七国之乱,于是汉武帝把鄣郡划归丹阳郡。[6] 秦汉时的郡邑都

---

[1] 程亦胜:《早期越国都邑初探——关于古城遗址及龙山墓群的思考》,《东南文化》2006年第1期。

[2] 浙江省文物考古研究所、浙江安吉县博物馆:《浙江安吉龙山越国贵族墓》,《南方文物》2008年第3期。

[3] 浙江省文物考古研究所、长兴县博物馆:《浙江长兴鼻子山越国贵族墓》,《文物》2007年第1期。

[4] 浙江省文物考古研究所调查试掘资料,转引自浙江省文物考古研究所、安吉县博物馆《浙江安吉笔架山春秋战国墓葬发掘简报》,《东南文化》2009年第1期。

[5] 田正标、程亦胜等:《浙江安吉五福楚墓》,《文物》2007年第7期;《安吉天子湖楚墓发掘取得重大突破》,湖州在线2007年1月17日;《安吉现楚墓浙江是首次》,《今日早报》2003年5月12日。

[6] 《重修浙江通志稿》。

设在战国时列国都城所在地,那么递铺古城会不会是越王翳的都城?这一切都有待于进一步发掘来证明。

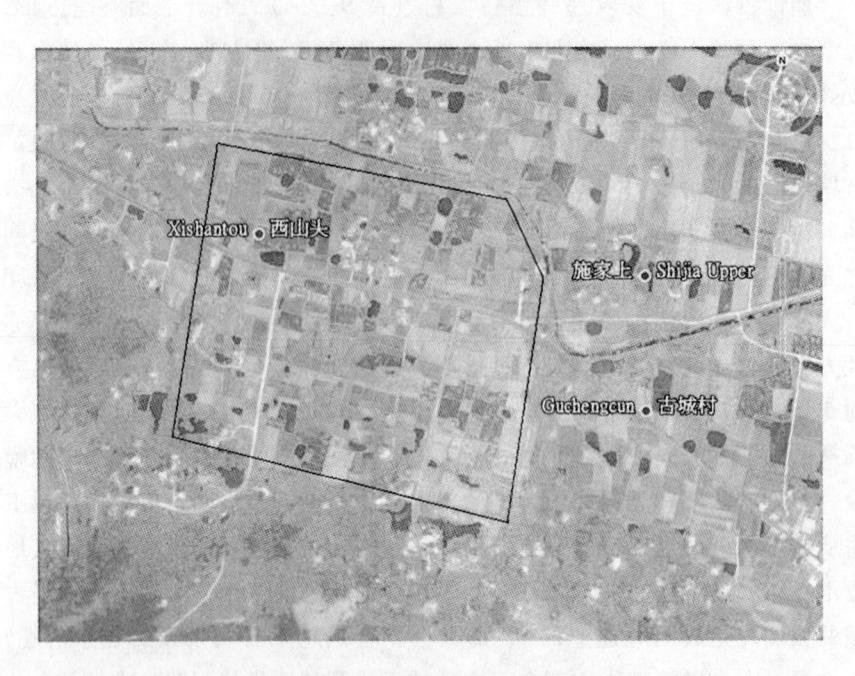

图9—14 安吉递铺古城卫星图

下菇城遗址位于湖州南郊道场乡(图9—15),北依金盖山,南临东苕溪,顺流向北约20公里可达太湖。下菇城平面均呈圆角等边三角形,有内外两重城墙,外城面积约20万平方米,内城位于外城东南隅,面积约8万平方米。下菇城城墙均用黄土夯筑,残高6—9米不等,上宽3—5米,底宽20—30米,外城垣外侧还有30米宽的壕沟。方志记载说下菇城为春申君所筑,但是从附近山顶上分布着大量石室土墩墓来看,其年代应在春秋时期,但是未经发掘证实[①]。

绍兴勾践小城在今府山东南麓,城墙周长约1500米,山阴大城依托小城向东南方拓展,面积是小城的10倍,周长约为8000米[②],但是勾践小城与山阴大城都被叠压在今天的绍兴市之下,难以得知其详。

---

① 龚笠翁:《下菇城遗址》,http://blog.sina.com.cn/s/blog_49355684010008di.html。
② 孟文镛:《越国史稿》,中国社会科学出版社2010年版,第438—444页。

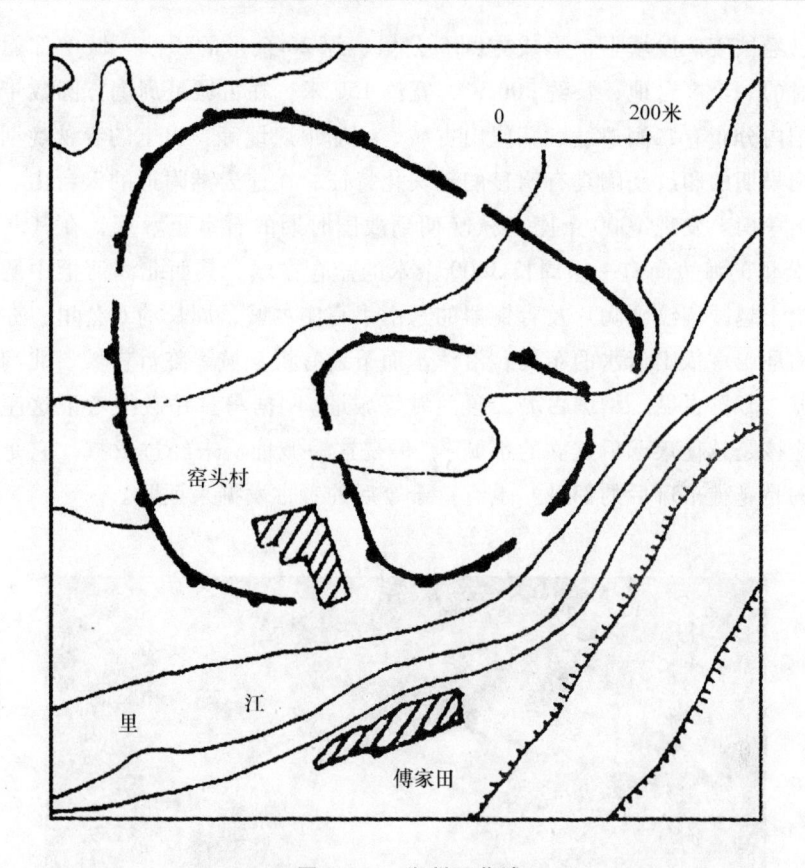

图 9—15 湖州下菰城

越王城位于萧山西南，遗址的北城墙在马山山脊上，长约 250 米，南城墙在仰天田螺山山脊上，长约 280 米，城址就在两山之间的盆地上。①《越绝书》说这里是"范蠡敦兵城也"，应该是一座军事城堡。

越城遗址位于苏州西南石湖北岸（又见图 9—11），南北约 450 米，东西约 400 米，面积约 18 万平方米。越城西面隔着越来溪和吴城相对，时代为春秋晚期，越城和吴城都是吴越对峙时筑的军事堡垒。

九龙口古城位于连云港锦屏山境内沂水和沭水的入海口（图 9—16），遗址周长约 5 公里，三面环山，东朝大海。朝海的一面有半月形的城墙，长 1000 余米，高 10 余米。遗址现为矿山的尾矿库，城墙成了尾矿坝，城

---

① 徐建春：《浙江土地开发重心的转移与聚落的演替》，《轩辕黄帝与缙云仙都》，浙江人民出版社 2001 年版。

中已经被废矿沙填平,形成方圆 5 公里、深 20 余米的积沙。城中部露出古时的一个高台地,长约 300 米,宽约 150 米。在古城址周围方圆数十里范围内分布有二涧遗址、孔望山古城、土船顶遗址等,出土的春秋晚期到战国早期的印纹硬陶具有明显的越文化特征,在连云港附近的云台山、花果山等山上发现 1000 余座春秋晚期到战国时期的石室土墩墓,在其北约 50 公里的海边尚有一座周长 3000 余米的盐仓古城。其西北沭河上中游还有出土越国印纹硬陶片及青铜器的马山小官庄古城,周长约 6 公里,亦是三面环山、依山傍水的布局,沿沭水而下还有祝丘城、临沂古城、北沟头古城、郯国古城、缯国古城、鲁兰城等城址。[①] 据马雪芹教授考证这座城址应该是越徙琅琊后建立的都城[②],但是这一城址从未经过发掘,它是否真的是越徙琅琊后的都城?也有待于今后的考古发掘来证明。

图 9—16　连云港锦屏山九龙口古城卫星图

[①] 金敖生、伊旭松、张天怡:《万里征尘解越国迁都之谜》,《浙江日报》2006 年 6 月 23 日。

[②] 马雪芹:《古越国兴衰变迁研究》,齐鲁出版社 2008 年版,第 220—221 页。

此外据《越绝书》和《大清一统志》等古籍记载，越国还有阳城、北阳里城、苦竹城等，但是现在这些城址都难以一一确指了。

在这些越国城址中最值得关注的是安吉递铺古城和绍兴会稽城，因为在递铺古城附近的龙山有八亩墩、九亩墩这样王陵级的大墓，在绍兴山阴城附近的兰亭有印山大墓这样的越王陵，说明这两座城址曾经都是越国的都城。

把这些越国的城址一一标在地图上就可以发现除了战国初北徙琅琊后兴建的一些古城外，其余的越城都分布在太湖的南面，和分布在太湖北面的吴国城址正好遥遥相对（又见图9—13）。《越绝书·记地传》云："大越故界，浙江至就李（即槜李，今嘉兴），觐乡北有武原。武原，今海盐（今平湖）。"《尔雅》曰："吴越之间有具区。"《吕览·有始》曰："吴之具区。"高诱注："具区在吴越之间"，具区即太湖，也就是说，当诸樊徙吴、阖闾筑城以后吴人的势力扩张到了太湖以北的平原地区，这样太湖就成为春秋后期的吴越两国的疆界，所以，吴越对峙期间发生的三次大战役——槜李之战、夫椒之战、笠泽之战——都发生在太湖东西一线的吴越两国边界线上就不难理解了。

第十章 越徙琅琊的考古学考察

《史记·越世家》记载："句践已平吴，乃以兵北渡淮，与齐、晋诸侯会于徐州，致贡于周。周元王使人赐句践胙，命为伯。"《水经·潍水注》曰："句践并吴，欲霸中原，徙都琅琊。"《越绝书·吴地传》曰："勾践徙琅琊。"《吴越春秋》曰："越王既已诛忠臣，霸于关东，从琅琊起观台，周七里，以望东海。"虽然清代顾栋高以后许多学者怀疑其为伪，然而蒙文通先生已经证明其为真。① 从勾践灭吴（公元前473年）徙都琅琊至王翳三十三年（公元前379年）南还于吴，越人侵鲁、伐齐、灭滕、绝郯、亡缯、削莒②，横行淮泗将近百年，他们必然会在那里留下自己活动的踪迹。

关于琅琊的地望，古今学者都认为在今山东胶南县琅琊山西北（今夏河城遗址）③，秦代在此设立了琅琊郡与琅琊县，西汉时移治东武（今诸城），东汉的琅琊国移治开阳（今临沂市北），北魏又移治即丘（今临沂市东南），所以唐代张守节《史记·正义》云："今兖州东沂州，即琅邪也。"清顾栋高《春秋大事表》亦云："春秋时琅琊，为今山东沂州府。"他们所说的沂州府即今临沂县。然而经过1982年和1992年两次文物普查，在山东胶南的日照、莒县一带并没有发现与古越族有关的文化遗存。2006年两位浙江学者张志立与彭云对琅琊古城进行了实地考察后认为，位于沂水和沭水入海口的连云港锦屏山九龙口古城应该是勾践所迁的

---

① 蒙文通：《〈史记·越世家〉补正》，《越史丛考》，人民出版社1983年版。
② 侵鲁见《孟子·离娄》，伐齐见《世本》与《说苑·立节》，灭滕、绝郯见《史记·越世家》索隐引《竹书纪年》，亡缯见《战国策·魏策》，削莒见《战国策·齐策》。
③ 杨宽：《战国史》，上海人民出版社1981年版，第146页；钱林书：《越国迁都琅邪析》，《历史地理研究》第1辑，复旦大学出版社1986年版；林华东：《越国迁都琅邪辨》，《中央民族学院学报》1989年第1期。

琅琊城遗址。① 他们的观点得到马雪芹教授的支持。②

九龙口古城周长约 5 公里，三面环山，东朝大海，朝海的一面有半月形城墙，长约 1000 米、高 10 余米。目前已成为当地磷矿厂的尾矿库，古城里被填满了废矿沙，在城的中部露出一个长约 300 米、宽约 500 米的高台地（又见图 9—16）。遗址原来的地形为三层台阶，东、西、北三面均距锦屏山百米左右，高出地面约 30 米，面积有 6 万平方米，在遗址二、三层台阶地表散布着商代陶片和战国时代印纹硬陶及软陶片，1960 年试掘出土铜镞、石锛、砺石和战国时代的印纹硬陶片（图 10—1）。③ 遗址内有两个圆形土墩，东边的土墩在 1957 年曾经出土过一套 9 只战国编钟（图 10—2）。

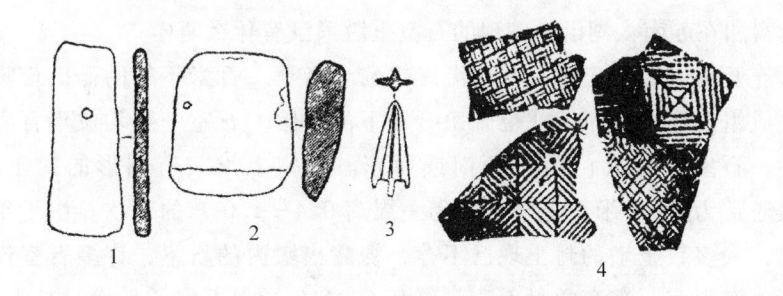

图 10—1　连云港九龙口遗址出土器物
1. 砺石　2. 石锛　3. 铜镞　4. 印纹陶片

图 10—2　连云港饰屏山九龙口遗址出土的战国编钟

在九龙口古城以北。50 公里的海边有一座周长约 3 公里的盐仓古城，

---

① 金敖生、伊旭松、张天怡：《万里征尘解越国迁都之谜》，《浙江日报》2006 年 6 月 23 日；张志立、彭云、梁涌：《越王勾践迁都琅琊考古调查综述》，《新视野下的中外关系史》，甘肃人民出版社 2010 年版。
② 马雪芹：《古越国兴衰变迁研究》，齐鲁出版社 2008 年版，第 220—221 页。
③ 江苏省文物工作队：《江苏连云港市九龙口商和战国遗址》，《考古》1962 年第 3 期。

其西北的沭水中游有一座周长约 6 公里的小官庄古城（马髻山），出土过印纹硬陶片和青铜器。在沭水流域还有祝丘城、临沂古城、北沟头古城、郯国古城、缯国古城、鲁兰城等一系列古城遗址，这些地点与越徙琅琊后的活动范围正相符合（又见图 9—13）。

在连云港市境内的云台山、锦屏山、伊芦山、大伊山等地也分布有和太湖地区相似的石室土墩墓，据 1989 年的调查统计，分布在连云港市境内的约有 200 个[①]，而据新近的调查数字在今连云港地区（含灌云县）可以确认的石室土墩在 479 座以上，其中完好者近 40 座。[②] 对于它们的性质，有人认为是吴国的军事设施[③]，有人认为是唐代的土墩石室墓[④]，还有人认为是唐代新罗移民的墓葬[⑤]。但是从公布的数据和照片来看，其形制确实和在苏南太湖沿岸发现的石室土墩墓没有什么两样。

连云港地区的土墩石室均沿海拔数十米至二百米不等的低山丘陵的山脊成组成群地分布，或位于山脊线下的山腹。石室一般均位于背海的一侧，石室入口（门道）面南或面东。石室上堆筑有圆形的封土墩，直径通常为 7—8 米。土墩周围砌一周高 0.4—1.0 米的石坎。由于年月久远，大多数土墩的封土现已不存，裸露出墩内的石室，许多石室连顶盖石也已不存。现存的封土一般厚 0.6—1.0 米。石室的平面呈长方形，门前甬道稍窄，形成凸字形和刀形两种形制。大多数石室的门道和四壁用大小不等的块石叠砌而成，部分石室的石块加工较平整，部分石室的后壁为大石块竖立，很多石室的后壁直接利用自然山体。墓室两壁向上弧收，剖面呈梯形，顶部用加工较规整的条石平铺封闭。石室规模除极少一部分较大外，大多数长 2—3 米、底宽 1.4—2.5 米、高 0.8—2 米，门道长约 1 米、宽约 0.6 米、高 1.3 米（图 10—3），规模比太湖地区的明显要小。

---

① 周锦屏：《连云港境内吴文化遗存的初探》，《东南文化》2003 年第 3 期。
② 国家文物局主编：《中国文物地图集·江苏分册》，中国地图出版社 2008 年版。
③ 周锦屏：《连云港境内吴文化遗存的初探》，《东南文化》2003 年第 3 期。
④ 纪达凯、陈中：《连云港地区土墩石室遗存时代性质新考》，《东南文化》1993 年第 1 期。
⑤ 张学锋：《江苏连云港"土墩石室"遗存性质刍议——特别是其与新罗移民的关系》，《东南文化》2011 年第 4 期。

花果行17号墩　　　中云台山花果行山脊石室　　　花果行18号墩

图10—3　连云港地区的石室土墩墓

环太湖地区的石室土墩决不会是吴国的军事设施，而应该是越人的墓葬（详见本书第四章）。连云港地区在春秋时代虽然属于吴国的势力范围，但是地处海边，并非军事要地，吴国更没有理由在这里构筑军事设施。如果石室土墩墓是吴人的墓葬，那么也无法解释吴人为什么要把那么多的死者葬到这个远离故乡的地方去？如果石室土墩墓是越人的墓葬，而连云港地区又是越国所徙之琅琊，那么一切都顺理成章、迎刃而解了。

越人的语言与中原华夏相比有着许多不同的特征，其中一个明显的特点就是常常用句（苟）、姑（个）、无（乌）、于（余）、夫等音作为发语词。吴国和越国的人名、地名常用这些发语词冠首，例如作为人名的勾践、句亶、余善、余祭、余眛、夫差、夫概、无余、无壬、无颛、无疆和作为地名的于越、于陵、于菟、句章、句容、句余、句无、句卢山、余杭、余姚、余暨、余干、句吴、姑苏、姑蔑、姑末、无锡、芜湖、乌程、乌伤、夫椒，等等。因为百越是现代壮侗语族居民的祖先，所以这类地名仍然大量存在于现代壮侗语族地区，例如广西的个漾、个榜、个陋、个宕，云南的个旧、个马，越南的个奔、个多、个内、个下、个螺、个那、个蔗，等等。周振鹤和游汝杰先生研究了古越语地名后做出了古越语词冠首地名分布图（图10—4）①，这类地名不仅大量存在于苏南、浙北、赣北、皖西一带和广大的西南地区，有意思的是还出现在山东、冀南一带，例如无棣（今山东滨州）、无盐（今山东东平）、无极（今河北）、无终（今河北蓟县）、无虑（今辽宁宁北）、于陵（今山东邹平县南临池镇古城村）、古邵（今山东枣庄峄城）、古岘（今山东平度）、姑射（今山西临汾）、姑幕（今山东诸城）、姑蔑（今山东泗水）、句绎（今山东邹县）、句渎（今山东菏泽北）、句阳（今山东菏泽小留镇）、句注山（今山西代

---

①　周振鹤、游汝杰：《方言与中国文化》，上海人民出版社1986年版。

县)、朐县（今江苏连云港锦屏山)、朐山（今山东临朐东)，等等。这些地方在春秋时代都不属于吴国与越国，怎么会有那么多的越语地名呢？一定是北迁琅琊的越人起的，当越王翳迁回南方后这些地名就留下来了。虽然已经过去了两千多年，古越族也早已不复存在，但是这些越语地名却像化石一样为我们标志出了越人曾经活动过的范围。

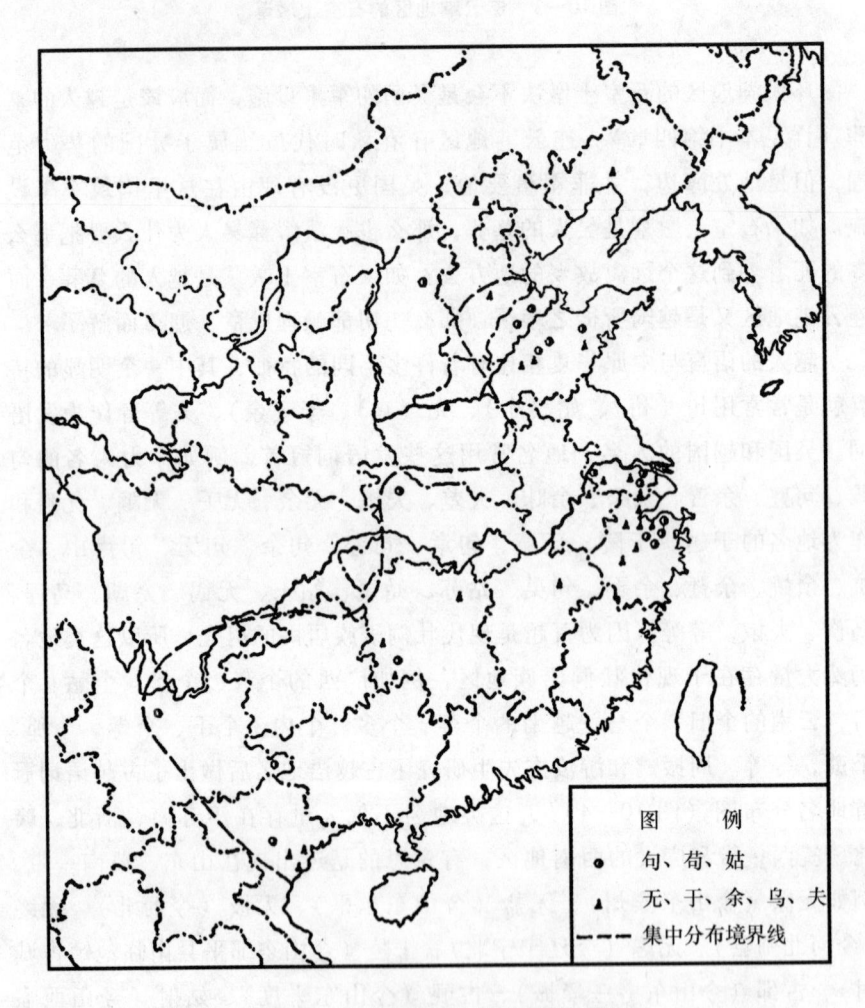

图	例
◉	句、荀、姑
▲	无、于、余、乌、夫
---	集中分布境界线

图10—4　古越语词冠首地名分布图

第十一章 战国前期越文化的华夏化倾向

勾践灭吴后吴人逃往各地，越人随即占领了太湖以北地区，原来吴国的疆域也成了越国的地盘。但是勾践灭吴后并没有恋栈，而是马上就北徙琅琊，并在淮泗一带横行了将近百年。勾践四传至王翳，越国被楚国打败，王翳三十三年"迁于吴"。① 越人从琅琊迁回太湖地区时已是战国中期。王翳再两传至无强，"王无强时，越兴师北伐齐，西伐楚，与中国争强"。② 然而"楚威王兴兵而伐之，大败越，杀无强，尽取故吴地至浙江，北破齐于徐州。而越以此散，诸族子争立，或为王，或为君，滨于江南海上，服朝于楚"。③ 从此越国就不复存在了。从春秋战国之交（公元前473年）勾践灭吴到战国中期（楚威王六年即公元前334年④）无强败亡的一百多年间，吴地是越国的领土，因此在吴国故地和越地所发现的战国前期墓葬都是越墓，而没有吴墓了，然而史书中关于战国前期越国的历史几乎没有记载，所以只能通过越人的墓葬和从越墓中出土的遗物来了解分析战国前期的越文化。

第一节 战国前期吴越地区越墓的变迁

西周春秋时期环太湖地区最典型的越人大墓有苏州上方山D6、鸡笼

---

① 《史记》索隐引《纪年》，中华书局1982年第2版，第1747页。
② 司马迁：《史记》卷41《越王勾践世家》，中华书局1982年第2版，第1748页。
③ 司马迁：《史记》卷41《越王勾践世家》，中华书局1982年第2版，第1751页。
④ 顾德融：《春秋史》，上海人民出版社，1980年第2版，第161页；杨宽认为是楚怀王二十三年，即公元前306年，见《战国史》，上海人民出版社2001年版，第330页；李学勤认为楚先于威王六年杀无强，后又于怀王二十三年灭越诸族子，迫使越人"走南山"（《越绝书·记地传》），楚国在江东设郡。

山 D1、常熟虞山西岭 D1、无锡龙山 D1、东阳前山 D2 和绍兴兰亭印山大墓等。上方山 D6、鸡笼山 D1、虞山西岭 D1、龙山 D1 都是典型的石室土墩墓，印山大墓是典型的用枋木构筑人字形两面坡木屋的木屋土墩墓，这两种墓制都是典型的越人墓葬形制，而前山 D2 的墓道类似石室而墓室用枋木构筑成人字形两面坡的木屋，从形态学的角度分析恰恰是这两种墓葬形制的过渡形态。

与西周春秋时期的越人大墓相比，战国前期越人大墓的形制发生了明显的变化（又见附表十一）。

安吉龙山 D141M1 的封土墩东西长 50 米、南北宽 42 米、残高 8 米。墓坑东西长 15.4 米、南北宽 7.2—7.6 米、深 1—1.5 米，坑底有两条枕木沟，枕木上有断面为三角形的木椁，木椁长 10.4 米、宽 4.2 米，墓道朝东，残长 9.6 米，墓道两侧各有一排向内倾斜的密集柱洞，说明有两面坡的木结构甬道与同样的木屋相连通。在封土北侧 10.5 米处有一器物坑，东西长 11 米、宽 3 米、深 0.3 米，出土的数百件器物既有日用的饮食器，又有仿青铜的礼乐器。①

长兴鼻子山 M1 位于相对高度 10 米的南北向山脊尽头的顶部，封土为东西向长方形覆斗形，东西长 32 米、南北宽 18 米、残高 3.7 米。墓坑打入岩层，呈东西向长方形，坑底长 13.7 米、宽 4 米，斜坡形墓道位于墓坑东面，长 7 米。墓底有两条东西向的枕木沟，根据残存的木炭和膏泥痕迹判断，原有规整的矩形箱式木椁，木椁长 11.8 米、宽 2.6 米、高 1.8 米。在墓葬封土北缘外 4.7 米处有一个长 4 米、宽 1.5 米、深 0.5 米的器物坑，出土 47 件仿青铜的原始瓷或硬陶礼乐器。②

杭州半山石塘 M1 位于黄鹤山西麓的小溪坞内，封土东西长 40 米、南北宽 25 米、高 3 米，竖穴土坑墓长 14.9 米、宽 5.4 米、深 1.1 米，墓底铺木炭，有两条枕木沟，木椁情况不详，墓道在墓的东面，残长 4.8 米，墓制与长兴鼻子山相似。③

无锡鸿山 DⅦ（邱承墩）是发掘的 7 座墓中最大的一座墓葬，长方形

---

① 浙江省文物考古研究所、安吉县博物馆：《浙江安吉龙山越国贵族墓》，《南方文物》2008 年第 3 期。
② 浙江省文物考古研究所、长兴县博物馆：《浙江长兴鼻子山越国贵族墓》，《文物》2007 年第 1 期。
③ 马时雍：《杭州的考古》，杭州出版社 2004 年版，第 85 页。

覆斗状封土东西长78.6米、南北宽50.8米、残高5.4米，中字型竖穴土坑墓，长56.7米、宽6.3米、深3米，墓道在墓的东边。墓道长21.2米、宽3.65米，墓室长23.6米、宽6.3米，后室长11.9米、宽3.2米。墓室中用木板隔出主室和侧室，但是没有木椁。①

淮阴高庄M1为一土坑木椁墓，地表无封土，墓口东西长10.5米、南北宽9米、深3.9米，墓的西北角有一边长2.7米的方形生土台坡，墓壁的南、北、东三面有生土二层台。墓底东北部用木板铺成6米见方的椁底，椁底的东北部再用木板构筑椁室，不用榫卯连接，椁内隔成三个椁室，中室有一具主棺，主棺下墓底有一腰坑，南室有一具独木棺，北室无棺但是有多具人骨。②墓的结构似乎很随意，似商非商、似周非周、似楚非楚、似越非越，并不严格地符合某一种文化的墓葬形制。

绍兴皋埠凤凰山M3是一座长方形土坑竖穴木椁墓，方向朝东，木椁长8.4米、宽2.8米、残高0.68米，四壁用枋木叠砌而且分为前后两室，未见棺木，但是木椁外填有白膏泥（表11—1）。③

表11—1　　　　　　　　　战国前期越人大墓表

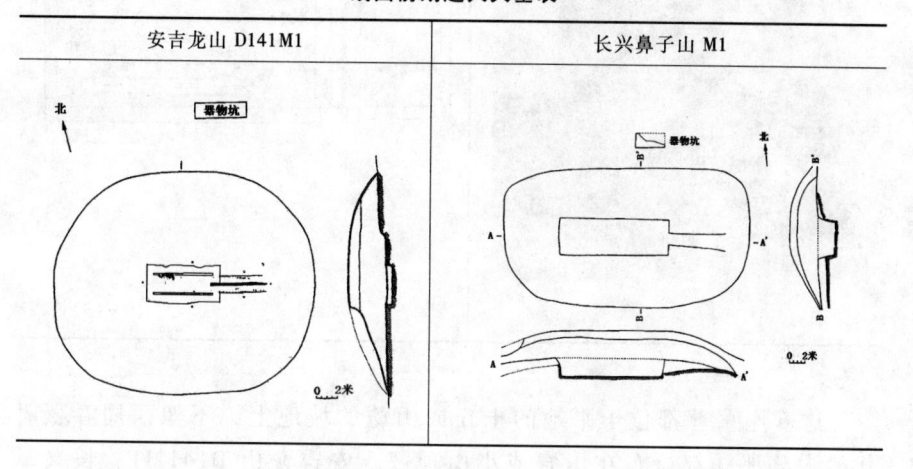

安吉龙山D141M1	长兴鼻子山M1

---

① 南京博物院、江苏省考古研究所、无锡市锡山区文物管理委员会：《鸿山越墓》，文物出版社2007年版。
② 淮安市博物馆：《淮阴高庄战国墓》，文物出版社2009年版。
③ 绍兴县文物保护管理所：《浙江绍兴凤凰山战国木椁墓》，《文物》2002年第2期。

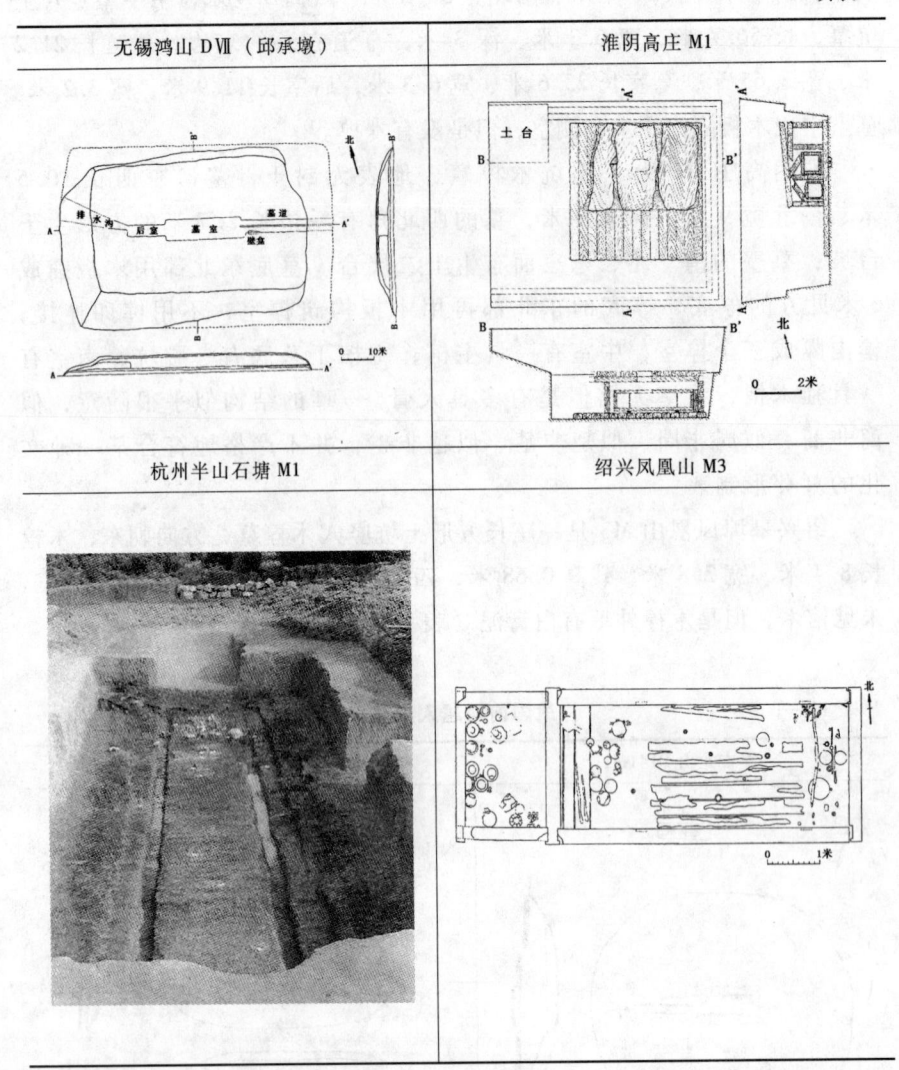

续表

无锡鸿山 DⅦ（邱承墩）	淮阴高庄 M1

杭州半山石塘 M1	绍兴凤凰山 M3

这 6 座墓葬都位于平地的土丘或山麓的坡地上，不像西周春秋时代的大墓那样都分布在山脊或小山顶部。安吉龙山 D141M1、长兴鼻子山 M1、杭州半山石塘 M1 和无锡鸿山 DVII（邱承墩）都是长方形竖穴土坑墓，墓的东面有斜坡形墓道，形成墓向朝东的甲字型墓，墓上都有覆盖墓室与墓道的长方形封土堆。安吉龙山 D141M1 用枋木构筑成人字形两面坡的木屋，这种富有特色的木屋结构在西汉初的闽越

和南越的大墓中继续得到使用①，但是长兴鼻子山 M1、绍兴凤凰山 M3 和淮阴高庄 M1 都已经改为矩形箱式木椁，绍兴凤凰山 M3 用枋木隔成前后室，无锡鸿山邱承墩虽然没有木椁，但是用木板隔出了主室与侧室。淮阴高庄 M1 没有墓道，只有一个方形的土台，墓室呈方形，更接近楚国的竖穴土坑木椁墓。在安吉龙山 D141M1 和长兴鼻子山 M1 的封土北侧都有一个器物坑，类似的器物坑在嵊州小黄山战国墓、安吉笔架山 D131M4 战国墓也都有发现②，并且沿用到西汉的温岭塘山 M1 东瓯大墓③。这是春秋时期越人大墓所没有的，在石室土墩墓中更没有，但是同时代齐、鲁、莒、楚等国大墓用外藏坑来陪葬器物、车马甚至殉人的做法却非常普遍④，可见用外设器物坑陪葬礼器和日用器的丧葬制度也是越人接受中原文化后出现的。

战国前期不仅越人大墓的形制发生了变化，而且中小型的越人墓葬也发生了同样的变化。

安吉垅坝 D12M2 在熟土上开挖墓坑，墓坑为东西向，墓宽 2.4 米，东部有长条形墓道。⑤

安吉笔架山 D48M1 的封土墩东西长 23.8 米、南北 18 米、残高 2.1 米，墓室平面为圆角长方形，长 7.6 米、宽 2.8 米、深 0.7 米，斜坡墓道位于墓室东端，长 6 米。⑥

---

① 杨琮：《武夷山发现西汉闽越国贵族墓》，《中国文物报》2003 年 8 月 20 日；广州市文物考古研究所：《广州市农林东路南越国"人"字顶木椁墓》，《羊城考古发现与研究》（一），文物出版社 2005 年版，第 35—47 页。

② 浙江省文物考古研究所：《浙江越墓》，科学出版社 2009 年版，第 209 页；浙江省文物考古研究所、安吉县博物馆：《浙江安吉笔架山春秋战国墓葬发掘简报》，《东南文化》2009 年第 1 期。

③ 浙江省文物考古研究所、温岭市文化广电新闻出版局：《浙江温岭市塘山西汉东瓯贵族墓》，《考古》2007 年第 11 期。

④ 罗勋章：《山东长清岗辛战国墓》，《考古》1980 年第 4 期；山东省博物馆：《临淄郎家庄一号东周殉人墓》，《考古学报》1977 年第 1 期；山东省文物考古研究所、沂水县文物管理站：《山东沂水刘家店子春秋墓发掘简报》，《文物》1984 年第 9 期；山东省文物考古研究所：《章丘绣惠女郎山一号战国大墓发掘报告》，《济青高级公路章丘工段考古发掘报告集》，齐鲁书社 1993 年版；河南省文物研究所、河南省丹江库区考古发掘队、浙川县博物馆：《浙川下寺春秋楚墓》，文物出版社 1991 年版。

⑤ 浙江省安吉县博物馆：《浙江安吉垅坝 D12 土墩墓发掘简报》，《南方文物》2003 年第 3 期。

⑥ 浙江省文物考古研究所、安吉县博物馆：《浙江安吉笔架山春秋战国墓葬发掘简报》，《东南文化》2009 年第 1 期。

无锡鸿山已发掘的七座墓中除了 DⅦ（邱承墩）为特大型墓，D Ⅰ、DⅥ为大型墓以外，DⅢ和DⅤ是中型的长条形土坑墓，DⅢ长 8.56 米、宽 2.32 米、深 1.93 米，封土墩东西长 35 米、南北宽 26.9 米、高 3.5 米；DⅤ长 8.05 米、宽 2.44 米、深 1.02 米，封土墩东西长 42.6 米、南北宽 35.9 米、高 2.8 米。DⅡ和DⅣ是小型的浅土坑墓，DⅡ长 4.75 米、宽 3.25 米、深 0.2 米，封土墩东西长 24.5 米、南北宽 15 米、高 2.5 米；DⅣ长 3.88 米、宽 2.34 米、深 0.35 米，封土墩东西长 36.5 米、南北宽 23.5 米、高 1.7 米。这几座墓的方向都是 112 度。

上虞凤凰山是一座高出平地 10 米左右的小山丘，其中先秦第三期 23 座墓葬都是长方形浅土坑墓，墓的走向顺山脊分布，其中大墓长 4—5 米、宽 2.3—2.9 米，通常有熟土二层台，随葬品较多，而且普遍出土泥质陶瑗和羊角形器，小墓长 2—3 米、宽 0.8—1.6 米，随葬品较少，而且鲜见陶瑗和羊角形器。[1]

上虞牛山 M17 是一座长近 4 米、宽 2 米、残深 1 米的竖穴土坑墓[2]，余杭崇贤 M3 也是一座竖穴土坑墓，长 3.5 米、宽 1.9 米、深 1.5 米[3]，海盐黄家山是一座低矮的山丘，山上出土一批原始瓷和印纹陶器，当属于残存的土坑墓[4]。

江山大溪滩发现的一座竖穴土坑墓，位于小山北坡，方向 45 度，长 4 米、宽 2.5 米、深 2.66 米，墓底铺一层河卵石。[5]

苏州长桥新塘发掘的 10 座战国墓都是竖穴土坑墓，深 1.2—1.5 米，其中 M1 墓室长 2.9 米、宽 1 米、深 0.8 米，棺具为独木棺，北端的头厢长 1.34 米、宽 0.7 米（表 11—2）。[6]

---

[1] 浙江省文物考古研究所、上虞县文物管理所：《浙江上虞凤凰山古墓葬发掘报告》，《浙江文物考古研究所学刊》，科学出版社 1993 年版，第 206—216 页。
[2] 王晓红：《上虞董村牛山战国墓清理》，《东方博物》第 36 辑，浙江大学出版社 2010 年版。
[3] 余杭县文物管理委员会：《浙江省余杭崇贤战国墓》，《东南文化》1989 年第 6 期。
[4] 芮国耀：《浙江海盐出土原始瓷乐器》，《文物》1985 年第 8 期。
[5] 毛兆廷：《浙江省江山县发现战国墓》，《文物》1985 年第 6 期。
[6] 朱伟峰、钱公麟：《苏州市长桥新塘战国墓地的发掘》，《考古》1994 年第 6 期。

表 11—2　　　　　　　　　　　战国前期中小型越人墓葬表

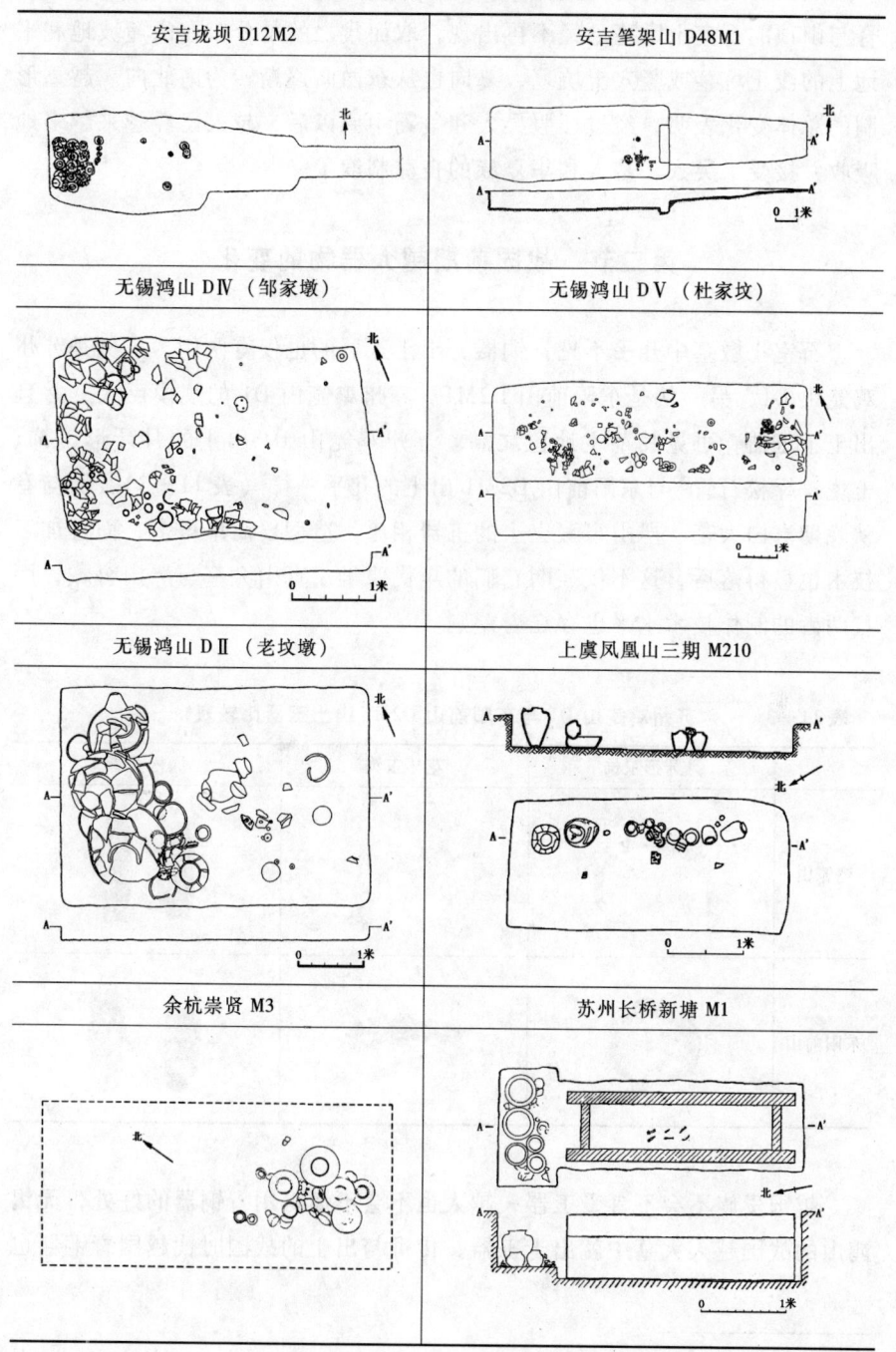

安吉垅坝 D12M2	安吉笔架山 D48M1
无锡鸿山 DⅣ（邹家墩）	无锡鸿山 DⅤ（杜家坟）
无锡鸿山 DⅡ（老坟墩）	上虞凤凰山三期 M210
余杭崇贤 M3	苏州长桥新塘 M1

战国前期越人的墓葬发生了极大的变化，西周春秋时期广泛分布在山脊与山顶的石室土墩墓已经不再出现，取而代之的是分布在山麓坡地和平地上的浅土坑墓或竖穴土坑墓，墓向也从东西向逐渐转为南北向。越墓形制的总体变化表明，经过征服吴人和争霸中原以后，越人已经越来越多地吸收并接受了吴人、楚人和华夏族的丧葬制度了。

第二节　战国前期越人器物的变化

石室土墩墓中几乎不见青铜器，出土玉器的也仅有两例，一例是苏州鸡笼山 D1，另一例是东阳前山 D2M1。苏州鸡笼山 D1 的规模巨大，并且出土了玉器，可见其墓主地位之高。苏州鸡笼山 D1 出土的月牙形玉饰、玉玦、绿松石管[①]与东阳前山 D2M1 出土的几乎一样（表11—3），而与春秋晚期真山大墓、严山窖藏出土的玉器相比，造型要简单得多，而且加工技术也显得落后，这不仅表明它们的年代要早于真山大墓与严山窖藏，而且两者的制作技术水平也存在着差别。

表11—3　苏州鸡笼山 D1 与东阳前山 D2M1 出土玉器比较表

	月牙形玉饰	花牙玉饰	绿松石管
鸡笼山			
东阳前山			

越国贵族不会不喜爱玉器，越人也不会不懂得用青铜器的好处，无锡鸿山的战国越人大墓中就出土玉器，传世与出土的战国时代越国青铜器也

---

① 苏州鸡笼山 D1 出土玉器照片承蒙苏州考古研究所丁金龙先生见赠，特此致谢。

不少,所以石室土墩墓不出玉器与青铜器,应该反映了越人的某种观念。①

石室土墩墓出土的器物主要是印纹陶和原始瓷,但其器形主要都是实用器,即使有制作水平粗劣的冥器,其形制也是模仿实用器的,即使是大型墓葬也没有什么礼乐器,只有把六七只原始瓷碗摆放成梅花形的做法似乎具有礼仪的性质(图11—1),但是这和中原华夏的礼仪相比完全大相径庭。

图11—1 大真山 D16M1 原始瓷盖碗出土情况

经过近几十年来考古学家的不懈努力,我们现在不仅知道战国前期越墓的形制与葬地都发生了变化,而且随葬的器物也发生了巨大的变化。虽然战国前期越墓中的陪葬品仍然以印纹陶和原始瓷为主,但是在大墓中除了日用器皿以外,赫然出现了用原始瓷制造的成套的仿青铜乐器。

1983年在海盐黄家山的一座战国墓里出土了一批原始瓷乐器,共有13件甬钟、12件勾鑃、2件錞于和3件泥质陶纽钟和4件泥质陶磬,此外

---

① 陈元甫:《越国贵族墓葬制葬俗初步研究》,《东南文化》2010年第1期。

还有18件原始瓷鼎、罐、碗和印纹陶坛、罐等。①

1984年在余杭崇贤老鸦桥发掘了3座战国墓,其中 Ml、M2破坏严重,大部分文物已散落,Ml追回19件原始瓷,M2追缴回6件原始瓷,后又出土13件原始瓷、2件印纹硬陶、1件硬陶。M3保存较佳,是竖穴土坑墓,长3.5米、宽1.9米,出土20件原始瓷、5件印纹硬陶和1件泥质灰陶,器形有原始瓷鼎、盉、匜、洗、瓿、碗、杯、甬钟和镇,硬陶坛和罐。②

1989年绍兴县平水镇上灶村一座土坑墓内出土的一批原始瓷鼎、盉、盅、镇等总数达52件。③ 1989年兰亭镇张家葑村乱竹山一座土坑墓中发现原始青瓷鼎10件以上。④

1990年在余杭崇贤半山石塘发掘了一座大型战国竖穴土坑墓(小溪坞M1),长14.9米、宽5.4米,斜坡墓道长4.8米。墓葬早期被盗,但墓坑内仍出土了制作精良的玉器、玛瑙、水晶、琉璃器、原始瓷器、漆器等51件器物。在距墓坑北壁约8米处还发现一陪葬坑,出土原始瓷钟、镈、勾鑃等仿青铜乐器30多件。⑤

1995年在上虞市董村牛山清理了一座长4米、宽2米、残深1米的竖穴土坑墓(M17),共出土28件原始瓷、印纹陶及泥质陶器。原始瓷包括鼎5件、鉴1件、提梁盉1件、盘1件、盅5件,印纹硬陶器包括罐7件、麻布纹小罐5件,泥质陶保存完好的有纺轮1件。⑥

1995年在绍兴县福全镇洪家墩村发现一批印纹硬陶和原始青瓷器,共76件,印纹硬陶有罐、盆、坛等20件,原始青瓷有鼎、罐、甗、匜、豆、碗、鉴等56件。⑦

1997年在绍兴皋埠凤凰山清理的M3也是一座规模较大的战国时期的

---

① 浙江省文物考古研究所、海盐县博物馆:《浙江海盐出土原始乐器》,《文物》1985年第8期。
② 余杭县文管会:《浙江省余杭崇贤战国墓》,《东南文化》1989年第6期。
③ 周燕儿、符杏华:《浙江绍兴县出土一批原始瓷器》,《江西文物》1990年第1期。
④ 周燕儿:《绍兴出土越国原始青瓷的初步研究》,《考古与文物》1996年第6期。
⑤ 马时雍主编:《杭州的考古》,杭州出版社2004年版,第82—90页。
⑥ 王晓红:《上虞董村牛山战国墓清理》,《东方博物》第36辑,浙江大学出版社2010年版。
⑦ 周燕儿、蔡晓黎:《绍兴出土的印纹硬陶和原始青瓷器》,《东方博物》第14辑,浙江大学出版社2005年版。

竖穴土坑木椁墓，出土刻有"越王不光"铭文的玉矛和带缠缑的青铜双箍剑，出土随葬品94件，其中有印纹陶坛、罐、盂等15件，原始瓷钵、匜、熏、盂、盅等共26件，泥质黑陶鼎、壶、甗、罐、盆等共25件。①

2000年在余杭大陆顾家埠石马科发现一座战国墓，出土原始瓷29件，印纹硬陶17件，原始瓷有鼎、甗、提梁盉、鉴、盆、瓿、碗、钵、虎子、句鑃、悬铃等。②

2003年发掘的长兴鼻子山M1墓内出土随葬器物共62件（组），主要是瑗、璜、带钩、璧、环、剑首、管、珠等玉石器，原始瓷碗、罐、瓿、印纹硬陶罐、器盖、羊角形器，夹砂陶三足盘，泥质陶纺轮等，在北侧封土之外的器物坑里出土器物47件，大部分为仿青铜的原始瓷乐器，器形有甬钟、镈、錞于、勾鑃、磬和压席的镇。

2004年在安吉龙山D141M1墓内出土残存器物97件，有10件玉石器、2件漆木甲和85件陶瓷器，其中只有1件原始瓷璧，5件陶瑗、3件陶纺轮和76件陶羊角形器。在墓室外的陪葬坑中出土了170件原始瓷、印纹硬陶、硬陶和泥质陶器，有80件原始瓷鼎、豆、钵、盂、杯、盖和镇，47件印纹硬陶瓮、坛和少量麻布纹小罐，40件硬陶仿青铜的盆、三足盆、盘、三足盘、圈足炉、镇和器盖。③

2006年发掘的嵊州小黄山战国墓的封土呈长方形覆斗状，墓坑东西10米、南北宽5.2米、深约1.5米，东壁正中有长约7米的平底墓道，墓道北侧有一个陪葬器物坑。墓内和陪葬器物坑内出土随葬器物，除了大量原始瓷与印纹硬陶的碗、杯、坛、罐等日用器和少量玉饰品外，还有一些泥质陶豆、附耳鼎等仿铜陶礼器。④

2008年发掘的德清梁山战国墓是一座有封土的带墓道深岩坑墓，封土长30米、宽25米、高2米。墓坑凿岩而成，南边有与坑底相连的斜坡短墓道，墓室连墓道通长约10米，墓室宽约3米、深约2米。出土的随葬品中除实用的原始瓷小罐、盅式碗外，还有原始瓷提梁盉、斧、锛、锸

---

① 绍兴县文物保护管理所：《浙江绍兴凤凰山战国木椁墓》，《文物》2002年第2期。
② 盛正岗：《余杭出土战国原始瓷及产地问题》，《东方博物》第28辑，浙江大学出版社2008年版。
③ 浙江省文物考古研究所、安吉县博物馆：《浙江安吉龙山越国贵族墓》，《南方文物》2008年第3期。
④ 陈元甫：《越国贵族墓随葬陶瓷礼乐器葬俗探论》，《文物》2011年第4期。

等仿青铜礼器、工具、农具。①

勾践灭吴后吴人四散流亡,越人占有了故吴之地,战国中期越王翳又从琅琊迁回吴地,但是长期以来我们对战国前期吴地的越墓并不了解。2006年在无锡鸿山发掘了7座墓葬,从而大大改变了我们对战国前期吴地越墓的认识。鸿山DⅦ(邱承墩)出土了581件原始瓷器,日用器既有仿中原的盖鼎、盖豆、盖壶等,也有越式的盆形鼎、瓿形鼎、冰酒器、温酒器、角形器和镇,乐器有仿中原的甬钟、镈、铎和盘,亦有越文化的勾鑃、丁宁、錞于、悬鼓座。出土的472件陶器有瓮、罐、盆、角形器、璧形器和盘蛇玲珑球形器等。鸿山DⅣ(老虎墩)出土的仿铜乐器既有青瓷器亦有硬陶器,而生活用品为硬陶和泥质陶器。鸿山DⅤ(万家坟)仅有成组的硬陶乐器而不见青瓷乐器,生活用品也均为硬陶和泥质陶器,显示出使用原始瓷仿铜乐器还是硬陶仿铜乐器与墓主的身份等级有关。②

这种仿青铜的原始瓷乐器在以前也曾经零星地问世,但是人们并不清楚它们的年代,也不知道它们究竟是谁制造的。自从在浙江德清发现了商末至战国时代的原始瓷窑址③和在浙江长兴发现同时代的印纹陶窑址④以后,学者们对这一问题已经没有疑问了。

战国前期越人墓葬里出土了玉器,但是仍然极少见到青铜器,陪葬品仍然以原始瓷和印纹硬陶为大宗,而且具有许多自己的特点,例如铃形的席镇、不知用途的羊角形器、越式鼎和筒形罐(提筒),等等,但是最大的变化是出现了仿青铜的原始瓷编钟、编磬、錞于、勾鑃、振铎(据原报告,实也应为镈)、悬鼓座等乐器(图11—2)。烧制印纹硬陶和原始瓷本是越人独有的技术,其水平从商周以来就一直领先于中原华夏和其他地区的先民。用原始瓷制成的乐器并不能真正用于演奏,而用硬陶制成的乐器就完全是一种冥器,但是用成套仿中原的原始瓷或硬陶乐器来陪葬,这反映了战国前期越人对华夏礼仪的倾慕与向往,也反映了越人在礼仪习俗方面向华夏文化的靠拢与趋同。

---

① 同上。
② 南京博物院考古研究所、无锡市锡山区文物管理委员会:《无锡鸿山越国贵族墓发掘简报》,《文物》2006年第1期。
③ 朱媛、朱建明:《德清原始青瓷窑址群概述》,《东方博物》第26辑,浙江大学出版社2008年版。
④ 郑建民等:《浙江长兴:发现龙山西周早期印纹陶礼器窑址》,《中国文物报》2010年12月17日。

春秋时期的石室土墩墓中几乎不出青铜器,这说明越人无论与相邻的吴人、楚人相比还是与中原华夏相比都更加珍惜青铜器,而且越人的冶铜技术也明显地比他们要落后。然而到了战国前期越人的青铜冶铸技术突然出现了跳跃式的进步,尤其是铸剑技术水平要远远高于铸造礼器的水平。越人和吴人一样也是好勇尚武,比较传世与出土的越王剑和吴王剑可以发现,无论形制还是制造技术都是一脉相承的,而且从铭文可知所有的越王剑都是勾践及其以后越王的剑,而没有勾践之前越王的剑,显然这是越国在灭吴后把吴国的工匠掳掠去为其铸剑的结果。

图11—2 战国越墓出土的原始瓷乐器
上排:无锡鸿山丘承墩出土:振铎、悬鼓座、甬钟　　下排:浙江长兴鼻子山出土:镈、錞于、勾鑃、磬

太湖地区在良渚文化时代曾经有过非常发达的玉器,但是随着良渚先民的离去本地区的玉文化消失了,继良渚文化之后,出现在太湖地区的马桥文化几乎没有什么玉器。在越人的石室土墩墓中罕见玉器,只在苏州鸡笼山和东阳前山的石室土墩墓中出土过玉器,但是器形都很简单,兰亭印山大墓残存的玉器反映了春秋时期越人琢玉技术的最高水平,但是只剩几件,难见其详。灭吴之后,吴人的琢玉技术显然也被越人接受了。以杭州

半山石塘战国墓出土的越国玉器和苏州严山①、浒关真山大墓出土的吴国玉器相比，无论造型还是纹饰都可以看出后者继承了前者的轨迹。其实越人的琢玉技术也来自于中原。以无锡鸿山丘承墩出土的越国玉器和春秋时期的中原各国的玉器②相比，则无论造型还是纹饰都可以看出越国玉器与吴国玉器一样也具有浓厚的中原玉器风格。当然战国时期越人在琢玉方面也具有自己的独创性，例如鸿山大墓、杭州半山石塘和绍兴凤凰山战国墓出土的双龙玉佩、刻蛇纹的玉带钩和玉剑鞘、作为仪仗的越王玉矛、晶莹剔透的水晶杯和凤鸟、兔子等动物形玉饰等都是在中原各地从来也没有见到过的（见本书第七章第二节）。

越人自己没有发明文字，随着灭吴、迁都和争霸中原，他们也接受并采用了吴人的鸟虫书和中原的金文，在越国兵器上所见到的文字都是鸟虫书，而在越国的青铜乐器上见到的金文与中原金文也没有什么区别。有铭文的越国青铜器除了越王剑、越王戈和越王矛以外，现在所能见到的只有之利钟、能原镈、姑冯勾鑃、其次勾鑃、越王者旨于赐钟和者汈编钟等几件。这些青铜乐器的器形，除了勾鑃是南方吴、越、楚、舒等国特有的器形以外，编钟和镈都是仿中原的，铭文的字体、句式也都和中原铜器铭文没有多大的区别（见本书第八章第二节）。

所有这一切都表明，越人社会的上层人士已经全面地接受了华夏文化。"君子之德风，小人之德草。草上之风，必偃。"③上层文化的变迁对下层文化会产生很强的引领作用。这一重要的变化正是后来越人融入汉民族的前提。

第三节 "越为禹后"的传说与上层越人向华夏认同

越人在灭吴之前还自认为是蛮夷，勾践就曾经对子贡说，"此乃僻陋

---

① 姚勤德：《江苏吴县春秋吴国玉器窖藏》，《文物》1988年第11期；姚勤德、龚金元：《吴国王室玉器》，上海人民美术出版社1996年版。
② 山西省考古研究所、太原市文物管理委员会：《太原晋国赵卿墓》，文物出版社1996年版；洛阳市文物工作队：《洛阳西工区春秋墓发掘简报》，《文物》2010年第8期；河南信阳地区文管会、光山县文管会：《春秋早期黄君孟夫妇墓发掘报告》，《考古》1984年第4期；中国科学院考古研究所：《上村岭虢国墓地》，科学出版社1959年版。
③ 杨伯峻译注：《论语·颜渊》，中华书局1980年第2版，第129页。

之邦，蛮夷之民也"。① 吴国战败以后夫差派王孙雒为使者到越国去求和，范蠡对王孙雒说，"昔吾先君，固周室之不成子也，故滨于东海之陂。"韦昭注曰："子，爵也，言越本蛮夷小国，于周室爵列，不能成子也。"② 但是当勾践灭吴北徙琅琊以后，"（勾践）二十六年，越王以邾子无道而执以归，立其太子何。冬，鲁哀公以三桓之逼来奔"。③ 勾践俨然已经是一个"兴灭国、继绝世"的中原霸主了。勾践二十七年（公元前470年）冬，"句践寝疾，将卒，谓太子兴夷曰：吾自禹之后，承元常之德，蒙天灵之佑，神祇之福，从穷越之地，藉楚之前锋以摧吴王之干戈，跨江步淮，从晋、齐之地，功德巍巍，自致于斯，其可不诫乎？"④ 越人明明是江南的土著，怎么变成夏禹的后代了呢？陈桥驿先生认为这个"越为禹后"的传说"实际上是于越强大以后，从于越内部传播出来的。这个传说的编造者，或许就是越王句践自己"。⑤ 不管陈先生的判断正确与否，出现"越为禹后"的说法意味着越人已经从自认蛮夷转为向华夏认同。正因为这个原因，再加上灭吴后越人北徙琅琊与中原居民的交往密切了，因此战国时期的越文化才会出现越来越明显的华夏化倾向。

---

① 《越绝书》卷7《越绝内传陈成恒第九》，上海古籍出版社1985年版。
② 《国语》卷20《越语下》，上海古籍出版社1978年版。
③ 《吴越春秋》卷10《勾践伐吴外传》，江苏古籍出版社1986年版。
④ 同上。
⑤ 陈桥驿：《"越为禹后说"溯源》，《浙江学刊》1985年第3期。

下 编

吴人与越人的去向及吴越地区的楚文化与汉文化

第十二章　越国灭吴后吴人的去向

越国灭吴后大部分吴人流亡散布到了各地，他们以国为姓，成为吴氏的祖先。夫差的太子鸿被越人流放到今天的江西婺源，成为江西吴姓中最古老的一支，秦汉以后鄱阳的吴氏就是吴鸿之后。江西吴氏还有浮梁吴氏、余干吴氏、乐平吴氏、安仁吴氏、进贤吴氏等分支。夫差的另一个太子友逃到今天的安徽歙县，后裔发展成为歙州吴氏。歙州吴氏后又分衍出江西南昌吴氏、德兴建节吴氏等分支。长沙《吴氏支谱叙》说：勾践灭吴后吴姓子孙纷纷逃难，"散处吴、楚、闽、越间"。只是史籍记载阙如，不知其详罢了。

季札次子征生在吴国灭亡之际只身逃往齐国，后来客死他乡。其子启蕃迁到鲁国，启蕃的曾孙吴庸又迁到晋国，吴庸的曾孙吴申再迁往楚国，是为西汉长沙王吴芮之父。季札四子子玉在国亡后坚守家园，奉祀延陵季子宗庙，成为延陵吴氏的主干。

还有许多吴人繁衍发展成为其他的许多姓氏。

周武王封仲雍曾孙仲奕于阎，后裔为阎氏，封仲雍曾孙周章之弟虞仲于北虞，其后裔为虞氏。虞仲支孙为周卿士，食邑于樊，后代以邑为氏，是为樊氏。

季札封于延陵，后裔以地为氏，有延陵氏、延氏、延州氏。

季札嫡长孙濮婪在越灭吴之际，带着母亲妻子逃到太湖东山莫厘峰下定居下来，取名字的首字为姓，后裔为濮氏。洞庭濮氏传了40代直至南宋嘉泰年间才复姓归宗改为吴氏。

公元前537年吴楚交战，寿梦第五子厥由（季札之弟）被楚国俘虏，后定居楚国，为厥由氏。

阖闾刺杀王僚后，余昧之子烛庸逃往楚国，定居在今河南沈丘一带，是为烛庸氏，烛庸之弟盖余随兄逃往楚国，后裔为盖余氏。

吴王僚的公子庆忌被刺杀后，其家族流亡到宋国和楚国，是为庆忌氏。

阖闾之弟夫概在政变失败后也逃往楚国，被封于棠溪，后裔为棠溪氏。夫概奔楚后余子在吴国者改姓为夫余氏。

梅堰吴氏后来改为曹氏。

吴姓的分支还有寿氏、柯氏、阖氏、冶氏、梦氏、余氏、勾氏、番氏，等等。

由于吴人自从寿梦"始通中国"以后重新华夏化，因此在吴国灭亡以后吴人就迅速地融入了华夏之中，后来成为汉民族的一个组成部分。随着历史的发展各地的吴氏此衰彼兴。汉魏时代濮阳吴氏、渤海吴氏和陈留吴氏都成为当地望族，到了唐代湖州吴兴吴氏、潭州长沙吴氏、豫州汝南吴氏、荆州武昌吴氏也都人丁兴旺成了望族。世守家园的延陵吴氏在唐宋之际人才辈出开始崛起，宋明以后吴氏家族发达鼎盛于东南地区，并进一步播迁散布到了全国乃至全球各地（图12—1），在全国19个人口超过总人口百分之一的大姓中吴姓是排列第10位的大姓。

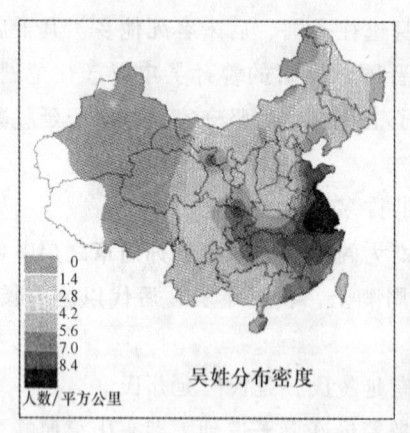

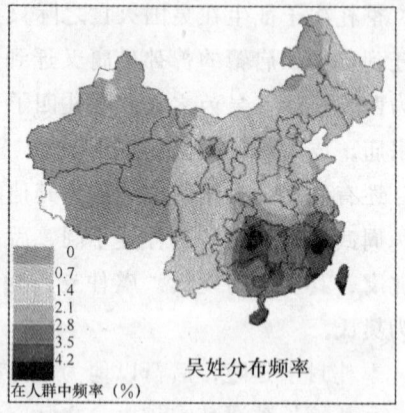

图12—1 吴姓在中国的分布密度和分布频率

第十三章　战国后期吴越地区的楚文化

　　战国中期越王翳被楚国打败后从琅琊"迁于吴"①，王翳两传至无强，"王无强时，越兴师北伐齐，西伐楚，与中国争强"。然而"楚威王兴兵而伐之，大败越，杀无强，尽取故吴地至浙江，北破齐于徐州。而越以此散，诸族子争立，或为王，或为君，滨于江南海上，服朝于楚"。②从此越国就不复存在了。楚国灭越以后在吴越故地设置了江东郡③，后来又封给春申君作为领地，因此在吴越地区所发现的战国后期墓葬就都是楚墓了。然而，在史书中关于战国后期楚人在吴越地区的情况也几乎没有记载，因此我们只能通过在吴越地区发现的楚墓和从楚墓中出土的器物来了解分析战国后期吴越地区的楚文化。因为战国后期楚国的重心在江淮地区，吴越地区只是楚国新开拓的边郡，他们并没有向这里大规模移民，也没有留下丰富的遗存，所以在考古发掘中极少见到大型楚墓，而且已发表的楚墓资料也极少，目前所知的仅有江苏武进孟河，无锡施墩，苏州浒关小真山、虎丘、华山，上海嘉定外冈和青浦重固，绍兴皋埠凤凰山、茅家山，浙江安吉垄坝村、五福村等地，无锡前洲出土过三件有"𨚍陵君"铭

---

① 《史记》索隐引《纪年》，中华书局1982年第2版，第1747页。
② 《史记》卷41《越王勾践世家》，中华书局1982年第2版，第1748页、1751页。
③ 《史记》卷71《樗里子甘茂列传》："故楚南塞厉门而郡江东。"清代学者顾观光据此认为："江东尝为郡。"（[清]顾观光：《七国地理考》，金山高煌刻本1915年）杨宽先生也认为："盖吴地原有江东之称，楚灭越取得故吴地而设郡。"（杨宽：《楚怀王灭越设郡江东考》，上海《益世报》副刊《史苑》周刊第4期，1946年9月27日）但是周书灿先生认为楚国并没有设过江东郡。（周书灿：《楚怀王灭越置江东郡说质疑》，《中国历史地理论丛》2010年第3期）

文的楚国铜器①,此外,丹徒下湖遗址、苏州新庄遗址和上海金山戚家墩遗址②也都是这一时期的遗址(附表十二),所以我们只能根据这些有限的资料来论述战国后期吴越地区的楚文化。

第一节 战国后期吴越地区的楚墓

吴越地区规模最大的楚墓是苏州浒关小真山D1M1和浙江安吉五福村M1(表13—1)。

表13—1　　　　战国后期吴越地区的大型楚墓

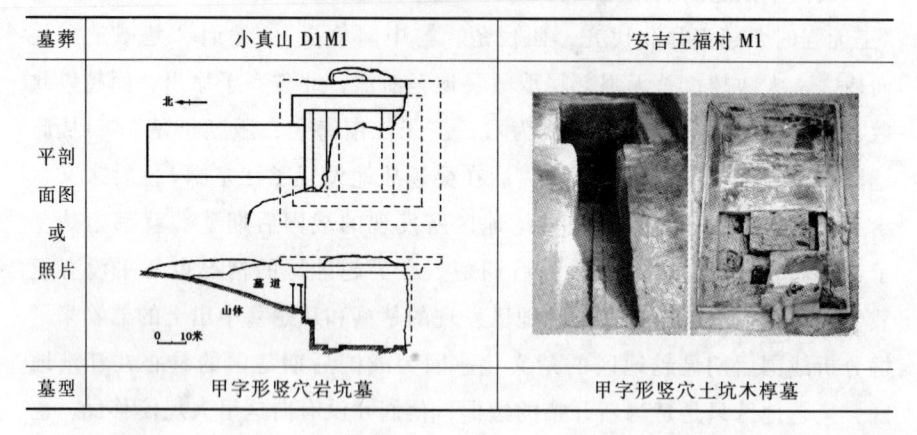

墓葬	小真山 D1M1	安吉五福村 M1
平剖面图或照片		
墓型	甲字形竖穴岩坑墓	甲字形竖穴土坑木椁墓

---

① 镇江市博物馆:《江苏武进孟河战国墓》,《考古》1984年第2期;谢春祝:《无锡施墩第五号墓》,《文物参考资料》1956年第6期;苏州博物馆:《真山东周墓地》,文物出版社1999年版;苏州博物馆:《苏州真山四号墩发掘报告》,《东南文化》2001年第7期;苏州博物馆考古组:《苏州虎丘东周墓》,《文物》1981年第11期;吕继东:《木渎春秋古城北再现战国贵族墓,刻章玉龙首带勾现身》,《苏州日报》2011年3月18日;黄宣佩:《上海市嘉定县外冈古墓清理》,《考古》1959年第12期;上海市文物保管委员会:《上海青浦县重固战国墓》,《考古》1988年第8期;周丽娟:《上海青浦福泉山发现一座战国墓》,《考古》2003年第11期;绍兴县文物管理委员会:《绍兴凤凰山木椁墓》,《考古》1976年第6期;绍兴县文物保护管理所:《浙江绍兴凤凰山战国木椁墓》,《文物》2002年第2期;蒋明明:《浙江绍兴皋埠任家湾茅家山战国墓清理简报》,《东方博物》第14辑,浙江大学出版社2005年版;金翔:《浙江安吉县垄坝村发现一座战国墓葬》,《考古》2001年第7期;浙江省文物考古研究所、安吉县博物馆:《浙江安吉五福楚墓》,《文物》2007年第7期;李零、刘雨:《楚郦陵三器》,《文物》1980年第8期。为使行文简洁,本书再引这些文献不再一一注明。

② 刘建国、刘兴:《丹徒下湖战国遗址——兼论后吴文化的两个问题》,《东南文化》1992年第6期;王德庆:《苏州新庄东周遗址试掘简报》,《考古》1987年第4期;上海市文物保管委员会:《上海金山县戚家墩遗址发掘简报》,《考古》1973年第1期。

第十三章　战国后期吴越地区的楚文化　269

浒关小真山 D1M1 是甲字形竖穴岩坑墓，墓长 6.2 米、宽 5.45 米、深 6.2 米，墓底有两条 0.8 米宽放置枕木的沟槽，墓内棺椁已朽；墓室的北部有斜坡墓道，长 11 米、宽 3.17—3.85 米，南端有一级台阶，墓口两侧各靠两把木柲铜戈；墓内夯土中有六层积石，夯土之上有馒头状土墩，土墩直径 34 米、残高 5 米。

安吉五福村 M1 是甲字形竖穴土坑木椁墓，墓口东西长 5.3 米、南北宽 4.6 米，墓底东西长 4.4 米、南北宽 3.5 米，墓口下 3.1 米处设有二层台；墓向朝西，墓道长 8.3 米、宽 1.4 米；木椁外充填青膏泥，墓道口近木椁面的填土中还发现有一件木胎泥塑偶人。

苏州浒关小真山 D2M1 是甲字形竖穴岩坑墓，绍兴皋埠凤凰山 M2、M3 和茅家山 M324 都是竖穴土坑木椁墓，都属于中型楚墓（表 13—2）。

表 13—2　　　　　　　　战国后期吴越地区的中型楚墓

墓葬	小真山 D2M1	凤凰山 M2	茅家山 M324
平剖面图或照片			
墓型	甲字形竖穴岩坑墓	竖穴土坑木椁墓	

小真山 D2M1 为甲字形竖穴岩坑墓，墓底南北长 3.2 米、东西宽 3.3 米、深 4.3 米；墓的北部是墓道，长 9 米、宽 1.9 米；墓坑填土经过夯打，墓上土墩直径 24 米、残高 3.5 米。

凤凰山 M2 墓底深 4.3 米，木椁四周填有白胶泥。葬具都是一棺一椁，无椁盖。方向朝北，椁长3.64米、宽1.6米、高0.53米。木椁四壁用大块枋木叠砌，椁底板直放，由宽0.32—0.37米、厚0.21米的三块木板平铺而成，平面为长方形，上铺竹席，东西二边侧板嵌入南北档板浅槽中。木棺在椁内紧靠东北面，用整段原木破成二半雕凿而成。断面呈凹形，两侧两端卯槽，插入二块圆木块，作为棺的前后壁。棺盖和棺身接触处有榫，上下对缝弥合，棺外涂黑漆，内为朱漆。棺内放小木板八块，板面上附有竹编，棺前端一块木板稍高，放置尸体的头部。棺椁都用楠木制造，质地良好。在棺椁之间的西南部留有空间放置随葬品。

茅家山M324坐北朝南，墓坑开口于表土层下，坑口长7米、宽4米、残深2.52米，木椁长6.15米、宽3.3米、高度已毁。木椁由枋木垒叠而成，木椁四周与坑壁之间的空隙用青膏泥填充密封，木椁底部分别用厚约1米的青膏泥和厚约0.3米的木炭进行防潮，炭层贴于木椁。椁底长3.08米、宽1.81米，由6条枋木平铺而成。墓内葬具为一椁一棺，棺木与人骨已残朽。

上海青浦重固M1、M2、M4、M88，苏州小真山D3M1、D4M2、D4M3，安吉垄坝村M2以及江苏武进孟河、苏州虎丘与华山、上海嘉定外冈、无锡施墩5号墓和前洲出土有铭铜器的楚墓都是小型的竖穴土坑墓（表13—3）。

表13—3　　　　　　　　战国后期吴越地区的小型楚墓

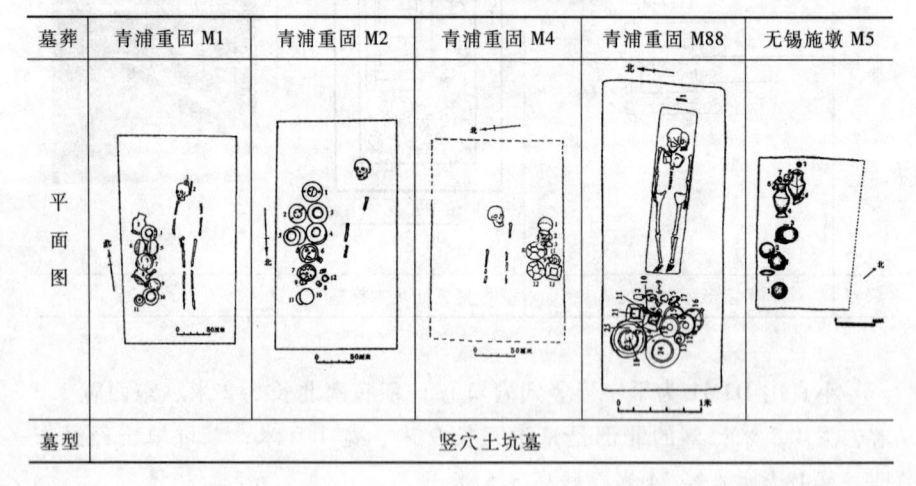

墓葬	青浦重固M1	青浦重固M2	青浦重固M4	青浦重固M88	无锡施墩M5
平面图					
墓型	竖穴土坑墓				

续表

墓例	小真山 D3M1	小真山 D4M2	小真山 D4M3	安吉垄坝村 M2
平面图				
墓型		竖穴岩坑墓		

重固发现的四座楚墓都是竖穴土坑墓。M1 墓向朝北，墓底东西长 3 米、南北宽 1.68—1.78 米，深 2.72 米。重固 M2 墓向朝南，墓底南北长 3 米、东西宽 1.62—1.66 米、深 3.2 米。重固 M4 墓向朝东，墓底东西长度不明、南北宽 1.76 米、深 2.16 米。重固 M88 墓向朝东，墓坑长 3.74 米、宽 1.46 米、深 2.17 米。

小真山的三座楚墓都是竖穴岩坑墓。D3M1 的墓底南北长 3.53 米、东西宽 2.15 米、深 5.05 米，有二层台，墓内有一棺一椁，墓上土墩直径 18 米、残高 1.5 米。小真山 D4M2 的墓向朝南，墓室长 2.9 米、宽 2.1 米、深 2 米，东西北三面有二层台。小真山 D4M3 的墓向朝北，墓壁四周涂有青灰泥，长 3.25 米、宽 2.25 米、深 3.9 米。

安吉垄坝村 M2 也是竖穴岩坑墓，墓长 2.8 米、宽 2.1 米、深 3.2 米，墓向朝东。武进孟河残墓是竖穴土坑墓，墓向朝南，墓底距地表约 4 米。墓底部有已炭化的棺板，宽 1.15 米，厚 3 厘米，棺板下填有 4 厘米厚的青灰膏泥。

苏州虎丘残墓也是竖穴土坑墓，墓向朝东，深 2.8 米，葬具是独木棺，长 2.35 米、宽 0.44 米，木棺四周的青灰土经过夯实。华山 D15M7 是竖穴岩坑墓，墓向朝南，南北长约 4 米、东西宽为 3 米、深为 2.4—2.6 米，深入基岩 1.5 米。

上海嘉定外冈残墓位于岗身中部，墓葬距地表深 1.56 米，墓的北端宽 1.2 米，墓向北偏东 60 度。

无锡施墩 M5 是竖穴土坑墓，南北长 2 米、东西宽 1.2—1.3 米，墓向北偏西60度。无锡前洲三件有铭铜器和匜、洗、刀、剑等铜器出土于高渎湾1米多深的芦苇塘里，应该也是一座被破坏的残墓，但是具体情况不明。

浒关小真山D1M1出土了一枚铜印，曹锦炎先生考证印文为"上相邦鉨"，据此发掘者认为该墓应是春申君黄歇之墓，而该墓旁侧的D2M1可能是他夫人的墓葬。[①] 安吉五福村M1虽然被盗，但是还出土了丰富的铜器、漆器和陶器，发掘者认为墓主是居住在鄣城的一位大夫级的楚国贵族。除此之外战国后期吴越地区就没有发现过等级更高、规模更大的楚墓了。

楚墓都是竖穴墓，大型墓葬有斜坡墓道，但是吴越地区最大的楚墓也不过是甲字形墓。楚人对于墓地并不像吴人和越人那样挑剔，山顶、山坡或平原高地都可以，处于平地的在泥土中挖坑，处于山地的在岩石上凿坑。楚墓的墓向通常以朝南为主，但是吴越地区的楚墓朝南、朝北、朝东都有。规模较大、级别较高的楚墓棺外都有木椁，木椁用枋木垒叠，椁外用青膏泥或白膏泥密封。大墓上有封土堆。

吴越地区楚墓的这些特点和江淮地区的楚墓完全一致，而和吴越地区战国前期越人的土坑墓、春秋时期越人的石室土墩墓与吴人的土墩墓有明显的区别。虽然它们前后相继出现在同一地区，但是并无继承关系，这是因为春秋战国时期先后生活在吴越地区的越人、吴人、楚人分别属于具有不同文化的三个族群，他们之间的关系是相互替代置换，并不是一脉相承地发展下来的。

第二节　吴越地区楚墓出土的器物

战国时期吴越地区楚墓中出土的器物有陶器、铜器、玉器、漆器，虽然数量不多、质量也不高，但是仍然很有特色。

1. 陶器

吴越地区中小型楚墓出土的器物主要是陶器（表13—4）。

[①] 苏州博物馆：《真山东周墓地》，文物出版社1999年版。

表 13—4　　　　　　　　战国后期吴越地区楚墓出土陶器表①

	小真山	外冈	重固	垄坝村	凤凰山 M2	凤凰山 M3	施墩 M5
鼎							
壶							
钫							
盉							
簠							
甗							
盒		*					
瓿							

① 注：* 表示有此器物，但无线图资料，全书同。

续表

	小真山	外冈	重固	垄坝村	凤凰山 M2	凤凰山 M3	施墩 M5
罐							
敦					*		
豆							
匜							
盆							
杯		*					
勺		*					
俑头							
陶郢爰		*					

战国后期吴越地区的楚墓出土的陶器以泥质灰黑陶为主，基本上没有越人和吴人常用的印纹硬陶和原始瓷。小型楚墓常见的陶器组合是鼎、壶、盒，而在战国前期的越人土坑墓中常见的是印纹硬陶瓮、坛、罐，麻布纹小杯和种类颇多的原始瓷器，在楚墓中偶尔能见到少量印纹陶与原始瓷，例如绍兴茅家山M324出土了1件印纹硬陶罐，凤凰山M2出土了2件印纹陶罐、越式鼎和兽面鼎，青浦外岗楚墓出土的陶瓿上有青釉，在丹徒下湖、苏州新庄和上海金山戚家墩遗址中也能见到越人的印纹陶、原始瓷与楚人的灰黑陶共存的现象，这可能是先前生活在同一地点的人们遗留下来的，但是楚人的灰黑陶与越人的印纹陶、原始瓷之间并无继承关系。楚墓出土的蹄足瘦长、方形立耳的陶鼎、高圈足陶壶与陶钫、高把陶豆、陶盒或陶敦、双耳陶瓿和陶杯也都极具有楚文化特色，另外楚墓中常见的陶勺、陶俑头和陶郢爰等器物也都不见于战国前期的越人墓葬。

2. 青铜器

浒关小真山D1M1、安吉五福村M1两座大型楚墓，凤凰山M2、茅家山M324两座中型楚墓和江苏武进孟河、苏州虎丘、华山、无锡前洲等几座小型楚墓都出土了数量不等的青铜器（表13—5）。

表13—5　　　　　　　　战国后期吴越地区楚墓出土青铜器表

	小真山 D1M1	安吉五福村	凤凰山 M1	茅家山	武进孟河	苏州虎丘	无锡前洲
剑							*
戈、弩机							

续表

	小真山 D1M1	安吉五福村	凤凰山 M1	茅家山	武进孟河	苏州虎丘	无锡前洲
鼎	■				■	■	
壶					■	■	
豆						■	■
盂	■					■	
镰斗		■					
盘					✓		
鉴						■	■
匜					✓	■	■
洗							■
敦					■		
勺					■		

续表

	小真山 D1M1	安吉五福村	凤凰山 M1	茅家山	武进孟河	苏州虎丘	无锡前洲
镜		●					
灯	●						
车马器				*			

注：√表示有器物而无器形图

吴越地区楚墓出土的青铜器有剑、戈、弩机、箭镞等武器，有鼎、壶、豆、敦、镳斗、鉴、洗、匜、勺、铜镜和车马器，但是没见到过青铜乐器，只有绍兴茅家山 M324 出土了一套黑陶的编钟和编磬的冥器，显然这是因为吴越地区楚墓的级别较低的缘故。

3. 玉器与漆器

由于吴越地区楚墓的级别较低，因此出土的玉器也很少，只有小真山 D1M1 出土了 3 件玉珩、1 件璧形玉环和 2 件玉管，小真山 D3M1 出土了 1 件玉扳指和 1 件玉印，重固福泉山楚墓出土了 1 件玉璧和 1 件璧形玉环，武进孟河残墓出土了 1 件青玉璧，而凤凰山 M3 出土的一把有"越王不光"铭文的玉矛是越人的器物（图 13—1），可能是墓主的战利品，除此之外几乎不见玉器了。

因为吴越地区少有大型楚墓，所以漆器也很少见，只有安吉五福村楚墓出土了奁、盒、卮、耳杯、盘、案、凭几、瑟、六博、箧子、虎子、坐便架等 21 件（套）漆器（图 13—2），绍兴茅家山出土了乐器架底座、漆车伞、木盒盖等 7 件漆器，凤凰山 M2 出土 4 件漆豆、1 件木案、1 件木梳，除此以外就很少见到有楚国漆器了。由于战国后期吴越地区的楚墓出土的玉器数量很少，很难和战国前期的越人玉器相比较，而出土的漆器虽然少，但是和其他地区大型楚墓出土的漆器是一致的。在大型楚墓中漆器是常见的陪葬品，而在战国前期的越墓中未见有漆器。

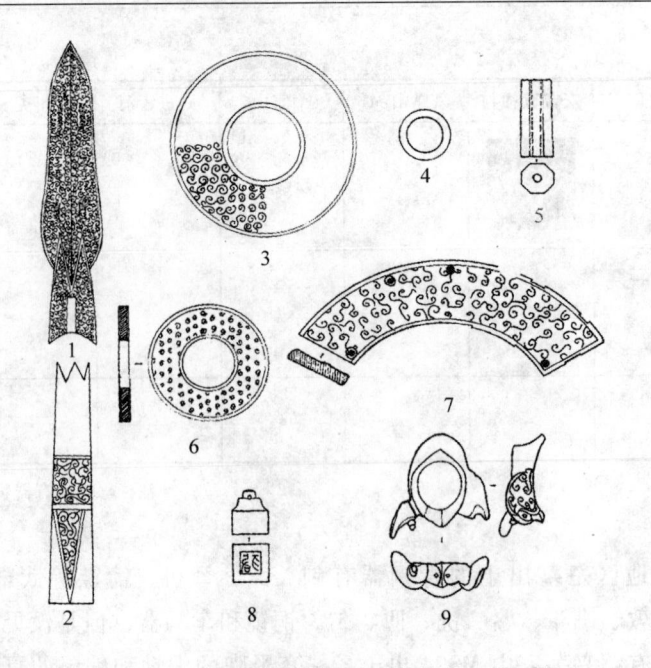

图 13—1　战国后期吴越地区楚墓出土的玉器

凤凰山 M3 出土：1. 玉矛　2. 玉璬　3. 玉瑗　4. 玉环
小真山 D1M1 出土：5. 玉管　6. 玉璧形环　7. 玉珩
小真山 D3M1 出土：8. 玉印　9. 玉扳指

图 13—2　安吉五福村楚墓出土的漆器

1. 漆奁　2. 漆盒　3. 漆盘　4. 漆笾　5. 漆卮　6. 漆耳杯　7. 漆案　8. 漆凭几　9. 髹漆竹竿箭镞　10. 漆六博棋子　11. 漆瑟　12. 漆六博棋盘　13. 漆坐便器　14. 漆虎子

第三节　战国时期吴越地区居民的更替与文化变迁

春秋前期整个环太湖地区都是越人生活的地区，他们在这里留下了数量众多的石室土墩墓。然而自从诸樊徙吴、伍子胥筑城以后，太湖以北地区被吴人占领了，吴国最后几代吴王和贵族们在这里留下了一批规模很大的土墩墓。越灭吴以后吴地又成了越国的领土，但是由于越人贵族主动向华夏认同、全面接受了华夏文化，越文化出现了强烈的华夏化倾向，因此战国前期在吴越地区不再出现石室土墩墓，越墓也变成了土坑墓，墓中出土的器物虽然仍以印纹陶和原始瓷为主，但是器类和器形都发生了很大的变化，最突出的是普遍出现了仿青铜的原始瓷乐器。楚灭越以后越人四散而去，越国不复存在，吴越地区在战国后期也成了楚国的领土，于是越人的土坑墓也不见了，取而代之的是楚人的竖穴土坑墓或岩坑墓，楚人的灰黑陶和楚式器物也取代了越人的印纹陶、原始瓷和越式器物。

越人烧造原始瓷和印纹硬陶的技术在战国时代是独一无二的，但是并没有被占据吴越地区的楚人所继承，在楚墓中出土的陶器仍然以泥质灰陶和黑衣陶为主，个别墓里出土了有限几件原始瓷和印纹陶，看来也是从越人那里夺来的，而不是他们自己制造的。最典型的是绍兴凤凰山M3，墓型为竖穴土坑木椁墓，木椁四周充填白膏泥，完全是楚国的墓制，出土的陶器除15件印纹硬陶以外泥质黑陶器和原始青瓷器各占一半，其中的泥质黑陶器是楚式的，而原始瓷和印纹硬陶器却是越式的，特别是墓中还出土了一把有"越王不光"铭文的玉矛。"不光"是越王翳的别名，但是凤凰山M3绝不可能是越王翳的陵墓，因此这件玉矛一定是墓主的战利品。可见当楚人灭亡越国、驱逐越人以后，并没有继承、接受、融合越文化，在吴越地区楚文化只是覆盖、置换、替代了越文化。所以，我们不能把战国时期先后出现在吴国故地的越文化和楚文化也称作"吴文化"，或者笼统含混地称为"吴越文化"或"吴楚文化"。

"文化"是人群的生活方式，一群古代的先民遗留下来的物质遗存就表现为考古文化。一个地区的文化变迁不仅会随着人们自身的发展而发生缓慢的变化，而且会随着人群的迁徙流动而发生剧烈的变化。自从梁思成先生在殷墟发现了有名的后冈三叠层以来，考古学家一直用地层学原理来解释考古文化在时间纵轴上表现出来的变迁，然而却忽略了三叠层也可以是由于人群在空间上的迁徙所造成的。这种由于人群的迁徙流动而形成的上下层位的文化是不连续的，它们所含的器物不存在类型学所揭示的连续变化的线索，因此这样的三叠层看起来就好像是存在着一个"断层"，而且两者之间并不存在一个尚未找到的"缺环"。这种"文化断层"是普遍存在的，吴越地区战国前期的越文化与战国后期的楚文化之间就存在着这样一个"文化断层"。

　　春秋战国时期在吴越地区发生了激烈的军事冲突，从而造成了当地居民的大规模置换：先是吴人征服了越人，接着越人取代了吴人，然后楚人又赶走了越人。由于不同的人们具有不同的生活方式，因此随着居民的置换发生了全面的文化更迭，这种文化更迭的形式是覆盖与取代，而不是吸收与融合，所以前后各阶段的文化显得很不连贯，出土的文物也无法进行类型学的比较。因为这一段历史的变迁有明确的文字记载，所以我们对此变化并不觉得突兀，但是如果这样的事情发生在没有文字记载的时代，仅仅根据考古发现的遗存我们会做出怎样的判断呢？

第十四章　楚灭越以后越人的去向

勾践灭吴后，"以淮上地与楚，归吴所侵宋地于宋，与鲁泗东方百里"①，用吴国的土地去笼络邻国，但是《史记·鲁世家》却说，"越已灭吴而不能正江淮北，楚东侵广地至泗上"。不管是被动还是主动，反正在吴国灭亡之后楚国的势力迅速向东扩张了：公元前447年灭蔡国，江淮之间尽归楚国所有；公元前379年打败越王翳，迫使他迁回故吴之地。2004年在无锡鸿山发掘的战国前期越国墓葬应该就是在越王翳迁回吴地后越人留下的。②越王翳二传至越王无强，"王无强时，越兴师北伐齐，西伐楚，与中国争强"。"楚威王兴兵而伐之，大败越，杀王无强，尽取故吴地至浙江，北破齐于徐州，而越以此散，诸侯子争立，或为王，或为君，滨于江南海上，服朝于楚。"③于是楚国占有了原来吴国与越国的全部土地。楚考烈王三十五年（公元前248年）春申君黄歇被封于江东，"因城故吴墟，以自为都邑"④，太湖地区成了春申君的封地，吴国故都成为他的都邑。

楚国对越国的征服使太湖地区居民发生了置换，也导致了当地文化的更迭。一个明显的现象就是在太湖地区的战国遗存中作为越文化典型因素的几何形印纹硬陶和原始瓷的数量大大减少，取而代之的是楚文化的泥质黑衣陶高把豆、高颈乳足壶、平底盆、双耳罐等楚式器物；另一个明显的现象是太湖地区战国前期越人的土坑墓也不见了，从武进孟河、苏州虎丘、青浦福泉山到绍兴漓渚、凤凰山等地所发现的战国后期墓葬都是楚式

---

① 《史记·越王勾践世家》。
② 南京博物院、江苏省考古研究院、无锡市锡山区文物管理委员会：《鸿山越墓》，文物出版社2007年版。
③ 《史记·越王勾践世家》。
④ 《史记·春申君列传》。

的竖穴土坑木椁墓。但是太湖地区所发现的战国楚文化遗存的数量远比春秋时代吴越文化遗存的数量要少，这说明在楚国灭掉越国、楚人进入太湖地区以后，楚人并没有向这里大规模移民和进行开发，而原居此地的越人却迁走了。

第一节　外越

《越绝书》云："无余初封大越……勾践徙治山北，引属东海，内、外越别封削焉。"乐祖谋先生认为，所谓"内越、外越"是于越先人向内地和沿海岛屿迁徙而形成的两个分支。① 这一推论是有道理的。外越和内越的关系十分密切，在吴越两国发生战争之时，外越始终站在越国一边反对吴国，所以阖闾要在娄县（今昆山东北）造武城"以候外越"；甚至连后来的秦始皇也要"徙天下有罪谪吏民，置海南故大越处，以备东海外越"。②陈桥驿先生认为外越的地望可能在舟山群岛。③ 勾践灭吴后曾打算把夫差安置在甬东，杜预注曰："甬东，会稽句章县东海中洲也"④，即今之舟山群岛。

蒙文通先生则进一步认为吴越与澎湖、台湾也有密切关系。⑤《太平御览》引《临海水土志》云："夷洲在临海东，去郡二千里，土地无霜雪，草木不死，四面是山，众夷所居。山顶有越王射的正白，乃是石也。此夷各号为王，分划土地人民，各自别异，人皆髡头穿耳。"《太平寰宇记》台州临海县条曰："夷洲，四面是山，顶有越王钓石在焉。"《赤城志》引《临海记》云："夷洲……山顶有越王射的白石。"夷洲即今之台湾，夷洲山顶有越王射的、越王钓石等遗迹，正是此地曾受越王统治的证据。自汉代东瓯、闽越、南越灭亡以后越人不再称王，故此越王必定是早于西汉时期之越王。《临海水土志》说夷洲"人皆髡头"，当是指越人断发之俗；又言夷洲"呼民人为弥麟"，"弥麟"即"闽"的缓读，《说文解字》释曰："闽，

---

① 乐祖谋：《历史时期宁绍平原城市的起源》，转引自陈桥驿《于越历史概论》，《浙江学刊》1984 年第 2 期。
② 《越绝书·卷八》。
③ 陈桥驿：《于越历史概论》，《浙江学刊》1984 年第 2 期。
④ 《史记·越王勾践世家》集解杜预注。
⑤ 蒙文通：《外越与澎湖台湾》，《越史丛考》，人民出版社 1983 年版。

东南越，蛇种"。《史记·赵世家》言："黑齿、雕题、鳀冠秫缝，大吴之国也。"而近大陆处只有台湾的高山族有染齿、文身的"黑齿、雕题"之俗。据《三国志·孙权传》记载，黄龙二年（公元230年）遣将军卫温、诸葛直率船队到夷洲去，这是文献中汉人到达夷洲最早的记录。他们去夷洲的目的是为了掳掠越人来充当劳动力，可见在他们之前越人早已漂海过去了，否则卫温、诸葛直去夷洲掳掠越人岂不是要扑空了吗？

外越是生活在沿海岛屿包括台湾的土著居民。

第二节 东瓯

《史记·东越列传》记载："闽越王无诸及越东海王摇者，其先皆越王勾践之后也。"江南是越人的故土，越人在遭到来自北方的楚人打击后向更南的地方迁徙，这是顺理成章的事。秦末天下大乱，无诸和摇都参加了反秦战争，在随后的楚汉相争中"无诸、摇率越人佐汉。汉五年（公元前202年），复立无诸为闽越王，王闽中故地，都东冶。孝惠三年（公元前192年），举高帝时越功，曰闽君摇功多，其民便附，乃立摇为东海王，都东瓯，世俗号为东瓯王"。① 至武帝建元三年（公元前138年）闽越受吴王刘濞的儿子子驹的蛊惑，发兵围攻东瓯，东瓯向汉武帝告急，汉武帝派中大夫庄助发兵浮海救东瓯。汉朝大军还未到，闽越闻讯就引兵退去。解围后"东瓯请举国徙中国，乃悉举众来，处江淮之间"。②《史记》索隐引徐广曰："年表云：东瓯王广武侯望，率其众四万余人来降，家庐江郡。"东瓯国仅仅存在了54年就不复存在了，这部分越人迁徙定居到江淮间的庐江郡，融入了汉人之中。然而由于年代久远，后人对东瓯祖居之地的地望反而搞不清了，所以自古以来一直众说纷纭。

《山海经·海内南经》云："瓯居海中。"郭璞注曰："今临海永宁县，即东瓯，在岐海中也。"③ 永宁县为东汉永和三年（138年）所设，东晋太宁元年（323年）设永嘉郡，郡治就设在永宁县，隋开皇九年（589年）改永宁县为永嘉县，唐上元二年（675年）析括州置温州，州治也设

---

① 《史记·东越列传》。
② 同上。
③ 袁珂：《山海经注疏》，上海古籍出版社1989年版，第267页。

在永嘉县。所以，今天的温州一直是历代县、郡、州治的所在地。温州地处瓯江的入海口，正符合"居海中"的地理环境，但是在温州的行政区域内至今未发现有汉代的城址，使得这一记载得不到考古的支持。

在温州北边属于台州的温岭市大溪镇塘山村塘岭南麓有一座古城遗址，俗称"徐偃王城"。2002年和2006年浙江省文物考古研究所对遗址进行了调查与发掘，城址由外城和内城构成，内城位于外城内的西部，平面呈长方形，内城东西长390米、南北宽200米，面积7.8万平方米，外城东西长765米、南北宽376米，面积28.8万平方米（图14—1）。试掘结果表明，大溪古城并不是先秦时代的"徐偃王城"，而是与福建武夷山汉城遗址同时代的西汉早期城址。在大溪古城的汉代文化层内出土了作为建筑构件的瓦片和少量生活用陶瓷器，器类有原始瓷、印纹硬陶、硬陶和夹砂陶，器形有碗、盒、瓮、罐、钵、盆、器盖等（图14—2）。①

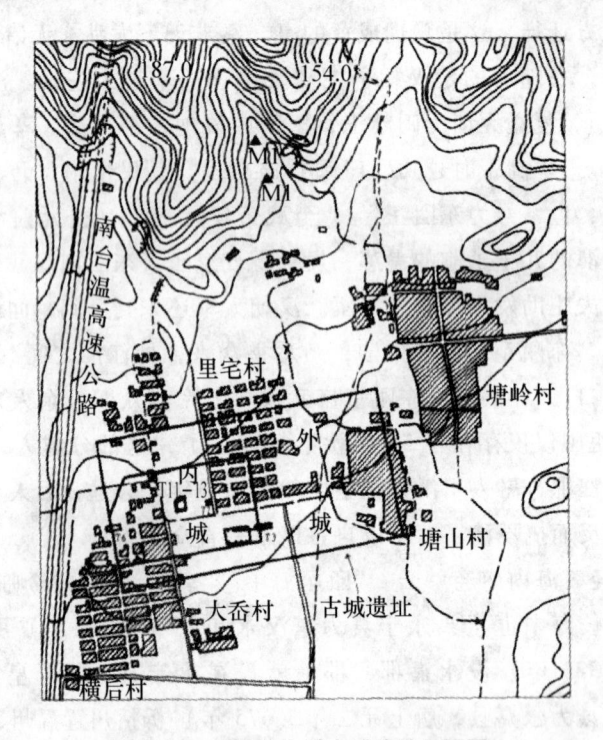

图14—1 温岭大溪古城遗址平面图

---

① 浙江省文物考古研究所、温岭市文化广电新闻出版局：《浙江温岭大溪古城遗址的调查与试掘》，《东南文化》2008年第2期。

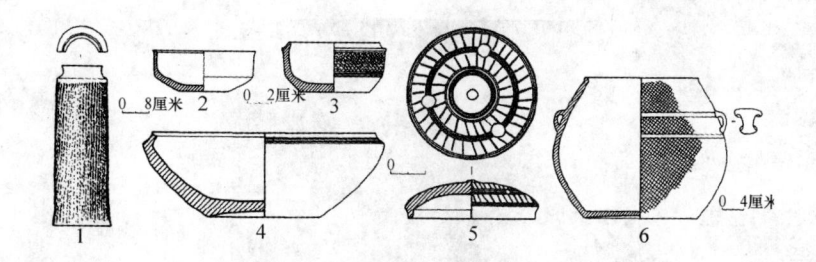

图 14—2 温岭大溪古城遗址出土陶器
1. 筒瓦 2. 原始瓷碗 3. 原始瓷盂 4. 硬陶钵 5. 硬陶器盖 6. 印纹硬陶罐

大溪古城内的地层主要有汉代与宋代两层堆积。南宋《嘉定赤城志》记载："古城，在黄岩县南三十五里大唐岭东，外城周十里，高仅存二丈，厚四丈；内城周五里，有洗马池、九曲池、故宫基址，崇一十四级，城上有高木可数十围，故老云，即徐偃王城也。城东偏有偃王庙。"可见，南宋时的人们所看到的已经是一座只有断墙残垣的古城遗址，甚至连城墙上的树木都已经长到数十围粗了，也就是说，这座城址在西汉初被废弃以后就一直荒无人烟，直到南宋时才重新有人来到这里居住。至于此为何城？宋人已经无从知晓，于是就以讹传讹为"徐偃王城"了。

2006 年在大溪古城遗址以北不到 1 公里的塘岭南麓发现了一座大墓 M1。M1 的封土墩呈东西向长方形覆斗状，东部已遭破坏，残长 30 米、宽 20 米、高 2 米。墓葬形制为带墓道的长方形土坑木椁墓，墓坑开口在砾石层中，坐东朝西，斜坡式墓道设在墓坑西壁正中，墓葬平面呈甲字形，坑口长 15.5 米、宽 6.7 米，坑底长 13.5 米、宽 4.5 米、深 3.7 米，墓道长 12 米以上、宽 3—3.8 米（图 14—3）。墓底两侧留有两条垫置木椁的纵向枕木沟，木椁分为前、后两室，前室长 4.4 米、宽 2.45 米，后室长 7.1 米、宽 2.9 米，椁高 1.5 米，木椁外四周填埋大量砾石。此墓在古代已遭严重盗掘，墓内残存随葬器物 34 件，有玉璧和残玉觽各 1 件（图 14—4），其余为原始瓷、印纹陶和泥质陶器，器形有瓿壶 5 件、敛口双耳罐 10 件、瓮 1 件、瓴 2 件、钵 1 件、杯 1 件、鼎 1 件和纺轮 11 件（图 14—5）。原始瓷器的釉层很薄，缺乏光泽感，有脱釉现象。印纹陶的拍印纹饰仅见一种方格纹，均是通体拍印，普遍具有在肩腹部位抹去几周方格纹的特点。硬陶与泥质陶器上则多有一些简单的刻画弦纹和水波纹。在墓道左侧（南边）的封土边缘发现一个陪葬器物坑，残存范围

图 14—3　浙江温岭塘山 M1 全景

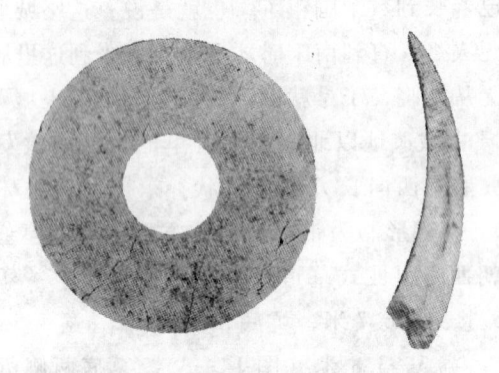

图 14—4　温岭塘山 M1 出土玉器
玉璧（左）、玉觽（右）

不足 2 平方米，出土残存器物 28 件，全部为陶质的镈、纽钟、錞于、磬、勾鑃等仿青铜乐器（图 14—6），估计原先器物坑内埋藏的器物可能有近百件之多[①]。专门设置器物坑将仿青铜礼乐器陪葬于墓外的做法在战国时代的越墓如长兴鼻子山 M1、安吉龙山 141M1、安吉笔架山 D131M4、嵊州小黄山战国墓和

---

① 浙江省文物考古研究所、温岭市文化广电新闻出版局：《浙江温岭市塘山西汉东瓯贵族墓》，《考古》2007 年第 11 期。

杭州半山石塘 M1 以及绍兴福泉猪头山等地都有发现①，塘山 M1 的葬俗显然和它们是一脉相承的。

图 14—5　温岭塘山 M1 出土原始瓷与陶器
1. 原始瓷匏壶　2. 双耳印纹陶罐　3. 原始瓷钵　4. 杯　5. 印纹陶瓮　6. 陶纺轮　7. 红陶鼎　8. 原始瓷瓿

图 14—6　温岭塘山 M1 器物坑出土陶乐器
1. 錞于　2. 纽钟　3. 镈　4. 编磬

2003 年在塘山 M1 北边的山间吞地上曾经发现过一座被破坏的小型土坑墓 M2，墓坑打入生土，坑内填质地纯净的五花土，墓上原有封土。M2 出土 12 件随葬器物，以硬陶为主，原始瓷、印纹硬陶较少，器形有匏壶、

---

① 陈元甫：《越国贵族墓葬制葬俗初步研究》，《东南文化》2010 年第 1 期。

罐、瓮、钵、碗、釜等，与 M1 出土的器物完全相同（图 14—7），与武夷山城村汉城遗址出土的器物也完全一致。①

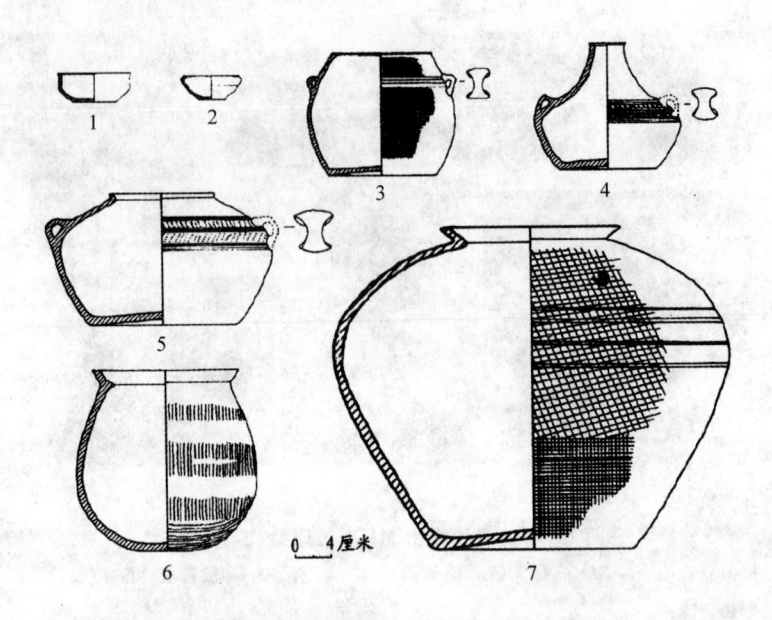

图 14—7　温岭塘山 M2 出土器物
1. 原始瓷碗　2. 硬陶钵　3. 印纹硬陶罐　4. 硬陶瓿壶　5. 硬陶瓿　6. 夹砂陶釜　7. 印纹硬陶瓮

2009 年在温岭市城西街道的西岙村元宝山山麓发现两座墓葬。M1 和 M2 相距 10 多米，M1 位于 M2 稍下面一些，都是打入生土的小型土坑墓。两墓共出土随葬器物 9 件，以硬陶为主，器形有瓿壶、罐、钵、瓿、熏炉等（图 14—8）。瓿壶、罐、钵、瓿与温岭市大溪镇塘山 M1、M2 出土的器物并无二致，而新出的熏炉也见于武夷山汉城遗址②，所以应该也是西汉初期的东瓯国墓葬。③

---

①　浙江省文物考古研究所、温岭市文化广电新闻出版局：《浙江温岭塘山发现西汉东瓯国墓葬》，《东南文化》2007 年第 3 期。
②　福建博物馆、福建闽越王城博物馆编：《武夷山城村汉城遗址发掘报告》，福建人民出版社 2004 年版，第 262 页。
③　叶艳莉：《温岭元宝山发现西汉东瓯国墓葬》，《东方博物》第 36 辑，浙江大学出版社 2010 年版。

图 14—8　温岭元宝山 M1、M2 出土器物
1. 印纹硬陶罐　2. 硬陶匏壶　3. 泥质陶钵　4. 硬陶瓿　5. 硬陶熏炉

温岭大溪古城及其附近发现的这一系列遗址与墓葬表明这里应该就是西汉初期的东瓯国所在，但是在学术界尤其是在温州市仍然有许多学者坚持认为东瓯应该在今天的温州。其实这都是由于现代的行政区划变更所造成的偏见。虽然现在的温岭市隶属于台州，但是其地理位置紧挨着温州的乐清市与玉环县，与温州属于同一个地理单元，在这一带的瓯海杨府山、黄岩小人尖、瑞安凤凰山、苍南浦坪乌岩山等地都发现有西周春秋时期的土墩墓（详见本书第四章第二节），1984 年在温岭县琛山乡楼旗村前的山坡上还出土过一件西周铜盘，铜盘高 52.2 厘米、口径 61.6 厘米，盘内铸有一条这立体的蟠龙（图 14—9）[①]，件青铜器无疑是一件重器。所有这

图 14—9　温岭琛山出土的西周铜盆

[①] 台州地区文管会、温岭县文化局：《浙江温岭出土西周铜盘》，《考古》1991 年第 3 期。

些证据都肯定了东瓯就在今天的温州一带。尽管我们无法确定东瓯的疆域，也无法描述东瓯的细节，但是在有东瓯国的时代既无温州亦无台州，温岭的东瓯古城和后来的永宁县、永嘉郡、温州并不矛盾。

第三节　闽越

汉高祖"五年（公元前202年），复立无诸为闽越王，王闽中故地，都东冶"。建元三年（公元前138年）闽越围攻东瓯，汉武帝派兵解围，"闽越引兵而去"。"至建元六年（公元前135年），闽越击南越。"汉武帝派王恢和韩安国分别从豫章和会稽出兵去解救南越，"闽越王郢发兵距险"，但是其弟余善杀郢并投降了王恢，于是汉武帝立无诸孙繇君丑"为越繇王，奉闽越先祭祀"。余善杀郢以后，"威行于国，国民多属，窃自立为王"。但是汉武帝认为不值得为他而兴师动众，便"立余善为东越王，与繇王并处"。元鼎五年（公元前112年）南越相吕嘉发动叛乱，东越也首鼠两端、蠢蠢欲动。"元鼎六年（公元前111年）秋，余善闻楼船（将军杨仆）请诛之，汉兵临境，且往，乃遂反，发兵距汉道。""余善刻'武帝'玺自立，诈其民，为妄言。"于是汉武帝派横海将军韩说、楼船将军杨仆等分兵四路进攻东越，在汉军强大的军事压力之下越衍侯吴阳、东越大臣建成侯敖联合繇王居股用计杀死了余善，向横海将军韩说投降。闽越被灭以后繇王居股被封为东成侯，地在九江；建成侯敖被封为开陵侯，地属临淮郡；越衍侯吴阳被改封为北石侯，东越将多军被封为无锡侯，横海将军韩说被封为案道侯，横海校尉福为缭嫈侯。汉武帝认为"东越狭多阻，闽越悍，数反复，诏军吏皆将其民徙处江淮间。东越地遂虚"①。至此闽越国也从中国大地上消失了。闽越国被灭亡后闽越人也被迁徙到江淮一带，他们的祖居之地在哪里？闽越国的都城东冶又在哪里？后人也都搞不清楚了，以至于一直争议不断。

关于闽越国都城冶城的地望，一说在浙南今台州临海东南的章安，一说在闽北的崇安或浦城一带，一说在福州冶城。关于《后汉书·郡国志》"章安"条下的记载："故冶，闽越地，光武更名。"古今学者都已经论证

---

① 《史记·东越列传》。

这是不能成立的①，而关于后两说在福建武夷山市（原崇安县）城村和福州越王山都已经发现了古城遗址。

1958 年在福建武夷山市兴田镇城村西南发现了一座古城遗址，经过多年发掘现在已经搞清其为西汉初期的城址。② 城址位于起伏的丘陵上，西高东低，东面是崇阳溪的冲积平原。城墙依山而筑，用夯土筑成，东西 550 米、南北 860 米，面积约 48 万平方米。城墙基宽 15—21 米、顶宽 4—8 米、残高 4—7 米，城外护城壕宽 6—10 米、深 5 米（图 14—10）。

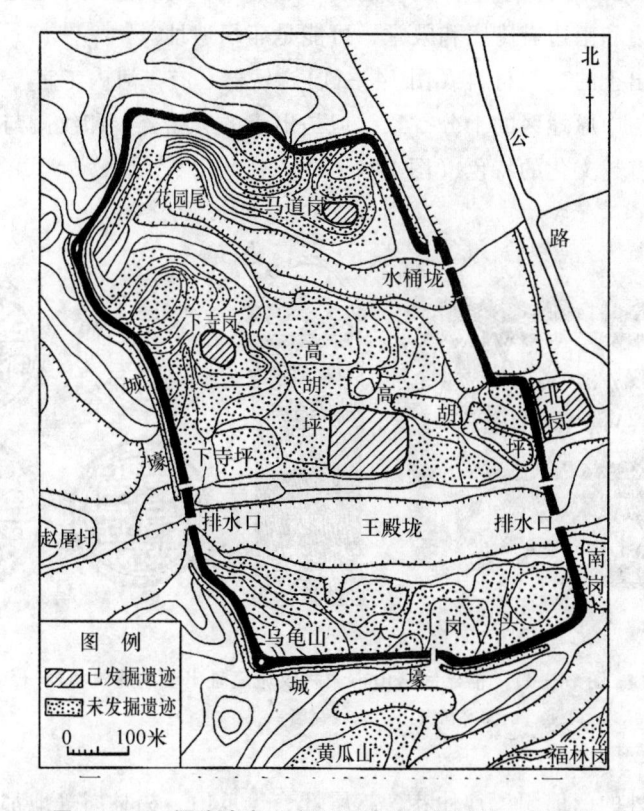

图 14—10　福建武夷山市兴田镇城村汉城遗址平面图

---

① 彭文宇：《关于闽越王冶都的刍议》，《福建论坛》（人文社会科学版）1984 年第 3 期；邓华祥、肖忠生：《闽越王王都冶城问题再探》，《福州师专学报》（社会科学版）1998 年第 3 期。

② 福建博物馆、福建闽越王城博物馆编：《武夷山城村汉城遗址发掘报告》，福建人民出版社 2004 年版，第 262 页。

东、西、南城墙上共有四座城门、三座水门,城内发现有五条道路与这些城门相通。在城内多处发现有大型建筑遗址,城中心高胡坪南部的建筑遗址最大,台基东西长200米、南北宽100米,台基上有两组建筑,中间用墙隔开。东边的甲组建筑东西长120米、南北宽79.2米,是由东、西大门,侧门、门房,前庭后院,主、侧殿堂,东、西天井,东、西厢房,廊房和后房等构成的封闭式宫殿建筑群。乙组建筑位于西边,东西长90米、南北宽80米,由南北两座殿堂组成。东城门外的北岗上有一座封闭式庭院建筑,由三个封闭的单体建筑前后串联而成,建筑遗址旁边是一座露天台基,东边和南边有廊庑和殿堂,可能是庙坛遗址。

城内出土的建筑材料(图14—11)、铁器、有"河内工官"铭文的铜弩机等都与中原地区的十分一致,但是出土的原始瓷、印纹陶与硬陶器则明显地具有越文化的特色(图14—12)。

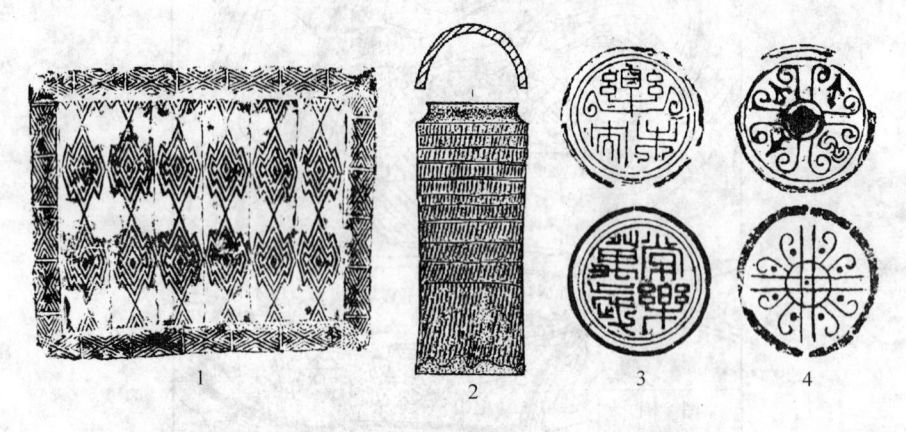

图14—11 福建武夷山市城村汉城遗址出土的建筑材料
1. 铺地砖 2. 筒瓦 3. 文字瓦当 4. 云纹瓦当

在城外的门前园、瓮仲巷、赵屠圩、黄瓜山、福林岗等地都发现有汉代的居住遗址,在城村后山发现制陶作坊遗址,在元宝山有铸铁作坊遗址,在福林岗和渡头村发现两处墓葬区。

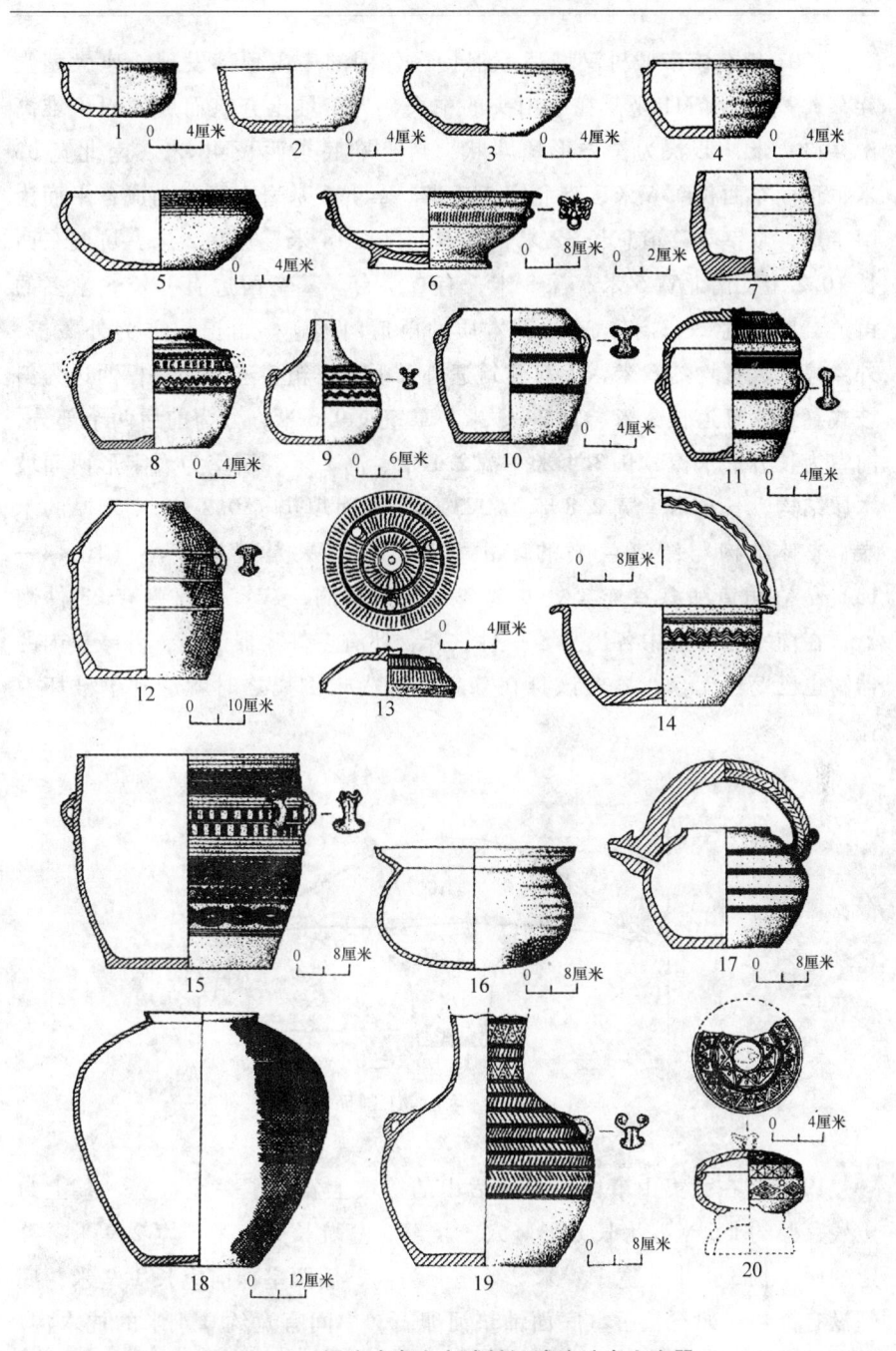

第十四章 楚灭越以后越人的去向　293

图14—12　福建武夷山市城村汉城遗址出土陶器
1. 盅　2. 原始瓷碗　3. 钵　4. 盒　5. 盂　6. 洗　7. 杯　8. 瓿　9. 匏壶　10. 双耳罐
11. 盖杯　12. 坛　13. 器盖　14. 盆　15. 提桶　16. 釜　17. 盉　18. 瓮　19. 壶　20. 香薰

2001年在该市城村汉城遗址保护区外围的牛山顶部发现一座大型贵族墓葬[1]，牛山M1坐落在小山头的中央，人工堆土夯筑而成的封土堆高出墓口7米，形状为长方形覆斗状，封土堆底东西长46米、南北宽33米，顶面东西长4.6米、南北宽3.3米。墓坑在基岩上开凿而成，平面为甲字形，墓室与墓道总长32米，墓室上口长14米、宽9.2米，坑底东西长10.2米、南北宽5米、深8米，有二层台。墓室西边有一长5米多的甬道，甬道宽2—3米，残留有木质的甬道门遗迹。甬道门外为外藏椁，外藏椁长、宽均约6米，上有建筑遗迹，下有椁箱遗迹，外藏椁西边为斜坡式墓道，墓道长9米、宽2—3米。墓室长9.6米，分为前后两个部分，前室为长方形木椁，长3.4米、宽2.1米、高2米，后室为人字形两面坡木屋结构，长6米、宽2.8米、高3米，外面填包了0.2—0.4米厚的木炭，整体结构与绍兴兰亭的印山大墓相似，只是规模较小（图14—13）。[2] 在甬道和墓室连接处发现一个大型盗洞，墓室内仅剩有23件陶器，在前室和甬道中各出土了一件铁斧，还有多件漆器遗痕，外藏椁内的器物也已荡然无存，显然该墓在墓室完好尚未倒塌之时就遭到了破坏性盗掘。

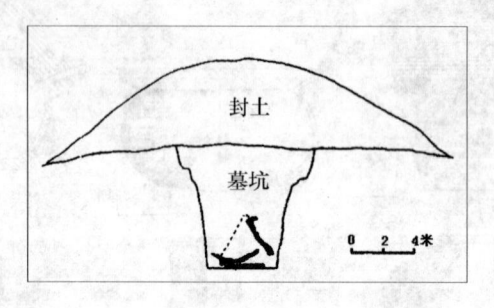

图14—13　牛山M1剖面图

1999年在武夷山市城村亭子后山的缓坡上发掘了一座墓葬，墓上封土残存厚约1.6米，为长方形竖穴土坑墓，墓坑长5.9米、宽2.9米，墓道朝西，长3.1米、宽1.4米。墓室分为前、后两室，前室长1.9米，底部没有铺垫河卵石，后室底面铺垫河卵石，中间有宽约0.4米的枕木沟。

---
[1] 杨琮：《武夷山发现西汉闽越国贵族墓葬》，《中国文物报》2003年8月20日第1版。
[2] 高绍萍：《从考古发现谈闽越与于越的传承关系》，《福建文博》2011年第1期。

墓内残存随葬陶器13件，有方格纹罐、瓿壶、瓿各1件，弦纹小型鼓腹罐5件，钵5件，和城村出土器物一致。①

2002年在武夷山市牛山以南200米的斧头山南麓发现一座小型墓葬（斧头山M1），封土堆呈椭圆形馒头状，长8米、宽2.4米、残高0.5米，墓室长4.9米、宽2.4米，残存深度1.7米，墓坑在岩石上开挖而成，坑底四面有排水沟槽。墓室西边有东西向墓道，墓室中出土瓮、罐、瓿、釜等9件陶器，形制也与该市城村汉城遗址出土器物相同。②

2008年在武夷山市兴田镇黄土村西北2公里的蛇子山汉代遗址发掘了两座西汉墓葬（M2、M4），其中M4的封土面积约400平方米，出土了瓮、罐、钵、瓿、瓿壶、釜、纺轮等24件文物。蛇子山遗址位于城村汉城遗址西北5公里，M2和M4出土的器物与城村汉城遗址出土的器物也完全一致，因此这些墓葬都应该属于西汉闽越国的墓葬。③

根据考古发掘所获得的种种信息来判断，武夷山市城村古城遗址的年代属于西汉前期是肯定的，但是其性质究竟是闽越王的都城，还是东越王余善的王城，学术界却有不同的看法。张其海、林忠干、林蔚文、杨琮等先生都认为武夷山市城村汉城是闽越冶都的遗址④，但是吴春明先生认为武夷山市的汉城是东越王余善的王城，而闽越的冶都在福州。⑤

1984年在福州市北郊的新店发现一座古城遗址，现存有大致为长方形的夯土城墙，北城墙长约310米，东、西城墙的南段和南城墙已无存，东、西城墙各残长287米和478米。对西墙北段的解剖证明"一期城墙建于战国晚期至汉初，二期城墙补筑于汉初"。⑥ 在城内的小规模试掘还发

---

① 福建闽越王城博物馆：《武夷山市城村亭子后西汉闽越国墓葬发掘简报》，《福建文博》2011年第1期。
② 福建闽越王城博物馆：《武夷山市城村斧头山一号墓发掘简报》，《福建文博》2011年第1期。
③ 林繁德：《武夷山市黄土蛇子山新石器时代及汉代遗址》，《中国考古学年鉴（2009年）》，文物出版社2010年版。
④ 张其海：《崇安城村探掘简报》，《文物》1985年第11期；林忠干：《崇安汉城遗址年代与性质初探》，《考古》1990年第12期；林蔚文：《西汉闽越冶都考证》，载陈存洗主编《闽越考古研究》，厦门大学出版社1993年版，第165—150页；杨琮：《论崇安城村汉城的年代和性质》，《考古》1990年第10期。
⑤ 吴春明：《闽越冶城地望的历史考古问题》，《考古》2000年第11期。
⑥ 欧潭生：《南方古城考古有重大发现》，《中国文物报》1997年6月15日第一版；《福州新店发现闽越故城》，《福建文博》1997年第1期。

现了回廊、柱洞等建筑遗迹，以及装饰水波纹、方格纹、弦纹的硬陶瓷、罐、釜、钵等典型的闽越陶器。在新店古城北500米的古城山南麓曾发现过5座汉初古墓。在古城遗址南1.5公里是浮仓山，明代《八闽通志》"山川"条下记载："浮仓山，旧传越王无诸仓廪在焉。"浮仓山即今浮村山（福州七中所在地），在浮村遗址的上层发现有0.7米厚的绳纹板瓦、筒瓦堆积，瓦体硕大，板瓦残长58厘米、宽40厘米，筒瓦长45厘米、宽14厘米，在总面积90平方米的四个探沟中就出土了1万件以上瓦片，说明这里是一处重要的闽越国建筑遗址。1987年对冶山东麓的七星井进行了试掘，从出土标本观察至少包含有四个时期的文化内涵，即以复线回纹杯、云雷纹罐和席纹陶片为代表的商周时期遗物，以内印乳丁纹的绳纹筒瓦、板瓦、铺地砖、云纹瓦当以及方格纹陶罐、釜、钵等为代表的闽越国时期文化，还有东汉至六朝时期的绳纹、复线菱形纹、钱纹砖和唐宋时期的素面瓦片、莲花纹瓦当及青瓷器等。此外，在古城遗址南3公里的福州屏山省建行基建工地发现了一处厚90厘米的夯土基址，出上一批大型绳纹砖瓦、菱形纹铺地砖和排水管道等，一些绳纹瓦内侧还印有"蛇头形"符号，有人认为这是"闽"字的初文。在福州屏山农贸市场工地的断面上发现了一层厚3.2—4米的含绳纹砖瓦的秦汉文化层，采集到带有龙凤图案的"万岁"和"万岁未央"字样的瓦当（图14—14）。[①] 在相距

图14—14 福州闽越古城遗址出土的龙凤图案"万岁"和"万岁未央"瓦当

[①] 欧潭生：《福州闽越故城发现一批文字瓦当》，《中国文物报》1997年12月21日第一版。

400米冶山山坡上的福州财政厅工地也发现了夯土建筑台基，东西长33米以上（两边未到头）、南北宽10米、厚0.7—1.5米。建筑遗址内出土有"万岁"字样的瓦当，建筑构件的造型、规格与屏山农贸市场出土的宫殿建筑构件相同。显然这一带不是一般的闽越平民居址，而是闽越上层贵族的宫殿。

福州位于闽江口海边，正符合《山海经·海内南经》"闽在海中"的记载，而且冶山、屏山等建筑遗址中都发现有东汉、六朝甚至更晚的遗存，在庙后山和金鸡山墓地中也不少东汉、两晋、南朝时期墓葬，而附近的白沙、屏山、荆溪、仓山、茶园山、老鼠山、乌山等地点还发现了近30座两晋、南朝时期的墓葬，这些迹象都与闽越冶都后来延续作为汉代冶县、候官县治所及六朝郡治的历史相符。所以福州冶山、屏山一带应该是闽越国都冶城遗址，只是因为它被叠压在现代城市之下，我们对它的了解不像武夷山市汉城那么详细罢了。

在闽北武夷山市汉城遗址周围还发现了乌阪城（邵武市水北镇故县）、汉阳城（浦城仙阳乡）、临江城（浦城临江乡锦城村）、临浦城（石排下村山顶上）以及越王山（浦城县南浦镇东仙楼山）、金鸡山（政和县石屯镇长城村）、平山（建阳县将口乡新建村）等遗址[①]，但是这些遗址的规模都很小，明显具有军事城堡的性质。这些遗址应该就是史书与方志所说的余善"发兵距险"所筑六城中的乌阪、汉阳、临江、临浦、大潭等五城有关。它们地处闽北，面向豫章与会稽，处于抵御汉朝军队的第一线，对武夷山市城村汉城形成拱卫之势。[②] 考古发掘证明武夷山市城村汉城最后是毁于一场大火，这似乎可以作为余善最后败亡的旁证。闽越国后期东越王余善和繇王丑两王并立，如果城村汉城确实是东越王余善的都城，那么也是闽越国的都城之一。

[①] 林忠干、赵洪章：《福建浦城三处古遗址调查简报》，《考古》1993年第2期；谢道华、王治平：《福建建阳县邵口坼汉代遗址》，《考古》1988年第7期；杨琮：《福建平山汉代遗址调查》，《考古》1990年第2期；高绍萍、林瑞明：《福建闽越国时期遗址分布概述》，《福建文博》2011年第1期。

[②] 吴春明：《闽越冶城地望的新证据》，《民族研究》1998年第4期。

第四节 南越

秦征服六国一统天下以后，"乃使尉屠睢，发卒五十万为五军"。"三年不解甲弛弩，使监禄无以转饷，又以卒凿渠而通粮道，以与越人战，杀西瓯君译吁宋。而越人皆入丛泊中与禽兽相处，莫肯为虏，相置桀骏以为将，而夜攻秦人大破之，杀尉屠睢，伏尸流血数十万，乃发戍以备之。"①秦始皇"三十三年（公元前214年），发诸尝逋亡人、赘婿、贾人，略取陆梁地，为桂林、象郡、南海，以适遣戍"。②次年又"谪治狱吏不直者，筑长城及南越地"。③赵佗也曾"使人上书，求女无夫家者三万人，以为士卒衣补，秦皇帝可其万五千人"。④这里记载的数字不一定很确切，但是秦汉之际从中原向岭南进行了大规模移民是肯定的。

当时真定人赵佗任南海龙川令，秦二世时南海尉任嚣病死，赵佗行南海尉事。秦亡后赵佗自立为南越武王。汉高祖十一年（公元前196年）立赵佗为南越王。吕后执政时赵佗自尊为南越武帝，朝廷也奈何他不得。汉文帝元年（公元前179年）派陆贾出使南越，说服赵佗除去帝号，景帝时赵佗又主动向皇帝称臣，但是南越国依然存在。建元六年（公元前135年）赵佗的孙子赵胡当南越王时，南越遭到闽越袭击，南越向朝廷求救，汉朝大军压境，闽越王弟余善杀郢后降汉。元鼎五年（公元前112年）南越相吕嘉叛乱，汉武帝派四路大军伐南越，元鼎六年（公元前111年）冬，南越国灭亡，分南越之地为儋耳、珠崖、南海、苍梧、九真、郁林、日南、合浦、交趾等九郡，南越国传五世93年而亡。

南越国的政权是由南迁的汉人建立的，但是南越国的居民仍然以越人为主，虽然秦汉之际大量的中原移民把汉文化带到了岭南，但是他们入乡随俗，也部分地接受了越文化，而在岭南地区的土著居民中则仍然深深地保存着传统的越文化，所以在岭南地区发现的西汉墓葬存在着两种情况：一种是含有越文化因素的汉人墓葬，另一种是含有汉文化因素的越人墓葬。

---

① 《淮南子》卷18《人间训》。
② 《史记·秦始皇本纪》。
③ 《史记·秦始皇本纪》。
④ 《史记·淮南衡山列传》。

1983年在广州象岗发现一座南越王墓，随葬的印信中有"文帝行玺"、"泰子"字样的金印和"赵眜"字样的玉印。《史记·南越列传》曰："佗孙胡为南越王"，"胡薨，谥为文王"，如果"文帝"就是"文王"，那么他是赵胡而不是赵眜，如果赵眜是赵胡的父亲，可是史书中并没有记载赵胡的父亲是否继承过王位，也没有说他是否名"眜"。这就引起了对象岗南越王墓墓主身份的争议。不过无论墓主是谁，这位南越王在位时南越国的国力一定非常强盛。象岗南越王墓是一座汉墓，墓葬形制、丝缕玉衣和大部分随葬品都遵循汉制，但是也有少数器物如铜提筒、铜烤炉、越式鼎、陶香薰、印纹硬陶瓮（图14—15）等都极具越文化特色。①

图14—15 广州南越王墓出土的越式器物
1. 铜提筒 2. 越式鼎 3. 陶香薰 4. 铜烤炉 5. 印纹硬陶瓮

1983年在广州西村凤凰岗发现一座大型木椁墓，墓道残长7.9米，墓室长13.8米、宽5.7米，木椁底板用24根粗大的枋木横向铺成，最大的枋木宽40厘米以上，墓葬规模仅次于象岗南越王墓（图14—16）。此墓早年被盗，仅存20余件玉器，但是其精美程度是除象岗南越王墓以外的其他汉墓所不见的，所以发掘者推测该墓可能是婴齐墓。②1998年在广州东山农林上四横路发掘了一座南越国时期的西汉木椁墓，墓室长12.5米，有斜坡墓道，椁室用枋木铆接而成，封门内分为棺室、后藏室和左右边箱等几部分（图14—17）。由于密封程度好，出土了430余件（套）漆、木、陶、玉、

---

① 广州市文物管理委员会、中国社会科学院考古研究所、广东省博物馆：《西汉南越王墓》，文物出版社1991年版。
② 广州市文物考古研究所：《广州西村凤凰岗西汉墓发掘简报》，《广州市文物考古集》，文物出版社1998年版。

铁、竹各类器物①。这两座木椁墓的形制完全是汉式的。

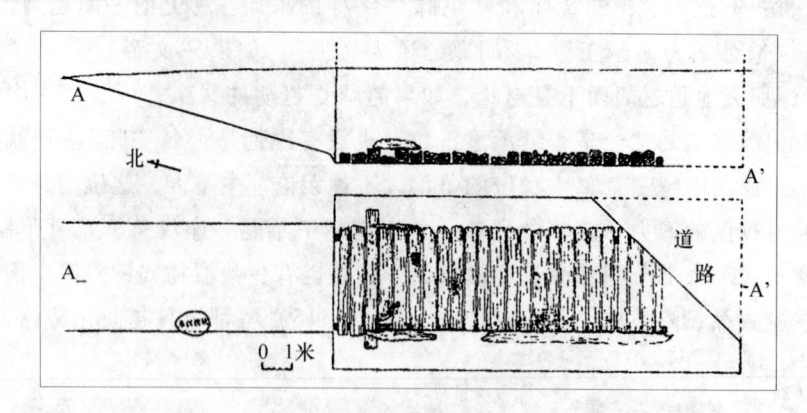

图 14—16　广州西村凤凰岗木椁墓平剖面图

图 14—17　广州农林上四横路西汉木椁墓

---

①　广州市文物考古研究所：《广州东山发现西汉南越国大型木椁墓，出土大批珍贵漆木器》，《广州市文物考古集》，文物出版社 1998 年版。

2003年在广州市农林东路24号大院工地清理了90座战国至汉代墓葬，其中的M68是一座有两面坡人字顶木屋的竖穴土坑墓，墓口东西长12.54米、南北宽7.22—8.9米、残深1.47—3米，西边有残长3.82米的甬道。甬道由枕木、底板、边板、立柱式封门和平铺的顶板构成，墓室由枕木、底板、边板、前壁、后挡板、立柱式封门和南北各12根枋木搭建的人字形木屋构成，枋木边宽0.4—0.62米，残长1.71—2.27米（图14—18）。墓室中出土黑漆独木棺一具，由于早期受到盗掘，尸骨被扰乱，仅出土釉陶小盒和小陶盏各1件，残漆木器12件，髹漆皮甲近700片等器物。年代为南越国时期，墓主当为王室成员一级的贵族①，但是墓葬形制却继承了武夷山牛山M1和绍兴印山大墓的木屋式结构，完全是越文化的风格。

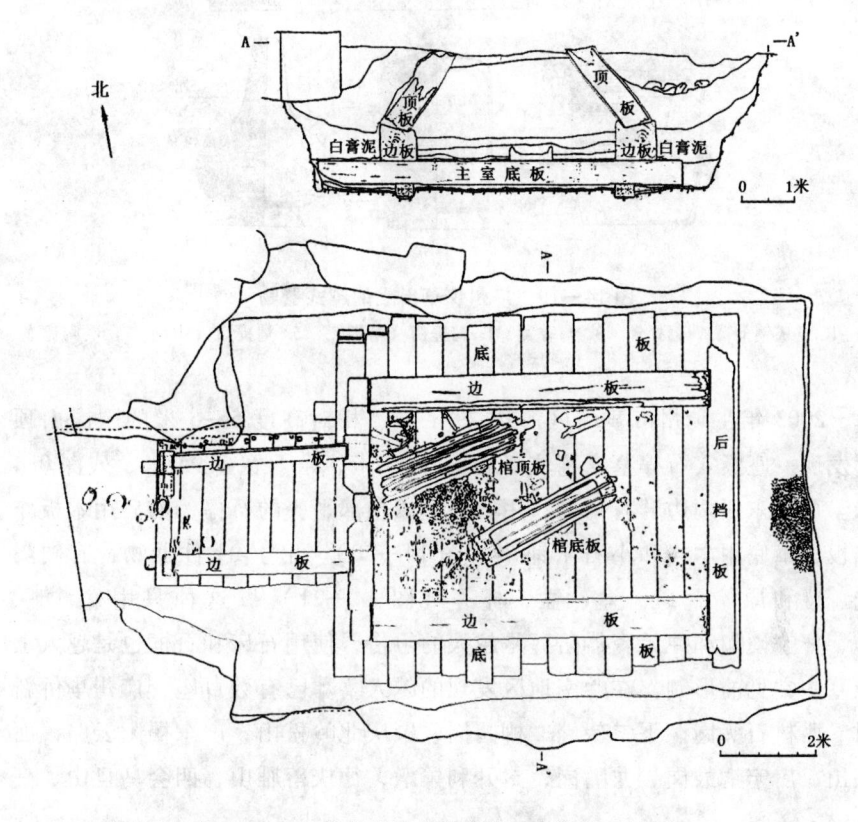

图14—18 广州农林东路南越国木椁墓平剖面图

① 广州市文物考古研究所：《广州市农林东路南越国"人"字顶木椁墓》，《羊城考古发现与研究（一）》，文物出版社2005年版。

从 1953 年到 1960 年在广州市郊共清理 409 座汉墓，其中西汉前期墓 182 座，中期墓葬 64 座，后期墓葬 32 座，分为竖穴土坑墓和竖穴木椁墓两类，墓葬形制与陪葬器物都是汉式，但是在前期墓中出土的铜提筒、越式鼎、陶匏壶、陶提筒、陶香薰（图 14—19）等器物都极具越文化特色，而在中后期墓中这些越式器物就越来越少了。

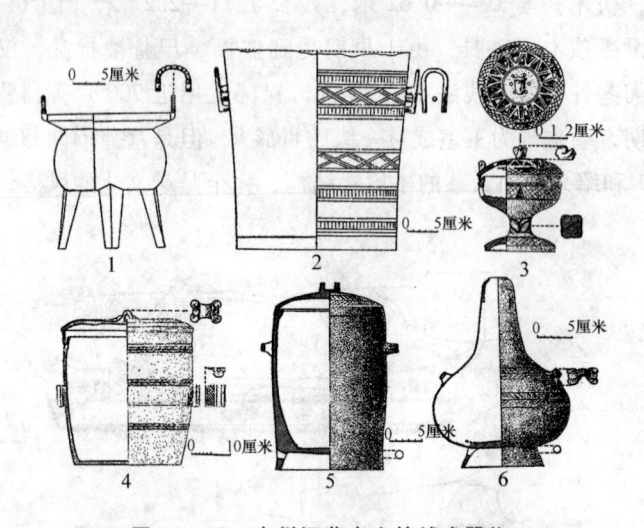

图 14—19　广州汉墓出土的越式器物

1. 越式铜鼎　2. 铜提筒　3. 陶香薰　4. 陶提筒（早期）　5. 陶提筒（中期）　6. 陶匏壶

2003 年在广州市萝岗区海拔 29.1 米、相对高度 5—6 米的园岗山顶部发现一座竖穴石椁墓，墓坑南北长 6.45 米、东西宽 1.95 米、残深 0.4 米。墓坑东西两边开有沟槽，用石块垒成顶部平齐的石椁，前后用木板作挡板，墓底用木炭和小石子铺垫（图 14—20）。出土 31 件器物，有硬陶瓮、罐和原始瓷碗、盒、盂、杯等（图 14—21）。[①] 这种只用瓮、罐、碗、杯等硬陶和原始瓷器陪葬是越人的习俗，使用石床和石框也是越人土墩墓中常见的形制。在岭南地区发现的越人墓葬已有数百座，广州华侨新村、西村石头岗、下二望岗、柳园岗、肇庆北岭松山、广东揭阳云路镇面头山、广宁铜鼓岗、龙嘴岗，封开利羊墩，德庆落雁山、四会鸟旦山、高

[①] 广州市文物考古研究所：《广州市萝岗区园岗山越人墓发掘简报》，《华南考古》第 2 辑，文物出版社 2010 年版。

地园，罗定背夫山，乐昌对面山①等地都有发现。

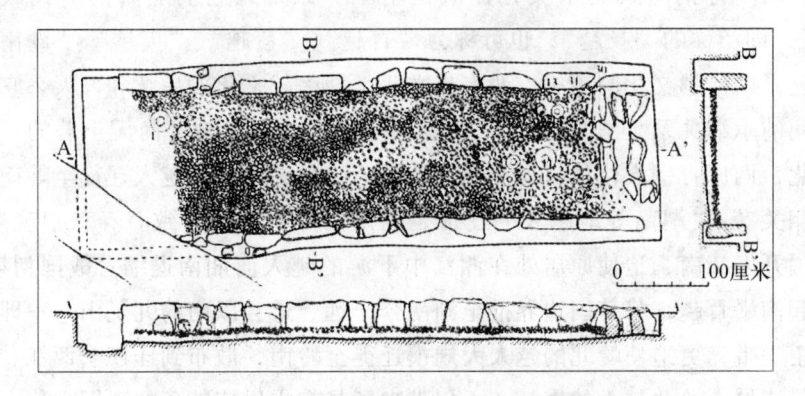

图14—20　广州萝岗园岗山越墓平剖面图

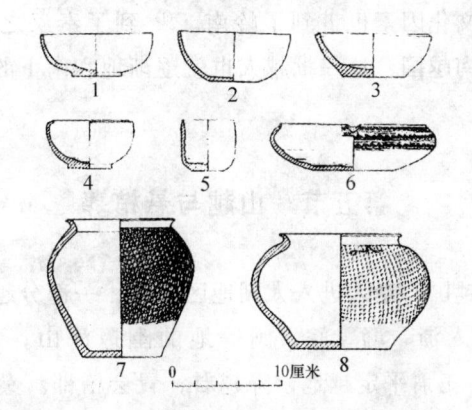

图14—21　广州萝岗园岗山越墓的出土器物
1.碗　2.钵　3.盒　4.盂　5.杯　6.匜　7.瓮　8.罐

---

① 麦英豪：《广州华侨新村西汉墓》，《考古学报》1958年第2期；广州市文物管理委员会、中国社会科学院考古研究所、广东省博物馆：《西汉南越王墓》（上）第十二章第七节，文物出版社1991年版；广东省博物馆、肇庆市文化局：《广东肇庆市北岭松山古墓发掘简报》，《文物》1974年第11期；广东省博物馆、汕头市文管会、揭阳县博物馆：《广东揭阳县战国墓》，《考古》1992年第3期；广东省博物馆：《广东广宁县铜鼓岗战国墓》，《考古学集刊（一）》，中国社会科学出版社1981年版；广东省文物考古研究所：《广东广宁县龙嘴岗战国墓》，《考古》1998年第7期；杨式挺、崔勇、邓增魁：《广东封开利羊墩墓葬群发掘简报》，《南方文物》1995年第3期；徐恒彬、杨少祥、榭富崇：《广东德庆发现战国墓》，《文物》1973年第9期；广东省博物馆：《广东四会鸟旦山战国墓》，《考古》1975年第2期；何纪生：《广东发现的几座东周墓葬》，《考古》1985年4期；广东省博物馆、罗定县文化局：《广东罗定背夫山战国墓》，《考古》1986年第3期；广东省文物考古研究所、乐昌市博物馆、韶关市博物馆：《广东乐昌市对面山东周秦汉墓》，《考古》2000年第6期。

李龙章先生对湖南两广地区的越墓进行了专门的研究,他指出:"湖南、两广青铜时代越墓文化面貌是基本一致的,它们应属同一民族文化",即泛称的"扬越",也可称为"百越"、"蛮越"、"夷越"。"湖南越文化是两广越文化的源头,两广越文化是湖南越文化的后续和发展,它们之间的承继关系是清楚的。""在春秋晚期之前两广地区尚无土著的青铜文化,两广青铜文化从战国开始突然繁荣应与湖南等地越人迁徙至岭南密切相关。""湖南等地越人的迁徙是受楚国势力压迫所致。春秋中晚期,楚国开发江南,迫使原居处在湘江中下游的越人向湘南退缩。战国初期,吴起南平百越,将楚国边界推至湖南今宁远、道县以南的九疑山——即古苍梧一带,更迫使岭北的越人大规模迁徙至岭南,散布到桂江、西江、北江等流域。岭北越人的南迁,不仅带来了具有本民族特色的青铜文化,而且将原来与四邻其它民族接触中所吸收到的中原、楚、吴、徐、于越、滇、巴等民族的文化因素也带到了岭南。"[1] 到了秦汉之际汉人大规模迁到岭南并建立了南越国,这一批越人也就逐渐地和南下的汉人融合,成为中国南方的汉人。

第五节 山越与悬棺葬

当楚国灭掉越国、楚人进入太湖地区以后,一部分越人迁走了,另一部分越人就近遁入浙、赣、皖、闽等地的幽邃深山。秦始皇二十五年(公元前222年)王翦平定越地,降越君,置会稽郡。秦始皇三十年(公元前217年)又征服了闽越首领无诸和摇,以其地为闽中郡。秦王朝为了控制越人进行了大规模强迫性移民,"乌程、余杭、黟、歙、芜湖、石城县以南皆故大越徙民也。秦始皇帝刻石徙之"。[2]

经过战国秦汉之间的沧桑巨变,原居于太湖地区的吴人越人大抵已被汉人所置换,然而被迫迁入浙、赣、皖、闽山区的越人仍然牢固地保持着自己的语言、习俗和社会组织,他们"椎髻鸟语","好武习战",居住在山谷万重的深山老林,白首林莽;他们没有再组织自己的国家,而只有叫作"宗"、"宗伍"或"宗部"的部落组织,也不服从汉人郡县长官的统

---

[1] 李龙章:《湖南两广青铜时代越墓研究》,《考古学报》1995年第3期。
[2] 《越绝书·外传记吴地传》。

辖；他们居住的山区"出铜铁，自铸甲兵"，他们也种稻织布，但生产力水平低下，交换也不发达，既无货币也无城市。他们在东汉时被汉人称之为"山越"。胡三省注《通鉴》曰："山越本亦越人，依阻山险，不纳王租，故曰山越。"

东汉后期，山越"颇为官吏所扰"，"山谷鄙生，未尝识郡朝，它守时吏发求民间，至夜不绝，或犬吠竟夕，民不得安"。[①] 山越也是"时观间隙，出为寇盗"。汉人与越人、官府与山越之间频繁地发生摩擦。三国时期东吴政权实行各种优容大族地主的政策，尤其是世袭领兵制和复客制使得宗族势力强大的江南大族成为最大的得益者，他们大肆扩大军事力量和尽量占有荫附人口，山越就成了他们补充私兵和掠取民户的主要对象，难怪东吴将领们莫不把进剿山越当作美差。对于东吴政权来说，把原来"不纳王租"的山越变成编户齐民，既可以增加岁入，又可以解决"心腹未平，难以图远"的后顾之忧，也是一举两得，所以孙权也一直把"镇抚山越"作为基本国策之一。

三国时期汉人与山越之间的冲突越演越烈，这场冲突最终以汉胜越败而告终。其结果是东吴政权大大扩充了地盘，在其所占据的山越故地新增了新都、鄱阳等10个郡；屡次掳掠的山越人成了东吴军队的主力，黄盖给曹操的诈降信中就称孙权是"以江东六郡山越之众，以当中国百万之众"。[②] 山越中"羸者补户"者总数不下20万户，大大增加了东吴政权的赋税来源；经过几十年连续不断的进剿，大批山越人被迫迁出山区定居平原并接受了汉文化，这就是诸葛恪所说的"山民去恶从化，皆当抚慰，徙出外县，不得嫌疑，有所执拘"。[③]

由于越人的各个支系陆续汉化，因此在汉代以后作为一个民族的越人消失了，他们融入了汉族之中，吴中大族顾氏就是有据可考的越王勾践的后裔[④]，但是大多数越人后裔的世系已经难以追寻了。

在浙、赣、闽、皖等地的山越被汉人同化的同时，也有少数不服汉人统治的越人继续向更加僻远的西南地区撤退避难，那些地区本来就有土著居

---

① 《后汉书·刘宠传》。
② 《江表传》载黄盖书。
③ 《三国志·吴志·诸葛恪传》。
④ 《世说新语·德行篇》注引《文士传》："其先越王勾践之支庶，封于顾邑，子孙遂氏焉，世为吴著姓。"

住，南迁的越人融入后逐渐形成了部分南方的少数民族。由于越人本身既没有建设统一的社会组织，也没有形成统一的文化，尤其是越人没有自己的文字，因此他们似乎没有留下什么遗迹就销声匿迹了。然而在中国的华南地区却普遍分布着一种特殊的墓葬——悬棺葬，没有人知道葬在悬棺中的死者是什么人，当地也早已没有了这样的葬俗，显然具有这种葬俗的人群早已迁走，或者灭绝，或者被同化了。笔者怀疑悬棺葬可能就是历史上南迁的山越的遗存，只是后来他们融入了汉族或者迁到别地演变成了其他的少数民族，所以连他们的后人也不知道这些悬棺葬中的死者究竟是谁了。

一　华南地区的悬棺葬

悬棺葬主要分布在闽、赣交界的武夷山地区，浙南金衢地区与温州一带，湘西沅江、沣水流域，鄂西川东长江三峡地区，鄂西南清江流域，川南南广河与滇东北金沙江一带，川黔湘鄂交界处的乌江、酉水流域，湘南桂北的湘江流域，桂西南左右江流域以及台湾地区（图14—22）。[①]

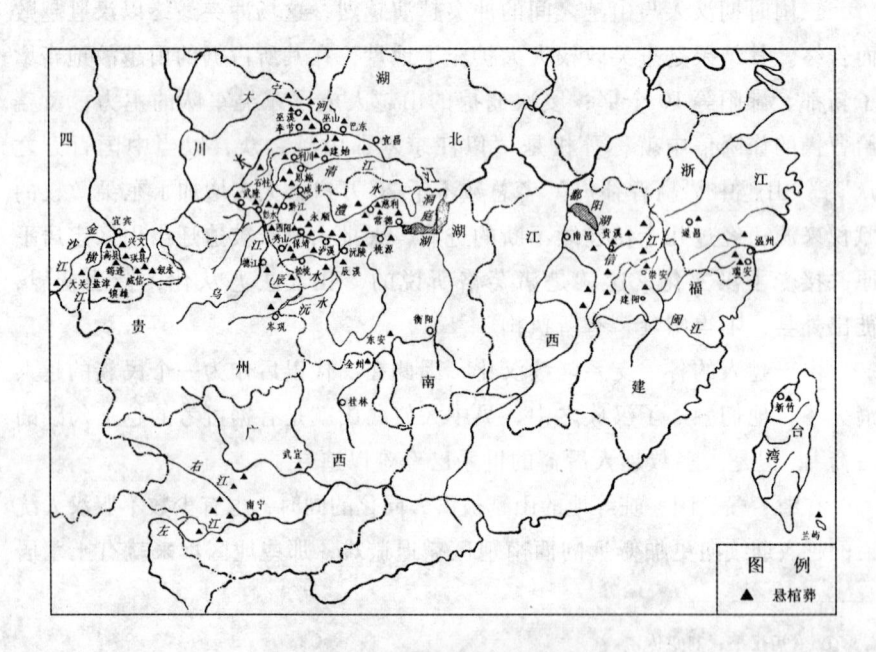

图14—22　中国悬棺葬分布示意图

[①] 陈明芳：《中国悬棺葬》，重庆出版社1992年版，本节所引悬棺葬资料和图14—22均出于此书，他处不再重复注明。

华南各地悬棺葬的年代先后不一：福建武夷山悬棺葬的年代最早，可以早到商周时期；武夷山西北侧江西贵溪仙岩及其临近地区的悬棺葬为春秋晚期至战国早期；浙江遂昌和浙南沿海地区的悬棺葬年代可能比贵溪略晚，但下限不晚于三国时期；台湾悬棺葬的年代上限至少到三国时期，下限直到近现代；长江三峡地区悬棺葬的年代大致为战国至东汉；川黔湘鄂交界地区的悬棺葬从西晋流行到明代中期；川南滇东北的南广河金沙江一带悬棺葬的年代上限为元朝，下限为明朝末年；湘南桂北的湘江流域悬棺葬流行于唐代到明代；广西左右江流域的悬棺葬年代较晚，延续的时间从唐朝到明清时期。从时间上看，年代最早的在东南沿海地区，越往西南内地年代越晚；从空间上看，悬棺葬有逆长江水系西上的特点——溯长江越向西去悬棺葬的年代越晚。

因为没有文字记载，而且当地人也不知道悬棺葬是谁的墓葬，所以华南悬棺葬墓主的族属一直是个谜。据研究，福建、浙江、江西、台湾的悬棺葬均与古越人以及与越人关系十分密切的南岛语族的民族有关；长江三峡地区的悬棺葬为古代濮人和越人后裔的墓葬；湘西黔东北的悬棺葬与五溪蛮中的僚人及其后裔仡佬族有关；川南滇东北的悬棺葬是春秋战国以来就劳动生息在这片土地上的僰人后裔——都掌人的墓葬；湖南广西的湘江流域的悬棺葬与古代越人、僚人有关；广西左右江流域的悬棺葬是广西壮族及其先民的遗存。

华南悬棺葬的时代与族属如下表所列（表14—1）。

表14—1　　　　　　　华南悬棺葬的时代与族属表

分布地区	墓主族属	延续时代
浙赣武夷山	闽越	商周、春秋—战国晚
浙南沿海	瓯越（东瓯）	战国—三国
台湾	外越	三国—近代
长江三峡	夔越、濮	战国—东汉
川黔湘鄂	僚	西晋—明中期
湘南桂北	陆梁（内越）	唐—明
广西左右江	西瓯、骆越—俚、僮（壮）	唐—明清
川南滇东北	僰人后裔都掌人	元—明末

悬棺葬的最大特点是葬地都选在临江面水的悬崖峭壁上，棺木距水面十几至几十米，甚至有高达一二百米的。棺木安置在悬崖上的方式有木桩架塈式、天然洞穴式、人工开凿横穴式、人工开凿方穴式、悬崖木桩式、岩礅式、岩缘式等多种形式（图14—23）。

图14—23　各种不同形式的悬棺葬

　　悬棺葬中所使用的葬具是独特的、用整木挖凿而成的船形棺和圆形或方形的独木棺（图14—24），用木版拼合的葬具比较少，而且年代较晚。悬棺葬的葬制有一次葬和二次葬之分，少数地区如四川珙县，广西左江的龙州、崇左等地的悬棺葬周围发现有崖画分布。

图14—24　悬棺葬中的船棺与独木棺

　　悬棺葬中的随葬物品因年代久远和遭自然与人为因素破坏的缘故，保留下来的很少，据现在所掌握的资料，主要是生活用品，生产工具很少。

第十四章　楚灭越以后越人的去向　　309

由于悬棺葬延续的年代很长，各地出土的物品时代与风格不一。福建崇安武夷山悬棺葬中出土1件龟状木盘与竹席、纺织品等残片①；江西贵溪仙岩悬棺葬出土了75件陶器，其中有22件黑皮灰陶、53件酱褐色硬陶，49件原始青瓷（图14—25），56件竹木器，36件纺织器物与4件玉石器②；川南南广河流域的珙县、兴文县一带保存悬棺最多，出土物也最丰富，1974年清理了10具悬棺，出土100多件衣服、40多件竹木器瓷器，均系生活用品③；三峡地区的悬棺中出土过楚式木梳、巴式剑、汉半两与汉五铢钱、铜带钩等小件铜器、残竹木器与纺织品④；贵州松桃苗族自治县仙人岭悬棺中出土过釉陶碗和麻布衣⑤；此外，在湘西川东南的沅江、酉水、沣水、乌江流域，鄂西清江流域，广西左右江流域等地悬棺保存情况不好，出土物极少。

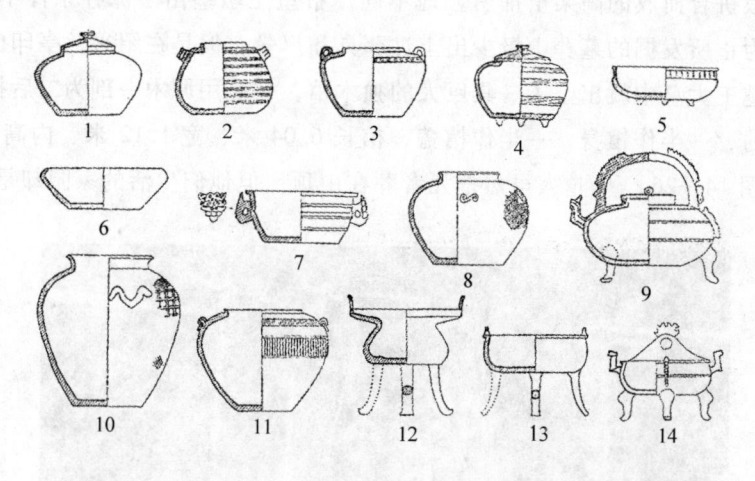

图14—25　江西贵溪崖墓出土陶瓷器

1.2.3. 黑陶罐　4. 黑陶三足罐　5. 黑陶三足洗　6. 黑陶钵　7. 黑陶盌盘　8. 印纹硬陶罐　9. 黑陶提梁盉　10. 印纹硬陶坛　11. 原始瓷罐　12.13. 黑陶鼎　14. 黑陶兽首鼎

---

①　福建省博物馆、崇安县文化馆：《福建崇安武夷山白岩崖洞墓清理简报》，《文物》1980年第6期。

②　江西省历史博物馆、贵溪县文化馆：《江西贵溪崖墓发掘简报》，《文物》1980年第11期。

③　四川省博物馆、珙县文化馆：《四川珙县洛表公社十具"僰人"悬棺清理简报》，《文物》1980年第6期。

④　林向：《川东峡江地区的崖葬》，《民族学研究》第4辑，民族出版社，1982年。

⑤　席克定：《贵州松桃、岑巩悬棺葬清理记》，《民族学研究》第4辑。

二 悬棺葬与石室土墩墓的文化渊源

我国南方的悬棺葬与环太湖地区的石室土墩墓在时间上是前后相继的，在文化上也是一脉相承的。

第一，葬地的选择。石室土墩墓的葬地选择在丘陵山顶，悬棺葬的葬地选择在临江面水的悬崖峭壁上，虽然有所区别，但两者有一个共同之处——都选择高处作为死者的葬地，具体墓葬形式的不同是因为受到不同地区自然条件限制的结果。这是一种与中原华夏和汉人完全不同的丧葬观念，是两种完全不同的意识形态与信仰的反映。

第二，独特的葬具。悬棺葬中最独特的葬具是由整木挖凿而成的船棺和独木棺，这和汉人用木料做成棺椁、和贵州广西一带苗瑶族崖洞葬中使用木版拼合而成的高架棺都明显地不同。石室土墩墓由于保存条件不好，迄今为止所发掘的墓葬中极少出土过葬具和尸骨，但是在绍兴兰亭印山发现的越王大墓中就出土了一具巨大的独木棺，它是用原木一剖为二后挖空制成的，一半作棺身，一半作棺盖，棺长6.04米、宽1.12米、内高0.4米（图14—26）。[①] 越人虽然把死者葬在山顶，但他们生活的家园却是湖

图14—26 绍兴印山大墓中的独木棺

[①] 浙江省文物考古所：《印山越王陵》，文物出版社2002年版。

畔江边的水乡泽国，他们是一个"水行而山处，以船为车，以楫为马"①的民族，他们的生活离不开船，他们喜欢船，并用船来敛葬死者，这也合乎情理。即使在他们内迁以后，地理环境发生了很大变化，即使时间过了千百年，文化也受到汉族和其他土著民族的影响，但是他们仍然把葬地选择在水边悬崖的高处，仍然用船棺或独木棺来敛葬，牢牢地保持着本民族固有的文化传统。

第三，随葬的器物。石室土墩墓中硬陶与原始瓷是主要的随葬物，硬陶与原始瓷是越文化的主要因素之一，在时代与地域都最接近的江西贵溪悬棺葬中也出土许多硬陶与原始瓷，器物形制也都与环太湖地区出土的十分接近。进入湘、鄂、川、黔、桂等地区以后，地理位置相距愈远，迁去的越人愈少，而当地土著的影响愈大；时代相去愈远，越人受汉族的影响也愈深，所以悬棺葬中随葬器物的越文化特色也就越来越弱了。

第四，二次葬习俗。悬棺葬中二次葬现象十分普遍，在石室土墩墓中也普遍存在着二次葬现象。二次葬习俗和汉族"入土为安"的丧葬观念完全不同。葬俗是一种最顽固的文化因素，不会轻易改变的。二次葬的葬俗也揭示出了石室土墩墓和悬棺葬之间的文化渊源关系。

第六节 百越消失后越人在南方中国人基因中留下的印记

大约在汉代以后百越就从中国历史上消失了，但是越人的基因并没有随之消失，而是在南方中国人的身上留下了不可磨灭的印记。

一 三大人群融合而成的汉民族

对现代中国人各类遗传基因的检测已经从多个方面证明，占中国人口93％的汉民族是由三大人群融合而成的。

陈稚勇、赵桐茂、张工梁先生对全国各地326460人的血液资料进行了ABO血型分布和遗传距离的分析研究后发现："ABO血型在中国分布特点为：从北向南的方向，B基因频率逐渐下降，而O基因频率升高；云贵川和长江中下游地区A基因频率升高。""据遗传距离和聚类分析，中

---

① 《越绝书·记地传》。

国各省区 ABO 分布可以归为 4 个组。第一组中除海南岛之外均为中国北方各省，B 基因频率较其它地区高；第二组为云贵川和长江流域，A 基因频率较其它地区高；第三组为两广、福建和台湾，O 基因频率较其它地区高。西藏和其它地区都有一定差异，自成一组。"[1] 彭德仁先生对 59 万多份汉族的血型资料进行了聚类分析研究，得出的结论基本相同，不过他指出陈稚勇等人的研究把海南岛归入第一组可能是因为采用了黎族的资料，如果测量海南岛汉族的遗传距离则与第三组很接近[2]。现代中国人 ABO 血型的这种分布特点和现代中国人是由蒙古人种中的北亚、东亚、南亚三大亚种融合而成的论点完全一致。袁义达、张诚先生对 305 份文献资料的 909900 人的血型数据进行了分析研究，得出了汉族 ABO 血型的地域亲缘关系图（图 14—27），除了西藏以外，其他地区可以分为三个大的人群：

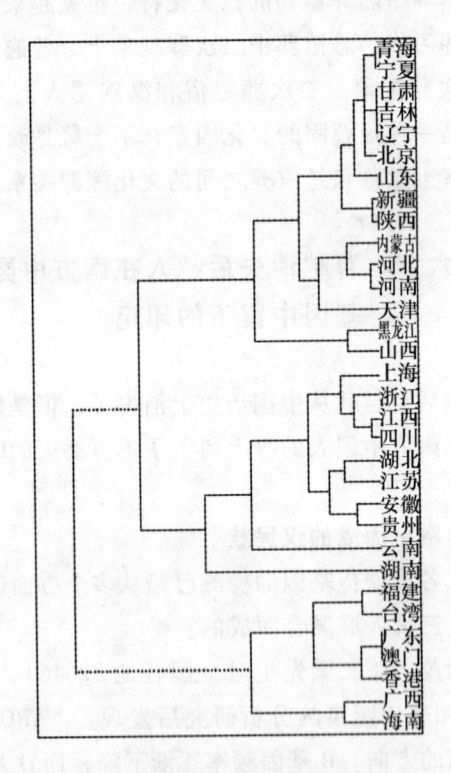

图 14—27　汉族 ABO 血型的地域亲缘关系图

---

[1] 陈稚勇、赵桐茂、张工梁：《中国人 ABO 血型分布》，《遗传》1982 年第 2 期。
[2] 彭德仁：《中国汉族人 ABO 血型的分布》，《中国输血杂志》1991 年第 1 期。

南方人群包括福建、台湾、广东、澳门、香港、广西、海南7省区（特区），长江流域人群包括上海、浙江、江西、四川、重庆、湖北、江苏、安徽、贵州、云南、湖南11个省市，其他17个省市区归为北方人群。他们还绘制了汉族ABO血型的分布图（图14—28），O型自南向北分布频率逐渐降低，B型自北向南分布频率逐渐降低，而A型集中分布在中部的长江流域。他们的结论有力地支持了陈稚勇、赵桐茂和张工梁的研究结论。

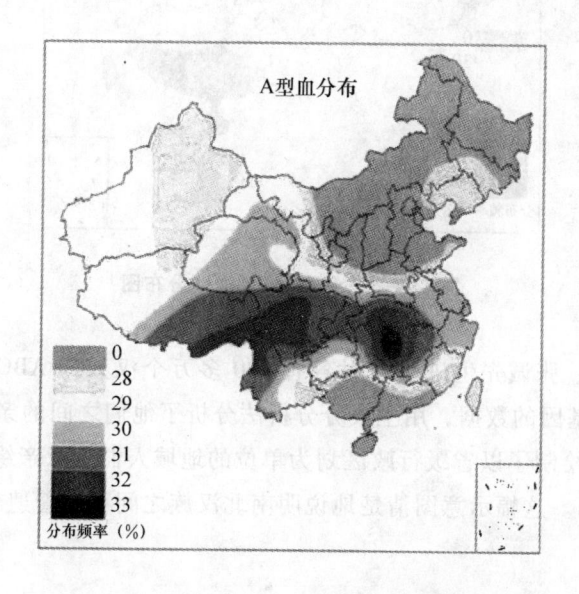

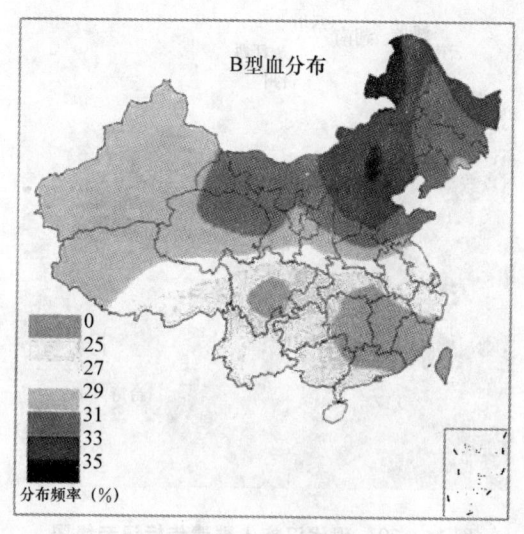

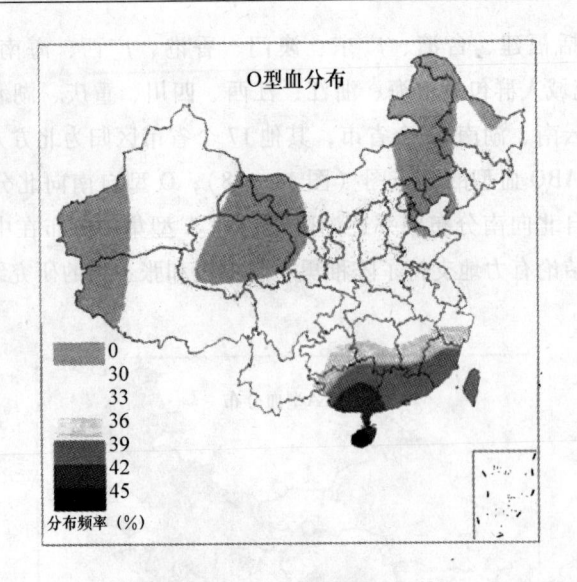

图 14—28 汉族 ABO 血型分布图

袁义达、张诚先生进一步对各省 100 多万个汉人的 ABO、MN、Rh、P 四个遗传基因的数据,用主成分分析法分析了他们之间的亲缘关系与遗传距离,并绘制了以省级行政区划为单位的地域人群血缘亲缘关系示意图(图 14—29)。这幅示意图清楚地说明南北汉族之间存在着遗传结构上的

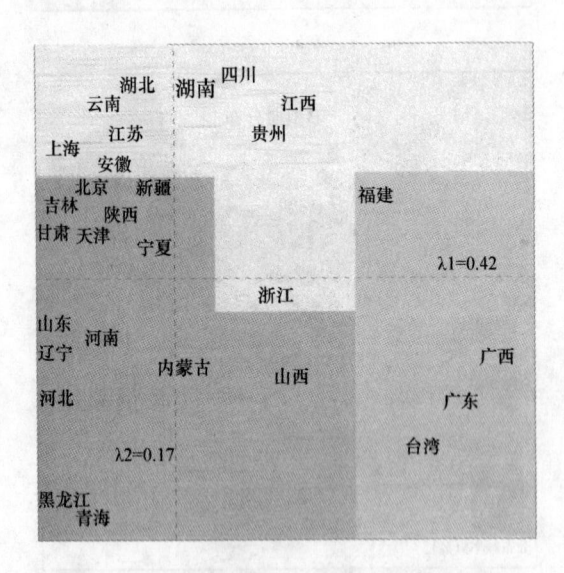

图 14—29 现代汉族人群遗传标记亲缘图

差异：南方汉族所代表的省份包括闽、台、粤、桂四省区，浙江省汉族的遗传结构也倾向于南方；长江流域地区的省份为中间地区，但是中间地区汉族的遗传结构更接近于北方地区省份的汉族。①

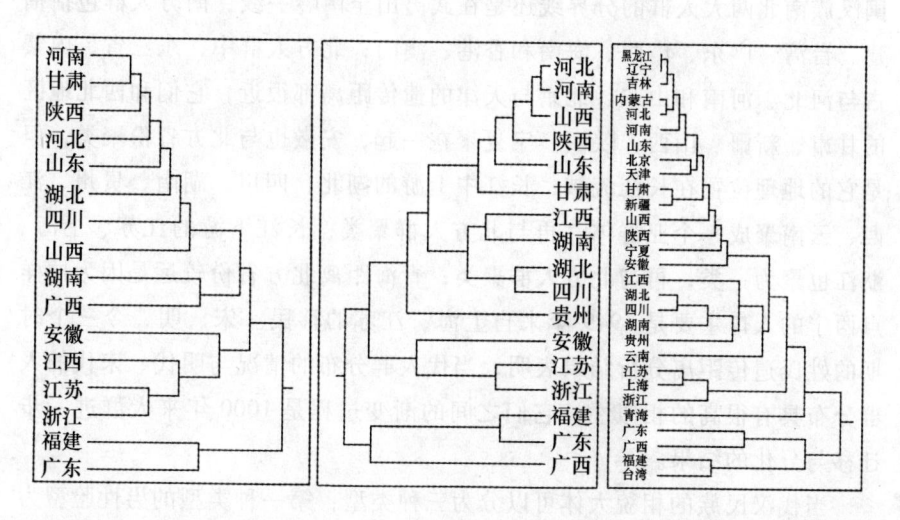

图14—30 宋代（左）、明代（中）、当代（右）姓氏分布的地域亲缘关系聚类图

袁义达、张诚先生还对各省姓氏分布的数据进行了生物遗传距离的分析，制作了宋代、明代和当代三张聚类图（图14—30）。发现从宋代开始南部的广东、福建和北部14个省的汉族就形成了南北两大群体，而且这两个群体之间的遗传距离非常大，其分界大约在武夷山至南岭一线。北部的14个省又明显地分为两块，其中浙江、江苏、江西、安徽四省形成了东南地区人群，它反映了古代吴越人群与中原南下人群混合的历史痕迹。其余10个省又可以分为两块，其中湖南与广西合在一起，在宋代那里还是一片"蛮"荒之地，另外8个省包括全部北方省份和西南省份，而且他们之间姓氏遗传距离都较小，反映这些地区人群经历了长期频繁的迁徙、混居和融合，形成了覆盖面很大的北方人群。明代的中国人也分为南北两大人群，福建、广东、广西3个省区为南方人群，其余14个省区为北方人群，这两大人群的分界线仍然在武夷山至南岭一线，而不是在长江。广

---

① 袁义达、张诚：《中国姓氏——群体遗传和人口分布》，华东师范大学出版社2002年版，第71—74页。

西与湖南分离而与广东、福建聚成一类,长江中上游的江西、湖南、湖北、四川4个省聚成一个接近于北方人群的区域,长江下游江苏、浙江、安徽3个省聚成的一类也更接近北方人群而与南方人群血缘较远。当代中国汉族南北两大人群的分界线还是在武夷山至南岭一线,南方人群包括福建、台湾、广东、广西、海南和香港、澳门;北方人群中,东三省、内蒙古与河北、河南和山东、北京与天津的遗传距离都很近,它们和西北地区的甘肃、新疆、山西、陕西、宁夏聚在一起,安徽也与北方省份聚类,但是它的地理位置在长江流域;长江中上游的湖北、四川、湖南、贵州、江西、云南聚成一个亚群体,再与北方人群聚类;长江下游的江苏、上海、浙江也聚为一类,再与北方人群聚类;青海距离北方省份较远是因为抽样点西宁的人口主要是1949年来自上海、江苏的移民。宋、明、今三个时期的姓氏遗传距离分析结果表明,当代人群分布的情况与明代、宋代的人群分布具有很高的相似性,它们之间的渐变过程是1000年来人群进一步迁移与分化的结果。[①]

当代汉民族的相貌大体可以分为三种类型:第一种类型的男性脸型为国字形、头围较大、面部较平、胡子浓密、身材壮硕,女性脸型为鹅蛋脸、体型较胖、多单眼皮,B型血型频率较高,主要分布在我国北方;第二种类型的脸型为目字形、下颌较宽、鼻梁高挺、身材较高,A型血型频率较高,主要分布在我国黄河与长江流域一带;第三种类型的脸型为瓜子脸、脑门较大、后脑较突,眼裂较大,多双眼皮,颧骨较高,鼻梁短而凹,嘴唇较厚,身高较矮,O型血型频率较高,主要分布在我国南方。当代汉人的这三种相貌正与蒙古人种的北亚亚种、东亚亚种、南亚亚种相对应。

二 汉民族的形成与发展过程

1. 三大族团融合成华夏族

汉民族的前身是华夏族,但是华夏族并不是一个民族,而是一个由许多部落、部族构成的族群。在传说的五帝时代中国并存着华夏、东夷、苗蛮三大族团,在夏商周三代属于华夏族团的夏人、商人、周人通过征服互

---

① 袁义达、张诚:《中国姓氏——群体遗传和人口分布》,华东师范大学出版社2002年版,第16—17页。

相融合，并通过征服进一步融合了东夷与苗蛮，形成了与周边蛮夷戎狄相对的华夏族。

融入华夏族的除了东夷与苗蛮以外还有蚩尤。蚩尤在被黄帝征服以后也被吸纳到华夏族里（详见本书第一章第一节），这就是华夏族和汉族之所以越来越庞大的原因。于是我们就可以理解，河北涿鹿县矾山镇为什么把原来的黄帝祠改建为同时供奉黄帝、炎帝、蚩尤的中华三祖纪念堂了。在河北涿鹿县还有许多与蚩尤相关的遗迹，如蚩尤寨、蚩尤井、蚩尤墓，等等，但是涿鹿只是黄帝与蚩尤最后决战的战场，并不是蚩尤生活的故乡，所以当地并没有与蚩尤相关的考古文化及遗址。

2. 华夏与蛮夷戎狄融合成汉民族

经过夏商周三代的交流与融合，苗蛮、蚩尤、东夷和华夏的夏人、商人都消失了，他们和周人一起融合成为一个新的大族群，这个族群仍然叫作华夏族。"华夏"具有强大的吸引力与凝聚力，春秋时代中原地区的诸侯都自认是华夏之后，所以称为"诸夏"。周边的蛮夷戎狄也都攀龙附凤想成为华夏的一员，例如吴人的主体是断发文身的江南土著荆蛮，但是夫差在黄池之会争霸时却当仁不让地说："于周室我为长。"[①] 南方的于越明明是百越的一支，但是勾践却自认是"吾自禹之后……"[②]，连司马迁也承认"越王勾践，其先禹之苗裔，而夏后帝少康之庶子也"[③]。甚至说北方的匈奴"其先夏后氏之苗裔，曰淳维"。[④] 可见能否成为华夏的一员并不取决于血缘是否同一，而在于文化是否认同。例如楚人的先祖出于颛顼，当然应该属于华夏族，但是当周成王"封熊绎于楚蛮，封以子男之田，姓芈，居丹阳"[⑤] 时，不仅中原华夏把楚人视为荆蛮，连楚人首领熊渠（熊绎四世孙）自己也说："我蛮夷也，不与中国之号谥。"[⑥] 然而当楚庄王成为春秋五霸、楚国又成为战国七雄以后就再也没有人视楚国为蛮夷之国了。

经过春秋战国时期的社会大动荡和秦王嬴政征服六国之后，尤其是秦

---

① 《史记·吴太伯世家》。
② 《吴越春秋》卷10《勾践伐吴外传》，江苏古籍出版社1986年版。
③ 《史记·越王勾践世家》。
④ 《史记·匈奴列传》，《史记》索隐引张晏的话说："淳维以殷时奔北边。"
⑤ 《史记·楚世家》。
⑥ 《史记·楚世家》。

始皇实行的一系列统一文化的措施大大促进了民族的融合。虽然秦王朝只持续了15年，但是在大一统帝国的内部，华夏族和蛮夷戎狄的文化迅速地趋于统一。汉王朝建立以后他们就融合成为一个拥有2000万人口的巨大的社会共同体，并且在200年后就发展繁衍到将近6000万人。由于汉朝人口众多、国势强盛、国祚长久，周边的国家和少数民族都称汉朝的军队为"汉兵"，称汉朝的使者为"汉使"，称汉朝的人民为"汉人"或"汉子"，于是"汉"就成为我们这个民族的名称了。[①]

以华夏为核心融合东夷、苗蛮、蚩尤和蛮夷戎狄形成的汉民族在人类学上属于蒙古人种的东亚亚种和北亚亚种。

3. 百越融入汉民族

百越是在汉代以后陆续融入汉族的，但是百越并不属于东夷或苗蛮族团，也不属于传说中的蚩尤，从人类学的角度来看他们属于蒙古人种的南亚亚种。韩康信、潘其凤先生认为："南方时代较早的河姆渡新石器时代人的长颅，较低的面，宽而很平的鼻骨等特征很明显，它们很可能代表长江下游的新石器时代居民而与中原的古代族群有明显的区别。时代较晚的昙石山、河宕等濒海地区新石器时代居民可能与这种长狭颅型有更多接近关系。甑皮岩新石器时代居民具有很大的颅长，属典型的长颅型，颅高稍低，低面、阔鼻、上齿槽突颌明显，与黄河流域的新石器组群有明显的差别。其总的组合特征可能和华南的其它长颅类型比较相近。笼统地讲，传说中的苗蛮集团大概和这类长颅并有比中原同类更明显接近南亚或赤道人种的新石器时代居民有关。"[②] 实际上河姆渡、甑皮岩、昙石山、河宕组资料所反映的长颅型人群应该与百越有关而非与苗蛮有关（见本书第二章第一节）。因为南方的汉族是由南迁的汉人与南方土著百越融合而成的，而分布在南方的各个少数民族也是由包括百越在内的土著后裔形成的，所以南方汉族与南方少数民族的遗传距离比南北方汉族之间的遗传距离要更加接近（详见下一节）。

4. 匈奴融入汉民族

从东北到西南的半月形地带是游牧民族的分布区，其中生活在北方草

[①] 吕思勉："汉族之名，起于刘邦称帝之后。"载吕思勉《先秦史》，上海古籍出版社1983年版，第22页；吕振羽："华族自前汉的武帝宣帝以后，便开始叫汉族。"载吕振羽《中国民族简史》，三联书店1950年版，第19页。

[②] 韩康信、潘其凤：《古代中国人种成分研究》，《考古学报》1984年第2期。

原上的游牧民族在商周时代被称为熏粥（育）、鬼方、獯（狁）狁、犬戎、山戎、白狄、赤狄，等等，春秋时统称为戎狄。戎狄有众多的部落，却没有统一的国家组织，所以有"八戎"、"七狄"之称。① 秦汉时称之为匈奴，魏晋时统称为胡人。

韩康信、潘其凤先生对吉林西团山、沈阳郑家洼子、内蒙古完工、扎赉诺尔、南杨家营子出土的可能是匈奴或鲜卑族的人骨材料进行研究后指出："在东北和北方草原地区较早的时期就已经存在着不同体质类型的族群。可以分辨的两种类型是一种主要与现代北亚蒙古人种接近，另一种主要与东亚蒙古人种接近，同时可能存在某些混合的性状，而且时代越晚的材料在体质上的混合现象似乎更明显。"② 属于北亚亚种的游牧民族的体质特征与东亚亚种的华夏族有所不同，他们身材高大、体格强健、方面大耳、头颅圆硕，特别是男人的胡子比较浓密，常见络腮胡，而汉人的胡子比较稀疏，叫作须（须）、髯，甲骨文写作𦥑，即"而"字，是须髯的象形，《说文》解释为"颊毛也"。汉人把长有浓密须髯的胡人叫作"胡子"，久而久之就把须髯也叫作胡子了，或者叫作胡须。

北方的匈奴一直是中原汉人的劲敌。汉朝刚刚建立时，刘邦为了解决匈奴的骚扰亲自率兵征伐匈奴，不料在白登山（今山西大同东北马铺山）被围七天七夜，最后采用陈平之计贿赂匈奴阏氏（冒顿单于夫人）才得以脱身。白登之围以后刘邦不得不采取刘（娄）敬的建议与匈奴和亲，把宗室女嫁给冒顿单于。从刘邦到汉武帝，汉匈之间总共进行了十次和亲。对于和亲的评价，可谓毁誉参半。否定者认为和亲是一种屈辱妥协的政策，肯定者认为和亲是维持民族友好的办法。其实各次和亲的性质并不相同，不过汉初的这十次和亲确确实实是因为无力与匈奴抗衡而不得不采取的权宜之计，并不是为了民族友好。虽然是折了兵又赔夫人，但是毕竟可以化敌人为亲戚。如果和亲是为了民族友好，那么为什么当国力强盛之后汉武帝就放弃和亲而要改为武力进攻了呢？汉元帝时王昭君出塞和亲，是因为匈奴呼韩邪单于臣服汉朝主动要求和亲的，与前十次和亲的性质不同。

和亲只是汉朝皇族和匈奴单于之间的通婚，并不意味着两个民族就和好了，不过正是因为有了和亲，汉族皇室与匈奴单于的血缘开始融合。西

---

① 《尔雅·释地》。
② 韩康信、潘其凤：《古代中国人种成分研究》，《考古学报》1984年第2期。

晋时南匈奴单于于夫罗的儿子就因为"汉高祖以宗女为公主,以妻冒顿,约为兄弟"① 而改姓刘氏,于夫罗的孙子刘渊还把自己建立的王朝也称作"汉"。建立大夏国的匈奴人赫连勃勃还刻碑自称:"我皇祖大禹以至圣之姿……"② 言之凿凿,自认为是华夏之后。既然汉族与匈奴的高层可以和亲,那么普通民众的通婚就不在话下了。一方面有汉人被匈奴掳掠而去,或者有汉人避难降逃匈奴而融入匈奴,另一方面也有匈奴归降汉朝被迁居塞内而逐渐融入汉族。通过杂居和通婚,匈奴人逐渐接受农耕的生活方式与汉文化,正是由于两族人民之间基因与文化的交流,才促使了两个民族的融合。因为汉人的数量大大超过了匈奴人,所以南北朝以后入居内地的匈奴人就渐渐地融合在汉民族之中了。据何光岳先生考证,匈奴的后裔有呼延、刘、金、卜、贺、郭、潘、万俟、盖等45姓③,隋唐以后甚至连匈奴之名也消失了。

5. 东胡融入汉民族

东北地区最早与华夏接触的少数民族是肃慎,据《竹书纪年》记载:帝舜有虞氏二十五年,"息(肃)慎氏来朝,贡弓矢"。周武王十五年"肃慎氏来宾",肃慎氏进贡的是"楛矢石砮"④,但是汉代史书中只见挹娄而不见肃慎,《后汉书·东夷传》曰,"挹娄,古肃慎之国也","挹娄在夫余东北千余里,滨大海,南与北沃沮接,未知其北所极。其土地多山险。其人形似夫余,言语不与夫余、句丽同。"⑤ 南北朝时的勿吉⑥,隋唐时的靺鞨都出于肃慎⑦,后来的女真与满族也与肃慎有渊源关系。

生活在肃慎以西的室韦是蒙古族的祖先,生活在肃慎以南的夫余、高句丽是朝鲜族的祖先,而生活在今辽宁一带的族群因为地处匈奴之东所以被统称为东胡。东胡在汉初被匈奴冒顿单于击败,一支退居到乌桓山(今内蒙古阿鲁科尔沁旗以北大兴安岭南端),称为乌桓,另一支退居到鲜卑山(今内蒙古呼伦贝尔盟鄂伦春自治旗大兴安岭北麓),称为鲜卑,

---

① 《晋书·刘元海载记》。
② 《晋书·赫连勃勃载记》。
③ 何光岳:《汉源流史》,江西教育出版社1996年版,第143—149。
④ 《国语·鲁语下》。
⑤ 《三国志·魏志·乌丸鲜卑东夷传》。
⑥ 《魏书·勿吉传》:"旧肃慎国也。"
⑦ 《北史·勿吉传》:"勿吉国在高句丽北,一曰靺鞨……自拂涅以东,矢皆石镞,即古肃慎氏也。"

乌桓与鲜卑成为东胡的两大部族。

乌桓被匈奴打败后只能臣服于匈奴。汉武帝时霍去病击败了匈奴,遂把乌桓迁至上谷、渔阳、右北平、辽西、辽东五郡塞外,并设置了护乌桓校尉,利用乌桓来防范匈奴。东汉晚期朝廷衰落,乌桓就经常骚扰东汉的北方诸郡。建安十二年(207年)曹操亲率大军征服了乌桓,从此乌桓就融入了汉民族之中,不复为识别。汉代的乌桓人都用汉姓,有乌、桓、王、张、鲁、审、展、薄、郝、库等姓氏。①

鲜卑族是另一支生活在大兴安岭的东胡部族,东汉时北匈奴被打败后西迁,他们趁机向西扩张占据了匈奴故地并逐渐强大起来。338年什翼犍即位为代王,424年拓跋焘统一了中国北方建立北魏王朝。孝文帝时期(471—499年)冯太后和孝文帝实行了一系列改革措施,大大推进了鲜卑族的汉化。对于北魏孝文帝的改革,学术界通常都持肯定态度,然而从政治的角度来看,改革并没有使北魏获得长治久安,孝文帝死后不久,523年就爆发了六镇起义,534年北魏分裂成东魏、西魏而灭亡;从民族的角度来看,经过孝文帝改革以后鲜卑族迅速汉化,以至于鲜卑族很快就消失了。据何光岳先生考证,鲜卑族的后裔有元、慕容、卢、楼、穆、鹿、扈等一百多个姓氏。②

6. 契丹、党项、女真融入汉民族

契丹之名始见于北魏,契丹族源于东胡后裔鲜卑的柔然部。唐贞观二年(628年)契丹首领摩会率其部落附唐,唐朝灭亡后契丹迭刺部首领耶律阿保机统一各部于916年称帝,建立了契丹国。938年后晋石敬瑭把燕云十六州的土地和人民割让给契丹,契丹人与汉人杂居,关系更加密切。1125年辽被金所灭,1218年西辽又亡于蒙古,契丹人流入周围各国与各族之中,其中一部分融入了汉族。汉人中的契丹后裔有刘、王、萧、罕、穆、罗、易、狄、原、服等姓氏。③

党项的族源或曰出于西羌,或曰"西夏本魏拓跋氏后"。④ 隋唐时党项族逐渐集中到甘肃东部、陕西北部一带居住,唐朝在党项族聚居地设立羁縻州进行管理。唐初拓跋赤辞降唐,被赐姓李,迁其族人至庆州(今宁夏回族自治区),唐末党项首领拓跋思恭因平黄巢起义有功再次被赐姓

---

① 何光岳:《汉源流史》,江西教育出版社1996年版,第123页。
② 同上书,第132—141页。
③ 同上书,第220—221页。
④ 《辽史·西夏外记》。

李。1038年李元昊称帝，建国号大夏，1227年蒙古灭西夏后对西夏文化进行了毁灭性破坏，从此西夏就从历史上消失了，连党项人也不见了。融入汉族的党项后裔有郑、郝、折、杨、李、樊、裴等50个姓氏。[1]

女真为肃慎之后，6—7世纪称"黑水靺鞨"，9世纪起更名为女真。女真在辽代曾向契丹称臣，但是1115年完颜阿骨打统一女真各部后很快就攻下了辽都上京，然后又于1127年灭北宋建立了金朝。金王朝不仅从中原地区掳掠了大批汉人供自己奴役，而且还统治北半部中国长达百余年，这就加速了女真人与汉人之间的融合。1234年蒙古灭金以后留在东北的女真人成为后来满族的祖先，而居住在中原的女真人逐渐与汉族融合，汉族中的女真族后裔有王、颜、刘、李、乌、张等45个姓氏。[2]

还有许多古代的民族例如羯、氐、羌等也都先后融入了汉民族之中，此处不再一一赘述。

三 血脉相连的庞大族群——中华民族

中华民族是一个由56个民族构成的巨大族群，由于汉民族在历史上不断地融合与吸纳了许多古代的部族与民族，因此形成一个由蒙古人种的东亚、北亚、南亚三个亚种构成的人口占全部中国人93%的民族，其他55个少数民族虽然人口数量大大少于汉族，但是绝大多数也属于蒙古人种的这三个亚种，他们和汉民族血脉相连。

袁义达和杜若甫用"Nei氏法"计算了新疆的维吾尔、哈萨克、乌孜别克、塔塔尔、柯尔克孜和锡伯族，藏族（西藏和居住在印度等地的原西藏藏民），内蒙古的蒙古族，宁夏的回族，云南的彝、苗、白、景颇、傣和佤族，以及广西的壮族等16个少数民族，加上全国各地的汉族和旅居美国和印度的华侨，共18个群体间的遗传距离（依据ABO、MN、P和Rh四个血型系统和ABH分泌型）得出了17个民族遗传距离的系统树（图14—31）。从图中可以看到，新疆的柯尔克孜、乌孜别克和塔塔尔等民族聚类在一起，其他14个民族聚类成两大部分：北方的蒙古、回、维吾尔、哈萨克、锡伯，西部的藏与汉等民族及华侨聚类在一起，南方的壮、傣、白、景颇、彝、苗及佤等民族聚类在一起。汉族与华侨首先聚

---

[1] 何光岳：《汉源流史》，江西教育出版社1996年版，第231—242页。
[2] 同上书，第222—229页。

类，其次与蒙古及回族聚类，汉族与北方少数民族的遗传距离要比与南方少数民族的遗传距离更近一些。①

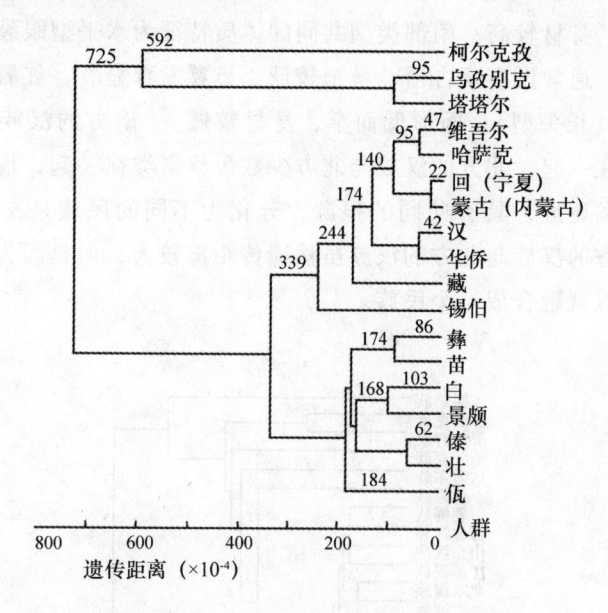

图 14—31　17 个民族遗传距离系统树

张振标先生调查了 16 个省、市、自治区（黑、吉、辽、京、冀、鲁、皖、陕、湘、鄂、闽、粤、桂、黔、滇和川）的汉族和 11 个少数民族（黎、壮、藏、朝鲜、彝、布依、蒙古、维吾尔、哈萨克、回、苗）共 10997 人，以及其他 14 个少数民族的有关资料，总共 41 组男性和 38 组女性，运用聚类分析法和主成分分析法对他们的体质特征进行了分析，发现湖北、江苏、河北、山东、北京、陕西、辽宁、吉林和黑龙江等地的汉族，以及朝鲜族、回族、蒙古族、维吾尔族、达斡尔族、赫哲族、哈萨克族、鄂温克族、鄂伦春族、锡伯族和藏族等 20 个组聚在一起，四川、云南、贵州、广西、广东、福建和湖南等地的汉族，以及布依族、彝族、白族、傣族、羌族、壮族、黎族、瑶族、苗族、土家族、高山族、基诺族、布朗族和哈尼族等 21 个组聚在一起（图 14—32）。根据上述分析可以以长江为界把当代中国人分为南北两大类型，北部类型共同的体质特征

---

①　袁义达、杜若甫：《中国十七个民族间的遗传距离的初步研究》，《遗传学报》1983 年第 5 期。

为眼裂上斜、眼裂的开度较窄，大多数人有蒙古褶，鼻根较高、鼻翼发育弱、鼻形高而窄，红唇薄，头短而宽（短头型），下颌角间较宽，整个面形高而宽，身材较高；南部类型共同的体质特征为水平型眼裂较多、眼裂开度较宽，通常没有蒙古褶，鼻根较低、鼻翼发育显著，红唇较厚，头略长且偏窄（长头型），面形低而窄，身材较矮。① 南方的汉族与江南少数民族聚类在一起，北方的汉族与北方少数民族聚类在一起，说明他们之间的遗传距离更近，具有共同的根源，分化为不同的民族是文化差异造成的，而南方的汉族与北方的汉族虽然遗传距离较大，但是因为具有相同的文化，所以就融合成一个民族。

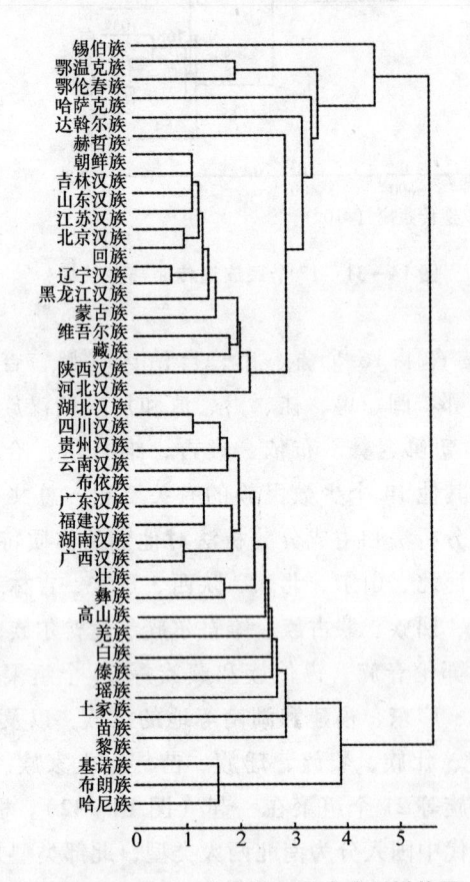

图14—32　41个男性组聚类分析树状图

---

① 张振标：《现代中国人体质特征及其类型的分析》，《人类学学报》1988年第4期。

第十四章 楚灭越以后越人的去向

赵桐茂等先生调查了我国 24 个民族、74 个群体的免疫球蛋白同种异型 Gm、Km 分布，测定了 9560 例个体的 Gm (1, 2, 3, 5, 21) 因子和 9611 例个体的 Km (1) 因子，根据 Gm 单体型频串计算了遗传距离并绘制了系统树（图 14—33）。研究结果表明，这些群体可以分为南北两大类

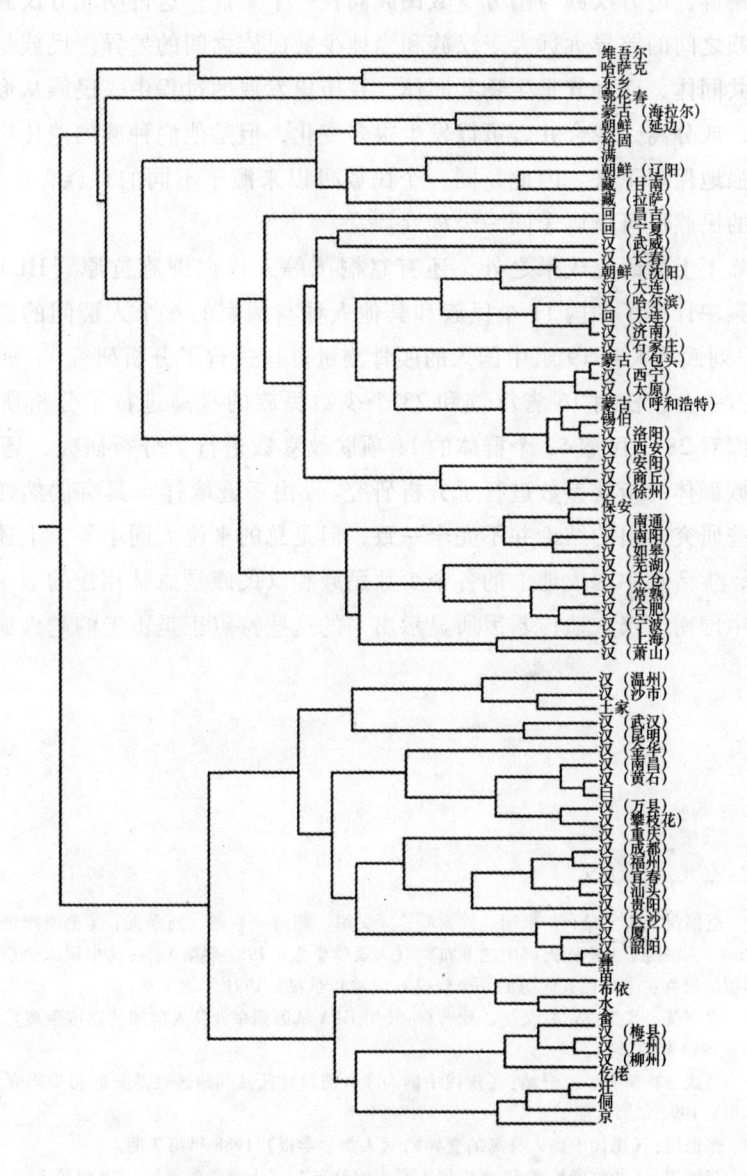

图 14—33 74 个群体遗传距离的系统树

型，北方类型包括居住在我国北方的汉族、维吾尔族、哈萨克族、东乡族、鄂伦春族、蒙古族、朝鲜族、裕固族、满族、藏族、回族、锡伯族和保安族；南方类型包括南方汉族、土家族、白族、彝族、苗族、布依族、水族、畲族、仡佬族、壮族、侗族和京族。北方汉族与北方少数民族同在一个集群，南方汉族与南方少数民族同在一个集群，这说明北方汉族与南方汉族之间的差异远远大于汉族和当地少数民族之间的差异。民族是一个文化共同体，而种族是生物共同体，在历史发展的过程中，民族从形成到发展，或分离，或合并，可以发生很多变化，但是他们种族的遗传特征总会顽强地保留下来。因此，同一个民族可以来源于不同的种族，反过来，不同的民族也可以属于同一个种族。[①]

除了上述研究成果之外，还有赵桐茂等人用白细胞抗原（HLA）的基因频率计算了中国 11 个民族和其他人种与国家的 6 个人群间的遗传距离[②]；刘武等人对 19 组中国人的颅骨测量资料进行了分析研究[③]；张振国运用方差分析法对 16 省汉族和 23 个少数民族的身高进行了分析研究[④]；张海国对 28 个民族 52 个群体的 11 项肤纹参数进行了分析研究，还对 17 个汉族群体的指纹参数进行了分析研究。[⑤] 由于选取样本具有偶然性，因此这些研究得出的结论并不完全一致，但是总的来说大同小异。上述事实证明，生活在中国大地上的各个少数民族和汉民族是血脉相连的。

中国南方汉人遗传基因所显示出来的这些特点正是古老的越人遗留下来的。

[①] 赵桐茂、张工梁、朱永明、郑素琴、顾文娟、陈琦、章霞、刘鼎元：《免疫球蛋白同种异型 Gm 因子在四十个中国人群中的分布》，《人类学学报》1987 年第 1 期；《中国人免疫球蛋白同种异型的研究：中华民族起源的一个假说》，《遗传学报》1991 年第 2 期。

[②] 赵桐茂、张工梁、袁义达、杜若甫：《用 HLA 基因频率计算人群间的遗传距离》，《人类学学报》1984 年第 2 期。

[③] 刘武、杨茂有、王野城：《现代中国人颅骨测量特征及其地区性差异的初步研究》，《人类学学报》1991 年第 2 期。

[④] 张振国：《现代中国人身高的变异》，《人类学学报》1988 年第 2 期。

[⑤] 张海国：《肤纹参数在 52 个中国人群中的分布》，《人类学学报》1988 年第 1 期；《汉族人群指纹综合分析》，《人类学学报》1988 年第 2 期。

第十五章　吴越地区的汉文化

论述吴文化和越文化，按理不必论及楚文化和汉文化，然而因为先秦时代的吴人和越人在秦汉大一统之后都融入了汉人之中，吴文化和越文化也都融入了汉文化之中，虽然汉王朝取代秦王朝后全面继承了秦朝的制度，所谓"汉承秦制"，但是汉文化却是以楚文化为基础发展形成的①，所以本章叙述的内容实为吴文化和越文化的尾声。

第一节　吴、越、楚、秦融为汉郡

楚考烈王十五年（公元前248年）封春申君黄歇于江东，"因城故吴墟，以自为都邑"。② 10年后（公元前238年）楚考烈王一死，李园就发动政变立了楚幽王，并杀死春申君全家。再过15年（公元前223年），王翦率军攻入寿春，俘虏楚王负刍。公元前222年王翦平定了楚的江南地，降服了越君，设置会稽郡。秦王朝为了控制吴越地区强迫当地居民迁徙，"乌程、余杭、黟、歙、芜湖、石城县以南皆故大越徙民也，秦始皇刻石徙之"。"是时徙大越民置余杭，伊攻□故鄣，因徙天下有罪适吏民置海南故大越处，以备东海外越。"③也就是说当时有大批吴越地区的居民被迁到今浙西、皖南、赣东北的山区里去了，而同时有一大批秦人（一说有3万户）被迁入江南地区。然而秦王朝国祚短暂只有短短的15年，而且秦人的数量又远远少于山东六国人口的总和，并且还有30万人北击

---

① 叶文宪：《汉承秦制和汉文化继承楚文化》，《周秦社会与文化研究》，陕西师范大学出版社2003年版。
② 《史记·春申君列传》。
③ 《越绝书》。

匈奴滞留在代北①，50万人戍守岭南而散入南方各地②，因此进入吴越地区的秦人一定十分有限。虽然秦王朝在太湖平原上设立了吴县，在浙东平原上设立了山阴、上虞、余姚、句章（今余姚东南）、鄞（今奉化东南）、鄮（今宁波东）等六县，但是我们现在在吴越地区几乎发掘不到属于秦文化的遗存。

西汉初刘邦封刘贾为荆王，都城设在吴县，辖吴郡、鄣郡、东阳郡三郡五十三县（图15—1）。③后来英布造反杀了荆王刘贾，刘邦平定英布之乱后以荆国故地重新立刘濞为吴王，都城设在广陵（今扬州）。公元前

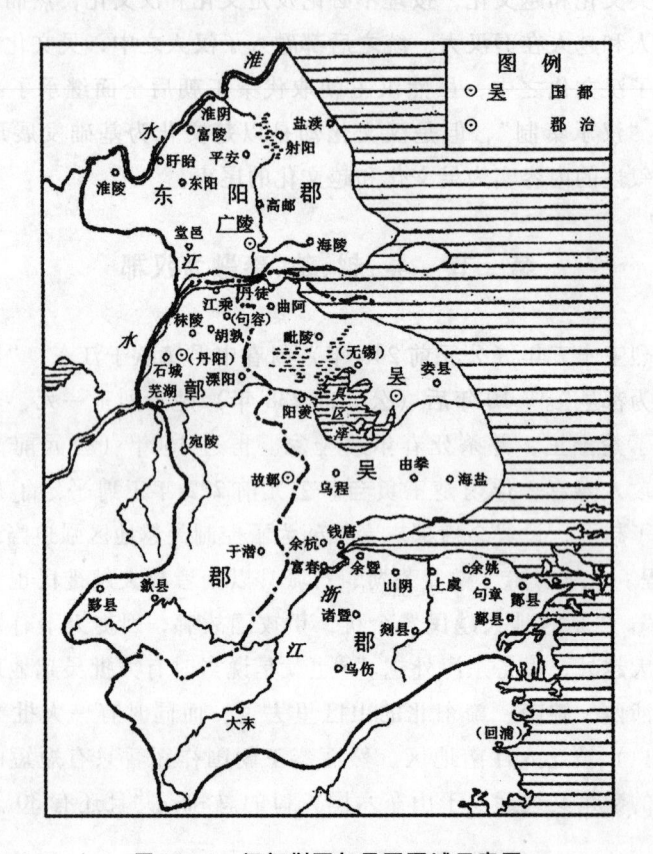

图15—1 汉初荆国与吴国疆域示意图

---

① 《史记·秦始皇本纪》。
② 《淮南子·人间训》。
③ 本图选自周振鹤《西汉政区地理》，人民出版社1987年版。

154年，吴王刘濞发动叛乱，吴楚七国之乱被平定以后吴国被除，而吴县仍为会稽郡之首县。公元9年王莽建立新朝，好古复旧的王莽把吴县改名为泰德，是为了纪念泰伯三让之德而起的县名，但是在新莽灭亡以后又恢复了吴县的旧名。到了东汉中期，江南的人口有了明显的增长，于是在公元129年以钱塘江为界把会稽郡一分为二，钱塘江以南仍为会稽郡，郡治山阴，钱塘江以北另立吴郡，郡治吴县，加上矛山以西的鄣郡，先秦时代的吴越地区分为了汉代的三个郡。

建元三年（公元前138年）闽越发兵围攻东瓯，东瓯求救于朝廷，汉武帝从会稽"发兵浮海救东瓯，未至，闽越引兵而去。东瓯请举国徙中国，乃悉举众来，处江淮之间"。"东瓯王广武侯望率其众四万余人来降，处庐江郡。"① 元鼎六年（公元前111年）东越王余善自立为武帝，汉武帝派兵进剿，越繇王居股和闽越诸将杀余善降汉，因此繇王被封为东成侯、在九江郡，建成侯敖被封为开陵侯在临淮郡，越衍侯吴阳被封为北石侯、在济南郡，东越将军多军被封为无锡侯、在今无锡。汉武帝又因为"东越狭多阻，闽越悍，数反复，诏军吏皆将其民徙处江淮间。东越地遂虚"。② "（元狩）四年冬，有司言关东贫民徙陇西、北地、西河、上郡、会稽凡七十二万五千口。"③ 清人王鸣盛在《十七史商榷》中推测这次迁往吴越地区的移民有"十四万五千口"。虽然葛剑雄先生认为，这里的"会稽"是衍文，武帝时期的会稽郡农业落后、交通不便，根本没有能力接纳如此之多的移民④，但是从考古发掘资料来看，吴越地区的汉墓中基本上不出半两钱，所见的钱币都以五铢、泉货和东汉五铢为主，而且东汉墓比西汉墓要多得多。可见西汉初期会稽郡一定还是人烟稀少，的确是从武帝以后才开始增多的，而要到东汉时期开始兴旺起来。经过这样几次大的动荡和迁徙，不仅吴越之地变成了汉郡，而且吴越之人也变成了汉人。

秦汉时期的战争与迁徙就像是一双巨大的手把先秦时代的越人、楚人、秦人和华夏各地之人糅合成为汉民族。经过两汉四百年的整合，先秦时代还各具特色的国别文化已经日益趋同，形成了高度统一的汉文化。虽然各地的文化面貌略有小异，然而大同是绝对的潮流与趋势，汉文化中存

---

① 《史记·东越列传》。
② 《史记·东越列传》。
③ 《汉书·武帝纪》。
④ 葛剑雄：《西汉人口地理》，人民出版社1986年版，第193—197页。

在着地方差异，但它和先秦时代各有特色的各国文化完全不是一个层次上的概念。

第二节　吴越地区汉文化的特点

从汉高祖元年（公元前206年）到延康元年（公元220年）汉献帝禅位曹丕，两汉绵延四百余年，而且在汉平帝元始二年（公元2年）时人口就已经达到了5959万，因此在全国各地都留下了数量颇巨的遗存，吴越地区发现与发掘的汉墓也非常多，公布的资料只是其中的一小部分（附表十三）。根据这些资料，考古学家对吴越地区汉墓的分期分型已经做了很多的研究。[①] 从吴越地区出土的汉代遗存资料可以看到，吴越地区汉文化的发展基本上是同步的（表15—1）。

表15—1　　　　　　　吴地与越地汉墓出土器物比较表

时代	地域	器名	壶	瓿	鼎	钫
吴地	西汉	器形				
		出处	青浦福泉山，浒关小真山	浒关小真山，常州	青浦福泉山	苏州天宝墩
	东汉	器形				
		出处	吴县窑墩，浒关小真山			

[①] 李蔚然：《南京地区汉墓间说》，肖梦龙：《镇江地区东汉砖室墓概论》，徐伯元：《谈谈常武地区的汉墓群》，朱薇君、钱公麟：《略谈苏州汉墓》，冯普仁：《略论无锡汉墓的分期》，以上均见于《江苏省考古学会1982年年会论文选》；姚仲源：《浙江汉、六朝古墓概述》，《中国考古学会第三次年会论文集》，文物出版社1981年版；黎毓馨：《论长江下游地区两汉吴西晋墓葬的分期》，《浙江省文物考古研究所学刊》，长征出版社1997年版；黄晓芬：《汉墓的考古学研究》，岳麓书社2003年版。

续表

时代	地域	器名	壶	瓿	鼎	钫
越地	西汉	器形				
		出处	湖州方家山，龙游东华山	湖州方家山 义乌	义乌 上虞凤凰山	龙游东华山
	东汉	器形				
		出处	上虞凤凰山、蒿坝			

时代	地域	器名	罍	罐	盒	铜镜
吴地	西汉	器形				
		出处		青浦福泉山	常州 浒关小真山	青浦福泉山
	东汉	器形				
		出处	高淳固城	高淳固城		浒关小真山

续表

时代	地域	器名	罍	罐	盒	铜镜
越地	西汉	器形				
		出处	龙游东华山	上虞凤凰山	龙游东华山	绍兴狮子山
	东汉	器形				
		出处	嘉兴九里汇	海宁长安镇		上虞凤凰山

  吴越地区的汉文化和全国其他地区的汉文化相比并不存在质的差异，吴越地区的汉墓形制和出土器物的发展序列也与中原是一致的，但是出现的时间总比中原要慢一拍，例如中原地区早就出现的陶井、陶灶之类冥器在吴越地区要到东汉时才出现，而且数量不多。吴越地区汉墓中出土的器物多半是陶器、釉陶器和铜、铁器，极少出土漆器、玉器、金器和大型明器。吴越地区汉墓的规格等级明显地低于中原地区，不仅缺乏大型墓葬，而且连画像砖石墓也远没有中原、四川、徐州、山东甚至陕北多，迄今为止只在高淳固城、常州南郊、溧水和海宁等地发现了有限几座画像砖石墓[①]，其所刻画的四神、羽人、方相氏、车马出行、历史故事、拜谒宴饮、舞乐百戏等画面与其他地区汉墓画像砖石上的内容并无二致，但是规模要小得多了。在吴越地区遗留下来的汉代文字资料也极少，迄今为止只在溧阳出土了一块潘干校官碑，现藏南京博物馆，高文先生编著的《汉碑集释》一书中著录了59篇汉代碑刻题铭，其中只有一块三老碑出于余姚客星山，除此之外就不见吴越地区有什么碑铭传世了。

[①] 潘六坤：《浙江海宁东汉画像石墓发掘简报》，《文物》1983年第5期；陈兆善：《江苏高淳固城东汉画像砖墓》，《考古》1989年第5期；镇江博物馆：《江苏省高淳县东汉画像砖墓》，《文物》1983年第4期；杨玉敏、夏星南、徐伯元、林志方：《江苏常州南郊画像、花纹砖墓》，《考古》1994年第12期；吴大林：《江苏溧水出土东汉画像砖》，《文物》1983年第11期。

汉代生活在吴越地区的汉人并不都是先秦吴人、越人或楚人的嫡系后裔，而是他们与南迁的汉人融合而成的，吴越地区的汉文化也不是直接从先秦时代的吴文化、越文化或楚文化演变而来的，而是经过了文化的传播、替代和覆盖，不过由于本地历史的渊源与文化的底蕴，吴越地区的汉文化对先秦楚文化继承得最多。

第三节 吴越地区汉文化对楚文化的继承

秦始皇建立了中国历史上第一个大一统帝国，但是秦王朝持续的年代太短，而且由于统一中国后秦人继续南征北战、东迁西移，并在镇压秦末起义过程中损失了大量人口（如项羽在新安坑杀了20万秦军降卒），因此未能形成独立的统一的秦文化，即使是先秦时代秦人特有的一些器物如茧形壶、蒜头壶、铜鍪等，到了汉代也很快就消失了。

汉王朝是继秦王朝之后建立的一个王朝，而且"汉承秦制"，汉朝的政治制度多半继承秦朝的，然而，汉文化却没有直接继承秦文化，而是以楚文化为底本并吸收了先秦各国的文化融合而成的。这是因为秦末反秦大起义的首倡者、起义的主力军和建立汉王朝的都是楚人，而且在先秦各国当中楚国的地盘最大、人口最多的缘故。虽然楚国被秦国所灭，但是实际上秦朝是被楚人所亡，所以我们可以看到汉代对先秦各国文化继承得最多的就是楚文化。[①] 吴越地区出土的汉代器物也可以证明这一点（表15—2）。

表15—2　　　　　　吴越地区汉器与楚器比较表

器名	楚器	出处	汉器	出处
鼎		浙江安吉		青浦福泉山
壶		浒关小真山 青浦福泉山		湖州方家山 浒关小真山

---

① 叶文宪：《汉承秦制和汉文化继承楚文化》，《周秦社会与文化研究》，陕西师范大学出版社2003年版。

续表

器名	楚器	出处	汉器	出处
钫		嘉定外冈		苏州天宝墩
瓿		浒关小真山		浒关小真山
罐		绍兴凤凰山		青浦福泉山
盒		浙江安吉		浒关小真山

　　两汉时期吴越地区的人口日益增加，西汉时期太湖、钱塘江地区称会稽郡，有223038户、1032604人。[1] 东汉时期会稽分为吴郡与会稽两郡，其中吴郡有164164户、700782人，会稽郡有123090户、481196人，两郡合计287254户、1181978人。[2] 经历200多年的和平发展增加64216户、149374人。户增长28.3%、人口增长14.5%。不仅人口数量增加，而且由于汉人渐次迁入、越人大批徙出，吴越地区的文化面貌发生了巨大的转型[3]：汉语取代了越语，尚武变成了崇文，断发文身的习俗不见了，印纹硬陶和原始瓷也踪迹全无，精良的吴越式铜剑变成了精美的铜镜，吴会地区的经学虽然不发达，但是子学书籍却占了全国的52%[4]，还出现了

---

[1] 《汉书·地理志》，中华书局1962年版。
[2] 《后汉书·郡国志》，中华书局1965年版。
[3] 董楚平：《汉代的吴越文化》，《杭州师范学院学报》（人文社会科学版）2001年第1期。
[4] 卢云：《东汉时期的文化区域与文化重心》，《中国文化研究集刊》第4辑，复旦大学出版社1987年版。

严忌、严助、朱买臣、严葱奇等辞赋大家①。

　　汉代中国人口大增，秦汉帝国的建立又大大促进了文化的统一。汉文化是高度统一的文化，具有这一相同文化的人群就是汉民族，或者反过来说，经过战国秦汉的融合，华夏族和周边蛮夷戎狄融合成为了汉民族，他们的生活方式就是汉文化。由于汉民族人口众多，而且生活的地域极其广袤，因此东西南北各地汉人的生活方式存在着或多或少的差别，但是这种差别只是同一文化内部不同类型的区别而已，不能构成与汉文化相提并论的"某文化"。

　　秦汉帝国建立以后，先秦时代的国名变成地名遗留了下来，汉代以后的人们也仍然习惯以先秦时代的国名来称呼这些地方，但是斗转星移、物是人非，地名虽然还是那个地名，然而居民已经不是原来的居民、文化也不是原来的文化了，因此，再用先秦时代的国别来称呼汉文化的地方类型就会造成概念上的混乱。如果有人一定要突出汉文化中的地方区别，那么可以按照考古学的惯例称之为"汉文化某地类型"或"某地文化"，不过这种"某地文化"和"某文化"完全是两回事，不能混为一谈。

---

① 《汉书·艺文志》记载："庄夫子（严忌）赋二十四篇"、"常侍郎庄葱奇赋十一篇、庄助赋三十五篇、朱买臣赋三篇"。《汉书·地理志》说："严助、朱买臣贵显汉朝，文辞并发，故世传《楚辞》。"《汉书·艺文志》归为"儒家者流……游文于六经之中，留意于仁义之际"。

附表一　良渚文化遗址表

序号	遗址	文化内涵	出处
1	江苏苏州草鞋山	遗址位于苏州工业园区唯亭镇，堆积层厚达11米，可分10层，从马家浜文化、崧泽文化、良渚文化到春秋吴越文化，整个序列几乎跨越太湖地区先秦历史的全部编年	南京博物院：《江苏吴县草鞋山遗址》，《文物资料丛刊》第3辑，文物出版社1985年版
2	苏州越城	遗址位于苏州横塘镇石湖北岸，文化层堆积厚达8米，包含三个时代的文化遗存：上层是以几何印纹陶为特点的春秋时代文化，中层是以灰陶、黑衣陶为主的良渚文化，下层是以夹砂红陶、泥质红陶为特点的马家浜文化。清理了7座良渚文化墓葬和居址	南京博物院：《江苏越城遗址的发掘》，《考古》1982年第5期
3	苏州金鸡墩	遗址位于苏州虎丘山以西2公里，土墩东西长95米、南北宽75米、高9米，采集到良渚文化陶器与石器	李鉴昭：《苏州市郊金鸡墩发现新石器时代遗址》，《文物参考资料》1956年第12期
4	苏州木渎彭家墩	遗址位于苏州木渎北五峰村，是一处长110米、宽85米、高2—3米的土墩。在土墩顶部发现两处并列的有红烧土台面的祭坛，周围共发现10座良渚文化墓葬，出土陶器与60余件玉器，包括玉璧、玉钺、玉锥形器、玉镯、玉纺轮、玉管、玉珠等	唐锦琼：《苏州木渎彭家墩发现良渚文化遗存》，中国考古网2011年1月10日，http://www.kaogu.cn
5	苏州澄湖	遗址位于苏州市区东南15公里从甪直郭巷村席墟至碛砂湖岸外400米的澄湖湖底，总面积34万平方米，共发现灰坑、水井、房址、水沟、池塘、水田等872处，时代跨越崧泽文化、良渚文化、马桥文化、春秋战国文化和汉至宋代	丁金龙：《苏州澄湖遗址发掘报告》，《苏州文物考古新发现》，古吴轩出版社2007年版

续表

序号	遗址	文化内涵	出处
6	苏州独墅湖	遗址位于苏州工业园区独墅湖东北部2.2平方公里的湖底，共发现古代水井379个，灰坑445个，遗物时代跨度从崧泽文化、良渚文化、马桥文化、春秋战国文化和汉至宋代。发现一座由三条小河围绕的村落遗址，年代从崧泽晚期至良渚文化	朱伟峰：《独墅湖遗址发掘报告》，《苏州文物考古新发现》，古吴轩出版社2007年版
7	苏州工业园区研究生城	遗址位于苏州工业园区独墅湖东岸的研究生城首期建设规划区，2.8平方公里分为12个区，在Ⅰ、Ⅳ区发现良渚文化遗物堆积层，Ⅷ区发现良渚文化土台和墓葬各一座	朱伟峰：《苏州研究生城新石器时代至明代遗址》，《中国考古学年鉴（2003年）》，文物出版社2004年版
8	苏州"东湖林语"小区	遗址位于苏州工业园区津梁街、方洲路、星塘街、苏胜路构成的小区间，在6米深的坑底清理了1口崧泽文化古井、2口良渚文化古井、9口春秋战国古井和6口唐宋时代的井	张照根等：《"东湖林语"二期项目建设工地古井群的抢救性考古发掘简报》，《苏州文物考古新发现》，古吴轩出版社2007年版
9	苏州横泾徐巷	遗址位于横泾乡东1.5公里的徐巷村，北距尧峰山2公里，东距太湖岸线800米，发现良渚文化遗存	姚勤德：《江苏吴县南部地区古遗址调查简报》，《考古》1990年第10期
10	苏州东渚窑墩	遗址位于东渚乡万家村，面积约4万平方米，原为高3—4米的土墩，今已不存。采集到的文物属良渚文化遗存	张志新：《窑墩遗址》，《吴县文物精华》（上册），吴县文物管理委员编1986年版
11	苏州甪直张陵山	遗址位于吴县甪直镇西南2公里，原有相距100米的东、西两座土墩，面积约6000平方米，现在西山已经因烧砖取土而荡然无存，东山还有残存。1982年正式全面挖掘，整理出土文物共1200件。遗址自下而上是以崧泽文化、良渚文化和几何印纹陶、原始瓷为特征的春秋战国文化	南京博物院：《江苏吴县张陵山遗址发掘简报》，《文物资料丛刊》第6辑，文物出版社1982年版；南京博物院：《江苏吴县张陵山东山遗址》，《文物》1986年第10期

续表

序号	遗址	文化内涵	出处
12	苏州甪直东庄	遗址位于甪直镇张陵山东庄，1960年发现，包含马家浜文化和良渚文化两个文化层	
13	苏州尹山桥黄泥山	遗址位于郭巷尹山桥东北，有良渚文化和马桥文化遗存	
14	苏州浒关华山	华山位于浒墅关西北2.5公里，南北长500米、东西宽200米、高约50米，遗址在山的西部与南麓，面积7000平方米，下层是马家浜文化，中层是良渚文化，上层有春秋战国文化遗存	尹焕章等：《对江苏太湖地区新石器文化的一些认识》，《考古》1962年第3期；南京博物院：《苏州和吴县新石器时代遗址调查》，《考古》1961年第3期
15	苏州虎丘六埭桥	遗址位于虎丘北六埭桥，有马家浜文化、良渚文化和春秋战国文化三个文化层	
16	苏州木渎笔架山	遗址位于木渎镇金山下，发现良渚文化遗存	
17	苏州枫桥西北运河南岸	遗址位于枫桥西北大运河南岸，在120平方米的范围内散布着很多马家浜文化和良渚文化的陶片	
18	苏州光福虎山	遗址位于光福镇虎山东麓，东西宽150米、南北长415米、高约8米，含马家浜文化、良渚文化、春秋战国三个文化层次	
19	昆山正仪黄泥山	遗址位于昆山市正仪镇东北部，面积约4000平方米。为马家浜文化、良渚文化和马桥文化各时期的文化堆积。1998年进行抢救性发掘，1997年公布为昆山市第二批文物保护单位	
20	昆山少卿山	遗址位于昆山市千灯镇东北，现存的少卿山为一东西长40米、南北宽20米、高出地面7.7米的土墩。内含马家浜文化、崧泽文化、良渚文化和春秋时代等遗存。发现春秋夯土台、良渚文化土台、墓葬、村落和崧泽文化遗存	苏州博物馆等：《江苏省昆山县少卿山遗址》，《文物》1988年第1期；《江苏昆山市少卿山遗址的发掘》，《考古》2000年第4期
21	昆山绰墩	地层堆积从下至上依次为马家浜文化、崧泽文化、良渚文化和马桥文化。发现3座良渚文化房址和1座墓葬	南京博物院等：《江苏昆山绰墩遗址的调查与发掘》，《文物》1984年第2期

续表

序号	遗址	文化内涵	出处
22	昆山赵陵山	遗址位于昆山张浦镇赵陵村，占地约1万平方米，为一海拔高10.5米的椭圆形土墩，系良渚文化早期大型土筑高台。文化堆积层厚9米，上层为春秋时代遗存，中层为良渚文化，下层为崧泽文化。共发现以良渚文化为主的墓葬85座，这些墓葬与土台关系密切，按墓主贫富贵贱分区埋葬，并有规模较大的集中杀殉现象。共出土各种文物600余件，其中玉器206件，石器136件，陶器270件	江苏省赵陵山考古队：《江苏昆山赵陵山遗址第一、二次发掘简报》，《东方文明之光——良渚文化发现60周年纪念文集》，海南国际新闻出版中心1996年版
23	昆山陈墓	遗址位于昆山县西南陈墓镇大东砖瓦厂，取土时发现良渚文化器物	金诚：《江苏昆山陈墓镇新石器时代遗址》，《考古》1959年第9期
24	昆山荣庄	遗址位于昆山县南2.5公里荣庄的稻田里，试掘证明下层为良渚文化层，上层为马桥文化层	王德庆：《江苏昆山荣庄新石器时代遗址》，《考古》1960年第6期
25	昆山太史淀	遗址位于昆山周庄镇北1.5公里，在围湖造田时在太史淀东北部1000米长、500米宽的范围内发现有良渚文化遗物和3座木井圈，证明这里应该是一处良渚文化聚落遗址	陈兆弘：《昆山太史淀新石器时代遗址考察》，《江苏省考古学会第二次年会暨吴文化学术讨论会论文集》，1981年版
26	昆山朱墓墩	遗址位于苏州昆山高新区朱墓村，面积14万平方米。遗址东部的朱墓墩东西80米、南北60米、高3米，面积近5000平方米，为人工堆筑的祭坛与高台墓地。发现居住址、河道、灰坑、水井、水沟、墓葬等文化遗迹80多处，出土良渚文化遗物200多件，主要有带V字形刻符的夹砂陶尊、黑皮陶宽把杯、黑皮陶贯耳壶、灰陶杯以及耙、耘田器、锛、凿、镞、斧等石器	丁金龙：《苏州昆山发现良渚文化高台墓地、祭坛与聚落遗址》《中国文物报》2013年8月30日
27—29	昆山地区	昆山地区还发现巴城龙滩湖、正仪车站北、新北乡火事站北、茜墩东弄等良渚文化遗址	尹焕章等：《对江苏太湖地区新石器文化的一些认识》，《考古》1962年第3期
30	太仓维新	遗址位于太仓市双凤镇维新村，海拔高程3.9—6米，位于古代的冈身之上，总面积约6万平方米，遗址上原有一个大土墩，今已不存。试掘发现一座良渚文化土台、居住遗址和马桥文化遗存	闻惠芬等：《太仓市维新遗址试掘报告》，《苏州文物考古新发现》，古吴轩出版社2007年版

续表

序号	遗址	文化内涵	出处
31	吴江梅堰袁家埭	遗址位于吴江市梅堰镇东北,西距太湖3.5公里,遗址的面积约为6.5万平方米。有上下两个文化层,下文化层为马家浜文化,上文化层为良渚文化	江苏省文物工作队:《江苏吴江梅堰新石器时代遗址》,《考古》1963年第6期
32	吴江龙南	遗址位于吴江县西南29公里的梅埝乡龙南村,北距袁家埭2公里。面积4万平方米,有崧泽晚期文化和良渚文化两个文化层,清理出良渚文化时期的墓葬和河道、道路、房址、灰坑、水井等遗迹,为一处村落遗址	龙南遗址考古工作队:《江苏吴江梅埝龙南遗址1987年发掘纪要》,《东南文化》1988年第5期;苏州博物馆等:《江苏吴江龙南新石器时代村落遗址第一、二次发掘简报》,《文物》1990年第7期;《吴江梅堰龙南新石器时代村落遗址第三、四次发掘简报》,《东南文化》1999年第3期
33	吴江团结村大三瑾	遗址位于吴江市团结村大三瑾,1955年发现,面积约15万平方米,地面下1.5米有泥炭层和沼铁,良渚文化遗物压在泥炭层和沼铁之下,在深2.5米处还有马家浜文化遗存	《江苏吴江县松陵镇附近发现古遗址》,《文物参考资料》1955年第11期
34	吴江菀坪王焰村	1970年吴江菀坪王焰村农民在挖太湖河滩淤泥时于2.5米深处发现1件良渚文化玉琮,未见其他共存遗物	吴国良:《江苏吴江县首次出土玉琮》,《考古》1963年第6期
35	吴江九里湖	遗址位于同里镇北2公里,在九里湖南岸从法喜寺向西约半公里,文化层离地表0.5—1.2米,包含有大量的陶片、红烧土和炭灰,经鉴定为崧泽文化与良渚文化期罐、壶、钵等陶器34件,钺、斧、凿、刀、镰、箭镞、耘田器等石器12件,完整古陶鬶1件	王稼冬:《同里九里湖新石器时代遗址的考证》,《同里故土文化杂谈》,内部刊物
36	吴江同里何家坟	遗址位于同里湖纺织有限公司员工宿舍工地。发现良渚文化房址2座、灰坑1个、水井2口,出土石耘田器、石凿、骨镞和鼎、罐、盘、盆、杯、豆等陶器。当为一处良渚文化时期居住遗址	张铁军:《吴江市同里何家坟良渚文化遗址》,《中国考古学年鉴(2010年)》,文物出版社2011年版

附表一 良渚文化遗址表

续表

序号	遗址	文化内涵	出处
37—45	吴江地区	吴江地区还有胜墩刘关圩、胜墩汽车站西、同里石棉厂、庙港太平桥、震泽彭家里村、震泽新峰刘家浜、桃源杏花村、桃源广福村、青云八字桥等遗址	尹焕章等：《对江苏太湖地区新石器文化的一些认识》，《考古》1962年第3期；吴建民：《长江三角洲史前遗址的分布与环境变迁》，《东南文化》1988年第6期
46	常熟罗墩	遗址位于常熟西南7公里练塘镇罗墩村北，土墩东西长30米、南北宽40米、高4米。发掘证明是一座由人工堆积的良渚文化早期显贵高台墓地，清理出良渚文化墓葬14座，出土陶器105件，石器29件，玉器116件	苏州博物馆等：《江苏常熟罗墩遗址发掘简报》，《文物》1999年第7期
47	常熟三条桥	遗址位于常熟西门外三条桥畔、尚湖东北岸的市畜禽良种场，农民在取土时发现良渚文化玉石器6件，现场已破坏，遗址情况不明	
48	常熟黄土山	遗址位于常熟南10公里莫城镇凌桥村元和塘东岸，是一个东西长200米、南北宽100米、高4—5米的土墩，砖瓦厂取土时在3.5米深处发现8件良渚文化玉石器。发掘表明该土墩系良渚文化中晚期人工堆筑而成的，在土台上发现一处良渚时期的房址，墙、居住面、柱洞、门道等清晰可见	常熟文管会：《江苏常熟良渚文化遗址》，《文物》1984年第2期
49	常熟嘉菱荡	遗址位于常熟西南20公里张桥镇庙桥村南嘉陵塘东北岸畔，是一个直径50米、高出地面3米的台地，取土时发现12件良渚文化玉石器，当属一座良渚文化晚期显贵的墓葬	
50	常熟朱泾村	遗址位于常熟西南尚湖东南岸琴南乡朱泾村。1979年取土时发现水井十余口，从井中出土14件陶器，确定为良渚文化中期遗址	李前桥：《常熟良渚文化概述》，《常熟文博》2008年第1期
51	常熟兴隆石墩	遗址位于兴隆镇石墩村，有良渚文化的石器、陶器、骨器，亦发现马桥文化遗存	
52—55	常熟地区	常熟地区还有大义玉蟹墩、唐市汽车站、练塘导林、藕渠等遗址	吴建民：《长江三角洲史前遗址的分布与环境变迁》，《东南文化》1988年第6期

续表

序号	遗址	文化内涵	出处
56	张家港许庄	遗址位于鹿苑镇西南3公里许庄村南约0.5公里的一处地势高平的旱地上，总面积约3万平方米，已被烧砖取土破坏近5000平方米，遗址东部被许庄小学校舍所压。1986年发现该遗址，经试掘发现下文化层为崧泽文化，上文化层为良渚文化，但是采集物中有夹砂红陶釜和壶等马家浜文化的典型器物，说明应该存在有马家浜文化层	苏州博物馆等：《江苏张家港许庄新石器时代遗址调查与试掘》，《考古》1990年第5期；王德庆：《张家港市许庄新石器时代遗址》，《东南文化》1990年第5期
57	张家港徐家湾	遗址位于鹿苑镇东南1.5公里徐家湾村，为一南北长300米、东西宽150米、高于稻田1米的台地。下层为崧泽文化，上层为良渚文化。清理出2座良渚文化墓葬和居住遗址	苏州博物馆等：《江苏张家港徐家湾新石器时代遗址》，《考古学报》1995年第3期
58	张家港蔡墩	遗址位于塘桥镇青龙村，面积约1万平方米，地层堆积厚1.8—2米。下层为崧泽文化，中层为良渚文化，上层为春秋战国遗存。发现1座良渚文化墓葬和红烧土居住面、灰坑	王德庆：《沙洲蔡墩新石器时代遗址》，《中国考古学年鉴（1987年）》，文物出版社1988年版
59—61	张家港地区	张家港地区还有西张镇西北、港口镇凤凰山东簏、妙桥乡塘妙河等良渚文化遗址	王德庆：《江苏沙洲县新石器时代遗址调查简报》，《考古》1987年第10期
62	无锡仙蠡墩	遗址位于无锡蠡桥北，1954年发现，文化层厚达3米，内涵包括马家浜文化、良渚文化和商周时期文化	尹焕章等：《对江苏太湖地区新石器文化的一些认识》，《考古》1962年第3期
63	无锡环湖路7号桥	遗址位于无锡梅园南太湖北岸，发现良渚文化遗存	
64	无锡锡山施墩	遗址位于市中心锡惠公园内，锡山遗址范围在2万平方米以上，施墩遗址的范围在5000平方米以上，文化层最厚达4至5米，内涵包括马家浜文化、良渚文化和商周时期文化	单红：《闹市史前遗址文化层完整丰富》，《无锡日报》2010年1月13日
65	无锡许巷	遗址位于无锡南门外1.5公里许巷村，土墩南北长120米、东西宽76米、高2米，采集的文物有良渚文化和马桥文化	江苏省文物工作队：《江苏无锡许巷村新石器时代遗址》，《考古》1961年第8期

续表

序号	遗址	文化内涵	出处
66	无锡鸿山邱承墩	遗址位于无锡市鸿山镇东北约1公里处。文化层堆积分为三期，第一期分布于遗址的西北部，发现2座房址马家浜文化和12座墓葬；第二期分布于遗址的中部偏南，发现2座崧泽文化祭台；第三期分布于遗址的东部和中部，发现高土台遗迹和打破高土台的10座良渚文化墓葬，其中3座大型墓葬处于中心部位	江苏省考古研究所：《江苏无锡鸿山邱承墩新石器时代遗址发掘简报》，《文物》2009年第11期
67－71	无锡地区	无锡地区还有东埒金城湾、洛社张镇、堰桥漳泾、华庄、南泉等遗址	吴建民：《长江三角洲史前遗址的分布与环境变迁》，《东南文化》1988年第6期
72	江阴璜塘墂	遗址位于江阴西郊红光村，是一座7米高的土墩，面积2000—3000平方米。在土墩被夷平后再挖深2.5米时发现四口古井，井内出土良渚文化石器、陶器、兽骨共27件	尤维组：《江苏江阴县璜塘墂发现四口良诸文化古井》，《文物资料丛刊》第5辑，文物出版社1981年版
73	江阴高城墩	遗址位于江阴市石庄镇高城墩村，原是一面积近万平方米、高10米的土墩，现残存2000平方米、高7米。是一座人工堆筑的高土台墓地，发掘清理了14座良渚文化早中期墓葬，出土琮、璧、钺、锥形器、珠、管等玉器153件（组）以及石器、陶器等	江苏省高城墩联合考古队：《江阴高城墩遗址发掘简报》，《文物》2001年第5期
74	江阴陶城	遗址位于江阴市周庄乡陶城村，是东西长230米、南北宽280米、高4米的土墩，属良渚文化遗址	吴建民：《长江三角洲史前遗址的分布与环境变迁》，《东南文化》1988年第6期
75－78	江阴璜土	江阴地区还有璜土、夏港璜塘河、山观望海墩、青阳南楼等良渚文化遗址	
79	武进寺墩	寺墩位于江苏省常州市东北15公里武进县郑陆镇三皇庙村，是一个高出地面约6米的椭圆形土墩，东西长80米、南北宽40米，遗址分布在土墩下的东、北农田中，现有面积约6万平方米。分两个文化层：下层属崧泽文化，上层属良渚文化。发现4座良渚文化大型墓葬，其中M3出土随葬品124件，包括24件玉璧、33件玉琮和镯、坠、珠、管、锥形饰等玉饰，首次发现"玉敛葬"的实例。经勘察，寺墩原为一人工堆筑的祭坛，环墩四周有一河道，河道与祭坛之间，有许多良渚文化的大墓，墓的外围是平民居住区，平民居住区之外又有一河道相环绕，显示出城池的雏形	南京博物院：《江苏武进寺墩遗址的试掘》，《考古》1981年第3期；《1982年江苏常州武进寺墩遗址的发掘》，《考古》1984年第2期

续表

序号	遗址	文化内涵	出处
80–86	武进地区	武进地区还有钊湖城海墩、横村青墩、雪堰南山、三潞城后潘、百丈天落塘、郑陆镇郑陆桥、湖塘金鸡墩等良渚文化遗址	吴建民：《长江三角洲史前遗址的分布与环境变迁》，《东南文化》1988年第6期
87	丹阳王家山	遗址位于沪宁铁路丹阳车站北约500米处，原为靴形土墩，南北长200米、东西宽150米，现仅存一块南北长17米、东西宽9米的残墩。有两个文化层，下文化层为良渚文化早期，上文化层为湖熟文化	《江苏丹阳王家山遗址发掘简报》，《考古》1985年第5期
88	丹阳西沟居	遗址位于丹阳市导墅乡留千村西沟屠东300米的平原上，高出四周稻田约1米，遗址东西长40米、南北长50米，面积2000平方米。遗址之上及四周有土墩墓分布，在土墩墓的封土中发现有良渚文化遗物，在土墩墓之下发现良渚文化早期墓葬1座	《江苏丹阳西沟居新石器时代遗址试掘》，《考古》1994年第5期
89	丹阳三城巷	遗址位于丹阳市云阳镇三城巷村北、唐家村南的枕头山，面积约1万平方米，由东、西两个台地连接而成。发现了崧泽文化中期、良渚文化早中期至商周时期的湖熟文化遗存	三城巷考古队：《丹阳市三城巷遗址发掘报告》，《东南文化》1994年增刊2；镇江博物馆等：《丹阳市三城巷遗址第二次发掘报告》，《东南文化》2008年第5期
90	谏壁烟袋山	遗址位于镇江谏壁烟袋山，采集到良渚文化遗物	刘建国：《浅论宁镇地区古代文化的几个问题》，《考古》1986年第8期
91	溧阳洋渚	遗址位于溧阳县沙河乡洋渚，在河道里发现良渚文化石器、陶器和木桨，出土2件带木柄的石斧、1件带木柄的石锛和木桨等遗物。 1982年又发现一件刻有神人兽面鸟纹的良渚文化玉圭	肖梦龙：《试论石斧石锛的安柄与使用》，《农业考古》1982年第2期；汪青青：《溧阳出土的良渚文化玉器珍品》，《东方文明之光》，海南国际新闻出版中心1996年版
92	溧阳神墩	遗址位于溧阳市社渚镇孔村，为高出四周地面1—2米的长条形土墩，东西150多米，南北200米，总面积近3万平方米。文化层平均厚度在1.5—2米之间，主要遗存为马家浜文化，清理出良渚文化墓葬9座	南京博物院等：《江苏溧阳神墩遗址发掘简报》，《东南文化》2009年第5期

续表

序号	遗址	文化内涵	出处
93—95	溧阳地区	溧阳地区还有南渡、沙河东陵、茶亭杨家边等良渚文化遗址	吴建民：《长江三角洲史前遗址的分布与环境变迁》，《东南文化》1988年第6期
96—100	金坛地区	金坛地区还有中桥、东岗、罗村北干河、洮西渔池、社头陆家垛等良渚文化遗址	
101	句容丁沙地	遗址位于句容市西北，面积5万平方米，在第四文化层发现良渚文化晚期加工玉石器的遗址	南京博物院考古研究所：《江苏句容丁沙地遗址第二次发掘简报》，《文物》2001年第5期
102	上海青浦福泉山	遗址位于上海市青浦区重固镇西，是一座东西长94米、南北宽84米、高7.5米的长方形土墩，内含马家浜文化、崧泽文化、良渚文化与战国时代的遗存。经多次发掘共发现30座良渚文化墓葬、4处祭祀遗迹和大量遗物	上海文管会：《上海福泉山良渚文化墓葬》，《文物》1984年第2期；孙维昌：《上海青浦福泉山良渚文化墓地》，《文物》1986年第10期
103	青浦福泉山吴家场	遗址位于福泉山以北300米的重固镇回龙村吴家场，为一南北30米、东西90米、高2.45米的土台，土台中部发现4座良渚文化墓葬。2010年又发现4座良渚文化墓葬，其中一座出土各类文物300余件，并用6只狗殉葬	《上海青浦福泉山良渚文化墓地发掘》，中国文物信息网2010年3月17日；《上海福泉山遗址吴家场墓地发掘》，《中国文物报》2011年10月21日
104	青浦千步村	遗址位于青浦崧泽村东南的千步村，地势低洼，在地表0.3米以下有两个文化层，上层为印纹陶文化，下层为良渚文化	黄宣佩：《上海青浦县发现千步村遗址》，《考古》1963年第3期
105	青浦寺前村	遗址位于青浦区城北约4公里大盈乡天一村后的土墩及其北侧的农田中，土墩高约1.5米，南北长150米、东西宽140米。有崧泽文化晚期、良渚文化中期和两周时期的文化遗存。发现4座良渚文化墓葬和2口水井	上海博物馆考古研究部：《上海青浦区寺前史前遗址的发掘》，《考古》2002年第10期
106	青浦果园村	遗址位于青浦县东北凤溪乡果园村旁。良渚文化层厚达1米，发现灰坑2个，文化层上有0.8—1.12米黑色的泥炭层	孙维昌：《上海青浦寺前村和果园村遗址试掘》，《南方文物》1998年第1期

续表

序号	遗址	文化内涵	出处
107	青浦金山坟	遗址位于青浦县蒸淀乡东团村，为一东西长 65 米、宽 15—20 米、高约 2 米的不规则长条形土墩，总面积约 4 万平方米。下文化层为崧泽文化晚期，中层出土一座良渚文化墓葬，上层系印纹陶文化	上海市文管会：《上海青浦县金山坟遗址试掘》，《考古》1989 年第 7 期
108	闵行马桥	遗址位于闵行区马桥镇东 1 公里俞塘村，处于古代的竹冈冈身之上，海拔 4.46—6.29 米。东西长 60 米、南北宽 80 米，面积约 5000 平方米。地层分为五层，第五层为良渚文化层，居住地在东，墓地在西，发现墓葬 8 座；第四层是商周时代的马桥文化层；第三层为春秋战国时代的印纹陶文化	上海市文管会：《上海马桥遗址第一、二次发掘》，《考古学报》1978 年第 1 期
109	松江广富林	遗址位于上海西南松江区佘山镇广富林村，附近地势平坦，海拔 2—3 米。经过多次考古发掘共发现不同时期的房址 2 座、墓葬 11 座、灰坑 559 个、灰沟 20 条、水井 90 口等重要遗迹，同时出土了大量陶、石等各类遗物。有两个文化层，下层是良渚文化，上层为广富林文化	上海市文管会：《上海市松江县广富林新石器时代遗址试探》，《考古》1962 年第 9 期；上海博物馆考古部：《上海松江区广富林遗址 1999—2000 年发掘简报》，《考古》2002 年第 10 期；《上海松江区广富林遗址 2001—2005 年发掘简报》，《考古》2008 年第 8 期
110	松江汤庙村	遗址位于松江城西 10 公里昆冈乡汤庙村，内涵包括崧泽文化、良渚文化、马桥文化和春秋战国以后各时代的遗物	上海市文物管理委员会：《上海松江县汤庙村遗址》，《考古》1985 年第 7 期
111	松江姚家圈	遗址位于松江县小昆山镇昆冈乡山前村姚家圈东北，文化遗存分为两期，前期为崧泽文化，后期为崧泽文化向良渚文化的过渡阶段	上海市文物管理委员会考古部：《上海市松江县姚家圈遗址发掘简报》，《考古》2001 年第 9 期
112	金山亭林	遗址位于金山县亭林镇西，南北长 300 米、东西宽 100 米。下文化层为良渚文化，上文化层为印纹陶文化。发现良渚文化墓葬 23 座，出土骨器、玉器、石器、陶器等共 395 件。墓地中大墓和小墓错杂分布在一起	上海博物馆考古研究部：《上海金山区亭林遗址 1988、1990 年良渚文化墓葬的发掘》，《考古》2002 年第 10 期

续表

序号	遗址	文化内涵	出处
113	奉贤江海	遗址位于奉贤县西南 2 公里江海镇江海村北侧，下层为良渚文化层，上层为马桥文化层，在良渚文化层面上大多有 2—3 层沉积状的淤土	上海市文物管理委员会：《上海奉贤县江海遗址 1996 年发掘简报》，《考古》2002 年第 11 期
114	奉贤柘林	遗址位于奉贤县柘林乡冯桥村竹港西侧的古代竹冈冈身之上，遗址上现为厂房和民宅。文化层包含良渚文化、马桥文化、吴越文化三类文化遗存	《上海地区古文化遗址综述》，《上海博物馆集刊》第 2 期，上海古籍出版社 1983 年版
115	浙江嘉兴大坟	遗址位于嘉兴市大桥镇南子村，是一个东西长 70 米、南北宽 60 米、高 2 米多的土墩。下层为崧泽文化层，出土造型独特的人像葫芦瓶；中层是良渚文化时期堆筑的大土堆，用作墓地，发现 2 座墓葬；上层发现马桥文化的遗物	陆耀华：《浙江嘉兴大坟遗址的清理》，《文物》1991 年第 7 期
116	嘉兴雀幕桥	遗址位于嘉兴城东 7.5 公里东栅乡雀幕桥村。有上、中、下三个文化层，上层为马桥文化，中层为良渚文化，发现 5 座墓葬，下层为崧泽文化	嘉兴市文化局：《浙江嘉兴市雀幕桥遗址试掘简报》，《考古》1986 年第 9 期
117	嘉兴双桥	遗址位于嘉兴市北 7 公里双桥镇小学内，是一个高 2—3 米、边长 50 多米的方形土墩，面积 3000 平方米。上文化层堆积厚，属于良渚文化，下文化层薄，为崧泽文化，上下层器物有继承与发展关系	浙江省文物考古研究所：《嘉兴双桥遗址发掘简报》，《浙江省文物考古研究所学刊——建所十周年纪念》，科学出版社 1993 年版
118	嘉兴凤桥高墩	遗址位于嘉兴市凤桥镇三星村，为一东西长 40 米、南北宽 30 米、高 1.5 米的土墩，在遗址南面 150—500 米范围内又发现石圹头、盛家墩等 4 处遗址。发现一座人工堆筑的土台，在土台的西南发现 12 座良渚文化中晚期墓葬。并清理 4 个马桥文化灰坑	浙江省文物考古研究所：《嘉兴凤桥高墩遗址的发掘》，嘉兴文化局：《崧泽·良渚在嘉兴》，浙江摄影出版社 2005 年版
119	嘉兴倭坟墩	遗址位于嘉兴市新丰镇横港村，是一处面积 400 平方米的土墩。发现良渚文化墓葬 4 座、灰坑 4 个，出土 19 件石器、21 件陶器、2 件玉器。墓地系人工堆筑而成，墓葬均为竖穴浅土坑墓	廖本春等：《嘉兴倭坟墩遗址发掘获成果》，嘉兴文化局：《崧泽·良渚在嘉兴》，浙江摄影出版社 2005 年版

续表

序号	遗址	文化内涵	出处
120	嘉兴南河浜	遗址位于嘉兴城东 11 公里大桥乡的云西村和南子村，面积 2 万多平方米，由相对高度约 2 米的不规则台地组成。共发现崧泽文化的祭台 1 座、墓葬 92 座、灰坑 23 座、房屋遗迹 7 座，良渚文化墓葬 4 座、商周时期灰坑 1 座	浙江省文物考古研究所：《浙江嘉兴南河浜遗址发掘简报》，《文物》2005 年第 6 期
121	嘉兴高墩坟	遗址位于嘉兴市大桥镇怀家浜村南侧一三角形土墩，原高出周围水田 2.5 米，现仅略高于农田，试掘发现马家浜文化墓葬和祭祀坑，崧泽文化和良渚文化水井与灰坑	王宁远：《嘉兴市高墩坟新石器时代遗址》，《中国考古年鉴（2002 年）》，文物出版社 2003 年版
122	嘉兴石圹头	遗址位于嘉兴市南湖区凤桥镇三星村，台地面积 5000 平方米，高出周围水田 2 米。发现崧泽文化和良渚文化时期两次堆筑的土墩，清理崧泽文化墓葬 1 座、水井 1 口，良渚文化墓葬 7 座，灰坑 2 个	刘斌：《嘉兴市石圹头新石器时代及西周遗址》，《中国考古年鉴（2002 年）》，文物出版社 2003 年版
123	嘉兴姚墩	遗址位于嘉兴市东 11 公里大乔乡，土墩东北部良渚文化堆积层厚 0.2—1 米，土墩西南部印纹陶文化堆积层厚 0.4 米	陆耀华：《嘉兴市古遗址调查》，《浙江省文物考古研究所学刊》，文物出版社 1981 年版
124—157	嘉兴地区	嘉兴地区还有凤桥白坟墩、大桥蒋庵、余新曹墩、新篁支家桥、新篁梅园、新篁高柴基、新丰韩家浜、大桥周家湾、大桥高地、王江泾郎嘉桥、新丰姚家村、新塍高家汇、油车港镇应家港、新丰陆家坟、新丰刘家坟、步云镇步云小学、余新黄姑庵、王江泾桥、油车港镇三水湾、王店大塘岗、王店元子汇、大桥陈庙场、新篁庄史、新丰倭子坟、余新王水庙、王江泾南墓城、新丰泥桥、凤桥刘家墩、王江泾孙家汇、凤桥姚家后墩、凤桥小桥圩、大桥朱家浜、大桥五圣浜等良渚文化遗址	嘉兴文化局：《崧泽·良渚在嘉兴》，浙江摄影出版社 2005 年版
158	嘉善新港	遗址位于嘉善县西塘镇大舜村，清理了一座木筒水井，井中出土良渚文化晚期单把陶罐和陶尊各一件	陆耀华等：《浙江嘉善新港发现良渚文化木筒水井》，《文物》1984 年第 2 期
159	嘉善大往	遗址位于嘉善姚庄镇东北展幸村大往圩农田下，面积 6000 平方米，文化层厚 1 米左右，但是包含有马家浜文化、崧泽文化、良渚文化和马桥文化的堆积	王明达：《嘉善大往遗址》，嘉兴文化局：《崧泽·良渚在嘉兴》，浙江摄影出版社 2005 年版

续表

序号	遗址	文化内涵	出处
160—162	嘉善地区	嘉善地区还有丁栅镇张安村、魏塘镇独圩、魏塘镇魏塘镇小横港等良渚文化遗址	嘉兴文化局：《崧泽·良渚在嘉兴》，浙江摄影出版社2005年版
163	平湖戴墓墩	遗址位于平湖市乍浦镇建利村，面积16万平方米。发现红烧土堆积一处，良渚文化墓葬5座。出土一批精美的陶器，征集到玉琮、玉璧等玉器	程杰等：《平湖戴墓墩遗址良渚墓葬发掘简报》，《崧泽·良渚在嘉兴》，浙江摄影出版社2005年版
164	平湖图泽	遗址位于平湖市南4公里当湖街道通界村，在东西长400米、南北宽300米的范围内原有多个土墩，现已不存。共发现39座良渚文化墓葬。随葬品主要是石钺、石锛和石镞，玉器主要是锥形器	芮国耀：《平湖图泽良渚文化墓地》，嘉兴文化局：《崧泽·良渚在嘉兴》，浙江摄影出版社2005年版
165	平湖庄桥坟	遗址位于平湖市以北的林埭镇群丰村，面积超过10万平方米。原有的土墩已被破坏，残剩的土墩仅500平方米、高不足1米。遗址北部是居住区，南部是墓葬区。发掘出三座良渚文化时期的土台，清理的236座良渚文化中晚期墓葬分布在三个人工堆筑的土台周围，共出土各类器物2600件（组）	浙江省文物考古研究所：《浙江平湖市庄桥坟良渚文化遗址及墓地》，《考古》2005年第7期
166—176	平湖地区	平湖地区还有当湖大坟塘、曹桥李墩、当湖朱皇庙、曹庙马厩、新仓大墩头、黄姑横沼、新埭牌楼、广陈古城、乍浦长安桥、曹桥陆家坟、乍浦窑墩等良渚文化遗址	嘉兴文化局：《崧泽·良渚在嘉兴》，浙江摄影出版社2005年版
177	平湖平邱墩	遗址位于平湖县黄姑镇北2公里黄姑乡云港村卫国河两岸，共发现28座良渚文化墓葬	
178	海宁千金阁	遗址位于海宁县盐官镇郭店乡莲花村，遗址大部分是水田，南部有桑地。表土下即良渚文化堆积，发现10座墓葬	浙江省文物考古研究所：《浙江北部地区良渚文化墓葬的发掘（1978—1986）》，《浙江省文物考古研究所学刊——建所十周年纪念》，科学出版社1993年版
179	海宁徐步桥	遗址位于海宁县盐官镇城北村，在千金阁遗址西南5公里处。表土下即良渚文化层，发现15座良渚文化墓葬	
180	海宁盛家埭	遗址位于海宁市盐官镇众安乡，在徐步桥遗址东北1公里处。表土下即良渚文化层，发现1座良渚文化墓葬	

续表

序号	遗址	文化内涵	出处
181	海宁小兜里	遗址位于海宁市海昌街道火炬村7组，为一东西长70米、南北宽40米、高出周边水田1.5米的长方形土墩。清理了良渚文化墓葬19座，出土陶、石、玉、牙、漆器273件（组）	浙江省文物考古研究所等：《2009年海宁小兜里遗址良渚墓葬的发掘收获》，《南方文物》2010年第2期
182	海宁坟桥港	遗址位于海宁市马桥街道湖塘金鸡村坟桥港，面积9万平方米，文化层包括马家浜文化至良渚文化，发现良渚文化水井2眼，墓葬8座和1处房屋柱础遗迹	潘六坤：《海宁发掘新石器时代遗址》，《中国文物报》1988年4月22日
183	海宁余墩庙	遗址位于海宁市盐官镇联丰村十六组，是一东西长100米、南北宽50米、高1.5米的台地。清理良渚文化墓葬27座，出土玉石陶器260余件（组）。墓葬分布在一座人工堆筑的土台中部，大型墓葬集中在东端，墓葬规格向西渐低	浙江省文物考古研究所等：《海宁余墩庙遗址》，嘉兴文化局：《崧泽·良渚在嘉兴》，浙江摄影出版社2005年版
184	海宁东八角漾	遗址位于海宁市斜桥镇新农村八一组，面积6000平方米，高2米。发现人工堆筑的高台墓地一处，清理良渚文化墓葬10座	浙江省文物考古研究所等：《海宁东八角漾遗址发掘报告》，嘉兴文化局：《崧泽·良渚在嘉兴》，浙江摄影出版社2005年版
185	海宁金石墩	遗址位于浙江省海宁市斜桥镇金石村，为高出水田约2米的土墩，总面积1万余平方米。经发掘证实该地为一处良渚文化人工堆筑的中小型墓地，共清理墓葬13座	海宁市博物馆：《浙江海宁金墩遗址发掘报告》，《东南文化》2003年第5期
186	海宁荷叶地	遗址位于海宁市周王庙镇东6公里星火村，由高于稻田2米的不规则高地组成，面积1万平方米。发掘清理16座良渚文化墓葬，墓葬所在的是一个底径30米、高2米的人工堆筑的圆丘形土墩，土墩的每一层表面都有红烧土和灰烬，应是燎祭的遗迹	刘斌：《海宁荷叶地遗址》，嘉兴文化局：《崧泽·良渚在嘉兴》，浙江摄影出版社2005年版
187	海宁莲花	遗址位于海宁市盐官镇桃园村王家场，为相对高度1米的长方形桑树地，总面积约1.6万平方米，试掘发现良渚文化墓葬9座和3个马桥文化灰坑	海宁市博物馆：《浙江海宁莲花遗址发掘报告》，《东南文化》2007年第2期

续表

序号	遗址	文化内涵	出处
188	海宁达泽庙	遗址位于海宁市马桥镇西北4公里永和村5组，为一东西长150米、南北宽120米、高2—4米的台地。发现一座人工堆筑的圜丘遗迹，直径约16米，其上发现5座良渚文化墓葬，圜丘外发现7座墓葬。年代为良渚文化早中期	浙江省文物考古研究所等：《海宁达泽庙遗址的发掘》，《浙江省文物考古研究所学刊》，科学出版社1997年版
189	海宁杨家角	遗址位于海宁市周王庙镇杨家角村，是一东西长70米、南北宽50米、高2米的土墩，面积3000平方米。东部清理出良渚文化墓葬16座，西部的土台上清理墓葬6座，葬具结构清晰，玉器仅有锥形器10件和管珠26件（组）	浙江省文物考古研究所等：《海宁杨家角遗址发掘情况简介》，《崧泽·良渚在嘉兴》，浙江摄影出版社2005年版
190	海宁大坟墩	遗址位于海宁市硖石镇狮岭乡黎峰村，是一东西长92米、南北宽74米、高3米的土墩发掘清理良渚文化墓葬13座，土筑祭坛一个，积石沟一处	浙江省文物考古研究所等：《海宁大坟墩遗址发掘简报》，《崧泽·良渚在嘉兴》，浙江摄影出版社2005年版
191	海宁三官墩	遗址位于海盐县硖石镇谈桥乡小浜村南，土墩高1—1.5米，面积800平方米。文化堆积有两层，下层为良渚文化，发现5座墓葬，上层为马桥文化，清理3个灰坑和2口水井	杨楠：《浙江海宁三官墩新石器时代遗址》，《中国考古学年鉴（1987年）》，文物出版社1988年版
192	海宁邨家岭	遗址位于海宁市硖石镇东山的西南坡地上（邨家岭），发掘证实该地是一处人工堆筑的良渚文化小型墓地，共清理墓葬11座，出土各类器物173件（组）	浙江省文物考古研究所等：《海宁邨家岭良渚文化墓地发掘报告》，《东南文化》2002年第3期
193	海宁九虎庙	遗址位于海宁市硖石街道农丰村十组，原面积1.8万平方米，中心为一东西长120米、南北宽50米、高6米的土墩，发现3座崧泽文化墓葬和2座良渚文化墓葬	方向明：《海宁市九虎庙新石器时代遗址》，《中国考古学年鉴（2009）》，文物出版社2010年版

续表

序号	遗址	文化内涵	出处
194―237	海宁地区	海宁地区还有盐官镇郭店桃园、硖石赞山、盐官镇郭店朱家兜、袁花镇中坟山、海昌崔家场、硖石西江、硖石西汇、硖石北亚山、海昌小黄山、海昌徐家桥、海昌大坟墩、海昌姚家浜、海昌皇坟堆、海昌西殳山、海昌罗秋浜、海洲蒋家山、马桥柏士庙、马桥黄墩庙、马桥木排地、马桥伊家桥、马桥黄板桥、盐官沈家石桥、盐官东港司桥、盐官前七洋桥、盐官乐安浜、盐官范家浜、斜桥河石桥、斜桥石前桥、长安姚家斳、长安凤凰基、长安莫家桥、长安施家桥、周王庙李园、周王庙上林庵、周王庙沈家埭、周王庙博儒、周王庙双桥庵、袁花龙尾山、袁花高地、黄湾菩提寺、黄湾花山、黄湾施家地、许村凉亭下等良渚文化遗址	嘉兴文化局：《崧泽·良渚在嘉兴》，浙江摄影出版社2005年版
238	海盐王坟	遗址位于海盐县西塘桥镇西塘村，东西长400米、南北宽250米，面积10万平方米，王坟是遗址中心——东西长200米、南北宽80米、高出农田4米的土墩。文化层厚达4米，包括崧泽文化晚期和良渚文化的遗存。发现4口崧泽文化晚期至良渚文化早期的水井	浙江省文物考古研究所等：《海盐王坟遗址发掘简报》，嘉兴文化局：《崧泽·良渚在嘉兴》，浙江摄影出版社2005年版
239	海盐窑墩	遗址位于海盐县百步镇北岗村，是一座东西长80米、南北宽50米的土墩。由于破坏严重，仅清理了4个灰坑，出土玉、石、陶器30余件	孙国平：《海盐窑墩遗址》，嘉兴文化局：《崧泽·良渚在嘉兴》，浙江摄影出版社2005年版
240	海盐龙潭港	遗址位于海盐县百步镇桃园村，是一座东西长80米、南北宽60米、高3.5米的土墩。土墩中心有一个中部突起的土台，堆积最厚处1.6米。土台西部有一处方形的红烧土遗迹，东部有一条南北向浅沟，沟西分布5座大墓，沟东排列9座小墓	浙江省文物考古研究所等：《浙江海盐县龙潭港良渚文化墓地》，《考古》2001年第10期
241	海盐周家浜	遗址位于海盐县横港乡桃园村，原是东西长80米、南北宽100米、高2米的土墩，被夷为平地后发现2座人工堆筑的小型土台，土台上发现8座良渚文化墓葬，在土台两侧发现27座良渚文化墓葬	浙江省文物考古研究所等：《海盐周家浜遗址发掘概况》，嘉兴文化局：《崧泽·良渚在嘉兴》，浙江摄影出版社2005年版

续表

序号	遗址	文化内涵	出处
242	海盐仙坛庙	遗址位于海盐县百步镇农丰村9组，面积2万平方米，中心有一土墩，东西长100米、南北宽70米、高出周围稻田5米。土墩下层发现崧泽文化早期房址与土台，土台上发现10余座崧泽文化早期墓葬。中层发现崧泽文化晚期土台，土台上发现30余座崧泽文化晚期墓葬。上层发现良渚文化土台，土台上埋大墓，土台外平地上埋中小型墓，共发现80余座	浙江省文物考古研究所等：《海盐仙坛庙遗址的发掘》，嘉兴文化局：《崧泽·良渚在嘉兴》，浙江摄影出版社2005年版
243	海盐西长浜	遗址位于海盐县通元镇联新村，大部分已被取土破坏，发掘出良渚文化墓葬12座，时代为中晚期，死者头向北	芮国耀：《海盐县西长浜新石器时代及马桥文化遗址》，《中国考古学年鉴（2009年）》，文物出版社2010年版
244	海盐石泉高地	遗址位于海盐县石泉乡高地村，为一东长120米、南北宽50米的高台地，原高3米多，现仅剩2米，文化层厚0.7米，为良渚文化时期的堆积	沈咏嘉等：《海盐石泉高地遗址的初步调查》，《浙江省文物考古研究所学刊》，长征出版社1997年版
245–259	海盐地区	海盐地区还有武原尚胥庙、武原高坟、武原南滩、百步老坟头、百步钱家浜、百步白墙里、沈荡彭城、百步泥塘庙、百步黄道湖、百步五郎堰、西塘桥魏家村、澉浦九曲港、通元高地、通元刘家亭、通元漂母墩等良渚文化遗址	嘉兴文化局：《崧泽·良渚在嘉兴》，浙江摄影出版社2005年版
260	桐乡白墙里	遗址位于桐乡市凤鸣街道灵安村白墙里，发现人工堆筑的良渚文化高台墓地，面积5000平方米，在土台中心清理出大墓2座，边缘还有多座小墓。在灵安村周边，这样的土墩还有三四个	李晓鹏：《桐乡白墙里遗址揭开面纱》，《嘉兴日报》2006年8月21日
261	桐乡章家浜	遗址位于桐乡县南日镇民丰村，是一个高2.5米的土丘。发掘清理5座良渚文化墓葬，均埋在一个人工堆筑的土台上，出土陶器14件、石器1件和12件（颗）玉器	蒋乐平：《桐乡章家浜、徐家浜良渚文化遗址发掘》，《沪杭甬高速公路考古报告》，文物出版社2002年版
262	桐乡徐家浜	遗址位于章家浜以东100米，也是一个高2.5米的土丘。发掘清理6座良渚文化墓葬，出土196件（颗）玉器和24件陶、石骨器	

续表

序号	遗址	文化内涵	出处
263	桐乡叭喇浜	遗址位于桐乡县屠甸镇叭喇浜村，是一东西长85米、南北宽60米、高3米的土墩，面积5100平方米，清理良渚文化墓葬18座，集中葬在堆高1米的土墩上，出土玉、石、陶器300余件（组）	王海明：《桐乡叭喇浜遗址发掘》，《沪杭甬高速公路考古报告》，文物出版社2002年版
264	桐乡金家浜	遗址位于桐乡县屠甸镇荣星村，原有高2.2米的土墩，现存不足1000平方米。清理良渚文化墓葬9座，均为竖穴土坑墓，共出土陶器33件、石器4件、玉器91件（组）	桐乡市博物馆：《桐乡金家浜遗址发掘简报》，嘉兴文化局：《崧泽·良渚在嘉兴》，浙江摄影出版社2005年版
265	桐乡姚家山	遗址位于桐乡市屠甸镇荣星村南星桥组。原为一个长方形土台，因取土破坏严重。清理出良渚文化人工堆筑高土台墓地一处，土台中部发现7座大型墓葬，墓中大多有棺椁痕迹，墓葬周围和土台西部发现21个祭祀坑，共出土各类器物260余件（组）	王宁远：《浙江桐乡姚家山发现良渚文化高等级贵族墓葬》，嘉兴文化局：《崧泽·良渚在嘉兴》，浙江摄影出版社2005年版
266	桐乡普安桥	遗址位于桐乡市百桃乡普安桥村，为一高出水田2米的土墩。早期遗存为崧泽文化，发现房址和5座墓葬；晚期遗存为良渚文化，发现房址4座、灰坑26个、墓葬19座	北京大学考古系等：《浙江桐乡普安桥遗址发掘简报》，《文物》1998年第4期
267	桐乡新地里	遗址位于桐乡市崇福镇东7公里的湾里村，为一东西长300米、南北宽80米、高2.2—3.8米的土墩。经发掘揭示了一处良渚文化高土台墓地，清理良渚文化墓葬140座，以及灰坑、灰沟、井、祭祀坑、红烧土建筑遗迹等，出土了陶、石、玉、骨、牙、木等各类器物达1800余件（组）	浙江省文物考古研究所等：《浙江桐乡新地里遗址发掘简报》，《文物》2005年第11期
268	桐乡董家桥	遗址位于桐乡市石门镇董家桥村，主要为春秋战国时期的文化堆积，最下层有良渚文化晚期遗存，发现3口水井、2个灰坑	田正标：《桐乡市董家桥良渚文化及春秋战国时期遗址》，《中国考古学年鉴（2004年）》，文物出版社2005年版

续表

序号	遗址	文化内涵	出处
269 | 316	桐乡地区	桐乡地区还有梧桐潘家墙门、梧桐陆家门、梧桐果园桥、龙翔竹荡桥、龙翔秀才桥、龙翔卜园桥、龙翔野猪坟、龙翔杨园坟、凤鸣路家园、凤鸣白云桥、梧桐徐家墩、崇福老屋沿、崇福李家横、崇福湾里村、崇福店家塘、崇福杨梅湾、濮院百亩荡、濮院梅家地、高桥岑山、洲泉ённ家大桥、洲泉谢家兜、洲泉黄鹤村、洲泉屈家里、洲泉石山头、洲泉渔桥头、洲泉田里下、高桥蔡家坟、高桥梵山坟、高桥大园里、高桥武帅庙、高桥袁家桥、高桥太平桃子村、高桥王墙里、高桥落晚、高桥楼下角桃子村、高桥洗粉浜、高桥地环桥、石门南浜、石门陆家庄、河山郁家汇、河山五泾、屠甸杨家车、屠甸小六旺、梧桐邵家桥、屠甸花果园、大麻石东、乌镇庄敬里等良渚文化遗址	嘉兴文化局：《崧泽·良渚在嘉兴》，浙江摄影出版社2005年版
317	浙江湖州花城	遗址位于湖州双林镇莫容士村东北1公里的小高地上，面积2000平方米，高出地面4米。发现一座比较完整的木构窖藏，里面出土鼎、罐、壶等35件良渚文化陶器	隋全田：《湖州花城发现的良渚文化木构窖藏》，《浙江省文物考古所学刊》1981年版
318	湖州塔地	遗址位于湖州市千金镇，发现马家浜文化、崧泽文化、良渚文化和马桥文化各时期的墓葬、灰坑、房址，出土陶、石、玉、骨、木、象牙器等文物800余件	塔地考古队：《浙江湖州塔地遗址发掘获得丰硕成果》，《中国文物报》2005年2月9日
319	湖州云巢上山	遗址位于湖州市南10公里云巢乡上山村上山南侧的台地上，高于水田1.9米，发现马家浜文化、良渚文化和春秋战国三个不同时期的文化层	田正标：《湖州市上山新石器时代至汉代遗址》，《中国考古年鉴（1999年）》，文物出版社2001年版
320	湖州含山	遗址位于湖州市含山镇含山东麓，时代为马家浜文化至良渚文化	国家文物局：《浙江省文物地图集》，文物出版社2009年版
321	湖州钱山漾	钱山漾在湖州市东南，东西宽1公里，南北长3公里，是东苕溪的一段，遗址位于钱山漾的东南岸。发现三个文化层，下层以鱼鳍足鼎为典器的钱山漾一期文化，绝对年代为距今4400—4200年，晚于良渚文化，被称为"钱山漾文化"；中层的钱山漾二期文化绝对年代为距今4100—3900年，属广富林文化；上层为马桥文化。钱山漾一、二期文化遗存前后有继承关系，但是属于两支不同的考古学文化	浙江省文管会：《吴兴钱山漾遗址第一、二次发掘报告》，《考古学报》1960年第2期；浙江省文物考古研究所：《浙江湖州钱山漾遗址第三次发掘简报》，《文物》2010年第7期

续表

序号	遗址	文化内涵	出处
322	德清刘家山	遗址位于德清县三合乡二都村瓦窑组刘家山西南坡，文化堆积厚近3米，依次为马家浜文化、良渚文化、马桥文化、商周及唐宋时期的遗存。清理了马家浜文化墓葬与房基	王海明：《德清县二都瓦窑新石器时代、商周及唐宋时期遗址》，《中国考古年学鉴·（2000年）》，文物出版社2002年版
323	德清蝉山	遗址位于德清县戈亭乡东舍墩村蝉山之西，在耕土层下发现2座良渚文化墓葬	浙江省文物考古研究所：《浙江北部地区良渚文化墓葬的发掘（1978—1986）》，《浙江省文物考古研究所学刊——建所十周年纪念》，科学出版社1993年版
324	长兴江家山	遗址位于长兴县林城镇西北约2公里处，东西长250米、南北宽100米、现地表高7.1米，面积约2.5万平方米。发现的马家浜晚期文化层和崧泽文化层各厚达1米，良渚文化的分布范围较小，堆积也较薄，另外发现有马桥文化遗存	楼航等：《长兴江家山遗址发掘的主要收获》，《浙江省文物考古研究所学刊》第8辑，科学出版社2006年版
325	安吉安乐	遗址位于安吉县城东北1公里处，南北长400米、东西宽150米、高出农田1.5—8米，总面积约6万平方米。文化堆积为马家浜文化、崧泽文化、良渚文化和商周时期遗存	程亦胜：《安吉安乐窑墩遗址发掘有新收获》，《中国文物报》1997年5月11日
326	江苏宜兴骆驼墩	遗址位于宜兴市新街镇塘南村，现存面积约25万平方米。发现了马家浜文化时期的大型聚落遗址，崧泽文化时期、良渚文化时期的墓葬3座、灰坑3个，以及广富林文化时期的灰坑	南京博物院考古研究所：《江苏宜兴市骆驼墩新石器时代遗址的发掘》，《考古》2003年第7期
327	浙江余杭瑶山	遗址位于浙江余杭下溪湾村，为一低矮山丘。良渚文化时期先民在山丘顶部修建了一座方形的祭坛，中央是红土台，四周为填灰色土的围沟，最外部为砾石面，外围边长约20米。祭坛废弃后用作墓地，埋有两排墓葬，南排7座、北排5座。共出土各类器物2660件，其中玉器2582件。同列墓葬中随葬品有多寡之别，而且玉琮、玉钺等礼器仅见于南列墓内，玉璜、纺轮等仅见于北列墓中，反映出墓主存在有地位与性别的差别	王明达：《余杭瑶山良渚文化祭坛遗址发掘简报》，《文物》1988年第1期；浙江省文物考古研究所：《余杭瑶山遗址1996—1998年发掘的主要收获》，《文物》2001年第12期

续表

序号	遗址	文化内涵	出处
328	余杭反山	遗址位于余杭县长命乡雉山村，是一座高约5米、东西长90米、南北宽30米的人工堆筑的熟土墩。1986年发掘了其中的三分之一，清理了11座良渚文化墓葬，出土玉器1100余件（组）	浙江省文物考古研究所：《浙江余杭反山良渚墓地发掘简报》，《文物》1988年第1期
329	余杭良渚庙前	遗址位于余杭良渚镇西北、荀山东南，有两个文化层，下文化层为马家浜文化，上文化层为良渚文化，发现墓葬68座	浙江省文物考古研究所：《庙前》，文物出版社2005年版
330	余杭汇观山	遗址位于余杭瓶窑镇，汇观山是一个独立的小丘，顶部平坦，发现一座良渚文化中期的祭坛遗址，总面积近1600平方米。祭坛顶部发现4座良渚文化大型墓葬	浙江省文物考古研究所等：《浙江余杭汇观山良渚文化祭坛与墓地发掘简报》，《文物》1997年第7期；《良渚文化汇观山遗址第二次发掘简报》，《文物》2001年第12期
331	余杭莫角山	遗址位于余杭市瓶窑镇，是一座东西长670米、南北宽450米、面积30余万平方米的人工堆筑的大土台，土层厚达10.2米。遗址上有三个人工堆筑的土墩，西北的小莫角山东西100米、南北60米、相对高度约5米；东北的大莫角山东西180米、南北110米、相对高度约6米；西南的乌龟山东西80米、南北60米、相对高度约8米。经发掘发现大片夯筑基址，以及3排东西向排列、每排间距1.5米的大型柱洞遗迹，在其东南部发现大面积坡状红烧土堆积	浙江省文物考古研究所等：《余杭莫角山遗址1992—1993年的发掘》，《文物》2001年第12期

续表

序号	遗址	文化内涵	出处
332—462	余杭良渚遗址群	除上述5处以外还有羊尾巴山、宗家里、观音地、小竹山、窑墩、馒头山、凤凰山脚、坟山前、钵衣山、官庄、梅园里、舍前、百亩山、葛家村、王家庄、料勺柄、姚家墩、卢村、金村、朱家料、王家墩、东黄头、黄路头、甪窦湾、子母墩、河中桥、塘山、前头山、吴家埠、张家墩、仲家山、文家山、杜山、凤山脚、南墩、沈家山、桑树头、洪家山、张家山、矩形山、沈塘山、皇坟山、花园里、野猫山、西头山、公家山、卞家山、马山、盛家村、黄泥口、金地、扁担山、阿太坟、黄泥山、馒头山、湖寺地、西边山、费家头、白元畈、大地、张墩山、庙家山、沈家头、毛竹山、朱村坟、高北山、和尚地、后头山、雉山垄、周村、龙里、马金口、小马山、石安畈、钟家村、金家弄、美人地、前山里山、郑村头、师姑山、苏家村、癞子坟、石前圩、庄地、山垅地、张家地、长山、胡林庙、和尚科、后杨村、弟地、芸香后、沈家场、西山坟、干家桥、后河村、茅草地、观音塘、百兽山、北山车、念亩圩、塘东村、严家桥、张娥地、姚坟、许家料、巫山、猪槽地、金鸡山、山大坟、李家坟、沈家坟、小沈家坟、三仑头、乌龟坟、蘑菇墩、警察坟、老鬼坟、长坟、棋盘坟、荀山西坡、坟垅里、南边坟、天打网、高墩头、荀山东坡、金霸坟、茅庵里、横圩里等130处遗址	浙江省文物考古研究所：《良渚遗址群》，文物出版社2005年版
463	浙江余杭临平茅山	遗址位于杭州市余杭区临平镇小林街道上环桥村北侧，为一座海拔48.8米、东西狭长的自然低山，遗址分布在茅山南坡，面积近3万平方米。坡上为居住生活区，清理出良渚文化墓葬43座，建筑遗迹3处，灰坑30余座，水井2口、河沟1条。坡下发现稻田遗迹。文化层堆积分别为马家浜文化晚期—崧泽文化早期、良渚文化中晚期和广富林文化时期等3个阶段。稻田遗迹区农耕层可分3层，分别与居住生活区的3个阶段相对应。在古河道中发现一艘长7.35米、用巨木凿成的独木舟	浙江省文物考古研究所：《浙江余杭临平茅山遗址》，《中国文物报》2010年3月12日；丁品：《浙江省余杭临平茅山遗址首次发现良渚文化独木舟》，中国考古网2010年12月13日，http://www.kaogu.cn

续表

序号	遗址	文化内涵	出处
464	余杭临平灯笼山	遗址位于杭州市余杭区临平镇小林村五组（丰禾村）北侧，现存土台东西长37—50米、南北宽40米，面积1750平方米，是人工堆筑的台型遗址。崧泽文化晚期作为居址，良渚文化时期加高成为墓地，清理良渚文化墓葬18座	丁品：《杭州市余杭区临平灯笼山新石器时代遗址》，《中国考古学年鉴（2009年）》，文物出版社2010年版
465	余杭星桥横山	遗址位于杭州余杭区星桥街道南星村横山南坡，1993年清理了两座规格较高的良渚文化墓葬	《浙江余杭横山良渚文化墓葬清理简报》，《东方文明之光》，海南国际新闻出版中心1996年版
466	余杭玉架山	遗址西距良渚古城20余公里，南面是茅山遗址，西南面是横山遗址。2008年10月—2012年4月进行钻探和发掘，总面积15万平方米，已发掘1.8万平方米。遗址由6个相邻的有环壕的聚落组成，包含人工堆筑的土台、居住址、广场、墓地等遗存。在遗址周边约20平方公里的范围内，经调查和发掘的良渚文化遗址有20多处，共发掘从崧泽文化至良渚文化晚期的墓葬近400座，出土各类随葬品4000余件（组）	楼航等：《中国文物报》2012年2月24日
467	余杭星桥后头山	遗址位于杭州余杭区星桥街道南星村，西距良渚遗址群约16公里。遗址处于一片以主峰海拔为93.1米的横山及其余脉构成的小山地的西北部，在后头山东侧山坡下发现人工堆土营建的南北长50米、东西宽15—25米的狭长形墓地，清理墓葬21座，灰坑4座，出土玉、石、陶器近250件（组）	浙江省文物考古研究所等：《浙江余杭星桥后头山良渚文化墓地发掘简报》，《南方文物》2008年第3期
468	余杭星桥三亩里	遗址位于杭州余杭区星桥街道三亩里，现为海拔4.2米左右的农田，处于东、南、西三侧均为低山的U形口内，面积约1万平方米。良渚文化早期为间距约20米的东西2个独立的小土台，晚期扩建为东西跨度超过110米的村落遗址，清理出建筑单元5个、灰坑43座、沟6条、水井1口和墓葬5座，出土各类器物110余件	丁品等：《浙江余杭星桥三亩里发掘良渚文化村落遗址》，《中国文物报》2004年9月10日

续表

序号	遗址	文化内涵	出处
469	桐庐小青龙	遗址位于桐庐城南街道石珠村小青龙，坐落在大奇山北麓的一条西北—东南走向的岗地上，西北部是墓葬区，东南部是生活区。已发掘1000平方米，发现良渚文化晚期墓葬13座，其中5座大墓，出土玉琮、玉钺等文物	钟召兵、刘志方：《浙江省桐庐县发现良渚文化高等级墓地》，中国考古网2011年12月6日http：//www.kaogu.cn
470	杭州老和山	遗址位于杭州西湖西北的老和山东麓，1936年发现并进行了试掘，当时称古荡遗址。1953年正式发掘，改称老和山遗址。发现良渚文化遗存与印纹陶文化遗存	蒋赞初：《杭州老和山遗址1953年第一次的发掘》，《考古学报》1958年第2期
471	杭州水田畈	遗址位于杭州艮半铁路半山车站南面的田野里，分为东西两区，各2000平方米左右。有两层文化堆积，下层为良渚文化，上层为春秋战国时期的印纹陶文化	浙江省文管会：《杭州水田畈遗址发掘报告》，《考古学报》1960年第2期
472	萧山茅草山	遗址位于杭州萧山区进化镇泥桥头村西南茅草山东南侧浦阳江畔，出土的早期器物为良渚文化晚期，晚期器物有广富林文化的特征	浙江省文物考古研究所等：《杭州萧山区茅草山遗址发掘报告》，《东南文化》2002年第9期
473	萧山金山	遗址位于杭州萧山区所前镇张家坂村，在山坡中段、山麓坡脚和坡下水田下都发现良渚文化遗存。在金山东坡发现房址和墓葬各一座	孙国平：《杭金衢高速公路萧山段新石器时代至明清时期遗址》，《中国考古学年鉴（2000年）》，文物出版社2001年版
474	萧山蜀山	遗址位于河庄镇蜀南村，是钱塘江南岸一座海拔44米的小山，东北端尚有一定范围的印纹陶堆积。文化层分三层，第1、2层为商周时期的印纹陶堆积，第3层属良渚文化层，出土陶器以夹砂陶为主，典型器物有鱼鳍形足鼎、黑皮豆、贯耳壶及过滤器，1989年又出土玉璧、玉琮、石钺等7件良渚文化典型器物	萧山网http：//www.xsnet.cn
475	绍兴陶里壶瓶山	遗址位于绍兴县北15公里齐贤镇朝阳村壶瓶山东北麓，东西长150米、南北宽40米，面积6000平方米。主要为商周至战国时期遗存，底层有良渚文化遗存	浙江省文物考古研究所等：《绍兴陶里壶瓶山遗址发掘简报》，《浙江省文物考古研究所学刊》，长征出版社1997年版

续表

序号	遗址	文化内涵	出处
476	绍兴马鞍仙人山、凤凰墩	遗址位于绍兴县北17公里马鞍镇寺桥村马鞍山西部坡下，分仙人山、凤凰墩两处，相距300米，总面积1.5万平方米。文化层分上下两层，下文化层为良渚文化，上层为夏商时期文化。发现良渚文化小墓1座和房址一处	符杏华：《浙江绍兴的几处古文化遗址》，《南方文物》1994年第4期
477	绍兴寺前山	遗址位于绍兴县杨汛桥，核心区东西长100米、南北宽30米，面积3000平方米。堆积层厚0.8—2米，以马家浜文化为主，有良渚文化和西周时期遗存	王海明：《绍兴县杨汛桥寺前山新石器时代至西周遗址》，《中国考古学年鉴（2005年）》，文物出版社2006年版
478	余姚杨岐岙	遗址位于余姚市云楼乡杨岐岙村小渣湖旁。文化层位于地表下1.5米，堆积厚0.1—0.7米，夹于湖相堆积之中。采集到大量陶、石器属于良渚文化名山后类型	刘军等：《宁绍平原良渚文化初探》，《东南文化》1993年第1期
479	宁波慈湖	遗址位于宁波市江北区慈湖镇西北角，现存面积2000平方米。有上下两个文化层，下层为河姆渡文化，上层为良渚文化，但是两者衔接不紧密，中间存在缺环	浙江省文物考古研究所等：《宁波慈湖遗址发掘简报》《浙江省文物考古研究所学刊》，科学出版社1993年版
480	宁波慈城小东门	遗址位于宁波市江北区慈城镇东部，西北侧约800米为慈湖遗址。有四个文化层，第一期为河姆渡文化，第二期为良渚文化，但是出土物相对贫乏，第三期为广富林类型，第四期为春秋战国时期遗存	浙江省文物考古研究所：《宁波慈城小东门遗址发掘简报》，《东南文化》2002年第9期
481	奉化名山后	遗址位于奉化市南浦乡名山后村，面积2万平方米，已被砖瓦厂取土破坏。发掘表明存在两个文化层，下层为河姆渡文化，上层为良渚文化，发现一座人工夯筑的土台，在黑皮陶豆盘上发现刻画的鸟头蛇身纹	名山后遗址考古队：《奉化名山后遗址第一期发掘的主要收获》，《浙江省文物考古研究所学刊》，科学出版社1993年版
482	象山塔山	遗址位于象山县丹城镇东郊塔山南麓的缓坡上，面积1万平方米。新石器时代地层分为三层，下层为河姆渡文化，中层接受崧泽文化影响，下层受到良渚文化的强烈影响	浙江省文物考古研究所：《象山县塔山遗址第一、二期发掘》，《浙江省文物考古研究所学刊》，长征出版社1997年版
483	岱山孙家山	遗址位于岱山县大巨岛太平公社勤俭大队，发现灰坑一个，采集到陶器、石器、骨器、红烧土等遗物，多数为崧泽文化，少数为良渚文化	王和平等：《舟山群岛发现新石器时代遗址》，《考古》1983年第1期

续表

序号	遗址	文化内涵	出处
484	定海唐家墩	遗址位于舟山本岛北部的定海县马岙公社安家大队，面积4000平方米，墩台高出地面1.3—1.6米。出土的鱼鳍形鼎足与良渚文化早期相同	王明达等：《浙江定海县唐家墩新石器时代遗址》，《考古》1983年第1期
485	诸暨尖山湾	遗址位于诸暨市陈宅镇沙塔村尖山湾东南山坡上，2米以下地层发现良渚文化晚期遗存与广富林文化遗存	骆仁东等：《诸暨发现良渚文化遗址》，《浙江日报》2005年4月29日
486	浦江壶塘山背	遗址位于浦江县黄宅镇壶塘山背，面积2000平方米，被河道分为两部分，东部为居住区，西部为墓葬区，在东西宽25米、南北长55米的范围内发现44座良渚文化中期墓葬，东西向墓坑，两端有熟土二层台，使用独木棺	芮顺淦等：《良渚文化考古又有新发现》，《中国文物报》2001年8月5日
487—496	浦阳江流域	在浦阳江流域还发现眠犬山、长地、独山、水口山、缸豆山、大坑、祝桥、陶家、蒋家、琴弦等10个遗址	蒋乐平：《浦阳江流域新石器时代遗址的发现与思考》，《浙江省文物考古研究所学刊》第8辑，科学出版社2006年版
497	建德久山湖	遗址位于建德县大同区久山湖村东，扰土下即良渚文化层，出土的陶器与良渚文化相似	张玉兰：《建德县久山湖新石器时代遗址》，《中国考古学年鉴（1990年）》，文物出版社1991年版
498	龙游三酒坛	遗址位于龙游县湖镇镇寺底袁村东北三酒坛山的东北坡，文化层堆积主要是马桥文化。发现一座良渚文化晚期墓葬，出土4件陶器	芮国耀：《龙游县三酒坛新石器时代及青铜时代遗址》，《中国考古学年鉴（2005年）》，文物出版社2006年版
499	遂昌好川	遗址位于遂昌县城西12公里三仁畲族乡好川村东的岭头岗，发掘面积四千平方米，清理墓葬80座，出土石器、玉器、陶器、漆器等计1062件。年代相当于良渚文化晚期。好川文化被认为是良渚文化的一个地方型变体	浙江省文物考古研究所等：《好川墓地》，文物出版社2001年版
500	温州老鼠山	遗址位于温州市鹿城区上戍乡渡头村的老鼠山，面积近1万平方米，以山顶为聚落中心，山腰、山坡都有遗存分布。清理出35座好川文化墓葬	王海明：《温州市老鼠山先秦遗址》，《中国考古学年鉴（2004年）》，文物出版社2005年版

续表

序号	遗址	文化内涵	出处
501	泰顺飞云江	遗址分布于飞云江流域的百丈、司前两区沿岸山坡上，共有8处，以司前狮子岗、柴林岗、新山锦边山遗址为典型。出土遗物既有良渚文化特征，又有自身特色	《泰顺县新石器时代遗址》，《中国文物报》1988年9月2日
502	江苏海安青墩	遗址位于海安县城西北28公里沙岗乡青墩新村东北的麦田下，面积约2万平方米。存在三个文化层，早期为龙虬庄文化，中期为崧泽文化，晚期属良渚文化	南京博物院：《江苏海安青墩遗址》，《考古学报》1983年第2期
503	东台开庄	遗址位于东台市溱东镇西北的开庄村，处在苏北里下河水荡地区一个四面环河的圩田中央，面积2.7万平方米。文化层分为两期，早期和马家浜文化晚期至崧泽文化早期相当，晚期和良渚文化早中期或者与大汶口文化中晚期相当，两期之间前后衔接。晚期遗存以良渚文化因素为主	盐城市博物馆等：《江苏东台市开庄新石器时代遗址》，《考古》2005年第4期
504	阜宁板湖陆庄	遗址位于阜宁县板湖乡西4公里，东西长300米、南北宽200米，面积5万平方米。由于是黄泛区，地面覆盖3—4米厚的黄沙层。出土的遗物与良渚文化中晚期完全一致，甚至可能更晚。陆庄遗址对于研究良渚文化去向具有重要意义	南京博物院考古研究所等：《江苏阜宁陆庄遗址》，《东方文明之光——良渚文化发现60周年纪念文集》，海南国际新闻出版中心1996年版
505 — 509	射阳河流域	在苏北古海岸线以西的射阳河两侧还有阜宁施庄、陈集、新沟、板湖和宝应水泗等良渚文化遗址	
510	兴化张郭镇蒋庄	遗址位于苏北兴化张郭镇蒋庄，面积达2万平方米，已发掘222座良渚文化晚期墓葬，出土玉琮、玉璧、玉镯、玉珠、石钺等器物，有用人陪葬的现象	胡玉梅：《兴化现良渚文化遗址》，2012年6月29日，中国考古网 http://www.kaogu.cn

附表二　各地发现的良渚文化器物表

序号	地点	遗存状况	器形	出处
1	宁波北仑沙溪	遗址第二层以下的堆积主体时代相当于良渚文化，文化主体继承了河姆渡文化的传统，但是出土的鱼鳍形足（或截面呈T形）夹砂陶鼎、泥质灰陶竹节把豆和圈足盘等器型明显地具有良渚文化因素		浙江省文物考古研究所、宁波市北仑区博物馆：《北仑沙溪新石器时代遗址发掘简报》，《南方文物》2005年第1期
2	浙江淳安	淳安县城西北50公里的平缓山岗上，相对高度50米，面积500平方米。在离表约1米深处发现了玉琮和玉钺各一件，又采集到石锛一件。玉琮为短筒镯式，高4.1厘米，射径9.1厘米，孔径7.1—7.3厘米，分为双节，上节刻神人纹，下节刻兽面纹		鲍艺敏：《从淳安发现的玉琮、玉钺看淳安古文化与良渚文化的关系》，《南方文物》1993年第3期
3	浙江建德大同镇久山湖	遗址位于久山湖村东南的屋后山上，出土器物可以分为两组，甲组有鱼鳍形足鼎、双鼻壶、折腹浅盘豆、侈口折腹或敛口弧腹簋、贯耳壶等，具有明显的良渚文化因素，乙组的宽折沿圈底绳纹釜、浅盘垂棱细把豆等器物具有久山湖遗址自身特色		张玉兰：《浙江建德市久山湖新石器时代遗址的发掘》，《考古》2006年第5期
4	浙江遂昌好川	好川墓地的陶器可以分为两组，其中A组为良渚文化器物或良渚式器物，器形有鬶、双鼻壶、宽把杯、A型簋、圈足盘和玉锥形器，但是不见玉琮、玉璧之类玉礼器和鱼鳍足鼎		浙江省文物考古研究所、遂昌县文物管理委员会：《遂昌好川》，文物出版社2001年版

附表二 各地发现的良渚文化器物表

续表

序号	地点	遗存状况	器形	出处
5	安徽歙县	地处新安江上游的安徽歙县新洲、桐子山、下冯塘遗址都出土含有良渚文化因素的器物		杨立新等：《五十年来的安徽省文物考古工作》，《新中国考古五十年》，文物出版社1999年版
6	江苏阜宁板湖陆庄	遗址位于阜宁县板湖乡西4公里，东西长300米、南北宽200米，面积5万平方米。由于是黄泛区，地面覆盖3—4米厚的黄沙层。出土的遗物与良渚文化中晚期完全一致，甚至可能更晚。陆庄遗址对于研究良渚文化去向具有重要意义	M3:1	南京博物院考古研究所等：《江苏阜宁陆庄遗址》，《东方文明之光——良渚文化发现60周年纪念文集》，海南国际新闻出版中心1996年版
7	江苏涟水三里墩	遗址位于涟水城北12.5公里盐河西侧的浅集乡刘桥村，为一南北长40米、东西宽20米、高出地面8米的土墩。墩内是一座西汉竖穴土坑积石墓，墓下压着新石器时代遗址。1964年采集到一批陶器与一件玉琮，带有浓厚的良渚文化色彩		纪仲庆：《宁镇地区新石器文化与相邻地区诸文化的关系》，《中国考古学会第三次年会论文集》，文物出版社1981年版
8	江苏新沂花厅	遗址位于新沂县西南18公里海拔69米的马陵山上。1987年第一次发掘，发现了26座大汶口文化墓葬，其中22座中晚期墓葬共出土了250件良渚文化玉器；1989年第二次发掘，发现40座中晚期墓葬，出土了378件良渚文化玉器，出土的陶器则两者皆有，大墓中普遍用人殉葬	M50:9	南京博物院：《1987年江苏新沂花厅遗址的发掘》，《文物》1990年第2期；南京博物院花厅考古队：《江苏新沂花厅遗址1989年发掘纪要》，《东南文化》1990年第1—2期
9	山东茌平尚庄	茌平尚庄遗址发现17座大汶口文化墓葬，其中M27出土内圆外、内径5.4—5.7厘米的方琮形青玉镯1件。被断为三截，分别盖在两眼窝及左耳孔上	M27:1	山东省文物考古研究所：《茌平尚庄新石器时代遗址》，《考古学报》1985年第4期
10	山东五莲丹土	1995年山东省文物考古研究所曾对丹土遗址进行了试掘，发现是一座龙山文化的城址，该地发现的玉琮可能与城址有关，也属于龙山时代		杨波：《山东五莲县丹土遗址出土玉器》，（台北）《故宫文物月刊》1996年第2期

续表

序号	地点	遗存状况	器形	出处
11	河北唐山大城山	大城山遗址的文化面貌与山东、河南两地的龙山文化有很多共同的地方。在1号坑的扰乱层中出土残玉琮1件，上有直线的刻纹	无图像	河北省文物管理委员会：《河北唐山市大城山遗址发掘报告》，《考古学报》1959年第3期
12	河北滦平后台子	下文化层为赵宝沟文化，上文化层为夏家店上层文化。1989年采集到玉琮1件，白色，孔大璧薄，高7.7厘米、孔径6.5厘米，分为两节，上下各有三道阴刻线		承德地区文物保管所等：《河北滦平县后台子遗址发掘简报》，《文物》1994年第3期
13	山西襄汾陶寺	在晚期墓葬中出土有玉琮和石琮。如M271:4，玉质，青绿色四角形，外方内圆，制作精致，外边长6厘米、内径6厘米、高1.3厘米；M267:2，玉质，青白色，外周以四道竖槽分割成对称但距离不等的八角形，外圆弧面又各饰三道横槽。外径5.2厘米、内径6厘米、高2.6厘米；M1282:1，石琮，白色，形体较小，外边长5厘米、宽5厘米、内径3.9厘米、高2.9厘米。有良渚文化的影响，但是和良渚文化的玉琮不同	M271:4 M267:2 M3168:7 M1267:1 石琮	中国社会科学院考古研究所山西工作队等：《山西襄汾县陶寺遗址发掘简报》，《考古》1980年第1期；《1978—1980年山西襄汾陶寺墓地发掘简报》，《考古》1983年第1期
13	陕西延安芦山峁	遗址位于延安市碾庄乡芦山峁村，东西长300米、南北宽80米，总面积约2.4万平方米。采集到玉器28件，其中玉琮2件，均饰有象征兽面的圆圈纹，玉璧2件，墨绿色玉璧直径17.8厘米，孔径7厘米，浅绿色玉璧直径16.9厘米，孔径6.7厘米		姬乃军：《延安发现的古代玉器》，《文物》1984年第2期；《延安市芦山峁出土玉器有关问题探讨》，《考古与文物》1995年第1期

附表二 各地发现的良渚文化器物表　367

续表

序号	地点	遗存状况	器形	出处
14	陕西神木石峁等地	陕西神木石峁征集到一批龙山文化玉器，共计127件，包括牙璋、圭、斧、钺、戚、戈、刀、璧、璜及艺术雕刻 在黄龙县曹店乡木瓜寨遗址采集有残玉环。在富县吉子现乡西屯么遗址征集有玉斧。在吴旗、安寨、子长、宜川也曾发现或征集有龙山文化时期的玉刀、玉琮、玉璧等		戴应新：《陕西神木县石峁龙山文化遗址调查》，《考古》1977年第3期；《神木石峁龙山文化玉器》，《考古与文物》1988年第5—6期；《神木石峁龙山文化玉器探索（完结篇）》，（台北）《故宫文物月刊》1994年第1期；姬乃军：《延安市芦山峁出土玉器有关问题探讨》，《考古与文物》1995年第1期
15	甘肃天水师赵村	齐家文化8号墓出土玉琮玉璧各1件，上下叠压放在墓主头部右下方。玉琮边长5.2—5.5厘米，边宽2.1—2.3厘米，孔径4.2—4.5厘米，射高0.4—0.8厘米，通高3.4—3.9厘米		中国社会科学院考古研究所：《师赵村与西山坪》，中国大百科全书出版社1999年版
16	甘肃广河齐家坪	现藏甘肃省博物馆和甘肃省考古研究所		黄宣佩：《齐家文化玉礼器》，《东亚玉器》，香港中文大学1998年版
17	甘肃静宁治平乡	甘肃静宁治平乡后柳河村采集到2件玉琮，一件三节绿玉琮，每节阴刻5—6道粗线，另一件每一转角处有一平凸长带，上面阴刻13道瓦垄纹，间隔阳线瓦垄纹12道		杨伯达：《甘肃齐家玉文化初探》，《陇右文博》1997年第1期

续表

序号	地点	遗存状况	器形	出处
18	宁夏定西团结乡	宁夏定西团结乡出土,高3.2厘米,孔径4.7厘米,边长5.5厘米,为齐家文化中型玉琮		杨美莉:《院藏黄河上、中游玉琮的研究》,(台北)《故宫文物季刊》2000年第1期
19	宁夏隆德沙塘	1986年在隆德沙塘出土,通高19.5厘米、柱身宽8.1厘米、射高3厘米、直径8厘米。现藏固原博物馆		
20	宁夏固原张易乡	1973至1976年在张易乡毛洼北山梁出土3件玉琮,器高5—7.6厘米,孔径3厘米左右,素面,现藏宁夏博物馆		
21	宁夏固原中和乡	1960年在固原中和乡征集玉琮1件,高5.3厘米、宽7.5厘米、射高0.3厘米、孔径5.3厘米,素面,现藏固原博物馆		
22	宁夏海原山门村	1984年在海原县海城镇山门村出土1件玉琮,同出玉璧和夹砂红陶罐等。高12厘米、柱宽9.1—9.4厘米、射高1.5厘米、射径9.4厘米,素面。现藏海原博物馆		杨美莉:《黄河中游新石器时期的玉琮》,(台北)《故宫学术季刊》2001年第2期
23	宁夏海原	20世纪60年代征集到玉琮1件,高12厘米、宽6.8厘米、射高1.5厘米,素面。70年代也征集到玉琮1件,高5.2厘米、宽5.5厘米、射高0.7—1厘米、孔径4.5厘米,素面,现藏宁夏博物馆		
24	宁夏西吉南湾村	1983年在西吉县白崖乡南湾村征集到玉琮1件,器高11.7厘米、宽6.8厘米,器身磨光,一面阴刻凤鸟纹。现藏西吉县文物管理所		
25	陕西西安上泉	1981年征集,现藏西安陕西省博物馆。通高20.7厘米、射长2.35厘米,方体长16厘米、宽9.7厘米,内径6.7厘米,重4公斤。或认为属客省庄二期文化,或认为具有齐家文化风格		戴应新:《神木石峁龙山文化玉器探索(一)》,(台北)《故宫文物月刊》1993年第5期

续表

序号	地点	遗存状况	器形	出处
26	安徽萧县金寨	遗址位于安徽萧县金寨村东南的小盆地中,俗称"玉石塘",屡出玉石器,当为一新石器时代遗址。北部水塘为居住区,南部农田为墓葬区。1986年出土134件玉器,有璧、璜、锥形器、坠、珠、管、刀等,形制与良渚文化同类器相似,但是无玉琮		安徽省萧县博物馆:《萧县金寨村发现一批新石器时代玉器》,《文物》1989年第4期
27	安徽潜山薛家岗	薛家岗M47出土两件玉琮,长仅2.1厘米、直径1.6厘米,外方内圆,两节,素面,有明显的射部。应是受良渚文化影响的产物		安徽省文物考古研究所:《潜山薛家岗新石器时代遗址》,《考古学报》1982年第3期
28	安徽安庆夫子城	夫子城遗址位于薛家岗文化分布的中心地区,第5、6层属于薛家岗文化第二期遗址,出土的1件扁腹双鼻壶与良渚文化的同类器形制完全相同		安徽省文物考古研究所:《安徽安庆市夫子城新石器时代遗址的发掘》,《考古》2002年第2期
29	安徽定远德胜村山根许	1981年安徽定远永宁乡德胜村北称为山根许的高地上发现包括玉璧、玉琮在内的17件玉石器,以及丁字形鼎足等陶片,当为一良渚文化墓葬。出土的玉琮高21.7厘米,分为七节,每节饰有神人兽面纹		吴荣清:《安徽省定远县德胜村出土良渚文化遗物》,《东方文明之光》,海南国际新闻出版中心1996年版
30	安徽肥东张集乡	张集乡发现的玉琮高40厘米,边长7—7.8厘米,内径4.5—5厘米,分为十五节,素面。出土地点为一万平方米的遗址,发现房址与灰坑		彭余江等:《肥东出土安徽首件大玉琮》,《中国文物报》1997年6月8日

续表

序号	地点	遗存状况	器形	出处
31	湖北黄梅龙感湖陆墩	黄梅东与安徽毗邻，陆墩遗址与皖西南的潜山薛家岗、望江汪洋庙等遗址关系密切。陆墩遗址发现墓葬21座，根据出土物分析属于薛家岗文化第四期的范畴，但是出土的贯耳壶表明其与长江下游的良渚文化有联系		中国社会科学院考古研究所湖北工作队：《湖北黄梅陆墩新石器时代墓葬》，《考古》年第6期
32	湖北蕲春坳上湾	遗址位于青石区白水乡毛家嘴村坳上湾的一个东西长100米、南北宽20米的漫岗上。采集到石器18件、陶器14件、玉器11件，其中有良渚文化玉琮1件、玉璧2件		汪宗耀：《湖北蕲春坳上湾新石器时代遗址》，《考古》1992年第7期
33	湖北荆州枣林岗	湖北荆州枣林岗遗址共发掘石家河文化晚期瓮棺葬46座，出土2件残玉琮，1件残玉璧		湖北省荆州博物馆：《枣林岗与堆金台》，科学出版社1999年版
34	湖南安乡度家岗	湖南安乡度家岗遗址出土一件完整的玉琮，造型为外方内圆形，矮射。器表刻有方正的线条		陈杰：《良渚时期琮的流变及相关问题的探讨》，《上海博物馆集刊》第9期，上海书画出版社2002年版
35	江西靖安郑家坳	1983年在靖安郑家坳新石器晚期遗址出土一件玉琮，碧玉、单节、有神人纹		万良田等：《江西出土的良渚文化型玉琮》，《东方文明之光》，海南国际新闻出版中心1996年版
36	江西德安湖湾乡	1977年湖湾乡出土1件玉琮，外方内圆，青褐色，高3厘米、宽7.3厘米、内孔径5厘米。四角相邻两侧面雕刻简式人面		周迪人：《德安县几件馆藏文物》，《江西文物》1990年第3期
37	江西丰城荣塘乡	1983年在丰城荣塘乡弓塘村官坟山出土1件良渚文化八节玉琮。1984年在桥东乡城冈山出土1件玉斧		万德强：《丰城出土的良渚文化玉器》，《江西文物》1989年第2期

续表

序号	地点	遗存状况	器形	出处
38	江西新余	1988年在新余市东南4公里的珠珊变电所施工时发现一座竖穴土坑墓，出土琮、璜、管、环、玦等8件小玉器，周围还采集到各种陶器、石器。玉琮为透闪石质，圆柱形，长5.3厘米，直径2.5厘米，孔径1.1厘米，周身有六道凸弦纹	左边中间为玉琮	胡小勇：《新余出土一批新石器时代玉石器》，《中国文物报》1988年7月8日
39	江西新余拾年山	拾年山遗址第一次发掘在第三期地层出土玉琮1件，短体，外方内圆，青色石英质，第三次发掘在第三期地层出土残玉琮1件。拾年山第三期文化既与石峡文化有关，又与江西筑卫城下层、樊城堆下层、尹家坪下层文化有联系	T32:3	江西省文物考古研究所等：《江西新余市拾年山遗址》，《考古学报》1991年第3期；《新余拾年山遗址第三次发掘》，《东南文化》1991年第5期
40	广东曲江石峡	石峡文化第三期大型墓葬中出土的玉琮、玉璧、玉瑗、玉玦、玉笄和有肩穿孔石钺和良渚文化大同小异	M17:13 M105:1	广东省博物馆等：《广东曲江石峡墓葬发掘简报》，《文物》1978年第7期
41	广东曲江床板岭	石峡文化墓地位于广东曲江县乌石镇东北床板岭山，相对高度20米。1983年清理1座残墓，征集到兽面纹石琮等遗物。1987年又发掘13座墓葬，为石峡文化晚期	无图像	李子文等：《曲江县床板岭石峡文化墓地》，《中国考古学年鉴（1989年）》，文物出版社1990年版
42	广东封开禄美村	遗址位于新联乡禄美村对面山岗顶部及东坡，采集到石器和陶片。在山岗顶部发现一座石峡文化墓葬，出土8件石器和陶器残片，其中有1件玉琮，高7.4厘米，射径7.6—6.6厘米，孔径6.1—5.9厘米，距今4030±120年		杨式挺等：《广东封开县杏花河两岸古遗址调查与试掘》，《考古学集刊》第6辑，中国社会科学出版社1989年版
43	广东海丰田墘镇	1984年在田墘镇三舵村发现2件良渚文化玉琮，一件分四节，高8.4厘米、孔径6厘米，另一件分三节，高7.4厘米、孔径6.3厘米。出土地点无其他遗物发现		杨少祥等：《广东海丰县发现玉琮和青铜兵器》，《考古》1990年第8期

附表三　广富林文化与钱山漾文化遗址表

序号	遗址	文化内涵	出处
1	江苏苏州绰墩	遗址位于昆山市正仪镇绰墩村，东西长500米、南北宽800米，总面积约40万平方米，中心区面积29万平方米。地层堆积从下至上依次为马家浜文化、崧泽文化、良渚文化和马桥文化。其中H91所出器物为典型的广富林文化遗存，陶器纹饰组合有弦断篮纹、刻画错向斜线纹等，陶器器型有足尖外勾的侧装三角足鼎，上饰一周凸棱的细高柄豆，都与广富林遗址的出土物极为一致	林留根：《绰墩遗址良渚文化聚落与晚期良渚文化遗存》，《东南文化》2003年增刊1
2	常熟北罗墩	在考古调查中发现有侧装三角足垂腹鼎，器底有错乱的绳纹装饰，是具有广富林文化特征的器物	陈杰：《广富林文化初论》，《南方文物》2006年第4期
3	宜兴骆驼墩	遗址位于宜兴市新街镇塘南村，现存面积25万平方米。除了发现马家浜文化、崧泽文化、良渚文化时期遗存外，还发现广富林文化遗存，陶器有侧三角形足罐形鼎、三足盘、细高柄浅盘豆、罐、簋	南京博物院等：《江苏宜兴骆驼墩遗址发掘报告》，《东南文化》2009年第5期
4	兴化南荡	遗址位于里下河平原中部的兴化市林湖乡戴家舍村南，海拔高度仅0.4—0.6米，东西长250米，南北宽110米，面积约2万平方米，估计总面积有10万平方米，冬春季露出水面，夏秋季没于水下，为终年生长芦苇的湖荡沼泽。文化层呈蜂窝状分布，多为一层，局部两层，每层厚10—15厘米。发现了榫卯结构的半地穴干阑式房屋及室内铺设的芦席，出土了陶鼎、壶、罐、瓮、盆、碗、杯等生活器皿和石刀、锛、镞、凿及骨锥等生产工具，以及麋、鹿、牛、猪等陆生动物骨骼和鳖、鲨、鱼等水生动物及飞禽的骨骼。南荡遗址出土陶器的陶质、纹饰、造型均与中原龙山文化王油坊类型十分接近	南京博物院考古研究所等：《江苏兴化戴家舍南荡遗址》，《文物》1995年第4期

续表

序号	遗址	文化内涵	出处
5	高邮周邶墩	遗址位于高邮市东南龙奔乡周邶墩村南,距高邮市约8公里。遗址近似正方形,四周环水,面积约1500平方米。原为7—10米高的土墩,现仅高出周围地面1米左右。发现存在三类文化遗存:第一类文化遗存为与王油坊类型龙山文化相类似的南荡文化遗存;第二类文化遗存为沿古邢沟分布的与岳石文化尹家城类型相类似的文化遗存;第三类文化遗存属于宁镇地区青铜文化,年代为从西周至春秋	南京博物院考古研究所等:《江苏高邮周邶墩遗址发掘报告》,《考古学报》1997年第4期
6	高邮唐王墩	遗址位于龙虬镇西北部,1994年调查时在50厘米深度以下发现了龙山文化陶片	
7	高邮龙虬庄	遗址位于高邮市一沟乡龙虬庄村,距高邮市区约8公里。遗址近似正方形,四周有河水环绕,海拔高度2.6米,面积达4万平方米。发掘清理了新石器时代的居住遗迹4处,灰坑35个,墓葬345座,出土了陶器、玉器、石器和骨角器等各类文化遗物1200余件	龙虬庄遗址考古队:《龙虬庄——江淮东部新石器时代遗址发掘报告》,科学出版社1999年版
8	上海松江广富林	遗址位于上海西南松江区佘山镇广富林村,附近地势平坦,海拔2—3米。经过多次考古发掘共发现不同时期的房址2座、墓葬11座、灰坑559个、灰沟20条、水井90口等重要遗迹,同时出土了大量陶、石等各类遗物。有两个文化层,下层是良渚文化,上层为广富林文化	上海博物馆考古部:《上海松江区广富林遗址1999—2000年发掘简报》,《考古》2002年第10期;《上海松江区广富林遗址2001—2005年发掘简报》,《考古》2008年第8期
9	浙江嘉善大往	1980年嘉善大往遗址第3层出土的器物明确地属于广富林文化	陈杰:《广富林文化初论》,《南方文物》2006年第4期
10	余杭临平茅山	遗址位于杭州市余杭区临平镇小林街道上环桥村北侧,为一座海拔48.8米、东西狭长的自然低山,遗址分布于茅山南坡,面积近3万平方米。坡上为居住生活区,坡下发现稻田遗迹。文化层堆积分别为马家浜文化晚期—崧泽文化早期、良渚文化中晚期和广富林文化时期等3个阶段 广富林文化时期居住生活区发现的遗迹有灰坑等,出土遗物以陶片为主,可辨器形主要有足跟内壁有凹窝、足尖有捏拧的扁侧足鼎、豆柄上端有一周粗壮凸棱的细高柄豆等	浙江省文物考古研究所:《浙江余杭临平茅山遗址》,《中国文物报》2010年3月12日

续表

序号	遗址	文化内涵	出处
11	湖州钱山漾	钱山漾在湖州市东南，东西宽1公里，南北长3公里，是东苕溪的一段，遗址位于钱山漾的东南岸。发现三个文化层，下层以鱼鳍足鼎为典型器的钱山漾一期文化绝对年代为距今4400—4200年，晚于良渚文化，被称为"钱山漾文化"；中层的钱山漾二期文化绝对年代为距今4100—3900年，属广富林文化；上层为马桥文化。钱山漾一、二期文化遗存前后有继承关系，但是属于两支不同的考古学文化	浙江省文物考古研究所等：《浙江湖州钱山漾遗址第三次发掘简报》，《文物》2010年第7期
12	诸暨尖山湾	遗址位于诸暨市陈宅镇沙塔村尖山湾东南山坡上，文化层厚达1.5米，主要内涵为良渚文化晚期与广富林文化遗存	孙国平：《诸永高速公路诸暨段发掘尖山湾遗址》，《浙江文物》2005年第4期
13	宁波慈城小东门	遗址位于宁波市江北区慈城镇东部。有四个文化层，第一期为河姆渡文化，第二期为良渚文化，但是出土物相对贫乏，第三期为广富林文化，第四期为春秋战国时期遗存	浙江省文物考古研究所：《宁波慈城小东门遗址发掘简报》，《东南文化》2002年第9期

附表四　马桥文化(含亭林类型)遗址表

序号	遗址	文化内涵	出处
1	江苏苏州草鞋山	遗址位于苏州唯亭镇阳澄湖南岸,东西长260米、南北宽170米,面积4.4万平方米,有草鞋山和夷陵山两个土墩,现已所剩无几。文化层堆积厚11米,可分10层,从马家浜文化、崧泽文化、良渚文化到春秋吴越文化,整个序列几乎跨越太湖地区先秦历史的全部编年。在草鞋山遗址第一层出土的6组器物和在夷陵山西南部出土的一批陶器,主要是几何形印纹硬陶和原始瓷,属于春秋时代吴越文化	南京博物院:《江苏吴县草鞋山遗址》,《文物资料丛刊》第3辑,文物出版社1985年版;南波:《吴县唯亭公社出土印纹陶、釉陶器物》,《文物》1977年第7期
2	苏州越城	文化层堆积厚达8米,包含三个时代的文化遗存:上层是以几何印纹陶为特点的春秋时代文化,中层是以灰陶、黑衣陶为主的良渚文化,下层是以夹砂红陶、泥质红陶为特点的马家浜文化	南京博物院:《江苏越城遗址的发掘》,《考古》1982年第5期
3	苏州横塘星火	遗址位于横塘星火村的大运河西岸,面积很大,地层的第一层为耕土层,第二层出土西周至战国的印纹硬陶,第三层为泥炭层,没有任何遗物,第四层出土马桥文化遗物	钱公麟:《苏州市横塘星火印纹硬陶遗址》,《中国考古年鉴(1985年)》,文物出版社1986年版
4	苏州张墓村	遗址位于苏州西南吴山岭下越溪乡张墓村北,东西长400米、南北宽30米,文化层厚度超过1米。采集到良渚文化、马桥文化和亭林类型文化的遗物	吴县文管会:《江苏吴县越溪张墓村遗址调查》,《考古》1989年第2期

续表

序号	遗址	文化内涵	出处
5	苏州郭新河	遗址位于郭巷乡尹山村东郭新河两岸东西长400米、南北宽400米的范围内，文化层堆积厚度超过1.5米，采集到马桥文化和亭林类型文化遗物	
6	苏州彭山	彭山位于通安镇西南4.5公里处，西距太湖岸线2.5公里，遗址分布在彭山南麓东西长300米、南北宽80米的范围内，采集到马桥文化和亭林类型文化遗物	
7	苏州徐巷	遗址位于横径乡徐巷村，北距尧峰山2公里，东距太湖岸线800米，分布在徐巷村新开河两岸南北长250米、东西宽100米的范围内，面积约2.5万平方米。采集到马桥文化和亭林类型文化遗物	姚勤德：《江苏吴县南部地区古遗址调查简报》，《考古》1990年第10期
8	苏州俞家墩	遗址位于横径乡东1.5公里处的南章村，北距徐巷遗址800米。土墩东西长120米、南北宽60米、高出地面7米，面积7200平方米，采集到亭林类型文化遗物	
9	苏州前戴墟	遗址位于胜浦乡前戴村泥河塘北侧，南距吴淞江1.5公里，东南距张陵山遗址7公里。在南北长70米、东西宽50米的范围之间发现陶器与原始瓷等亭林类型文化遗物	
10	苏州高景山	遗址位于苏州西郊高景山东北麓坡下、茶店头村西的农田里，东西长200米，文化层厚度约2米，采集到许多马桥文化陶片	吴县文管会：《江苏吴县高景山、茶店头遗址》，《考古》1986年第7期
11	苏州澄湖	遗址位于苏州市区东南15公里处从甪直郭巷村席墟至碛砂湖岸外400米的澄湖湖底，总面积34万平方米，遗存时代跨越崧泽文化、良渚文化、马桥文化、春秋战国文化和汉至宋代	丁金龙：《苏州澄湖遗址发掘报告》，《苏州文物考古新发现》，古吴轩出版社2007年版
12	苏州独墅湖	遗址位于苏州工业园区独墅湖东北部2.2平方公里的湖底，共发现古代水井379个，灰坑445个，遗物时代跨度从崧泽文化、良渚文化、马桥文化、春秋战国文化和汉至宋代	朱伟峰：《独墅湖遗址发掘报告》，《苏州文物考古新发现》，古吴轩出版社2007年版

续表

序号	遗址	文化内涵	出处
13	苏州钟楼村	遗址位于苏州市区天赐庄苏大校园内南北180米、东西240米的范围。采集到黑皮磨光陶罐及几何形印纹硬陶片	南京博物院：《苏州和吴县新石器时代遗址调查》，《考古》1961年第3期
14	苏州蒋园	遗址位于东城，北靠葑门河，长宽各200米。曾经发现有印纹陶罐及陶豆等物，内涵与钟楼村遗址相同	
15	苏州平门	遗址位于苏州市北平门城墙下面，今已辟为大道。在城墙下灰土层中出土残石斧、石刀、陶纺轮、泥质灰陶片和印纹陶片等	
16	苏州大公园	遗址位于苏州市中心大公园北部一个东西长72米、南北宽51米、高3米的大土墩上。采集的遗物以印纹硬陶居多，也有泥质灰陶豆把和残纺轮等	
17	苏州青旸地	遗址位于苏州南门外，面积很广，发现有黑皮灰陶罐、盆和原始瓷罐等，采集到很多几何形印纹硬陶。遗址今已建为南环新村	
18	苏州灵岩山苗圃	遗址位于木渎镇西北1公里处，东西长129米、南北宽105米。出土几何形印纹陶罐和原始瓷盂	
19	苏州尹山湖黄泥山	遗址位于郭巷尹山大觅桥西南，尹山湖东西长2500米、南北宽4000米，黄泥山为一高出地面8米、东西长50米、南北宽30米的土墩，在湖的四周和土墩上都发现有印纹陶片	
20	浒关华山	华山位于浒墅关西北2.5公里，南北长500米、东西宽200米、高约50米，遗址在山的西部与南麓，面积7000平方米，下层是马家浜文化，中层是良渚文化，上层有春秋战国文化遗存	尹焕章等：《对江苏太湖地区新石器文化的一些认识》，《考古》1962年第3期
21	虎丘六埭桥	遗址位于虎丘北六埭桥，有马家浜文化、良渚文化和春秋战国文化三个文化层	
22	昆山正仪黄泥山	遗址位于昆山市正仪镇东北部，面积约4000平方米。为马家浜文化、良渚文化和马桥文化各时期的文化堆积	

续表

序号	遗址	文化内涵	出处
23	昆山少卿山	遗址位于昆山市千灯镇东北,现存的少卿山为一东西长40米、南北宽20米、高出地面7.7米的土墩。内含马家浜文化、崧泽文化、良渚文化和春秋时代等遗存。发现春秋夯土台、良渚文化土台、墓葬、村落和崧泽文化遗存	苏州博物馆等:《江苏省昆山县少卿山遗址》,《文物》1988年第1期;《江苏昆山市少卿山遗址的发掘》,《考古》2000年第4期
24	昆山绰墩	遗址位于昆山市正仪镇绰墩村,东西长500米、南北宽800米,总面积40万平方米,中心区面积29万平方米。地层堆积从下至上依次为马家浜文化、崧泽文化、良渚文化和马桥文化	南京博物院等:《江苏昆山绰墩遗址的调查与发掘》,《文物》1984年第2期
25	昆山陈墓	遗址位于昆山县陈墓镇大东砖瓦厂,取土时发现良渚文化器物与几何印纹硬陶片,东西150米、南北60米,文化层距地面约3米	金诚:《江苏昆山陈墓镇新石器时代遗址》,《考古》1959年第9期
26	昆山荣庄	遗址位于昆山县南2.5公里荣庄的稻田里,试掘证明下层为良渚文化层,上层为马桥文化层	王德庆:《江苏昆山荣庄新石器时代遗址》,《考古》1960年第6期
27	吴江广福村	遗址位于吴江市桃源镇桃源社区西北,北临太湖,现存2万平方米。含马家浜文化、良渚文化和马桥文化遗存	苏州博物馆等:《江苏吴江广福村遗址发掘简报》,《文物》2001年第3期
28	太仓维新	遗址位于太仓市双凤镇维新村,海拔高程3.9—6米,位于古代海岸线遗迹的冈身之上,总面积约6万平方米,遗址上原有一个大土墩,今已不存。试掘发现一座良渚文化土台、居住遗址和马桥文化遗存	闻惠芬等:《太仓市维新遗址试掘报告》,《苏州文物考古新发现》,古吴轩出版社2007年版
29	常熟钱底巷	遗址位于常熟市北郊新光村西,东西210米、南北190米,面积近4万平方米,高出附近稻田2—3米。主要文化内涵是崧泽文化和商周文化遗存。商周文化遗存发现居住面2处、灰坑3个、水井1口,出土大量陶片、少量原始瓷、石器和一件铜镞、一件铜削。商周文化遗存的早期与马桥文化相衔接,相当于商晚期至西周前期;晚期原始瓷数量增加,器形有所变化,年代相当于西周至春秋	常熟博物馆等:《江苏常熟钱底巷遗址发掘报告》,《考古学报》1996年第4期

附表四 马桥文化(含亭林类型)遗址表　379

续表

序号	遗址	文化内涵	出处
30	张家港蔡墩	遗址位于塘桥镇青龙村，面积约1万平方米，地层堆积厚1.8—2米。下层为崧泽文化，中层为良渚文化，上层为春秋战国遗存	王德庆：《沙洲蔡墩新石器时代遗址》，《中国考古学年鉴（1987年）》，文物出版社1988年版
31	上海闵行马桥	遗址位于闵行区马桥镇东1公里俞塘村，处于古代的竹冈冈身之上，海拔4.46—6.29米。东西有60米、南北有80米，面积约5000平方米。地层分为五层，第五层为良渚文化层，居住地在东，墓地在西，发现墓葬8座；第四层是商周时代的马桥文化层；第三层为春秋战国时代的印纹陶文化。马桥文化即以马桥四层的内涵命名	上海市文管会：《上海马桥遗址第一、二次发掘》，《考古学报》1978年第1期
32	青浦崧泽	遗址位于青浦县城东5公里处的崧泽村，村北有土墩，原高4米，长宽各90米，俗称假山墩。基本文化内涵可分三层：下层是居住堆积，为马家浜文化晚期的堆积；中层是一处墓地，为崧泽文化；上层也是居住堆积，属于西周晚期至春秋早、中期	上海市文物保管委员会：《崧泽》，文物出版社1987年版
33	青浦千步村	遗址位于青浦崧泽村东南的千步村，地势低洼，在地表0.3米以下有两个文化层，下层为良渚文化，上层为几何形印纹陶文化	黄宣佩：《上海青浦县发现千步村遗址》，《考古》1963年第3期
34	青浦寺前村	遗址位于青浦区城北约4公里大盈乡天一村后的土墩及其北侧的农田中，土墩高约1.5米，南北长150米、东西宽140米。有崧泽文化晚期、良渚文化中晚期和两周时期的文化遗存。西周—战国遗存发现2个灰坑和2口水井，出土硬陶、原始瓷和一件铜镞	上海博物馆考古研究部：《上海青浦寺前村遗址历史时期遗存发掘报告》，《上海博物馆集刊》第10期，上海书画出版社2005年版
35	青浦刘夏	遗址位于青浦县徐泾镇刘夏天一村，1976年开挖淀浦河时在刘夏附近发现了不少西周至战国时期的印纹陶片	青浦博物馆网站 http://museum.shqp.gov.cn
36	青浦金山坟	遗址位于青浦县蒸淀乡东团村，为一东西长65米、宽15—20米、高约2米的不规则长条形土墩，总面积约4万平方米。下文化层为崧泽文化晚期，中层出土一座良渚文化墓葬，上层为商周时代的印纹陶文化	上海市文管会：《上海青浦县金山坟遗址试掘》，《考古》1989年第7期

续表

序号	遗址	文化内涵	出处
37	青浦骆驼墩	遗址位于青浦县重固镇北1.5公里,是一东西长36米、南北宽20米、高5米的土墩,在墩面下深30—50厘米的土层内发现几何印纹硬陶、夹砂陶、泥质陶和釉陶,年代在西周晚期至春秋战国之间	黄宣佩等:《上海青浦县的古文化遗址和西汉墓》,《考古》1965年第4期
38	金山亭林	遗址位于金山县亭林镇西祝家港东岸南北长300米、东西宽100米的范围内。上层为亭林类型文化,中层为马桥文化,下层为良渚文化	上海博物馆考古研究部:《上海金山区亭林遗址1988、1990年良渚文化墓葬的发掘》,《考古》2002年第10期
39	金山招贤浜	遗址位于金山县亭林镇,文化堆积以马桥文化为主,马桥文化层上面有一层10厘米的淤泥。发现5个马桥文化灰坑,出土陶器与石器,属马桥文化早期	上海博物馆考古部:《上海市金山区招贤浜遗址发掘简报》,《南方文物》2009年第2期
40	金山查山	查山位于金山县城东南,南距杭州湾约5公里,遗址位于查山东面山坡上下南北长250米、东西宽60米的范围内。上层为马桥文化,下层为马家浜文化	孙维昌:《上海市金山县查山和亭林遗址试掘》,《南方文物》1997年第3期
41	金山戚家墩	遗址位于金山海塘内外,海塘内分布于戚家墩村内,东西长200米、南北宽100米,海塘外海滩上暴露的范围东西长150米、南北宽50米,遗址逐渐沦于海中。上部堆积是西汉时期的文化遗存,下部堆积是以几何印纹硬陶和釉陶为特征的文化遗存,出土几何印纹硬陶、原始瓷和一件青铜镰,年代大致在春秋战国时期	上海市文物保管委员会:《上海市金山县戚家墩遗址发掘简报》,《考古》1973年第1期
42	松江汤庙村	遗址位于松江城西10公里昆冈乡汤庙村,内涵包括崧泽文化、良渚文化、马桥文化和春秋战国以后各时代的遗物	上海市文物管理委员会:《上海松江县汤庙村遗址》,《考古》1985年第7期
43	奉贤江海	遗址位于奉贤县西南2公里江海镇江海村北侧,下层为良渚文化层,在良渚文化层面上有2—3层沉积状的淤土,上层为马桥文化层,发现一座陶窑和一个灰坑	上海市文物管理委员会:《上海奉贤县江海遗址1996年发掘简报》,《考古》2002年第11期
44	奉贤柘林	遗址位于奉贤县柘林乡冯桥村竹港西侧的古代竹冈冈身之上,遗址上现为厂房和民宅。文化层包含良渚文化、马桥文化、吴越文化三类文化遗存	黄宣佩等:《上海地区古文化遗址综述》,《上海博物馆集刊》第2期,上海古籍出版社1983年版

续表

序号	遗址	文化内涵	出处
45	江苏无锡施墩	遗址位于无锡市中心锡惠公园内，锡山遗址范围在2万平方米以上，施墩遗址的范围在5000平方米以上，文化层最厚达4至5米，内涵包括马家浜文化、良渚文化和商周时期文化	单红：《闹市史前遗址文化层完整丰富》，《无锡日报》2010年1月13日
46	无锡许巷	遗址位于无锡南门外1.5公里许巷村，是一南北长120米、东西宽76米、高2米的椭圆形土墩，采集的文物有良渚文化和马桥文化	江苏省文物工作队：《江苏无锡许巷村新石器时代遗址》，《考古》1961年第8期
47	无锡仙蠡墩	遗址位于无锡蠡桥北，1954年发现，文化层厚达3米，内涵包括马家浜文化、良渚文化和商周时期文化	尹焕章等：《对江苏太湖地区新石器文化的一些认识》，《考古》1962年第3期
48	无锡葛埭桥庵基墩	遗址位于太湖镇葛埭桥，1960年发现，有马家浜文化和马桥文化两个文化层	
49	无锡新渎庙墩上	遗址位于新渎镇东1公里庙墩上村南50米，下层为马家浜文化，上层为春秋战国到汉唐时代的文化遗存	
50	无锡彭祖墩	遗址位于无锡市锡山区鸿山镇管家桥村西南，为一高2.3米的长方形台地，东西长350米、南北宽230米，面积约7万平方米。发现了属于马家浜文化和马桥文化遗存，有房址、灰坑、墓葬等遗迹和大量陶器、石器等遗物	南京博物院等：《江苏无锡锡山彭祖墩遗址发掘报告》，《考古学报》2006年第4期
51	江阴南楼	遗址位于江阴市青阳镇南楼村北的一块高地上，文化遗存主要分为崧泽文化和商周时代两个阶段	江苏江阴南楼遗址联合考古队：《江苏江阴南楼新石器时代遗址发掘简报》，《文物》2007年第7期
52	常州新岗	遗址位于常州市三井街道与五星街道交会处，面积3.25万平方米。原为高出地面2—3米的台地，因沪宁城际铁路横贯其中，现已被夷平。包括马家浜文化、崧泽文化、商周时期的文化遗层	彭辉：《常州市新岗新石器时代至商周时期遗址》，《中国考古年鉴（2009年）》，文物出版社2010年版

续表

序号	遗址	文化内涵	出处
53	武进姬山	遗址位于武进市嘉泽乡姬山村，东西长350米、南北宽300米，总面积约1万平方米。遗址中部是一高约15米、直径约45米的圆形土墩，土墩底部为一高1米、边长60米的方形台基，墩的四周曾有河道围绕。有三个时期的文化遗存：崧泽文化、良渚文化和几何印纹陶文化	王岳群：《江苏武进姬山遗址调查》，《东南文化》1998年第4期
54	浙江嘉兴雀幕桥	遗址位于嘉兴城东7.5公里东栅乡雀幕桥村。有上、中、下三个文化层，上层为马桥文化，发现印纹陶和少量石器，中层为良渚文化，下层为崧泽文化	嘉兴市文化局：《浙江嘉兴市雀幕桥遗址试掘简报》，《考古》1986年第9期
55	嘉兴大坟	遗址位于嘉兴市大桥镇南子村，土墩东西长70米、南北宽60米、高2米。下层为崧泽文化层，出土造型独特的人像葫芦瓶；中层是良渚文化时期堆筑的大土堆，用作墓地，发现2座墓葬；上层发现马桥文化的遗物	陆耀华：《浙江嘉兴大坟遗址的清理》，《文物》1991年第7期
56	嘉兴姚墩	遗址位于嘉兴市东11公里大乔乡，土墩东北部良渚文化堆积层厚0.2—1米，土墩西南部印纹陶文化堆积层厚0.4米	陆耀华：《嘉兴市古遗址调查》，《浙江省文物考古研究所学刊》，文物出版社1981年版
57	嘉善大往	遗址位于嘉善姚庄镇东北展幸村大往圩农田下，面积6000平方米，文化层厚1米左右，但是包含有马家浜文化、崧泽文化、良渚文化和马桥文化的堆积	王明达：《嘉善大往遗址》，嘉兴文化局：《崧泽·良渚在嘉兴》，浙江摄影出版社2005年版
58	海宁达泽庙	遗址位于海宁市马桥镇西北4公里永和村5组，为一东西长150米、南北宽120米、高2—4米的台地，是一座人工堆筑的良渚文化圜丘墓地，其上是马桥文化层	浙江省文物考古研究所等：《海宁达泽庙遗址的发掘》，《浙江省文物考古研究所学刊》，长征出版社1997年版
59	海宁莲花	遗址位于盐官镇桃园村王家场，发现良渚文化墓葬9座和马桥文化灰坑3个，出土印纹泥质陶和硬陶	海宁市博物馆：《浙江海宁莲花遗址发掘报告》，《东南文化》2007年第2期
60	海宁三官墩	遗址位于海盐县硖石镇谈桥乡小浜村南，土墩高1—1.5米，面积800平方米。文化堆积有两层，下层为良渚文化，上层马桥文化，清理3个灰坑和2口水井	杨楠：《浙江海宁三官墩新石器时代遗址》，《中国考古学年鉴（1987年）》，文物出版社1988年版

续表

序号	遗址	文化内涵	出处
61	平湖大坟塘	遗址位于平湖当湖镇当湖路西端、平乍公路西侧,面积8万平方米,文化层厚0.4—1.05米,含马家浜文化和春秋战国两个文化层	嘉兴市文化局:《马家浜文化》,浙江摄影出版社2004年版
62	湖州钱山漾	钱山漾在湖州市东南,东西宽1公里,南北长3公里,是东苕溪的一段,遗址位于钱山漾东南岸。发现三个文化层,下层以鱼鳍足鼎为典型器的钱山漾一期文化,绝对年代为距今4400—4200年,被称为"钱山漾文化";中层的钱山漾二期文化绝对年代为距今4100—3900年,属广富林文化;上层为马桥文化	浙江省文管会:《吴兴钱山漾遗址第一、二次发掘报告》,《考古学报》1960年第2期;浙江省文物考古研究所:《浙江湖州钱山漾遗址第三次发掘简报》,《文物》2010年第7期
63	湖州邱城	邱城位于湖州市北部,紧临太湖的两个相连的小山上,是依山而筑的两个吕字形的方形夯土小城。遗址围绕在城墙外的东、南、西三面,面积约6000平方米。文化层堆积厚1—3米,下层为马家浜文化,中层为崧泽文化,上层为马桥文化	浙江省文物考古研究所:《浙江省湖州市邱城遗址第三、四次的发掘报告》,《浙江省文物考古研究所学刊》第7辑,杭州出版社2005年版
64	湖州毗山	遗址位于湖州市南2.5公里,面积约4万平方米,包含崧泽文化、良渚文化和马桥文化三个文化层。发现马桥文化的建筑、水井等遗迹	浙江省文物考古研究所等:《浙江湖州市毗山遗址的新石器时代墓葬》,《南方文物》2006年第2期
65	湖州塔地	遗址位于湖州市千金镇,发现马家浜文化、崧泽文化、良渚文化和马桥文化各时期的墓葬、灰坑、房址,出土陶、石、玉、骨、木、象牙器等文物800余件	塔地考古队:《浙江湖州塔地遗址发掘获丰硕成果》,《中国文物报》2005年2月9日
66	湖州云巢上山	遗址位于湖州市南10公里云巢乡上山村上山南侧的台地上,高于水田1.9米,发现马家浜文化、良渚文化和春秋战国三个不同时期的文化层	田正标:《湖州市上山新石器时代至汉代遗址》,《中国考古年鉴(1999年)》,文物出版社2001年版
67	德清刘家山	遗址位于德清县三合乡二都村瓦窑组刘家山西南坡,文化堆积厚近3米,依次为马家浜文化、良渚文化、马桥文化、商周及唐宋时期的遗存	王海明:《德清县二都瓦窑新石器时代、商周及唐宋时期遗址》,《中国考古年鉴(2000年)》,文物出版社2002年版

续表

序号	遗址	文化内涵	出处
68	杭州老和山	遗址位于杭州西湖西北的老和山东麓，1936年发现并进行了试掘，当时称古荡遗址。1953年正式发掘，改称老和山遗址。发现良渚文化遗存与印纹陶文化遗存	蒋赞初：《杭州老和山遗址1953年第一次的发掘》，《考古学报》1958年第2期
69	杭州水田畈	遗址位于杭州艮半铁路半山车站南面的田野里，分为东西两区，各2000平方米左右。有两层文化堆积，下层为良渚文化，上层为春秋战国时期的印纹陶文化，发现3座墓葬，但是没有出印纹陶	浙江省文管会：《杭州水田畈遗址发掘报告》，《考古学报》1960年第2期
70	长兴江家山	遗址位于长兴县林城镇西北约2公里处，东西长250米、南北宽100米、现地表高7.1米，面积约2.5万平方米。发现的马家浜晚期文化层和崧泽文化层各厚达1米，良渚文化的分布范围较小，堆积也较薄，另外发现有马桥文化遗存	楼航等：《长兴江家山遗址发掘的主要收获》，《浙江省文物考古研究所学刊》第8辑，科学出版社2006年版
71	安吉安乐	遗址位于安吉县城东北1公里处，南北长400米、东西宽150米、高出农田1.5—8米，总面积约6万平方米。文化堆积为马家浜文化、崧泽文化、良渚文化和商周时期遗存	程亦胜：《安吉安乐窑墩遗址发掘有新收获》，《中国文物报》1997年5月11日
72	安吉芝里	遗址位于递铺镇昌硕社区，分布于上郎、芝里数万平方米的范围内，共发现三层文化层，上层为马桥至春秋战国时期的居住址，中层为崧泽文化墓地，下层为马家浜文化墓葬	程永军：《芝里遗址考古发掘成果丰硕》，《浙江文物》2005年第5期
73	萧山蜀山	遗址位于河庄镇蜀南村，是钱塘江南岸一座海拔44米的小山，东北端尚有一定范围的印纹陶堆积。文化层分三层，第1、2层为商周时期的印纹陶堆积，第3层属良渚文化层	萧山网http://www.xsnet.cn
74	绍兴陶里壶瓶山	遗址位于绍兴县北15公里齐贤镇朝阳村壶瓶山东南麓，东西长150米、南北宽40米，面积6000平方米。主要为商周至战国时期遗存，底层有良渚文化遗存	浙江省文物考古研究所等：《绍兴陶里壶瓶山遗址发掘简报》，《浙江省文物考古研究所学刊》，长征出版社1997年版

附表四　马桥文化(含亭林类型)遗址表　385

续表

序号	遗址	文化内涵	出处
75	绍兴马鞍仙人山、凤凰墩	遗址位于绍兴县北17公里马鞍镇寺桥村马鞍山西部坡下，仙人山和凤凰墩相距300米，总面积1.5万平方米。文化层分上下两层，下文化层为良渚文化，上层为夏商时期文化	符杏华：《浙江绍兴的几处古文化遗址》，《南方文物》1994年第4期
76	绍兴寺前山	遗址位于绍兴县杨汛桥，核心区东西长100米、南北宽30米，面积3000平方米。堆积层厚0.8—2米，以马家浜文化为主，有良渚文化和西周时期遗存	王海明：《绍兴县杨汛桥寺前山新石器时代至西周遗址》，《中国考古学年鉴(2005年)》，文物出版社2006年版
77	鄞县钱岙	遗址位于宁波东南鄞县东乡横溪钱岙村，东西600米、南北50米，面积3000平方米。有三个文化层，分别为商晚期、西周和春秋战国时期，出土印纹硬陶、原始瓷和小件铜器	宁波市文物考古研究所等：《宁波钱岙商周遗址试掘简报》，《东南文化》2003年第3期
78	宁波慈城小东门	遗址位于宁波市江北区慈城镇东部，西北侧约800米为慈湖遗址。有四个文化层，第一期为河姆渡文化，第二期为良渚文化，但是出土物相对贫乏，第三期为广富林类型，第四期为春秋战国时期遗存	浙江省文物考古研究所：《宁波慈城小东门遗址发掘简报》，《东南文化》2002年第9期
79	淳安进贤高祭台	遗址位于淳安县进贤村高祭台。下层为商周文化层，主要出土石器、夹砂陶、泥质黑陶。上层为春秋战国文化层，主要出土印纹陶	牟永抗：《浙江新石器时代文化的初步认识》，《中国考古学会第三次年会论文集》，文物出版社1984年版
80	龙游三酒坛	遗址位于龙游县湖镇镇寺底袁村东北三酒坛山的东北坡，文化层堆积主要是马桥文化。发现一座良渚文化晚期墓葬，出土4件陶器	芮国耀：《龙游县三酒坛新石器时代及青铜时代遗址》，《中国考古学年鉴(2005年)》，文物出版社2006年版
81	江山肩头弄	在江山县调查共发现24处印纹陶遗存。位于岗地上的遗址因水土流失破坏严重，仅地表采集到石器与印纹硬陶。清理30座墓葬，有的墓尚存土墩和卵石墓床，有的已无土墩仅存成组器物，时代从夏至西周，年代越早越接近大山，有从山区向平原发展的趋势	牟永抗等：《江山县南区古遗址墓葬调查报告》，《浙江省文物考古研究所学刊》，文物出版社1981年版

附表五　湖熟文化遗址表

序号	区域	遗址	文化内涵	出处
1	玄武湖区	安怀村柴山（又名周家山）	遗址位于南京迈皋桥乡安怀村西南的柴山，南距玄武湖1公里，北为幕府山，山后即长江，东、南两面靠近红山，周围有河湖围绕。东西长81米、南北宽22米、高7米，海拔19.48米。出土器物与锁金村一样	南京博物院：《南京安怀村发掘简报》，《考古通讯》1957年第5期
2	玄武湖区	何家巷二号墩	遗址在迈皋桥街东，何家巷北，东、北二面是水田，西接乌龟山下山岗，南面是一号墩。原来东西长90米、南北宽70米、高5米。采集的遗物有残石锛、红砂陶、细泥灰陶、红陶、黑皮磨光陶片	尹焕章、张正祥：《宁镇山脉及秦淮河地区新石器时代遗址普查报告》，《考古学报》1959年第1期
3	玄武湖区	何家巷一号墩	遗址北距二号墩20米，南距玄武湖约3公里，东西为40米、南北为50米、高5米的土墩。采集遗物有石锛、石刀残片，红砂陶、绳纹陶、泥质红陶、黑皮磨光陶、几何印纹软陶片	
4	玄武湖区	操坡山（又名撮簸山）	遗址在沈阳村南，距玄武湖北岸150米，北面隔一條小路与红山相接，其余三面均是水田。100米见方、高7米。灰土层厚，采集到的石器有锛、双孔刀等，陶片有红砂陶鬲足和鬲片、几何印纹软陶和硬陶	南京博物院：《南京锁金村遗址第一、二次发掘报告》，《考古学报》1957年第3期
5	玄武湖区	宋家山	遗址在新庄村北端，东西为100米、南北为30米、高4米。出土石器有锛、镰、砺石及一件大型的石钻心，陶器有纺轮、小陶罐、红砂陶、绳纹陶和几何印纹软陶片	
6	玄武湖区	气象站山	遗址在宋家山东40米，四周原来都是水田。东西为50米、南北为100米、高3.5米，文化层厚2米。采集的遗物有红砂陶、绳纹陶和细泥红陶片。	

附表五　湖熟文化遗址表　387

续表

序号	区域	遗址	文化内涵	出处
7	玄武湖区	四明山	遗址在新庄村东北250米，西南距玄武湖800米，四周均为平地。东西为80米、南北为70米、高5米，文化层厚4米。采集到有肩石斧、石锛、石刀、石镞，陶器以红砂陶最多，其次绳纹陶和几何印纹软陶	
8		钱家山	遗址在锁金村西北端，南京林学院内，原来四周都是水田。面积50平方米、高4米，现已挖光。采集到石锛，陶片以红砂陶为主，其次为绳纹陶、细泥红陶、几何印纹软陶等	
9		锁金村小山头	遗址在南京北郊太平门外2公里锁金村西北端，距离玄武湖东北岸500米，北距钱家山遗址300米，东南距紫金山麓1公里，为直径100米的圆形土墩，高6米，海拔15.90米，面积7000平方米。文化层内涵与北阴阳营上文化层相同，石器和陶器非常发达，有大量的石片、石料和砺石堆积，在石器中刀、镰、箭头和矛头较多。陶器中多大型平底器和带把手的陶鬲，有多量的陶纺轮，陶拍、陶垫数量众多，陶器纹饰多组合纹饰。骨角器比例很小，出现小型青铜武器和工具	南京博物院：《南京锁金村遗址第一、二次发掘报告》，《考古学报》1957年第3期
10		北阴阳营	遗址位于南京城里南大职工宿舍院内，为一圆阜形土墩，面积7100平方米。下文化层为北阴阳营文化墓地，上文化层为湖熟文化居住地遗址 炊具以带绳纹的陶鬲和陶甗为主，印纹器，几何印纹硬陶也开始出现。工具以石器为主，但已能制造和使用铜器	南京博物院：《南京市北阴阳营第一、二次的发掘》，《考古学报》1958年第1期
11	南京东北沿江区	前头山	遗址在上坊庄东，北距长江2.5公里，西坡下有大池塘，东、西、北三面都是水田。东西为100米、南北为220米、高12米，海拔27.5米，弧形墩顶上有灰土和红烧土。采集的遗物有石器残片和石锛半成品、红砂陶鬲足和扁形鼎足、绳纹陶、细泥灰陶和几何印纹软陶罐片等	尹焕章、张正祥：《宁镇山脉及秦淮河地区新石器时代遗址普查报告》，《考古学报》1959年第1期

续表

序号	区域	遗址	文化内涵	出处
12	南京东北沿江区	方山墩	四面均有大山，形成一个盆地，遗址位于大山间的盆地上，东西为200米、南北为50—150米、高6米，采集到石锛半成品、红砂陶鼎、鬲、甗足，黑皮磨光陶把手，黑色绳纹陶罐沿，几何印纹陶片，有方格纹、回纹和雷纹	尹焕章、张正祥：《宁镇山脉及秦淮河地区新石器时代遗址普查报告》，《考古学报》1959年第1期
13	南京东北沿江区	花林团山	遗址在上花林东200米，四周都是水田。面积100×70米、高7米，顶部东北面有红烧土。采集到红砂陶鬲足、把手、口沿，以及黑皮磨光、几何印纹软陶和硬陶罐片等	
14	南京东北沿江区	后圆头	遗址北临公路，南坡下为平山村，东北有河流入长江，西北与山岗相接，其余三面都是水田。东西为150米、南北为70米、高5米。遗物有石锛、砺石、红砂陶鬲足、黑皮磨光陶、几何印纹软陶和硬陶罐片等	
15	南京东北沿江区	团山公园	遗址在卸甲甸北面南厂门内，东南距江500米，高10米，为直径90米的近圆形平顶土墩，现辟为公园。遗物有残石锛、红砂陶鬲足和甗腰、黑皮磨光陶、几何印纹软陶和硬陶等	
16	南京西南沿江区	太岗寺	遗址在南京中华门外西12公里西善桥镇南720米，为一椭圆形台形土墩，东西为205米、南北为102米、高8米，文化层厚4米。周围有水田及小河，稍远有山岗。遗物中红砂陶占56%，泥质陶占33%，黑皮磨光陶系占2.5%，印纹硬陶与软陶占7.9%。出土石器244件、骨蚌器55件、铜镞铜刀共22件	江苏省文物工作队太岗寺工作组：《南京西善桥太岗寺遗址的发掘》，《考古》1962年第3期
17	南京西南沿江区	营盘山	遗址位于太岗寺遗址西南600米，性质和太岗寺遗址性质相同	
18	南京西南沿江区	墩子山	遗址位于太岗寺遗址东南800米，性质和太岗寺遗址性质相同	
19	南京西南沿江区	罗山	遗址在板桥镇南1.5公里，东距石湖村200米，周围有水田及小河，西有石甲湖，东为板桥河。东西为90米、南北为60米、高10米。遗物有红砂陶鼎足和鬲足、几何印纹软陶及硬陶片等	

续表

序号	区域	遗址	文化内涵	出处
20	南京西南沿江区	窑岗子	遗址在小龙山东200米，东北距徐家场50米，东北为山岗，四周有水田及小河。东西为70米、南北为60米、西部高3米，灰土厚，有红烧土，东部高1米多。遗物有红砂陶鬲足，和少量几何印文硬陶片	尹焕章、张正祥：《宁镇山脉及秦淮河地区新石器时代遗址普查报告》，《考古学报》1959年第1期
21		大龙山	遗址在断山凹村东北200米，西北距长江3.5公里，东西为60米、南北为70米、高10米，文化层厚5米。遗物有椭圆形石斧、石锛，红砂陶鬲、甗残片，绳纹陶大罐破片，黑皮磨光陶罐底，春秋战国几何印纹硬陶罐片，印有回纹	
22		小龙山	遗址在大龙山南30米，西南、东南和东北有小河及水田。面积70×40米，高4米，遗物有红砂陶鬲足和口沿、黑皮磨光陶豆的圈足、几何印纹软陶和硬陶片及砺石等	
23		砚石山	遗址在大龙山西南40米，西面是山岗，南面山脚下为断山凹村，村前有小河，东、南面为水田。100米见方，高12米。遗物以红砂陶最多，其他如黑皮磨光陶、几何印纹软陶和硬陶均有	
24		东神子山	遗址在大龙山东南600米，东南距小西村200米，四周是水田，并有小河环绕。东西为70米、南北为60米、高6米。采集到少量红砂陶和几何印纹硬陶片	
25		西神子山	遗址在东神子山西20米，西南为山闸村和山岗，其余三面皆是水田。东西为45米、南北为50米、高6米，文化层厚2米。遗物有红砂陶、几何印纹软陶和硬陶片	
26		乔家山	遗址在江宁镇东300米，西隔铁路与山岗相接，西北有雷古村，东、北二面是水田。东西为200米、南北为150米、高10米。遗物有石锛，带印纹的陶拍，红砂陶鼎足、鬲足、罐沿，红色细泥陶鼎足，黑皮磨光陶、几何印纹软陶和硬陶片等	

续表

序号	区域	遗址	文化内涵	出处
27		张家磨子山	遗址在江宁镇西南1公里，东南山脚下有张家村，西北距长江东岸3公里，东、南面均为水田，东北有小河通长江。东西为70米、南北为80米、高15米。顶部西南也是红烧土。遗物有红砂陶鬲足、印纹软陶和硬陶罐片	
28		小山头	遗址在马大村的西南端，西面连山岗、其余三面皆为水田，面积50×40米，高3米。遗物有石锛、石杵，红砂陶鬲足、罐片和磨光灰陶镂空豆柄等	
29		馒头山	遗址在慈湖镇西200米，四周为河塘和水田。面积100×50米，高10米，文化层不厚。遗物有红砂陶鬲及扁足鼎片，印纹软陶罐片	
30		李家山	遗址在马鞍山市东北半公里，北、西、东三面为小湖所包围，南面为水田。面积100×50米，高12米。遗物有红砂陶鬲片、印纹软陶片	
31	马鞍山芜湖区	大神头	遗址在马鞍山市的金家庄西南半公里，沙村东南150米，一周为水田及大塘。东西为150米、南北为70米、高8米。陶片以红砂陶为主，有空心尖足鬲、圆柱鼎足、扁形鼎足以及盆形器，有黑皮磨光陶豆，另有春秋、战国和汉代的印文硬陶罐形，多菱形纹与回纹	尹焕章、张正祥：《宁镇山脉及秦淮河地区新石器时代遗址普查报告》，《考古学报》1959年第1期
32		小神头	遗址在大神头东10米，面积为100×50米，高7米。遗物与大神头相同	
33		沙村	遗址在金家庄车站西南半公里，一周为水田及池塘。面积100×100米，高2—3米，沙村即建于遗址之上。遗物有红砂陶鬲片，绳纹陶罐片，残石器2件	

附表五 湖熟文化遗址表

续表

序号	区域	遗址	文化内涵		出处
34	马鞍山芜湖区	烟墩山	面积3万平方米	13处遗址分布于中游平原区，平均海拔6.5米，平均高出地面4.3米	中国科学技术大学科技史与科技考古系、中国科学技术大学博物馆、马鞍山市文物管理局：《马鞍山采石河流域区域系统调查初步报告》，《东南文化》2010年第1期
35		毕家山	面积1.5万平方米		
36		小山村	面积8500平方米		
37		小村	面积7000平方米		
38		船头墩	面积3万平方米		
39		金条山	面积3000平方米		
40		申东	面积5.5万平方米		
41		卞家山	面积2.5万平方米		
42		杨家坝	面积550平方米		
43		曹山	面积1万平方米		
44		安甸	面积1万平方米		
45		落星船墩	面积2.5万平方米		
46		超山	面积8500平方米		
47		戴山	面积5000平方米	3个遗址分布在中游丘陵区，平均海拔9.4米，平均高出地面5.4米	
48		前头冈子	面积2万平方米		
49		船子头	面积8500平方米		
50		赤砚塘	面积2.5万平方米	4个遗址分布在上游山地区，平均海拔27.3米，平均高出地面6.5米	
51		神头村	面积5000平方米		
52		小马塘	面积2万平方米		
53		薛家庄	面积1万平方米		
54		大荆山蒋公山	大荆山在安徽省芜湖东南8公里，四周为水田或河流所环绕，遗址位于蒋公山、大荆山脚下土岗坡上，发现红砂陶扁足鼎及尖足鬲		尹焕章、张正祥：《宁镇山脉及秦淮河地区新石器时代遗址普查报告》，《考古学报》1959年第1期
55	中华门外岔路口	窨子山	遗址位于南京中华门外8公里，在窨子山村北边，西、北两面有土岗，东面是一片平原。面积90×80米，高9—12米，文化层厚2.8米。出土石斧、石锛、石镞、砺石，铜箭镞，红砂陶鼎和鬲片，黑皮磨光陶片等		尹焕章、张正祥：《宁镇山脉及秦淮河地区新石器时代遗址普查报告》，《考古学报》1959年第1期
56		毛家山	遗址在窨子山北，隔一条4米宽的沟，西、北两面近土岗，东、南面为平地。面积90×35米，高5米。遗物有红砂陶罐与盆片，印纹软陶罐片		

续表

序号	区域	遗址	文化内涵	出处
57		郭家后头山	遗址位于郭家山西，西、南、北三面为水田和小溪，外围为土岗。面积200×100米，高8—9米。遗物有红砂陶鬲和鼎片和春秋战国时代的印纹硬陶片	
58		麻田神子山	遗址在麻田村东南100米，南面10米即土岗，其他三面均为水田。面积140×120米，高6米。遗物有红砂陶鬲片和印纹软陶片	
59		小古山	遗址在姑塘村北100米，东距宝于墩40米，西距韩府山150米，面积50×30米，高3米，一周为平地，其外近处有土岗。遗物有红砂陶鬲片，春秋战国时代印纹硬陶瓿片	
60		姑塘神子山	遗址在小古山遗址西30米，西北距东王村30米，一周有小河。面积120×70米，高5米。遗物有残石器1件，红砂陶鼎和鬲片，黑皮磨光陶瓿片	
61		宝于墩	遗址在曹村北200米，面积75×60米，高7米，四周低下，近处有土岗。遗物有石锛1件，红砂陶尖足鬲及圆足鼎片，印纹软陶罐片，黑皮磨光陶瓿片	
62		橙子墩	遗址在江宁中学东60米，东距岔路口150米。四周为水田，田外有土岗。面积70×60米，高7米。遗物有石锛、石镞，陶器有红砂陶鬲、鼎、罐残片，黑皮磨光陶片，汉代的印文硬陶片	
63		孙家山	遗址东北距民塘村500米，北距岗山村200米，四周为水田，水田外有小土岗围绕。面积180×120米，高2米。墩顶东部地表有灰土及烧土，遗物有红砂陶圆足鼎片，印文硬陶瓿片	
64		周家山	遗址在牌头村西的200米，东、西、北三面为百家湖所环绕。面积70×60米，高6米。遗物有陶垫1件，红砂陶鬲、罐、把手等片，春秋战国时代的印纹硬陶片	
65		崔家山	遗址在殷巷西南200米，北、西、南三面为殷巷大河环绕。遗址面积150×70米，高5米。遗物有残纺轮、陶垫，红砂陶鬲和鼎片，印纹软陶和硬陶片	

续表

序号	区域	遗址	文化内涵	出处
66		点将台	遗址位于南京市东郊江宁县汤山乡桦墅村，宁周公路西岗村站南侧，地处山间盆地，为高出平地4米的台形遗址。原面积4000平方米，现存南北长60、东西宽50米。文化层分为三层，上、中层为湖熟文化，下层为点将台文化	南京博物院：《江宁汤山点将台遗址》，《东南文化》1987年第3期
67		昝庙	遗址位于南京以南50公里，面积1万平方米的台形遗址，文化层厚3.5米，周围为水田，南面有小河，河南岸是土岗。中上层为湖熟文化，下层为点将台文化	魏正瑾：《宁镇地区新石器时代文化的特点与分期》，《考古》1983年第9期
68	江宁秣陵关	船山	遗址位于元山街以东1公里，西北距李家岗村350米，东西两面为土岗起伏，面积16000平方米，高5米。遗物有红烧陶扁足鼎及尖足鬲，还有印纹软陶及硬陶片	尹焕章、黎忠义：《江苏江宁元山镇遗址的试掘与调查》，《考古》1959年第6期
69		大墩子	遗址在元山街南2.5公里陶家桥东南400米，西距小王山400米，东西两面400米都有土岗。东西为150米、南北为100米、高为8米，地表有烧土及灰土，遗物以红砂陶为主，有印纹软陶和硬陶	
70		灰山（程家山）	遗址位于陶吴镇东500米，东北距郭村250米，北、南两面相距500米都是土岗。东西为250米、南北为100米、高为10米，文化层厚3米。陶片以红砂陶为主，有甗、鬲、鼎、罐、盆等，还有泥质印纹软陶及石锛	
71		墩子山	遗址位于灰山以东500米，南面300米为土岗，北面隔1公里平原外也是土岗，面积800平方米，高5米，四周为水田。遗物有红砂陶鬲、鼎、罐，还有印纹软陶	
72		沟墩	在江宁县东善乡元山街南50米，北距元山头400米，东南紧靠沟墩村，西面与南面有河通陈家桥。东西为200米、南北为140米、高为10米。墩边遍见灰土及烧土。遗物有红砂陶鬲足及罐片，印纹软陶罐片，还有春秋战国时代印纹硬陶瓿残片，上有回纹、篮纹等纹饰	尹焕章、张正祥：《宁镇山脉及秦淮河地区新石器时代遗址普查报告》，《考古学报》1959年第1期
73		荷花墩	遗址在糕饼店村西50米，四周为水田和池塘，田外四周为土岗。面积70×80米，高7米。地表全是灰土和红烧土。遗物有石锛，红砂陶鬲片，黑皮磨光陶瓿片	

续表

序号	区域	遗址	文化内涵	出处
74		陶村后头山	遗址在陶村东北端，东距引山500米，墩四周为水田和池塘。面积100×60米，高8米，遗物有石锛，陶器有红砂陶扁足鼎和尖足鬲片，黑皮磨光陶片，印纹软陶片	
75		墩墩山	遗址在后晋村北，四周为水田，有流水三面环绕。面积40×20米，高4米，灰土层厚2米。遗物多红砂陶，有鬲、鼎、甗等残片，印纹软陶片	
76		磨子山	遗址在中村东200米，北隔一水60米为土岗，中村就在土岗上。墩一周为水田、小溪及池塘。椭圆形土墩直径60米、高5米。遗物有石钺，红砂陶鬲、鼎、甗残片，灰色磨光陶盘片	
77		小墩山	在磨子山遗址西30米，西为中村，北150米为土岗，墩周围为水田及水塘。面积100×80米。遗物有红砂陶鬲、鼎片，黑皮磨光陶盆片	
78		秣陵神墩	遗址紧靠秣陵关中学东边，四周都是小塘，南有秦淮河向西流过。东西50米、南北60米、高5米。出土红砂陶鬲片和鼎足，印纹软陶罐，黑皮磨光陶豆、罐、瓿、罍、盘等，泥质灰陶盆、罐，纺轮和小陶垫。石器有段石锛、穿孔刮削器和砺石	
79		大坟滩	遗址在三里湾傅家村北50米，四周为水田及小溪。面积100×30米，高2米。遗物有红砂陶扁足鼎、罐片	
80		回龙庵	遗址在南庄村东南30米，紧靠秦淮堤，墩西面、南面均有河流。面积仅存50×30米、高3米。遗物有红砂陶扁足鼎片和印纹软陶片	

附表五 湖熟文化遗址表 395

续表

序号	区域	遗址	文化内涵	出处
81	江宁解溪	王墅蛇墩	在下王墅东20米，一周为水田和池塘，面积100×50米，高6米。墩表面全为灰土和烧土，遗物有石镞，红砂陶鬲、鼎残片及把手，黑皮磨光陶罐、瓿片，印纹软陶罐片	尹焕章、张正祥：《宁镇山脉及秦淮河地区新石器时代遗址普查报告》，《考古学报》1959年第1期
82		周望麻子山	遗址在周望村西200米，一周为流水及水田。面积60×50米，高5米，灰土层厚2米。遗物有残石器，红砂陶鬲、钵等残片及把手，印文软陶及春秋战国时代的印纹硬陶罐片	
83		畲墩	遗址在前西乡村东80米，村西有土岗，墩周有水田和池塘。面积80×40米，高4米。遗物有红砂陶鼎、鬲片	
84		土地庙墩	遗址在解溪镇西100米，墩一周为水田。面积60×40米，高5米。遗物有红砂陶鬲片	
85		猴子墩	遗址在东库村西250米，紧靠圩堤，一周全为圩田及水滩。面积100×60米，高3米，墩面为灰土与烧土。遗物有纺轮、陶垫，红砂陶尖足鬲、扁足鼎片，黑皮磨光陶瓿片，印纹硬陶罐片	
86		畲豆欧	遗址在后三岗村南200米，一周为水田及往东流的小河。面积100×60米，高5米。遗物有红砂陶鬲足及罐片	
87		磨盘山	遗址位于解溪镇南2公里，方山东南脚下，秦淮河北岸，面积200平方米，高10米。遗物有红烧陶片	
88		庙墩	遗址位于方山西北800米，周围为水田，遗物有红砂陶片	
89	江宁湖熟	城岗头	遗址紧靠湖熟镇北边，高十几米，北面有池塘，文化层厚1.5米，遗物有红砂陶、盆片、砺石	
90		梁台	遗址位于城岗头遗址东南100米，紧靠秦淮河北岸，为圆形的台形遗址。遗物有石锛、陶纺轮	
91		小宝塔山	遗址位于城岗头遗址西北500米	

续表

序号	区域	遗址	文化内涵	出处
92		鞍头岗（又名鞍斗山）	遗址位于梁台东南，紧靠秦淮河南岸，为一椭圆形土岗，遗物与城岗头相同	
92		老鼠墩（又名榆墩、虞墩）	遗址位于湖熟镇西1.5公里秦淮河北岸，为高10米的土墩。遗物有红砂陶鬲足、鼎足、口沿，石斧，石锛，石刀	
93		前岗	遗址位于老鼠墩西南170米，遗物与老鼠墩相同	
94		馒头墩	遗址位于叉河西岸向家边南150米，直径40米，高7米。遗物有鬲片、石斧，与老鼠墩相同	
95		乌龟墩	遗址位于湖熟镇东北4.5公里，叉河从东南脚下流过，高十余米。文化层厚1米，有多处红烧土，遗物有砺石	南京博物院：《江宁湖熟史前遗址调查记》，《南京附近考古报告》，上海出版公司1952年版
96		蛇墩（又名蛇山）	遗址位于乌龟墩北100米，墩面红烧土普遍，遗物与老鼠墩相同	
97		神墩	遗址位于索墅镇东南1.5公里，湖塘头村北，为一高7米的土墩，四周都是水田，文化层厚1.6米。遗物与老鼠墩相同	
98		木鱼墩	遗址位于神墩南30米，墩面遍布红烧土，采集到小石锛	
99		大宝塔山	遗址位于湖熟镇西0.5公里，秦淮河北岸，与小宝塔山相对。遗物有红砂陶片	
100		船墩	遗址位于叉河东岸圩田内，为面积300平方米的船形土墩，灰土层厚1.8米，遗物有红砂陶鬲足	
101		东北冢	遗址在石家边村东北35米，一周有水田及池塘。遗址面积140×90米，高2米。遗物有红砂陶鬲、罐片	
102		赵家山	遗址在石家边村南50米，一周有水田及池塘。面积170×120米，高2.5米。遗物有红砂陶鬲足，印纹软陶罐片	尹焕章、张正祥：《宁镇山脉及秦淮河地区新石器时代遗址普查报告》，《考古学报》1959年第1期
103		老坟山	遗址在钱家边村东北20米，一周有水田及池塘。面积170×80米，高1.5米。遗物有红砂陶鬲足	
104		蓑衣山	遗址在钱家边村东南75米，一周有水田及池塘。面积50×20米，高1米。遗物有红砂陶罐片	

附表五 湖熟文化遗址表　397

续表

序号	区域	遗址	文化内涵	出处
105	江宁土桥	露水墩	遗址在土桥镇南1公里，秦淮河支流从遗址东南流过，一周为水田，外围有土岗。面积120×80米，高6米。遗物有红砂陶鬲片，黑皮磨光陶瓿片，春秋战国时代的印纹硬陶瓿片	尹焕章、张正祥：《宁镇山脉及秦淮河地区新石器时代遗址普查报告》，《考古学报》1959年第1期
106		茅前墩	遗址在戎冈头村东南500米，秦淮河支流从墩西面流过。墩周为水田。面积90×20米，高5米。遗物有砺石，红砂陶鼎、鬲、罐片	
107	句容	城头山	遗址在燕窝村东北150米，墩下一周为水田和沟渠，西部外围有土岗。面积200×150米，高7米，现为水库中的一座小岛。地表为灰土，有多量烧土，文化层厚4米。遗物有石锛、石刀，红砂陶鬲、鼎、罐片，印纹软陶片，春秋战国时的印纹硬陶罐片。发现北阴阳营文化、点将台文化和湖熟文化三叠层	镇江市博物馆：《江苏句容城头山遗址试掘简报》，《考古》1985年第4期
108		神面山	遗址在小心庄村西端，西南30米有一小河流入秦淮河，东南500米外为山岗。面积60×40米，高5米，文化层厚1米多。遗物有红砂陶鬲片，黑皮磨光陶	尹焕章、张正祥：《宁镇山脉及秦淮河地区新石器时代遗址普查报告》，《考古学报》1959年第1期
109		和尚山	遗址在冈下村西50米。墩西北与东南隅有池塘，北为水田，南面外围有土岗。面积70×60米，高4米。在耕土地表上暴露的灰土普通。遗物有石斧，红砂陶鬲片、黑皮磨光陶、印纹软陶，印文硬陶瓿片	
110		王家山	遗址在褂子沟村西北200米，墩南500米为北山，墩一周为水田，西有土岗。遗址面积150×80米，高6米。遗物有红砂陶鼎、鬲、把手片，黑皮磨光陶瓿片，印纹软陶和印纹硬陶罐片	
111		三台阁	遗址在褂子沟村西北150米，东北隔50米即王家山遗址，一周为水田。面积100×100米，高7米。遗物有红砂陶鬲片，印纹软陶罐片，春秋战国时的印纹硬陶瓿片	
112		王埠乌龟墩	遗址在王埠村西50米，墩南脚是秦淮河支流，墩四周是水田。面积120×60米，高4米。遗物有红砂陶鬲片，印纹软陶罐片	

续表

序号	区域	遗址	文化内涵	出处
113		小沈头山	遗址在望人桥村东南130米，墩周围为洼地，外围有水田及圩田。面积70×55米，高1.5米。遗物有红砂陶鬲、鼎片	
114		大沈头山	在望人桥村南180米，墩周围为水田及池塘，东南为圩田。面积70×65米，高2.5米。遗物有红砂陶鬲、鼎片	
115		大山墩	遗址在小花茂村东北20米，一周有水田及池塘。面积50×20米，高1米。遗物有红砂陶鬲、罐、鼎片，黑皮磨光陶片	
116		蟹子山（又名蛤蜊山）	在小花茂村东南30米，一周有水田及池塘。面积50×20米，高1米，顶平坦。地表灰土普通。遗物少，有红砂陶鬲、鼎片	
117		小山边	遗址在东冈头村南170米，东距大山边40米，再东边是土岗。一周为水田。面积60×40米，高4米。遗物有红砂陶鬲、鼎、罐片，黑皮磨光陶片，石球1个	
118		大山边	遗址在东冈头村南170米，东有土岗，南有甲山，四周为一片水田。面积60×50米，高5米，遗物有红砂陶里、鼎片	
119		窦家小山墩	遗址在窦家边西北200米，周围是水田。面积65×60米，高2.5米。遗物有石器残片，红砂陶鬲、鼎等片，黑皮磨光陶片，印纹软陶罐片	
120		神山墩	遗址在窦家边西北100米，一周为水田。面积100×50米，高2米。遗物有残石器，红砂陶鬲、鼎、罐片	
121		魏家神墩	遗址在魏家庄北端，北面近土岗，南面是甲山，一周为水田。面积27×20米，高4米。遗物有红砂陶鬲、罐片	
122		蒋家乌龟墩	遗址在蒋家村西300米，墩西隔300米水田为土岗。面积80×50米，高6米。遗物有红砂陶豆片，黑皮磨光陶瓶片，印纹软陶片	
123		下山地墩子	遗址在下山地村东250米，周围有水田及池塘，外围东、西两面有土岗。面积65×50米，高1米。遗物有石锛，红砂陶鬲片，印纹软陶片	

附表五　湖熟文化遗址表　399

续表

序号	区域	遗址	文化内涵	出处
124		猴墩	遗址在山前村南500米，一周为水田，水田外东、西两面为土岗。面积45×25米，高1米。遗物有红砂陶鬲、鼎片	
125		刘家神墩	遗址在刘家庄东70米，一周为水田，水田外东、西两面有土岗。面积20×15米，高5米。遗物有红砂陶鬲片	
126		南便山	遗址在东坪村北100米，北距侯头村200米，墩西有都包圩，一周为洼地水田。面积150×100米，高4米。遗物有红砂陶鬲片，印纹软陶与硬陶片	
127		牌坊山	遗址在枕头山南120米，墩周围有水田，外圈东面是一片圩田。面积75×60米，高5米。遗物有红砂陶罐片	
128		培墩	遗址在盛家边南10米，一周为水田及池塘。面积75×65米，高6米。遗物有红砂陶鬲片	
129		神世墩	遗址在老塘村南60米，一周有水田及池塘。面积75×60米，高4米。遗物有红砂陶鬲片和印文软陶罐片	
130		林塘墩	遗址在赵家巷东100米，周围有水田及池塘。面积90×75米，高1.5米。遗物有红砂陶鬲片	
131		白蟒台（又名牛屎坯）	遗址在句容城南20公里的虬山水库里，西南距浮山果园土墩墓群7公里。原为高8—10米的土墩，东西200米，南北60米，现为一座岛屿。墩面地表遍布ైౌ、烧土屑与红砂陶片。遗物有梯形扁足鼎，实心和空心的尖足鬲，敞口小罐。细泥磨光陶瓿、豆、罐，几何印纹陶片。文化层厚4.5—5米，分为三层，时代从商代中期至西周早期	镇江博物馆：《江苏句容白蟒台遗址试掘》，《考古与文物》1985年第3期
132	金坛	新浮	遗址在东距金坛市20公里，西距茅山的磨盘山7.5公里，位于薛埠镇新浮村南100米，南距340省道300米，北距上水土墩墓群500米，面积2万平方米，现剩2000平方米，高1.5—2米。主要遗存为商代早期湖熟文化	南京博物院：《江苏金坛市新浮遗址的试掘》，《考古》2008年第10期

续表

序号	区域	遗址	文化内涵	出处
133	溧水	神子头	遗址在方便村东南50米，周围为水田，墩西有小溪，南面500米有大山。面积100×70米，高7米，文化层厚5米。遗物有红砂陶鬲、罐片，黑皮磨光陶罐、瓿片，印纹软陶罐片	尹焕章、张正祥：《宁镇山脉及秦淮河地区新石器时代遗址普查报告》，《考古学报》1959年第1期
134		窑岗山（又名井栏岗）	遗址位于溧水县西北500米，紧靠秦淮河南主源西岸窑岗山脚下的岗坡上，直径60米。遗物以红砂陶为主，有扁足鼎、尖足鬲，和台形遗址出土的器物无异	
135	溧阳	罗家山	遗址位于溧阳城西的罗家山脚岗坡上，文化层厚0.5米，采集的遗物有红砂陶鼎、盆片	
136	宝堰河区	大坟头	遗址在洛阳观西，隔洛阳桥即周上村遗址，南500米为土岭。墩高7米，东西120米、南北180米，周围为水田，中部有洼下的一块水田。墩面地表有红烧土一大片，直径30米。遗物有红砂陶尖足鬲和扁足鼎，还有黑皮磨光盆形陶片、砺石	
137	高资河区	赵家窑团山	遗址在高资镇东南3公里，北距赵家窑70米，北距长江3公里，南距连绵的宁镇山脉1公里。东西70米、南北40米、高7米。遗物有红砂陶鼎足、鬲足、罐片等，黑皮磨光陶瓿片，几何印纹软陶和硬陶片。为二里头文化时期至春秋中期点将台文化和湖熟文化的堆积	团山考古队：《江苏丹徒赵家窑团山遗址》，《东南文化》1989年1期.
138		毛家磨盘山	遗址在高资镇南3公里，毛家庄西南100米，西北距香山脚下50米，东距高资河300米。东西为50米、南北为40米、高为4米。遗物有红砂陶，黑皮磨光陶，印纹软陶和硬陶	尹焕章、张正祥：《宁镇山脉及秦淮河地区新石器时代遗址普查报告》，《考古学报》1959年第1期
139		砂子台（又名冈阴台）	遗址在石马庙镇句公路南，东西为120米、南北为11米、高为10米，遗物石器有锛、斧、刀，矛头残部和砺石等，陶片有红砂陶，有大型的空心甗足、鬲足、实心鼎足、罐片等。黑皮磨光陶罐口沿，几何印纹陶	

附表五　湖熟文化遗址表　401

续表

序号	区域	遗址	文化内涵	出处
140	镇江区	马迹山	遗址北距戴家巷60米，再北为运河，四周是水田，南边有小河。原东西为60米、南北为110米、高为7米，文化层0.9—1.5米。出土石器140余件，陶器以红砂陶为主，有泥质陶、印纹软陶和硬陶，铜锥和铜渣	镇江博物馆：《镇江市马迹山遗址的发掘》，《文物》1983年11期
141		龙脉团山	遗址在镇江市西南郊七里甸南1公里，西距龙脉桥150米，在五洲山与九华山之间的谷地中。遗址近圆形，东西为50米、南北为60米、高为5米，四周都是水田。遗物有红砂陶空心尖锥形鬲足、扁平三角形鼎足、甗腰和口沿，带编织纹的几何印纹软陶片，春秋战国时代带回纹的硬陶片	尹焕章、张正祥：《宁镇山脉及秦淮河地区新石器时代遗址普查报告》，《考古学报》1959年第1期
142		松子头	遗址在龙脉桥东南500米，东南距榨树（诈输）岗1公里，四周是水田。东西为120米、南北为60米、高为5米。遗物有石斧，红砂陶，黑皮磨光陶，几何印纹软淘和硬陶	
143		蒋家木鱼墩	遗址在龙脉桥南1公里，四周都是水田。东西为70米、南北为130米，高为7米。遗物有红砂陶，黑皮磨光陶，印纹软陶和硬陶	
144		冈子下小团山	遗址在镇江南门外1公里，西距冈子下村100米，四周都是水田。东西为60米、南北为50米、高为6米，周围皆水田。遗物有红砂陶、黑皮磨光陶、印纹软陶和硬陶	
145		陈家团山	遗址在镇江南门外3公里陈家村西，北端隔10米隆地与严家岗相接，西坡下有小河。东西为60米、南北为50米、高为7米。遗物有石刀，红砂陶鬲足、罐片，印纹软陶和硬陶片	
146		吴家团山	遗址在陈家团山南400米，东距吴家村200米，西距三里岗300米，南距四明山500米，西与小山岗相接，三面都是水田。东西为50米、南北为60米、高为4米。遗物有红砂陶，印纹软陶和硬陶片	
147		仙子墩	遗址在丹徒县西麓乡陆村西南400米，高3—6米，周围都是水田，陆village在土岗上，南500米也是土岗，岗上是夏侯村。文化层厚3米。东西为380米、南北为80米。遗物有石刀，红砂陶尖足鬲、扁足鼎、柱足鼎、腰部带手窝文的甗等，几何印纹软陶罐，灰陶甗等	

续表

序号	区域	遗址	文化内涵	出处
148		黄泥山	遗址在沿街村东北100米，西北距西石村200米，北距人民坝70米。面积120×60米，文化层厚1.5米。遗物有石戚，陶器有红砂陶鬲、甗片，黑皮磨光陶，印纹软陶罐片	
149		申子墩	遗址在辛丰镇北，距辛丰中学200米，西距运河500米，西、北两面有河流环绕。面积170×70米，高4米，文化层厚3米。遗物有石斧、穿孔刀，陶器有红砂陶鬲、鼎、甗、盆片，印纹软陶片，春秋战国时的印纹硬陶片	
150		沈头山	遗址在辛丰镇东2.5公里，下沿村北100米，西、北两面有水，似小型湖沼，东亦有水塘。东西为70米，南北为100米，高为3米。文化层厚2米。遗物有红砂陶鬲片，印纹软陶片，春秋战国时的印纹硬陶片	
151		鬼山	遗址位于镇江南郊官塘桥镇山头上村东北，南北为120米、东西为90米、高为5—6米，现存面积5000平方米，文化层厚2.2米，下层为春秋前期，上层为春秋后期	镇江博物馆：《镇江官塘桥镇鬼山遗址发掘报告》，《印记与重塑》，江苏大学出版社2010年版
152		土山口	遗址在谏壁镇西北600米，东北距癞鼋墩村50米，北距长江300米，墩周为水田。面积7000平方米，高3米。遗物有石刀，红砂陶鬲、鼎片，黑皮磨光陶罐片，印纹软陶罐片	
153	谏壁大港沿江区	癞鼋村乌龟山	遗址在烟袋山西，东窑以东，北沿长江，南100米即癞鼋墩村。遗址北部被冲刷成陡峭的断崖，东西为400米、南北只剩下50米。文化层厚1.7米。遗物有石锛、石镞、石刀及石钻心，陶器有红砂陶甗、鬲、鼎片，黑皮磨光陶盆、鼎片，春秋战国时的印纹硬陶瓿片	尹焕章、张正祥：《宁镇山脉及秦淮河地区新石器时代遗址普查报告》，《考古学报》1959年第1期
154		烟袋山	遗址在谏壁镇癞鼋墩村北面。采集刀斧、锛、钺、刀、镞、砺石、石钻心等石器100件，红砂陶鬲、鼎、甗足，黑皮磨光陶和几何印纹软陶	

续表

序号	区域	遗址	文化内涵	出处
155		雪沟图山	遗址在谏壁中学东1公里，雪沟村东南，遗址在土岗怀抱中，一周为水田及水沟。面积100×60米，高8米。遗物有红砂陶鬲、鼎片，印纹软陶罐片，春秋战国时的印文硬陶的瓿、罐片	
156		对面山	遗址在孩溪村东南，北距长江250米，东、西、北三面为水田，西南与大山岭相接。面积190×60米，高10米，红烧土层厚1.2米，遗物有红砂陶的鼎、瓿、罐片，印纹软陶和硬陶罐片	
157		滨竹乌龟山	遗址与对面山相隔20米，北为长江南岸的沙土淤地，南外围为土岗。面积100×40米，高8米。遗物有红砂陶鼎足，黑皮磨光陶瓿片	
158		海船山	遗址北距长江200米，东南80米即新溪村（原名海船村），一周为水田，东南外围为大土岭。面积180×60米，高13米，灰土层厚2.6米。遗物有砺石、纺轮、陶墊及红砂陶鼎、鬲片、印纹软陶片	
159		豆腐垴山	遗址在钱村正南250米，村后紧靠长江。东、西、北三面均为水田，西南接一土岭。面积180×150米，高13米。文化层厚3米。遗物有石锛，红砂陶鼎、鬲、瓿片，印纹软陶片及印文硬陶瓮、罐、钵片	
160		滨竹磨盘山（又名燧墩）	遗址在殷村正南200米，北距长江250米，北、西、南三面均为水田，东端接一土山。面积100×40米，高10米，文化层厚2米。遗物有红砂陶的鼎、罐、瓿、盘片，黑皮磨光陶豆片，印纹软陶罐片	
161		草堂山	遗址在大港镇西来门南30米，北距长江300米。墩东、西、北三面为水田与平地，南端与一土岗相连。面积100×80米，高10米。灰土层厚1米。遗物有红砂陶鼎、鬲片，黑皮磨光陶豆片，印纹软陶片，春秋战国时的印纹硬陶罐	
162		姚方冈	遗址即大港中学所在，自办公室以北到操场为遗址范围，东、西、南三面均为水田及平地，北面与土岗连接。遗址东西为80米，南北为110米，高为7米，文化层厚1米。遗物有红砂陶鬲片，印纹软陶片	

续表

序号	区域	遗址	文化内涵	出处
163		锣鼓山	遗址在大港中学正南 300 米，东、西、北三面为水田及池塘，西南隔 20 米宽的条形洼地连接一座大土岗。面积 30×90 米，高 7 米，文化层厚 2 米。遗物有石斧、砺石，红砂陶鬲、甗、罐片及印纹软陶片	
164		马鞍山	遗址在烟墩山北 400 米。烟墩山为西周宜侯夨簋等铜器的出土地点。北面紧靠长江，东、西两面为水田，南端原接土岗，现为窑厂切断。东西为 30 米，南北为 160 米，高为 13 米。遗址下的江滩上红砂陶片极多。遗物有红砂陶鬲、甗片，印纹软陶片，春秋战国时的印纹硬陶瓿片	
165		南山底（又名乱山地）	遗址在大路镇西的小大港东 250 米，北面紧靠圌山，东、西、南三面为平地或河流。面积 55×14 米，高 50 米。遗物有红砂陶鬲、鼎、罐片，印纹软陶罐片，春秋战国时的印纹硬陶瓿片	
166		大港乌龟墩	遗址在大港镇东南 1 公里，北、东、西三面为水田及河流，南端有洼下的条形地接土岗。南北为 116 米，东西为 48 米，高 7 米，文化层厚 1.4 米。1993 年发掘 200 平方米，出土遗物主要为夹砂陶，泥质陶次之，有鬲、甗、盆、罐、钵、豆等器形，硬陶坛、瓿、盂，原始瓷仅见出 2 件豆。时代为西周晚期至春秋早期	镇江博物馆：《镇江大港乌龟墩遗址发掘简报》，《东方文明之韵》，岭南美术出版社 2000 年版
167		月湖乌龟山	遗址在谏壁月湖村李严生产队东南，四周为水田，东南外围有土岗。面积 4000 平方米，高为 6 米，文化层 2 米以上。1999 年发掘，出土遗物一半以上是石器，有锛、斧、刀、镞，出土小件青铜器、铜块、矿石、炼渣。第一期属湖熟文化早期，第二期为西周前期，第三期为西周后期至春秋早期	镇江博物馆：《镇江谏壁月湖乌龟山遗址发掘报告》，《东方文明之韵》，岭南美术出版社 2000 年版
168	丹徒区	癞鼋墩（又名蓝野墩）	遗址紧靠西葛村，面积 12000 平方米，高 7 米。遗物有石斧、石锛、石刀、石镞、石矛、砺石，陶器有纺轮、陶拍，红砂陶、几何印纹软陶与黑皮磨光陶	南京博物院：《江苏丹徒葛村新石器时代遗址探掘记》，《考古通讯》1957 年第 5 期
169		文昌阁	遗址在东葛村东南 300 米，面积 8000 平方米，高 7 米。遗物有红砂陶鬲、罐、甗、细泥黑陶罐、豆、碗，几何印纹软陶	

续表

序号	区域	遗址	文化内涵	出处
170		断山墩	遗址位于丹徒丁冈乡，在东平昌村东南100米，北距墩上村300米，东距华山1.5公里，西、北面有小河围绕，与西南130米的大平河相连，东、南两面原也有小河围绕，现已湮没。四周均是水田。东西为100米，南北为240米，高为10米，文化层厚4米。出土石器有石斧、穿孔石刀。铜器有残铜刀、铜锥，陶片红砂陶占37%、细泥红陶及几何印纹软陶占46%、黑皮磨光陶占8%，春秋战国时代的几何印纹硬陶占9%。红砂陶有鼎、鬲、甗、罐，其他陶器以罐居多。纹饰以方格纹、回纹和编织纹为主。地层分为四期，年代从西周到春秋晚期	邹厚本、宋建、吴绵吉：《丹徒断山墩遗址发掘纪要》，《东南文化》1990年第5期
171		西神墩	遗址在大留村东南500米，北临南河，南近山岗，东、西、北三面是水田。东西为80米、南北为70米、高为4米。遗物有红砂陶鼎足、鬲足、甗足，几何印纹软陶和硬陶片	尹焕章、张正祥：《宁镇山脉及秦淮河地区新石器时代遗址普查报告》，《考古学报》1959年第1期
172		东神墩	遗址在大留村东400米，西北距小留村250米，东北200米有太平河。东西、南北均为80米，高为6米，文化层厚3米。遗物有石锛，红砂陶，几何印纹软陶和硬陶	
173		蜘蛛墩	遗址在东神墩东南300米，东西为50米、南北为40米、高3米。遗物有穿孔石斧和半月形石刀，红砂陶、几何印纹软陶和硬陶	
174		年山墩	遗址在丁冈村西250米，墩四周是水田。东西为100米、南北为60米、高为5米。遗物有红砂陶、几何印纹软陶和硬陶，砺石	
175		观山墩	遗址在丁冈村东南1公里，南有大平河。北面50米与小山岗相连，其余三面均是水田。东西为120米、南北为190米、高为6米。遗物以几何印纹硬陶与红砂陶居多，次为几何印文软陶	
176		绳家山	遗址在夏家神墩东200米，墩北有小河与太平河通，南面1公里为山岗，四周均是水田。东西为110米、南北为100米、高为4米。遗物有红砂陶、黑皮磨光陶、几何印纹软陶和硬陶	

续表

序号	区域	遗址	文化内涵	出处
177		左湖	遗址位于丹徒镇南 1 公里左湖村西北，在遗址西北起伏的丘陵岗地上有 6 座土墩墓，俗称四脚墩，四脚墩东南 500 米即是左湖遗址。台地遗址高 15 米、长 300、宽 100 米，俗称磨盘墩。上文化层为湖熟文化，年代从西周前期至春秋早期	南京博物院、镇江博物馆：《江苏镇江市左湖遗址发掘简报》，《考古》2000 年第 4 期
178		小星台	遗址在胡家桥南 100 米，东面地势稍高，南、西、北三面都是水田。东西为 90 米、南北为 110 米、高为 6 米。遗物有石斧，红砂陶、黑皮磨光陶、几何印纹软陶和硬陶	尹焕章、张正祥：《宁镇山脉及秦淮河地区新石器时代遗址普查报告》，《考古学报》1959 年第 1 期
179		村头山	遗址在小星台西 10 米，东北、西北都是水田。东西为 280 米、南北为 120 米、高为 5—9 米。遗物有红砂陶、黑皮磨光陶、几何印纹软陶和硬陶及石锛	
180		墩山	遗址北与村头山相接，东南距马家村 150 米，草塔坝河在墩的东、南、西三面绕过，其外为水田，东南隔河到余家村为一长条形土岗。东西为 80 米、南北为 25 米、高为 10 米。遗物以红砂陶片最多，其次是黑皮磨光陶和几何印纹软陶和硬陶片	
181	丹阳区	邹家大山	遗址在聂家城头山南 500 米，四周是水田，有小河流经墩下，向南流入九曲河。东西为 120 米、南北为 80、高为 5 米。遗物有红砂陶，几何印纹软陶和硬陶	
182		王家山（又叫聂家城头山）	遗址位于丹阳车站北 500 米，西北距练湖 1000 米，原为台形土墩，南北为 200 米、东西为 150 米、高为 8 米，现仅剩南北长 17 米、东西 6—9 米的残墩。下文化层为良渚文化早期，上文化层为湖熟文化，遗物有圆锥形袋足鬲、小口夹砂陶罐、角状把手、有段石锛、穿孔石刀、梯格纹泥质红陶、回纹硬陶、席纹硬陶瓮、圈足豆和青铜镞	镇江博物馆：《江苏丹阳王家山遗址发掘简报》，《考古》1985 年第 5 期
183		墩头山	遗址位于丹阳市麦溪镇南 400 米，为一台形土墩，面积近 7 万平方米，高出周围地面 3—4 米。湖熟文化堆积层厚 2 米，前期为西周后期，后期为春秋前期	施玉平、王书敏、杨再年：《江苏丹阳墩头山遗址调查与试掘》，《考古》1993 年第 8 期

续表

序号	区域	遗址	文化内涵	出处
184	武进区	凤凰山	遗址位于丹阳市麦溪镇姜巷村（原西附村），东北距丹阳市区2.5公里，西南距姜巷村200米。遗址为一台形高地，高出周围地面4—5米，顶部近椭圆形，东南至西北长350米，东北至西南宽250米，面积6万平方米。经1989年和2001年两次发掘，发现马家浜晚期文化遗存和丰富的湖熟文化遗址。器形以素面鬲、圆锥形实足鼎、腰沿釜、圈足豆、深腹盆等为主，夹砂陶和素面陶始终占重要地位，陶器纹饰大多拍印在印纹硬陶和泥质红陶上。年代从西周前期到春秋晚期	凤凰山考古队：《江苏丹阳凤凰山遗址发掘报告》，《东南文化》1990年第1—2期；镇江博物馆、丹阳市文化局：《丹阳凤凰山遗址第二次发掘》，《东南文化》2002年第3期
185		固村乌龟山	遗址在孟河镇西1.5公里，东、北两面是低山，西、南两面是长江冲积平原，是一片水田。东西为80米、南北为60米、高为6米。遗物有红砂陶片及几何印纹软陶片	尹焕章、张正祥：《宁镇山脉及秦淮河地区新石器时代遗址普查报告》，《考古学报》1959年第1期
186		安居山（又名庵基山）	遗址在孟河镇西1公里，东北距固村200米，北面与乌鸦山相接，东、西、南三面均是水田。东西为70米、南北为100米、高为7米。遗物有红砂陶鼎足及几何印纹软陶片	
187	仪征扬州	胥浦甘草山	遗址位于胥浦镇西1公里，面积3万平方米，高为10米，现仅剩东西长54米，南北宽51米。上文化层为春秋战国遗存，下文化层为湖熟文化	江苏省驻仪征化纤公司文物工作队：《仪征胥浦甘草山遗址的发掘》，《东南文化》1986年第二辑
188		磨盘山	遗址位于新城镇北2公里，面积6400平方米	
189		永山	遗址位于新城镇北2公里，面积8000平方米	
190		老虎山	遗址位于新城镇北2公里，面积10万平方米	
191		曹家山	遗址位于城北1.5公里后武村北，东、西、北相距400米为山岗，面积南北为260米，东西为200米，高为5—8米，文化层厚3米。遗物有粗砂红陶鬲、甗和罐，泥质印纹软陶有编织纹、云雷纹和仿殷周铜器花纹	南京博物院：《江苏仪六地区湖熟文化遗址调查》，《考古》1962年第3期
192		赵家墩	遗址位于城西北7.5公里，面积1万平方米	
193		高集塘	遗址位于高集镇西南0.5公里，面积2000平方米	

续表

序号	区域	遗址	文化内涵	出处
194	江浦六合滁县	葫芦山	遗址位于扬州市西门外七里甸镇西北0.5公里，东南为平地，西北紧接着山岗，东北脚下有一条河。东西为70米、南北为60米、高为10米，文化层厚2米。遗物有粗砂红陶鬲和甗，外饰绳纹，泥质红陶碗和罐，外饰编织纹、云雷纹和仿铜器花纹，还发现占卜用有火灼痕迹的龟甲	
195		曹城	遗址位于江浦县桥林镇北2.5公里，面积7000平方米，高为4米。遗物有夹砂红陶、泥质红陶、几何印纹陶，扁形鼎足和矮裆鬲足	凌竟欧：《江浦县桥林镇附近发现古文化遗址》，《文物参考资料》1958年第11期
196		城子山	遗址位于江浦县桥林镇北1公里，面积1500平方米，高为7米。遗物有红陶和夹砂红陶	
197		曹王塍子	遗址位于江浦县桥林镇北3.5公里，面积1.6万平方米，高为5米。湖熟文化层分为西周和春秋两个阶段，西周文化层陶系以夹砂红陶为主，但夹砂灰陶占40%，纹饰以绳纹为主，素面比例较小，几何印纹陶仅占2%，陶鬲以瘪裆鬲为主，显然受中原文化的影响较大。春秋文化层陶系以夹砂红陶为主，灰陶比例较小，绳纹比例下降，素面比例增大，印纹陶比例大大超过了西周层。这是受苏南地区同期文化影响的结果	南京博物院：《江浦县曹王塍子遗址试掘简报》，《东南文化》1986年第1期
198		周家小山子	遗址位于江浦县津浦铁路花旗营车站南1.5公里，面积3000平方米	
199		护国庵	遗址位于江浦县津浦铁路花旗营车站西南1公里，东西为90米、南北为50米、高为3—7米，文化层厚2—4米。出土陶器以粗砂红陶为主，有鬲、鼎、甗、罐的残足、腹片、口沿，有仿铜器的陶罍，陶网坠，炼铜工具砂陶勺，残石锛、砺石和春秋战国的几何印纹硬陶	南京博物院：《江苏仪六地区湖熟文化遗址调查》，《考古》1962年第3期
200		倪上坡	遗址位于江浦县津浦铁路花旗营车站西北2.5公里，面积1.8万平方米	
201		蒋城子	遗址位于江浦县桥林镇北1公里，西南有小河流过，西、北两面500米外均有土岗，南面为平地。东西为90米、南北为70米、高为8米，文化层厚3米。遗物以红砂陶为主，有鬲、罐，泥质陶豆，印纹软陶多编织纹	

续表

序号	区域	遗址	文化内涵	出处
202		湖里泉	遗址位于江浦县桥林镇西北2公里，四周有小河环绕，北距100米、南距200米为山岗。南北为100米、东西为80米、高为3米，遗物有粗砂红陶鬲、泥质红灰陶罐，纹饰有绳纹、编织纹、附加堆纹、云雷纹和弦纹	
203		前城子	遗址位于江浦县桥林镇西3公里，面积2400平方米，高5米	
204		上单	遗址位于江浦县桥林镇西1.5公里，北距单家河300米，南、西两边均有小塘，周围有山岗环绕。东西为150米、南北为60米、高为8米，文化层较薄。遗物以红砂陶为主，器形有鬲、罐，纹饰有绳纹、编织纹	
205		石头山	遗址位于江浦县桥林镇北0.25公里，面积4800平方米	
206		大城子	遗址位于江浦县桥林镇西1.5公里，面积5400平方米	
207		樊城子	遗址位于江浦县桥林镇西7.5公里，面积3600平方米	
208		干子湖墩	遗址位于江浦县桥林镇西南6.5公里，面积1.6万平方米	
209		红泥铺	遗址位于江浦县桥林镇西南3公里，面积3500平方米	
210		平山赵	遗址位于江浦县桥林镇南2公里，面积8400平方米	
211		茶壶店	遗址位于江浦县龙山镇东南1公里，面积7000平方米	
212		黄庄刘大城子	遗址位于江浦县龙山镇东南0.5公里，面积8000平方米	
213		永宁城基	遗址位于江浦县津浦铁路永宁车站西北4公里，面积3万平方米	
214		郁云岛龟山	遗址位于六合县城西6公里，面积8000平方米	
215		羊角山	遗址位于六合县城西7.5公里，西北500米有土岗，南面有小河流过。南北为120米、东西为100米、高为6米。遗物有夹砂粗红陶扁足鼎、鬲、甗、罐，泥质灰红陶罍、豆、罐，饰绳纹、弦纹和编织纹	

续表

序号	区域	遗址	文化内涵	出处
216		雪山	遗址位于六合县程桥镇西南1公里，面积4800平方米	
217		龙虎小山子	遗址位于六合县城东南4.5公里，面积2.3万平方米	
218		陈子基	遗址位于六合县南14公里葛塘镇西南2.5公里，面积3.6平方米	
219		墩羊大墩子	遗址位于六合城北2.5公里，面积1.8万平方米	
220		城基	遗址位于安徽滁县乌衣镇西北2.5公里，面积8000平方米	
221		范家城基	遗址位于安徽滁县津浦铁路担子车站西北0.5公里，面积1.2万平方米	
222		朱勤大山	遗址位于安徽滁县津浦铁路担子车站北2公里。东西为120米、南北为80米、高为7米，西面200米有土岭，北、东为平地，文化层厚3米。出土陶器有鬲、甗、瓿、罐、盆、研磨钵、陶纺轮，外饰绳纹、编织纹，残石锛、石凿，另有铜矿石4块	
223		越溪张墓村	遗址位于苏州西南郊吴山岭下越溪河畔张墓村北，东西长400米、南北30米的范围内。西北距吴山1公里，北距越城遗址6公里，东距太湖2.5公里，东南距越来溪300米。耕田下文化层厚1米	吴县文管会：《江苏吴县越溪张墓村遗址调查》，《考古》1982年第2期
224	苏州	郭新河	遗址位于郭巷乡尹山村东郭新河两岸，遗存分布在郭新河两岸东西400米、南北400米的范围内，文化层厚1.5米	
225		徐巷	遗址位于横径乡东1.5公里处的徐巷村，北距尧峰山2公里，东距太湖岸线800米。遗存分布在徐巷村新开河两岸，东西为100米、南北为250米，文化层厚2米	姚勤德：《江苏吴县南部地区古遗址调查简报》，《考古》1990年第10期
226		俞家墩	遗址位于横径乡东1.5公里的南章村，距离太湖岸线500米，北距徐巷遗址800米。土墩东西为120米、南北为60米、高为7米，文化层厚1.5米	

续表

序号	区域	遗址	文化内涵	出处
227		彭山	彭山海拔36.5米，位于通安镇西南4.5公里处，东距阳山3公里，西距太湖岸线2.5公里，南临彭山湖（已围垦）。遗址位于彭山南麓东西300米、南北80米的山坡上，文化层厚1.5米	
228		前戴墟	遗址位于胜浦乡前戴村泥河塘北侧。南距吴淞江1.5公里，东南与张陵山遗址相距7公里。遗存分布在南北长70米、东西宽50米的范围内	
			上述223—228六处遗址都存在时代相当于中原商周时代的文化遗存，内涵既有马桥文化的因素，又有早期湖熟文化的某些特点	

附表六　黄山—天目山以南区土墩墓表

序号	遗址	文化内涵	出处
1	安徽屯溪奕棋	1959年在屯溪西5公里农田中的一条东西向的土岗发现两座土墩墓，M1在土岗南面的一个孤堆下，M2位于土岗中脊 M1墓底铺一层25厘米厚的鹅卵石，南北8.5米、东西4.3米，封土堆直径33.1米、高1.75米，方向110度 M2营造方法与M1一致，东西残长5.2米、宽2.2米，方向120度 两墓共出土器物102件，其中陶器6件，原始瓷器71件，青铜器19件，玉石器6件。年代为西周中晚期	安徽省文化局文物工作队：《安徽省屯溪西周墓发掘报告》，《考古学报》1959年第4期
		1965年在屯溪奕棋乡又发现两座周墓 M3在M1南500米，是一个大孤堆，无墓穴，是平地葬，也未铺鹅卵石，仅在东、南、西边发现三条断续铺砌的界线，东西7米、南北4—5米。出土青铜器和原始瓷器百余件。年代为西周晚期 M4在M3西250米，仅存墓室北边的一半，也是平地葬，剩下的墓底铺一层鹅卵石。出土少量铜兵器及原始瓷器。年代稍晚于M3	殷涤非：《安徽省屯溪周墓第二次发掘》，《考古》1990年第3期
		M5位于M3西北300米的耕田中，高2.8米、底径15米，墓底平铺一层卵石，长8.8米、宽6.6米，出土铜器7件、原始瓷55件、印纹硬陶7件、泥质陶7件 M6位于M5南50米，是座残墓，也用卵石铺底，出土1件铜器18件原始瓷器 M7位于M5西南250米，也是座残墓，用卵石铺底，出土10件铜器、8件原始瓷器、1件印纹硬陶器 M8位于M5西南300米田间，高4米、底径19米，墓底略高于地面，长10.3米、宽7.4米，铺卵石不均匀，出土青铜剑1件、原始瓷器15件、印纹陶尊1件 报告主编认为屯溪的这8座墓葬都是春秋晚期到战国早期越墓	李国梁主编：《屯溪土墩墓发掘报告》，安徽人民出版社2006年版

附表六　黄山—天目山以南区土墩墓表　413

续表

序号	遗址	文化内涵	出处
2	浙江淳安左口	1979年在淳安县北12公里左口龙坑坞小塘坞遗址清理5座土墩墓，除M5以外墓底均铺鹅卵石。出土44件器物，以原始瓷为主，铜矛1件。M5年代为西周晚期，M1—M4为春秋早期	浙江省文物考古研究所：《浙江淳安左口土墩墓》，《文物》1987年第5期
3	衢州西山村东山、大石塔山	1982年在衢州市东15公里的云溪公社西山大队四周发现8个土墩墓，直径50—150米。其中大石塔山已经荡然无存，东山残剩封土0.7米，墓底有10厘米厚夯土层，器物置于夯土层上，北边用鹅卵石排列成7.8米长东西向的墓边。两墩共出土、征集73件原始瓷器和4件印纹陶罐。年代为西周时期	衢州市文管会：《浙江衢州市发现原始青瓷》，《考古》1984年第2期
	衢州西山村大墩顶	1983年清理了其中的大墩顶，墓葬位于大墩顶顶端。墓为竖穴长方形，长10.4米、宽6.5米、坑壁高15厘米。墓底平整，平铺扁平鹅卵石，厚3厘米。鹅卵石层上有10厘米厚的木炭层，墓壁和墓底均烧成比较坚硬的红烧土，鹅卵石也有被火烧过的痕迹。木炭层上，中部铺有14块不规则青石片，当为墓床。出土原始青瓷13件、印纹陶4件、玉玦22件、骨管饰14件、泥珠65粒。年代相当于西周早期	金华地区文管会：《浙江衢州西山西周土墩墓》，《考古》1984年第7期
4	江山石门大麦山	江山石门大麦山M1、M2是位于岗坡的土墩，墓底用卵石铺成棺床，出土原始瓷豆、尊和印纹陶罐。年代为西周	牟永抗、毛兆廷：《江山县南区古遗址、墓葬调查试掘》，《浙江省文物考古所学刊》，文物出版社1981年版
5	江山小红岗	小红岗位于江山市石门镇下圳头村东1公里，为面积15万平方米的长方形黄土坡地，高出周围农田2米，其上共发现大小土墩27个，大者直径50米，高3—5米，小者直径3—5米，高1—2米，部分土墩表面已露出卵石、几何印纹硬陶碎片和石器碎片。1980年发掘其中的10号墩，应为土墩墓。出土原始青瓷13件，陶器2件。年代为西周中晚期	柴福有：《浙江江山小红岗土墩遗存试掘简报》，《南方文物》1993年第4期
6	黄岩小人尖	小人尖位于黄岩市路桥镇西南1公里，海拔200米，山顶土墩原高2米、底径12米。墓底在岩石上铺垫一层20厘米的黄褐土夹碎石块，西南侧有一些石块。出土及采集78件器物，其中有49件原始瓷豆、罐、簋，22件青铜戈、剑、殳、矛、斧、锥、尊料、牌饰等，5件玉环、玦，夹砂陶鼎1件。年代为西周晚期	浙江省文物考古研究所、黄岩市博物馆：《黄岩小人尖西周时期土墩墓》，《浙江省文物考古研究所学刊》，科学出版社1993年版

续表

序号	遗址	文化内涵	出处
7	瓯海杨府山	墓葬位于温州瓯海区仙岩镇穗丰村杨府山的山顶，海拔53.8米。为平地掩埋的土墩墓，原土墩直径15米，墩顶已被夷平。随葬青铜器61件（组），有鼎、簋、铙各一件和短剑、戈、矛、镞等58件兵器。玉石器22件，有玉镯、玦、柄形器和各种饰件。年代为西周中期晚段	浙江省文物考古研究所、温州市文物保护考古所、瓯海区文博馆：《浙江瓯海杨府山西周土墩墓发掘简报》，《文物》2007年第11期
8	瑞安凤凰山	1983年在浙江瑞安东北6公里的凤凰山取土沟的断面发现一座土坑墓。残深约80厘米，墓底有一层厚10厘米的木炭灰。墓室中清理出随葬陶瓷器物18件，被农民挖出捣毁的也有十几件，有原始瓷、硬陶和泥质陶，其中原始瓷占半数，原始瓷中的黑釉器又占大半。年代为西周晚至春秋早期	俞天舒：《浙江瑞安凤凰山周墓清理简报》，《考古》1987年第8期
9	苍南埔坪	1986年在苍南县埔坪乡柯岭脚村北的乌岩山顶发现一座土墩墓，封土无存，山顶有较多的碎石块，应为底铺碎石块的土墩墓。山南坡10平方米范围内可采集到陶片和石器，年代为商代	温州市文物处、苍南县文物馆：《浙江苍南县埔坪乡发现一座商代土墩墓》，《考古》1992年第6期
10	福建光泽马岭	位于崇仁乡池湖村东大干河东岸山丘上，面积南北700米、东西500米，遗址南部坡地发现2座土坑墓，M1长4.2—5.4米、宽2.8米、残深0.05—0.15米。两墓共出土硬陶20件、软陶25件，器形与浙江江山肩头弄的雷同，年代为商代	福建省博物馆、光泽县文化局文化馆：《福建省光泽县古遗址古墓葬的调查和清理》，《考古》1985年第12期
11	福建浦城管九村社公岗	管九村在浦城县仙阳镇北3.5公里，墓葬群分布在管九村西北的丘陵山岗和坡地上，相对高度15—50米。2005年清理5个地点33座土墩墓，共发现47座墓葬，其中一墩多墓的只有1座，一墩两墓的有6座，其余皆为一墩一墓。共出土随葬器物280余件，其中原始青瓷器67件、印纹陶器146件、铜器55件、玉管等佩饰7件、石器7件 在社公岗发掘6座土墩墓 D1位于山岗中部偏南，土墩东西20米、南北19米、高2米，D1M1位于土墩底面中部，为长方形浅墓坑，长4.8米、宽2.7米、深0.2米，方向90度。墓室底部铺满卵石，墓壁四周有排水槽。出土铜短剑、矛、镞、刮刀及原始青瓷三系尊各1件。年代为西周时期 D2位于山岗南端。土墩东西22米、南北20米、高2—3米。土墩底面中心部位为D2M01，长方形浅墓坑，长5.6米、宽2.2米、深0.75米，方向25度。墓底铺满卵石，四壁有0.14—0.2米、深0.14米的沟槽。墓中出土陶尊、原始青瓷豆、铜戈、矛、锛、镞和砺石等15件器物。在D2M01外围四面不同层面上清理出8座早期墓葬，多为平地掩埋，部分有不规则浅坑，出土的随葬器物多为黑衣陶器。年代为夏商时代	福建博物院、福建闽越王城博物馆：《福建浦城县管九村土墩墓群》，《考古》2007年第7期

附表六 黄山—天目山以南区土墩墓表

续表

序号	遗址	文化内涵	出处
12	福建浦城管九村晒谷坪	D1 位于山岗中部，土墩直径 9—11 米、高 1.2 米。D1M1 位于土墩底面中部，为带斜坡墓道的竖穴土（岩）坑墓，墓道向西，长 0.9 米、宽 0.8 米，墓坑长 4.2 米、宽 2.1 米、深 0.8 米，方向 255 度，四周壁下有宽 0.15—0.2 米、深 0.1 米的沟槽。出土 3 件印纹筒形陶罐，1 件青铜短剑。年代为春秋时期	福建博物院、福建闽越王城博物馆：《福建浦城县管九村土墩墓群》，《考古》2007 年第 7 期
13	福建浦城管九村洋山	位于管九村所辖洋山自然村的西北面，土墩墓群分布在山岗向东伸出的山坡上，共发掘 10 座土墩墓 D1 位于山坡中部，土墩南北 18 米、东西 16 米、高 1.8 米。D1M1 位于土墩底面中部，为长方形浅墓坑，长 5.7 米、宽 4 米、深 0.2 米，方向 25 度。墓坑底部铺满卵石，四周壁下有宽 0.2 米、深 0.1 米的浅槽。在墓坑北壁残存有排列较整齐的 11 根炭化的木立柱，立柱被烧毁程度不一。出土铜矛、刮刀、镞、匕首，原始瓷尊、簋、豆、罐，陶罐、盖罐、鸭形壶等 14 件器物 D3 位于一号墩西面 20 米，土墩东西 15 米、南北 13 米、高 1.8 米。D3M1 位于土墩底面中部，为长方形浅墓坑，长 4.6 米、宽 2.7 米、深 0.1 米，方向 30 度。墓坑底面铺满卵石，四周壁下有宽 0.16 米、深 0.1 米的浅槽。出土印纹陶罐、原始青瓷盂，铜短剑、矛、刮刀、镞等 8 件器物 D7 位于山坡西面岗顶上，土墩南北 20 米、东西 16 米、高 1.4 米。D7M1 位于土墩底面偏南，为长方形竖穴岩坑墓，长 5.4 米、宽 4.7 米、深 0.5—1.6 米，方向 165 度。墓坑底面铺一层卵石，卵石四周有宽 0.15—0.2 米、深 0.1 米的沟槽。墓坑底中部及南、北壁下清理出在一条直线上的三个柱洞，中部柱洞内还残存有直径 0.25 米、高 0.37 米的炭化木柱，墓室西北部残存有被烧毁的炭化木椁板。出土原始青瓷瓿、罐、豆、印纹陶器、玉管、砺石等 22 件器物。三墩年代为西周时期	福建博物院、福建闽越王城博物馆：《福建浦城县管九村土墩墓群》，《考古》2007 年第 7 期
14	福建浦城管九村麻地尾	位于管九村所辖洋山自然村的北面的 U 形山岗，共发掘 12 座土墩 D7 位于山岗北部东南坡的台地上，土墩直径 13 米。D7M1 位于该台地东部，无墓扩，距地表深 0.75 米。清理出一组南北向排列及重叠在一起的黑衣印纹陶器 13 件，器形有罐、尊等。年代为夏商时代 D11 位于山岗南部东西向长条形岗顶的西侧，土墩呈方形覆斗状，底宽 17 米、顶宽 10 米、高 3 米。D11M1 为长方形浅墓坑，长 5.4 米、宽 3 米、深 0.15—0.42 米，方向为 20 度。墓底铺满卵石，四周有宽 0.15—0.2 米、深 0.15 米的沟槽。出土印纹陶罐、原始青瓷罐，铜短剑、戈、矛、锛、刮刀、镞等共 21 件器物。年代为西周时期	福建博物院、福建闽越王城博物馆：《福建浦城县管九村土墩墓群》，《考古》2007 年第 7 期

续表

序号	遗址	文化内涵	出处
15	福建浦城管九村鹭鸶岗	位于管九村所辖溪东和山下两自然村之间西面的山岗上，共发掘了3座土墩。 D2为长方形覆斗状，底面南北19.8米、东西14米，顶面南北12.5米、东西8.5米，高2米。土墩内清理出上下叠压的两座墓。M1封土厚1.1米，M2封土被M1打破，仅残存厚约0.2米。M1为带墓道的土坑墓，墓道朝南，墓坑长4.8米、宽2.3米、深0.6米，方向为165度。出土5件陶罐和1件铜剑。M2为带墓道的竖穴土坑墓，墓坑长4.9米、宽3米、深1米，方向为145度。墓底铺满卵石，四周有宽0.15—0.2米、深0.1米的沟槽。出土陶罐和原始青瓷罐共6件。年代为春秋时期	福建博物院、福建闽越王城博物馆：《福建浦城县管九村土墩墓群》，《考古》2007年第7期

附表七 太湖以南区土墩遗存表

序号	遗址	文化内涵	出处
1	长兴丁甲	在毗邻宜兴黄梅山的长兴县丁甲公社境内发现有200余座石室土墩墓	镇江博物馆：《江苏武进、宜兴石室墓》，《文物》1983年第11期
2	长兴便山	在长兴便山总长5公里的三条山脊上有土墩117座，1982年发掘了37座，其中34座内部有石室。最大的土墩长32米、宽28米、高5.3米，最小的长8.4米、宽6.8米、高1米，一般的长10—15米、宽7—10米、高1—2米，土墩边缘常有块石垒砌的护坎。石室最大的长16米、宽2米、高5.5米，最小的长4.7米、宽1.1米、高2米。墓门大多数向东或向西，只有2座向南。出土物以原始瓷居多，印纹硬陶其次，有少量泥质陶与夹砂陶，个别墓出土陶纺轮与玉璜。年代为西周中晚期至春秋中晚期，个别墓可以晚到战国初	浙江省文物考古研究所：《浙江长兴便山土墩墓发掘报告》，《浙江省文物考古研究所学刊》第二辑，科学出版社1993年版
3	长兴县石狮村	在长兴县石狮村附近3.5平方公里分为内发现有120座土墩，1989年清理土墩墓5座，发现商周时代墓葬30座，出土遗物138件 D1、D4封土保存较好，D2基本夷为平地。D3为一墩一墓，其余皆一墩多墓，D2内有11座墓，年代最早的墓在土墩中部 30座墓葬中无坑无床型18座、石床型4座、土坑型5座，另外3座在浅坑内用卵石垒成拱形石椁，但是内部填满石块，一端出陪葬器物 这批墓葬可分为三期，年代从西周早期到春秋中期	浙江省文物考古研究所：《浙江长兴县石狮土墩墓发掘简报》，《浙江省文物考古研究所学刊》，科学出版社1993年版
4	吴兴苍山	1963年吴兴县文管会清理了苍山2号石室土墩，石室底长4米、宽0.9米、高2.12米，墓道长3米，出土8件原始瓷器和3件印纹陶器。时代为春秋时期	丘鸿炘：《浙江吴兴苍山古战堡试掘》，《考古》1966年第5期

续表

序号	遗址	文化内涵	出处
5	湖州堂子山	湖州堂子山沿山脊分布着数十座大小不等的土墩，大墩直径 20 余米，小墩直径 4—5 米，1989 年发掘了 5 座土墩，共出土遗物 131 件，其中印纹硬陶 31 件，原始瓷 85 件，泥质陶 13 件，夹砂陶 2 件。年代从西周早期到春秋晚期 D202 内残存石室墓 2 座。MI 残长 10.5 米、宽 0.9 米、高 1.5 米，M2 残存 5 米、高 0.6 米，底部铺设规格较一致的小块石，与 Ml 成 T 字形分布 D 211 高 2.2 米，墩径东西 19 米、南北 14 米，石室与山脊成十字形分布。墩内除一座石室墓外又共存一座无石室的土墩墓 D 216 封土基本不存，石室长 9.2 米、宽 1—1.2 米、高 0.7—1.2 米。出土遗物共 37 件，分布于墓底的前、中、后三个部位，三个部位的器物组在年代上有早晚差异 年代从西周早期到春秋晚期	湖州市文物保护管理所：《浙江湖州堂子山土墩墓发掘报告》，《东方博物》第 11 辑，浙江大学出版社 2004 年版
6	湖州肖皇山	肖皇山位于堂子山对面，在调查中发现顶部有一座土墩石室墓，石室长 35 米，高 5 米，宽 2 米，规模巨大	
7	湖州杨家埠	1987 年在湖州市西 7.5 公里的湖州钢铁厂工地清理先秦墓 14 座，有石床型、浅土坑型和石室土墩墓三种。出土印纹陶罐、原始瓷豆等	胡继根：《湖州市杨家埠先秦及汉代墓群》，《中国考古学年鉴》（1988 年），文物出版社 1989 年版
8	湖州妙西独山头	独山头位于湖州市区西南 10 公里妙西镇渡善村，为一耸立在水田之中的小山丘，高 20 米、东西 100、南北 70 米，2009 年清理陶窑 1 座和墓葬 5 座，分为浅土坑、石床、无坑无床三种，年代最早的 M5 位于土墩中间，并打破陶窑。共出土原始瓷和印纹陶 21 件，年代为西周早期到春秋晚期	浙江省文物考古研究所、湖州市博物馆：《湖州妙西独山头土墩墓发掘简报》，《东方博物》36 辑，浙江大学出版社 2010 年版
9	德清独仓山、南王山	均位于德清县洛舍镇砂村陆庄里村的北面和西面，独仓山海拔 49.6 米，南王山为低矮的山前岗地。发掘的 11 座土墩墓中 10 座分布在独仓山山脊，1 座在南王山北坡 11 座土墩墓中 6 座内部有石室，均分布在独仓山顶部及向西北延伸的较高山脊上，另外 5 座无石室的土墩墓又可分为石框型、石床型和平地掩埋型三种。6 座土墩为一墩一墓，4 座为一墩两墓，1 座为一墩多墓。共出土随葬器物 265 件，其中原始瓷器 183 件、印纹硬陶 60 件 年代从西周早期到春秋晚期	浙江省文物考古研究所等：《浙江德清县独仓山及南王山土墩墓发掘简报》，《考古》2001 年第 10 期

附表七　太湖以南区土墩遗存表

续表

序号	遗址	文化内涵	出处
10	德清三合塔山	土墩位于德清县中部三合乡朱家村塔山之巅，土墩长10.2米、宽5.3米、高0.98米，石室长8.5米、宽1.8米、高0.98米，无盖顶石，为石椁墓，呈东北到西南走向。出土原始青瓷鼎、尊、卣、罐、盂、羊角形把杯、碗等共34件。年代为春秋早中期	朱建明：《浙江德清三合塔山土墩墓》，《东南文化》2003年第3期
11	安吉上墅长坑坞	1975年安吉县文化馆在安吉上墅长坑坞西山坡上清理石室土墩墓1座，方向46度，石室长11.4米、底宽1.1米、上宽0.6米、高2.5米，入口内有长1.8米、高0.84米的石砌台阶。出土印纹硬陶坛1件、原始瓷碗8件和1件灰陶盆。时代为春秋	安吉县文化馆：《浙江安吉发掘一座石构建筑》，《考古》1979年第2期
12	安吉三官村	2008年在三官村村委正南500米的两座小山岗顶部发掘了3座土墩 M1为石室土墩墓，封土与山脊走向一致，墓向160度，长10.8米、宽8米、高1.8米，石室长8.4米、宽0.84—1米、高0.42—1.4米，墓道长1.5米、宽0.9米，出土印纹硬陶罐和原始瓷碗、杯等共9件 M2为石框型土墩墓，M3为浅坑型土墩墓 M2的年代为春秋中期，M1、M3的年代为春秋晚期	浙江省文物考古研究所：《安吉三官土墩墓发掘简报》，《东方博物》第36辑，浙江大学出版社2010年版
13	海宁审坟山、夹山	海宁县袁花镇夹山村的审坟山和夹山山脊上尚存土墩34座，1984年发掘了位于审坟山山脊的17座，土墩大者底径40米、高5米，小者底径8米、高0.6米，其中7座有石室，10座无石室，但是封土形式与出土文物基本相同。出土遗物400余件，原始瓷与印纹陶占90%，主要器形为印纹陶瓮、罐和原始瓷豆、碗、盂，有少量泥质陶、夹砂陶和小件玉器。年代从商周之际到春秋中晚期	浙江省文物考古研究所：《海宁县夹山商周土墩石室结构遗存》，《中国考古学年鉴（1985年）》，文物出版社1986年版
14	萧山长山	长山位于萧山城东4公里，在中段山脊上清理4座土墩墓和11座石室土墩墓，最大的石室长7.5米、宽1.7米、高2.5米，共出土153件原始瓷、23件印纹陶和少量泥质陶，2件石器和1件残青铜斤，年代为西周晚期至春秋晚期	田正标、王圪峰、施加农、陈元甫：《萧山长山发掘商周土墩墓》，《中国文物报》2000年7月30日
15	萧山柴岭山、蜈蚣山	位于浙江省杭州市萧山区，西北为湘湖及著名的跨湖桥遗址。共发掘37座土墩，清理59座墓葬、8个器物群、1座窑址和1个灶。墓葬和器物群内出土器物867件（组）。出土遗物包括原始瓷器豆、盂、碗、盘、罐、印纹硬陶罐、坛、瓮、瓿等器型 D30M1墓底铺白膏泥，石床上有人字形木室结构，与印山越王陵类似。D36M1为规模巨大的石室土墩墓，墓室内长23.1米、顶宽7米、底宽8.1米、高2.5米，规模仅次于常熟西岭D1	杨东金、崔太金：《杭州萧山柴岭山、蜈蚣山商周土墩墓》，中国考古网2013年3月20日 http://www.kaogu.cn

续表

序号	遗址	文化内涵	出处
16	上虞羊山	羊山位于上虞百官镇东北5公里，海拔49.5米，1991年在山脊发掘3座土墩墓 D1是土墩墓，内含3座墓葬，M3位于中间，有浅土坑，年代为周初，M1在旁侧，年代相同，M2打破M3，年代为春秋中期 D2、D3是石室土墩墓，年代为春秋晚期 另有一座为战国初的竖穴土坑木椁墓和3座汉墓	浙江省文物考古研究所：《上虞羊山古墓群发掘》，《沪杭甬高速公路考古报告》，文物出版社2002年版
17	上虞凤凰山	墓葬群位于上虞县百官镇西南5公里凤凰山西北麓省卫陶厂工地，在南北1000米、东西300米的工地上有三个10米高的小山丘，共清理出墓葬202座，其中西周土墩墓3座，有的平地起封，有的在墓底铺垫一层砾石块（M199），共出土原始瓷3件、印纹陶罐2件；春秋时期小型土坑墓3座，出土原始瓷2件、印纹陶坛2件	浙江省文物考古研究所、上虞县文物管理所：《浙江上虞凤凰山古墓葬发掘报告》，《浙江省文物考古研究所学刊》，科学出版社1993年版
18	上虞董村牛山	1995年在蒿坝镇董村牛山清理春秋石室土墩墓1座	黎毓馨：《上虞董村牛山春秋至宋代墓葬》，《中国考古学年鉴（1996年）》，文物出版社1997年版
19	上虞牛头山	牛头山位于上虞驿亭镇南，海拔62.5米，山脊上发现2座土墩墓，D1内与6座墓葬，其中3座年代为西周晚期，1座春秋早期，2座春秋晚期；D2内只出一组器物，有麻布纹小杯，年代可以晚到战国	浙江省文物考古研究所：《上虞牛头山古墓葬发掘》，《沪杭甬高速公路考古报告》，文物出版社2002年版
20	上虞驿亭凤凰山	凤凰山位于浙江省上虞市驿亭镇5公里，相对高度仅60米，山体大部分已被挖掉，仅剩东端一个山头，山顶有一座土墩墓，2005年进行清理。土墩南北24.6米、东西14.1米，封土已被扰乱。墓坑南北长13.9—14米、宽3.9—4米、深0.55—0.6米，上端0.05—0.1米是土壁，下端打入岩石0.45米。出土26件原始瓷，采集到59件原始瓷。年代为西周晚期，采集品中有早到西周中期的	浙江省文物考古研究所、浙江省上虞市博物馆：《浙江上虞驿亭凤凰山西周土墩墓》，《南方文物》2005年第4期

续表

序号	遗址	文化内涵	出处
21	上虞白马湖畔	白马湖位于上虞东北5公里，湖畔经家湾的镬齐山、郑岙村的和尚山、童子山平均海拔为120米。石室土墩墓主要分布镬齐山、与和尚山的虎山、黄蜂山、后头山、乌蜂山、大肚皮山、冲会山、童子山等处的山脊或山巅向阳处，以沿山脊呈串珠状一字排列 1992年发掘清理了40座石室土墩墓，大型石室土墩墓占据山巅，中小型石室土墩墓分布在侧翼较低处，最大的童子山D39，长7.8米、高1.08米，最小的后头山D28，长3.1米、高0.8米 11座早年被盗，无出土物，其余29座共出土170件器物，其中原始瓷器104件，印纹硬陶器43件，另有少量泥质陶，少数石室内出土陶纺轮、石器和剑、镞等青铜兵器。D13的5只印纹陶罐呈梅花状放置，D17的7只原始瓷碗形似北斗七星状安放 年代从西周晚期至春秋晚期	王晓红：《上虞白马湖畔石室土墩墓发掘简报》，《东方博物》第29辑，浙江大学出版社2008年版
22	余姚老虎山	老虎山位于余姚城南4公里的明伟乡姚家店村南侧，海拔59.4米，山脊上分布一批大小不一的土墩墓，底径10米左右，间隔大多仅数米。1992年发掘山顶主峰的大土墩。土墩南北45米、东西23米、高3米，墩内发现20米，其中西周至春秋墓14座，战国汉墓6座。14座西周春秋墓有浅土坑、堆石、石床和无坑无床四种 M11为浅土坑墓，长2.6米、宽0.76—1.1米、深0.2米，出土1件原始瓷豆、1件玉玦。年代为西周中期 M15、M16、M18为石床型墓。M16石床长6米、宽3米，出土25件器物，以原始瓷为主。年代为西周晚至春秋初期。M18长3.3米、宽1.6—1.8米，出土2件原始瓷豆、1件印纹陶瓿、2件陶纺轮。年代为西周早期 M5为石堆型墓，长1.3米、宽1米，由大石块堆叠而成，出土1件原始瓷尊。年代为西周晚至春秋初期 无坑无床墓有9座。年代有早有晚	浙江省文物考古研究所：《余姚老虎山一号墩发掘》，《沪杭甬高速公路考古报告》，文物出版社2002年版
23	慈溪彭东、东安	1984年在慈溪彭东、东安乡发掘土墩2座、石室土墩9座 D1、D2位于东安乡洪家村青山山脊北部，D1长16米、宽14.1米、高1.1米，D2长13.6米、宽12.5米、高0.6米，D1内有5座墓，D2内有2座墓，其中3座为浅坑石框墓，1座石床墓，2座平地掩埋。D2M1在石床东端有用石块垒筑的墓道。年代从西周早期到春秋前期 9座石室土墩墓中7座在山脊上，2座在山坡与平地上。石室平面有长条形、刀形和凸形三种，长6—9米，石室土墩墓封土边缘有石坎护坡，通道口以巨石封堵。年代自春秋中期至战国晚期，早期主要出土原始瓷器，晚期以泥质黑陶为主，有残铜器	浙江省文物考古研究所：《慈溪市彭东、东安的土墩墓与土墩石室墓》，《浙江省文物考古研究所学刊》，科学出版社1993年版

续表

序号	遗址	文化内涵	出处
24	慈溪掌起缸窑山	缸窑山墓地位于慈溪市掌起镇东埠头村西侧100米，山势缓平，海拔高度35米。2004年发掘2座小型土墩墓 M11现存部分坑口，长2.3米、宽0.75米、深0.2米，出土原始瓷罐4件、豆3件、碗2件、盂1件，印纹硬陶罐2件，年代为西周中晚期 M18现存坑口长2.1米、宽0.8米、深0.3米，出土5件原始瓷盅式碗，年代春秋晚期	宁波市文物考古研究所、慈溪市文物管理委员会：《浙江慈溪掌起缸窑山墓地发掘报告》，《东南文化》2005年第2期
25	慈溪地区	慈溪市目前已发现127处土墩和石室土墩遗存	林士民：《浙东沿海土墩遗存探索》，《南方文物》1998年第2期
26	宁波卢家山	卢家山位于江北区洪塘镇山下沈村西北，海拔20米以上，最高海拔35米，5座石室土墩墓和1座土墩墓主要分布在山脊上，少数在西南侧山坡上 土墩墓D1位于山顶，南北长25.3米、东西宽18.6米、高4.4米，出土4组91件器物，其中原始瓷豆、钵、碗、盅、罐、盂、盆、器盖等73件；印纹硬陶罐、瓿、瓶11件；泥质陶钵和三足炉各1件，5件玉玦和玉管，年代为春秋早中期 5座石室土墩墓（M4、M7、M8、M9、M10）也主要出土原始瓷和印纹硬陶，年代从春秋初期到春秋晚期	浙江宁波市文物考古研究所：《浙江宁波洪塘卢家山商周遗存发掘报告》，《南方文物》2011年第1期
26	义乌平畴	1981年在义乌县城东北9公里平畴公社平畴村南200米的大山边缘（又名木见山）发现一座土墩墓，墓长6.6米、残宽2.4米，后壁仅存0.6米、前壁仅存0.2米，墓底是经人工开凿的岩层，其上铺一层1厘米左右的细沙，细沙层上又铺一层1厘米左右白膏泥。随葬品均放置在白膏泥之上，排列有序，棺椁无存，人骨架仅存牙齿2颗和7块四肢骨。出土器物114件，其中原始青瓷100件，陶器及其他器物14件。年代为西周晚期	金华地区文管会：《浙江义乌县平畴西周墓》，《考古》1985年第7期
28	义乌观音塘	2003年在义乌观音塘发现3座石室土墩墓	孟国平：《宁波—金华高速公路沿线春秋至明清时期墓葬》，《中国考古学年鉴（2004年）》，文物出版社2005年版

续表

序号	遗址	文化内涵	出处
29	东阳前山	东阳市六石镇派园下马宅村东小山顶上有2座土墩墓，D1为石室土墩墓，早年已被破坏，2003年发掘D2，甬道为石室结构，墓室为人字形两面坡的木结构。出土器物近3000件（组），全部为玉石器。年代应该在春秋末期	浙江省文物考古研究所等：《浙江东阳前山越国贵族墓》，《文物》2008年第7期
30	东阳六石	距六石村1公里的油塘山背发现一座残土墩墓。墓残高12厘米，底部留有厚3厘米的炭屑和灰土，厚薄均匀。出土原始青瓷13件，中间有排列成半圆形的五百余枚陶网坠。属平地掩埋型土墩墓，年代在西周中晚期	浙江省盘安县文管会：《浙江东阳六石西周土墩墓》，《考古》1986年第9期

附表八 宁镇地区吴人土墩墓表

序号	遗址	文化内涵	出处
1	安徽南陵千峰山	南陵城东南9公里的葛林乡千峰、官洲及沿着漳河向南十余华里的范围内分布着很多大大小小的土墩，1985年在葛林乡千峰山发掘土墩18座，清理墓葬19座。土墩高1.8—3.8米，底径最大的D16东西24米、南北15米，最小的D17底径12米。均是利用原来的地平稍加平整，不挖墓坑，平地起封，无夯筑迹象。多数是一墩一墓，仅16号墩上下叠压两座不同时期墓葬。19座墓葬共出土随葬器物40余件。年代为西周中期到西周晚期	安徽省文物考古研究所：《安徽南陵千峰山土墩墓》，《考古》1989年第3期
2	安徽繁昌平铺	繁昌城东南25公里平铺乡西部丘陵山地5公里范围内分布着一个土墩墓群。发掘其中一座，土墩底部直径26.3米，封土高3米。土墩中心略偏西南部有一个长方形墓坑，长4.7米、宽1.8米、深0.4米，方向北偏东60度，墓坑内填土经夯筑，层次分明，墓底没有铺垫，没有葬具，也不见尸骨，出土陶坛、陶瓮、陶罐、陶纺轮各一件。年代为西周晚期	杨鸠霞：《安徽省繁昌县平铺土墩墓》，《考古》1990年第2期
	繁昌平铺万牛墩	在安徽繁昌平铺镇以西的茶冲村、五华村、寒塘村、新牌村一带原有2000座以上土墩墓，由于历年破坏现存1328座 土墩墓主要沿山脊分布，间距10—30米，平均海拔35米，平均底径17米，在一群土墩墓中位于山顶的体量较大	繁昌县第三次文物普查土墩墓专项调查组：《安徽繁昌土墩墓综合调查报告》，《文物研究》第18辑，科学出版社2011年版
	繁昌繁阳镇义合村伍墩	1985年发现，原为一小土墩，出土1件小圆鼎、1件甬钟、5件小铜铃。附近有矶山小神墩、畲屋基等商周遗址	

续表

序号	遗址	文化内涵	出处
2	繁昌孙村	在大冲村蒋墩头海拔 30 米高的山岗脊上有一座土墩，底径 50 米、高 4 米，周围有螺丝墩、鸡头、前村等商周遗址 在孙村犁山窑厂取土地先后出土春秋时期的 2 件青铜鼎、1 件青铜匜、8 件印纹陶罐、2 件石钺，征集到 2 件铜剑，2 件铜矛，戈、镞各一件，附近有矿冶遗址与窑村、苏家昌等商周遗址 孙村张塘窑厂破坏一座墓葬，出土 3 件春秋青铜器，附近有龙江村、小山咀等遗址	繁昌县第三次文物普查土墩墓专项调查组：《安徽繁昌土墩墓综合调查报告》，《文物研究》第 18 辑，科学出版社 2011 年版；杨鸠霞：《安徽繁昌出土一批春秋青铜器》，《文物》1982 年第 12 期；安徽省文物考古研究所：《皖南商周青铜器》，文物出版社 2006 年版
	繁昌繁阳镇汤家山	汤家山是一座位于县城东的独立小山，长 800 米，1987 年在山的东首出土 17 件青铜器，时代为西周、春秋时期。山的西端为商周遗址，已遭破坏。东北 400 米为平顶山遗址	
	繁昌高安草山	高安乡草山村西南为坡地，北面为平原，西北是洋泥河，有土墩墓群。附近有神墩、大神墩、龙潭桥神墩等商周遗址	
	繁昌黄浒桃园	黄浒乡桃园村青山脚下的一条垄岗地，坡地上有几十座土墩墓。附近有窑墩、舒墩、汪洋成墩、和尚墩等商周遗址	
	繁昌繁阳阳冲	位于县城西郊柳墩和阳冲之间的丘陵坡地上，有近百座土墩墓，在被破坏的墓中发现印纹陶片	繁昌县第三次文物普查土墩墓专项调查组：《安徽繁昌土墩墓综合调查报告》，《文物研究》第 18 辑，科学出版社 2011 年版
	繁昌新林官塘大冲	新林乡官塘村东南 2 公里的大冲村的坡地岗脊上有 20 多座土墩墓，底径 10—20 米、高 1 米左右，常出土印纹陶罐和石斧。附近有陈家墩、从鲁墩等商周遗址	
	繁昌新林大山尖	新林乡郭仁村一带的山坡地山有 20 多座土墩墓，底径 15—40 米、高 2—4 米。1982 年挖开一座，出土红陶豆 6 件、原始瓷罐 1 件、陶纺轮 2 件，附近有周墓墩、神墩头、新路村等商周遗址	

续表

序号	遗址	文化内涵	出处
3	句容浮山果园	浮山果园位于句容城南24公里天王镇西5公里的甸岗，从天王镇至甸岗之西是一片长六七公里的丘陵，这一地段分布有大大小小的土墩墓，仅果园三队就有土墩墓32个 1974年发掘D1，土墩南北24米、东西23米、高2.5米。土墩内有16座墓葬，均无葬具，亦无夯打迹象，各墓深浅不一。葬式可分为三种：①直接埋葬在生土层上，②葬在距生土层40—50厘米的灰黄土层内，③用天然的卵石块铺底，如M2，或在卵石块下再垫一层红烧土，如M11。出土器物共358件，时代为西周中期，属土著家族墓葬。其中M2、M5、M8、M11应早于其余12座墓葬	镇江市博物馆浮山果园古墓发掘组：《江苏句容浮山果园土墩墓》，《考古》1979年第2期
		1975年在D1东北约30发掘清理D2。土墩南北20米、东西15米、高3米，墩内发现8座墓葬。8座墓葬都为平地堆土掩埋，各墓的随葬器物几乎每件都有残破或缺损，均无葬具，不见人骨，不在同一平面上，有上下叠压而无打破关系。共出土器物66件，绝大部分是陶容器和原始瓷豆，还有陶纺轮和青铜戈各1件。年代为西周中晚期	南京博物院：《江苏句容县浮山果园西周墓》，《考古》1977年第5期
		1977年发掘了5个土墩，土墩高2—3米、底径20—40米，共清理出29座墓葬，少的一墩3墓，多的一墩12墓，处于墩底中心的墓葬是该墩年代最早的墓葬 大多数墓葬没有墓坑，只有一座有长方形墓坑，而且墓壁经火焙烤。石床墓5座，皆属于早期，烧坑墓1座，属晚期，23座墓为平地掩埋，各期都有。共出土362件器物，泥质陶居多，硬陶、夹砂陶较次，原始瓷较少。年代从西周中期到春秋晚期	南京博物院：《江苏句容浮山果园土墩墓第二次发掘报告》，《文物资料丛刊》（六），文物出版社1982年版
4	句容及金坛	2005年在宁常、镇溧高速公路沿线发掘土墩40座，共清理墓葬233座、发现祭祀器物群229个及丧葬建筑14座，出土各类遗物3800余件 ①一墩一墓合一墩多墓并存。40座土墩中一墩一墓的有3座，一墩多墓的有28座 ②多种埋葬方式共存。233座墓葬中埋葬方式有四种：挖坑埋葬的占绝大多数，有的铺有石床；堆坑掩埋；堆土掩埋；挖浅坑，其上再堆小封土 ③一墩多墓的向心布局。40座土墩中，明确存在这一布局方式的就有14座 ④形式多样的丧葬建筑遗存。40座土墩中，有9座土墩发现了共计14座丧葬建筑，包括墓上建筑和墓下建筑两种 ⑤墓地界域。40座土墩中有1座土墩发现明显的界墙和护坡，另1座土墩有土垄 ⑥以瘗埋器物群为主要特征的祭祀习俗。主要存在于墩内墓数少的土墩	南京博物院考古研究所、镇江市博物馆、常州市博物馆：《江苏句容及金坛市周代土墩墓》，《考古》2006年第7期

附表八　宁镇地区吴人土墩墓表

续表

序号	遗址	文化内涵	出处
5	句容寨花头	位于句容市南25公里的天王镇农林村，2005年发掘了6座土墩墓 D2底径22.5米、高4.25米，墩内共有墓葬27座，M22是该土墩的中心主墓，所有墓葬的墓向均朝向土墩中心，呈向心结构环绕着中心主墓 M22为长条形土坑墓，东段直壁平底似墓道，西段口小底大似墓室。墓口残长4.95米、宽0.5—1米、底长5.4米、宽1—1.4米、深0.9—1.3米。墓底用22块石头铺成石床，斜壁和平底经过烧烤，形成一层厚约2厘米的烧土。其余的墓葬均为竖穴土坑墓 土墩中央底部有建筑遗存（F1），平面呈长条形，西北—东南走向，方向300°，长4.45米、宽1.65米，由48个柱洞组成，柱洞口大底小，上部向内倾斜，底部多为尖状或三角尖状，打入地面，搭成两面坡建筑。该建筑废弃后在其上堆积、夯实再建造中心主墓M22。发现两处器物群，估计与埋葬祭祀有关 D2M22年代最早，应为春秋中期，D2M1年代最晚，为春秋中期之末 D6东西13.5米、南北15.8米、高1.5米。土墩中南部发现一座墓葬，长方形竖穴浅坑墓，方向92°，长3.24—3.32米、宽1.28—1.63米、深0.28—0.34米，墓底用36块石块铺成石床，随葬器物9件，年代为西周早中期之交	南京博物院：《江苏句容寨花头土墩墓D2、D6发掘简报》，《文物》2007年第7期
		D1为一墩两墓，另有10处器物群。F1建在土墩中部底层，由两条西北—东南向的基槽和其间一端的1个柱洞组成（另一端的柱洞可能遭白蚁活动破坏）。基槽范围长度3—3.35米，宽1.85米。中心墓在其上层，有浅坑和石床，呈东北—西南向，随葬品7件。建筑遗存和中心墓葬开口于不同的层面，上下相隔约30厘米，位置与方向都错位	田名利、吕春华、唐星良：《土墩丧葬建筑》，《中国文化遗产》2005年第6期
		D5F1建在土墩中部，由基槽和柱洞组成，基槽的南、北、西三面环绕形成长条状，东部有缺口，基槽密集分布着32个柱洞，柱洞基本向内倾斜。基槽的东西向中轴线上还有4个圆形柱洞，推测原来也是两面坡人字形建筑，中心墓葬的石床与基槽范围基本一致	南京博物院考古研究所、镇江市博物馆、常州市博物馆：《江苏句容及金坛市周代土墩墓》，《考古》2006年第7期

续表

序号	遗址	文化内涵	出处
6	句容下蜀中心山	中心山土墩墓位于句容市下蜀镇吕家边村西500米一条南北走向的土岗北端，土墩东西16.9米、南北18.5米、高3.25米，墩内发现祭祀器物群1处、墓葬1座、房址1座 Q1位于土墩西部，出土印纹硬陶坛两件 M1位于土墩中心，不规则圆形熟土坑墓，东西7.7米、南北7.2米、深2米。坑底中部用青灰色土垫一长方形土台，土台东西4.15米、南北2.15—2.7米、高0.1—0.15米，土台面局部用火烧烤，随葬品多置于土台之上 M1土台之下露出由基槽和基槽内柱洞组成的房址，D1F1东西3.8米、南北2.75米，为截面呈"人"字形的两面坡式建筑，在房屋西侧有一个平顶式的门道。M1内放置尸骨及随葬品的土台正好位于F1基槽范围内，而祭祀器物群Q1的位置在F1门道的正上方。时代为春秋早期	南京博物院：《江苏句容下蜀中心山土墩墓发掘简报》，《东南文化》2011年第3期
7	溧水乌山岗沿山	1975年在溧水县乌山镇西南约1公里的岗沿山西侧中部清理D1。土墩底径6.5米，出土1件铜鼎、4件陶器，封土已被削平，器物即在表土下，器物底下15厘米即是生土 D2位于D1东30米，原为2米高的小土墩，封土也被削平。在土墩底部中央生土上用石块铺成石床，长4.8米、宽1.3米，出土铜方鼎、卣、盘、戈各1件，陶器与原始瓷7件。两墓均属西周前期	刘兴、吴大林：《江苏溧水发现西周墓》，《考古》1976年第4期；镇江市博物馆、溧水县文化馆：《江苏溧水乌山西周二号墓清理简报》，《文物资料丛刊》（二），文物出版社1978年版
		乌山岗沿山D3在D1、D2北100米，原为高土墩，现已削平，地表到生土层仅70厘米，在生土层上10厘米发现两组6件器物，同属一座墓葬，年代为春秋晚期	刘兴、吴大林：《江苏溧水县柘塘、乌山土墩墓清理简报》，《文物资料丛刊》（六），文物出版社1982年版
		岗沿山D4在D1、D2南200米，底径9米、高1米，墩内有两座墓葬，一座在西北面坡上，一座在东南面坡下，两墓底高低相距25厘米。两座墓都不挖墓坑，依山坡斜度用熟土铺平作为墓底，随葬器物即放置其上。未发现人骨架，但在M2中发现有人齿两处，均未成年。两墓共出土陶瓷器24件，年代为西周前期	镇江市博物馆：《江苏溧水、丹阳西周墓发掘简报》，《考古》1985年第8期
8	溧水柘塘、乌山	柘塘镇位于溧水西北15公里，蔡家山在柘塘镇西北500米，原为一个大土墩，残高1米，在残剩的土堆下清理出4座墓葬，均为平地掩埋，堆土成墩。出土器物56件。年代为西周时期 在乌山镇北2公里秧田大队西面的西山发现一座残墓，用石块铺底，石块上出土4件残陶器。年代为春秋晚期 乌山镇东南2公里徐母塘大队山个头土墩墓，原土地已平，残高1米，地面器物碎片分布20平方米，残存37件器物，年代为春秋晚期	刘兴、吴大林：《江苏溧水县柘塘、乌山土墩墓清理简报》，《文物资料丛刊》（六），文物出版社1982年版

续表

序号	遗址	文化内涵	出处
9	溧水凤凰井	凤凰井村位于溧水县城西偏南3公里。土墩底径19米、高2.6米，未见夯筑痕迹。发掘残墩，在生土面上发现4座墓葬，在被破坏的部分还发现甲、乙两组器物，应属两座墓葬。出土文物58件，征集到从农民先期挖出保存下来的文物19件，有1件青铜矛。年代为春秋中期	刘兴、刘建国：《溧水凤凰井春秋土墩墓》，《东南文化》1989年第4—5期
10	溧水宽广墩	宽广墩位于溧水和凤乡黄家村东200米，周围是平缓的丘陵，土墩底径10米、高4米。墩内出土3组器物，4件印纹硬陶坛出在距墩顶2.5米居中处，4件原始瓷直腹罐出于东侧稍低处，铜匜和其余器物出在距墩顶4米的一层灰淤土之上4×1.5米的范围内。应属一墩一墓，年代为西周晚期至春秋早期	刘兴、吴大林：《江苏溧水宽广墩出土器物》，《文物》1985年第12期
11	溧水秀才墩	位于溧水县白马镇墩头村东北40米一座岗地的西坡，周围有十余座土墩墓，东边500米有商周时期的二塘头台形遗址。秀才墩原底径30米、高7米，现存20米见方、残高3.4米。墩内发现两座墓葬，M2在下，用16块片石铺成棺床，出土21件陶瓷器，年代为春秋中期偏早。M1用石块铺成棺床，出土8件器物，年代为春秋中期	南京博物院、镇江博物馆、溧水县博物馆：《溧水县秀才墩发掘报告》，《印记与重塑》，江苏大学出版社2010年版
12	高淳顾陇、永宁	顾陇、永宁两乡位于高淳东北30公里，1977年在顾陇马栗和永宁苗圃各发掘2个土墩，清理墓葬31座。土墩底径20—25米、高2—3.5米，一墩内少的有4座墓，多的有15座墓。年代从西周中期到春秋中晚期	南京博物院：《江苏高淳县顾陇、永宁土墩墓发掘简报》，《文物资料丛刊》（六），文物出版社1982年版
13	江宁陶吴	陶吴土墩墓位于南京江宁区横溪街道陶吴社区汤铜（汤山至铜井）高速公路与宁丹（南京至小丹阳）路交界点东北约200米。周围3000亩地原是一片山丘，发现3座土墩。2007年发掘D1 土墩南北62米、东西48米、高9.1米，土墩南北各有一个大水塘。封土中出土有大量石器、石器半成品和少量陶器 墩内发现2座小型土墩，d1位于D1北部，馒头状封土底径4米、高1.5米，内有M44，长方形竖穴土坑墓，长2.4米、宽0.55米、深0.7米，随葬4件陶器 d2位于D1中部，封土南北13.5米、东西11.5米、高2.5米，填土经过夯实，内部有M43、M42两座墓葬。M43位于d2中部，由石框、"凹"字形墓台、墓室、祭台、封土和"凸"字形填土组成，结构极其复杂。在M43之下地层中海叠压有33条排水沟槽和两排68个柱坑，两排柱坑之间有一长4.5米、宽2米的红烧土面。M42打破M43的填土，长方形竖穴土坑墓，长4.6米、宽2.25—2.95米、深0.3—0.75米，出土遗物50件 D1西侧发现6座器物坑，出土了大量随葬器物。时代为春秋中晚期	南京市博物院、江宁区博物馆：《南京江宁陶吴春秋时期大型土墩墓发掘简报》，《东南文化》2011年第3期

续表

序号	遗址	文化内涵	出处
14	丹徒烟墩山	烟墩山位于大港东北3公里,上面有4座土墩墓,故又名四墩山。1954年丹徒县龙泉乡下聂村农民在烟墩山南麓坡地犁地时发现青铜器,出土宜侯夨簋等一批青铜器。原地封土已无,据M2的情况分析,也应该是一座土墩墓,编为M1,山头上还有M3,而M4早年已被平掉	江苏省文管会:《江苏丹徒县烟墩山出土的古代青铜器》,《文物参考资料》1955年第5期;《江苏丹徒县烟墩山西周墓及附葬坑出土的小器物补充材料》,《文物参考资料》1956年第1期
15	丹徒大港烟墩山二号墓	1985年发掘的M2处于M1的正南坡下70米,封土残存2米、底径20米,墓底用238块石料砌成东西长3.6米、南北宽2.4米的石床。出土器物36件,其中有8件夹砂陶鬲,19件原始瓷坛、瓮、罐、瓿、豆,4件陶豆、钵,1件骨笄。年代为西周早期	肖梦龙:《江苏丹徒大港烟墩山二号墓的发掘与研究》,《江苏社会科学》1988年第1期;江苏省丹徒考古队:《江苏丹徒大港土墩墓发掘报告》,《文物》1987年第5期
16	大港上聂村馒儿墩、金山	馒儿墩位于大港上聂村东100米条形山丘的西端,底径40米、高6~7米,土地西北上部发现墓葬一座,竖穴土坑墓,长4.1米、宽1.05米、深0.68米,墓坑西端经火烧烤,出土器物9件。年代为西周中晚期 金山在条形山丘东端,西距馒儿墩200米,封土已被推平,竖穴土坑墓,长2.4米、宽1.3米、深0.6米,出土器物8件。年代为春秋中晚期	镇江博物馆:《镇江大港馒儿墩西周墓及春秋墓发掘简报》,《东方文明之韵》,海南国际新闻出版中心2000年版
17	丹徒大港双墩	位于大港镇西3.2公里肖家村东边的土岗上有相距50米的两个土墩,1984年发掘了西面的D1,底径36米、高5米。墓葬位于土墩中部,墓底用9块石块摆成两列,形成长3.6米、宽1米的石床。墓内物品被盗一空,仅封土中出土陶片和石器。年代为商末周初 2007年发掘大港双墩 D2,土墩底径41米、高5.9米 M1位于土墩中心,竖穴熟土坑墓,平面呈凸字形,甬道位于墓室南端,长7.5米,呈外宽内窄喇叭形,墓室呈凸字形,长7.6米、东部宽6.1米、西部宽5米、深1.6~1.8米 墓室北部有12个柱洞,柱洞与墓室北壁刚好围成一个闭合的长方形,可能为一处房屋设施 盗洞1中出土4件原始瓷豆、2件原始瓷瓿和2件青铜残件,可能是下葬后不久盗掘的。年代为西周晚期	江苏省丹徒考古队:《江苏丹徒大港土墩墓发掘报告》,《文物》1987年第5期 镇江博物馆、南京博物院:《江苏镇江大港双墩2号墩发掘报告》,《南方文物》2010年第4期

续表

序号	遗址	文化内涵	出处
18	丹徒横山馒儿墩	横山位于大港东 2 公里，馒儿墩在横山东端余脉山脊上，底径 30 米、高 3.3 米。墓葬在土墩中心，熟土竖穴土坑墓，墓口长 7.7 米、宽 5.4—4.8 米、深 1.5 米，墓室中为椁室，长 4.8 米、宽 2.5 米、深 1.5 米。椁室中出土 50 件原始瓷和陶器。年代为两周之交	
19	丹徒华山大笆斗墩、小笆斗墩	大笆斗墩和小笆斗墩在石桥乡西 2 公里，华山村北 1 公里 大笆斗墩底径 32.5 米、高 4.2 米，封土未经夯筑。墓葬位于土墩正中，呈 T 字形，形成前堂后寝的结构，后寝中部有生土台的棺床，棺床两侧各有 5 个柱洞，两端有 3 个柱洞，围绕生土坑四壁还有 1.5 米高的竹篱笆挡土墙。骨渣和陪葬品都出在棺床上，有 26 件原始瓷器和铜剑、凿各一件。年代为西周后期偏早 小笆斗墩底径 22 米、高 3.5 米。墓葬位于土墩正中，呈凸字形，竖穴土坑墓，长 9.2 米、宽 6.8—7.2 米、深 1.5 米，西端墓道残长 3.1 米。墓室中有一套坑，长 5.4 米、宽 3.5 米、深与墓室同，坑底有木板痕迹，坑壁有芦苇席痕。套坑中出土 25 件印纹陶与原始瓷器。年代为西周前期偏晚	南京博物院、镇江博物馆、丹徒县文教局：《江苏丹徒横山、华山土墩墓发掘报告》，《文物》2000 年第 9 期
20	丹徒石家墩	位于宁镇丘陵东端偏南的黄土高地之间，西北距镇江市 15 公里，土墩高 4 米、底径 20 米，1981 年在石家墩墩内中部偏东处发现一座土坑墓。墓坑长 2.5 米、宽 0.9 米、深 0.95 米，有长方盒形髹漆木棺痕迹，出土 18 件原始青瓷罐、豆。年代为西周中晚期	镇江市博物馆：《江苏丹徒县石家墩西周墓》，《考古》1984 年第 8 期

续表

序号	遗址	文化内涵	出处
21	丹徒南岗山	南岗山位于丹徒荣炳乡茹墅大队西棚村北，北距镇江市40公里，这一带密布着成群的大大小小的土墩墓。1990年发掘14座土墩，共出土118件原始青瓷器、几何印纹硬陶及陶器等 东组土墩墓以D1为中心沿小山脊作两列分布，发掘9座。D1东西21.8米、南北19.5米、高4米，北部和西部有一低洼的水塘。在西部边沿发现墓葬一座，D1M1为长方形竖穴土坑墓，长1.25米、宽0.48米、深1.05米，出土7件硬陶鼎、碗、罐、盂、瓿。下层封土内发现三处遗物，未发现墓坑和其他遗迹现象，出土遗物17件 D2位于D1西北40米，东西14.9米、南北10.5米、高2.45米。D2M1位于墩底，长方形浅坑墓，长1.9米、宽0.78米、深0.12米，出土遗物6件，印纹硬陶和陶器 西组土墩墓群位于东组之西300米，以D10为中心沿山脊作两列分布，D10底径15.2米、高4.2米，墩内无墓葬，也无器物 D12位于D10之北75米，东西17.3米、南北10.8米、高3.15米。墩内有两墓上下叠压，上面的M1为有墓道的长条形土坑墓，发现木质葬具痕迹，随葬9件遗物。下面的M2为方形土坑，长3.6米、宽3.2米、深0.84米，但是其中空无一物 D13位于D12西北20米，底径14.5米、高1.8米。土墩上部有两座竖穴土坑墓，M1位于土墩东南边缘，出土随葬品7件，有鼎、盂、碗、罐、坛、盅等，M2位于土墩西部边沿，出土随葬品3件，有坛、罐、器盖等，M3位于土墩底部中心生土上，无墓坑，墓底用石块铺垫而成长方形石床，长2.7米、宽1.4米，石床上发现随葬器物9件，有坛、鼎、豆、罐、盆、碗等，南端发现人牙5枚 年代均为春秋早、中期	南京博物院：《江苏丹徒南岗山土墩墓》，《考古学报》1993年第2期
22	丹徒磨盘墩	磨盘墩遗址位于镇江东28公里，丹徒县大港公社，北面550米即长江，东面2公里是烟墩山，西南1公里为母子墩西周铜器墓。1982年发现一座墓葬，为长方形竖穴土坑，墓底东西4.6米、南北1.1米、深1.36米，墓向为106度。出土青铜器、原始瓷、几何印纹陶和百余枚海贝。年代为春秋初期	南京博物院、丹徒县文管会：《江苏丹徒磨盘墩周墓发掘简报》，《考古》1985年第11期

附表八　宁镇地区吴人土墩墓表 433

续表

序号	遗址	文化内涵	出处
23	丹徒青龙山	青龙山位于丹徒谏壁镇新竹村北，海拔75.9米，大墓位于西青龙山顶峰 大墓（M1）底径53.5—60米、高5米。墓坑打破原地表土、生土、基岩，长12米、宽7米、深5.5米，用采出的土石在墓口周围堆成直径30米、高1.2—1.4米的圜丘。墓底有日字形浅沟形成的棺床。墓道在墓室西端，墓道西端两侧有二层台，各有一个殉人。M1早已被盗，墓主尸骨零乱，但是仍然出土80余件青铜器，墓道中出土两个殉人、三匹殉马，大型印纹硬陶坛中盛有各种祭品 在大墓东侧10余米山坡上有一座附葬墓（M2），封土底径17米，高1.5米，墓坑长4.6米、宽2.2—2.5米、深2米，北壁在基岩上凿出二层台，用石块垒砌四面墓壁。出土青铜兵器等陪葬品。年代为春秋晚期	丹徒考古队：《丹徒青龙山春秋大墓及附葬墓发掘报告》，《东方文明之韵》，海南国际新闻出版中心2000年版
24	丹徒北山顶	墓葬位于北山顶部，海拔81.6米。封土顶部南北7.05米、东西12.25米，底部南北30.75米、东西32.25米，高5.5米，不见夯窝痕迹。墓坑平面呈刀形，在山顶岩石上挖成。墓室长5.8米、宽4.5米、深1.4米，墓道偏在墓室西北，长5.8米、宽2.35米、深1.2米，墓向270度。墓坑北面的土台长18米、宽13米，南面的土台长18、宽7米，两侧平台上，各有一附葬人，并有少量随葬品。墓道内也有一附葬人，并有青铜礼乐器、车马器、兵器多件，墓室中陪葬器物大多被盗。年代为春秋晚期，据铜矛铭文认为是余眜墓	江苏省丹徒考古队：《江苏丹徒北山顶春秋墓发掘报告》，《东南文化》1988年第3—4期
25	镇江谏壁王家山	墓葬位于丹徒谏壁东南王家山的东北端。此墓为竖穴土坑墓，东西残长6米、南北3米、深6米，东部为生土二层台残长3米、高1.2米。出土及征集共132件器物，其中青铜器102件，陶器30件，年代为春秋末期	镇江博物馆：《江苏镇江谏壁王家山东周墓》，《文物》1987年第12期
26	丹徒谏壁粮山	墓葬位于镇江东20公里的粮山顶部。土墩原高4米、底径14米，封土之下为斗式石穴，穴口东西11.2—12米、南北6.4—7米、深9米，穴底西端有宽1.5米、高0.6米的石台。墓底出土54件陶、瓷、铜、玉器，封土中出土20余件原始瓷罐、碗和1件铜锸。年代为春秋前期	刘建国：《丹徒谏壁粮山石穴墓》，《考古与文物》1987年第4期
27	丹徒大港母子墩	母子墩位于丹徒大港镇乔木山山脊，底径30米、高5米，在经过平整的地面上垫土60厘米，再用石块砌成长6.1米、宽3.2米的石框，之间铺3厘米厚草木灰，草木灰上铺有席子，席上放置尸体，仅残存骨渣。无葬具，封土未经夯打。出土9件青铜礼器、矛、叉、镞等兵器百余件，车马器数百件，印纹硬陶坛、罐3件，原始瓷罐、豆9件。年代为西周早期	镇江博物馆、丹徒县文管会：《江苏丹徒大港母子墩西周铜器墓发掘简报》，《文物》1984年第5期

续表

序号	遗址	文化内涵	出处
28	丹徒四脚墩	丹徒镇西南部高低起伏的丘陵岗地上，有6座高大的土墩墓，呈半弧形分布在隆起的高岗上。土墩高5米、直径20余米，土墩墓群以东300多米处是面积8万平方米的湖熟文化台型遗址——左湖遗址 D4 直径17米、高3.25米，第三层灰黑色封土层上瘗有夹砂陶鬲和硬陶坛各一只。墓葬在土墩中部，系平地掩埋，墓主头东脚西，头向110度。时代在西周晚期 D6 直径27、高3.7米，墓葬在土墩的偏西部，墓坑用石块垒成长3.8米、宽2.6米、高0.5米的石框。年代比M4略早	镇江博物馆：《丹徒镇四脚墩西周土墩墓发掘报告》，《东南文化》1989年第4—5期
		D2位于土墩墓群的北部，底径16.8米、高3.7米，其东南、东北各一个池塘。D2M1位于土墩中部，墓坑口长4.8米、宽2.3米、深1.2米，方向85度。墓坑四周有生土二层台，高0.8米，墓底长3.5米、宽0.75米。出硬陶、泥质陶、夹砂陶器共15件，1件鬲扣置在第4层上。年代为西周晚期 D5位于墓群的南部，封土底径23.6米、高5.5米。D5M1位于土墩西部，为竖穴土坑墓，长4.7米、宽2.6—2.4米，残深3.55米，方向94度。墓中出土泥质陶器2件、硬陶器1件、原始瓷器10件、青铜器2件，填土中出土铜戈1件。年代为春秋晚期 D5M2位于土墩平面中部，打破生土，长3.5米、宽1.7米、深0.7米，墓向95度。出土夹砂陶器1件、硬陶器3件、原始瓷器5件、石器1件。年代为西周早期	南京博物院、镇江博物馆：《江苏丹徒镇四脚墩土墩墓第二次发掘简报》，《考古》2007年第10期

续表

序号	遗址	文化内涵	出处
29	丹徒薛家村大墩、边墩	位于镇江丹徒区辛丰镇星棋乡西南，西北距辛丰镇4.8公里，东北距黄墟镇3公里，这一带原有9座土墩，现尚存6座。2008年发掘了大墩、边墩两座土墩墓 大墩高9.2米、底径49.8米，墩内发现有叠压关系的墓葬两座，M1叠压在M2之上，及其各自附属的祭祀坑两处。M1位于墩体西半部，为带墓道的熟土坑竖穴墓，墓向80度。墓道狭长方形，向东伸至土墩中心，墓道口长6.1米、宽1.26米、深1.5米，墓坑底长5.8米、宽1.1米。墓道坑壁经火烧成红烧土墙，一侧坑壁留有横排木棍的痕迹，另一侧红烧土墙凹凸不平。墓底南侧后部有长2米、宽1米的木棺痕迹，表面有红黑色漆皮，尸骨全朽，32件（套）随葬品都出在木棺范围内，木棺区域填土中自上而下放置了427块石块。时代为西周晚期至春秋早期 M2叠压在M1之下，竖穴土坑墓，墓道向西延伸至墩边，墓道两侧壁有粗细不一的木桩，外侧与细木棍结成木篱笆墙，紧贴墓道壁。墓室长8.7米、宽6.1米、深1米，墓坑四壁布满竹篱笆的痕迹，均匀齐整，全部横贴。墓坑中部有一长5.7米、宽0.93、深0.84米的长方形坑，坑内经过火烧，坑壁两侧被烧成坚硬的红烧土墙，坑底分布两排柱洞，北壁一侧9个，靠南壁7个，墓坑和烧坑内都不见任何随葬品 边墩位于大墩东南200米，底径40米、高4米。墩内发现1座墓葬，竖穴土坑墓，平面呈倒凸字形，墓室长7.5米、宽5.26米、深1.78米，墓内未发现随葬品和骨骼痕迹	镇江博物馆：《江苏丹徒薛家村大墩、边墩土墩墓发掘简报》，《东南文化》2010年第5期
30	丹阳大仙墩	丹阳大仙墩底径30米、高5.6米，墩的北部曾发现印纹硬陶坛1件及原始瓷豆12件，这次在土墩中部原地表土层上35厘米处出土印纹硬陶坛2件和原始瓷豆33件。土墩底部有残腐骨的痕迹和烧土灰烬，应属于墓葬。年代为西周前期	镇江市博物馆：《江苏溧水、丹阳西周墓发掘简报》，《考古》1985年第8期
31	丹阳泰山溢洪河	丹阳泰山溢洪河两座土墩墓，其中D1为西周墓，一墩一墓，有长条形土坑，长4.7米、宽0.8~1.26米、深1.6米，墓坑建于夯实的垫土上，全墩土均夯实 D2为春秋墓，有浅坑，墓坑规则，出土少量几何印纹硬陶和原始瓷器	泰山土墩墓考古队：《丹阳市泰山溢洪河一、二号土墩墓》，《东南文化》1994年增刊

续表

序号	遗址	文化内涵	出处
32	丹阳市河阳大夫墩	位于丹阳西北7.5公里的平原上,东西60米、南北40米、高12米。熟土竖穴土坑墓,墓坑长15.6米、宽4.5—6.6米,墓坑东部用石块堆砌成凹字形积石遗存,形似墓道,墓坑西部底部有竹席痕迹,下有长方形竖穴土坑,坑底出土青铜泡3件、原始瓷3件。年代为春秋早期	大夫墩考古队:《丹阳市河阳大夫墩发掘报告》,《东南文化》1994年增刊
33	丹阳青墩山	位于丹阳凤凰山遗址西南600米,土墩原高5米,出土器物10余件,有豆、罐、盘等。年代为西周后期	施玉平、杨再年:《丹阳青墩山西周墓》,《东南文化》1991年第3—4期
34	金坛鳖墩	鳖墩在金坛城东2公里,是一座平地堆起的土墩。该地共有三座土墩,中间为鳖墩,东南150米有北方墩,西北100米有蛇家墩。鳖墩南北9米、东西15米、高2米。墩下发现两座墓葬M1为东西向,随葬器物出土在生土层下50厘米,器物东面平铺一层长2米、宽0.9米的长方形木炭。M2为南北向,一坛青铜块出于M2面,和该墓随葬器物同在一个平面上,这组器物在生土层上15厘米。年代为西周中晚期	镇江市博物馆、金坛县文化馆:《江苏金坛鳖墩西周墓》,《考古》1978年第3期
35	金坛连山	位于金坛薛埠镇西南3.5公里,有270余座土墩。1991年发掘其中一个山丘上的三个土墩,互相间距20米 D1底径22米、高3.9米,内有一座墓葬,M1用石块铺成长2.4米、宽1.36米的石床,出土陶瓷器9件。有7组器物群,出土器物65件。年代为春秋早期 D2底径16米、高3.15米,土墩中心发现一座墓葬,出土10件物,有3处器物群,出土21件。年代为春秋中期 D3底径21米、高3.95米,土墩中心有一座墓葬,用17块石块摆成长4.38米、宽0.8—1.75米的石框,出土18件器物,发现13组物群,出土114件器物。年代为春秋中期	《江苏金坛连山土墩墓发掘报告》,《考古学集刊》(10),中国社会科学出版社1996年版
36	金坛县薛埠上水	薛埠镇位于金坛县西部,上水村在薛埠镇北1.2公里,墓地位于上水村西北200米,是一处分布较为集中的土墩墓群。2005年发掘的4座土墩墓分布在一条南北走向的岗地东坡 D2南北19.5米、东西20米、高3米,墩内发现8处器物群,位置在墩体外围,部分器物群的遗物为修筑土墩墓时采集附近商代早期的新浮遗址的遗物有意放置于土墩之中。土墩部分填土也有取自该遗址的 墩体中部有一椭圆形土台,断面呈梯形,距地表深0.9—1.1米,顶面直径4.5—5.1米,M1开口于土台台面上,为土坑竖穴墓,长3.2米、宽1.1米、深0.7米,14件随葬品出于墓底东部 D2底部中心位置发现20个柱洞,当属于一座房址 D2年代为西周晚期	南京博物院考古研究所:《江苏金坛县薛埠镇上水土墩墓群二号墩发掘简报》,《考古》2008年第2期

续表

序号	遗址	文化内涵	出处
37	金坛薛埠裕巷	金坛市西15公里薛埠镇裕巷村东600米的岗地上有6座土墩墓。D1东西长25米、南北25.5米、高2.5米。墩内出器物群13处，墓葬3座，房址1座，不明用途的方形坑1个，遗物107件 D1M1位于土墩顶部偏西南，不规则长方形浅坑墓，方向54度，长3.15米、宽1.35—2米、深0.5米。出土陶器11件 D1M2位于土墩东南部中间，长方形竖穴土坑墓，方向316度，长1.55米、宽1.04米、深0.43米。出土陶器9件和原始瓷罐1件 D1M3位于土墩中心偏西北，长方形土坑竖穴墓，方向295度，长4.42米、宽1.96米、深0.75米，出土陶器25件、原始瓷碗2件 墓底有一正方形半地穴式房址（F1），南北4米、东西4.1米、深0.5米，由23个柱洞组成，分南北两排排列，所有柱洞构成一个平面呈"凸"字形、门向朝东的棚式建筑 年代为春秋中晚期	南京博物院：《江苏金坛裕巷土墩墓群一号墩的发掘》，《考古学报》2009年第3期
38	溧阳天目湖庙山	庙山土墩墓位于溧阳天目湖区吴村大队桃园村庙山山脊，海拔42米，土墩南北20米、东西35米、高2米。墩内发现4座墓葬，9处器物群。主墓M4位于土墩中心，在7.6×5.2米分为内用石块铺成6.6×2.07米的棺床，出土18件陶瓷器，其余三座墓葬在M4东边，共出土23件陶瓷器。年代为春秋早中期	南京博物院、镇江博物馆：《溧阳天目湖庙山土墩墓发掘报告》，《印记与重塑》，江苏大学出版社2010年版
39	溧阳天目湖门口田	位于溧阳天目湖区吴村大队桃园村农田中，土墩已经所剩无几，仅剩长9米、宽2—4米、高2.2米的土埂。墩内有一座无墓坑的残墓，出土27件陶瓷器。年代为春秋中晚期	南京博物院、镇江博物馆：《溧阳天目湖门口田土墩墓发掘报告》，《印记与重塑》，江苏大学出版社2010年版
40	武进淹城龙墩	龙墩位于淹城遗址西北角，距淹城外城河700米武进烈士陵园内，东西40米、南北28米、高2.7米，土墩中心偏西部发现6座墓葬，都发现长方形墓穴遗迹，其中M3的土坑最为完整，长1.85米、宽0.95米、深0.50米。共出土随葬物器近百件，陶器和原始青瓷器各半。6座墓葬年代有早晚，在西周晚期至春秋早期	王岳群：《江苏武进淹城龙墩墓葬发掘简报》，《东南文化》2005年第3期

附表九　太湖以北地区越人石室土墩墓表

序号	遗址	文化内涵	出处
1	苏州五峰山	五峰山顶有6座土墩，基本上一峰一墩。1954年清理了其中3座。D1直径19.6米，高2.3米，底宽1.43米，石室长7.2米，宽1.66—1.06米，方向北偏西84度，出土3件原始瓷盂和大量几何印纹陶片。D2直径13米，石室长2.68米，底宽0.84米，高1.46米，方向北偏东40度，无出土物。D3直径21.5米，石室长8.2米、高1.64—2.42米、宽1.24—1.6米，方向北偏东23度，出土3件几何印纹硬陶罐	朱江：《吴县五峰山烽燧墩清理简报》，《考古通讯》1955年第4期
2	苏州借尼山	1983年，南京博物院和中山大学在五峰山和借尼山（马岗山）发掘了24座石室土墩。土墩底径20—30米、高4米，均分布在山脊。墩内石室长8—16米、底宽1.3米、顶宽0.6米、高1.8—2.95米，石室口有门柱或门楣，用块石垒砌封门，但不到顶，前为短通道。共出土470余件遗物，最多一墓出土70件，原始瓷与几何印纹硬陶占85%，器形以豆、碗、罐、瓿为主，出土陶纺轮和2件铁器。年代为春秋时期，但有早晚之分	邹厚本：《吴县五峰山石室土墩遗址》，《中国考古年鉴（1984年）》，文物出版社1985年版
3	光福安山	1981年南京博物院和吴县文管会在光福安山调查时发现16座土墩，发掘了其中3座，但是内容不详	陆永文等：《我们对山顶石室建筑的初步看法》，《江苏省考古学会1982年年会论文选》，江苏省考古学会1983年版
4	苏州上方山6号墩	1984年发掘。位于东西走向的山脊上，东西长42米、南北宽28米、高7.15米，呈馒头状。墩内石室位于墩的西半部，墓门向西，沿山脉走向，石室长9.6米，宽1.84米，最高处6.15米。出土22件原始瓷器，7件印纹陶器，年代为西周中期。在门顶及两壁近门处发现大面积烟炱痕迹；石室内有木炭、泥条盘筑的土灶和残存的禽兽骨等生活遗迹	苏州博物馆：《江苏苏州上方山六号墩发掘简报》，《考古》1987年第6期

附表九　太湖以北地区越人石室土墩墓表

续表

序号	遗址	文化内涵	出处
5	苏州福寿山	福寿山为上方山支脉，在调查中发现一座被防火路冲开的石室土墩墓。规模不小于上方山6号墩	调查资料
6	苏州鸡笼山	鸡笼山位于苏州高新区通安镇树山村，共发现9座土墩，2007年发掘了其中3座。1号墩位于海拔111米的鸡笼山西部最高峰，墩底直径50米、高10米，石室长13.5米、底宽1.84米、内高4.6米，甬道长约11米、宽3米、高约5米，墓向朝西。出土几何印纹硬陶器、原始瓷碗以及小件玉饰品 在1号墩附近还发掘了2号墩和3号墩，规模略小，似为陪葬墓，近旁还有取土形成的土坑	《苏州鸡笼山发现春秋时贵族大墓》，中国网2007年12月13日 http://china.com.cn
7	常熟虞山维摩寺	1982年在常熟虞山维摩寺东南试掘石室土墩1座，土墩东西长20余米、南北宽18米、高2.24米。发现厚度超过40厘米草木灰，灰烬中分上、中、下三层出土17件原始瓷、印纹陶和泥质陶器	凌治世：《常熟虞山维摩寺烽燧墩试掘》，《解放日报》1982年6月28日
8	常熟虞山西岭	2000年在虞山西岭发掘3座石室土墩，D1位于海拔218.7米的主峰上，墩底南北长52米、东西宽50米、中心高10米。墩顶呈覆斗形，东西长14米、南北宽12米。土墩四周斜坡外表铺有石块。土墩内有一东西向的石室建筑，方向110度，东部为通道长14.5米，西部为石室长11米、高8米，通道与石室之间的过道长2.5米，全长28米，石室上宽0.7米、底宽2米、高8米 D2较小，墓门向西，通道长3.6米，石室长3米，高1.4米 D3较大，土墩东西长21米、南北宽18米、高6.5米。土墩内石室门向西，通道长7.8米、石室长5.4米。总共出土器物130件，其中104件原始青瓷器，另有硬陶、泥质陶和夹砂陶器，器形有碗、罐、豆、盂、鼎、尊、钵、瓮、纺轮等 年代相当于中原西周晚期至春秋早期 据调查整个虞山分布在山脊或山坡上的土墩有200多座	苏州博物馆等：《江苏常熟市虞山西岭石室土墩的发掘》，《考古》2001年第9期
9	无锡嶂山	1954年在嶂山南麓一个土墩的南部发现石室东西长3.85米、南北宽0.4米、高0.4米，出土几何印纹硬陶罐、碗7件、原始瓷豆1件	朱江：《江苏南部"硬陶与釉陶"遗存清理》，《考古通讯》1957年第3期
10	无锡璨山	1975年无锡博物馆在璨山南麓清理1座石室土墩。土墩直径15米、高4米，石室残长5.6米、原长约7米，底宽1米、顶宽0.7米、高2米。出土几何印纹陶4件、原始瓷7件、泥质灰陶碗2件。年代为春秋早期	无锡市博物馆：《无锡璨山土墩墓》，《考古》1981年第2期
11	无锡庙山	1983年在庙山顶部清理石室土墩墓1座。土墩直径14米、高3.5米，用石块砌成长8米、宽4.2米的石室（更像石椁）。出土几何印纹硬陶罐1件、原始瓷盂、钵、碗、豆9件。年代为春秋早期	钱屿：《无锡庙山石室土墩墓》，《考古与文物》1984年3期

续表

序号	遗址	文化内涵	出处
12	无锡龙山	在阖闾城遗址以西的龙山上有9座"石冢"——石室土墩墓。试掘出土150余件器物,以原始瓷罐、钵、碗、豆、盂、盅、盘、杯和印纹硬陶瓮、坛、罐等为主	张敏:《阖闾城遗址的考古调查及其保护设想》,《江汉考古》2008年第4期
13	武进腰沿山	1985年在腰沿山发掘清理了3座石室土墩墓。M1土墩底径南北11米、东西13.2米、高1.80米,底面近似圆形。石室长7.1米、底宽1米、上口宽0.4—0.6米,最高处1.75米。M2土墩高0.9米、底部直径东西长21米、南北长13.2米,石室长11.5米、底部宽0.9米、上口宽0.4米、高0.85米。M3残长6.4米、底宽0.98米、上宽0.42米、最高1.60米。3座石室土墩墓共出土器物47件,又采集到14件,其中原始瓷器39件,器形有豆、盂、盅、盏、罐和器盖等;硬陶器9件,器形有瓿、罐和盂等;泥质陶13件,器形有盖盘、瓿、罐和纺轮等。年代为春秋中晚期	常州市博物馆:《江苏省武进县潘家乡腰沿山土墩石室墓》,《东南文化》1989年1—2期
14	武进牛肩头山、和尚头山	1991年南京博物院和武进博物馆在武进城湾山区的牛肩头山及和尚头山发掘石室土墩3座	内部资料
15	武进庙堂山、大茅山、四顶山	武进城湾山位于太湖西北岸,由海拔100米左右的十几座山峰组成,山上共有200余座土墩墓。1981年在城湾山的庙堂山、大茅山、四顶山的发掘了7座石室土墩墓。土墩外形相仿,高3—5米、底径8.5—15米,多数在山顶与山脊、少数在坡垄。石室大小不等,大的长10.7—6米、宽1—0.7米、高2.1—1米。年代从西周中期至春秋中期	镇江博物馆:《江苏武进、宜兴石室墓》,《文物》1983年第11期
16	宜兴洑东黄梅山	宜兴洑东山为天目山支脉,临湖的一段为黄梅山,海拔135米,山上有200余座土墩墓。1981年在洑东黄梅山发掘了2座石室土墩墓,土墩高3米、底径10米,石室长6米、宽0.8米、高1—1.2米。年代从西周中期至春秋中期	

续表

序号	遗址	文化内涵	出处
17	宜兴洑东四墩山	四墩山位于宜兴大港镇西北5公里，山顶有4座土墩，周围还有近百座土墩。发掘的M1墩高2米、底径13×16米，方向75度。石室长4.4米、底宽0.82米、残高1.8米，乱石封门厚1.6米，前有残长3米的甬道	刘建国：《江苏宜兴石室墓试掘简报》，《考古与文物》1983年第4期
18	宜兴丁蜀南山	南山位于宜兴丁蜀镇南5公里，山上有土墩100余座。M1位于山顶，土墩底径16—18米、高4.5米，方向85度，石室长9.8米、宽0.92—1.44米、残高3米，封门石墙厚1.44米。M2土墩底径12—10米、高3.9米，方向270度，石室长3.9米、宽0.92—1.04米、高1.8米，垒石封门厚0.4米，前有2.56米长的甬道 四墩山和南山3墓共出13件印纹硬陶器、28件原始瓷器，5件泥质陶器和1件夹砂陶鼎，年代为西周晚期至春秋早期	
19	宜兴潢潼村	位于宜兴西南郊潢潼村南，有8座土墩墓，间距15—60米，土墩高1米、直径15—25米，2003年发掘了其中3座。D1高1.2米、底径23米，墓底用石块铺成长5.4米、宽2米的石床，石床上和周围有8组随葬品。D2高1.5米、椭圆形14×24米，石床长5.1米、宽2.4米，石床北侧有榫边，其余三侧已被破坏，石床上及周围出土5组器物，封土中出土1件青铜矛。D3高1.2米、底径15米，石床长3.2米、宽1.4米，土墩东南部有燎祭留下的红烧土堆积，随葬品排于东南侧一线。年代为西周晚期至春秋中期	南京博物院、宜兴市文管会：《宜兴潢潼土墩墓群发掘报告》，《东南文化》2006年第6期
20	宜兴百合村	在宜兴境内发掘了5座石室土墩和土墩墓 位于新街街道百合村附近的石室土墩墓长6米，宽1米	《宁杭城际铁路江苏段考古发掘和文物保护》，《东南文化》2010年第1期

附表十　太湖以北地区春秋晚期吴人土墩墓表

序号	墓葬	内涵	出处
1	真山D9M1	真山位于浒关镇西北1.5公里，D9M1位于海拔76.9米的大真山顶。封土呈覆斗形，墩底东西70米、南北32米，墩顶东西26米、南北7米、高8.3米。有内外两层封土，内封土经夯筑，南北两端各有一道石块垒成的挡土墙。外封土南北两端也各有一道石块垒成的挡土墙，封土内有20余道南北向石墙，总土方达万余立方米，山下至今还有十几个取土坑。墓室开凿在基岩中，东西13.8米、南北8米、深1.8米，墓室东端有一条长3.6米、宽3米的墓道。墓室西部是长4.05米、宽1.92米、高0.2米的棺床，棺床东部有长6.8米、宽2米的平台。此墓遭早年盗掘，仍然出土12573件玉石器、陶瓷器等。年代为春秋晚期	丁金龙、朱伟峰：《江苏苏州浒墅关真山大墓的发掘》，《文物》1996年第2期；苏州博物馆：《真山东周墓地》，文物出版社1999年版
2	阳宝山大墓	阳宝山位于吴中区东渚镇宝山村，大墓封土呈长方形覆斗状，顶部东西长25米，南北宽12米，底部东西长60米，南北宽40米，残高4米，封土采用版筑法夯筑而成。墓室为长方形石穴墓，墓底铺一层10厘米厚的木炭。东西长11.3米，南北宽4.5米，深5米，西侧有长19.7米、宽3.6米的斜坡墓道。墓道底部两侧各有一道沟槽，连接墓室底部，墓室上原有墓上建筑，朽烂后封土下陷，使夯层呈V字形。墓葬早年被盗，墓中仅出土1件原始瓷罐、12件原始瓷碗、1件玉管、30余颗绿松石珠和铜凿、铜箭镞、铜剑残部、陶纺轮等	苏州博物馆调查资料
3	树山大墓	树山位于山顶，大墓封土直径约60米，墩顶有长条形盗沟	
4	横山大墓	横山在横塘镇横山南端，墓葬封土直径40米	

附表十 太湖以北地区春秋晚期吴人土墩墓表

续表

序号	墓葬	内涵	出处
5	獾墩大墓	獾墩位于东渚镇南山村大宅上村,海拔17米,南部被开山取石破坏。墓葬封土直径30米、高3米,竖穴土坑墓,全长11.6米,东面为墓道,长2.25米,墓室长9.35米,残宽1.9—2.7米,墓室北侧和西侧有熟土二层台,墓室西北一坑,东西2.8米、南北2.5米、深1.5米,当为陪葬器物坑。墓葬早年被盗,又遭后期破坏,仅出土一些玛瑙管、条形玉器、绿松石珠、绿松石片、原始瓷碗、陶纺轮等,墓底有漆皮遗迹。时代为春秋晚期	王霞、周官清:《苏州市獾墩春秋大墓》,《中国考古学年鉴(2010)》,文物出版社2011年版
6	馒头山大墓	馒首山在东渚镇西,大墓封土直径50米、一墩两墓,一座为石室土墩墓,一座为石椁墓 M1为石室土墩墓,墓口在东,全长16.3米、底宽2—2.2米,出土原始瓷豆、罐、盂,印纹硬陶坛、罐、器盖,泥质陶罐、澄滤器等共32件器物 M2位于M1北侧11米,石椁东西7.5米、南北4.1—5.8米,东侧有一缺口,当为墓门。出土原始瓷豆、尊、盂,印纹硬陶釜、罐,泥质陶罐等40件器物 M1和M2出土的硬陶釜、罐上都印有云雷纹,推测年代为西周中期	苏州市考古研究所:《吴文化的考古学探索》,《中国文物报》2012年11月23日第7版
7	挂灯山大墓	挂灯山大墓在浒关镇西阳山东北侧	苏州博物馆调查资料
8	真山D16M1	真山D16M1位于大真山北部山脊,距D9M1约200米,先在岩石上凿出浅坑,再用石块垒筑墓壁,墓底长4.3米、宽2.9米、深3.5米,东西向。入葬后填土未经夯实,封土堆底径34米,残高5米。墓室西部出土7件原始瓷盖碗,摆成梅花形,另有印纹硬陶瓮、陶盘、陶纺轮等,时代也是春秋晚期	苏州博物馆:《真山东周墓地》,文物出版社1999年版
9	真山D33	真山D33位于大真山北麓,封土直径30米、高3米。墓葬在山体基岩上铺垫一层厚30—40厘米的碎石后用大小不一的石块垒成的石椁,石椁外围东西13米、南北9.3米;内径东西7.2米、南北6米,最高处为1.8米,然后再覆以封土。D33的主墓室已被盗掘一空,但是还留下两个器物坑没被破坏,共出土器物58件。其中1号坑出土器物48件,有印纹硬陶瓮24件、印纹硬陶罐4件、陶鼎5件、原始瓷盖碗15件;2号坑出土器物10件,有印纹硬陶瓮2件、罐3件、原始瓷碗5件。时代为春秋晚期,石椁结构和器物坑在苏州都是首次发现	苏州市考古研究所:《吴文化的考古学探索》,《中国文物报》2012年11月23日第7版
10	观音山D1	观音山D1外形与真山D33相似,在基岩上挖出2.6米深的墓穴,墓口用石块垒成南北12米、东西10米的石椁,椁外有器物坑,出土原始瓷碗、豆、盂、印纹陶罐、盆、纺轮和青铜片,年代为春秋中晚期 观音山上有29座土墩,多数与D1的结构一致	苏州市考古研究所:《吴文化的考古学探索》,《中国文物报》2012年11月23日第7版
11	虎丘阖闾墓	历代方志均言阖闾墓在虎丘剑池之下,实则应该在虎丘山顶之上。现已荡然无存	调查资料
12	严山玉器窖藏地	1986年在海拔22.5米的严山东麓在爆破采石时出土了一批玉器,这批玉器出在一个长2米、宽1.5米的长方形土坑中,坑底距山坡表土0.5米。出土器物402件,其中软玉器204件,余为各色玛瑙、绿松石、水晶和玻璃,除玉石器外没有其他遗物同出	吴县文物管理委员会:《江苏吴县春秋吴国王室窖藏玉器》,《文物》1988年第11期

续表

序号	墓葬	内涵	出处
13	虞山齐女坟	《吴越春秋》记载，吴太子娶齐国之女为妻，但是齐女因思乡而抑郁成病，临死嘱葬之虞山之巅，以望齐国。阖闾伤之，如其言，葬之虞山之巅。今虞山剑门景区内有齐女坟，为一大型土墩墓	调查资料
14	何山东周墓	何山位于苏州新区，海拔63.8米，1980年在何山西南麓缓坡上取土时破坏一座墓葬，文物分布在东西5米、南北8米、距地表2米的同一平面，应属一个墓葬，但是未发现墓坑与葬具痕迹。出土铜器33件，有吴器与楚器两类，硬陶罐和原始瓷碗各一件。年代为春秋晚期	吴县文物管理委员会：《江苏吴县何山东周墓》，《文物》1984年第5期
15	虎丘金鸡墩（吴女坟）	金鸡墩位于苏州虎丘山西南，俗称"吴女坟"，相传是阖闾女儿滕玉的坟墓面积约2万平方米，原是一处新石器时代遗址，后来在上面又叠压了各个历史时期的墓葬。金鸡墩虽然未经发掘，但是据《吴越春秋》记载：当年阖闾"凿池积土，文石为椁，题凑为中，金鼎玉杯银樽珠襦之宝，皆以送女"。可见墩内也筑有石室，或者至少是像曹家墩那样以条石为基的木结构墓室	调查资料
16	狮子山皇妹墩（王僚墓？）	《吴地记》记载，吴王僚死后葬在吴县西十二里的柞崿山，"柞崿山又名鹤阜山，今名狮子山"。在今狮子山南麓有一土墩，高约5米，四周还有残存的围壕，此墩俗称"皇妹墩"，相传为"王僚墓"，因未经发掘，不知其内部结构如何	调查资料
17	江阴伞（伞）墩（吴王八子墓）	伞（伞）墩位于江阴周庄东北。伞墩高8米，直径50—60米，土墩的周围有一圈宽宽的壕沟，就像护城河一样。在伞墩西头有一个石砌的洞口，高1.7米、宽1.3米，洞内较洞口宽大，中间高2—3米，宽1—2米，洞内纵深32.1米。两壁都以黄石砌成，洞顶用大石条覆盖，石条宽者达0.7米伞墩早在明代就已经被打开了，当时出土过些什么东西？现在已经不得而知。洞口门楣石条上有明代正德五年吴郡都穆书刻的"珊瑚洞"三字，里面空空如也。《光绪江阴县志》卷二三《冢墓》载："吴王子墓在周庄伞墩，《寰宇记》'吴王第八子葬于此'。《黄志》云：'墩西侧有穴，入深可十余丈，皆石所为，盖隧道也，今称仙人洞。'"年代应为春秋晚期	调查资料

附表十　太湖以北地区春秋晚期吴人土墩墓表

续表

序号	墓葬	内涵	出处
18	江阴大松墩	大松墩在伞墩东北 0.5 公里，其中也有一条用黄石砌成的十几米长的石弄，上面也用长达 3 米的石条覆盖，形制和伞墩相仿，但规模似比伞墩要小一些。后来因为石弄倒塌露出了洞口，常州博物馆派员进行清理，出土了 1 件几何印纹硬陶罐，20 件豆、盘、有盖罐和鱼篓形罐等原始瓷器，各种玉玦、玉璜、玉镯、玉管、玉珠等饰品总共有 70 件之多。年代为春秋晚期	陈晶、陈丽华：《江苏省江阴县大松墩土墩墓》，《文物》1983 年第 11 期
19	江阴璜土姬墩山（阖闾太子光墓？）	姬墩山在江阴以西的璜土镇西南，高 19 米，直径约 90 米，据传是吴王阖闾的太子光的墓。太子光名终累，是夫差的哥哥，未立而卒。未经发掘	
20	江阴曹家墩	曹家墩位于伞墩和大松墩东南，馒头状土墩残高 9.2 米，平面呈东西向长圆角方形，封土占地面积近 3600 平方米。墓室建在土墩底部的垫土之上，两侧各铺两层并排的红沙岩质大石条构成墓室，后部（西侧）用两层石条封堵，东西长 18.2 米、宽 4.3—5.2 米，墓向朝东，用 3 块平置的石块封堵，在甬道和墓室南北两侧的石条上原先建有高近 2 米的木结构框架式建筑，除靠近东部墓口处保留有框架形制及高度外，其余部分皆已朽塌	周庄土墩墓联合考古队：《江苏江阴周庄 JZD3 东周土墩墓》，《文物》2010 年第 11 期
21	六合程桥	程桥镇在六合县西南 10 公里，墓地在程桥镇东 1 公里的程桥中学校园东北隅，附近有薛山、羊角山、乌龟山等湖熟文化遗址，墓地周围原为坡状高地。1964 年发现清理一座竖穴土坑墓。墓底距地表深 2.4 米，墓室南北 4.5—7.33 米、东西 4.03—6.36 米，墓向东。葬具已朽，只有西北部残留一片褐色漆皮，漆皮下有人牙 8 枚。出土陶器 8 件，食器、乐器、兵器、车马和工具等铜器 57 件，铁器和玉饰各一件。年代为春秋末期	江苏省文物管理委员会、南京博物院：《江苏六合程桥东周墓》，《考古》1965 年第 3 期

续表

序号	墓葬	内涵	出处
22	六合程桥	1972年在程桥镇东长青大队陈岗坡地发现清理M2，与M1相距100米。此墓为一土坑墓，东西5.1米、南被4.5米、深1.3米，墓底铺白泥。墓底东部深1.1米处出土褚色漆皮，共出土50件器物，主要是青铜器，3件陶器和1件铁条。年代为春秋末期	南京博物院：《江苏六合程桥东周二号墓》，《考古》1974年第2期
23		M3在M1西80米，墓被施工破坏，墓坑与葬式不明，也应属于土坑墓。出土青铜鼎、甗、盘、簋、匜、舟、勺、剑共9件，几何印纹陶罐1件，石饰2件。年代为春秋末期	南京市博物馆、六合县文教局：《江苏六合程桥三号墓》，《东南文化》1991年第1期
24	六合县和仁	和仁在六合县东北12公里的丘陵山区，在一座名叫老虎洼的土岗东南坡上发现一座长方形竖穴土坑墓，东西长4.3米、宽3.5米、坑口距地表1.3米、坑深0.5米，墓内尸骨已朽。出土铜器25件，陶器11件。年代为春秋末期	吴山菁：《江苏六合县和仁东周墓》，《考古》1977年第5期
25	邳州九女墩	位于邳州市戴庄乡西0.5公里，附近有十几座土墩墓，其中有汉墓。1995年发掘的D2土墩东西26米、南北20米、高3.2米，T形竖穴木椁墓，南边为前室与左右侧室，北边为主室，前室与主室深2.9米，侧室深1.6米。前室出土马骨和铜器、陶器、石磬等77件（组），主室有人骨6具，出土铜兵器等42件（组），左右侧室出土人骨5具和印纹陶罐、铜削等5件。年代为春秋晚期，编镈铭文自称"攻（吴）王之玄孙"，冯时先生考证器主为诸樊	南京博物院：《江苏邳州九女墩二号墩发掘的主要收获》，《东方文明之韵》，海南国际新闻出版中心2000年版

附表十一 战国前期吴越地区越墓表

序号	墓葬	墓葬状况	出处
1	江苏无锡鸿山邱承墩（DⅦ）	邱承墩是已发掘的7座墓葬中最大的一座，位于新石器时代形成的高台土墩上，长方形竖穴土坑墓，东面有斜坡墓道，长21.2米、宽3.65米，形成墓向朝东的甲字型墓。墓上有覆盖墓室与墓道的长方形覆斗状封土堆，东西长78.6米、南北宽50.8米、残高5.4米，中字型竖穴土坑墓，长56.7米、宽6.3米、深3米，墓道在墓的东边。墓道长21.2米、宽3.65米，墓室长23.6米、宽6.3米，后室长11.9米、宽3.2米。墓室中用木板隔出主室和侧室，但是没有木椁。此墓早年被破坏，但是仍然出土原始瓷581件、印纹硬陶134件、泥质陶337件、玉器33件、石璧2件、琉璃器33件、象牙器1件	南京博物院等：《鸿山越墓》，文物出版社2007年版
2	无锡鸿山万家坟（DⅥ）	万家坟的长方形覆斗状封土东西长42.6米、南北宽35.9米、残高3.8米。墓葬为平地起封，在平地上用木料铺成长16.68米、宽5.07米的墓床，在墓床上放置墓主尸体和随葬品后封土，然后在封土堆上挖三个斜洞至墓床，再在墓床上挖一个横洞把三个斜洞前后贯通，然后在火道中投放燃料焚烧，在墓床上形成了2.5米厚的红烧土。出土印纹硬陶300件、泥质陶219件	南京博物院等：《鸿山越墓》，文物出版社2007年版
3	无锡鸿山老虎墩（DⅠ）	老虎墩的上部已被破坏，仅剩底部，覆斗状封土可达东西56米、南北43米。残剩墓床长8.6米、宽6.6米，墓葬构建方法与万家坟相同。出土原始瓷153件、印纹硬陶186件、泥质陶28件、玉器2件	南京博物院等：《鸿山越墓》，文物出版社2007年版

续表

序号	墓葬	墓葬状况	出处
4	浙江安吉龙山D141M1	封土墩东西长50米、南北宽42米、残高8米。墓坑东西长15.4米、南北宽7.2—7.6米、深1—1.5米，坑底有两条枕木沟，枕木上有断面为三角形的木椁，木椁长10.4米、宽4.2米，墓道朝东，残长9.6米，墓道两侧各有一排向内倾斜的密集柱洞，说明有两面坡的木结构甬道与同样的木屋相连通。在封土北侧10.5米处有一器物坑，东西长11米、宽3米、深0.3米，出土的数百件器物既有日用的饮食器，又有仿青铜的礼乐器	浙江省文物考古研究所、安吉县博物馆：《浙江安吉龙山越国贵族墓》，《南方文物》2008年第3期
5	长兴鼻子山M1	位于相对高度10米的南北向山脊尽头的顶部，封土为东西向长方形覆斗形，东西长32米、南北宽18米、残高3.7米。墓坑打入岩层，呈东西向长方形，坑底长13.7米、宽4米，斜坡形墓道位于墓坑东面，长7米。墓底有两条东西向的枕木沟，根据残存的木炭和膏泥痕迹判断，原有规整的矩形箱式木椁，木椁长11.8米、宽2.6米、高1.8米。在墓葬封土北缘外4.7米处有一个长4米、宽1.5米、深0.5米的器物坑，出土47件仿青铜的原始瓷或硬陶礼乐器	浙江省文物考古研究所、长兴县博物馆：《浙江长兴鼻子山越国贵族墓》，《文物》2007年第1期
6	杭州半山石塘M1	位于黄鹤山西麓的小溪坞内，封土东西长40米、南北宽25米、高3米，竖穴土坑墓长14.9米、宽5.4米、深1.1米，墓底铺木炭，有两条枕木沟，木椁情况不详，墓道在墓的东面，残长4.8米，墓制与长兴鼻子山相似。出土原始瓷器、漆器、琉璃器、玉器、水晶杯等34件，墓坑北边器物坑出土30多件原始瓷乐器	马时雍：《杭州的考古》，杭州出版社2004年版
7	绍兴皋埠凤凰山M3	是一座长方形土坑竖穴木椁墓，方向朝东，木椁长8.4米、宽2.8米、残高0.68米，四壁用枋木叠砌面且分为前后两室，未见棺木，但是木椁外填有白膏泥。出土15件印纹硬陶器、26件原始瓷器、25件泥质黑陶器、7件玉石器和11件青铜器	绍兴县文物保护管理所：《浙江绍兴凤凰山战国木椁墓》，《文物》2002年第2期

附表十一 战国前期吴越地区越墓表

续表

序号	墓葬	墓葬状况	出处
8	绍兴漓渚大步村	在大步村西俗称"猪肉岙"的东南山麓坡地上发现一座大型土坑木椁墓,原有高大封土,今已不存。墓坑南北长25米、东西宽6.8—7.2米、深1.6—1.75米,墓底有两条枕木沟,椁外填木炭与膏泥,墓道在北壁正中。遗物已被盗掘一空	浙江省文物考古研究所:《浙江越墓》,科学出版社2009年版
9	江苏淮阴高庄M1	为一土坑木椁墓,地表无封土,墓口东西长10.5米、南北宽9米、深3.9米,墓的西北角有一边长2.7米的方形生土坡,墓壁的南、北、东三面有生土二层台。墓底东北部用木板铺成6米见方的椁底,椁底的东北部再用木板构筑椁室,不用榫卯连接,椁内隔成三个椁室,中室有一具主棺,主棺下墓底有一腰坑,南室有一具独木棺,北室无棺但是有多具人骨	淮安市博物馆:《淮阴高庄战国墓》,文物出版社2009年版
10	无锡鸿山曹家坟（DⅢ）	曹家坟长8.56米、宽2.32米、深1.93米的土坑,封土墩东西长35米、南北宽26.9米、高3.5米。出土印纹硬陶68件、泥质陶23件、玉器1件	南京博物院等:《鸿山越墓》,文物出版社2007年版
11	无锡鸿山杜家坟（DⅤ）	杜家坟长8.05米、宽2.44米、深1.02米,封土墩东西长42.6米、南北宽35.9米、高2.8米。出土印纹硬陶12件、泥质陶60件、铁器2件	南京博物院等:《鸿山越墓》,文物出版社2007年版
12	无锡鸿山老坟墩（DⅡ）	老坟墩长4.75米、宽3.25米、深0.2米,封土墩东西长24.5米、南北宽15米、高2.5米。出土原始瓷杯5件、印纹硬陶22件、泥质25件	南京博物院等:《鸿山越墓》,文物出版社2007年版
13	无锡鸿山邹家墩（DⅣ）	邹家墩长3.88米、宽2.34米、深0.35米,封土墩东西长36.5米、南北宽23.5米、高1.7米。出土原始瓷5件、印纹硬陶22件、泥质陶14件、玉器6件、青铜环1件	南京博物院等:《鸿山越墓》,文物出版社2007年版

续表

序号	墓葬	墓葬状况	出处
14	浙江湖州云巢龙湾	位于湖州市以南24公里东笤溪的西北岸、金盖山南麓的水沟里挖到一座战国土墩墓，出土原始瓷器7件、印纹硬陶坛2件。云巢附近的青山乡黄梅山南坡、东笤溪西岸有一处窑址，为商周时期的原始瓷窑址	刘荣华：《湖州云巢龙湾出土的战国原始瓷》，《文物》2003年第12期
15	湖州武康镇新联村长安里梁山	墓葬位于梁山顶上。封土南北长30米、东西宽25米、高2米。墓室在基岩上开凿而成，长方形，南边为斜坡墓道，直达墓底。墓室连墓道长10米，室与墓道长度基本相等，墓室宽约3米，墓道宽约2米，深近2米。开凿墓室形成的石块在墓室的左、右、后三边砌面弧形护坡。出土数十件器物，以原始瓷为主，有仿青铜礼器的提梁盉、仿青铜兵器（或农具）的斧类器物以及小罐、盅式碗等；几何印纹陶主要是细方格纹的坛；泥质陶有盘类器物和纺轮等	郑建明等：《德清发现战国墓葬》，浙江文化信息网2009年1月8日，http://www.zjcnt.com
16	安吉垅坝D12 M2	在熟土上开挖墓坑，墓宽2.4米，墓的东部有长条形墓道。出土泥质陶豆、三足盘、器盖、瓿、盆、扁腹罐、夹砂陶盆等16件，硬陶坛、罐、纺轮等22件，原始瓷杯、碗、盅等10件	浙江省安吉县博物馆：《浙江安吉垅坝D12土墩墓发掘简报》，《南方文物》2003年第3期
17	安吉垅坝D14	2002年发掘的垅坝D14系平地堆土挖坑之熟土土坑墓，现存东西长32米、南北宽22米、残高0.8米。清理出土有原始瓷钵和碗22件，筒形罐1件，硬陶鉴1件、瓿2件、铃5件、纺轮2件，出土60余件玉璜、玉觹、玉龙形佩和绿松石珠、管，另有16件滑石谷纹瑗。年代为春秋末至战国初	程亦胜：《早期越国都邑初探——关于古城遗址及龙山墓群的思考》，《东南文化》2006年第1期

附表十一 战国前期吴越地区越墓表 451

续表

序号	墓葬	墓葬状况	出处
18	安吉笔架山 D48M1	封土墩东西长23.8米、南北18米、残高2.1米，墓室平面为圆角长方形，长7.6米、宽2.8米、深0.7米，斜坡墓道位于墓室东端，长6米	浙江省文物考古研究所等：《浙江安吉笔架山春秋战国墓葬发掘简报》，《东南文化》2009年第1期
19	安吉笔架山 D130M1	长方形土坑墓，墓向东，长3.16米、宽1.4米、深0.3米，墓葬出土随葬器物18件，种类有印纹硬陶坛、罐、原始瓷盅式碗、泥质陶钵、纺轮等	
20	安吉笔架山 D131	D131墩内有6座墓葬，其中M4规模略大，为带斜坡墓道的长方形土坑竖穴墓，墓室出土随葬器物10件，器类有印纹硬陶坛、印纹硬陶敛口罐、硬陶盖、原始瓷盖罐、原始瓷盖、泥质陶纺轮、夹砂陶盆等，器物坑出土器物17件，大部分为印纹硬陶坛，每件坛口上均有一件夹砂陶盖。其余5座竖穴土坑墓都没有墓道。年代为春秋战国之际	
21	绍兴漓渚	漓渚位于绍兴西南15公里，1955年在中岭南北麓发现54座墓葬，其中第一类23座墓葬为战国时期的土坑竖穴墓，出土几何形印纹硬陶141件，原始瓷130件，泥质黑陶7件	浙江省文物管理委员会：《绍兴漓渚的汉墓》，《考古学报》1957年第1期
22	绍兴漓渚	1957年在建设仪桥岭至漓渚铁矿的公路时清理2座竖穴土坑墓。M212出土青铜矛1件、印纹硬陶罐2件、泥质陶鼎1件、豆3件、黑皮陶罐1件；M213出土印纹硬陶坛4件、罐1件、盂5件、钵2件，原始瓷盅5件、碗6件、杯5件、钵2件，泥质陶罐5件、甑1件、盆1件、纺轮1件	浙江省文物管理委员会：《浙江绍兴漓渚古墓葬发掘简报》，《考古通讯》1958年第12期
23	绍兴福全镇洪家墩猪头山	洪家墩村位于绍兴城西10公里处，猪头山是一座低矮的小山，山巅曾发现春秋战国时代的土坑墓。在山的北坡距地表2米深处发现一个窖藏，出土印纹硬陶和原始青瓷器76件，部分器物受楚文化影响。年代为战国早中期	周燕儿等：《绍兴出土的印纹硬陶和原始瓷器》，《东方博物》第14辑，浙江大学出版社2005年版

续表

序号	墓葬	墓葬状况	出处
24	绍兴马鞍	1984年清理2座竖穴土坑墓，共出土原始瓷碗3件、印纹硬陶坛3件、盘1件、罐1件	绍兴市文管处：《绍兴马鞍乡战国、东汉、三国、唐、宋墓群》，《中国考古学年鉴》（1985年），文物出版社1986年版
25	绍兴上灶	在名为大校场的土墩取土时发现一座竖穴土坑木椁墓，出土原始瓷拱盖鼎、盆形鼎、盂形鼎、兽面鼎共12件、盅32件、铃形器2件	周燕儿等：《浙江绍兴县出土一批原始青瓷器》，《江西文物》1990年第1期
26	上虞凤凰山三期23座墓	上虞凤凰山先秦第三期23座墓葬都是长方形浅土坑墓，墓的走向顺山脊分布，其中大墓长4—5米、宽2.3—2.9米，通常有熟土二层台，随葬品较多，而且普遍出土泥质陶瑗和羊角形器，小墓长2—3米、宽0.8—1.6米，随葬品较少，而且鲜见陶瑗和羊角形器。出土印纹陶器110件，原始瓷器106件，泥质陶82件	浙江省文物考古研究所等：《浙江上虞凤凰山古墓葬发掘报告》，《浙江文物考古研究所学刊》，科学出版社1993年版
27	上虞凤凰山四期29座墓	上虞凤凰山先秦第四期29座墓葬以长方形浅土坑墓为主，另有一座凸字形土坑墓（M118）和一座石室土墩墓（M263）。出土印纹陶87件，泥质陶227件，夹砂陶37件，原始瓷137件	
28	上虞董村牛山M17	墓葬位于上虞市曹娥街道董村南牛山东南坡，为竖穴土坑墓，长4米、宽2米、残深1米。出土原始瓷和印纹硬陶等器28件	王晓红：《上虞董村牛山战国墓清理》，《东方博物》第36辑，浙江大学出版社2010年版
29	上虞小越羊山	在小越羊山清理竖穴土坑木椁墓一座，出土原始瓷碗、盅，印纹硬陶坛、瓮、罐和麻布纹小杯，少量泥质陶甑、盂、盘和砺石	浙江省文物考古研究所：《沪杭甬高速公路考古报告》，文物出版社2002年版

续表

序号	墓葬	墓葬状况	出处
30	上虞驿亭周家山	清理墓葬3座，均为竖穴土坑墓，出土原始瓷钵、杯、罐，印纹硬陶坛、罐，泥质陶瓮和越式鼎	浙江省文物考古研究所：《沪杭甬高速公路考古报告》，文物出版社2002年版
31	余杭崇贤	1984年余杭县崇贤水泥厂在老鸦桥笆斗山北麓发现了三座战国墓，为竖穴土坑墓，M3保存较好，长3.5米、宽1.9米、深1.5米。三墓共出土原始瓷器58件、印纹硬陶8件	余杭县文物管理委员会：《浙江省余杭崇贤战国墓》，《东南文化》1989年第6期
32	海盐黄家山	黄家山是一座低矮的山丘，山上出土原始瓷和泥质陶乐器45件，原始瓷鼎等7件，印纹陶器11件，泥质灰陶羊角形器28件，当属于残存的土坑墓	芮国耀：《浙江海盐出土原始瓷乐器》，《文物》1985年第8期
33	嵊州小黄山	墓葬位于小黄山顶，长方形覆斗状封土残长15米、高1.5米，竖穴土坑墓东西长10米、南北宽5.2米、深1.5米，东面有墓道长7米，墓外有一陪葬器物坑。该墓未经盗掘	浙江省文物考古研究所：《浙江越墓》，科学出版社2009年版
34	嵊州普义乡	在柳岸村桃王山清理一座竖穴土坑墓，出土印纹硬陶坛4件、罐2件，原始瓷碗4件，泥质陶罐、碗、纺轮各1件	张恒：《嵊州一座战国墓》，《绍兴考古学会会刊》第1期
35	江山大溪滩	竖穴土坑墓，位于小山北坡，方向45度，长4米、宽2.5米、深2.66米，墓底铺一层河卵石	毛兆廷：《浙江省江山县发现战国墓》，《文物》1985年第6期

续表

序号	墓葬	墓葬状况	出处
36	苏州长桥新塘 M1	M1 为 T 字形墓，分头厢和棺室两部分，北端有宽于墓室的头厢，长 1.34 米、宽 0.7 米、深 0.62 米，高出棺室底部 16 厘米。头厢内出土 3 件几何印纹硬陶罐、2 件瓮、3 件原始青瓷碗、5 件黑衣灰陶盖。棺室长 2.9 米、宽 1.04 米、深 0.78 米。棺具保存完好，为一整段原木剖空，两头插入隔板，上合棺盖而成，长 2.7 米、宽 0.8 米、高 0.78 米。棺内出土弓形器、梭、匕、削、绕线板等残木器 6 件	朱伟峰等：《苏州市长桥新塘战国墓地的发掘》，《考古》1994 年第 6 期
37	苏州长桥新塘 M2、M3、M4、M5、M7、M10	M3 等 6 座墓为有头厢的长方形墓，头厢仅是墓室的延伸，头厢的底部均高于棺室底部，头厢内一般出土 1—2 件印纹陶器。墓室仅能容纳棺材。M3 棺内右侧出土 1 件青铜剑，在手部位置处发现有 2 件青铜箭镞和 1 件弓弭。M5 棺具内出土 2 件残木削	
38	苏州长桥新塘 M6、M8、M9	M6、M8、M9 三墓为无头厢的长方形墓，棺具尚存，仅在 M6 内出土木剑 1 件	
39	苏州长桥	1991 年在长桥村又发现一座战国墓，在棺盖上放置一具十二弦木琴	
40	上海青浦庄泾港	1979 年在青浦庄泾港的农田里清理二座战国中期竖穴土坑墓。M1 墓坑东西长 2.4 米、南北宽 1.36 米、距地表深 1.1 米。出土印纹硬陶坛 4 件、陶纺轮 2 件、夹砂陶釜、原始瓷碗各 1 件。M2 遭破坏严重，只出土原始瓷碗、杯各 1 件	上海市文物保管委员会：《上海青浦县重固战国墓》，《考古》1988 年第 8 期

续表

序号	墓葬	墓葬状况	出处
41	浙江绍兴平水、漓渚越国大墓群	平水桃园陶山大墓,现存覆斗形封土底长80米、顶宽21米,位于小山顶部 平水桃园水竹庵桥头大墓,现存覆斗形封土底长73米、宽30米、顶长52米、宽14米、高7米 平水上塘1号大墓,现存覆斗形封土底长60米、顶长40米、高5米 平水寒溪1号大墓,现存覆斗形封土底长50米、宽30米、顶长27米、宽14米、高6米。另有寒溪3号大墓,都位于小山之巅 平水上灶庙前山大墓,现存覆斗形封土底部残长80米、宽35米、顶部残长65米、宽20米、高7米 平水上灶宋家山大墓,现存覆斗形封土底长73米、宽30米,顶部残长16米,位于小山顶部 漓渚小埠"倒骑龙"大墓,现存覆斗形封土底长85米、宽42米、顶长65米、宽22米、高8米	浙江省文物考古研究所:《浙江越墓》,科学出版社2009年版
42	安吉龙山墓群	墓群位于递铺镇古城村越国城址东南5公里处,有土墩墓800余座,由6个墓群组成。其中"八亩墩"、"九亩墩"两座大墓,位于小山之巅,覆斗形封土保存完整,周围有围濠环绕,围濠与封土间有多座陪葬墓。"八亩墩"东西长260米,南北宽180米,总面积近5万平方米	程亦胜:《早期越国都邑初探——关于古城遗址及龙山墓群的思考》,《东南文化》2006年第1期
43	安吉笔架山墓群	墓群位于递铺镇古城村越国城址北5公里处,有土墩墓300余座,由5个墓群组成	

附表十二 战国后期吴越地区楚墓及遗址表

序号	墓葬	文化内涵	出处
1	苏州浒关小真山 D1M1	小真山 D1M1 是甲字形竖穴岩坑墓，墓长 6.2 米、宽 5.45 米、深 6.2 米，墓底有两条 0.8 米宽放置枕木的沟槽，墓内棺椁已朽；墓室的北部有斜坡墓道，长 11 米、宽 3.17—3.85 米，南端有一级台阶，墓口两侧各靠两把木柲铜戈；墓内夯土中有六层积石，夯土之上有馒头状土墩，土墩直径 34 米、残高 5 米。出土 26 件铜器，7 件玉石器，2 块陶郢爰冥币	苏州博物馆：《真山东周墓地》，文物出版社 1999 年版
2	浒关小真山 D2M1	小真山 D2M1 为甲字形竖穴岩坑墓，墓底南北长 3.2 米、东西宽 3.3 米、深 4.3 米；墓的北部是墓道，长 9 米、宽 1.9 米；墓坑填土经过夯打，墓上土墩直径 24 米、残高 3.5 米。出土 15 件陶器和 1 件铜镜	
3	浒关小真山 D3M1	小真山 D3M1 也是竖穴岩坑墓。墓底南北长 3.53 米、东西宽 2.15 米、深 5.05 米，有二层台，墓内有一棺一椁，墓上土墩直径 18 米、残高 1.5 米。出土 11 件陶器、2 件玉器和 1 把残铁剑	
4	浒关小真山 D4M2	小真山 D4M2 的墓向朝南，墓室长 2.9 米、宽 2.1 米、深 2 米，东西北三面有二层台。死者头南足北，身体右侧放 5 件陶器，胸前放一块晶莹透亮的琉璃璧。时代为战国晚期	苏州博物馆：《苏州真山四号墩发掘报告》，《东南文化》2001 年第 7 期
5	浒关小真山 D4M3	小真山 D4M3 的墓向朝北；墓壁四周涂有青灰泥，长 3.25 米、宽 2.25 米、深 3.9 米。出土 13 件陶器、1 块青白玉璧和 1 面铜镜，铜镜放在七角形漆盒内，漆盒已腐烂无法修复。时代为战国晚期	

续表

序号	墓葬	文化内涵	出处
6	虎丘新塘千墩坟	1975年在虎丘新塘夏家潭千墩坟新开河道南坡发现一座竖穴土坑墓，深2.8米，方向北偏东10度。葬具为独木棺，长2.34米、宽0.44米，缺盖，棺内有漆皮，四周垫厚78厘米的青灰土，经夯实。出土铜鼎、壶、豆、盉、匜、鉴共7件，黑衣陶豆1件。年代为战国早中期	苏州博物馆考古组：《苏州虎丘东周墓》，《文物》1981年第11期
7	浒关华山D15	华山15号墩共有3座战国墓，其中D15M7是一座竖穴岩坑墓，墓向朝南，南北长约4米、东西宽为3米、深为2.4—2.6米，深入基岩1.5米。共出土23件陶器、瓷器、铜器及玉器，其中一枚刻有印章的玉带钩	吕继东：《苏州考古史上首现这些宝贝》，《苏州日报》2011年3月18日
8	江苏武进孟河	位于孟河镇南徽州山的南坡，南北向竖穴土坑墓，墓底距地表约4米。墓长2米，棺板宽1.15米，厚3厘米，棺底与四周填有4厘米厚的青灰色膏泥。出土12件铜器、1件玉璧和1件陶俑头，铜器集中放置在南端	镇江市博物馆：《江苏武进孟河战国墓》，《考古》1984年第2期
9	无锡施墩	施墩位于锡山南麓，是一个高出地面2—4米的土丘，原是新石器时代遗址，又成为后世的墓地。M5在施墩东部，竖穴土坑墓，南北长2米、东西宽1.2—1.3米，墓向北偏西60度。出土黑陶鼎、簋、钫等共11件，陶俑头2个。	谢春祝：《无锡施墩第五号墓》，《文物参考资料》1956年第6期
10	无锡前洲	无锡前洲高渎湾1米多深的芦苇塘里出土有铭铜鉴1件、铜豆2件，以及铜匜、洗、刀、剑等，应是一座被破坏的残墓，但是具体情况不明	李零等：《楚叔陵三器》，《文物》1980年第8期
11	上海嘉定外冈	墓葬位于岗身中部，距地表深1.56米，墓宽1.2米，长度不明，墓向北偏东60度。有木椁痕迹，葬具上涂有朱砂，出土陶鼎、钫、瓿、豆、郢爰冥币等14件陪葬品，置于墓的北端	黄宣佩：《上海市嘉定县外冈古墓清理》，《考古》1959年第12期

续表

序号	墓葬	文化内涵	出处
12	青浦重固 M1	重固 M1 是竖穴土坑墓，墓向朝北，墓底东西长 3 米、南北宽 1.68—1.78 米，深 2.72 米	上海市文物保管委员会：《上海青浦县重固战国墓》，《考古》1988 年第 8 期
13	青浦重固 M2	重固 M2 是竖穴土坑墓，墓向朝南，墓底南北长 3 米、东西宽 1.62—1.66 米、深 3.2 米	
14	青浦重固 M4	重固 M4 是竖穴土坑墓，墓向朝东，墓底东西长度不明、南北宽 1.76 米、深 2.16 米	
15	青浦重固 M88	重固 M88 是竖穴土坑墓，墓向朝东，墓坑长 3.74 米、宽 1.46 米、深 0.38 米、深 2.17 米	周丽娟：《上海青浦福泉山发现一座战国墓》，《考古》2003 年第 11 期
16	浙江绍兴凤凰山 M1、M2	凤凰山 M1、M2 皆为竖穴土坑墓，墓底深 4.3 米，木椁四周填有白胶泥，葬具都是一棺一椁，无椁盖。方向朝北。M2 椁长 3.64 米、宽 1.6 米、高 0.53 米，木棺用整段原木破成二半雕凿而成，棺外涂黑漆，棺内为朱漆。在棺椁之间的西南部留有空间放置随葬品。两墓共出土 39 件随葬品，计黑陶 23 件、印纹陶 2 件、铜器 6 件、漆木器 6 件、其他 2 件	绍兴县文物管理委员会：《绍兴凤凰山木椁墓》，《考古》1976 年第 6 期

附表十二 战国后期吴越地区楚墓及遗址表

续表

序号	墓葬	文化内涵	出处
17	绍兴凤凰山M3	M3为土坑竖穴墓，墓向朝东，墓深6米，木椁长8.4米、宽2.8米、残高0.68米，四壁用枋木叠砌，转角处有榫卯衔接，分为前后两室，前室长5.9米，前后都放陪葬品；后室长1.67米，主要放陶瓷器。未见椁盖和棺木，木椁四周充填白膏泥。共出土94件随葬品，其中有印纹硬陶15件、原始瓷26件、泥质黑陶25件，余为玉石器、青铜器、漆木器。一件玉石矛上刻有"越王不光"字样	绍兴县文物保护管理所：《浙江绍兴凤凰山战国木椁墓》，《文物》2002年第2期
18	绍兴皋埠茅家山M324	茅家山M324坐北朝南，墓坑开口于表土层下，坑口长7米、宽4米、残深2.52米，木椁长6.15米、宽3.3米、高度已毁。木椁由枋木垒叠而成，木椁四周与坑壁之间的空隙用青膏泥填充密封，木椁底部分别用厚约1米的青膏泥和厚约0.3米的木炭进行防潮，炭层贴于木椁。椁底长3.08米、宽1.81米，由6条枋木平铺而成。墓内葬具为一椁一棺，棺木与人骨已残朽。出土黑陶编钟编磬（明器）28件、铜车马器和饰件28件、铜兵器4件、漆木器7件和1件印纹硬陶罐	蒋明明：《浙江绍兴皋埠任家湾茅家山战国墓清理简报》，《东方博物》第14辑，浙江大学出版社2005年版
19	绍兴皋埠秦家山	在秦家山北坡清理1座竖穴土坑木椁墓，出土原始瓷盅，印纹陶，泥质陶鼎、编钟、镈于、磬铃和谷纹玉璧等	《绍兴发现大型战国木椁墓》，《杭州日报》2000年4月10日
20	余姚老虎山1号墩	位于老虎山顶，封土堆南北长45米、东西宽23米、高3米，墩内发现20座墓葬，其中14座为西周春秋时期的土墩墓，6座为战国土坑墓，除1座为小型墓外，5座为较大型土坑木椁墓，其中M14既有原始瓷鼎、瓿、壶、香熏，又有泥质陶鼎、豆、壶、盒、钫，M1和M2只出泥质陶鼎、豆、壶、盒、钫仿铜礼器，不见原始瓷与印纹硬陶	陈元甫：《余姚老虎山一号墩发掘》，《沪杭甬高速公路考古报告》，文物出版社2002年版

续表

序号	墓葬	文化内涵	出处
21	宁波南郊火车站	1975年清理一批竖穴土坑墓,其中M125出土陶器全部为泥质灰陶鼎、豆、壶、杯等	姚仲源:《浙江德清出土的原始青瓷》,《文物》1982年第4期
22	安吉垄坝村	安吉垄坝村M2是竖穴岩坑墓,墓长2.8米、宽2.1米、深3.2米,墓向朝东。出土器物有陶鼎2件、陶盒1件、陶壶2件和玉璧1件	金翔:《浙江安吉县垄坝村发现一座战国楚墓》,《考古》2001年第7期
23	安吉五福村	五福村M1是甲字形竖穴土坑木椁墓,墓口东西长5.3米、南北宽4.6米,墓底东西长4.4米、南北宽3.5米,墓口下3.1米处设有二层台;墓向朝西,墓道长8.3米、宽1.4米;木椁外充填青膏泥,墓道口近木椁面的填土中还发现有一件木胎泥塑偶人。出土陶器27件(套),有鼎、盒、豆、钫、杯、陶冥币等,铜剑、戈、盖、镜等4件,漆器21件(套),有奁、盒、卮、耳杯、盘、案、凭几、瑟、六博、箧子、虎子、坐便架等,5支髹漆竹杆铜镞箭和7件陶俑、7件木俑	浙江省文物考古研究所等:《浙江安吉五福楚墓》,《文物》2007年第7期
24	安吉古城	1991年在古城东城墙外侧距地表1米处挖出楚金币一方	程亦胜:《浙江安吉古城发现楚金币》,《考古》1995年第10期
25	安吉梅溪镇	1981年在古城下游梅溪镇征集到楚郢爰二方半,但无出土地点	匡得鳌:《浙江安吉发现"郢爰"》,《考古》1982年第3期
26	苏州新庄	苏州西北新庄村北0.5公里,西南距枫桥镇2.5公里,原为高3—4米的土墩,扩建厂房时发现遗址。发现灰坑、水井和烧窑,出土陶器以黑衣陶和泥质灰陶为主,有少量印纹硬陶和原始瓷器,年代从春秋晚期至战国晚期	王德庆:《苏州新庄东周遗址试掘简报》,《考古》1987年第4期

附表十二 战国后期吴越地区楚墓及遗址表

续表

序号	墓葬	文化内涵	出处
27	上海金山戚家墩	遗址位于金山县山阳公社的海塘内外两侧。下层为春秋战国时期遗存，发现5座墓葬；上层为汉代遗存，发现3座墓葬	上海市文物保管委员会：《上海金山县戚家墩遗址发掘简报》，《考古》1973年第1期
28	江苏丹徒下湖	遗址位于沪宁铁路三山车站南约2.5公里处，西北距镇江市约13公里。在长2000米、宽30米的河道断面上，在地表2米下普遍有一层黑灰土文化堆积，厚1—2米，出土青铜鼓座残件、铜削、铁剑和较多印纹硬陶、原始青瓷、夹砂陶及泥质灰陶器及陶片。年代从春秋晚期至战国晚期	刘建国等：《丹徒下湖战国遗址——兼论后吴文化的两个问题》，《东南文化》1992年第6期
29	安吉递铺古城	位于安吉递铺镇古城村，遗址平面略呈方形，城墙内东西长600米，南北宽550米，面积33万平方米。土筑城墙保存较好，底宽24—26米，上宽12—15米，残高4—6米。护城河遗迹明显可辨，宽50—80米。城内试掘区文化层堆积丰厚，上达春秋，下至西晋，城垣为战国时楚人所建，城址外侧出土过郢爰	程亦胜：《早期越国都邑初探——关于古城遗址及龙山墓群的思考》，《东南文化》2006年第1期

附表十三 吴越地区汉墓及遗址表

序号	墓葬或遗址	文化内涵	出处
1	娄葑高山墩	高山墩位于娄葑公社团结大队，南北向土坑墓，长4.25米、宽2.5米，墓底铺石板一层。墓已遭破坏，出土釉陶熏1件，原始瓷盂4件、器盖5件，印纹陶罐、瓮各1件，虎形铜镇4件和汉半两钱。年代为西汉早期	朱薇君等：《略谈苏州汉墓》，《江苏省考古学会1982年年会论文选》，江苏省考古学会1983年版
2	虎丘新庄	南北向土坑墓，出土釉陶壶4件、瓿2件、罐1件、豆1件、灰陶罐1件。年代为西汉早期	
3	新庄徐福墓	位于新庄新村内一座土墩下，土墩直径20米、高4.5米。1984年发掘，在齐地表处发现一座竖穴土坑墓，南北长3米、东西宽2.6米，为双人合葬墓，东棺出土铁刀、剑各一，泥印章正面为"徐福"，背面为"徐中孺"，边厢、脚厢出土铜器6件、釉陶器42件，另有漆器已朽。年代为西汉中期。	钱公麟：《苏州市新庄汉徐福墓》，《中国考古学年鉴》（1985年），文物出版社1986年版
4	浒关小真山D4	D4M1、D4M4、D4M5为岩穴墓。出土釉陶鼎、盒、壶、瓿为主。年代为西汉早期	苏州博物馆：《苏州真山四号墩发掘报告》，《东南文化》2001年第7期
5	天宝墩M27	天宝墩位于葑门外3公里娄葑乡团结村。墓葬位于土墩中心南侧3米深处，为竖穴土坑木椁墓，墓向北偏西45度，中间用土梁隔成两间，东室长4米、宽2.45米，西室长3米、宽1.7米。为西汉中期夫妻合葬墓。共出土铜、铁、玉、釉陶、金器64件。年代为西汉中期	苏州博物馆：《苏州市娄葑公社团结大队天宝墩27号汉墓清理简报》，《文物资料丛刊》第9辑，文物出版社1985年版

续表

序号	墓葬或遗址	文化内涵	出处
6	虎丘 SXM1	长方形竖穴土坑墓，棺室内发现大片朱砂漆皮，随葬品仅铁刀1件及封泥1方，边厢和脚厢出土釉陶壶、罐、鼎、屋、灶、匜、灯、杯、勺、耳杯等30件，铜瓿、盒、匜各1件。年代为西汉中期	苏州博物馆：《苏州虎丘乡汉墓发掘简报》，《东南文化》2003年第5期
7	天宝墩 M26	竖穴土坑木椁合葬墓，墓向310度，长3米、宽2.8米。出土釉陶壶7件、瓿5件、罐1件、杯1件、麟趾金9件、星云纹铜镜1面、铜洗1件、铁器1件和五铢钱。年代为西汉中期	
8	虎丘徐家坟	徐家坟为东西长60米、南北宽50米、相对高度2米的土墩，发现7座竖穴土坑墓，除M16为单室墓外，其余均为合葬墓，有异穴合葬和同穴合葬两种形式。出土器物以釉陶罐、壶、鼎、瓿、盒为主，年代从西汉前期到晚期	苏州博物馆：《苏州虎丘乡汉墓发掘简报》，《东南文化》2003年第5期
9	虎丘破房墩	位于虎丘乡苏站四队，发现8座汉墓，5座土坑墓，一般长3米、宽1米，均为单人葬，出土釉陶器几十件，还有玉蝉、铁剑、铜削等；3座砖室墓，其中一座为双人合葬墓，出土釉陶器10件	朱伟峰：《苏州市"破房墩"墓地》，《中国考古学年鉴》（1988年），文物出版社1989年版
10	天宝墩 M23	为T字形土坑墓，南北向，墓室长2.46米、宽1.24米，头室长0.54米、宽2.46米，陪葬品放在头室中，棺中出土铜镜与五铢钱。年代为西汉晚期	
11	天宝墩 M22	为竖穴土坑墓，南北向，出土釉陶壶、罐各1件，红陶罐1件，日光镜1面，铜印1件，石砚1套，五铢钱若干。年代为西汉晚期	朱薇君等：《略谈苏州汉墓》，《江苏省考古学会1982年年会论文选》，江苏省考古学会1983年版
12	长青白洋湾	为竖穴土坑墓，方向45度，出土釉陶器18件，蟠螭纹铜镜1面，铜洗1件。年代为西汉晚期	
13	娄葑三多坟	为竖穴土坑墓，方向60度，出土釉陶器35件，年代为西汉晚期	

续表

序号	墓葬或遗址	文化内涵	出处
14	浒关高坟	2004年发现，位于浒关镇南800米。墓地用黄土夯筑，为一家族墓地，发现小型竖穴土坑墓9座，共出土釉陶器40件，以壶、罐为主	姚晨辰等：《浒关镇高坟西汉墓群发掘简报》，《苏州考古新发现》，古吴轩出版社2007年版
15	浒关小真山D4	D4M6、D4M7为岩穴墓。出土釉陶弦纹盘口壶，铜带钩、铜镜和大泉五十钱，为西汉晚期至东汉初年墓	苏州博物馆：《苏州真山四号墩发掘报告》，《东南文化》2001年第7期
16	浒关小真山D6、D8	D6M1—M7、D8M1共8座汉墓，出土一批汉代文物	钱公麟等：《苏州真山墓地发掘与收获》，《苏州丝绸工学院学报》1995年第1期
17	浒关华山D15	华山15号墩共发现9座墓葬，其中6座为汉代墓	吕继东：《苏州考古史上首现这些宝贝》，《苏州日报》2011年3月18日
18	工业园区冠鑫光电公司工地	土坑木椁墓，南北向，东西残长3.5米、南北残宽1.9米。出土铜壶、簋、鐎斗共5件，陶罐、盒等6件。年代为西汉晚期到东汉初期	苏州博物馆：《苏州冠鑫公司工地东汉墓的清理》，《东南文化》2003年第7期
19	吴县窑墩	窑墩位于吴县东渚万家村，为一面积400平方米、高3—4米的土墩，1980年在土墩底部发现一座木顶砖室墓，东西长3.8米、中间用砖隔成两间，残存版灰及漆皮，出土铜洗、壶、釜、甑、硬陶盘口壶、泥质陶罐等，年代为东汉早期	张志新：《江苏吴县窑墩汉墓》，《文物》1985年第4期

续表

序号	墓葬或遗址	文化内涵	出处
20	天宝墩 M24	竖穴土坑木椁合葬墓，南北向，长3.2米、宽1.7米。出土釉陶壶3件、红陶罐2件，铜镜2面，铜洗1件，铜剑1件，出大泉五十和剪轮五铢钱，年代为东汉中期	朱薇君等：《略谈苏州汉墓》，《江苏省考古学会1982年年会论文选》，江苏考古学会1983年版
21	觅渡桥	竖穴土坑木椁墓，墓向东，长3.44米、宽1.17米，独木棺。出土釉陶壶3件、红陶罐3件，昭明镜1件，剪轮五铢钱，漆奁及饮食器，年代为东汉中期	
22	虎丘五队	三室砖墓，南北向，穹隆顶，前室长4.8米、宽3米，后室椭圆形，长3.5米、宽2.9米，前后室之间有棂窗与过道，棂窗下有石案、石几，耳室长1.5米、宽0.9米，墓底铺砖出土灰陶俑3件及灯、案、动物等。年代为东汉晚期	
23	青旸墩孙坚墓	三室砖墓，前室长2.85米、宽2.73米，后室长4.1米、宽2.56米，耳室长1.34米、宽1.09米，墓向西，墓前有甬道和封门砖墙，石门楣、门框雕刻精美，可惜早期被盗，仅出土釉陶洗1件，釉陶五联罐1件，綖环五铢钱，年代为东汉晚期	朱薇君等：《略谈苏州汉墓》，《江苏省考古学会1982年年会论文选》，江苏考古学会1983年版
24	虎丘新塘六队	双室砖墓，前室长3.1米、宽2.12米，后室长3.28米、宽2.42米，前后室之间有过道，墓向西，墓底铺砖。出土红陶案、耳杯、盘、罐共8件，印纹陶罐1件，铜镜1面和五铢钱，年代为东汉晚期	
25	虎丘宋家坟	位于苏州虎丘西路附近，为一5米高的土墩，发现57座历代古墓，共计出土180多件文物，其中一座西汉墓葬出土10枚釉陶麟趾金、十几个壶、4个瓿和陶灶等器物	姚一鹤：《虎丘宋家坟发现罕见汉唐墓葬群》，《苏州日报》2011年8月30日

续表

序号	墓葬或遗址	文化内涵	出处
26	黄埭高坟墩	位于黄埭镇西塘河畔古宫村，北距望虞河1500米，为一东西长36米、南北宽32米、高2.5米的覆斗形土墩，发现历代墓葬41座，其中汉墓24座，仅1座砖室墓，其余为竖穴土坑墓，单人墓多为西汉墓葬，双人墓多为东汉墓葬。出土铜弩机、铜刀、铜镜、五铢钱、铁剑、釉陶和灰陶的壶、罐、口琀、耳塞、鼻塞等器物	杨帆：《黄埭高坟墩可能有汉代以前墓葬》，《苏州日报》2008年8月15日
27	上海青浦骆驼墩	位于重固镇北1.5公里处，椭圆形土墩东西长35米、南北宽20米、高2.5米。土墩西南角距墩面2米处发现一座土坑墓，南北向，长2米、宽1.32米，土坑东部放棺木，酱褐色漆皮保存比较完整，西部出土随葬品17件，有陶罐7件和瓿、釉陶鼎、瓿、壶、盒等，蟠龙纹铜镜1面，陶质半两钱近百枚。年代为西汉早期	黄宣佩等：《上海青浦县的古文化遗址和西汉墓》，《考古》1965年第4期
28	上海青浦福泉山	1982—1983年在福泉山顶部共清理西汉墓46座，均为竖穴土坑墓，墓向以南北居多，长1.5—2.8米，宽0.6—2.2米，无合葬墓。出土釉陶鼎、壶、盒、瓿等296件，印纹硬陶26件，泥质陶174件，铜铁器59件，其他杂器49件。一墓多者出土30余件，少者1件，有27座墓出钱币，23座出铜镜。年代贯穿西汉早、中、晚期	王正书：《上海福泉山西汉墓群发掘》，《考古》1988年第8期
29	上海松江佘山	1961年在东佘山山坡下发现一座土坑墓，南北向，出土釉陶瓿、壶和陶罐等五件陶器。年代为西汉中期	孙维昌：《上海市松江县佘山汉墓清理》，《考古》1962年第5期
30	无锡壁山庄	1954年在无锡西郊壁山庄的长腰墩、乌龟墩和蠡桥仙蠡墩清理了26座汉至六朝墓葬，长腰墩多为木顶砖室墓，仙蠡墩与乌龟墩多是竖穴木椁墓。发掘出随葬器物约1000件，主要是壶、瓿、瓿、鼎、罐、盂、釜等物，很少陶制模型，没有俑，还出土铜镜、铁剑和钱币，年代从西汉至东汉末	朱江：《无锡汉至六朝墓葬清理纪要》，《考古通讯》1955年第6期

续表

序号	墓葬或遗址	文化内涵	出处
31	无锡惠山	1956年在惠山娘娘堂北面山坡上发现一座单室券顶砖墓，主室长2.87米、宽2.17米、高1.2米，主室与甬道之间有一墓门，方向北偏东48度。出土釉陶器17件，墓室西部砖台上置陶案，案上有耳杯、陶盆、陶勺及陶明器等。年代为东汉晚期	江苏省文物管理委员会：《无锡惠山娘娘堂古墓清理简报》，《考古通讯》1957年第2期
32	无锡墙门镇	无锡墙门镇西南2公里一个3米高的土墩下发现一座砖墓，早年被盗，仅出土2件残陶器，年代为东汉	石祚花：《江苏无锡县墙门镇附近发现汉墓》，《文物参考资料》1955年第10期
33	江阴滨江开发区	1994年在江阴滨江开发区发现一座竖穴土坑木椁墓，墓向北，长3.4米、宽2.8米、深1.18米。夫妻合葬，独木棺，出土釉陶壶、瓿、罐等，铜洗、铁剑、铜带钩、五铢钱和木器，年代为西汉晚期	林嘉华：《江阴市滨江开发区汉墓》，《中国考古学年鉴》（1996年），文物出版社1997年版
34	宜兴许馘墓	许馘墓位于宜兴县城西南，为南向多室砖墓，由墓道、耳室、甬道和前、后室组成，前、后室长9.3米、宽7.2米，后室隔为两间。墓葬早年被盗，破坏严重，出土陶三足盆1件、铜盖弓帽2件、五铢钱2枚，以前曾经出土过鎏金铜羊1件。方志及《后汉书》载许馘为东汉灵帝时太尉	冯普仁：《宜兴县东汉许馘墓》，《中国考古学年鉴》（1988年），文物出版社1989年版
35	常州国棉二厂	1990年在国棉二厂基建工地发现汉墓一座，已被破坏，征集到釉陶鼎、瓿、壶、盒、罐等共16件、泥质陶罐1件，年代西汉中晚期	陈娟英等：《常州发现西汉墓》，《文物》1993年第4期
36	常州恽家墩	恽家墩汉墓位于常州市兰陵迎宾路福海大饭店（原工业展览馆）院内，为一座长50米、宽40米、高6—7米的土墩。2007年对恽家墩进行发掘，共清理汉至六朝墓葬36座，其中19座竖穴土坑墓和16座砖室墓年代从西汉中期至东汉中晚期，出土各类随葬品292件，有釉陶、硬陶、铜镜、钱币、铁器等	常州博物馆：《江苏常州兰陵恽家墩汉墓发掘简报》，《南方文物》2011年第3期

续表

序号	墓葬或遗址	文化内涵	出处
37	丹徒荞麦山 M2	1985年在发掘土墩墓时清理竖穴土坑墓一座。土墩位于荞麦山顶，直径13米、高1.5米。M2位于土墩西半部，南北向，长2.6米、宽2米、深1.6米，填土内有积石，出土灰陶罐3件，釉陶鼎、壶、瓿、盒、罐共5件，年代为西汉早期	江苏丹徒考古队：《丹徒荞麦山与北山汉墓》，《东南文化》1988年第1期
38	丹徒北山 M2	土墩位于北山之顶，墓葬为甲字形竖穴土坑木椁墓，墓向南，墓室长2.9米、深3.8米、墓道长7.8米。夫妻合葬墓，早年被盗，仅出土铜带钩1件，年代为西汉早期	
39	丹徒蔡家村	蔡家村位于镇江市谏壁镇西南2公里，土墩直径20—30米，墓室在封土堆西侧，平地筑石室，墓顶距封土顶2.5米。墓室长8.9米，正北向，全部用石灰岩的石条与石板筑成。该墓早年被盗，仅出石床、石灶、石插座等石器5件，陶罐、陶坛等10件陶器	镇江市博物馆：《江苏丹徒县蔡家村汉墓》，《考古》1987年第7期
40	丹阳大泊瓜渚	1973年在丹阳大泊公社瓜渚大队宗头山土墩上发现一座砖墓。墓室残长6.2米、宽3.5米、残高0.7米，方向280度。墓室出鎏金铺首和漆片，出土铜器34件，釉陶器9件，黛砚和琥珀耳瑱各一件，铜带钩上有"永元十三年"（101年）字样	镇江博物馆、丹阳县文化馆：《江苏丹阳东汉墓》，《考古》1978年第3期
41	镇江谏壁砖瓦厂	在砖瓦厂东南陈家大山取土时发现一座竖穴土坑木椁墓，长3.5米、宽2米、深5米，方向北偏西30度，出土铜镜和鼎、壶、瓿、钵、灶、案、碗等陶器16件，年代为西汉晚期	林留根：《镇江谏壁砖瓦厂发现汉墓》，《东南文化》第一辑，江苏古籍出版社1985年版
42	镇江长岗许前村	2005年镇江东郊长岗镇许前村一施工工地发现西汉墓4座，除1座被破坏外3座为土坑竖穴木椁墓，木椁外填青膏泥。陶器组合是鼎、罐、壶、瓿、盒，年代为西汉早期	镇江博物馆：《江苏镇江长岗许前村西汉墓发掘简报》，《东南文化》2007年第5期

附表十三　吴越地区汉墓及遗址表

续表

序号	墓葬或遗址	文化内涵	出处
43	高淳固城双岗	1988年在西距固城遗址680米的固城镇双岗砖瓦厂北端清理5座汉墓，均为竖穴土坑墓，一字排开，葬具为一棺一椁。出土物主要为壶、瓿、敦、瓮、罐、灶等陶器 1989年清理的砖室墓位于固城遗址东1公里的双岗村，长方形单室券顶，无甬道，平铺地砖，墓向东，出土物有陶器、铜器、铁器等，陶器组合为壶、瓮、罐、仓、灶等 位于西边的M1、M2年代为西汉中期，中间的M3为西汉晚期，东边的M4、M5为东汉初期，砖室墓为东汉晚期	南京市博物馆：《江苏高淳固城汉墓发掘报告》，《东南文化》1992年第5期
44	高淳下坝M1、M2	1986年在高淳县东30公里下坝乡清桂村高岑墩清理了两座东汉砖室墓，两墓并排，相距1米。砖室墓，平面呈长方形，无顶，方向正东。M1墓室东西长4.2米、南北宽2.45米、深1.5米，出土器物27件，有铜壶、铜洗、铜盆、铜碗、铜镜、硬纹陶盘口壶、印纹陶罐、泥质灰陶盆、陶井、陶灶、铁剑等。M2墓葬结构相似，出土器物26件，有釉陶盘口壶、陶罐、陶盆、陶井、灶、铜镜、小珠子等。年代为东汉早期	李文明、郝明华：《江苏高淳县下坝东汉墓》，《东南文化》1988年第1期
45	高淳固城檀村王坟山	1974年在高淳县固城乡檀村王坟山西南坡发掘一座汉代砖墓M1 1986年在M1西北5米处又发掘了一座砖墓M2 两墓早年被盗，仅出土了几件釉陶器和陶井、陶灶等，但是出土了内容相同的画像砖，内容有花纹图案、人物故事等10类，年代为东汉晚期	镇江博物馆：《江苏省高淳县东汉画像砖墓》，《文物》1983年第4期；南京市博物馆：《江苏高淳固城东汉画像砖墓》，《考古》1989年第5期
46	溧水柘塘	1972年在柘塘公社交通大队出土车马出行画像砖 1975年在柘塘公社梅山大队东汉墓出土四人过桥画像砖	吴大林：《江苏溧水出土东汉画像砖》，《文物》1983年第11期

续表

序号	墓葬或遗址	文化内涵	出处
47	浙江海宁龙尾山	位于海宁市袁花镇袁郊村龙尾山上。2004年清理2座竖穴土坑墓，出土壶、瓿、盒等共7件，年代为西汉晚期	海宁博物馆：《浙江海宁龙尾山汉墓清理》，《东南文化》2006年第5期
48	海宁长安镇	1973年在海宁长安镇海宁中学操场发现一座画像石墓，该墓早年被盗，出土陶器24件、陶俑5件、瓷罐2件、石猪2件、钱币33枚，但是画像石保存完好，共63块55幅，年代为东汉晚期	嘉兴文管会等：《浙江海宁东汉画像石墓发掘简报》，《文物》1983年第5期
49	海盐龙潭港	1997年海盐龙潭港遗址的土墩东西长80米、南北宽60米，总面积近5000平方米，高3—5米。在土墩中心清理8座汉墓，其中7座为竖穴土坑墓或竖穴土坑木椁墓。随葬物品以鼎、盒、壶、瓿、罐、甗等硬陶器为主，部分墓葬随葬铜镜和钱币。墓葬年代从西汉晚期到东汉早期	浙江省文物考古研究所等：《浙江海盐龙潭港遗址汉墓发掘简报》，《东方博物》第14辑，浙江大学出版社2005年版
50	嘉兴	1955年在嘉兴市闸前街发现一座古墓，长2.7米、宽1.6米，出土釉陶盘口壶、罐、奁、铜镜与玉具剑，五铢钱与大泉五十，年代为东汉初期	王大铁：《浙江嘉兴发现东汉墓葬》，《文物参考资料》1955年第10期
51	嘉兴九里汇	位于嘉兴镇西北4公里的土墩上，土墩南北80米、东西60米。1975年清理残砖墓一座，出土釉陶壶、甗、罐和铜戟等16件。年代为东汉中晚期	嘉兴市文化局：《浙江嘉兴九里汇东汉墓》，《考古》1987年第7期
52	湖州方家山	1998年在龙溪乡三天门村方家山清理汉墓32座，以土坑墓和木椁墓为主，有少量木顶砖椁墓和券顶砖室墓。出土器物427件（组），以釉陶和硬陶器为主，年代从西汉中期至东汉早期，以西汉晚期居多	黎毓馨：《湖州方家山汉墓群》，《中国考古学年鉴》（1999年），文物出版社2000年版

续表

序号	墓葬或遗址	文化内涵	出处
53	湖州方家山三号墩	位于湖州市区西北8公里。三号墩南北长50米、东西宽25米、高4米。1998年在三号墩内发掘汉墓13座，有竖穴土坑墓和竖穴土坑木椁墓，出土陶瓷器、铜镜、铁兵器180件（组），年代为西汉中期至西汉末东汉初	浙江省文物考古研究所：《浙江湖州市方家山第三号墩汉墓》，《考古》2002年第1期
54	湖州杨家埠	1987年在湖州市西7.5公里的湖州钢铁厂工地清理汉墓74座，大多为竖穴土坑墓，个别为砖室墓。出土物以壶、瓿、罐、甑、灶等为主	胡继根：《湖州市杨家埠先秦及汉代墓群》，《中国考古学年鉴》（1988年），文物出版社1989年版
55	湖州杨家埠茅草场	2007年在湖州杨家埠茅草场发掘土墩6座，从中清理出汉代土坑墓32座、两汉至六朝砖室墓4座，出土文物420件（组），以釉陶壶、印纹硬陶罍、陶罐、灶为主，偶有铜镜和铜带钩	李晖达：《湖州市杨家埠茅草场汉至六朝土墩与墓地》，《中国考古学年鉴》（2008年），文物出版社2009年版
56	湖州杨家埠	2008年在湖州杨家埠驾校范围内发掘7座土墩，清理土坑墓、砖室墓、砖椁墓45座，出土各类器物380件，年代为西汉至六朝	李晖达：《湖州市杨家埠汉代土墩墓》，《中国考古学年鉴》（2009年），文物出版社2010年版
57	安吉上马山	上马山位于安吉县良朋乡古城遗址西北，1989年发现西汉墓8座，均为竖穴土坑木椁墓，最大的墓坑长6.1米、宽5.2米，最小的长2.7米、宽1.8米。墓坑大的木椁内分室，椁内置棺和厢，随葬器物置于厢内，墓坑小的有椁无厢，随葬品置于棺外一边。共出土陶器153件，铜器15件，铁器7件，玉石器4件。年代从西汉早期到西汉晚期	安吉县博物馆：《浙江安吉县上马山西汉墓的发掘》，《考古》1996年第7期

续表

序号	墓葬或遗址	文化内涵	出处
58	余杭姜介山	1990年在余杭县长命制动材料厂发现一座墓葬，墓葬上面原有3米高的封土，竖穴土坑墓，方向南，残长3.54米、宽1.96米、残高0.26米，出土釉陶壶、罐、盆、熏炉，陶麟趾金、铁剑、铜镜、铜钱、铜带钩、料器等共25件。年代为西汉晚期	费国平：《浙江余杭姜介山汉墓发掘简报》，《东南文化》1991年第5期
59	余杭蜡烛庵	2004年在余杭区星桥镇蜡烛庵山东麓发现砖室墓4座，方向东，3座被盗空、4座完好，长3.6米、宽1.5米、高1米，出土铁釜、铁刀、铜镜、黛砚、陶瓿、五铢钱等共14件器物，年代为东汉	田正标：《余杭区蜡烛庵汉代墓葬》，《中国考古学年鉴》（2005年），文物出版社2006年版
60	杭州临平	1958年在临平山东麓山坡上发现一座砖室墓，深2.5米，出土卜字形铁戟一件附木鞘，釉陶壶、罐、坛、瓿、灶等共20余件，铜镜8件和铜釜、五铢钱等，年代为东汉中期	金祖明：《杭州临平发现汉墓》，《文物参考资料》1958年第10期
61	杭州葛岭	1954年在葛岭西段山脚下外宾馆工地发现16座汉墓，均为竖穴土坑墓，出土釉陶器等共203件，年代为西汉早期。其中一座长3.4米、宽1.6米，出土釉陶罐、壶、瓿、鼎、灶，铜镜和五铢钱等	金祖明：《浙江省文管会清理了杭州的十几座汉墓》，《文物参考资料》1955年第2期
62	杭州铁佛寺	在杭州铁佛寺工地清理了一座砖墓，长3.3米、宽1.5米，墓砖上有图案和"富贵"、"富贵长后大吉"篆书，出土铜环首刀和戈各一件，铜镜，五铢钱与布泉，釉陶罐与瓿等。年代当属东汉	王士伦：《杭州铁佛寺清理了一座东汉墓葬》，《文物参考资料》1955年第6期
63	杭州古荡镇	1956年在老和山北麓古荡镇西杭州精神病院内清理一座竖穴土坑墓，出土陶壶、罐、井、灶和铜甑、釜、镜等共15件器物。年代为东汉时期	冯信敖：《杭州西郊古荡镇东汉墓清理》，《考古通讯》1957年第5期

附表十三　吴越地区汉墓及遗址表　473

续表

序号	墓葬或遗址	文化内涵	出处
64	杭州地区	1983—1984年先后在萧山县城南电扇厂、杭州钢铁厂转炉车间、杭州联运公司古荡仓库等基建工地，发掘清理了14座土坑墓和16座砖室墓，共出土441件遗物。土坑墓年代从西汉晚期至东汉早期，砖室墓年代从东汉中期至南朝中期	浙江省文物考古研究所：《杭州地区汉、六朝墓发掘简报》，《东南文化》1989年第2期
65	杭州老和山	1986年在杭州西北郊老和山东麓清理汉至唐宋墓葬100余座，以土坑木椁墓为主，也有部分砖椁墓和砖室墓，分布密集	陈元甫：《杭州老和山汉至唐宋墓葬》，《中国考古学年鉴》（1987年），文物出版社1988年版
66	杭州古荡朱乐昌墓	1958年浙江大学古荡钢铁厂工地发现2座土坑墓，M3为一座小墓，出土3件陶器，M2为朱乐昌墓，夫妻合葬，出土陶、铜、铁、玉、石、水晶、漆等质地的随葬品共156件，有实用器、武器和少量冥器。年代为西汉中期	浙江省文物管理委员会：《杭州古荡汉代朱乐昌墓清理简报》，《考古》1959年第3期
67	绍兴漓渚	1955年在绍兴西南漓渚镇发掘汉墓31座，其中竖穴土坑墓22座，年代为西汉早期，出土釉陶鼎、壶、瓿、盒为主，有三弦钮铜镜和小半两钱；砖椁墓9座，年代为东汉早期，出土釉陶罐、壶、甖、铁釜、刀剑、五铢钱和大泉五十	浙江省文物管理委员会：《绍兴漓渚的汉墓》，《考古学报》1957年第1期
68	绍兴漓渚M206	1956年在绍兴漓渚镇发掘汉墓6座，其中M206保存最好，墓室长3.9米、宽3.66米、高1.8米，砖椁木顶，甬道长1.25米、宽2.12米、高2.04米，券顶，甬道下设排水道。双人合葬，出土金、铜、铁、石、陶、玛瑙等器物共27件和50枚五铢钱。年代为东汉中期	浙江省文物管理委员会：《浙江绍兴漓渚东汉墓发掘简报》，《考古通讯》1957年第2期

续表

序号	墓葬或遗址	文化内涵	出处
69	绍兴狮子山 M308	1982年在绍兴坡塘知青砖瓦厂取土时发现，M308为1座竖穴土坑墓，长2.8米、宽1.35米、深1.5米。出土陶器11件、铜镜2件、铁刀2件，年代为西汉中期	绍兴市文物管理处：《绍兴狮子山西汉墓》，《考古》1988年第9期
70	绍兴狮子山 M305、M307	1982年在绍兴坡塘知青砖瓦厂取土时发现2座砖室墓。M305为券顶墓，方向280度，全长4.22米、高1.5米，出土青瓷器4件，铜镜2件；M307形制相同，出土青瓷器8件，五铢与货泉108枚，年代为东汉晚期	绍兴市文物管理委员会：《绍兴狮子山东汉墓》，《考古》1984年第9期
71	上虞凤凰山	1984年在上虞凤凰山西北麓共发掘202座古墓葬，其中汉墓50座，出土各类器物405件，有竖穴土坑墓、土坑木椁墓、土坑砖椁墓和券顶砖室墓，年代从西汉晚至东汉末	浙江省文物考古研究所等：《浙江上虞凤凰山古墓葬发掘报告》，《浙江文物考古所学刊》，科学出版社1993年版
72	上虞联江鞍山	1991年在上虞联江鞍山西麓清理一座凸字形砖室墓，方向265度，全长5.95米、宽2.62米、高3.9米，出土青瓷器多件，年代为东汉中晚期	上虞县文物管理所：《浙江上虞联江鞍山东汉墓》，《东南文化》1992年第5期
73	上虞蒿坝永初三年墓	1973年在浙江上虞蒿坝发现一座东汉砖墓，墓砖上有"永初三年"（109年）字样。出土陶器22件、多半上釉，铁镰斗和铁刀各一件	吴玉贤：《浙江上虞蒿坝东汉永初三年墓》，《文物》1983年第6期
74	余姚湖山乡	1987—1990年在湖山乡砖瓦村面前山西北麓和马步龙山西北山脚下共清理54座墓葬，其中17座东汉墓	鲁怒放：《余姚市湖山乡汉——南朝墓葬群发掘报告》，《东南文化》2000年第7期
75	浙江慈溪	1958年在慈溪县西2.5公里的担山发现东汉砖室墓2座。M1为长方形券顶砖室墓，方向298度，墓室长3.28米、宽1.65米。M2先在岩石上开一墓圹，再砌筑长方形砖室，墓室长3米，宽1.44米，方向32度。共出土陶器、铜镜、铁器等21件。年代为东汉晚期	浙江省文物管理委员会：《浙江慈溪发现东汉墓》，《考古》1962年第12期

附表十三　吴越地区汉墓及遗址表

续表

序号	墓葬或遗址	文化内涵	出处
76	宁波火车站	在基建中发现大量汉墓，有竖穴土坑墓、土坑木椁墓、砖椁墓和券顶砖室墓，年代从西汉初到东汉中期	姚仲源：《浙江汉、六朝古墓概述》，《中国考古学会第三次年会论文集》，文物出版社1984年版
77	奉化白杜熹平四年墓	1978年在奉化县白杜公社南岙大队的小山丘上发现一座汉代砖室墓，分为前中后三室，后室又分为左右两室，全长13.8米。早年被盗，出土5件青瓷器，买地券上有"熹平四年"(175年)字样	浙江省文物考古研究所：《浙江文物考古所学刊》，文物出版社1981年版
78	鄞县宝幢乡沙堰村	1984年在鄞县宝幢乡沙堰村的山脚下发现9座墓葬，其中M3为东汉晚期墓，为凸字形券顶砖室墓，出土13件青瓷器及砺石、研磨器	施祖青：《鄞县宝幢乡沙堰村几座东汉、晋墓》，《东南文化》1993年第2期
79	象山丹城	1986年在丹城镇西门外矮山东坡清理一座长方形砖墓，南壁残长3.03米、北壁残长1.82米、西壁1.67米，高1.75米。随葬品有双耳瓷罐2件、铁刀、铜镜和7.5公斤铜钱。年代为东汉末年	夏乃平：《浙江象山县清理一座东汉墓》，《考古》1997年第7期
80	临海黄土岭	1989年在临海市水洋乡黄土山村与黄岩交界处清理一座竖穴砖室墓，平面呈长方形，方向340度，墓室总长8.5米，宽2.58米，分成前后两室，中间砌筑隔墙。出土17件青瓷与釉陶器，105枚五铢钱。年代为东汉晚期	临海市博物馆：《浙江临海黄土岭东汉砖室墓发掘简报》，《东南文化》1991年第5期
81	义乌城北	1964年在义乌县城北1公里处发现一座西汉墓，为土坑墓，深1.2米。出土釉陶鼎、盒、壶、瓿和勺等10件，伴出小半两钱和五铢钱。年代为西汉早期	汪济英等：《浙江义乌发现西汉墓》，《考古》1965年第3期

续表

序号	墓葬或遗址	文化内涵	出处
82	义乌北郊	1987 年在义乌北郊发现土坑墓 7 座，其中西汉早期墓 3 座、西汉中期墓 1 座、西汉晚期墓 3 座。出土器物以釉陶鼎、瓿、盒、壶为主	金华市文管会：《义乌县城北郊西汉墓》，《中国考古学年鉴》(1988 年)，文物出版社 1989 年版
83	淳安官山	1957 年在淳安北郊官山山坡及距城东北 13 公里的进贤镇附近山坡上清理古墓 35 座，其中 15 座东汉中晚期墓，都为带甬道的券顶砖室墓，甬道和墓室都是长方形，墓室底长 3.04—6.2 米，宽 1.15—2.74 米。M28 出建初六年（81 年）墓砖，M12 出永元十四年（102 年）墓砖	新安江水库考古工作队：《浙江淳安古墓发掘》，《考古》1959 年第 9 期
84	金华马铺岭	金华市新建环城公路时在名为马铺岭的丘陵上发现汉代土坑木椁墓 2 座。M1 出土铜器 9 件、釉陶器 8 件，M2 出土铜器 2 件。年代为东汉早期	金华地区文管会：《浙江省金华马铺岭汉墓》，《考古》1982 年第 3 期
85	金华武义芦北	1978 年在武义县芦北公社东北 2 公里名为后金山的丘陵上清理 1 座凸字形砖室墓，残长 4.2 米、宽 2.1 米、残高 0.5 米，甬道在墓室正中，长 1.1 米、宽 1.3 米。出土青瓷器 3 件，釉陶器 1 件。年代为东汉晚期	金华地区文管会：《浙江武义东汉墓》，《考古》1981 年第 2 期
86	江山庵前村	1987 年在赵家五家山庵前村发现一座竖穴土坑墓，深 4 米，捡回 5 件釉陶器、1 件陶罐和 4 件铁器，年代为东汉中期	浙江省江山市博物馆：《浙江江山市庵前汉墓清理》，《考古学集刊》第 11 辑，中国大百科全书出版社 1997 年版
87	龙游仪冢山	1989 年在龙游县东仪冢山顶部清理发掘汉墓 42 座，多为竖穴土坑墓，其中 5 座有墓道，有 6 座合葬墓。出土器物 500 余件，有陶盘口壶、罐、瓿、鼎、铁剑、刀、矛、釜，铜洗、镜、弩机和漆器、五铢钱等	沈岳明：《龙游县仪冢山汉墓群》，《中国考古学年鉴》(1990 年)，文物出版社 1991 年版

附表十三 吴越地区汉墓及遗址表 477

续表

序号	墓葬或遗址	文化内涵	出处
88	龙游东华山	1969年在衢县龙游清理了一座东汉的墓葬,出土4件印纹陶坛 1979年在东华山北端发掘汉墓12座,均为竖穴土坑墓,出土釉陶、陶器、铜镜、铁兵器共170件,年代从西汉中期至东汉早期 1987年至1989年在东华山中部清理发掘汉墓15座,出土文物276件,年代从西汉中期至东汉早期 1992年在东华山石塔头段发掘汉墓8座,主要为土坑木椁墓,出土器物250余件	《1969年在衢县龙游清理了一座东汉的墓葬》,《文物》1972年第3期;崔成实:《衢州市东华山汉墓发掘简报》《浙江省文物考古研究所学刊》,文物出版社1981年版;龙游县文物管理委员会:《浙江省龙游县东华山12号汉墓发掘简报》,《考古》1990年第4期;朱土生:《浙江龙游县东华山汉墓》,《考古》1993年第4期;《龙游县东华山汉墓》,《中国考古学年鉴》(1993年),文物出版社1994年版
89	苏州火车站职工医院工地	位于苏州市平门外距护城河50米,西距火车站200米,北距沪宁铁路15米,在50平方米范围内发现水井11口,清理的7口水井中4口为土井,3口为陶制圈井。土井年代约当在西汉的中晚期,圈井大致在东汉早中期	苏州博物馆:《苏州北郊汉代水井群清理简报》,《考古》1993年第3期
90	苏州古城区汉井	苏州古城区发现汉井的地点有:城东的丝绸工学院、第一轻工机械厂,城南的南门商场,城北的第二米厂、铁中、金星糖果厂、火车站、光明丝织厂、娄门金粉厂、染织二厂、苏州博物馆等。这些汉井离地表5—12米,但是井口都开在黄黏土之下3—5米。汉井用灰陶井圈叠砌成筒状,井圈高有27、42、70厘米三种,直径58—100厘米不等,井圈壁厚2厘米左右,腹部有一对孔径4厘米的渗水孔	丁金龙:《苏州城区发现的汉井》,《江苏省考古学会1982年年会论文选》,江苏考古学会1983年版

续表

序号	墓葬或遗址	文化内涵	出处
91	无锡市区	1989年在人民路、健康路口清理陶圈井2口，埋深5.2—5.3米，井圈直径58厘米和61厘米，出土东汉、三国和西晋遗物	蔡剑鸣：《无锡市区汉晋水井》《中国考古学年鉴》（1990年），文物出版社1991年版
92	上海金山戚家墩	在戚家墩村西600米的海滩上发现一口汉井，为陶圈井，年代为西汉时期	上海市文物保管委员会：《上海金山戚家墩遗址发掘简报》，《考古》1973年第1期
93	昆山花桥金城	金城遗址位于昆山市花桥镇西南，原残存高出地面1米左右的城基，今已不存。试掘出土全为汉代遗物，可能废于王莽时期。城南农田中有十座土墩，内有汉墓，当属同时代墓葬	王霞：《金城遗址在第三次文物普查中的考古调查收获》，《苏州文博论丛》第1辑，文物出版社2010年版

参考论著

拙著及论文：

《吴地古战场》，中央编译出版社 1997 年版。
《吴国史》（合著），人民出版社 2001 年版。
《吴国历史与吴文化探秘》，文物出版社 2007 年版。
《苏州史纲》（合著），古吴轩出版社 2009 年版。

《从太伯奔吴到越徙琅琊的考古学考察》，《苏州铁道师院学报》1987 年第 3 期。
《良渚文化去向蠡测》，《余杭文史资料》第 3 辑 1987 年 12 月。
《越式鼎溯源》，《东南文化》1988 年第 6 期。
《良渚文化北迁与蚩尤的传说》，《苏州铁道师院学报》1989 年第 1—2 期。
《试论吴越地区的汉文化》，《东南文化》1989 年增刊。
《论古越族》，《民族研究》1990 年第 4 期。
《略论良渚酋邦》，《历史教学问题》1990 年第 4 期。
《𢁥非戉、钺、越、越族、越国考》，《东南文化》1990 年第 4 期。
《良渚玉琮兽面纹新解》，《中国文物报》1991 年 8 月 4 日。
《吴地文化发展概况》，《苏州铁道师院学报》1991 年第 3 期。
《楚秦吴越国家形成之路》，《苏州铁道师院学报》1991 年第 4 期。
《略论吴越式铜剑的类型嬗变与传播》，《苏州铁道师院学报》1992 年第 1 期。
《从吴越立国看酋邦向国家的转变》，《东南文化》1992 年第 1 期。
《举族迁徙，融入华夏》，《杭州历史丛编》（一），浙江人民出版 1992 年版。

《从方志记载探测真山墓主》,《苏州铁道师院学报》1993 年第 2 期。
《"越为苗裔"考》,《浙江学刊》1994 年第 2 期。
《说铍、铩、㮸》,《文博》1993 年第 3 期。
《从吴到句吴——太伯仲雍奔吴的文字学考察》,《苏州铁道师院学报》1999 年第 2 期。
《吴人土墩墓和越人石室土墩墓》,《东方文明之韵》,岭南艺术出版社 2000 年版。
《吴文化渊源略论》,《吴文化论坛·2000 年卷》,作家出版社 2000 年版。
《公元前 3—公元 3 世纪吴地居民的变迁与文化转型》,《苏州铁道师院学报》2001 年第 2 期。
《木渎吴城发现的重大意义》,《苏州铁道师院学报》2002 年第 2 期。
《越人石室土墩墓和华南悬棺葬》,《浙江社会科学》2003 年第 5 期。
《从良渚文化因素看华夏文明的形成》,《良渚文化论坛》,浙江人民出版社 2003 年版。
《伍子胥散论》,《苏州科技学院学报》2005 年第 1 期。
《论战国时期吴越地区的越文化与楚文化》,《苏州科技学院学报》2006 年第 2 期。
《论吴墓与吴器》,《苏州科技学院学报》2007 年第 1 期。
《再论吴越地区的汉文化》,《苏州科技学院学报》2008 年第 2 期。
《吴越地区的战国与汉文化特色》,《瓯文化论集》,浙江人民出版社 2009 年版。
《文化断层现象与考古层位学》,《跨湖桥文化论集》,人民出版社 2009 年版。
《吴越两国的冲突、吴越文化的交融与吴人越人的归宿》,《东方考古》第 6 辑,科学出版社 2009 年版。
《从吴越城址看吴国与越国的对峙》,《中国柯桥越国文化高峰论坛文集》,浙江人民出版社 2011 年版。
《论汉民族的形成》,《古代文明》2011 年第 3 期。
《论吴人土墩墓》,《苏州文博论丛》总第 3 辑,文物出版社 2012 年版。
《再论铍的起源与演变——兼论吴越系双耳剑的演变》,《考古》2013 年第 3 期。

典籍：

《左传》

《国语》

司马迁：《史记》之《吴太伯世家》、《越王勾践世家》

赵晔：《吴越春秋》

袁康、吴平：《越绝书》

参考专著：

杨楠：《江南土墩遗存研究》，民族出版社1998年版。

苏州博物馆：《真山东周墓地》，文物出版社1999年版。

浙江省文物考古所：《印山越王陵》，文物出版社2002年版。

浙江省文物考古所：《浙江越墓》，科学出版社2009年版。

南京博物院：《鸿山越墓发掘报告》，文物出版社2007年版。

徐湖平主编：《东方文明之韵》，岭南美术出版社2000年版。

浙江省文物考古所：《独仓山与南王山——土墩墓发掘报告》，科学出版社2007年版。

杨正宏、肖梦龙：《镇江出土吴国青铜器》，文物出版社2008年版。

李国梁主编：《屯溪土墩墓发掘报告》，安徽人民出版社2006年版。

安徽省文物考古研究所：《皖南商周青铜器》，文物出版社2006年版。

福建博物院、福建闽越王城博物馆编：《武夷山城村汉城遗址发掘报告》，福建人民出版社2004年版。

广州市文物管理委员会、中国社会科学院考古研究所、广东省博物馆：《西汉南越王墓》，文物出版社1991年版。

李龙章：《岭南地区出土青铜器研究》，文物出版社2006年版。

浙江省文物考古所：《德清火烧山——原始瓷窑址发掘报告》，文物出版社2008年版。

朱建明：《探索中国瓷之源——德清窑》，西泠印社2010年版。

王屹峰：《中国南方瓷业研究》，中华书局2010年版。

肖梦龙等：《镇江吴文化研究》，中国文史出版社2006年版。

彭适凡：《中国南方考古与百越民族考古》，科学出版社2009年版。

镇江博物馆：《印记与重塑——镇江博物馆考古报告集（2001—2009）》，

江苏大学出版社 2010 年版。

董楚平：《吴越徐舒金文集释》，杭州古籍出版社 1992 年版。

曹锦炎：《吴越历史与考古论集》，文物出版社 2007 年版。

陈明芳：《中国悬棺葬》，重庆出版社 1992 年版。

袁义达、张诚：《中国姓氏——群体遗传和人口分布》，华东师范大学出版社 2002 年版。

董楚平等：《广义吴越文化通论》，中国社会科学出版社 2012 年版。

毛颖、张敏：《长江下游的徐舒与吴越》，湖北教育出版社 2005 年版。

参考论文：

陈杰：《广富林文化初论》，《南方文物》2006 年第 4 期。

黄宣佩、孙维昌：《马桥类型文化的分析》，《考古与文物》1983 年第 3 期。

曹峻：《马桥文化再认识》，《考古》2010 年第 11 期。

张敏：《试论点将台文化》，《东南文化》1989 年第 3 期。

张敏：《宁镇地区青铜文化谱系与族属研究》，《南京博物院建院 60 周年纪念文集》，1993 年版。

尹焕章、张正祥：《宁镇山脉及秦淮河地区新石器时代遗址普查报告》，《考古学报》1959 年第 1 期。

曾昭燏、尹焕章：《试论湖熟文化》，《考古学报》1959 年第 4 期。

刘建国、张敏：《论湖熟文化分期》，《东南文化》1989 年第 1 期。

魏嵩山：《古代吴立国的发源地及其疆域的变迁》，《吴文化研究论文集》，中山大学出版社 1988 年版。

林留根：《土墩墓的渊源及其葬俗》，《东南文化》1988 年第 5 期。

邹厚本：《江苏南部土墩墓》，《文物资料丛刊》第六辑，文物出版社 1982 年版。

刘建国：《论土墩墓分期》，《东南文化》1989 年第 4—5 期。

杜佳佳、王根富：《土墩墓研究中的几个问题》，《南方文物》2010 年第 4 期。

谈三平等：《太湖地区石室土墩分布规律遥感初步研究》，《东南文化》1990 年第 4 期。

陈元甫：《土墩墓与吴越文化》，《东南文化》1992 年第 6 期。

南京博物院考古研究所、镇江市博物馆、常州市博物馆：《江苏句容及金坛市周代土墩墓》，《考古》2006年第7期。

林留根：《江南土墩墓相关建筑遗存的发现与研究》，《东南文化》2011年第3期。

尹焕章：《关于东南地区几何印纹陶时代的初步探测》，《考古学报》1958年第1期。

李伯谦：《我国南方几何形印纹陶遗存的分区、分期及其有关问题》，《北京大学学报》1981年第1期。

肖梦龙：《吴国王陵区初探》，《东南文化》1990年第4期。

钱公麟：《春秋晚期吴国王陵新探》，《东方文明之韵》，岭南美术出版社2000年版。

吴春明：《中国南方崖葬的类型学考察》，《考古学报》1999年第3期。

陈元甫：《越国贵族墓葬制葬俗初步研究》，《东南文化》2010年第1期。

陈元甫：《越国贵族墓随葬陶瓷礼乐器葬俗探论》，《文物》2011年第4期。

钱公麟：《春秋时代吴大城位置新考》，《东南文化》1989年第4—5期。

钱公麟：《论苏州城最早建于汉代》，《东南文化》1990年第4期。

程亦胜：《早期越国都邑初探》，《东南文化》2006年第1期。

后　记

笔者是上海人，1969年因为"文化大革命"的缘故而去淮北插队务农，1977年因为恢复高考又重新回到上海读大学。1982年从华东师范大学历史系毕业后就到苏州铁道师院（现在已合并为苏州科技学院）历史系教书，从一而终，直到现在。因为身在苏州，所以就特别关注苏州的历史；因为我选择的研究方向是先秦史，所以更关注吴国的历史和吴文化、越文化的变迁。三十年来偶有所得，就把想通的问题写成论文，日积月累竟有三十余篇，独著和合著了几本著作，还参加了《说吴》（后改名为《吴韵》）、《回望勾吴》和《话说虎丘》等几部电视专题片的制作。现在将近退休，也应该有个交代——无论对自己、对学界，还是对地方都应该有个交代，于是就有了这本书。

我在华东师大读的是历史专业，学校没有安排考古学课程，但是考古学与古文字是研究先秦史必备的工具，所以只能自学。没有老师可问，也没有课程可听，我就把图书馆里凡是能够借到的考古类书籍和杂志统统看了个遍，有些还反复阅读了许多遍。20世纪70年代《文物》、《考古》杂志刚刚复刊的时候我还在乡下插队，父亲把自己看过的《文物》和《考古》都寄给我消遣，这些杂志就成了我的启蒙老师，使我早早地就对考古有了一种亲近感。工作以后我到复旦大学历史系去进修，他们开设了考古课，我兴冲冲地跑去听课，结果只听了一节课就开溜了，因为老师讲的内容我已经全都知道了。我的考古学知识都是从书本上得来的，缺乏实践经验和感性认识，这是我最大的不足，所以我一方面把博物馆当作学习的课堂，每到一地必去参观当地的博物馆，上海博物馆是每年都要去的，就像朝圣一样去看真品，然后在双休日就到文物市场的地摊上去看赝品，两相比较来锻炼眼力；另一方面只要听说哪里有考古队在发掘遗址，我就跑去旁观，开始是不请自到的不速之客，后来就和考古队员交上了朋友，江浙沪三地的省考古所里,我的许多朋友都是这样在考古工地上结识的。

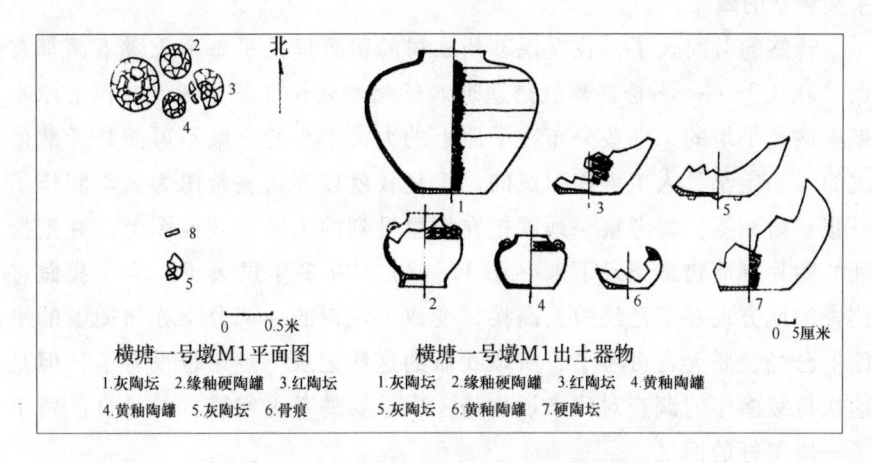

图 16—1　笔者绘制的汉墓和出土器物草图

20 世纪 80 年代的苏州就像是一个硕大无朋的工地,到处都在动土、施工、建设。于是每逢星期天我就骑上自行车到近郊各地去转悠,几乎每个施工场地都能发现陶片、残墓、古井等遗物遗迹。有一次我在横塘唐寅墓对面路边的一块空地上发现了一座被破坏的汉墓,地面上露出了许多陶罐的底部,我如获至宝,就带领学生去清理了这座残墓,还画了平面图和器物图(图 16—1),并把陶罐碎片全部捡回家,洗净晾干后用胶水一片一片地粘合成器,其中居然有一只体型巨大的印纹灰陶缸。这算是我的第一次考古实践。还有一次我从上海回苏州,在火车上看到齐门外铁路边的村庄后面有农民在挖土,就抽空去看了看,发现挖土的工地竟然是一个汉墓群,挖出来一大堆大大小小的釉陶壶,既有实用器,也有冥器,甚至还挖到了一

图 16—2　作者与出土的器物

件完整的青铜洗(图16—2),我把这些东西统统搬回学校,后来都成了系文物室的藏品。

转悠的时间长了,我发现苏州农村的田野里几乎每个土墩下面都有点"花头"——不是墓葬就是遗址。苏州地处长江三角洲,冲积平原本来应该是平坦的,那些分布在平原上的大大小小的土墩不可能是天然形成的,一定都是人工堆积而成的。于是我就以苏州旅游图为蓝本制作了一张暗射地图,每考察一地就把在那里见到的土墩标到地图上,并把捡到的陶片等遗物都记录下来(图16—3)。20多年过去了,当年我做过调查的地方现在都已经盖上高楼,变成了城市的一部分,苏州周围的平原上已经快要无古可考了,所以我做的这些记录一点用也没有了,但是这次持续多年的调查对我来说也是一次重要的考古实践,并给自己留下了一段美好的回忆。

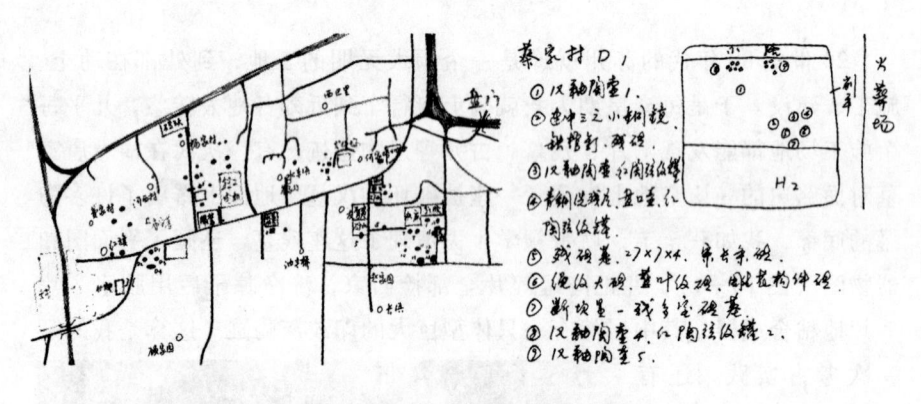

图16—3 笔者的田野记录草图

虽然我学习的专业是历史学,但是我不像我的同学那样喜欢研读古籍,因为我深深地感到,以典籍史料为对象的历史研究经过古今学者的咀嚼已经被啃得连骨头渣子也所剩无几了,我们这代人必须在观念理论与研究方法上另辟蹊径去探索新路,如果再钻在故纸堆里,那是难以超越前人的。于是我就确定了两个方向,一个是用新的视角去重新诠释旧的史料,另一个就是用考古资料来弥补文献资料的不足。这两个方向看起来完全不同,实际上是纠结缠绕在一起的。我在这条路上坚持不懈地走了30年,在前一个方向上取得的成果是《重新解读中国》和《俯瞰中国历史》两本专著,在后一个方向上取得的成果是《吴国历史与吴文化探秘》和

《考古学视野下的吴文化与越文化》,《吴国历史与吴文化探秘》是写给社会大众看的,而这本书是写给同行学人看的。

  从大学时代开始我就立志在历史学和考古学这两门学科的边缘上进行探索,一方面用文献资料来解释考古发掘揭露的现象,另一方面用考古资料来说明历史上悬而未决的问题,希望能够走出一条跨学科研究的新路来,现在终于在吴文化与越文化的研究方面做出了这样一点成果,以此奉献给大方之家和关注吴文化、越文化的读者。

叶文宪
2012 年 3 月